ERFOLGREICH GÄRTNERN

ERFOLGREICH GÄRTNERN

mit dem Wissen aus der guten alten Zeit

Reader's Digest

DEUTSCHLAND · SCHWEIZ · ÖSTERREICH

Erfolgreich gärtnern mit dem Wissen aus der guten alten Zeit

An einem Sommerabend draußen sein, die betörenden Düfte des Gartens einatmen, die Pflanzen bewässern und genießen, was wir der Erde entlockt haben: Das sind zeitlose Momente, in denen die Welt stillsteht; Momente, in denen wir uns gut vorstellen können, wie es in den Gärten unserer Vorfahren ausgesehen haben muss, fernab vom Lärm, von den Abgasen und der Hektik des modernen Lebens – als es noch einfacher war, sich mit der Natur in Einklang zu fühlen.

Heute kehren mehr und mehr Gärtner zu traditionellen Vorgehensweisen zurück und suchen nach Alternativen zu Chemie und aggressiven modernen Methoden. In diesem Buch haben wir eine Fülle an überliefertem Gartenwissen gesammelt: handfeste Tipps, die durch Ausprobieren entstanden; Geheimnisse, die mündlich überliefert wurden; Wissen, das auf lebenslanger, geduldiger Beobachtung beruht. Da aber die früheren Generationen stets praxisorientiert waren, haben wir auch neueste wissenschaftliche Fortschritte berücksichtigt und das Beste von früher und heute vereint. Blättern Sie einfach ein wenig in diesem Buch: Sie werden überall eine Menge nützlicher Informationen finden. Manche beruhen auf wissenschaftlichen Erkenntnissen, andere auf gesundem Menschenverstand – in jedem Fall funktionieren sie alle.

In **Einen traditionellen Garten planen** erfahren Sie, wie nostalgische Bepflanzungen auf natürliche Weise Schädlinge abhalten und wie Sie wild lebenden Tieren Zuflucht bieten können.

Lernen Sie in **Blumenbeete und Rabatten**, wie sich durch Verwendung von Blumenformen und -farben wunderschöne Wirkungen erzielen lassen und wie man nach dem Verblühen Samen für die nächstjährige Blüte gewinnt. Oder wie sich so etwas Einfaches wie eine alte Zeitung nutzen lässt, um Sämlinge zum Keimen zu bringen und zu schützen. **Zierbäume und -sträucher** stellt Ihnen einige der besten altbewährten Rosen vor und macht Lust auf Kletterer aller Art, die Zäune und Rankgitter in Besitz nehmen. Lassen Sie sich dazu inspirieren, Bäume für künftige Generationen zu pflanzen, und eignen Sie sich bewährte Methoden an, um sie lange Jahre gesund zu erhalten.

Beim Anbau von Obst und Gemüse kommt der Erfahrungsschatz traditioneller Gärtner voll zur Entfaltung. **Der Gemüsegarten** und **Obst aus dem Garten** werden Sie dazu ermuntern, alte Sorten zu erproben, deren köstliches Aroma schon unsere Großeltern genossen, aber auch krankheitsresistente neue Sorten. Wenn Sie noch nie eigene Pfirsiche oder Johannisbeeren, Kürbisse oder Kräuter gezogen haben, werden Sie hier vieles finden, das Sie zur Beschäftigung mit diesem befriedigenden Zeitvertreib anregt.

Besonders stolz waren die früheren Gärtner auf Kulturmethoden, die sie unabhängig machten von giftigen Chemikalien. **Grundlagen des Gärtnerns** bietet Hunderte von praktischen Tipps, von Mischpflanzungen über das Fördern von Vögeln und nützlichen Insekten bis hin zur Stärkung der natürlichen Abwehrkräfte von Pflanzen gegenüber Schädlingen und Krankheiten. Es ist immer wieder verwunderlich, dass wir solch zeitlose Weisheiten so lange aus den Augen verloren haben.

Schließlich gibt es einen **Gärtner-Kalender**, der Ihnen hilft, dem Rhythmus der Jahreszeiten zu folgen und jeden wertvollen Moment in Ihrem Garten zu genießen. Er führt alle nützlichen Arbeiten auf, nach deren Erledigung Sie abends müde, aber zufrieden und froh über die Segnungen der Natur zu Bett gehen.

Inhalt

KAPITEL 1

Einen traditionellen Garten planen

Den Garten perfekt gestalten

Früher wurden nur die Gärten vornehmer Häuser aufwendig gestaltet. Gleichwohl wussten alle Gärtner den zur Verfügung stehenden Platz optimal zu nutzen. Tun Sie es ihnen gleich. Machen Sie sich mit Ihrem Grundstück vertraut, und fertigen Sie einen exakten Plan an.

Einen Plan zeichnen

Vor dem Start Erkundigen Sie sich zunächst bei den örtlichen Behörden, ob es Gestaltungsvorschriften für das Grundstück, seine Einfriedung und kleinere Baulichkeiten gibt. Vorhandene alte Bäume können durch eine Baumschutzverordnung geschützt sein. Für Gehölze, Hecken und Baulichkeiten müssen meist Grenzabstände beachtet werden. Falls Genehmigungen erforderlich sind, holen Sie diese frühzeitig ein.

Erstellen Sie eine Wunschliste Überlegen Sie, was Sie von Ihrem Garten erwarten. Er sollte ganz auf die Bedürfnisse seiner Bewohner abgestimmt sein, je nachdem, ob er bevorzugt der Entspannung, dem Spiel oder der Pflanzenpflege dienen soll.

- Wenn Sie kleine Kinder in Ihrer Familie haben und gern mit ihnen Ball spielen, wählen Sie viel Rasen, und umrahmen Sie ihn mit Rabatten aus robusten immergrünen Sträuchern und Gräsern.
- Möchten Sie im Garten vor allem ausspannen, legen Sie Terrasse und Sitzplätze an, die Sie mit pflegeleichten Rabatten umgeben.

Top-Tipps für die Gartenplanung
Planen Sie zuerst auf dem Papier. So können Sie Ihre Ideen immer wieder durch neue Einfälle optimieren.

- **Fertigen Sie einen Grundstücksplan** Dieser sollte mindestens im Maßstab 1:100 (1 cm ≙ 1 m) angelegt werden; besser noch im Maßstab 1:50 (1 cm ≙ 0,5 m).

Es macht Spaß, mit maßstabgerechten Schablonen zu planen. Man kann sie selbst basteln oder als fertige Gestaltungssets kaufen.

- **Kennzeichnen Sie die Umgrenzungen** Tragen Sie Zäune, Mauern und Hecken ein, und markieren Sie die Art der Hecke (laubabwerfend oder immergrün, geschnitten oder frei wachsend).
- **Zeichnen Sie das Haus ein** Halten Sie alle wichtigen Umrisse und sämtliche bebauten Flächen fest. Zeichnen Sie auch Details wie Wege, Schuppen, Kompostplatz, Pergolen und Wasserstellen ein.
- **Tragen Sie vorhandene Beete ein** Zeichnen Sie Blumen-, Kräuter- und Gemüsebeete sowie andere größere Pflanzflächen ein.
- **Markieren Sie die Himmelsrichtungen,** und kennzeichnen Sie die im Schatten liegenden Bereiche.
- **Tragen Sie alle Leitungen ein** Zeichnen Sie mit Rot sämtliche vorhandenen und geplanten Strom-, Wasser- und Gasleitungen auf Ihrem Grundstück ein.

Messen Sie Strecken durch Spannen von Schnüren ab, um sie exakt in den Plan übertragen zu können.

Hinzuziehen von Profis Wenn Sie einen professionellen Gartengestalter heranziehen, bestehen Sie auf einem schriftlichen Vertrag und fragen Sie nach Referenzen.

- Geben Sie sich nie mit einer Idee zufrieden, mit der Sie sich nicht wohlfühlen. Ein qualifizierter Fachmann sollte bereit sein, mit Ihnen im Planungsstadium alles durchzusprechen und Ihre Wünsche und Bedürfnisse zu berücksichtigen. Hören Sie aber auch auf Ratschläge erfahrener Experten.

Machen Sie sich selbst kundig Viele Kniffe und Tricks der Profis kann man in Kursen zur Gartengestaltung lernen. Auch beim Besuch von Gartenbauausstellungen, Gartenschauen und Schaugärten erhält man zahlreiche Inspirationen.

Ein Plan in „Echtgröße" Die beste Möglichkeit, Ihren gezeichneten Plan zu testen, ist tatsächlich, ihn aufs Grundstück zu übertragen und auf sich wirken zu lassen:

- Am einfachsten verwenden Sie Schläuche oder kräftige Taue, um damit die Umrisse von Beeten, Rasen, Spielbereichen und anderen großen Flächen zu kennzeichnen. Hecken können Sie in vorgesehener Form und Höhe durch Pfähle und Schnur markieren.
- Kennzeichnen Sie die Wege mit Stangen und kräftigen, am besten farbigen Schnüren.
- Gemüsebeete lassen sich veranschaulichen, indem Sie Bretter auslegen und die Pflanzenreihen mit dem Rechen markieren. Denken Sie daran, dass Sie alle Gemüse erreichen sollten, ohne dafür auf die Beete zu treten.

Beobachten Sie den Sonnenstand im Tagesverlauf So finden Sie heraus, was Sie wo pflanzen können. Manche Pflanzen lieben volle Sonne, andere Halbschatten, andere wiederum mögen die Morgensonne. Berücksichtigen Sie auch den späteren Schattenwurf von Hecken und großen Bäumen; er kann ebenso stark sein wie der Schatten von Gebäuden.

Planen Sie die Beleuchtung Legen Sie schon in der Planungsphase die Plätze für Leuchten fest. Eine Leuchte an jedem Eingang sowie mehrere entlang der Wege und auf der Terrasse verbessern die Sicht und sorgen für Wirkung – bei Nacht ebenso wie im Winter. Es empfiehlt sich, auch alle Stufen, Absätze und Türen, die ins Haus führen, gut auszuleuchten.

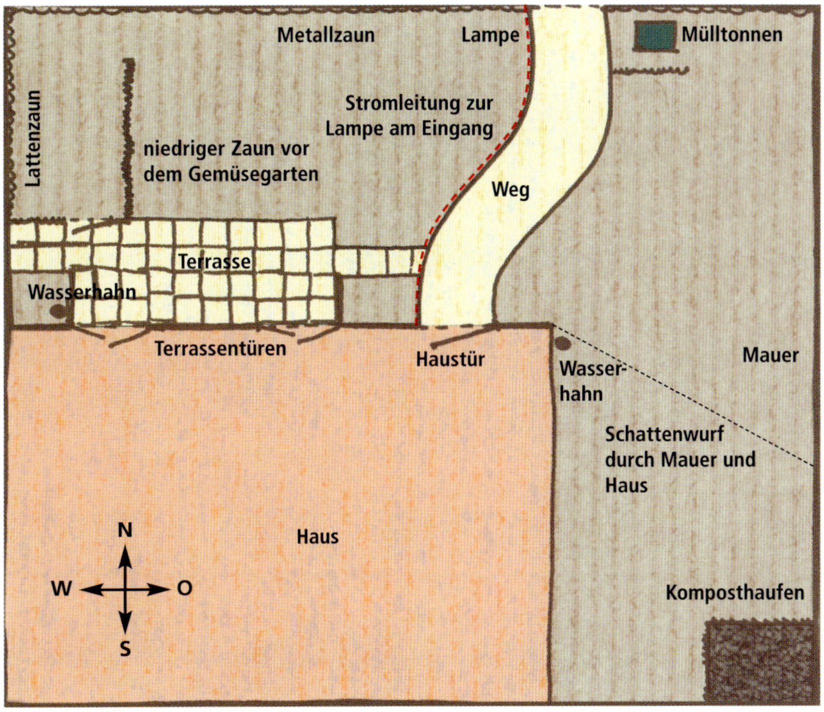

Zeichnen Sie einen Plan der vorhandenen Gartenstruktur

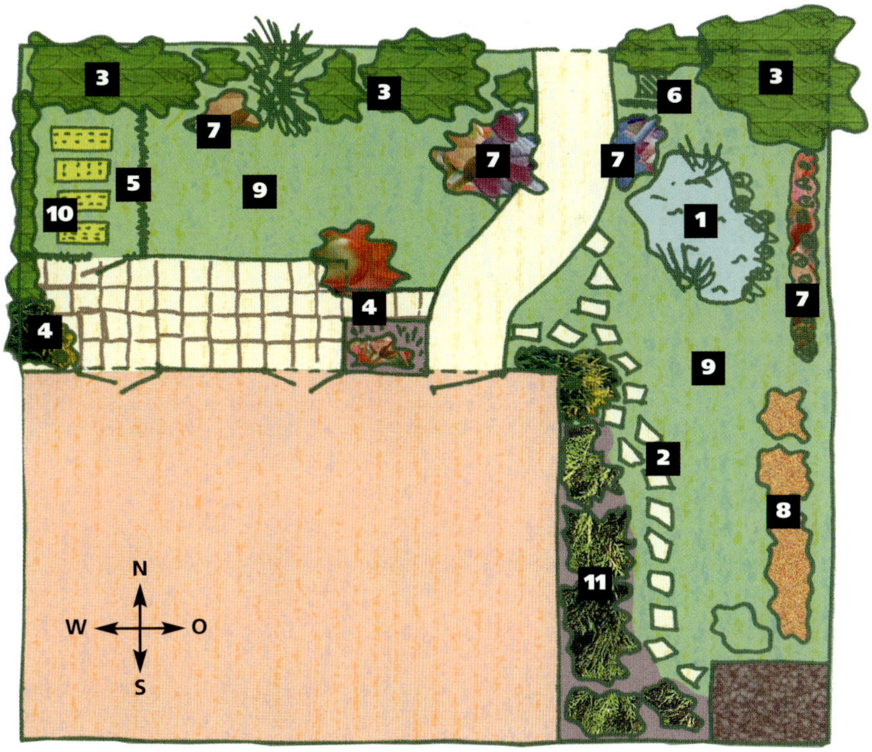

Tragen Sie geplante Bepflanzungen und Einrichtungen ein
Zeichnen Sie neue Elemente ein wie den Teich **1**, den Trittplattenweg **2**, die Hecke an der Vorderseite **3** und die Pflanzen an der Terrasse **4**. Markieren Sie die Grenze des Gemüsegartens **5**, die Abschirmung des Müllplatzes **6** und die Blumenbeete **7**. Im Herbst oder Frühjahr können Beerensträucher **8** gepflanzt, Rasen **9** gesät und der Boden des Gemüsegartens **10** vorbereitet werden. Kennzeichnen Sie schattige Gartenbereiche **11**, und verwenden Sie dafür geeignete Pflanzen.

Leuchten leiten sicher durch den nächtlichen Garten und betonen wirkungsvoll schöne Bereiche.

- Planen Sie mehrere beleuchtete Bereiche ein. Verschiedene kleine, etwas schwächere Leuchten sind wirkungsvoller als ein einzelner kräftiger Strahler. Sie blenden nicht und verleihen Ihrem Garten nachts eine lebendige Atmosphäre. Eine Lampe mit mehr als 100 Watt dagegen lässt den unbeleuchteten Gartenteil wie ein „schwarzes Loch" wirken und stört möglicherweise die Nachbarn.

Gefälle ausmessen Nehmen Sie lange Stangen, Maßband und Wasserwaage zu Hilfe, um Höhenunterschiede zu ermitteln. Das ist etwa beim Planen einer Terrasse oder von Treppen wichtig. Das Gefälle einer abwärts geneigten Fläche wird in Prozent angegeben: Ein Gefälle von 8 % bedeutet beispielsweise 8 cm Höhenunterschied über eine Entfernung von 1 m oder 8 m über eine Strecke von 100 m.

Wie ist der Durchblick? Berücksichtigen Sie die direkte Umgebung Ihres Gartens. Eventuell sollte mancher Anblick kaschiert oder aber ein besonders schöner Ausblick optimiert werden.

Legen Sie die Größe von Terrasse und Sitzplatz fest Berechnen Sie die Größe, die Sie voraussichtlich benötigen – und geben Sie dann auf jeder Seite nochmals mindestens 1,5 m hinzu.

Wasserflächen und -elemente Überlegen Sie sorgfältig, welche Wasserelemente zum Stil Ihres Gartens passen.

- Infrage kommen z. B. ein Teich, ein Bachlauf, ein Wasserfall oder eine kleine Quelle. Ein Bach oder Wasserfall bietet sich auf abschüssigem Gelände an, während ein Teich am besten auf ebener Fläche angelegt wird, wo sich der Boden leicht ausheben lässt. Bei steinigem Untergrund oder hohem Grundwasserspiegel ist dies schwierig.
- Denken Sie an Stromanschlüsse für Pumpen und möglicherweise Beleuchtung.
- Gewässer mit mehr als 30 cm Tiefe brauchen eventuell eine Umzäunung oder eine andere Form der Kindersicherung.

Schwimmbecken Wenn Sie später ein Schwimmbecken oder einen Schwimmteich einfügen möchten, sollten Sic dafür genügend Fläche reservieren und keine laubabwerfenden Bäume pflanzen, deren Blätter im Herbst ins Wasser fallen könnten.

Mit allem Komfort Für verschließbare Garteneingänge und andere Pforten empfehlen sich Klingeln sowie automatische Türöffner und -schließer.

- Planen Sie genügend elektrische Anschlüsse, und verwenden Sie nur für den Außenbereich ausgewiesenes Material.
- Lassen Sie die Installationen von einem Elektriker durchführen oder abnehmen.

Aus dem Platz das Beste machen

Sorgen Sie für Ausblicke Ein Garten ohne Ausblick kann rasch langweilig werden. Wird er von hohen Mauern umschlossen, sollte man einige Durchbrüche für den Blick nach draußen erwägen. Im Garten selbst sorgen Bereiche mit niedrigem Bewuchs für eine offenere Wirkung.

- Öffnungen verschaffen auch auf engem Raum einen Eindruck von Weite. Wo ein Mauerdurchbruch nicht möglich ist, kann ein Wandgemälde einer offenen Pforte oder eines Fensters mit Blick auf eine Landschaft effektvoll sein.

Grenzen verschwimmen lassen Lassen Sie Ihren Garten größer erscheinen, indem Sie Sträucher ans hintere Ende pflanzen. Sie verschleiern den Grenzverlauf und verbinden sich optisch mit der Nachbarbepflanzung.

- Unschöne Ecken lassen sich durch einen großen immergrünen Strauch kaschieren. Enge Stellen werden zu einem interessanten Durchgang, wenn sie beidseitig von Laub gesäumt in einen anderen Gartenteil führen.

SCHON GEWUSST?

Örtliche Bau- und Gestaltungsvorschriften
Erkundigen Sie sich bei den zuständigen Behörden (wie Orts- oder Kreisverwaltung, Bauamt) nach eventuellen Vorschriften, bevor Sie Baulichkeiten errichten oder abreißen. Für eine Pergola, ein kleines Garten- oder Gewächshaus u. Ä. braucht man häufig keine Baugenehmigung, doch für etwas größere Einrichtungen kann zumindest eine Bauanzeige erforderlich sein. Besonders für den Vorgarten und die Straßenansicht des Gartens kann es zudem spezielle Gestaltungsvorschriften und -verbote geben. Letztlich spart man oft Zeit und Geld, wenn man sich vorher gründlich informiert.

Höhenabstufungen machen den Garten interessant.

Fokussieren Sie durch eine Maueröffnung den Blick auf eine schöne Umgebung.

Die Perspektive ändern Vermeiden Sie bei einem schmalen Garten alles, was den Blick auf sein Ende lenkt.

- Führen Sie keinen geraden Weg längs durch den Garten. Verwenden Sie stattdessen Trittsteine, die versetzt platziert werden, oder setzen Sie einen Gitterzaun im rechten Winkel zur Längsseite, ergänzt z. B. um eine Quelle und dekorative Blattpflanzen.
- Unterbrechen Sie die gerade Blickachse durch Hecken, gemischte Beete, kleine Bäume oder einen von dekorativen Sträuchern umsäumten Pavillon.
- Weitere Lösungen sind verschiedene, ansteigende Höhenstufen oder ein Pfad, der sich von der einen Gartenseite zur anderen windet. Parallele Mauern können durch Kletterpflanzen aufgelockert werden.

Baumreihen für größere Gärten In einem großen Garten eignen sich in Reihen gepflanzte Bäume gut, um einen Weg zu säumen, eine Blickrichtung zu unterstreichen oder das Auge auf einen besonderen Punkt wie das Haus, eine Bank oder eine Statue zu lenken. Entlang einem Weg können Sie auch beidseitig eine kleine „Allee" pflanzen oder, bei reichlich Platz, jeweils zwei versetzt angeordnete Reihen nebeneinander.

- Baumreihen wirken besonders gut, wenn sie aus nur einer Art (z. B. Robinie) bestehen. Fragen Sie bei der Auswahl nach Höhe und Breite im ausgewachsenen Zustand, und pflanzen Sie nicht zu eng. Wählen Sie eine bestimmte Sorte (z. B. Robinie 'Pyramidalis'), dann wachsen alle Exemplare einheitlich.

Höhenstufen einplanen Verschiedene Höhenstufen machen einen kleinen Garten nicht nur interessanter, sie bieten auch mehr Platz für die Bepflanzung. Legen Sie anstelle eines Rasens in der Gartenmitte terrassenartige Stufen an. Darauf können Töpfe Platz finden.

Tipps für Hanggärten Planen Sie an Hängen geschwungene Wege sowie Treppen ein. Sie erleichtern das Begehen und Arbeiten und bringen Abwechslung in den Garten.

- Kaufen Sie lange Schläuche, oder installieren Sie zusätzliche Wasseranschlüsse, damit Sie nicht ständig Wasser den Hang hoch- oder hinuntertragen müssen.
- Steht Ihr Haus erhöht, isolieren Sie es nicht zusätzlich durch eine umgebende Rasenfläche. Pflanzen Sie wenigstens an zwei Seiten Sträucher und Stauden, um Haus und Garten optisch geschickt zu verbinden.

Unschöne Bereiche verdecken Parkplätze, Mülltonnenstellplätze und ähnliche Partien lassen sich gut hinter Hecken oder mit Kletterpflanzen bewachsenen Zäunen verstecken.

Wasserflächen machen größer Selbst kleine Wasserflächen lassen einen Garten größer erscheinen, indem sie ihre Umgebung widerspiegeln. Legen Sie das Gewässer in einem kleinen Garten im Vordergrund und in Längsrichtung zum Grundstück an.

Die Illusion optischer Tiefe Befestigen Sie an einer Mauer am Gartenende einen Spiegel, und lassen Sie seinen Rahmen hinter dichtem Blattwerk verschwinden. Wählen Sie eine schattige Stelle, sodass der Spiegel nicht durch Reflexion der Sonne blendet.

- Platzieren Sie einen Spiegel am Teichufer. So wirkt das Gewässer größer und tiefer.
- Optische Tiefe erreicht man auch, indem man ein Wasserbecken nach hinten schmaler verlaufen lässt. So erscheint es länger.

Wege mit Charakter Gartenwege sind wichtige Gestaltungselemente. Vermeiden Sie langweilige, gerade verlaufende Wege sowie akkurate Randbegrenzungen. Lockern Sie Übergänge lieber mit niedrigen Sträuchern unterschiedlicher Form und Gestalt auf. Die Gartenpforte sollte sich nicht zu nah am Haus befinden.

Großvaters Geheimtipp

ZUFLUCHT UND NAHRUNG FÜR WILDTIERE

Lassen Sie in manchen Gartenecken etwas natürlichen Wildwuchs zu.

- Pflanzen Sie eine gemischte Hecke aus heimischen Sträuchern, in der Vögel und kleine Säugetiere Unterschlupf finden.
- Mähen Sie einen Teil des Rasens nur selten, und dulden Sie dort blühende Kräuter und Gräser wie Klee, Wilde Stiefmütterchen und einige Brennnesseln, die Schmetterlingen Nahrung bieten. Pflanzen Sie kleine Inseln mit Wiesenblumen in den Rasen.
- Holz-, Stein- und Laubhaufen bieten Insekten, Igeln usw. Unterschlupf.
- Gehölze und Blumen mit einfachen, ungefüllten Blüten ziehen Bienen und Hummeln an.

Ein Stückchen Wiese und ein knorriger Baum sind kleine Paradiese für Wildtiere.

Schritt für Schritt zum idealen Garten

Architektonische Elemente und Bepflanzung unterliegen, wie auch Gartenstile und verwendete Materialien, modischen Tendenzen. Gleichbleibend wichtig ist es allerdings, eine grundlegende Struktur zu schaffen, bevor man mit dem Pflanzen beginnt.

Die ersten Schritte

Damit starten Sie Am Anfang stehen die Wege und sämtliche Baulichkeiten, dann folgen die Bereiche rund ums Haus, um die sich alle anderen Gartenteile gruppieren.

Auf Grundlegendes konzentrieren Hierzu gehören zuallererst das Einebnen oder Modellieren des Geländes, das Anlegen von Gräben für Wasserrohre, elektrische Leitungen und – wenn nötig – für Dränagesysteme und das Verbessern nährstoffarmer Böden mit Kompost. All dies sollte sorgfältig geplant werden und ist wichtiger, als gleich an ambitionierte Projekte zu gehen, die sich am Ende als ungeeignet erweisen können, z. B. der Bau einer imposanten Pergola, die später vielleicht weitaus mehr Schatten als ursprünglich gewünscht wirft.

Vorhandene Bäume schützen Bäume sollten vor den ersten größeren Arbeiten rund um den Stamm eine Manschette aus 1,5 m langen, zusammengebundenen Brettern erhalten. Bei weniger starken Eingriffen in den Garten können auch Plastikplanen oder dicke Decken reichen.

Nicht gleich alles entsorgen Entfernen Sie zuerst das Unkraut. Lassen Sie Bäume und Sträucher zunächst stehen, sofern sie nicht stören. Vielleicht brauchen sie später nur einen Schnitt, um sich gut einzufügen.
- Werfen Sie aufgelesene Steine nicht weg. Auch kleine können sich noch als sehr nützlich erweisen, etwa als Unterbau für Wege oder zum Auflockern dichter Böden.

Ein Ziegelsteinweg vermittelt das Flair alter Bauerngärten. Der von den Seiten auf den Weg wallende Pflanzenwuchs lässt die Konturen sanft verschwimmen.

- Lagern Sie abgehobenen Oberboden, sodass Sie ihn später, z. B. nach Bauarbeiten, wieder auftragen können.

Stromleitungen Zum Verlegen von elektrischen Leitungen und Verteilern im Garten sollte man unbedingt einen Fachmann heranziehen, damit alle Sicherheitsvorschriften erfüllt werden. Steckdosen im Außenbereich müssen durch einen Fehlerstrom-(FI-) Schutzschalter gesichert sein. Verzichten Sie auf Leitungen in der Nähe von Bäumen; ihre Wurzeln können die Kabel beschädigen.

In der kalten Jahreszeit Herbst und milder Winter eignen sich am besten für umfangreichere Erd- und Bauarbeiten.
- Nach größeren Erdbewegungen sollte sich der Boden 1–2 Wochen setzen.

ACHTUNG!

Halten Sie Schachtdeckel unbedingt frei
Notieren Sie die Position aller Schacht- bzw. Kanaldeckel in Ihrem Gartenplan. Lassen Sie diese nicht überwuchern; früher oder später kann ein Zugang nötig werden. Die Deckel lassen sich durch Umpflanzung mit Bodendeckern oder flach wurzelnden kleinen Sträuchern kaschieren. Alternativ können Sie einfach eine attraktive Kübelpflanze darauf platzieren. Mit speziellen Umpflasterungssteinen lassen sich die Schachtdeckel auch in einen Bodenbelag integrieren.

● Nachdem alle Bauarbeiten abgeschlossen sind, verbessern Sie den Boden mit reichlich Kompost oder Mist. Mischen Sie schweren Tonböden Kalk und Sand unter.

Rutschgefahr vermeiden Wählen Sie möglichst rutschfeste Weg- und Bodenbeläge mit einer gut strukturierten Oberfläche. Glatte Pflaster und Platten sollten überdachten Bereichen vorbehalten bleiben.
● Moose und Flechten lassen Wege natürlich wirken; um sie zu entfernen, verwenden Sie anstelle von Chemikalien einen Wasserhochdruckreiniger oder eine kräftige Bürste.
● Werden doch einmal chemische Moosentferner nötig, achten Sie auf Präparate, die Stein- oder Holzoberflächen nicht angreifen oder verfärben.

Ziegelsteinwege mit Charme Mit alten Ziegelsteinen lässt sich leicht ein einfacher, nostalgischer Gartenweg anlegen.
● Ebnen Sie den Boden ein, heben Sie einen schmalen Weg aus – in der Höhe der Ziegelsteine zuzüglich 15 cm –, füllen Sie eine 15 cm hohe Schicht rauen Sand ein, und setzen Sie die Steine darauf. Die Fugen füllen Sie abschließend mit Sand.

Sichere Hänge Sanfte Böschungen werden durch flache Holzbohlen, die als Stufen dienen, leichter begehbar. Schlagen Sie zur Befestigung der Bohlen an der Vorderseite Holzpflöcke oder Stahlstäbe in den Boden. Oft rutscht die Erde hinter den Bohlen mit der Zeit von allein nach, sodass die Stufen nicht extra hinterfüttert werden müssen.

Steile Hänge befestigen Bei Hängen mit einem Gefälle von über 8 % kann das Abrutschen des Bodens durch niedrige Steinmäuerchen verhindert werden. Mit mehreren aufeinanderfolgenden Mauern legt man Terrassen an, die der Kontur des Hanges folgen. Je steiler der Hang, desto höher sollten die Mauern sein. Mauern über 1 m Höhe sollten Fachleute planen und abnehmen.
● Sorgen Sie für ausreichend große Öffnungen am Mauerfuß, damit Wasser abfließen kann. Aufgestautes Regenwasser hinter der Mauer kann den Sockel destabilisieren.

Gut begehbare Treppen Bauen Sie Treppen stets von unten nach oben auf. Planen Sie die Höhe und Breite der Stufen sorgfältig. Die Stufen sollten mindestens 10 cm und höchstens 18 cm hoch sein. Als angenehm gilt eine Schrittlänge von etwa 65 cm. Die Stufentiefe (Auftritttiefe) lässt sich berechnen, indem man von der Schrittlänge die zweifache Stufenhöhe abzieht (z. B.: 65 cm – 2 × 15 cm = 35 cm). Innerhalb eines Treppenabschnitts sollten alle Stufen dieselbe Höhe und Tiefe haben.

Die Breite der Wege Stellen Sie sicher, dass die Wege im Gartenalltag komfortabel nutzbar sind. Bei Hauptwegen gewährleistet eine Breite von mindestens 1,5 m (besser noch zwischen 1,7 m und 2 m), dass zwei Personen nebeneinander Platz haben.
● Nebenwege sollten breit genug für eine Schubkarre sein. Legen Sie an geeigneten Stellen größere Wendekreise an, damit Sie – ohne die Beete zu betreten – drehen und wieder bequem vorwärts fahren können.
● Bei Wegen rund um Pflanzflächen sowie zwischen Hecken und Beeten genügt eine Breite von 50 cm. Zwischen den Beeten im Gemüsegarten reichen meist 20 – 30 cm.

Wählen Sie für Treppen rutschfeste Stufenplatten.

Ein terrassierter Weg mit Bohlenstufen und Schotterauflage

EINEN TRITTPLATTENWEG ANLEGEN

Trittplatten oder -steine sind eine praktische, recht preiswerte Lösung für Wege mit Bauerngartenflair. Zum Verlegen brauchen Sie einen kräftigen Gummihammer, einen Spaten, eine Kelle und Sand für die Verlege- und Ausgleichsschicht; eventuell auch einen Helfer zum Anheben der Platten.

1 Legen Sie die Platten aus, und stechen Sie entlang der Ränder die Grasnarbe aus; heben Sie vorsichtig die Soden ab.

2 Graben Sie 3–5 cm tiefer, als die Platten dick sind. Füllen Sie eine 5–8 cm hohe Sandschicht auf, und ebnen Sie diese ein.

3 Setzen Sie jede Platte sehr sorgfältig auf ihrer Sandschicht ein.

4 Klopfen Sie die Platten mit dem Gummihammer im Sand fest, sodass sie plan mit der Rasenoberfläche abschließen.

5 Füllen Sie Lücken an den Rändern mit einer Sand-Erde-Mischung, und drücken Sie diese fest.

6 Säen Sie an kahlen Stellen Reparaturrasen ein. Bewässern Sie mit einer feinen Brause, bis das Gras angewachsen ist.

Wege anlegen Wege, die gelegentlich schwere Lasten aushalten sollen, brauchen einen stabilen Unterbau aus Grobkies oder Schotter in einer mindestens 10 cm starken Schicht. Darüber kommt eine 5 cm hohe Verlegeschicht aus Sand. Addieren Sie dazu die Höhe des Belags (z. B. Pflaster, Kies oder Schotter). Heben Sie den Boden entsprechend tief aus. Verfestigen Sie Unterboden und Unterbau mit einer Walze oder einer Rüttelmaschine, bevor Sie die Sandschicht ausbringen.

- Für seltener genutzte Wege reicht oft schon eine Sandschicht, um die Pflastersteine zu verlegen; bei der Aushubtiefe müssen also nur 5 cm für den Sand und die Stärke des Pflasters berücksichtigt werden. Achten Sie auf einen ebenen Abschluss, und verfüllen Sie die Fugen mit feinem Sand.
- Legen Sie unter Kies-, Schotter- oder Rindenmulchwegen ein kräftiges, wasserdurchlässiges Vlies aus, das den Unkrautaufwuchs unterdrückt.

Mut zur Farbe Durch Verwendung farbiger Materialien lassen sich schöne Stimmungen und Wirkungen erzielen. Eine blaue Pergola, gesäumt von pastellfarbenen Blüten und grauen Blättern, ruft den Zauber alter Gärten wach. Mit schwarz gebeizten Holzzäunen ergibt sich an sonnigen Tagen ein eindrucksvoller Kontrast zu immergrünen Pflanzen und leuchtenden Blüten. Mit roten oder gelben Ziegelsteinen lassen sich ornamentale Wegmuster schaffen.

Haltbares Holz Früher verwendeten Gärtner für Konstruktionen im Garten gut abgelagertes Hartholz – oder sie imprägnierten Holz mit Teerölen (dieses Vorgehen wird allerdings nicht zur Nachahmung empfohlen). Heute kann man zu weitgehend dauerhaften Hölzern wie Douglasie, Lärche oder – für anspruchsvolle Zwecke – Robinie greifen. Fichte und Tanne, aber auch haltbarere Holzarten sollten für den Außenbereich kesseldruckimprägniert sein; bei dieser Imprägnierung werden Holzschutzsalze mit hohem Druck in das Holz gepresst. Achten Sie beim Kauf auf chromfrei imprägniertes Holz von guter Qualität. Als Alternative werden auch mit Pflanzenölen unter Hochdruck imprägnierte Hölzer angeboten. Wo Holz mit dem Boden in Kontakt kommt, muss es ganz besonders gut gegen Fäulnis und Schädlinge geschützt werden.

- Eine einfache Lösung, Holz am bzw. im Boden zu schützen, sind Metallhülsen oder -schuhe, die in den Boden eingeschlagen werden, so z. B. für die Pfosten von Pergolen oder Klettergerüsten. Bei Metallschuhen werden die Pfosten oben aufgeschraubt, sodass sie keinen direkten Bodenkontakt haben.
- Auch kesseldruckimprägnierte Hölzer bleiben länger ansehnlich und haltbar, wenn Sie diese von Zeit zu Zeit mit geeigneten Ölen, Wachs, Lack oder Lasur streichen.

Mutterboden besorgen Wenn bei Bauarbeiten Gartenboden abgetragen wurde, brauchen Sie reichlich Mutterboden oder gut abgelagerte Komposterde als neue Pflanzschicht: für den Rasen 30 cm hoch, für Stauden 40 cm, für Sträucher und Hecken 60 cm. Für einzeln gepflanzte Bäume benötigen Sie 1–4 m Erde. Mutterboden wird z. B. von Bauunternehmen angeboten, teils auch von Privatleuten. Prüfen Sie möglichst seine Qualität, bevor Sie ihn anliefern lassen.

- Boden, der bewegt oder neu aufgeschüttet wurde, kann bis zu 20 % absacken, nachdem er sich gesetzt hat und durchfeuchtet ist.

SCHON GEWUSST?

Moderne Lichttechnik
Nutzen Sie das vielfältige Angebot an Außen- und Gartenleuchten. Besonders stromsparend sind Niedervoltsysteme, die man als komplette Sets mit mobilen, umsteckbaren Strahlern kaufen kann. Gänzlich stromunabhängig und besonders flexibel sind Solarleuchten, die sich mit Erdspießen beliebig platzieren lassen – allerdings am besten so, dass sie tagsüber möglichst lange der Sonne ausgesetzt sind. Interessante und raffinierte Lösungen bieten sich mit Boden- und Erdeinbaustrahlern sowie mit Unterwasserleuchten für Teiche.

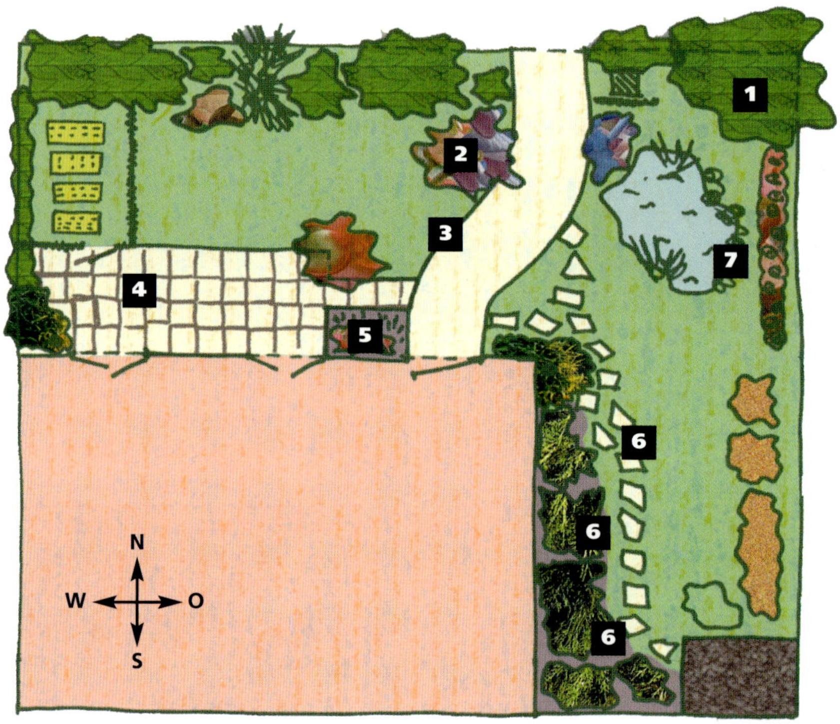

Die besten Stellen für Lampen und Leuchten
Berücksichtigen Sie bei der Gartenbeleuchtung ästhetische und praktische Gesichtspunkte gleichermaßen. Hier einige Standortvorschläge: unter einem Strauch, der betont werden soll **1**; zwischen Stauden und Kleinsträuchern **2**; auf Bodenebene an Wegbiegungen **3**; nahe dem Gemüsegarteneingang **4**; in einer Terrassenecke **5**; kleine Leuchten in Hausnähe **6**; zur Ausleuchtung des Teiches **7**.

Kalkulieren Sie diese Möglichkeit ein, wenn Sie Mutterboden bestellen.

Nun geht's ans Pflanzen

Wählen Sie standortgerechte Pflanzen Das Geheimnis zum Erfolg sind Pflanzen, die möglichst gut zu den Boden-, Licht- und Klimaverhältnissen in Ihrem Garten passen. Sehen Sie sich sorgfältig um, welche Pflanzen in nahe gelegenen anderen Gärten gut gedeihen, und richten Sie danach Ihre Auswahl aus. Die Mühe lohnt sich.

„Generalprobe" vor dem Einpflanzen Testen Sie vor dem Einsetzen, wie Ihre Pflanzen an der dafür vorgesehenen Position wirken, indem Sie sie dort – noch in den Töpfen – aufstellen. Bäume können durch lange Holzstangen angedeutet werden. Platzieren Sie die Pflanzen so, dass rundum genug Platz für ihr Breitenwachstum bleibt. Überlegen Sie, ob sie später Schatten werfen oder den Blick beeinträchtigen könnten, und prüfen Sie ganz in Ruhe, ob Ihnen die Gesamtwirkung gefällt.

Pflanzstart im Frühjahr Im Herbst und Winter zur Bodenverbesserung eingebrachte organische Materialien sollten bis zum Frühjahr weitgehend verrottet sein. Beginnen Sie beim Pflanzen mit Bäumen, Sträuchern und Hecken, die das Gerüst des Gartens bilden, sowie mit Bodendeckern. Achten Sie aber darauf, dass manche Arten besser im Herbst gepflanzt werden.

Sparen Sie Zeit Es gibt zahlreiche pflegeleichte Sträucher oder Gräser, die ebenso ansprechend sind wie Stauden oder Sommerblumen. Pflanzen Sie besonders schöne, anspruchsvollere Pflanzen vor allem in Hausnähe, wo Sie am meisten von ihnen haben und sich öfter um sie kümmern können.

Für eine schnelle Wirkung Pflanzen Sie raschwüchsige Stauden wie Schafgarbe, Astern, Taglilie, Storchschnabel, Rittersporn, Spornblume (*Centranthus ruber*), Skabiose und Salbei-Arten. Berücksichtigen Sie auch klassische Bodendecker wie Taubnessel, Wollziest (*Stachys*) und Hornkraut (*Cerastium tomentosum*), die einen kahlen Boden schnell überziehen.

Im Garten sollten keine giftigen Holzschutzmittel verwendet werden. Wählen Sie druckimprägniertes Holz, oder fragen Sie nach Hölzern, die von Natur aus dauerhaft sind.

- Schnellwüchsige Sommerblumen wie Schmuckkörbchen (*Cosmos*), Wunderblume (*Mirabilis*), Kapuzinerkresse und Klatschmohn eignen sich gut, um anfängliche Lücken zwischen jungen Sträuchern und Stauden zu füllen.

Hecken – Kosten und Prioritäten abschätzen Für eine Schnitthecke verwenden Sie am besten junge, kleine Pflanzen, die wenig kosten und beim Wachsen formiert werden können. Wünschen Sie jedoch einen schnellen Sichtschutz, dann müssen Sie bereits zwischen 1,5 und 2 m hohe – und dann teurere – Pflanzen wählen.

- Eine Alternative ist, kleine Pflanzen zu verwenden und sich mit einer Sichtschutzwand aus Holz oder Bambus abzuschirmen, bis die Hecke hoch genug ist.
- Eine andere Übergangslösung sind schnellwüchsige, hohe Sommerblumen wie Sonnenblumen, die neben die anfangs noch kleinen Heckensträucher gesetzt werden.
- Schnellwüchsige Heckenpflanzen sind z. B. Feldahorn, Liguster und Scheinzypresse.

Säen Sie den Rasen zuletzt Rasen sollte erst gesät oder ausgelegt werden, wenn die anderen Bereiche weitgehend fertig sind. Auf diese Weise muss die Grünfläche anfangs nicht betreten werden.

Großvaters Geheimtipp

Buchseinfassung
In alten Bauerngärten wurden Beete und Rabatten häufig mit Buchs umrahmt.

- Graben Sie den Randstreifen gründlich um.

- Spannen Sie 15–20 cm vom Rand entfernt eine Richtschnur, und pflanzen Sie den Buchs ein.

- Setzen Sie die Pflanzen im Abstand von 5–10 cm nebeneinander, und gießen Sie kräftig über dem Wurzelbereich an.

- Die Pflanzen im Frühling und Spätsommer leicht zurückschneiden.

Blüten und Farben rund ums Jahr

Ein gelungener Garten bietet das ganze Jahr über etwas für das Auge. Entscheidend ist eine gut geplante Zusammenstellung von Gehölzen, Stauden, Sommer- und Zwiebelblumen.

Attraktionen für die Wintermonate

Die Mischung macht's Gerade für die kalte, dunkle Jahreszeit lohnt sich eine gute Planung der Bepflanzung. Obwohl die Natur weitgehend ruht, gibt es Pflanzen, die selbst im Winter blühen. Immergrüne Gehölze zieren den Garten mit ihren Blättern und halten kalte Winde ab. Bevorzugen Sie jedoch in Hausnähe laubabwerfende Pflanzen, damit die Wintersonne ungehindert Zutritt hat. Und setzen Sie besondere Winterschönheiten in Sichtnähe des Hauses.

Blüten im Schnee Es ist immer wieder faszinierend, wenn aus einer weißen Schneedecke kecke Blüten hervorlugen. Zu den Winterblühern gehören die Schneeheide (*Erica carnea*) mit Blütenglöckchen in Rosa- und Rottönen oder Weiß und die weiß blühende Christrose (*Helleborus niger*). Auch der hoch wachsende gelbblütige Winterjasmin (*Jasminum nudiflorum*) und Zaubernuss-Arten (*Hamamelis*) mit ihren aparten, duftenden, gelben oder rötlichen Blüten lassen sich durch ein paar Frostgrade nicht vom Blühen abhalten.

Früchte als Farbtupfer Schon im Spätsommer und Herbst ziehen dekorative rote, blaue oder schwarze Früchte die Blicke auf sich – im Winter, wenn kaum noch etwas mit ihnen konkurriert, werden sie vollends zur Attraktion. Besonders lange, oft bis in den Februar hinein, halten die Früchte von Skimmie (*Skimmia japonica*) sowie von Zwerg- und Felsenmispel (*Cotoneaster*). Ihre Früchte sind ungenießbar. Vorsicht, andere lang haftende Früchte sind meist sogar giftig!

Gräser als Winterzierden Schneiden Sie Ziergräser wie Chinaschilf, Federborstengras

Manche Nadelgehölze bieten mit zierenden Zapfen einen besonderen Winterschmuck.

Die gute Wahl

WINTERLICHE GARTENFREUDEN
Die Wirkung winterlicher Blüten und Früchte sollte man sich keinesfalls entgehen lassen. Doch in einem kalten Januar können diese Attraktionen spärlich ausfallen. Dann haben schön gefärbte Rinden ihren großen Auftritt, und Immergrüne zeigen ihre besonderen Stärken – und zwar nicht nur Gehölze, sondern auch wintergrüne Stauden, Gräser und Farne.

DEZEMBER
BLÜTEN Christrose **1**, *Mahonia x media*, Winterblüte (*Chimonanthus praecox*), Winter- und Duftschneeball (*Viburnum x bodnantense, V. farreri*), Winterjasmin **2**
BLATTSCHMUCK Nadelgehölze, immergrüne Laubgehölze wie Buchsbaum, Lorbeerkirsche, Stechpalme **5**
FRUCHTSCHMUCK Berberitze, Feuerdorn **4**, Sanddorn, Schneeball, Schneebeere, Skimmie, Zwerg-/Felsenmispel

JANUAR
BLÜTEN Christrose **1**, Schneeheide **6**, Winterjasmin **2**, Zaubernuss **3**
BLATTSCHMUCK Immergrüne Laubgehölze, Nadelgehölze
FRUCHTSCHMUCK Feuerdorn **4**, Skimmie, Stechpalme **5**, Zwerg- und Felsenmispel
SCHÖNE RINDE Kupferbirke, Weißbirke, Schlangenhautahorn (*Acer capillipes*) Sibirischer Hartriegel (*Cornus alba* 'Sibirica')

FEBRUAR
BLÜTEN Christrose **1**, Hasel, Scheinhasel (*Corylopsis pauciflora*), Kornelkirsche, Krokus, Schneeheide **6**, Seidelbast, Schneeglöckchen, Vorfrühlingsalpenveilchen (*Cyclamen coum*), Winterblüte, Winterschneeball, Winterjasmin **2**, Winterling, Zaubernuss **3**
BLATTSCHMUCK Immergrüne Laubgehölze, Nadelgehölze
FRUCHTSCHMUCK Skimmie, Zwerg- und Felsenmispel

1 2

3 4

5 6

und Seggen erst im Frühjahr zurück – während des Winters bieten sie einen herrlichen Anblick, besonders wenn sie morgens von Raureif überzogen sind. Dasselbe gilt für Stauden mit dekorativen Fruchtständen wie Sonnenhut (*Rudbeckia*) oder Astilbe.

Immerwährende Farbenpracht

Die letzten Fröste Für unsere Gärtnervorfahren waren die „Eisheiligen" nach dem Winter der entscheidende Termin: An diesen Tagen zwischen dem 12. und 15. Mai stellten sich früher mit großer Regelmäßigkeit die letzten Nachtfröste ein. Erst danach wurden kälteempfindliche Blumen gepflanzt und Kübelpflanzen nach draußen gestellt. Klimaveränderungen haben diesem Termin schon länger etwas von seiner Bedeutung genommen. Doch es lohnt sich noch immer, die alte Regel zu beherzigen: Denn nicht selten wird es um diese Zeit nochmals kühl und regnerisch; und besonders in höheren Lagen kann es durchaus nachts noch frieren.

Frühjahrsreigen der Zwiebelblumen Mit Schneeglöckchen und Winterlingen als Vorboten erfreuen Zwiebel- und Knollenblumen häufig bereits ab Februar. Im März und April folgt dann die große Zeit farbenprächtiger Blüher. Mit spät blühenden Tulpensorten lässt sich diese zauberhafte Phase bis in den Mai hinein verlängern. Pflanzen Sie Zwiebelblumen unter frühjahrsblühende Gehölze wie Blutjohannisbeere, Forsythie und Japanische Zierkirsche.

Sommerlange Dauerblüte Bei der Anlage eines neuen Gartens sind Pflanzen erforderlich, die nicht nur schnell, sondern auch wirkungsvoll blühen.

- **Stauden** Gute Sommerblüher sind Färberkamille (*Anthemis tinctoria* 'E. C. Buxton'), Katzenminze (*Nepeta*), Prachtkerze (*Gaura*), Skabiose (*Scabiosa* 'Butterfly Blue'), Spornblume (*Centranthus*) sowie Storchschnabel (*Geranium psilostemon* und *G. endressii*).
- **Sträucher** Attraktive, bewährte Sommerblüher sind etwa der Pfeifenstrauch (*Philadelphus*), der Roseneibisch (*Hibiscus syriacus*), der Schmetterlingsstrauch (*Buddleja*) sowie Hortensien. Von Frühsommer bis Herbst blühen Rosen und Fingerstrauch (*Potentilla fruticosa*).
- **Sommerblumen** Einjährige Blumen beleben den Garten rasch und den ganzen Sommer über mit kräftigen Farben. Zu den Klassikern unter ihnen gehören Fleißiges Lieschen, Jungfer im Grünen (*Nigella damascena*), Kapuzinerkresse, Ringelblume und Schmuckkörbchen.

Die Farben des Herbstes Achten Sie frühzeitig darauf, dass nach dem herrlichen Sommerflor in den Herbstmonaten kein Blütenloch entsteht.

- **Bewährte Herbstblüher** Astern, Herbstchrysanthemen und -anemonen sowie Stiefmütterchen bringen zum Abschluss der Saison noch einmal kräftige Farben in den Garten. Herbsteisenhut (*Aconitum carmichaelii*) sowie die Kleinsträucher Bartblume (*Caryopteris*) und Säckelblume (*Ceanothus*) steuern hübsche Blautöne zum herbstlichen Farbenreigen bei.
- **Regelmäßig gießen** Versorgen Sie Spätblüher bereits im Sommer ausreichend mit Wasser, und gießen Sie im Herbst weiter, wenn Regen ausbleibt. Andernfalls hat Ihre Freude an den noch zahlreichen Blüten möglicherweise ein allzu frühes Ende.
- **Schönes Herbstlaub** Berücksichtigen Sie bei der Pflanzenauswahl Gehölze mit einer schönen Herbstfärbung. Für kleine Gärten bieten sich beispielsweise Japanischer Ahorn (*Acer japonicum*) oder auch Kletterpflanzen wie Wilder Wein an.
- **Zierende Früchte** Nutzen Sie auch diesen besonderen Zieraspekt traditioneller Gärten. Neben den bereits unter den Attraktionen für die Wintermonate genannten Pflanzen seien hier besonders Wildrosen mit ihren Hagebuttenfrüchten sowie Heckenkirsche bzw. Geißblatt (*Lonicera*) erwähnt.

Im Sommer sorgen Katzenminze, Rittersporn, Rosen und Schafgarbe für ein lebhaftes Farbenspiel.

Stiefmütterchen sind farbenfrohe Nachbarn für Frühjahrs- und Herbstblüher.

Polsterphlox bereichert den Garten im Spätfrühling mit kräftig leuchtenden Tönen.

Ein farbenprächtiger Steingarten

Steingärten sind mal mehr, mal weniger in Mode. Sind Anlage und Gestaltung wohl durchdacht, erweist sich ein von Naturlandschaften inspirierter Steingarten in jedem Fall als sehr wirkungsvoll. Dort gedeiht eine herrliche Fülle trockenheitsverträglicher Pflanzen.

Einen Steingarten gestalten

Aus schwierigen Standorten das Beste machen Für einen steilen Hang, eine trockene Böschung oder eine heiße, trockene Fläche in Ihrem Garten kann ein Steingarten eine pflegeleichte und ansprechende Lösung darstellen. Verwenden Sie an einem Hang Steine als Fundament für eine Erdaufschüttung und zur Bodenbefestigung.

- Auch mit einer hügelartigen Aufschüttung aus Geröll, Schotter oder Kies lassen sich schöne Pflanzflächen anlegen. Verteilen Sie einige größere Steine, um die Aufschüttung zu stabilisieren, und bringen Sie unter der obersten Steinschicht Pflanzerde ein.

Die richtigen Pflanzen wählen Die meisten Steingartenpflanzen lieben gut durchlässigen Boden und volle Sonne. Viele von ihnen stammen von trockenen Naturstandorten mit einer nur geringen Bodenauflage. Doch selbst genügsamste Pflanzen müssen in regenarmen Zeiten regelmäßig gegossen werden.

- Für einen pflegeleichten vollsonnigen Garten empfehlen sich Sträucher wie Alpenjohannisbeere, Ginster, Mahonie, Rosmarinseidelbast, Wacholder und kleine Kiefern sowie folgende Bodendecker: Bärenfellgras (*Festuca gautieri*), Kaukasus-Fetthenne (*Sedum spurium*), Kriechspindel (*Euonymus fortunei*), Sandthymian und Zwergmispel. Von den Einjährigen kommen beispielsweise Kalifornischer Mohn, Portulakröschen und niedrige Tagetes infrage.

Sonnenliebende Stauden überwuchern anmutig die schroffen Steinkanten.

Einen natürlichen Hang nutzen Gibt es in Ihrem Garten bereits einen Hang oder eine Böschung, erleichtert das die Anlage eines Steingartens. Andernfalls schütten Sie an geeigneter Stelle einen Hügel auf. In einem sonst ebenen Garten wirkt eine sanft ansteigende Anhöhe natürlicher als ein steiler Hang. Als Faustregel gilt: Pro 30 cm Erhebung über das Bodenniveau sind 1–1,5 m Breite an der Basis der Aufschüttung nötig.

- Legen Sie einen Steingarten nicht unter Bäumen an. Zum einen würden herabfallende Blätter die Pflanzen bedecken und beeinträchtigen, zum anderen könnte die Stein- und Erdaufschüttung über den Wurzeln die Bäume stark schädigen.

Hier ist Geduld gefragt Wenn Sie einen Steingarten neu anlegen, warten Sie, bis sich Steine und Erde gesetzt haben, bevor Sie mit dem Pflanzen beginnen.

Haus- oder Dachwurz (Sempervivum) *sind äußerst anspruchslose Pflanzen mit attraktiven Blattrosetten in verschiedenen Farbtönen.*

Alpine Pflanzen Besonders steinige Naturstandorte finden sich im Gebirge, wo die Nächte kühl und die Winter oft lang sind. Alpine Pflanzen (die keinesfalls aus der Natur entnommen werden dürfen!) sind häufig Spezialisten und gedeihen teils schlecht in Steingärten in Tallagen. Doch es gibt auch solche, mit denen sich überall bunt gemischte Teppiche pflanzen lassen, etwa mit Enzian, Grasnelke, Hauswurz, Heidenelke, Küchenschelle, Mauerpfeffer, Moossteinbrech, Nelkenwurz, Primeln und Storchschnabel-Arten.

Wirkungsvolle Akzente Setzen Sie mit kleinen Gehölzen wie Fingerstrauch, Strauchveronika und Zwergkoniferen Blickpunkte. Attraktive Halbsträucher wie Blauraute, Lavendel und Thymian eignen sich für heiße Standorte; Berberitzen, Farne und Lorbeerkirsche gedeihen an schattigen Stellen.

Top-Tipps für die Steinauswahl Steine aus Steinbrüchen der Region wirken natürlicher und kosten oft auch weniger als Gesteinsarten aus anderen Landesteilen. Kombinieren Sie verschieden große Exemplare, verzichten Sie jedoch auf allzu kleine. So erzielen Sie eine bessere Wirkung. Darüber hinaus sind große Steine stabiler als kleine. Vermeiden Sie es auch, unterschiedliche Gesteinsarten zu mischen.

- **Steine wie in der Natur** Ideal sind unbearbeitete Natursteine mit poröser Oberfläche. Sie sollten eher hell sein, denn dunkle Steine fallen wenig auf und erwärmen sich an heißen Tagen übermäßig.
- **Der Kalkgehalt der Steine** Manche Steingartenpflanzen sind ausgesprochen kalkliebend, andere kalkfliehend – je nach den Verhältnissen an ihren Naturstandorten. So unterscheiden sich z. B. Enziane und Primeln deutlich in kalkliebende, -meidende und -tolerante Arten. Informieren Sie sich über Kalkansprüche Ihrer bevorzugten Pflanzen, und wählen Sie passende Gesteine. Kalkhaltig sind etwa Dolomit, Travertin und Kalksandstein; neutral bis sauer dagegen Basalt, Sandstein, Granit und Diorit.
- **Pflanzen auf Tuffsteinen** Kleine kalkliebende Pflanzen lassen sich sehr schön in Mulden oder Löchern von Kalk- oder Lavatuffsteinen ansiedeln. Durch seine poröse Beschaffenheit sorgt das Gestein für gute Wasseraufnahme und zügigen Wasserabfluss.

EINEN STEINGARTEN ANLEGEN

1 Schütten Sie einen Hang aus Schotter und Erde auf – sofern nicht schon einer vorhanden ist.

2 Vermengen Sie Gartenboden, Kompost und Sand, und verteilen Sie diese Erdmischung auf der Oberfläche.

3 Platzieren Sie Steine am Fuß des Hanges; richten Sie sie in natürlich wirkender Reihe aus.

4 Verwenden Sie einen kräftigen Stock oder ein Stemmeisen, um die Steine der nächsten Reihe zu setzen.

5 Füllen Sie um die Steinreihen herum Erdmischung auf, und drücken Sie diese sorgfältig an den Steinen an.

6 Setzen Sie die Pflanzen mit genügend Pflanzerde zwischen den Steinen ein, und umgeben Sie sie mit Splitt.

Naturnahe Wirkung Ordnen Sie die Steine wie in einer natürlichen Steinlandschaft stufenweise an.

- Platzieren Sie die schönsten Exemplare an den augenfälligsten Stellen. Graben Sie tiefer gelegene Steine an der Basis ein, sodass sie scheinbar natürlich aus dem Boden ragen.
- Legen Sie die Steine in horizontalen Reihen aus, und richten Sie dabei auch Muster und Bänderungen der Steine in einer Linie aus; dies jedoch nicht zu akkurat.
- Beginnen Sie am Fuß des Abhangs, indem Sie die größten Steine mit ihrer flacheren Seite nach unten und leicht nach hinten geneigt auslegen (das erhöht die Stabilität).

Die richtige Pflanzerde Die Pflanzerde sollte optimal wasserdurchlässig sein. Gut eignet sich eine Mischung aus drei gleichen Teilen Gartenboden, Rindenkompost und gewaschenem Flusssand. Dieses Substrat wird 20–30 cm hoch auf der Oberfläche des Steingartens ausgebracht.

- Stellen Sie sicher, dass sich die frisch ausgebrachte Erde setzen kann. Tägliches Bewässern mit einer feinen Brause unterstützt diesen Vorgang und schwemmt die Erde in die Lücken zwischen und unter den Steinen.

ACHTUNG!

Vermeiden Sie Gefahren beim Verlegen der Steine. Heben Sie die Steine mit einem Stemmeisen an. Die Knie sollten dabei stets gebeugt sein. Halten Sie Ihren Rücken in einer aufrechten Position. Verschieben Sie große Steine, indem Sie abwechselnd die eine und die andere Seite nach vorn schieben, und transportieren Sie schwere Exemplare nur zu zweit oder mit einer Sackkarre. Unbedingt erforderlich sind Schuhe mit Stahlkappen und robuste Arbeitshandschuhe.

Wann bewässern? Halten Sie im ersten Jahr nach der Pflanzung die Erde gleichmäßig feucht, bis Ihre Steingartenpflanzen gut eingewachsen sind. Danach müssen Sie nur in Trockenperioden gründlich wässern oder wenn Sie neue Pflanzen einsetzen. Lockern Sie die Erde rund um die Pflanzen immer wieder vorsichtig auf, und gießen Sie danach langsam und behutsam. Lassen Sie die Pflanzen ansonsten einfach ungestört wachsen.

Mit Nährstoffen versorgen Viele Steingartenpflanzen entstammen nährstoffarmen Naturstandorten. Oft genügt ihnen schon eine Mulchschicht aus Laub oder anderem organischem Material oder eine Kompostgabe im Frühjahr. Für Arten mit höheren Nährstoffansprüchen kann man dem Kompost Hornspäne untermischen oder im Frühjahr einen Langzeitdünger ausbringen. Beides sollte anschließend gut mit Wasser eingeschlämmt werden.

Ideale Wuchsbedingungen

Durchsetzungsfähige Pflanzen Mit der Zeit werden sich einige Pflanzen besser entwickeln als andere. Ersetzen Sie Letztere durch jene, die sich in Ihrem Steingarten behauptet haben. Sehr wüchsige Pflanzen, insbesondere Bodendecker, müssen mitunter

*Mittagsgold (*Gazania*) eignet sich ausgezeichnet für den Steingarten. Ihre leuchtenden Blüten öffnen sich allerdings nur bei Sonnenschein.*

zurückgeschnitten werden, damit sie ihre Nachbarn nicht überwuchern.

- Manch sonnenliebende Pflanzen verkümmern in verregneten Sommern – bei genügend Sonne im nächsten Jahr erholen sich die meisten wieder.

Pflanzgeheimnisse Nährstoffliebende Arten sind für eine Handvoll guter Blumenerde, gemischt mit etwas Langzeitdünger, dankbar. Geben Sie diese ins Pflanzloch, direkt unter den Wurzelballen.

- Nach dem Pflanzen gründlich angießen.
- Bringen Sie danach eine Schicht aus Splitt oder grobem Sand zwischen den Pflanzen aus. Das sieht nicht nur gut aus, sondern unterdrückt auch Unkräuter, mindert Verdunstung und Oberflächenverdichtung und verbessert den Wasserabfluss.

Großvaters Geheimtipp

IM ECK

In vielen Gärten gibt es mindestens eine trockene, vernachlässigte Stelle, die nach robusten Pflanzen verlangt.

- Altbewährte Pflanzen für solche Stellen sind beispielsweise Fetthennen (insbesondere *Sedum floriferum*), Katzenminze (*Nepeta x faassenii*) und Wollziest (*Stachys byzantina)*
- Auch Akeleien und Storchschnabel-Arten gedeihen hier oft erstaunlich gut.
- Sehr widerstandsfähig ist die Bergenie, die pralle Sonne ebenso wie Schatten verträgt.
- Mahonien erweisen sich ebenfalls in Sonne wie Schatten als nahezu unverwüstlich.

Die gute Wahl

PFLANZEN FÜR MAUER- UND PFLASTERFUGEN

Fugen in Trockenmauern lassen sich gut bepflanzen. Viele Pflanzen wachsen in der Natur in Felsspalten oder überwallen Steine. Solche Arten gedeihen auch an Rändern von Steintreppen oder zwischen Pflastersteinen.

IN VOLLER SONNE Blaukissen, Fetthenne (*Sedum oreganum*) **2**, kleine Glockenblumen (z. B. *C. portenschlagiana*), Hauswurz, Leimkraut (*Silene*), Mauerraute (*Asplenium ruta-muraria*), Pfingstnelke, Schleierkraut (*Gypsophila*), Spanisches Gänseblümchen (*Erigeron karvinskianus)* **1**, Steinkraut und Steintäschel (*Aethionema*)

IM HALBSCHATTEN Alpenleberbalsam (*Erinus alpinus*), Farne (z. B. *Cystopteris, Polypodium*), Steinbrech (*Saxifraga*) und Lerchensporn (*Corydalis*)

1

2

*Die Bergenie (*Bergenia cordifolia*) gedeiht auch an schwierigen Stellen.*

Ein traditioneller Bauerngarten

Schon im Mittelalter wuchsen in Bauerngärten Gemüse, Kräuter und Blumen gemeinsam. Doch vor allem die bäuerlichen Gärtner des 19. Jahrhunderts wurden zu wahren Experten darin, Blumen und Gemüse zu kombinieren, oft auf engstem Raum. Die von ihnen entwickelten Methoden sind auch für heutige Gärtner von Bedeutung.

Stilvoll gestalten

Bunte Farbpalette Der Bauerngarten besticht durch romantische Ungezwungenheit und eine prächtige Fülle nostalgischer Blüten. Dieser Stil passt für jeden Garten – egal, ob groß oder klein. Er kann auch pflegeleicht sein, wenn man Pflanzen sich selbst aussäen und über Wege und Ränder wuchern lässt. Dichter, vielfältiger Bewuchs unterdrückt zudem die Unkräuter.

Bepflanzen mit System Am besten sehen Sie die Bepflanzung als ein System aus verschiedenen Pflanzebenen an.

- Bäume und Sträucher bilden das Gerüst, Hecken umrahmen den ganzen Garten oder einzelne Gartenteile.
- Lassen Sie Kletterpflanzen über Lauben, Bögen und Wände ranken.

Zur Pflege des Bauerngartens gehören das Entfernen welker Blüten und anschließendes Gießen.

- Verwenden Sie vor allem altbewährte Sommerblumen und Stauden als dominierende Bepflanzung.
- Setzen Sie einige Gemüse und Kräuter zwischen oder neben die Blumen.
- Füllen Sie Lücken in Beeten und Rabatten mit Sommer- und Zwiebelblumen, um sich das ganze Jahr über an Farben zu erfreuen.

Zwanglos oder doch formal? Sie können einen Bauerngarten auch eher formal anlegen. Auf jeden Fall sollten Sie aber Beete und Rabatten so bepflanzen, dass sie beinahe überfüllt wirken.

- Klassisch geformte Beete sind rechteckig, quadratisch, kreis- oder halbkreisförmig, aber auch nierenförmige Flächen bieten sich an.
- Umrahmen Sie Beete mit niedrigen Hecken aus Buchs oder Gamander.
- Setzen Sie die Pflanzen in unregelmäßig verteilten Gruppen, in bunter Mischung verschiedener Arten und Blütenfarben.
- Wählen Sie einige Leitpflanzen, die Sie in alle Beeten setzen, um eine optische Verbindung und einen Rhythmus zu schaffen.

Pflanzen kombinieren Am schönsten ist eine bunte Mischung aus Blumen, Gemüse, Obst und Kräutern in den Beeten.

- Verwenden Sie Blumen wie Tagetes und Kapuzinerkresse, die Schädlinge von den Nutzpflanzen fernhalten.
- Pflanzen Sie Beerensträucher und kleine Obstbäume zwischen Ziergehölze.
- Lassen Sie Bohnen und Kürbisse zusammen mit anderen Kletterpflanzen an rustikalen Gerüsten hochklimmen.

Die gute Wahl

KLASSISCHE STILELEMENTE

DUFTENDER WEGSAUM Hier begleitet aromatischer Lavendel den Weg und rahmt die in üppiger Reihe gepflanzten Strauchpfingstrosen **1**.

BUNTE VIELFALT Im Bauerngarten wachsen Gemüse und Blumen in schönster Eintracht nebeneinander. Kleine Apfelbäume bilden die ideale Kulisse **2**.

KRÄUTERGARTEN Eine niedrige Buchshecke umschließt hübsch das Kräuterbeet, in dem unterschiedliche Wuchshöhen und Blattstrukturen ein vielfältiges Bild abgeben **3**.

ZEITLOSER ROSENGARTEN Kleinblütige Rosen und Baldrian bilden ein romantisches Duo **4**.

FARBENFROHE WÄNDE Prachtvolle Ballhortensien betonen und verstärken die warmen Farbtöne des Mauerwerks **5**.

RUSTIKALE ACCESSOIRES Elemente wie alte Wagenräder und schlichte, verwitterte Holzbänke vemitteln ein ländliches Flair **6**.

1

2

3

4

5

6

Bauerngartenstauden Wählen Sie charakteristische Stauden wie Schafgarbe, Akelei, Glockenblume, Tränendes Herz, Rittersporn, Fingerhut, Lupine, Königskerze, Bauernpfingstrose, Türkischer Mohn, Margerite und Indianernessel.

Schnittblumen und Duftpflanzen
Zu den Freuden eines Bauerngartens gehören auch Schnittblumen.

- **Blumen zum Trocknen** Zu den besten zählen Staticen, Strohblumen und Silberling.
- **Blumen für die Vase** Sehr attraktiv sind u. a. Dahlien, Gladiolen und Lilien.
- **Duftpflanzen und Bienenweiden** Hierzu zählen z. B. Duftwicke, Lavendel, Nelken, Phlox, Salbei, Veilchen und Ziertabak.

Farbenpracht mit Sommerblumen Zaubern Sie mit Ein- und Zweijährigen schnell Farbe in Beete und Blumenkästen.

- Für halbschattige Bereiche eignen sich Eisbegonie, Fleißiges Lieschen, Gauklerblume, Nachtkerze und Stiefmütterchen.
- Nehmen Sie für windexponierte Stellen Goldlack, Kornblume, Mohn und Silberling.
- Klassiker für Blumenkästen sind Fuchsie, Lobelie, Löwenmäulchen, Pantoffelblume, Pelargonie und Petunie.

Historische Gartenstile Knoten- und Parterregärten finden sich im England des 16. Jahrhunderts bzw. in Gärten der Renaissance. Immergrüne Hecken geben ihnen ganzjährig Struktur.

- **Einen Knotengarten anlegen** Pflanzen Sie mit kleinen Immergrünen wie Buchs niedrige Hecken in verschlungenen Mustern oder geometrischen Formen. Setzen Sie in die Flächen dazwischen Bauerngartenblumen oder Kräuter. Verwenden Sie höhere Formschnittgehölze als Blickpunkte, und schneiden Sie die Hecken regelmäßig.
- **Ein Parterrebeet anlegen** Pflanzen Sie niedrige Hecken, wie beim Knotengarten beschrieben, doch bestücken Sie die Pflanzflächen nur mit niedrigen Arten oder mit Pflanzen derselben Blütenfarbe. Auch bemalte oder naturfarbene Kiesel als Bodenbeläge ergeben einen eindrucksvollen Effekt. Säulenförmige Eiben oder Scheinzypressen runden das Bild ab.
- **Blick von oben** Besonders attraktiv wirken beide Gestaltungen, wenn man sie von oben betrachten kann, etwa von einem höher gelegenen Hang oder Fenster.

Links: Knotengärten der Tudor-Zeit wurden mit einem komplizierten Heckenmuster gestaltet. In einfacherer Form können sie auch modernen Gärten reizvoll Struktur verleihen.

Geheimgärten Lauben und abgeschirmte Bereiche mit Duftpflanzen waren schon im Mittelalter beliebte Gartenelemente. Reiche Bürger und Adlige – stets Personen von öffentlichem Interesse und strengen Konventionen unterworfen – schätzten intime Rückzugsorte dieser Art sehr.

- **Eine Gartenecke schaffen** Trennen Sie eine schöne Ecke mit Bäumen, Sträuchern oder – noch besser – einer hohen, dichten Hecke vom Rest des Gartens ab. Hierfür eignen sich auch großblättrige, hohe Stauden.
- **Ein geheimnisvoller Zugang** Versehen Sie die Hecke mit einer Öffnung, oder lassen Sie einen Pfad sich zwischen herabhängenden Zweigen entlangschlängeln, sodass Besucher Ihren geheimen Winkel eher zufällig entdecken.
- **Duftendes Separee** Pflanzen Sie einige intensiv duftende Arten, die Ihre verborgene Idylle mit Wohlgeruch bereichern.

Mediterranes Flair Die lange Gartentradition der Mittelmeerländer, gerade auch ländlicher Regionen, kann sehr inspirierend sein. In Gegenden mit milden Wintern und heißen Sommern lässt sich vieles daraus übernehmen. Wo die Winter öfter frostig sind, brauchen manche Pflanzen eine Schutzabdeckung. Am besten werden sie dann in Kübeln gezogen und drinnen überwintert. Typische Pflanzen dieser Art sind Kräuter wie Basilikum, Estragon, Lavendel, Rosmarin, Salbei, Thymian sowie Fackellilie (*Kniphofia*), Heiligenkraut (*Santolina*) und Steppenkerze (*Eremurus*). Verwenden Sie auch Kletterpflanzen wie Blauregen oder Weinrebe, die im Sommer für angenehmen Schatten unter einer Pergola sorgen.

Mit einer abschirmenden Mauer oder Hecke lassen sich verborgene Gartenbereiche schaffen.

Großvaters Geheimtipp

Heilkraft der Kräuter
Über Jahrhunderte war die „Kräuterapotheke" ein wesentlicher Teil jedes Bauerngartens und für die meisten Menschen die einzige Quelle für Medikamente. Heute werden diese Kräuter in der Naturmedizin wieder hoch geschätzt. Aus vielen lassen sich gesundheitsfördernde Tees bereiten; so etwa aus Fenchel für die Verdauung, aus Pfefferminze oder Kamille für den Magen. Salbei ist gut für den Hals, Thymian gegen Husten, Rosmarin gegen Kopfschmerzen und Baldrianwurzeln für einen erholsamen Schlaf.

● Charakteristisch sind auch Pflanzen mit silbrigen oder blaugrünen Blättern, neben Lavendel z. B. Artischocke, Eselsdistel, Nelken, Strohblumen, Wermut und Wollziest.
● Nadelgehölze wie kleine Kiefern und Wacholder sorgen für Fülle, Kontrast und immergrünes Laub.
● Platzieren Sie südländische Pflanzen in Kübeln, z. B. Oliven- und Zitrusbäumchen, Zistrose und Feigenbaum.
● Nicht fehlen darf Oleander im Kübel mit seinen weißen, rosa oder roten Blüten vom Frühsommer bis zum Herbst. Große Exemplare können auch als Sichtschutz dienen.
● Lorbeerbäume lassen sich dekorativ in Kugel- oder Pyramidenform schneiden. Auf einer Kiesfläche, in großen Terrakottakübeln, wirken sie einzigartig.

Geheimnisse der Pflanzenkombination

Die Beete im Bauerngarten sollen zwar ungezwungen erscheinen, beachten Sie jedoch für eine bessere Wirkung einige grundlegende Prinzipien.

● Setzen Sie hohe Pflanzen wie Staudenphlox und Sonnenbraut in den Hintergrund, und lassen Sie die Wuchshöhe nach vorn abfallen. Pflanzen Sie an den vorderen Rand niedrige und polsterförmige Arten wie Felsenstorchschnabel und Frauenmantel. Bauen Sie lange Beete auch von den Seiten her nach Wuchshöhe auf, sodass hohe Pflanzen in der Mitte Akzente setzen.
● Um die Beetränder sanft auslaufen zu lassen, eignen sich flach ausgebreitete Pflanzen wie Nelkenwurz oder Purpurglöckchen.
● Pflanzen Sie einzelne Arten stets in ungerader Anzahl von 3, 5 oder 7 Stück. Verwenden Sie eine größere Anzahl an Pflanzen für geschwungene Reihen.
● Wiederholen Sie bestimmte Arten und Farben in verschiedenen Beeten, um eine harmonische Linie in die Bepflanzung zu bringen.

Top-Tipps für die Gesamtwirkung

Wählen Sie passende Materialien und Accessoires, um die nostalgische Gestaltung abzurunden. Vermeiden Sie allzu moderne, „städtische“ Elemente, und halten Sie nach rustikalem, traditionellem, eventuell antikem Zubehör Ausschau.

● **Mauern** Stimmen Sie neue Elemente auf die Umgebung ab. Greifen Sie möglichst den Stil Ihres Hauses auf, indem Sie passende Steine, Schiefer oder Ziegel verwenden.

Pelargonien („Geranien“) zieren im Bauerngarten vor allem Blumenkästen und Töpfe und passen auch gut in mediterrane Gärten. Von links: 'Rosemary', 'Occold Shield' und 'Lady Plymouth' (mit intensiv duftenden Blättern)

● **Bodenbeläge** Bevorzugen Sie traditionelle Lösungen wie Kiesel, Schotter, Steinplatten, Mosaik- oder Ziegelpflaster.
● **Fugenpflanzen** Bepflanzen Sie Pflasterfugen mit Frauenmantel, Hauswurz und Steinbrech.
● **Beeteinfassung** Umranden Sie Ihre Beete mit Holzbrettern, niedrigen Palisaden oder versenkten Ziegelsteinen.
● **Einfriedung** Verwenden Sie Bohlen-, Latten- und Flechtzäune oder Hecken als Abgrenzung.
● **Pflanzkübel** Am besten passen unglasierte Ton- oder Terrakottatöpfe, halbierte Holzfässer, Holzkübel oder Steintröge.

Die gute Wahl

BAUERNGARTEN-FAVORITEN

DAHLIEN Die Dahlie ist von Juni bis in den Herbst hinein die Königin der Blumenbeete. Ihre Knollen werden erst im Mai gepflanzt, etwa 10 cm tief. Schneiden Sie im Herbst, vor den ersten stärkeren Frösten, die Stängel zurück, und nehmen Sie die Knollen aus der Erde, um sie drinnen trocken, kühl und frostfrei zu überwintern.

STOCKROSEN Wählen Sie bevorzugt ältere Sorten mit einfachen Blüten anstelle der modernen, gefüllt blühenden Züchtungen. Sie können Sie ab März direkt in den Garten säen und bei Bedarf ein paar Wochen später verpflanzen. Stockrosen verbreiten sich durch Selbstaussaat.

PFINGSTROSEN Die herrlich blühenden Pfingstrosen (Päonien) gibt es als Stauden und als verholzende Pflanzen. Der Boden am Pflanzplatz sollte gut durchlässig und mit Kompost versorgt sein. Lockern Sie die Erde nur oberflächlich, um die flachen Wurzeln nicht zu beschädigen.

FINGERHUT Fingerhüte sind ideale, sich selbst versamende Pflanzen für Flächen rund um die Beete. Kombiniert mit Lupinen, Rittersporn und Zierlauch, geben die Sommerblüher eine dekorative Beetkulisse ab. Vorsicht, Fingerhut ist sehr giftig.

Beruhigende Wasserflächen

In früheren Zeiten gab es künstliche Teiche, Springbrunnen und Wasserkaskaden nur in vornehmen Gärten. Heute kann jedermann Wasserelemente in seinen Garten einbeziehen und sich an ihrer bezaubernden, friedvollen und entspannenden Wirkung erfreuen.

Ein gut geplanter Gartenteich

Der beste Platz Ihr Teich sollte zwar im Sichtfeld des Hauses, aber ungestört liegen.

- Hat das Grundstück verschiedene Höhen, so wählen Sie eine tiefer gelegene Stelle für den Teich. Auf diese Weise erscheint er am natürlichsten, da sich Wasser in der freien Landschaft am tiefsten Punkt sammelt.
- Ein Teich sollte nicht in der Nähe von Pflanzen liegen, die eventuell mit chemischen Mitteln behandelt werden.
- An einem offenen, sonnigen Standort herrschen die besten Bedingungen für die meisten Wasserpflanzen. Vermeiden Sie stark wetter- und frostexponierte Lagen. Dort würden manche Pflanzen schlecht gedeihen, und Sie müssten im Herbst intensive Schutzvorkehrungen treffen.
- Setzen Sie nur Fische ein, wenn der Teich am tiefsten Punkt mindestens 80 cm tief ist. Kontrollieren Sie die Wassertemperatur: Bei mehr als 25 °C leiden die Fische. Wenn es heiß oder windig ist, sinkt der Wasserspiegel durch Verdunstung und sollte regelmäßig wieder angehoben werden.

Ein Miniteich auf der Terrasse Wenn der Platz für einen Teich fehlt, improvisieren Sie, wie es schon die Großväter getan haben. Verwenden Sie für einen Miniteich eine kleine Wanne, einen Steintrog, ein halbiertes Fass oder einen schön glasierten Topf.

- Dichten Sie Abzugslöcher in Töpfen mit Silikon ab, und streichen Sie die Innenseiten mit wasserfestem, ungiftigem Lack.

Bunte Uferstauden und hohe Sumpfschwertlilien entlang dem Wasserrand integrieren den mit Seerosen bewachsenen Teich ganz natürlich in den Garten.

- Füllen Sie ein halbiertes Fass bereits mehrere Tage, bevor Sie mit dem Bepflanzen beginnen, mit Wasser. Durch das allmähliche Aufquellen des Holzes wird das Gefäß vollständig dicht.
- Sie können die Gefäße auch durch Auskleiden mit einer Folie abdichten.
- Wählen Sie wärmeliebende Wasserpflanzen. Sehr schön machen sich Zwergseerosen, die bei weniger als 40 cm Wassertiefe gedeihen, sowie Zwergbinsen oder niedrige Sumpfschwertlilien. Unterwasserpflanzen wie die Nadelsimse (*Eleocharis*) oder eine kleine Sprudelquelle mit Unterwasserpumpe sorgen für mehr Sauerstoff im Wasser.

Wasserpflanzen brauchen Sonne Wählen Sie für den Teich einen Standort, an dem er für mindestens fünf Stunden

ACHTUNG!

Gefahren vermeiden
Wasser zieht Kinder an – doch denken Sie daran, dass ein Kleinkind schon in 10 cm Wassertiefe ertrinken kann! Wo Kinder im Garten spielen oder Zugang zu ihm haben (auch z. B. Nachbarskinder), sollten tiefe Teiche durch einen hohen Zaun mit verschließbarer Pforte abgesichert werden.

- Eine gute Sicherung bietet ein Baustahlgitter, das knapp unter der Wasseroberfläche fest angebracht wird. Die Vegetation wird es bald zum Großteil verdecken.
- Vermeiden Sie steile Ufer, die das Herausklettern aus dem Wasser erschweren.
- Lassen Sie Leitungen vom Elektriker wassergeschützt verlegen, um einem Stromschlag sicher vorzubeugen.

täglich – am besten schon morgens – von der Sonne beschienen wird.

- Meiden Sie die Nähe überhängender Bäume, die die Wasserfläche stark beschatten. Herunterfallende Blätter und Zweige belasten zudem das Wasser, sodass es regelmäßig gereinigt werden muss. Baumwurzeln können die Teichfolie beschädigen.

Denken Sie an Stromanschlüsse Lassen Sie vor dem Teichbau wassergeschützte Leitungen und Steckdosen verlegen (für Pumpen oder nächtliche Beleuchtung).

Beginnen Sie bei warmem Wetter
Im späten Frühjahr bis in den Frühsommer ist die beste Zeit für die Teichanlage. Das Wasser erwärmt sich schnell und bietet gute Bedingungen für Ihre ersten Teichpflanzen.

Die passende Teichform In der Nähe des Hauses kann der Teich mit einem einfachen Umriss angelegt werden. Befindet er sich weiter hinten im Garten, sollte er eine unregelmäßige Form erhalten, damit er sich gut in die natürliche Umgebung einfügt.

Möglichst groß anlegen Je größer der Teich, desto natürlicher wirkt er. Auch ist die Temperatur stabiler und somit für Tiere und Pflanzen günstiger. Der Teich sollte jedoch maximal ein Drittel der gesamten Gartenfläche einnehmen.

- Streben Sie möglichst eine Mindesttiefe von 80 cm an; so können Pflanzen und Fische Hitze wie Kälte gut überstehen. Eine dunkle Teichfolie verstärkt den Eindruck von Tiefe.

Einen Folienteich anlegen Verwenden Sie nur spezielle Teichfolien. Solche Folien (aus PVC, PE oder EPDM) sind dehn- und reißfest, witterungs- und verrottungsbeständig. Sie können damit Teiche in beliebiger Form und Größe anlegen.

- Für mittelgroße Teiche eignet sich Folie mit 1 mm Stärke. Für Größen über 100 m^2 oder bei sehr steinigem Untergrund nimmt man besser eine 1,5 mm starke Folie. Zum Ermitteln der benötigten Foliengröße messen Sie zunächst die maximale Länge, Breite und Tiefe Ihrer Teichgrube aus. Nun berechnen Sie die Folienlänge: maximale Länge plus zweimal maximale Tiefe plus zweimal 30–40 cm als Zugabe für die Ränder. Auf dieselbe Weise berechnen Sie anschließend die Folienbreite.

Hinweise zur Teichgrube Prüfen Sie nach allen Seiten mithilfe einer Wasserwaage, ob die Uferränder waagrecht auf demselben Niveau liegen, und gleichen Sie eventuelle Unterschiede durch Erdaufschüttung aus.

- Modellieren Sie die Grube mit verschiedenen, sanft abfallenden Tiefenzonen bzw. Stufen. So entstehen Wuchsbereiche für unterschiedliche Wasserpflanzen.
- Ausgehobene Erde und Steine können Sie für andere Gartenbereiche verwenden, so etwa zum Anlegen eines Steingartens.

Einen Überlauf einplanen Wenn genügend Platz ist, kann man überlaufendes Regenwasser in einen angrenzenden Gartenbereich lenken. Dazu legt man eine Uferseite etwas niedriger an als die anderen. Dieser Bereich wird dann zum Lebensraum für Sumpfpflanzen. Andernfalls gräbt man nahe beim Teich eine Sickergrube, stabilisiert ihre Wände mit Betonringen und füllt sie mit Kies. Eine mit Steinen verdeckte Abflussrinne oder ein Rohr leitet dann überschüssiges Wasser vom Teich in die Grube.

Fische im Teich Fische wie etwa Goldfische bieten nicht nur einen schönen Anblick, sondern halten darüber hinaus im Wasser

Wo wenig Platz ist, sorgt ein Minigewässer mit kleinen Wasserpflanzen im Kübel für Teichflair. Dichten Sie die Gefäße gut ab.

EINEN TEICH ANLEGEN

1 Markieren Sie den Teichumriss mit Pflöcken, die Sie in einem Abstand von 30 cm einschlagen.

2 Graben Sie 20–30 cm tiefer als die vorgesehene Wassertiefe, und legen Sie verschiedene Tiefenstufen an.

3 Entfernen Sie Steine; bringen Sie eine Sandschicht aus, darüber alte Zeitungen, Decken oder ein Teichvlies.

4 Bei Wärme lässt sich die Folie gut verarbeiten. Breiten Sie sie von der Mitte her aus, und befestigen Sie die Ränder mit Steinen.

5 Eventuelle Falten wird das Gewicht des Wassers glätten. Machen Sie sich also keine Sorgen. Lassen Sie das Wasser langsam einlaufen.

6 Lassen Sie die Folie sich nach dem Befüllen einige Tage setzen. Befestigen Sie dann die Folienränder mit Erde oder Steinen.

die Stechmücken unter Kontrolle, indem sie deren Eier und Larven fressen. Allerdings belasten Fische das Wasser zudem durch ihre Ausscheidungen und häufig auch durch Aufwühlen des Teichgrunds. Lassen Sie sich beim Kauf daher beraten, welche Anzahl Fische für Ihre Teichgröße in Frage kommt, und installieren Sie einen Teichfilter.

Setzen Sie Fische behutsam ein
Die Fische werden frühestens 6 Wochen nach der Erstbefüllung Ihres Teichs eingesetzt. Prüfen Sie zuvor den pH-Wert (Säuregrad) des Wassers: Dieser sollte in etwa einen Wert von 7 (neutral) haben.

- Sie erhalten die Fische in einem Transportbeutel. Setzen Sie die Tiere nach dem Kauf nicht sofort in den Teich. Gönnen Sie ihnen zunächst etwas Ruhe, und belassen Sie sie im Transportbeutel. Senken Sie diesen – noch geschlossen – für mindestens 20 Minuten in den Teich ein, bevor Sie die Fische ins Wasser entlassen. So kann sich die Temperatur des Wassers im Beutel allmählich an die Teichtemperatur anpassen.

Goldfische oder kleine heimische Fische helfen dabei, den Teich von Stechmücken freizuhalten.

Ein Teich voller Leben

Verbergen Sie die Teichränder unter Pflanzen Die Pflanzenwurzeln stabilisieren den Boden im Rand- und Uferbereich. Schaffen Sie eine vielfältige Bepflanzung mit Blüten- und Blattschmuckpflanzen. Folgende Pflanzen lieben feuchten Boden und vertragen zeitweilige, bis zu 10 cm hohe Überschwemmung:

- **Blütenstauden** Gauklerblume (*Mimulus*), Goldkolben (*Ligularia*), Mädesüß (*Filipendula*), Pfennigkraut (*Lysimachia nummularia*), Sibirische Schwertlilie, Sumpfdotterblume (*Caltha palustris*), Sumpfprimeln, Sumpfvergissmeinnicht (*Myosotis palustris*)
- **Gräser und Blattschmuckpflanzen** Binsen, Igelkolben, Kalmus, Königsfarn, Rodgersie, Seggen, Sumpffarn, Wollgras
- **Die Pflanzen feucht halten** Eine Mulchschicht um die Pflanzen hält auch bei sinkendem Wasserstand im Sommer den Boden feucht.

Die Stars im Wasser Pflanzen, deren Blätter an der Wasseroberfläche schwimmen, gehören zu den schönsten Teichzierden. Die unbestrittene Königin ist die Seerose (*Nymphaea*-Arten und -Sorten). Sie gedeiht am besten ungestört in ruhigem Wasser in der Sonne.

Die Wasserfläche nicht zupflanzen
Lassen Sie Schwimmpflanzen höchstens die Hälfte der Wasseroberfläche bedecken. Eine freie, spiegelnde Wasserfläche lässt den Teich

Die gute Wahl

SCHÖNE TEICHDETAILS

GEOMETRISCHE FORMEN Kreisformen **1** oder Rechtecke **2** passen gut für kleine Teiche in der Nähe von Haus oder Terrasse.

WASSERSPIELE Springbrunnen **2**, Wasserspeier **3** und Wasserfälle **4** verbessern den Sauerstoffgehalt des Wassers und wirken zugleich dekorativ und beruhigend.

FÜR GROSSE TEICHE Bei genügend Platz entfalten große Gruppen derselben Pflanzenart am Teichrand eine eindrucksvolle Wirkung. Eine gute Wahl sind Blattschmuckstauden wie Schildblatt (*Darmera peltata*) **5**.

TEICH IM KÜBEL Ein Miniteich in einer schönen glasierten Schale wird auch im kleinsten Garten zum Blickfang **6**.

Schwimm- und Schwimmblattpflanzen

Streng genommen unterscheidet man echte Schwimmpflanzen, die frei im Wasser schwimmen, und Schwimmblattpflanzen, die im Teichgrund wurzeln, aber ihre Blätter an der Oberfläche schwimmen lassen.

ECHTE SCHWIMMPFLANZEN sind Froschbiss (*Hydrocharis morsus-ranae*), Krebsschere (*Stratiotes aloides*) und Wasserlinsen (*Lemna*). Da sie sich stark vermehren, müssen sie häufig abgefischt werden. Zu den echten Schwimmpflanzen gehören auch Algenfarn (*Azolla filiculoides*), Kleefarn (*Marsilea quadrifolia*, Abb. links), Muschelblume (*Pistia stratiotes*) und die blau blühende Wasserhyazinthe (*Eichhornia crassipes*), die jedoch alle etwas frostempfindlich sind.

ZU DEN SCHWIMMBLATTPFLANZEN gehören u. a. schöne Blüher wie Seerosen, die Gelbe Teichrose (*Nymphoides peltata*) oder aber auch die Wassernuss (*Trapa natans*) mit hübschen Blattrosetten.

Seerosen brauchen Sonne, um schön zu blühen.

1 2
3 4

5 6

größer erscheinen, was besonders in kleinen Gärten wichtig ist.

- Beachten Sie die auf den Pflanzenetiketten empfohlenen Pflanzabstände; Wasserpflanzen sollten nie zu dicht gesetzt werden.

Beruhigende Teichkulisse Für den Fall, dass genügend Platz vorhanden ist, können Sie mit Gehölzen einen hübschen Teichhintergrund gestalten. Sehr schön passen z. B. Azaleen und Rhododendren, Japanischer Ahorn und Wacholder, die asiatisches Flair in den Garten bringen.

Pflanzung Setzen Sie die Pflanzen in speziellen Gitterkörben ein; dies ist die einfachste Lösung. Legen Sie die Körbe zu diesem Zweck mit Sackleinen oder Vlies aus, füllen Sie Wasserpflanzenerde oder nicht allzu nährstoffreiche Gartenerde auf, setzen Sie die Pflanzen ein, und decken Sie die Oberfläche mit Kieseln ab.

Geduld beim Bepflanzen Wenn Sie den Teich mit Leitungswasser befüllt haben, warten Sie ein paar Wochen mit der Bepflanzung, bis das Chlor im Wasser ausgedünstet ist, oder verwenden Sie ein Präparat zum Neutralisieren des Chlors.

- Spätes Frühjahr und Frühsommer sind die beste Zeit zum Einsetzen der Pflanzen.
- Spülen Sie Wasserpflanzen vor dem Einsetzen gründlich ab, um eventuell anhaftende Unkräuter oder Schädlinge zu entfernen.

Natürliche Wasserklärung Unterwasserpflanzen werden manchmal vernachlässigt, weil sie weniger attraktiv erscheinen als Schwimmpflanzen. Sie spielen jedoch eine wichtige Rolle für die Wasserqualität, da sie Nährstoffe herausfiltern und das Wasser mit Sauerstoff anreichern. Außerdem bieten sie den Tieren im Wasser Beschattung, Schutz und Nahrung. Viele sind allerdings sehr wüchsig. Setzen Sie deshalb zunächst nur wenige Exemplare ein, und lichten Sie Wucherer im Spätherbst aus.

Hübsche Unterwasserpflanzen Manche Arten leben zwar untergetaucht, schieben aber ihre Blüten an die Wasseroberfläche; so etwa der Sumpfwasserstern (*Callitriche palustris*), das Tausendblatt (*Myriophyllum spicatum*), der Wasserhahnenfuß (*Ranunculus aquatilis*) und der Wasserschlauch (*Utricularia vulgaris*).

Zypergras können Sie in einem Topf in den Teich stellen und während der Wintermonate ins Haus nehmen.

Pflanzen im Wasser einsetzen Tauchen Sie Pflanzen mit schwimmenden Blättern nicht gleich ins tiefe Wasser. Setzen Sie sie zunächst auf einen Sockel aus Steinen, den Sie Stück für Stück abräumen. So können sich die Pflanzen allmählich an die Verhältnisse im Teich gewöhnen, und die Stängel haben Zeit, sich in der nötigen Länge zu entwickeln.

- Um eine Wasserpflanze im Korb in der Teichmitte einzusetzen, arbeiten Sie am besten zu zweit. Ziehen Sie jeweils eine lange Schnur so durch die Griffe bzw. Bügel auf beiden Seiten des Korbes, dass

Spülen Sie Wurzeln und Blätter neuer Pflanzen gründlich ab, bevor Sie sie in den Teich setzen.

Am Teichrand

Folgende Pflanzen leben im flachen Wasser, vertragen zeitweilig aber auch Trockenheit, wenn der Wasserstand sinkt. Sie verdecken die Ränder eines künstlichen Teichs und ziehen eine Vielfalt von Kleintieren an. Manche können stark wuchern; setzen Sie solche Arten in Körben in den Boden, um ihr Wachstum einzudämmen.

PFLANZE	MERKMALE
Blutweiderich	stattlich, mit lila Blütenkerzen
Fieberklee	hübsche sternförmige Blüten; für sauren Boden geeignet
Hechtkraut **1**	üppige blaue Blütenähren im Sommer
Kalmus **2**, Binsen und Simsen	hohe, dekorative Horste, die Struktur in die Randbepflanzung bringen
Pfeilkraut **3**	ideal in fließendem Wasser; reichert mit Unterwasserblättern Sauerstoff an
Schilf und Rohrkolben	eignen sich, in Westrichtung gesetzt, als Windschutz; brauchen Platz; in Körben pflanzen, um das Wuchern einzudämmen
Sumpfschwertlilie **4**	sehr attraktiv; zieht Libellen an
Wasserminze	verträgt auch fließendes Wasser; duftend

schließlich jeder die beiden Enden seiner Schnur in der Hand hat. Dann stellen Sie sich an gegenüberliegenden Seiten des Teiches auf, lassen den Korb an den Schnüren langsam bis zum Grund absinken und ziehen schließlich vorsichtig die Schnüre wieder heraus.

- Unterwasserpflanzen binden Sie einfach an einen Stein und lassen sie, so beschwert, ins Wasser.

Die Teichpflege

Top-Tipps für die Algenbekämpfung
Wenn sich im Hochsommer das Wasser stark erwärmt, können sich Algen rasch ausbreiten und das Wasser grün verfärben.

- **Keine chemischen Algenvernichter** Sie kurieren nur zeitweilig Symptome, lösen aber nicht die Ursache des Problems.
- **Altes Hausmittel** Eine Handvoll Roggen- oder Gerstenstroh, alle 4–6 Monate ins Wasser geworfen, soll Bakterien fördern, die das Algenwachstum hemmen.
- **Schwimmpflanzen beugen vor** Froschbiss (*Hydrocharis morsus-ranae*), Wassernuss (*Trapa natans*) und Seerosen stellen das biologische Gleichgewicht wieder her und gleichen durch Beschatten der Oberfläche Temperaturschwankungen aus.
- **Fische nicht überfüttern** Zu starke Fütterung belastet das Wasser. Die meisten Fische brauchen weder im Sommer noch während ihrer Winterruhe Zusatzfutter.

Blattläuse bekämpfen Manchmal werden Seerosenknospen von Blattläusen befallen. Drücken Sie dann die befallene Pflanze vorsichtig mithilfe von Maschendraht für einige Tage unter die Wasseroberfläche – die Blattläuse ertrinken.

Von Blattläusen befallene Seerosenknospen tauchen Sie einige Tage mit Maschendraht unter.

Üble Gerüche aus dem Teich Sie sind ein Zeichen dafür, dass sich am Teichgrund organisches Material abgelagert hat; es bewirkt Sauerstoffmangel und setzt Faulgase frei. Dies beeinträchtigt die Wasserpflanzen und -tiere und kann sie sogar töten.

- Tauschen Sie bei üblen Gerüchen das Wasser zu einem Drittel gegen frisches aus, und senken Sie den pH-Wert mit geeigneten Mitteln aus dem Garten- oder Zoofachhandel ab. Etwas länger dauert dies, wenn Sie nach Großvaters Methode vorgehen und mit Torf gefüllte Baumwoll- oder Jutebeutel ins Wasser hängen.
- Setzen Sie klärende, sauerstoffbildende Unterwasserpflanzen ein.
- Im schlimmsten Fall muss der gesamte Teich ausgeräumt und der Faulschlamm am Grund beseitigt werden.

Blätter entfernen Entsorgen Sie abgefallene Blätter und andere tote Pflanzenteile regelmäßig aus dem Teich. Für den Fall, dass laubabwerfende Gehölze in der Nähe stehen, spannen Sie im Herbst ein Laubschutznetz über den Teich, und entfernen Sie es im Frühjahr wieder.

Wasser im Sommer auffüllen Wenn der Wasserstand durch Verdunstung sinkt, sollten Sie für Ausgleich sorgen. Hängen Sie ein Schlauchende in den Teich, und lassen Sie das frische Wasser sehr langsam, mit geringem Druck, zulaufen, um den Boden nicht aufzuwühlen und keinen Temperaturschock zu verursachen.

Den Teich beschatten Pflanzen Sie einen Baum nahe dem Teich, der im Sommer einige Stunden täglich Schatten gibt. Wählen Sie Sorten, die unter einer Höhe von 10 m bleiben und nicht überhängend wachsen. Gut eignen sich beispielsweise kleine Ahorne oder Eschen. Verzichten Sie auf Nadelbäume; Nadeln oder Harztropfen, die ins Wasser fallen, lassen den ph-Wert möglicherweise sinken und das Wasser saurer werden.

Algen abfischen Befestigen Sie ein Stück Maschendraht an den Zinken einer Mistgabel – so erhalten Sie ein wirksames Gerät zum Abfischen der Algen.

- Werfen Sie die Algen nicht weg, sondern geben Sie sie zum Kompost. Ihr Stickstoffgehalt kommt nach dem Verrotten den Gartenpflanzen zugute.

TEILEN EINER WASSERPFLANZE

1 Teilen Sie die Pflanze nach der Blüte. Schneiden Sie zunächst mit einer Gartenschere alte Stängel weg.

2 Heben Sie die Pflanze aus dem Wasser, und nehmen Sie sie aus dem Korb. Lassen Sie den Ballen kurz abtrocknen.

3 Zerteilen Sie mit einem Spaten die Pflanze mitsamt dem Wurzelstock in Teilstücke, wie man es auch bei anderen Stauden macht.

4 Setzen Sie jedes Teilstück in einen Pflanzkorb mit Wasserpflanzenerde, und decken Sie diese mit Kieseln ab.

Gärtnern in Haus und Hof

Heutzutage ist eine Fülle an exotischen Zimmerpflanzen im Angebot. Geschützt gedeihen viele nicht nur im Haus, sondern auch im Gewächshaus, im Wintergarten, im Hof oder auf dem Balkon.

So gedeihen Ihre Pflanzen prächtig

Einkauftipps Kaufen Sie Blütenpflanzen möglichst mit Knospen und nicht in voller Blüte, dann können Sie sich länger an ihnen erfreuen. Nehmen Sie keine Pflanzen mit trockener oder vernässter Erde oder mit Wurzeln, die schon aus den Abzugslöchern hervorquellen. Untersuchen Sie sorgfältig die Blattunterseiten: Hier halten sich gern Schädlinge wie Wollläuse, Weiße Fliegen und Schildläuse auf. Weitere Hinweise zum Pflanzenkauf finden Sie auf S. 260/261.

Eingewöhnung Stellen Sie ein neu erworbenes Gewächs nicht gleich zu Ihren anderen Pflanzen. Ein Platz ohne Zugluft und ohne direkte Sonne ist ideal zum Eingewöhnen. Beobachten Sie die Pflanze, um sicherzustellen, dass sie keine Krankheiten oder Schädlinge hat und diese in Ihr Zuhause bringt. • Häufig ist der Verkaufstopf schon zu klein oder die Erde bereits verbraucht. Topfen Sie deshalb schnellstens um (siehe gegenüberliegende Seite).

Gießen Sie nicht zu viel Durch Vernässung gehen mehr Pflanzen ein als durch Trockenheit. Bei den meisten Pflanzen lässt man am besten die Erdoberfläche gut abtrocknen, bevor man wieder gießt. Wässern Sie möglichst morgens, und durchfeuchten Sie die Topferde gründlich. Gießen Sie direkt mit einer Kanne mit langer Tülle in die Erde. Leeren Sie Untersetzer aus, wenn eine Stunde nach dem Gießen noch Wasser darin steht, oder stellen Sie die Gefäße für guten Wasserabfluss auf Topffüße.

Die gute Wahl

PFLANZEN FÜR JEDE SITUATION

IN DER SOMMERFRISCHE Etliche Zimmerpflanzen können über Sommer draußen an einem geschützten Platz stehen, so etwa Cymbidie, Drachenbaum, Kamelie, Korallenbeere, Ritterstern und Zimmerlinde.

VOLLSONNIG Die meisten Zimmerpflanzen mögen es hell, doch nur wenige vertragen direkte Sonne an einem Südfenster. Zu diesen Sonnenliebhabern gehören Elefantenohr, Kalanchoe, Kranzschlinge, Pentas, Zierpfeffer, Zierspargel, graue Tillandsien, Kakteen und andere Sukkulenten.

ABSONNIG An einem hellen Nordfester oder etwa 2 m von einem sonnigen Fenster entfernt gedeihen noch zahlreiche Pflanzen, darunter Dieffenbachie, Efeu- und Purpurtute, Einblatt, Farne wie der Schwertfarn **2**, Primeln, Schefflera und Usambaraveilchen **1**.

SCHATTIG Für das Innere eines hellen Raums eignen sich z. B. Frauenhaar- und Schuppenfarn, Henne mit Küken **3**, Klimme, Schusterpalme und Zimmeraralie.

1

2

3

Lassen Sie Leitungswasser abstehen Leitungswasser ist oft hart (kalkhaltig), was viele Pflanzen schlecht vertragen. Lassen Sie das Wasser einige Stunden in der Kanne oder in einem Eimer abstehen. So kann es sich auf Zimmertemperatur erwärmen, außerdem setzt sich ein Teil des Kalkes ab.

Für Luftfeuchtigkeit sorgen Gerade im Zimmer ist die Luft oft zu trocken, besonders wenn geheizt wird. Stellen Sie die Pflanzen daher auf eine Schale mit Kieseln, und befüllen Sie diese so mit Wasser, dass es

Ein Arrangement mit Frühjahrsblühern wie Hyazinthen, Alpenveilchen und Primeln verzaubert ein Fensterbrett mit seiner Farbenpracht.

knapp unter der Kieseloberfläche steht. Die Verdunstung sorgt für gute Luftfeuchtigkeit.

- Pflanzen, die eine besonders hohe Luftfeuchtigkeit brauchen, kann man öfter mit einem Zerstäuber fein übersprühen. Verwenden Sie dafür nur weiches Wasser (z. B. Regenwasser). Besprühen Sie Pflanzen mit behaarten Blättern nur sparsam, und schützen Sie sie vor direkter Sonne, da die Wassertropfen ansonsten wie Brenngläser wirken.

Pflanzen in Tontöpfen Sie müssen etwas öfter gegossen werden als Pflanzen in Plastiktöpfen, weil über die porösen Tonwände Wasser verdunstet. Verwenden Sie daher für Hängekörbe und schwer erreichbare Pflanzen Plastiktöpfe.

- Gerade für schwer zu gießende Hängekörbe und Blumenampeln empfehlen sich Wasserspeichergranulat, -perlen oder -gel, die man unter die Erde mischt.

Top-Tipps fürs Düngen Greifen Sie zu einem ausgewogenen Mehrnährstoffdünger, und nutzen Sie das Angebot an Spezialdüngern, z. B. für Blütenpflanzen oder Azaleen.

- **In der Wachstumszeit düngen** Düngen Sie von März bis August alle 2 Wochen. Über Winter wird je nach Art gar nicht oder nur einmal im Monat gedüngt.
- **Düngen Sie stets auf feuchte Erde** In trockenen Töpfen verteilt sich der Dünger nicht gleichmäßig und kann die Wurzeln schädigen. Gießen Sie nach dem Ausbringen von festem Dünger oder verwenden Sie Flüssigdünger.
- **Langzeitdünger** Dünger dieser Art können beim Umtopfen der Erde untergemischt werden und liefern 5–6 Wochen lang Nährstoffe.

Sauber und gesund Staubbeläge können die Blattporen verstopfen. Wischen Sie Pflanzen mit größeren Blättern regelmäßig mit einem Schwamm oder weichem Tuch ab, das mit klarem Wasser angefeuchtet wurde.

- Verwenden Sie Blattglanzmittel nur, nachdem Sie den Staub entfernt haben und in Maßen, da sie die Poren verkleben können.
- Kakteen und kleinblättrige Pflanzen lassen sich mit einem Rasierpinsel oder einer weichen Zahnbürste von Staub befreien.
- Duschen Sie Pflanzen mit dünnen Blättern, wie Farne und Palmen, regelmäßig mit lauwarmem Wasser ab. Lassen Sie sie vor dem Zurückstellen gut abtropfen.

Sorgen Sie für gute Lichtverhältnisse Die meisten Zimmerpflanzen stammen aus den Subtropen oder Tropen. Sie sind überwiegend an reichlich Licht rund ums Jahr gewöhnt. Eine starke direkte Sonneneinstrahlung vertragen sie jedoch kaum, da ihre

ZIMMERPFLANZEN UMTOPFEN

1 Feuchten Sie den Wurzelballen gut an, und ziehen Sie ihn behutsam aus dem Topf.

2 Bringen Sie Tonscherben oder Blähton als Dränage ein, darüber einen Teil der Erde.

3 Setzen Sie den Ballen mit Gießrand ein, sodass er oben 1–2 cm unter dem Topfrand bleibt.

4 Nun füllen Sie die restliche Erde ein und drücken sie an. Gründlich gießen.

Befreien Sie große Blätter regelmäßig mit einem feuchten Tuch von Staub.

Ein Rasierpinsel ist ideal, um Kakteen abzustauben.

Blätter an den Naturstandorten oft von den Laubdächern der Bäume vor dem Verbrennen geschützt werden.

● **Raumlicht ist nicht ideal** Schon in geringer Entfernung vom Fenster nimmt die Lichtintensität stark ab, auch wenn es das Auge nicht deutlich wahrnimmt. Besonders an den kurzen, dunklen Tagen im Winter ist die Lichtversorgung oft mangelhaft.

● **Gelbe Blätter** Bei Lichtmangel bilden die Pflanzen eventuell zu wenig Blattgrün. Die Blätter werden gelb und schwach, die Pflanzen wachsen nicht, die Stängel bleiben kraftlos.

● **Belichtung verbessern** Wählen Sie bei Anzeichen von Lichtmangel einen helleren Platz. Manche Standorte sind im Winter einfach zu dunkel, und die Pflanzen stehen in dieser Jahreszeit besser an einem Süd- oder Ostfenster. Für eine künstliche Belichtung eignen sich am besten spezielle Wachstumsleuchten oder Tageslichtlampen.

● **Drehen Sie die Töpfe** Drehen Sie die Töpfe im Abstand von etwa einer Woche um einen Viertelkreis bzw. 90 Grad, damit die Pflanzen nicht ungleichmäßig nur auf einer Seite dem Licht entgegen wachsen.

Wohltuende Regendusche Gönnen Sie Ihren Zimmerpflanzen gelegentlich draußen eine Regendusche, die gründlich die Blätter abwäscht und die Erde durchfeuchtet. Stellen Sie sie danach zum Abtropfen nicht in die Sonne, sondern zunächst etwas schattig.

● Zahlreiche Zimmerpflanzen vertragen einen Sommeraufenthalt im Freien und wachsen dadurch sogar besser und gesünder. Wählen Sie einen windgeschützten, etwas beschatteten Platz ohne pralle Mittagssonne, beispielsweise auf der Terrasse.

● Stellen Sie die Pflanzen frühestens ab Ende Mai nach draußen, und bringen Sie sie spätestens Ende September wieder ins Haus.

● Gießen Sie Pflanzen draußen häufiger, da sie dort Sonne und Wind ausgesetzt sind und stärker austrocknen.

Im Frühjahr umtopfen Die meisten Pflanzen können Sie ab dem zeitigen Frühjahr umtopfen, sobald sie ihre Winterruhe beendet haben. Topfen Sie nie Pflanzen im Ruhestadium um.

● Wenn der alte Topf zu klein geworden ist, wählen Sie den nächsten nur eine Nummer größer – in zu großen Töpfen ist das Wachstum oft schlechter.

● Legen Sie vor dem Einfüllen der Erde Tonscherben oder eine Lage Kies bzw. Blähton über das Abzugsloch, damit das Wasser gut ablaufen kann. Stellen Sie die Töpfe leicht erhöht auf, z. B. auf Topffüßen.

● Manche Pflanzen, wie etwa Palmen, mögen es nicht, wenn ihre Wurzeln gestört werden, und sollten möglichst selten umgetopft werden. Tauschen Sie nur das Substrat an der Oberfläche gegen frische Erde aus.

● Warten Sie nach dem Umtopfen einige Wochen, bis Sie mit dem Düngen beginnen.

Pflanzen stützen Kletternde und hoch wachsende Pflanzen sowie Pflanzen mit schweren Blüten wie Ritterstern und Lilien

ZIMMERPFLANZEN VERMEHREN

1 Blattstecklinge (z. B. von Usambaraveilchen): Schneiden Sie die Blätter mitsamt ein paar Zentimetern Stiel ab. Stecken Sie die Stiele in eine Schale mit Vermehrungssubstrat. Halten Sie dieses gut feucht, und stellen Sie die Schale bei etwa 20 °C auf.

2 Blattschnittlinge (z. B. von Begonien): Schneiden Sie ein Blatt 2 cm über der Basis ab. Zerteilen Sie es an der Unterseite entlang der Mittelrippe. Legen Sie den Schnittling mit der Schnittseite nach unten in feuchtes Substrat, und beschweren Sie ihn mit Kieseln.

3 Über Kopfstecklinge können Sie viele Pflanzen vermehren. Schneiden Sie 5–10 cm lange Triebspitzen ab, entfernen Sie die unteren Blätter, und stecken Sie die Triebe in kleine Töpfe. Halten Sie das Substrat feucht. Eine Folienhaube beugt Verdunstung vor.

SCHON GEWUSST?

Top-Tipps für gesunde Pflanzen

● Stellen Sie die Pflanzen nicht zu dicht, damit zwischen ihnen die Luft zirkulieren kann.

● Lüften Sie regelmäßig, aber vermeiden Sie Zugluft.

● Lassen Sie kein Wasser in Untersetzern stehen; das kann zu Fäulnis führen und Krankheiten fördern.

● Lockern Sie immer wieder vorsichtig die Erdoberfläche, damit die Topferde gut durchlüftet bleibt.

● Füllen Sie regelmäßig frische Erde auf.

Schmucke Blattpflanzen verleihen eintönigen Ecken mehr Pfiff.

Eine umgedreht in die Erde gesteckte, mit Wasser gefüllte Flasche versorgt die Pflanze während Ihrer Abwesenheit.

EIN FLASCHENGARTEN

1 Eine breitbauchige Flasche wird zur Heimstatt für kleine Zimmerpflanzen. Füllen Sie zuerst eine Schicht Blähton als Dränage ein.

2 Verteilen Sie etwas Holzkohlepulver darüber, und füllen Sie schließlich eine Schicht guter Zimmerpflanzenerde ein.

3 Setzen Sie die Pflanzen, wie Farne oder Efeu, mithilfe eines langstieligen Bestecks (Gabel und Löffel) ein. Pflanzen Sie nicht zu dicht.

4 Gießen Sie sparsam, indem Sie ein wenig Wasser an den Innenseiten der Flasche herablaufen lassen.

brauchen oft eine Stütze. Stecken Sie Stützstäbe oder kleine Rankgitter gleich beim Umtopfen in die Erde; so werden die Wurzeln oder Knollen nicht beschädigt. Verankern Sie die Stützen tief in der Topferde.

Bewässerung im Urlaub Rücken Sie vor einer längeren Abwesenheit die Pflanzen von sonnigen Fenstern weg, damit sie weniger Wasser verdunsten.

- Eine unkomplizierte Art der Urlaubsbewässerung stellen wassergefüllte Plastikflaschen dar, die mit den Öffnungen nach unten in die Töpfe gesteckt werden.
- Stellen Sie die Töpfe nicht in wassergefüllte Wannen, darin könnten die Wurzeln faulen. Platzieren Sie sie stattdessen auf durchnässten Bewässerungs- oder Wasserspeichermatten aus dem Fachhandel.
- Der Fachhandel bietet verschiedene automatische Bewässerungssysteme an. Einfach funktionieren z. B. in die Erde gesteckte Tonkegel, die aus einem höher gestellten Wasserbehälter gespeist werden. Testen Sie ein frisch erworbenes System eine Zeit lang auf seine Funktion, bevor Sie für längere Zeit in Urlaub fahren.

Achten Sie auf Warnzeichen Wenn Blattränder braun werden, liegt das oft an zu trockener Luft. Übersprühen Sie betroffene Pflanzen regelmäßig, und stellen Sie sie auf Kiesel in einer halb mit Wasser gefüllten Schale. Wenn Sie braune Blattspitzen abschneiden, lassen Sie einen kleinen braunen Rand stehen; bei einem Rückschnitt ins lebende Gewebe trocknet das Blatt nämlich weiter aus.

- Wenn sich die Blätter aufrollen, verbrannt aussehen oder leicht gerötet sind, kann zu viel Licht bzw. Sonne die Ursache sein. Stellen Sie sie schattiger, oder hängen Sie als Schutz vor Sonnenstrahlung einen dünnen Vorhang ans Fenster.
- Vergilbende und abfallende Blätter weisen häufig auf Wasserüberschuss hin; reduzieren Sie daher versuchsweise das Gießen. Eine andere Ursache ist möglicherweise ein Mangel an Licht, der sich durch Umstellen der Pflanze beheben lässt.

Gewächshaus und Wintergarten

Schützende Glasbauten Früher dienten Glashäuser vor allem dem Vergnügen pflanzenbegeisterter Adliger und wohlhabender Bürger. Sie kultivierten darin Orangen- und Zitrusbäumchen und andere exotische Pflanzen. Einfache Bürger hingegen nutzten höchstens selbst gebaute Frühbeete, um Gemüse und Sommerblumen vorzuziehen. Heute stehen Gewächshäuser in verschiedensten Größen, Ausführungen und Preislagen zur Verfügung, wobei statt Glas meist bruchfeste, leichte transparente Kunststoffplatten verwendet werden.

- Planen Sie ein Gewächshaus oder einen Wintergarten sorgfältig. Informieren Sie sich gründlich über das bestehende Angebot.
- Für den Bau eines Wintergartens sollten Sie am besten Fachleute heranziehen. Gewächshäuser dagegen lassen sich aus Fertigbausätzen errichten.
- Je nach Größe und Standort kann für das

Großvaters Geheimtipp

ZYPERGRAS

Zypergras lässt sich auf ungewöhnliche Weise sehr leicht vermehren.

- Schneiden Sie einen Blattschopf mitsamt einem Stück des Stiels ab (Abb. oben).
- Kürzen Sie die Blätter ein, und stecken Sie den Schopf kopfüber in Wasser (Abb. Mitte).
- Stellen Sie das Glas warm und hell. Nach wenigen Wochen bilden sich reichlich Wurzeln (Abb. unten). Setzen Sie die bewurzelten Pflanzen dann in feuchte Erde.

Gewächshaus ein Betonfundament notwendig werden.

Nutzung und Heizung Überlegen Sie genau, wofür Sie das Gewächshaus nutzen möchten. Je nach Bedarf reichen die Heizmöglichkeiten von kleinen Elektroheizern bis hin zu kompletten Gewächshausheizungen mit Anschluss an die Zentralheizung.

- Für die Anzucht von Sommerblumen und Gemüse sowie den Anbau von Früh- und Wintergemüse oder beispielsweise Tomaten und Paprika im Sommer ist eine Heizung nicht unbedingt erforderlich.
- Wollen Sie Kübelpflanzen im Gewächshaus überwintern, müssen Sie das Haus über Winter zumindest frostfrei halten.
- Für Orchideen, Bromelien und andere tropische Pflanzen sowie manche exotische Früchte muss das Gewächshaus von Herbst bis Frühjahr gut geheizt werden – je nach Wärmeanspruch tagsüber auf 12–22 °C, nachts genügen ein paar Grad weniger.

Wärmende Wände Anlehngewächshäuser und die meisten Wintergärten stehen mindestens mit einer Seite an einer Hauswand, die isoliert und zusätzliche Wärme abstrahlt. Dafür erhalten frei stehende Gewächshäuser mehr Licht, was gerade im Herbst und Winter vorteilhaft ist. Streichen Sie im Anlehngewächshaus und Wintergarten die Wände hell, dann reflektieren sie mehr Licht, das den Pflanzen zugute kommt.

In einem beheizten Gewächshaus oder Wintergarten gedeihen selbst tropische Pflanzen.

Der richtige Standort Wählen Sie einen nicht allzu windigen Platz, der besonders von Herbst bis Frühjahr möglichst viel Sonne erhält. Denken Sie an Wasserleitungen und -hähne, Stromleitungen und Steckdosen sowie bequeme Zugangswege, und lassen Sie Verlegungsarbeiten frühzeitig durchführen.

- Mindestens 20–25 % der Glas- bzw. Kunstglasfläche sollte Lüftungsfläche sein, also geöffnet werden können.
- Besonders wichtig sind genügend Dachfenster, am besten mit automatischen Fensteröffnern.
- Zusätzlich können Sie auch Ventilatoren einsetzen.

Zu viel Hitze ist gefährlich Die Gewächshausabdeckung hält wirksam die in Wärme umgewandelte Sonnenstrahlung fest, sodass sich im Sommer häufig eine zu große Hitze entwickelt. Neben der Lüftung kann dann auch eine Schattierung nötig werden. Praktisch, flexibel einsetzbar und recht preiswert sind Schattierungsgewebe, die der Fachhandel in verschieden großen Bahnen und mit Plastikclips für die Befestigung anbietet.

Pflanzen auf allen Etagen Nutzen Sie nicht nur die Bodenfläche, sondern verwenden Sie Gewächshaustische (am besten mit lichtdurchlässiger Gitterfläche), Regale und Hängevorrichtungen. In Töpfen und Ampeln, die mit kräftigen Drähten am First aufgehängt werden, können attraktive Hängepflanzen einen herrlichen Anblick bieten.

Innenhof und Terrasse

Schaffen Sie Atmosphäre Wählen Sie einen bestimmten Stil und dazu passende Pflanzen und Möbel für die Gestaltung. Für Landhausflair sorgen z. B. Buchs, Fuchsien, Hortensien und Pelargonien. Rustikale Holzmöbel tun das Ihrige. Mediterranen Charme hingegen vermitteln Oleander, Bougainvillea und Lorbeer in Terrakottakübeln sowie südländische Metallmöbel oder Korbstühle.

Großvaters Geheimtipp

ERDGEWÄCHSHAUS

Bei einem Erdgewächshaus liegt die Grundfläche unter dem Erdboden, der praktisch nur vom Gewächshausdach überragt wird. In das Gewächshaus gelangt man über eine Treppe. Früher wurde diese Bauweise häufiger genutzt, denn die Erde isoliert das Gewächshaus perfekt.

- Manche Firmen bieten den Bau von Erdgewächshäusern an. Mit handwerklichem Geschick ist auch Selbstbau möglich.
- Die Erdgrube wird meist 80–100 cm tief angelegt und rundum mit einer Mauer befestigt, die auch als Fundament für das Dach dient.
- Damit die Pflanzen genügend Licht bekommen, stehen sie auf Tischen oder in erhöhten Beeten. So lässt es sich bequem im Stehen arbeiten.
- Erdgewächshäuser eignen sich u. a. für frühe Anzuchten, zum Überwintern von Kübelpflanzen oder zur Haltung von Erdorchideen.

Nutzen Sie den Platz optimal Mauern, Kübel, Tröge, Blumentreppen oder ein schmales gemauertes Beet entlang einer Wand bieten selbst in kleinen Höfen reichlich Pflanzfläche.

- Von vielen Gartengehölzen werden klein bleibende Formen für Kübel angeboten, hinzu kommt eine immer größer werdende Palette an Topfstauden für alle Jahreszeiten. Solche Pflanzen sind für einen geschützten Hof ideal, weil sie über Winter draußen bleiben können.

Ein Minihof mit bezaubernder Szenerie Manche Höfe sind so klein, dass man darin kaum sitzen kann. Verwandeln Sie eine solche Freifläche in ein lebendiges dreidimensionales Gemälde, das Sie beim Blick durchs Fenster genießen können. Arrangieren Sie die Pflanzen um einen zentralen Blickpunkt in direkter Sichtachse des Fensters. Ergänzend fügen Sie Dekoelemente wie Statuen, Steinlaternen oder einen Springbrunnen hinzu. Bei Nacht beleuchtet, wirkt dieser einfach bezaubernd.

Zusätzliche Pflanzebene Hängepflanzen, deren lange Triebe aus hoch platzierten Wandtöpfen und Blumenampeln herabwallen, fügen eine weitere Dimension hinzu. Prachtvolle Blüher sind Hängepelargonien, -petunien und -verbenen, Zauberglöckchen und Blaue Mauritius. Sehr viel Sonne verträgt Zweizahn (*Bidens*), im Schatten gedeihen hängende Fuchsien.

Besonderes Kleinklima Ein geschützter, aber heller Hof bietet warme Plätze für empfindlichere Pflanzen. Hier sind frischluftverträgliche Zimmerpflanzen während des Sommers gut aufgehoben.

- Von Wänden umgeben, sind Höfe teils sehr schattig. Manchmal wird der Schatten im Tagesverlauf teilweise durch grelles Sonnenlicht unterbrochen. Wählen Sie hier hauptsächlich schattenliebende Pflanzen, und schirmen Sie diese, wenn nötig, durch höhere Gewächse vor zeitweiligem Sonneneinfall ab.

Lebendiger Sonnenschirm In größeren, sonnigen Höfen sind kleine Bäume mit breiter Krone herrliche Schattenspender. Hierfür kommen z. B. Kugelahorn (*Acer platanoides* 'Globosum') oder Kugelrobinie (*Robinia pseudoacacia* 'Umbraculifera') infrage.

In Form geschnittene Bäumchen sparen Platz und sind sehr dekorativ.

Schneiden und formieren Im beengten Hof ist regelmäßiges Schneiden der Gehölze sehr wichtig. In Form geschnitten, bleiben sie besonders kompakt, Kugelformen an langem Stamm lassen Bodenflächen frei. Für den Formschnitt eignen sich vor allem Buchs, Liguster, Eibe, Wacholder und Stechpalme.

Im Schutz warmer Hauswände gedeihen exotische Pflanzen im Sommer auch draußen.

Die gute Wahl

LEICHTER SCHATTEN ERWÜNSCHT

Wärme, viel Licht, hohe Luftfeuchtigkeit – diese typischen Gewächshausbedingungen sind für exotische Pflanzen ideal. Die meisten vertragen jedoch keine pralle Sonne. Wenn Sie bevorzugt solche Pflanzen halten möchten, sollte das Gewächshaus z. B. im lichten Schatten eines locker beblätterten Baums stehen.

ORCHIDEEN *Cymbidium* **1** eignet sich gut fürs Gewächshaus ebenso wie andere beliebte Orchideen, z. B. *Dendrobium, Paphiopedilum und Phalaenopsis.*

BLATT- UND GLIEDERKAKTEEN *Epiphyllum, Rhipsalis* und Weihnachtskaktus (*Schlumbergera*) **2** mögen es im Gegensatz zu anderen Kakteen nicht zu sonnig.

BEGONIEN Auffällig gefärbten und gemusterten Blattschmuckpflanzen wie den Rex-Begonien **3** bekommen grelle Strahlen schlecht. Knollenbegonien **4** mit ihren farbenprächtigen Blüten stehen über Sommer am besten draußen im Halbschatten.

1

2

3

4

Blumen in Kästen, Schalen und Körben

Pelargonien und andere Sommerblüher sind mit ihrer Blütenfülle in einem traditionellen Garten unerlässlich. Ungeachtet dessen, erfreuen sie natürlich auch auf dem Balkon, auf Fensterbänken ...

Blütenpracht auf engstem Raum

Kurzlebige Schönheiten Pelargonien, vielen auch als Geranien bekannt, lassen sich wie manch andere Balkonblumen drinnen überwintern. Bei den meisten Sommerblühern handelt es sich jedoch um einjährige Blumen, die im Frühsommer gepflanzt werden und im Herbst nach dem Verblühen auf den Kompost kommen. Stellen Sie die bepflanzten Kästen erst Mitte Mai, nach den Eisheiligen, nach draußen. Härten Sie die Pflanzen vorher ab, indem Sie sie an warmen Tagen draußen an einen geschützten Platz stellen und abends wieder ins Haus holen.

Balkonschmuck für jede Saison Schon ab Februar sind knospende oder blühende Frühjahrszwiebelblumen erhältlich, die in Kästen, Töpfen und Schalen bezaubern. Kombinieren Sie Zwiebelblumen mit Zweijährigen wie Primeln, Stiefmütterchen, Tausendschön und Vergissmeinnicht. Den Herbst verlängern Sie mit Herbstastern, Herbstchrysanthemen, Topfheide und hübschen Blattschmuckpflanzen wie buntblättrigem Günsel und Silberblatt. Selbst im Winter können attraktive Pflanzen die Kästen zieren und das Auge erfreuen (siehe Kasten rechts).

Herabwallende Blütenvorhänge Zu den besonderen Augenweiden gehören Pflanzen mit herabhängenden, blütenbesetzten Trieben wie Fächerblume, Kaskadenblume, Hängepelargonien, -petunien und -verbenen sowie Zauberglöckchen und hängende Löwenmäulchen.

Die gute Wahl

BEWÄHRTE BALKONBLUMEN

AN SCHATTIGEN PLÄTZEN Halbschatten vertragen ziemlich viele Balkonblumen, doch wenn es noch lichtärmer wird, sind Fuchsien **1**, Fleißige Lieschen und Knollenbegonien die beste Wahl. Hübsche Begleiter sind Efeu, Farne und kleine Topfastilben.

IN VOLLER SONNE Für einen unbeschatteten Südbalkon eignen sich insbesondere Duftsteinrich, Goldtaler (*Asteriscus*), Kapaster, Kapkörbchen, Margeriten **2**, Mittagsblume, Mittagsgold, Pelargonien, Portulakröschen, Verbenen und Zweizahn (*Bidens*).

WINTERZIERDEN Nur Besenheide (*Calluna vulgaris*), Christrose (*Helleborus niger*) **3** und Schneeheide (*Erica carnea*) können mit Blüten mitten im Winter aufwarten. Kombinieren Sie sie mit Mini-Nadelgehölzen, Fruchtschmuckgehölzen wie Skimmie und Topfmyrte und dem silbrigen Blattschmuck von Silberblatt und Stacheldrahtpflanze (*Calocephalus brownii*).

1

2

3

- Setzen Sie mit Hängepflanzen Akzente in gemischten Kästen, indem Sie größere in die Mitte pflanzen oder kleinere Arten und Sorten an den Seiten überhängen lassen.
- Nutzen Sie die schöne Wuchsform für Blumenampeln oder breite Hängekörbe („Hanging Baskets"), die nach englischer Tradition mit einer bunten Fülle großer und kleiner Pflanzen bestückt werden.
- Achten Sie darauf, dass die Gefäße zum Gießen erreichbar sind. Möchten Sie wegen des herabtropfenden Wassers auf Abflusslöcher verzichten, müssen Sie mit sehr viel Fingerspitzengefühl gießen. Von Vorteil sind spezielle Hängegefäße mit Wasserspeicher.

Pelargonien und Petunien schmückten schon die Kästen früherer Generationen und gehören nach wie vor zu den Favoriten auf dem Balkon.

Balkonkästen und andere Gefäße
Blumenkästen gibt es in unterschiedlichen Größen und Materialien. Bedenken Sie, dass Tonkästen recht schwer sind und am Geländer oder Fenstervorsprung besonders stabil befestigt werden müssen. Achten Sie aber auch bei Kunststoffkästen stets auf eine sichere, windfeste Anbringung mit geeigneten Kastenhaltern.

- Balkonblumen gedeihen auch einzeln oder in kleinen Gruppen in Töpfen und Schalen. Sehr schön sind nostalgische Gefäße wie Weidenkörbe, halbierte Holzfässer oder Holztröge. Legen Sie Behältnisse dieser Art vor dem Einfüllen der Erde mit einer starken Folie aus; ebenso Eimer und Wannen aus Metall, denn aus den Wandungen können sich pflanzenschädliche Metalle lösen.
- Versehen Sie mithilfe eines Bohrers alle Gefäße unten mit einem Wasserabzugsloch, oder durchstoßen Sie vorsichtig bereits vorhandene Vorstanzungen.

Gute Erde ist wichtig Balkonblumen teilen sich meist zu mehreren ein Gefäß, in dem ihre Wurzeln von nicht allzu viel Erde umgeben sind – sollen aber den ganzen Sommer lang üppig wachsen und blühen. Gönnen Sie ihnen daher Balkonblumenerde bester Qualität, auch wenn sie etwas mehr kostet.

- Für Pelargonien und Petunien gibt es spezielle Erden, die optimal auf die Bedürfnisse dieser Pflanzen abgestimmt sind.
- Der Nährstoffvorrat in guter Erde genügt für die ersten 4–6 Wochen. Mischen Sie von Anfang an Langzeitdünger unter, so müssen Sie kaum nachdüngen. Andernfalls sollten die Pflanzen alle 1–2 Wochen mit geeignetem Flüssigdünger versorgt werden.

Richtig gießen Balkonblumen, vor allem wenn sie sehr sonnig stehen, gehören zu den Pflanzen, die am häufigsten gegossen werden müssen – im Hochsommer bis zu zweimal täglich. Vernässen Sie die Pflanzen jedoch nicht, sondern gießen Sie erst, wenn die Erde oben abgetrocknet ist. Wässern Sie ohne Brausenaufsatz direkt in den Wurzelbereich.

- Gießen Sie nie in der prallen Mittagssonne, sondern möglichst morgens oder am frühen Abend.
- Wasserspeicherkästen oder aber eine automatische Bewässerung (siehe auch S. 39) sind für viele Balkonblumen eine gute Lösung – nicht nur während der Urlaubszeit.

Putzen Sie Verwelktes regelmäßig aus
Das Abzupfen oder Wegschneiden verwelkter Blüten dient nicht nur dem Aussehen, sondern fördert auch die Bildung neuer Blüten. Durch Entfernen welker Blüten und Blätter beugen Sie zudem Krankheiten vor.

Hyazinthen dürfen als aparte, intensiv duftende Frühlingsblüher nicht fehlen.

EINEN HÄNGEKORB BEPFLANZEN

1 Kleiden Sie den Gitterkorb mit einer Karton-, Kokos- oder Filzeinlage (im Fachhandel erhältlich) aus.

2 Schneiden Sie bei Bedarf unten ein kleines Abflussloch, und füllen Sie bis zur Hälfte Erde auf.

3 Eine kopfüber in die Erde gesteckte Plastikflasche mit abgetrenntem Boden kann als Bewässerungshilfe dienen.

4 Beginnen Sie in der Mitte mit dem Einsetzen einer größeren Pflanze, die die Flasche gut verdeckt.

5 Setzen Sie ringsum – ausgehend von der Mitte, bis hin zum Rand – größere und kleinere Hängepflanzen ein.

6 Hängen Sie den Korb mit Aufhängeketten an einen sicher befestigten, stabilen Haken in der Decke.

Pflanzen in Töpfen

Schon lange nutzen Gärtner Pflanzen in Töpfen – und dies nicht nur auf Balkon und Terrasse, im Zimmer oder im Hof. Kübelpflanzen fügen auch dem Garten eine weitere Dimension hinzu und können nach Belieben umgestellt und immer wieder neu arrangiert werden.

Der Kübelgarten

Pflanzen mit exotischem Flair In großen Töpfen oder Kübeln können ganz unterschiedliche Pflanzen gezogen werden. Die bedeutendste Rolle spielen hier jedoch Gewächse, die dem Leben im Behältnis ihre Bezeichnung verdanken: die Kübelpflanzen. Dabei handelt es sich um attraktive Gehölze, seltener Stauden, die in wärmeren Teilen der Welt zu Hause sind und bei uns den Winter draußen kaum überstehen würden. Durch den Kübel bleiben sie mobil, können im Sommer draußen gedeihen und über Winter an einen frostfreien Platz gebracht werden.

Zur rechten Zeit umziehen Erst nach den Eisheiligen, Mitte Mai, wenn keine Nachtfröste oder starken Kälterückfälle mehr drohen, kommen die Kübelpflanzen ins Freie. Gewöhnen Sie die Pflanzen schon an warmen Apriltagen an den Frischluftaufenthalt, indem Sie sie tagsüber an einer geschützten Stelle im Freien aufstellen. Platzieren Sie auch sonnenliebende Arten anfangs leicht beschattet, damit sie sich langsam an die Strahlung gewöhnen. Bringen Sie die Pflanzen im Herbst vor den ersten Nachtfrösten in ein geeignetes Winterquartier.

- Kräftige Exemplare von Feige, Hanfpalme, Lorbeer, Oleander oder Olivenbaum halten Temperaturen um den Nullpunkt oder sogar ein paar Frostgrade recht gut aus. Räumen Sie diese als Erste raus und im Herbst als Letzte rein. Gehen Sie aber bei empfindlichen Pflanzen wie Engelstrompete oder Orangenbäumchen kein Risiko ein.

Wohin während der Wintermonate? Denken Sie beim Kauf von Kübelpflanzen daran, dass sie nicht nur einen passenden Sommerstandort brauchen, sondern auch einen geeigneten Platz, um zu überwintern. Dieser wird schnell knapp, wenn die Pflanzen – und damit die Kübel – an Größe zunehmen. Darüber hinaus sollte der Standort gut erreichbar sein, am besten ebenerdig mit Sackkarre oder Kübelroller, da größere Pflanzen entsprechend schwer sind.

- Informieren Sie sich beim Kauf genau über die Überwinterungsansprüche Ihrer bevorzugten Kübelpflanzen. Die meisten brauchen einen hellen, frostfreien, aber kühlen Platz bei 4–8 °C, z. B. in einer hellen Remise, im Flur oder Treppenhaus. Optimal wären natürlich ein leicht beheiztes Gewächshaus oder ein Wintergarten.
- Gießen Sie kühl stehende Pflanzen im Winter sehr sparsam, kontrollieren Sie sie regelmäßig auf Schädlinge (wie etwa Schildläuse) und Krankheiten, entfernen Sie stets welke und abgefallene Blätter, und lüften Sie an warmen Tagen.
- Stellen Sie die Pflanzen ab März, bei Beginn des neuen Austriebs, etwas wärmer. Topfen Sie sie, wenn nötig, in ein etwas

Kübelpflanzen wie Agave und Yucca verleihen dem Garten südländischen Charme.

An sehr sonnigen Plätzen sind trockenheitsverträgliche Sukkulenten ein geeigneter Kübelschmuck.

größeres Gefäß um. Viele Pflanzen vertragen nun auch einen leichten Rückschnitt.

Winterharte Topfpflanzen Immergrüne wie Buchs, kleine Eiben und andere niedrige Nadelgehölze sind winterfeste Klassiker im Topfgarten. Aber auch Bartblume (*Caryopteris*), Fingerstrauch, Hängekätzchenweide (*Salix caprea* 'Pendula') oder klein bleibende, schwachwüchsige Sorten, z. B. von Japanischem Ahorn oder Zierkirschen, können den Kübelgarten bereichern und über die Wintermonate draußen bleiben.

- Verwenden Sie unbedingt frostfeste Gefäße, die Sie in kalten Wintern durch Unterlegen von Brettern oder Styropor, durch Umhüllen mit Decken oder Noppenfolie sowie durch Abdecken der Topfoberflächen mit Laub, Fichtenreisig oder alten Zeitungen isolieren.
- Auch Hortensien, Rhododendren und Rosen gedeihen in Töpfen, sollten aber in kalten Wintern besser nach drinnen gebracht oder draußen sehr gut geschützt werden.

Vielfalt in Töpfen Eine Vielzahl unterschiedlicher Gartenpflanzen lässt sich gut in Töpfen kultivieren. Von Stauden wie beispielsweise Astilben, Funkien, Mädchenauge und Rittersporn werden zunehmend spezielle Topfsorten angeboten. Dazu können Sie Töpfe mit Tomaten und Feuerbohne, Küchenkräutern, Kapuzinerkresse und Tagetes, Buchs, Erdbeeren und Zwergapfelbäumen gesellen – und auf diese Weise ein Bauerngärtchen auf die Terrasse oder rund um den Gartensitzplatz zaubern.

Ein Leben im Topf Kübelpflanzen und Topfgehölze müssen jegliche Nährstoffe ihrem begrenzten Erdvorrat entnehmen und Regengüsse ebenso erdulden wie zeitweilige Trockenheit. Verwenden Sie daher nur hochwertige Kübelpflanzen- oder Einheitserde.

- Topfen Sie je nach Wuchsstärke alle 1–2 Jahre um. Legen Sie Tonscherben über das Abzugsloch, oder füllen Sie unten eine Dränageschicht aus Blähton oder Kies ein. Ausnahmen sind Schmucklilie (*Agapanthus*) und Rosmarin: Sie sollten so selten wie möglich umgetopft werden.
- Beachten Sie, dass manche Kübelpflanzen – wie Brautmyrte, Hortensie, Kamelie, Rhododendren sowie Zitrus- und Orangenbäumchen – keinen Kalk vertragen. Für sie gibt es spezielle Erden und Dünger. Gießen Sie nur mit weichem bzw. enthärtetem Wasser.
- Stellen Sie schon ab Mitte August bis zum Frühjahr das Düngen ein, dann kommen die Pflanzen besser über den Winter.

Lebenselixier Wasser Beim Gießen während der Sommermonate können Sie sich grundsätzlich an den Tipps für die Balkonblumen (S. 43) orientieren, doch wässern Sie die Kübelpflanzen im Zweifelsfall lieber etwas seltener, aber dafür durchdringend.

- Stellen Sie die Kübel leicht erhöht auf Topffüße, damit das Wasser besser abfließen kann, oder leeren Sie die Untersetzer regelmäßig aus. Eine Ausnahme bildet der Oleander: Er gedeiht besonders gut, wenn sich im Hochsommer immer etwas Wasser in seinem Untersetzer befindet.
- Lockern Sie verkrustete Erdoberflächen immer wieder mit einer alten Gabel auf. So kann das Gießwasser schnell einsickern und zu den Wurzeln gelangen.

Sauer macht sauber Gegen unschöne Kalkbeläge an den Wänden von Tontöpfen hilft ein Universalmittel aus Großmutters Zeiten: der Essig. Geben Sie den Essig in etwas lauwarmes Wasser, und schrubben Sie die Beläge mit einer kräftigen Bürste, die Sie in das Essigwasser tauchen, ab.

Dekorative, ausgefallene Kübel kommen bei zurückhaltender Bepflanzung besonders gut zur Geltung.

Die gute Wahl

BELIEBTE KÜBELPFLANZEN

APARTE BLÜHER Zu den Stars im Kübel zählen seit jeher Kamelie, Oleander **1**, Passionsblume, Strauchmargerite und Schmucklilie sowie Orangenbäumchen, die zugleich Fruchtschmuck bieten. In neuerer Zeit haben mehrere „Südamerikaner" mit prächtigen Blüten Terrassen und Gärten erobert, allen voran Engelstrompete **2**, Enzianbaum, Schönmalve und Wandelröschen.

EXOTISCHER BLATTSCHMUCK Sonniges Urlaubsflair verbreiten Agave, Eukalyptus-, Feigen- und Olivenbaum, Rosetten-Dickblatt, Yucca, Zierbanane sowie Hanfpalme, Kanarische Dattelpalme und Zwergpalme.

SCHATTENSCHÖNHEITEN Im Schatten überzeugen vor allem Blattschmuckpflanzen wie Aukube **3**, Buchs, Lorbeer, Neuseeländer Flachs und Palmfarn. Fuchsien, als Hochstämmchen besonders apart, blühen im Schatten oft noch passabel, im Halbschatten jedoch üppiger. Dort eignen sich auch Hortensien und Rhododendren.

1

2

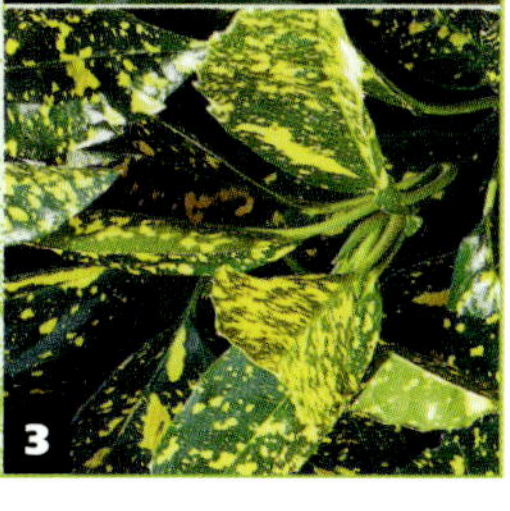

3

Ein grüner Teppich – weich und federnd

Ob als robuster Untergrund zum Spielen und Entspannen oder als makelloses, dekoratives Grün – Rasen erschließt als eine offene, begehbare Fläche den Garten, verbindet die verschiedenen Bereiche und bringt als optischer Hintergrund die Blütenfarben zur Geltung.

Einen neuen Rasen anlegen

Einfache Umrisse Akkurat angelegte Ecken und komplizierte Randverläufe sind auf Dauer schwer zu erhalten und zu mähen. Je einfacher die Form Ihres Rasens, desto leichter lässt er sich pflegen.

Legen Sie eine feste Kante an Ein befestigter Rasenrand schützt angrenzende Blumen vor dem Mäher, trennt Wege und Beete klar ab und vermittelt einen gepflegten Eindruck. Früher wurden Kanten öfter mit Ziegeln oder Holzkanten angelegt. Moderne Lösungen sind spezielle Rasenkantensteine sowie Kanten aus stabilem Kunststoff oder rostfreiem Metall.

Aussaat oder Rollrasen? Rasenaussaat ist einfacher und preiswerter, doch mit Rollrasen erhalten Sie viel schneller eine nutzbare Grünfläche. Roll- oder Fertigrasen kann von Frühjahr bis Herbst verlegt werden – allerdings besser nicht in sehr nassen, trockenen oder kühlen Wetterperioden.

Rasengrasmischungen Je nach Standort und Art der Rasennutzung werden verschiedene Grasarten und -sorten verwendet. Rasensaaten bestehen in der Regel aus aufeinander abgestimmten Gräsermischungen für unterschiedliche Rasentypen wie Zier-, Gebrauchs- oder Landschaftsrasen (siehe S. 47/48).

Wann wird Rasen gesät? Die beste Zeit für die Rasensaat ist Mitte April bis Anfang Juni, wenn der Boden schon warm genug ist, aber das Wetter noch nicht zu heiß und trocken. Auch von Ende August bis in den September hinein lässt sich der Rasen gut säen. Zum Keimen und Wachsen der Gräser sind Temperaturen von mindestens 10 °C erforderlich. Ebenso wichtig ist eine gleichmäßige Feuchtigkeit.

Die Fläche vorbereiten Graben Sie einige Wochen vor der Aussaat den Boden um, lockern Sie ihn gründlich mit Hacke oder Kultivator, und entfernen Sie sorgfältig Steine und Unkrautwurzeln. Ebnen Sie die Oberfläche mit dem Rechen ein. Gleichen Sie kurz vor der Aussaat nochmals Unebenheiten aus. Verfestigen Sie die Oberfläche mit einer Walze oder durch Begehen mit kleinen Brettern, die Sie an Ihre Schuhe binden. Führen Sie die Feinarbeiten nur bei trockenem Wetter durch, nicht auf nassem Boden.

Richtig säen Richten Sie sich mit der Saatmenge nach den auf der Verpackung vermerkten Angaben. Säen Sie an den Rändern, wo die Gräser am stärksten beansprucht sind, etwas dichter.

- Vermischen Sie die Samen mit Sand, das erleichtert das gleichmäßige Ausstreuen. Unterteilen Sie die Fläche in gleich große Säabschnitte, und wiegen Sie für jeden Abschnitt Samenportionen ab. Streuen Sie erst die Hälfte der Samen in einer Richtung aus, dann die andere Hälfte quer dazu.
- Ein Säwagen mit einstellbarer Saatmenge macht das Verteilen besonders einfach.
- Arbeiten Sie die ausgestreuten Samen mit dem Rechen flach ein, verfestigen Sie die Bodenoberfläche leicht mit Trittbrettern

Großvaters Geheimtipp

DEKORATIVER RASEN

Haben Sie sich schon gefragt, wie manche Gärtner die schönen Streifen auf ihren Rasen zaubern? Dafür brauchen Sie einen Spindel- oder Walzenmäher. Damit fahren Sie in Längs- oder Querrichtung in gleichmäßigem Wechsel hin und her und mähen parallele Streifen von gleicher Breite. Die Streifen sollten akkurat aneinander anschließen.

- Mähen Sie bei geneigter Fläche immer quer zum Hang.
- Schalten Sie den Mäher aus, wenn Sie über einen Weg fahren.

oder einer Walze. Wässern Sie mit einem Regner oder einer feinen Brause. In den folgenden Wochen sollten Sie die Saat gleichmäßig feucht halten.

- Decken Sie die Saat sicherheitshalber mit einem Vogelschutznetz ab.
- Mähen Sie die Gräser zum ersten Mal, wenn sie etwa 8 cm hoch sind. Die Schnitthöhe sollte zwischen 3 und 4 cm betragen.

Den Rasen pflegen

Rasen braucht Luft Damit der Rasen gesund bleibt, sollten Sie ihn im Frühjahr und Herbst gründlich abrechen. Befreien Sie ihn nach dem ersten Mähen mit einem Hand- oder Motorvertikutierer von Filz und Moos.

- Stärker verdichteten Rasenflächen kann man durch Aerifizieren mehr Luft verschaffen. Dazu stanzen Sie mit einer Grabegabel in gleichmäßigen Abständen Löcher in den Boden. Drücken Sie die Grabegabel mit dem Fuß möglichst tief ein. Alternativ können Sie auch eine Stachelwalze oder Schuhe verwenden, unter deren Sohle ein Nagelbrett angebracht ist.
- Wässern Sie nach dem Aerifizieren gründlich, und streuen Sie Rasendünger aus. Überstreuen Sie die Löcher mit einer Mischung aus vier Teilen Sand, zwei Teilen Lehm und zwei Teilen Kompost.

Die gute Wahl

RASENTYPEN FÜR DEN GARTEN

ZIERRASEN Solche Rasenmischungen bilden ein besonders ansprechendes Grün aus feinblättrigen Gräsern, das man auch als „Englischen Rasen" kennt. Der Rasen dient vor allem der optischen Wirkung, sollte nicht zu häufig betreten werden und verlangt viel und regelmäßige Pflege. Letzteres gilt auch für den stärker belastbaren Golfrasen.

GEBRAUCHSRASEN Dieser Rasentyp ist robuster und wird in den meisten Gärten verwendet. Im Handel findet man ihn auch unter Namen wie Universal-, Allzweck- oder Wohnrasen. Um ihn ansehnlich und belastbar zu erhalten, ist regelmäßige Pflege nötig. Stärker strapazierfähige Varianten werden unter der Bezeichnung Spielrasen angeboten.

STRAPAZIER- ODER SPORTRASEN Dabei handelt es sich um Mischungen aus robusten Gräsern mit hoher Regenerationsfähigkeit. Sie eignen sich für ganzjährig stark strapazierte Spielflächen, Sitzplätze, Liegewiesen oder auch Parkplätze. Je nach Belastung kann der Pflegeaufwand sehr hoch sein.

Frühjahrsputz und -kontrolle Begutachten Sie vor dem ersten Mähen die Gräser. Entfernen Sie Erdklumpen, Steine, Zweige und alles andere, was die Messer des Rasenmähers beschädigen könnte.

Richtig mähen Mähen Sie Ihren Rasen nur während der Wachstumsphase. Im Sommer wird das oft jede Woche nötig, ansonsten nur alle 2–4 Wochen. In Trockenzeiten muss wenig gemäht werden, sofern Sie den Rasen nicht regelmäßig bewässern. Um den Rasen gut in Form zu halten, hier einige bewährte Tipps:

- Kürzen Sie die Gräser höchstens um ein Drittel ein. Zu tiefes Mähen kann die Grasnarbe beeinträchtigen und Unkrautaufwuchs begünstigen.
- Kürzen Sie Gebrauchsrasen weniger stark ein als Zierrasen.
- Lassen Sie bei Trockenheit den Grasschnitt liegen; er reduziert die Verdunstung und setzt beim Verrotten Nährstoffe frei.
- Warten Sie nach dem Mähen zwischen 2 und 4 Tage, ehe Sie Dünger oder Unkrautvernichter ausbringen. Wässern Sie vorher gründlich.
- Mähen Sie nie nasses Gras; lassen Sie es nach einem Regen erst abtrocknen.

Wässern Sie morgens oder abends
Ein gut eingewachsener Rasen kann sich nach Trockenperioden erholen. Für saftiges Grün im Sommer ist aber Beregnung bzw. Bewässerung nötig. In praller Sonne wirken die Tropfen auf den Blättern wie kleine Brenngläser, außerdem verdunstet viel Wasser an der Oberfläche. Wässern Sie deshalb nur morgens oder am frühen Abend, und zwar so gründlich, dass die oberen 15 cm des Bodens gut durchfeuchtet sind. Dies können Sie mit einem Zwiebelpflanzer überprüfen, mit dem Sie in einer unauffälligen Rasenecke einen kleinen Erdzylinder herausstechen, den Sie nach der Kontrolle wieder sorgfältig einsetzen.

EINEN NEUEN RASEN AUSSÄEN

1 Graben Sie die Fläche um, lockern Sie den Grund mit der Hacke, und ebnen Sie die Oberfläche mit dem Rechen ein.

2 Am besten wird die Oberfläche mit einer Walze verfestigt, um letzte Löcher und Unebenheiten zu beseitigen.

3 Unterteilen Sie die Fläche in Säabschnitte. Verstreuen Sie die Samen gleichmäßig, oder verwenden Sie einen Säwagen.

4 Arbeiten Sie die Samen mit dem Rechen flach ein, drücken Sie sie mit einer Walze an, und wässern Sie gründlich.

Den Rasen düngen Düngen Sie den Rasen im Frühjahr nach dem ersten Mähen. Falls erforderlich, kann er noch ein oder zwei weitere Düngergaben erhalten – und zwar im Mai/Juni sowie im August. Verwenden Sie speziellen Rasendünger, und wässern Sie nach dem Düngen gründlich.

- Soll sich ein angegriffener Rasen erholen, verwenden Sie schnell wirksamen Dünger. Andernfalls eignet sich Rasenlangzeitdünger am besten.

Die gute Wahl

RASEN FÜR BESONDERE ZWECKE

LANDSCHAFTSRASEN Diese auch als Extensivrasen bezeichneten Rasenmischungen eignen sich für wiesenähnliche Flächen, die nicht ständig betreten werden. Manche enthalten neben Gräsern auch Kräuter. Rasen dieser Art brauchen wenig Pflege. Die Gräser lässt man mindestens 5–10 cm hoch stehen. Landschaftsrasen gibt es in verschiedenen Varianten für spezielle Zwecke und Standorte, z. B. für nasse oder sehr trockene Bereiche, für Erosionsschutz an Böschungen sowie für Halbschatten.

SCHATTENRASEN Die üblichen Rasenmischungen brauchen ziemlich viel Sonne. Unter Gehölzen oder im Gebäudeschatten wachsen sie lückenhaft und werden leicht durch Moos und Unkräuter verdrängt. Spezielle Schattenrasen sind aber auch kein Allheilmittel, denn sie bilden meist nur im Halbschatten einen geschlossenen Teppich. Die Gräser dürfen nicht allzu kurz geschnitten werden. An stärker beschatteten Stellen sind oft Bodendecker wie Günsel, Haselwurz oder Taubnessel die besseren Alternativen.

REGENERATIONSRASEN Unter dieser Bezeichnung werden Grassamen in Kleinpackungen angeboten, die sich zur schnellen Ausbesserung lückenhafter Rasenflächen eignen. Diese Mischungen enthalten schnell keimende, wüchsige Gräser, insbesondere verschiedene Sorten von Deutschem Weidelgras (*Lolium perenne*) und Wiesenrispengras (*Poa pratensis*). Diese bilden auch den Hauptbestandteil bei Strapazierrasen und sind bereits 6–8 Wochen nach der Aussaat belastbar.

- Wählen Sie für eine Spätdüngung im August einen stickstoffärmeren, kalireichen Dünger, das verbessert die Winterhärte.

Top-Tipps gegen Unkräuter Der Verbreitung mancher Unkräuter können Sie allein durch regelmäßiges Mähen vorbeugen, da sie dann vor der Samenbildung abgeschnitten werden. Beseitigen Sie ansonsten Unkräuter am besten nach der traditionellen Methode per Hand. Das kann zwar – insbesondere bei größeren Rasenflächen – mühsam sein, schont aber die Umwelt. Falls Sie Unkrautvernichter verwenden möchten, achten Sie unbedingt auf spezielle Mittel für den Rasen.

- **Jäten per Hand** Für Unkräuter mit tiefen Wurzeln, wie Löwenzahn und Gänseblümchen, gibt es im Fachhandel hilfreiche Unkrautstecher und Unkrautgabeln mit zwei langen Zinken. Durchfeuchten Sie trockenen Boden, dann wird das Jäten einfacher. Füllen Sie nach dem Entfernen größerer Unkräuter etwas Erde auf, und säen Sie mit Regenerationsrasen nach.
- **Versteckte Ausläufer freilegen** Wenn in Ihrem Rasen viele Unkräuter wachsen, gehen Sie vor dem Mähen mit dem Rechen darüber. So lösen Sie Sprosse kriechender Unkräuter vom Boden und können viele davon mit dem Rasenmäher erfassen.

Großvaters Geheimtipp

ESSIG, SALZ, WASSER UND MUSKELKRAFT

Essig, im Verhältnis 1:1 mit Wasser gemischt, ist ein wirksames Unkrautbekämpfungsmittel. Versuchen Sie es auch mit Salz, das die Unkräuter verbrennt. Durch Begießen mit kochendem Wasser lassen sich Unkräuter an Wegrändern oder zwischen Pflastersteinen bekämpfen. Moos entfernen Sie mit dem Rechen vom Rasen.

ROLLRASEN AUSLEGEN

1 Graben Sie die Fläche um, lockern Sie sie mit der Hacke, und arbeiten Sie etwas Langzeitdünger ein.

2 Verwenden Sie für größere Flächen eine Motorhacke. Ebnen und verfestigen Sie danach die Oberfläche.

3 Glätten Sie die Fläche sorgfältig mit dem Rechen. Unebenheiten können später zu Lücken beim Mähen führen.

4 Feuchten Sie anschließend den Boden gleichmäßig und gründlich mit einer feinen Brause an.

5 Rollen Sie die erste Bahn entlang einer geraden Kante aus, und legen Sie die folgenden lückenlos an.

6 Drücken Sie die Bahnen gut an, besonders auch die Verbindungsstellen, und bewässern Sie nochmals gründlich.

Kahle Stellen reparieren Eine Kahlfläche an auffälliger Stelle lässt sich am einfachsten ausbessern, indem man ein rechteckiges Stück mitsamt etwas gesundem Rand aussticht und durch eine gleich große Sode aus einer abgelegeneren Rasenecke ersetzt. Säen Sie anschließend an der Entnahmestelle Regenerationsrasen aus, oder setzen Sie ein Stück Fertigrasen ein.

Mulden ausbessern Schneiden Sie die Grasnarbe an der eingesunkenen Stelle kreuzförmig ein, und klappen Sie die vier Dreiecke vorsichtig zur Seite. Lockern Sie den Boden, füllen Sie das Loch mit Gartenerde auf. Dann legen Sie die Grassoden wieder auf. Streuen Sie sandige Erde in alle Lücken, säen Sie dort etwas Rasen nach, und bewässern Sie.

Moos im Rasen? Vorbeugen ist besser als heilen. Moos deutet gewöhnlich darauf hin, dass der Rasen zu stark beschattet, verdichtet oder zu feucht ist oder dass Sie das Gras zu kurz mähen.

- Wenn selbst regelmäßiges Vertikutieren und Aerifizieren nicht helfen, verwenden Sie Rasendünger mit Moosvernichter oder spezielle Moosbekämpfungsmittel. Ziehen Sie dann das schwarz gewordene Moos mit einem Rechen oder Vertikutierer heraus. Geben Sie das Moos nicht auf den Kompost.

Hügel und Löcher im Rasen Löcher sind meist das Werk von Wühl- oder Feldmäusen, während Maulwürfe ihre wohlbekannten Hügel hinterlassen.

- Wühl- und Feldmäuse sind schwer zu bekämpfen. Manchmal helfen alte Hausmittel wie petroleumgetränkte Lappen in den Gängen oder in den Boden eingegrabene Flaschen. Sie pfeifen im Wind und sollen die Plagegeister vertreiben. Daneben bietet auch der Fachhandel verschiedene Vertreibungsmittel an. Nach Erfahrungen vieler Gärtner sind allerdings Fallen, die man in den Gängen aufstellt, das einzig sichere Mittel.
- Maulwürfe gehören zu den geschützten Arten und dürfen nicht bekämpft werden. Sie können es hier wie bei den Wühlmäusen mit Vertreibungsmitteln versuchen – und sich ansonsten darüber freuen, dass Maulwürfe fleißige Schädlingsvertilger sind. Ebnen Sie regelmäßig die Hügel ein, oder verwenden Sie die gute gelockerte Maulwurfserde an anderer Stelle im Garten.

Eine wunderbare Wildblumenwiese

Entfernen Sie die Grasnarbe In einem eingewachsenen Rasen mit wüchsigen Gräsern kann es, um den Wildblumen eine Chance zu geben, nötig werden, die Grasnarbe zu entfernen. Schälen Sie die Grasschicht flach mit dem Spaten ab. Da die Wiese seltener gemäht wird als ein Rasen, ist gründliches Unkrautentfernen vor der Saat besonders wichtig.

Magern Sie den Boden ab Auf Dauer können sich die meisten Wildblumen nur an nährstoffarmen Standorten etablieren. Verzichten Sie mindestens ein Jahr vor der Wiesenaussaat auf Düngung, und entfernen Sie jeden Rasenschnitt.

Einen Vorsprung geben Pflanzen Sie im Frühjahr in Töpfen vorgezogene Wildblumen ein. Sie überziehen bereits einen Teil der Wiese, bis die gesäten Blumen heranwachsen. Sie können auch schon im Herbst einige kleine Zwiebelblumen zum Verwildern stecken.

Aussaat der Wiese Verwenden Sie eine Wiesenblumenmischung aus verschiedenen Kräutern und einigen Gräsern. Bevorzugen Sie Qualitätssaatgut aus dem Fachhandel, auch wenn es etwas teurer ist. Billige Blumenmischungen blühen oft im ersten Jahr sehr schön, doch dann ist es häufig schon vorbei mit der Wiesenpracht.

- Die besten Mischungen sind speziell auf die jeweiligen Standortverhältnisse – trockenen oder feuchten Boden, Sonne oder leichte Beschattung – abgestimmt.
- Der beste Zeitraum für die Aussaat ist von April bis Juni, doch Sie können auch im September/Oktober säen.

Die Wiese pflegen In der Regel ist es nur zweimal im Jahr notwendig zu mähen: im Juni/Juli und im September. Sehr wüchsige Wiesen mähen Sie dreimal: gegen Ende Mai, im August und nochmals im Oktober.

- Mähen Sie die Wiese nicht zu kurz, eine Schnitthöhe von 8–10 cm ist ausreichend. Eventuell können Sie auf kleinen Flächen die traditionelle Sense einsetzen, oder Sie verwenden eine Motorsense.

Früher waren bunte Wiesen in der Landschaft noch häufiger zu sehen als heute.

Maulwürfe produzieren lästige Gänge und Erdhügel.

Gelungene Begrenzungen

Sei es aus dem Wunsch nach Abgeschiedenheit heraus, um die Privatsphäre zu wahren oder um etwaige unschöne Ausblicke zu verdecken: Es gibt viele Gründe, einen Garten zu umschließen – und ebenso viele attraktive Möglichkeiten.

Grundlegende Überlegungen

Wie hoch dürfen die Begrenzungen sein? Erkundigen Sie sich bei Ihrer zuständigen Behörde, ob es örtliche Vorschriften für die Einfriedungshöhe und -gestaltung gibt (beispielsweise im Bebauungsplan). Für Mauern werden oft auch Bauanzeigen oder -genehmigungen nötig. Eventuell sind zudem genaue Abstände zu Gehwegen oder Straßen vorgeschrieben.

- Wählen Sie die Höhe des Eingangstors am besten ähnlich wie die von Zaun oder Mauer. Auf diese Weise ergibt sich eine stimmige, harmonisch wirkende Linie.

Zwischen Nachbarn Je nach Bundesland sind für Baulichkeiten und Hecken bestimmte Grenzabstände zum Nachbarn vorgeschrieben. Wer eine Grenzanlage nutzen oder verändern darf oder dafür verantwortlich ist, hängt vor allem davon ab, ob sie direkt auf oder neben der Grenzlinie steht und ob sie in beiderseitigem Einvernehmen errichtet wurde. Versuchen Sie sich möglichst mit Ihren Nachbarn abzustimmen. Holen Sie im Zweifelsfall juristischen Rat ein.

Recycling lohnt sich Mauersteine sind nicht gerade billig. Es kann sich lohnen, wenn man nach alten Steinen Ausschau hält (z. B. bei einem Hausabriss).

Mauerhöhe und Fundament Mauern, die höher als 1 m sind, sollten Sie von einem Fachmann errichten lassen. Für niedrige Mauern genügt meist ein Bett aus Sand, Kies und etwas Zement. Ab einer Höhe von rund 60 cm wird ein Betonfundament erforderlich, das etwas breiter ist als die Mauerstärke. Damit hohe und breite, schwere Mauern sicher stehen, sollte das Fundament bis in die frostfreie Tiefe von 80 cm reichen.

Mauerdach Eine Abdeckung aus Abdeckziegeln bewahrt das Mauerwerk vor eindringendem Regenwasser und bildet einen schönen Abschluss mit nostalgischem oder mediterranem Flair. Achten Sie darauf, dass die Abdeckung seitlich etwas übersteht, damit das Wasser nicht an der Mauer herunterläuft. Unter der Bezeichnung „Mönch und Nonne" gibt es auch im Querschnitt halbrunde Ziegel. Interessant sind auch Formteile mit mehreren bereits zusammengefügten Ziegeln oder Platten, die sich einfach mit Mörtel auf die Mauerkrone setzen lassen.

Niedrige Mauern grenzen ab, ohne abweisend zu wirken, und lassen Sonnenlicht für die Pflanzen passieren.

Die gute Wahl

DIVERSE MAUER- UND ZAUNTYPEN

STEIN- ODER ZIEGELMAUERN Mauern stellen die solideste Garteneinfriedung dar, sind jedoch teuer. Zudem bedarf es häufig professioneller Hilfe beim Errichten und Reparieren.

HOLZZÄUNE Latten- oder Scheren- bzw. Jägerzäune zählen zu den traditionellen ländlichen Einfriedungen. Sie werden in schlichter Ausführung – die mit der Zeit verwittert und vergraut – angeboten sowie in dekorativen Varianten (teils farbig lackiert oder gebeizt).

METALLZÄUNE Der Stabgitterzaun aus senkrechten, an der Spitze verzierten Stäben wird mittlerweile auch in modernem Design sowie in Form nostalgisch verzierter Modelle angeboten. Die Preise sind je nach Ausführung sehr unterschiedlich. Häufig werden die Zäune mit Mauerpfeilern eingesetzt.

HECKEN Hecken sind eine attraktive Art der Einfriedung und dienen als Windschutz und Unterschlupf für Wildtiere. Leider brauchen sie Platz sowie einige Jahre Zeit, um heranzuwachsen, und sind teilweise pflegeintensiv.

FLECHTZÄUNE Flechtzaunelemente können in Verbindung mit Holzzäunen zur Auflockerung verwendet werden, als Rankhilfe für Kletterpflanzen oder zur Windeindämmung.

BETONSTEINE Das sehr stabile und haltbare Material Beton steht längst nicht mehr nur in Gestalt grauer Blöcke zur Verfügung. Das Angebot reicht inzwischen von Formsteinen bis hin zu Natursteinimitationen.

Eine Betonmauer verschönern Eine Betonmauer gehört zu den stabilsten und solidesten Wandtypen, sieht aber nicht besonders attraktiv aus.

- Bringen Sie Rankgitter an, und überdecken Sie die Mauer mit immergrünen Klettergehölzen wie Efeu, Henrys Geißblatt (*Lonicera henryi*) oder Kletterspindel.
- Verwenden Sie eine Holzverkleidung. Hierfür bietet der Fachhandel Lösungen an, bei der nur einige Elemente verschraubt werden müssen und die anderen durch Stecksysteme o. Ä. verbunden werden.

In Kombination mit einem nostalgischen Tordach gewinnt ein Lattenzaun an Wirkung.

- Wenn Sie künstlerisch begabt sind, nutzen Sie die glatte Oberfläche für ein Wandgemälde mit perspektivischer Wirkung. Mit einem überlegt angebrachten Spiegel an einer ansonsten öden Betonmauer können Sie einen besonderen räumlichen Effekt erzielen.

Die Vorteile von Zäunen Zäune erfordern ebenso viel Planung wie Mauern, sind aber preiswerter und wirken offener. Darüber hinaus lassen sie sich leichter und schneller errichten und durch Ersetzen von Latten oder Brettern einfach ausbessern. Das Materialangebot reicht von Holzlatten bis hin zu Metallelementen.

Einen Lattenzaun bauen Lattenzäune bietet der Fachhandel als Bausätze mit vorbereiteten Elementen an. Sie können sie aber auch aus Einzelteilen selbst errichten: aus Pfosten, horizontal angebrachten Hölzern als Trägern und senkrecht angebrachten Latten. Rustikal wirken Staketenzäune aus halbrund gefrästen Latten. Bogenzäune bestehen aus unterschiedlich langen Latten, die so angeordnet werden, dass die Zaunoberkante mit bogenförmigen Wölbungen verläuft. Prüfen Sie Pfosten und Latten beim Kauf sorgfältig: Meiden Sie verzogene, leicht beschädigte oder ausgefranste Hölzer, achten Sie auf Holz von einheitlicher Qualität, und verwenden Sie Pfosten mit speziell imprägnierten Enden.

Verankern der Pfosten Verankern Sie die Pfosten mindestens 60 cm tief, für hohe und schwere Zäune besser noch in einer frostfreien Tiefe von 80 – 90 cm.

- Für beste Stabilität werden die Pfosten

EIN GEMAUERTES HOCHBEET BAUEN

Hochbeete machen den Garten interessanter und schonen Rücken und Knie. Die gute Dränage in einem Hochbeet ist ein weiterer Pluspunkt. Setzen Sie bei Hochbeeten auf gewachsenem Boden die Mauern auf ein Fundament. Ziehen Sie eventuell einen Fachmann hinzu.

1 Nach Markierung der Umrisse und Berechnung der Steinmenge kommt die erste Lage in eine dünne Mörtelschicht auf Pflaster oder Fundament.

2 Überprüfen Sie die Lage der Steine mit einer Wasserwaage, und gleichen Sie mit Mörtel aus. Lassen Sie einige Fugen für den Wasserabfluss.

3 Die zweite Steinlage wird versetzt zur ersten aufgebracht. Legen Sie dabei den oberen Eckstein quer zum unteren auf.

4 Setzen Sie in gleicher Weise die nächsten Reihen auf. Lassen Sie den Mörtel aushärten. Füllen Sie dann eine Dränageschicht ein, darüber gute Erde.

einbetoniert (mit rundum etwa 20 cm Beton). Empfehlenswert sind Pfostenschuhe aus Metall, die man als Träger, Schutz und Stabilisatoren für die Pfostenenden mit einbetoniert. Es gibt auch Ausführungen, bei denen die Pfosten über der Bodenoberfläche eingeschraubt werden, sodass sie nicht direkt mit der Erde in Kontakt kommen.

- Eine Alternative sind Metallbodenhülsen mit einer langen Spitze zum Einschlagen. Sie haben oben eine runde oder vierkantige Halterung, die die Bodenoberfläche überragt. In diese Öffnung wird das Pfostenende eingesetzt und verschraubt. Die Hülsen müssen exakt senkrecht und mit den Oberkanten auf einer Linie eingeschlagen werden – dies kann sich bei hartem, steinigem oder stark durchwurzeltem Boden als schwierig erweisen.
- Zum Einbetonieren leihen Sie am besten im Fachhandel einen Erdbohrer aus und vergrößern die damit gestanzten Löcher, falls erforderlich, mit dem Spaten.

Errichten des Zauns Beginnen Sie mit den Endpfosten. Überprüfen Sie während der Arbeiten immer wieder mit einer Wasserwaage, ob sie gerade stehen.

- Verwenden Sie eine Betonfertigmischung. Rühren Sie diese nach Angaben des Herstellers mit Wasser an, und richten Sie die Pfosten sofort nach dem Einfüllen des Betons nochmals mit der Wasserwaage aus.
- Lassen Sie den Beton aushärten, und spannen Sie anschließend Schnüre zwischen den Endpfosten. So stellen Sie sicher, dass am Ende alle Pfosten exakt in einer Reihe stehen.
- Schrauben Sie die Träger an. Befestigen Sie dann, an einem Ende beginnend, die Latten in gleichmäßigen Abständen. Bei zweireihigen Lattenzäunen lassen Sie einen Zwischenraum von 10 cm zwischen den Lattenreihen.

Wassergeschützte Oberkante
Verwenden Sie oben abgerundete, spitz zulaufende oder abgeschrägte Latten und Pfosten, damit Regenwasser gut abläuft. Für Pfosten gibt es dekorative Kappen, oder aber Sie streichen die Enden mit einem Holzschutzmittel.

- Bei gerader Zaunoberkante kann eine gut imprägnierte breite Querlatte obenauf als wasserschützende Abdeckung dienen.

Anstriche und Holzschutz Moderne Zaunlatten und -pfosten sind durch Vorbehandlung geschützt, sodass sie nicht allzu viel Pflege erfordern. Ungestrichen nehmen sie mit der Zeit einen natürlichen Grauton an. Ist das unerwünscht, kann man das Holz mit Farbe, farblosem Lack oder schützender Lasur streichen.

- Denken Sie daran, dass Sie einen Anstrich alle 3–5 Jahre erneuern müssen – dies ist nicht ganz einfach, wenn Kletterpflanzen den Zaun beranken. Eine pflegeleichtere Alternative zum Anstrich stellen tönende Holzbeizen dar.
- Verwenden Sie möglichst ungiftige Schutzanstriche, insbesondere dort, wo Kletterpflanzen wachsen sollen. Achten Sie auf entsprechende Güte- bzw. Umweltsiegel!
- Kesseldruckimprägnierte Hölzer können Sie durch Ölanstriche vor dem Vergrauen bewahren.

Flechtzäune Dekorative Flechtzäune aus schmalen, geflochtenen Holzlamellen in einem Rahmen sind trotz ihres geringen Gewichts bei guter Befestigung an stabilen Pfosten durchaus windfest. Darüber hinaus lassen sie sich gut als Sichtschutzelemente verwenden.

- Sehr natürlich wirkt ein klassischer Flechtzaun aus Weiden- oder Haselnussruten.

Rustikale Zäune Wenn Sie auf dem Land leben und weder Kinder noch einen Hund haben, brauchen Sie nicht unbedingt hohe Zäune oder Mauern. Ein niedriger Zaun markiert Ihre Grenzen ausreichend und fügt sich gut in die Umgebung ein.

- Palisadenzäune bestehen aus vertikalen, zugespitzten Rund- oder Vierkanthölzern, die in gleichmäßigen Abständen an Querträgern befestigt werden.

Bei Stützzäunen/-wänden sind Dränage oder Abflusslöcher erforderlich. Ansonsten staut sich eventuell Wasser auf, das den ganzen Bereich abrutschen lassen kann.

Großvaters Geheimtipp

EINE LEBENDE MAUER
Mit abgestochenen Grassoden lässt sich eine niedrige Stützmauer errichten, die an alte Zeiten erinnert. Decken Sie die Soden dunkel ab, bis das Gras abgestorben ist; anschließend werden sie in Streifen von 50 x 30 cm zerteilt. Diese falten Sie mittig an der Schmalseite so, dass die Erde nach außen zeigt. Schichten Sie die Teile nun wie Steine auf dem Boden auf, ansteigend zu dem Bereich, der gestützt werden soll. Ist die Mauer fertig aufgesetzt, bepflanzen Sie die Fugen mit Farnen, Efeu und Primeln, füllen die Lücken mit Kompost und wässern gründlich. Die Stabilität können Sie mit einigen Steinen verbessern.

So verschönern Sie Mauern und Zäune

Top-Tipps für die Begrünung Auch wenn Ihr Zaun bereits recht dekorativ aussieht, lässt er sich mit hübschen Kletterpflanzen wie Geißblatt oder Waldrebe (Clematis) noch attraktiver gestalten.

- **Hilfreiche Stützdrähte** Bringen Sie vor dem Hochwachsen der Kletterer Metallhaken in den Zaunpfosten oder der Mauer an, und spannen Sie daran Drähte straff auf. An ihnen können sich die Pflanzen festhalten.
- **Vermeiden Sie Efeu** Efeu hält sich mit Haftwurzeln direkt an der Unterlage fest und kann Mauerwerk schädigen. Für Zäune wird er mit der Zeit oft durch starkes Wuchern zur Belastung, ebenso Schlingknöterich.
- **Verwenden Sie Hängetöpfe** Ampeln, an Zaunpfosten oder Mauern befestigt, bieten zusätzliche Pflanzmöglichkeiten.
- **Für gute Bedeckung** Schnellwüchsige einjährige Kletterer begrünen rasch einen neuen Zaun und können ihn nicht durch Ausläufer oder Haftorgane schädigen. Gut eignen sich Duftwicke, Kapuzinerkresse und Prunkwinde. Für ausdauernde Begrünung empfehlen sich Kletterspindeln wie *Euonymus fortunei* 'Variegatus', Winterjasmin, an Mauern z. B. auch Kletterrosen, Pfeifenwinde, Trompetenblume, Wilder Wein sowie im warmen Klima die Weinrebe.

Dieser hübsch gestrichene, mit Kapuzinerkresse bewachsene Lattenzaun schafft eine malerische, rustikale Atmosphäre.

In den Fugen einer Trockenmauer gedeihen genügsame Steingartenstauden wie das Felsensteinkraut.

Gerade Linien auflockern Eine lange, gerade Mauer können Sie optisch verkürzen, indem Sie etwa alle 2 m eine Gruppe aus Pflanzen mit ungewöhnlichen Formen oder Blättern setzen.

- Einen hübschen Effekt in Violetttönen erzielen Sie, wenn Sie Storchschnabel der Sorte 'Johnson's Blue' entlang einer niedrigen Steinmauer pflanzen – und in regelmäßigen Abständen dazwischen kleine Gruppen aus hellvioletten Bartiris und einer aufrecht wachsenden, goldgelben Segge setzen.
- Graublättrige Gewächse wie Silberblatt und Wollziest, aromatische Kräuter und Arten mit rot- oder bronzeblättrigem Laub passen zu den meisten Zaunstilen und ergänzen zahlreiche Blütenpflanzen in Rabatten aufs Schönste.

Das passende Tor Achten Sie stets darauf, dass die Tore mit dem Zaun harmonieren. Ein massives Eichentor in einem einfachen Zaun dürfte merkwürdig aussehen. Dagegen lässt sich z. B. ein farbig gestrichenes Holztor wunderbar mit einer alten Steinmauer kombinieren.

Trockenmauern In manchen ländlichen Gegenden sieht man noch häufiger alte Trockenmauern, die Bauern früher aus Steinen, die sie im Feld oder im Weinberg aufgelesen haben, aufschichteten. Da die Steine „trocken", d. h. ohne Mörtel, aufgesetzt werden, braucht man schon einiges an Geschick und Erfahrung oder aber fachliche Hilfe, um stabile höhere Mauern zu errichten. In die Steinfugen und auf die Mauerkrone können Sie hübsche kleine Steingartenpflanzen wie Blaukissen und Steinkraut setzen.

Mit geformten Lattenspitzen und dazu passendem Tor zeigt dieser Zaun Stil.

KAPITEL 2

Blumenbeete und Rabatten

Zwiebelblumen für den Frühling

Die Zwiebel- und Knollenblumen des Frühjahrs blühen in vielen Farben – von Weiß und Gelb über Blau und Rosa bis hin zu Rot und Orange. Ob in Beeten, im Rasen oder in Töpfen – sie erwecken den Garten aus seinem Winterschlaf, läuten das neue Wachstumsjahr ein und können das Auge mit ihrer bunten Pracht bis zum Sommeranfang erfreuen.

Zwiebeln einkaufen

Achten Sie auf Qualität Gesunde Zwiebeln sind entscheidend für den Blüherfolg. Meiden Sie Einkaufsorte, an denen die Zwiebeln Feuchtigkeit oder hoher Wärme ausgesetzt sind. Alles hier und im Folgenden Gesagte gilt auch für Knollen (z. B. von Anemonen) oder Zwiebelknollen (z. B. von Krokussen), auch wenn der Einfachheit halber nur von Zwiebeln gesprochen wird.

- Kaufen Sie die Zwiebeln früh, am besten Anfang September. Zu dieser Zeit haben Sie noch die größte Auswahl, und das Pflanzgut ist frischer als gegen Ende der Saison.
- Nehmen Sie keine bereits treibenden Zwiebeln, die schon Spuren weißer Wurzeln oder kleine hellgrüne Knospen zeigen.
- Achten Sie darauf, dass die Zwiebeln keinerlei Anzeichen von Verletzungen, Fäulnis oder Schädlingen aufweisen.
- Prüfen Sie, ob die schützende äußere Schale oder Außenhaut intakt ist. Eine rissige Hülle kann darauf hindeuten, dass die Zwiebel beim Lagern ausgetrocknet ist.
- Eine gesunde Zwiebel fühlt sich fest und fleischig an. Welke, eingeschrumpfte Zwiebeln sollten Sie besser liegen lassen.

Die größten sind die besten Je größer der Umfang der Zwiebeln, desto mehr Reservestoffe haben sie für den Austrieb eingespeichert und desto besser blühen sie. Der höhere Preis für große Zwiebeln macht sich bezahlt, insbesondere bei Herbstpflanzung in Gefäßen. Blütenausfälle im Frühjahr sind hier besonders ärgerlich.

Verstreut in einer Wiese gepflanzt, breiten sich Krokusse mit den Jahren zu regelrechten Frühlingsblütenteppichen aus.

- Für guten Blüherfolg im ersten Jahr nach der Pflanzung empfehlen sich folgende Zwiebelumfänge: etwa 14 cm bei Hyazinthen, 8 cm bei Krokussen, 12 cm bei Narzissen und Tulpen.

Verführerische Angebote Bei Sonderangeboten von Zwiebeln in Beuteln handelt es sich oft um Sortenmischungen, bei denen die gängigsten Farben vorherrschen (z. B. rote und gelbe Tulpen oder gelbe Narzissen). Gewöhnlich sind die Zwiebeln verschieden groß, sodass sie nicht alle zur selben Zeit blühen; die kleinsten blühen eventuell gar nicht. Nutzen Sie solche Angebote am besten nur für Stellen, an denen die Zwiebeln verwildern sollen.

Je größer die Zwiebel, desto besser fällt die Blüte aus.

Vorsicht bei losen Zwiebeln Zwiebeln, die lose, also nicht in Verpackungen, verkauft werden, sind oft besonders groß und von hoher Qualität. Auf diese Weise können Sie schöne und interessante Sorten exakt in der gewünschten Menge erwerben. Doch Vorsicht: Nach dem Kauf lassen sich die Sorten, teils sogar die Arten, oft nur schwer auseinanderhalten. Pflanzen Sie Zwiebeln, bei denen Sie sich nicht mehr sicher sind, am besten in Reihen in einer Ecke des Gemüsegartens, und nutzen Sie sie als Schnittblumen. Dann sind auch Überraschungen stets ein Grund zur Freude.

Die gute Wahl

FÜR PAUSENLOSEN FRÜHLINGSFLOR
Wenn Sie gezielt entsprechende Arten und Sorten wählen, blühen Ihre Zwiebelblumen ununterbrochen vom Vorfrühling bis in den Sommer hinein.

SPÄTWINTER, VORFRÜHLING Krokusse (insbesondere Wildarten wie *Crocus chrysanthus, C. tommasinianus*), Schneeglöckchen, Vorfrühlingsalpenveilchen (*Cyclamen coum*) und Winterling **1**

ERSTFRÜHLING Blaustern, Buschwindröschen, Krokusse, Märzenbecher **2**, frühe Narzissen und Strahlenanemone (*Anemone blanda*)

VOLLFRÜHLING Krokusse (großblumige Gartenkrokusse), Narzissen, Netziris (*Iris reticulata*) **3**, Sternhyazinthe (*Chionodoxa*), Traubenhyazinthe **4** sowie frühe und mittelfrühe Tulpen

SPÄTFRÜHLING, FRÜHSOMMER Hasenglöckchen, Hyazinthe, Kaiserkrone, Lerchensporn, Maiglöckchen, Ranunkel, späte Tulpen und Zierlauch

Sparen Sie Geld mit mehrblütigen Sorten Bei manchen Hyazinthen-, Krokus-, Narzissen- und Tulpensorten bringt jede Zwiebel mehrere Blütenstiele hervor. Wählen Sie solche Sorten, um die Blütendichte zu verbessern und die Blühdauer zu verlängern, da sich die Einzelblüten teils erst nacheinander öffnen.

Viele Monate bezaubernde Blüten Wenn Sie verschiedene Arten und Sorten pflanzen, sorgen Zwiebelblumen vom Vorfrühling bis zum Frühsommer kontinuierlich für Blütenpracht. Beginnen Sie mit Schneeglöckchen, lassen Sie Krokusse folgen, dann Narzissen und Traubenhyazinthen, Tulpen und Zierlauch. Testen Sie ruhig auch einige unbekanntere Arten. Bei Kombination der jeweils frühesten und spätesten Sorten kann der Blütenzauber bis Juni währen.

Zwiebelblumen im Garten

Natürliche Wirkung Pflanzen Sie die Zwiebeln in etwa 30 cm breiten Streifen, die sich zwischen blühenden Sträuchern und Staudengruppen schlängeln. Der Frühjahrsaustrieb der anderen Pflanzen verdeckt dann das gelb werdende Laub der verblühten Zwiebelblumen.

- Versuchen Sie, natürliche Bestände nachzuahmen, indem Sie die Zwiebeln locker über der Fläche verteilen, statt sie in akkuraten Reihen zu setzen.
- Pflanzen Sie die Zwiebeln in unregelmäßigen Abständen, aber höchstens ein- bis zweimal so weit auseinander, wie die Zwiebeln dick sind. In dichten Gruppen wirken Zwiebelblumen am besten.

Sonnig, aber nicht heiß In zu heißem Boden blühen Zwiebelblumen häufig an noch kurzen Stielen, was z. B. bei Hyazinthen und Tulpen öfter zu beobachten ist. Um zu viel Wärme zu vermeiden, beachten Sie die empfohlenen Pflanztiefen, und bedecken Sie den Boden mit einer Mulchschicht. Wählen Sie einen hellen Platz, der aber nicht ganztägig der kraftvollen Frühlingssonne ausgesetzt ist. In Gefäßen sollten die Zwiebeln dicht gesetzt werden, um die Erde kühler zu halten.

ZWIEBELBLUMEN IN KÖRBEN PFLANZEN

Gerade im Rasen hat das Pflanzen in speziellen Körben mehrere Vorteile. So können sich die Zwiebelblumen nicht unerwünscht ausbreiten. Zudem lassen sich die Zwiebeln einfach herausnehmen und, wenn nötig, durch neue ersetzen. Der Korb bietet auch einen gewissen Schutz vor Wühlmäusen.

1 Stechen Sie eine Grassode in der Größe des Pflanzkorbs ab. Heben Sie ein Loch aus, das etwas tiefer ist als der Korb.

2 Lockern Sie die Sohle des Lochs, und füllen Sie etwas Sand ein. Setzen Sie dann den Korb mit den Zwiebelblumen ein.

3 Füllen Sie feine Erde auf. Nach der Blüte können Sie den Korb einfach herausnehmen, um die Zwiebeln drinnen zu lagern.

Maiglöckchen gehören zu den schönsten Zierden im Spätfrühling. Vorsicht: Sie sind sehr giftig!

Die Zwiebeln pflanzen Pflanzen Sie die Zwiebeln, wenn möglich, gleich nach dem Kauf, oder lagern Sie sie vorübergehend an einem kühlen, trockenen, dunklen Ort. Die meisten Zwiebelblumen kommen am besten im September oder Oktober in den Boden. Setzen Sie die frühesten Blüher bereits zeitig im September, dann bilden sie noch vor dem Winter genügend Wurzeln aus. Bei relativ warmem Wetter können Sie notfalls noch im Dezember pflanzen.

- Im Gegensatz zu Samen lassen sich Zwiebeln nur über die Dauer ihrer Ruhephase lagern und müssen spätestens nach einem halben Jahr wieder in den Boden. Andernfalls stirbt der Neuaustrieb bald ab, oder die Zwiebeln verfaulen einfach.
- Als Faustregel gilt für die meisten: Setzen Sie sie zwei- bis dreimal so tief wie die Zwiebeln oder Knollen hoch sind – in tonhaltigem Boden eher etwas flacher, in sandigem Boden tiefer.

Die Pflanztiefe von Kaiserkrone und Lilien Kaiserkrone (*Fritillaria imperialis*) und Lilien (mit Ausnahme der sehr flach zu pflanzenden Madonnenlilie, *Lilium candidum*) sollten gut 20 cm tief gepflanzt werden.

- Setzen Sie Kaiserkronenzwiebeln etwas schräg ein. Bei aufrechtem Sitz könnte Wasser direkt in das Loch an der Spitze laufen und zu Fäulnis führen (die Öffnung stammt vom Überrest des letztjährigen Blütentriebs).

Alpenveilchen sollten flach sitzen Pflanzen Sie die Knollen von Alpenveilchen (*Cyclamen*) nur etwa 5 cm tief. Wenn sie tiefer sitzen, wachsen sie schlecht und blühen nicht. Mulchen Sie die Pflanzstelle mit Laub.

Wo ist oben? Zwiebeln und Knollen werden mit den Spitzen nach oben eingesetzt. Welches die Spitze ist, lässt sich – wie etwa bei Anemonen – nicht immer ganz einfach feststellen. Falls Sie einmal unsicher sind, legen Sie die Knolle mit der Seite nach unten ins Pflanzloch.

Düngen Sie organisch Bringen Sie auf nährstoffarmen Böden eine 2 cm hohe Schicht reifen Kompost an der Sohle der Pflanzlöcher ein, oder mischen Sie Hornspäne bzw. Hornmehl unter den Boden. Verzichten Sie auf Mineraldünger; diese enthalten oft zu viel Stickstoff, der das Blattwachstum auf Kosten der Blütenstiele fördert. Verwenden Sie keinen frischen Mist, darin könnten die Zwiebeln faulen.

Gute Beetpartner Zu Frühlingszwiebelblumen passen sehr gut zweijährige Sommerblumen wie Goldlack, Stiefmütterchen, Tausendschön und Vergissmeinnicht, die die straffen Blattformen der Zwiebelblumen auflockern.

- Fügen Sie auch einige immergrüne Stauden und Gräser mit hübschen Blättern dazu, wie etwa Seggen (*Carex*) und Steinbrech.
- Unter den Blütenstauden eignen sich insbesondere Kissenprimeln und Polsterphlox. Ein hervorragender Partner für spät blühende Zwiebelblumen ist das Kaukasusvergissmeinnicht (*Brunnera macrophylla*) mit seinen schönen herzförmigen Blättern.

Große Pflanzengruppen Einen markanten Eindruck erzielen Sie, wenn Sie in einem Beet nur Zwiebelblumen derselben Sorte und damit auch derselben Farbe verwenden. Pflanzen Sie mindestens 20 Zwiebeln, bei genügend Platz sogar 50 bis 100. Etwas subtiler, aber immer noch eindrucksvoll wirken verschiedene Schattierungen derselben Farbe; achten Sie darauf, dass alle ausgewählten Zwiebeln zur selben Zeit blühen.

Welkendes Laub verdecken Nach der Blüte werden Zwiebelblumen unansehnlich. Erst vergilben die Blätter, danach entstehen Lücken. Zum Verdecken eignen sich Pflanzpartner mit dichten, früh austreibenden Blättern, in der Sonne z. B. Stauden wie Katzenminze (*Nepeta x faassenii* 'Six Hill's Giantu'), Kissen- und Herbstastern und Storchschnabel, im Halbschatten Frauenmantel, Funkie und Taubnessel.

Die gute Wahl

ZWIEBELBLUMEN AM RICHTIGEN PLATZ
Viele Zwiebelblumen sind recht anpassungsfähig, doch nur bei der Wahl ihres bevorzugten Standorts entfalten sie sich optimal. Die meisten wachsen gern vor, zum Teil auch unter sommergrünen Gehölzen, die im Frühling – noch unbelaubt – Sonne durchlassen, den Sommer über aber Schatten spenden.

UNTER SOMMERGRÜNEN GEHÖLZEN Blaustern **1**, Krokus-Wildarten, Maiglöckchen, Milchstern (*Ornithogalum nutans*), Narzissen, Schachbrettblume, Sternhyazinthe

SONNIGE FLÄCHEN UND STEINGÄRTEN Goldlauch (*Allium moly*), Krokusse, Lichtblume (*Bulbocodium vernum*), Narzissen **6**, Netziris, Schachbrettblume (*Fritillaria meleagris*) **2**, Traubenhyazinthe, Tulpen (vor allem kleine Wildtulpen) **3**

AN SCHATTIGEN PLÄTZEN Aronstab (*Arum maculatum*), Buschwindröschen, Hasenglöckchen, Lerchensporn, Märzenbecher, Schneeglöckchen und Winterling

GESCHÜTZTE, FROSTARME PLÄTZE Sternblume (*Ipheion uniflorum*) **5**, Strahlenanemone (*Anemone blanda*) **4** und Vorfrühlingsalpenveilchen

1 2
3 4

5 6

Tulpen dürfen in keinem Frühlingsgarten fehlen. Am besten kommen sie in Gruppen zur Geltung.

Verstreuen Sie die Zwiebeln im Rasen, und pflanzen Sie sie dort ein, wo sie hinfallen.

Zwiebelblumen verwildern lassen
Manche Zwiebelblumen fühlen sich in Grasflächen besonders wohl und breiten sich über die Jahre aus. Nach der Blüte müssen Sie allerdings noch mindestens 7 Wochen mit dem Mähen warten, damit die Zwiebeln aus den absterbenden Blättern genügend Reservestoffe einlagern können. Deshalb eignen sich verwildernde Zwiebelblumen am besten für Wiesen oder naturnahe Bereiche unter Bäumen. Verwenden Sie im Rasen am besten nur früh blühende Arten, damit Sie relativ zeitig mähen können.

- Pflanzen Sie keine Zwiebelblumen in Rasenflächen, die Sie regelmäßig mit dem Regner bewässern. Dort könnten die Zwiebeln im Sommer verfaulen.
- Gute Frühjahrsblüher zum Verwildern sind Blaustern, Hasenglöckchen, Krokusse, Märzenbecher, Milchsterne (*Ornithogalum*), Schneeglöckchen, Sternhyazinthe, Traubenhyazinthe, kleine Wildtulpen und Winterling. Auch mehrere Narzissen neigen zum Verwildern, allen voran die Dichternarzisse (*Narcissus poeticus*) und kleine Sorten wie ‘Tête à Tête’ und ‘Peeping Tom’.

Schützen Sie zarten Neutrieb Bei den meisten Zwiebelblumen verkraftet der Neutrieb Nachtfröste erstaunlich gut. Schützen Sie aber empfindlichere Arten wie Alpenveilchen, indem Sie sie über Nacht mit etwas Fichtenreisig oder Vlies abdecken.

- Um Schnecken abzuhalten, umgeben Sie die Pflanzen mit einem Gürtel aus Asche, zerstoßenen Eierschalen oder scharfem Splitt. Oder Sie umrahmen das Beet mit einem Schneckenzaun.

Im Rasen verteilen Verstreuen Sie für eine natürliche Wirkung die Zwiebeln mit der Hand auf dem gemähten Rasen. Anschließend pflanzen Sie sie mit einem Zwiebelpflanzer dort ein, wo sie hinfallen.

EIN ZWIEBELBLUMENBEET PFLANZEN

1 Entfernen Sie Graswuchs und Unkräuter, markieren Sie den Beetumriss, und lockern Sie die Fläche.

2 Heben Sie etwa die oberen 20 cm des Bodens ab. Dann lockern Sie den Untergrund sorgfältig.

3 Drücken Sie die Zwiebeln mit der Spitze nach oben leicht ein. Füllen Sie anschließend die Erde auf.

Zwiebelblumen für die Vase Schneiden Sie die Blumen mit einem scharfen Messer früh am Morgen oder spätabends, mit möglichst wenig Blättern.

- **Kühl halten** Stellen Sie die Blumen für mehrere Stunden in einen Eimer mit kaltem Wasser. Danach brauchen sie in der Vase wenig Wasser, besonders die Tulpen.
- **Schneiden Sie die Stiele unten schräg an** So nehmen die Pflanzen das Wasser besser auf.
- **Narzissen extra** Stellen Sie Narzissen zunächst getrennt in eine Vase oder einen Eimer: Aus ihren Stielen tritt ein giftiger Saft aus, der andere Blumen schädigt. Nach zwei Tagen können Sie sie dann mit anderen Blumen kombinieren. Doch wechseln Sie sicherheitshalber jeden Morgen das Wasser.

Im zerstreuten Sonnenlicht unter frühjahrsblühenden Bäumen gedeihen Zwiebelblumen besonders gut.

Zwiebelblumen in Töpfen

Geeignete Gefäße Zwiebelblumen können Sie in breite Töpfe, Blumenkästen oder nicht zu flache Schalen pflanzen. Im Allgemeinen eignen sich Gefäße aus Ton besser als solche aus Plastik, weil in Letzteren die Erde eher vernässt. Achten Sie auf gute Dränage am Gefäßboden (z. B. Kiesel oder Blähton).

- Wählen Sie Gefäße, die mindestens 15 cm tief und möglichst breit sind, damit sich der Austrieb gut entfalten kann.

Pflanzen Sie dicht Setzen Sie mehrere Zwiebeln derselben Sorte eng an eng – auf diese Weise wirken sie am besten.

In Lagen pflanzen Wenn das Gefäß von Frühlingsanfang bis -ende mit Blüten bezaubern soll, wählen Sie Arten mit verschiedenen, sich überschneidenden Blütenzeiten: so etwa Krokusse, Narzissen, Traubenhyazinthen und Tulpen. Setzen Sie die größten Zwiebeln, in diesem Fall die Narzissen, ganz unten ein, bedecken Sie sie mit Pflanzerde, und verteilen Sie darüber mittelgroße Tulpenzwiebeln; platzieren Sie diese versetzt zu den Narzissenzwiebeln. Danach folgt wieder eine Schicht Erde. Die kleinen Krokus- und Traubenhyazinthenzwiebeln bilden mit einer 2 cm hohen Erdabdeckung den Abschluss.

Pflanzung im Frühjahr Während die Zwiebeln im Herbst eingesetzt werden, können Sie im Frühjahr vorgezogene, bereits knospende Zwiebelblumen kaufen und pflanzen. Diese lassen sich gut mit anderen Blumen wie Primeln, Stiefmütterchen oder Tausendschön kombinieren und bilden ein gelungenes Ensemble.

Wässern Sie zurückhaltend Gießen Sie regelmäßig, aber nicht zu üppig; während und nach der Blüte ein klein wenig mehr. Zwiebelblumen vertragen keine Staunässe. Verwenden Sie möglichst keine Untersetzer.

Blüten außerhalb der Saison

Erfreuen Sie sich an Winterblüten Angesichts voll erblühter Hyazinthen oder Tulpen zu Weihnachten haben Sie sich vielleicht schon gewundert, wie man diese Frühjahrsblüher so vorzeitig zum Blühen bringt. Solche Zwiebeln werden erst künstlich kühlen Temperaturen ausgesetzt, danach im warmen Gewächshaus zum Blühen gebracht.

- Die meisten vorgetriebenen Zwiebelblumen können später im Frühling nicht noch einmal blühen und kommen deshalb nach der Blüte am besten auf den Kompost.

Setzen Sie Zwiebeln in Gefäßen für die optimale Wirkung der Blüten recht dicht.

Genießen Sie den Duft und Anblick von Hyazinthen mit einer kleinen Sammlung auf dem Fensterbrett.

Hyazinthen im Wasserglas Um Hyazinthen im Wasser vorzutreiben, gibt es spezielle Hyazinthengläser mit schmalem Hals. Nachdem man das Glas mit Wasser befüllt hat, kann die Zwiebel oben eingesetzt werden. Lassen Sie zwischen Wasseroberfläche und Zwiebel einen fingerbreiten Spalt, damit die Zwiebel nicht fault. Die Luftfeuchtigkeit fördert das Wurzelwachstum. Ähnlich lassen sich auch Rittersterne (*Amaryllis*) in Wassergläsern ziehen.

HYAZINTHEN IN WASSER ZIEHEN

1 Stellen Sie das Glas an einen hellen Platz, und befüllen Sie es bis zum Hals mit Wasser.

2 Setzen Sie eine große, gesunde Zwiebel mit der Spitze nach oben in die Öffnung.

3 Die Wasseroberfläche sollte 1 cm unterhalb der Zwiebel bleiben.

4 Die Zwiebel wurzelt im Wasser und treibt Blätter und Blüten aus.

Im chinesischen Stil Nach chinesischem Vorbild können Sie Zwiebelblumen im Gefäß in feinem Kies ziehen und dabei den Wurzeln beim Wachsen zusehen. Gut eignen sich hierfür z. B. die gelbe Narzisse 'Soleil d'Or', die weiße Tazettennarzisse 'Paperwhite' oder Zeitlose (*Colchicum*).

- Nehmen Sie eine durchsichtige, etwa 15 cm hohe Glasschale, und befüllen Sie sie abwechselnd mit einer Schicht aus Sand, feinem Kies und Blähton. Den Abschluss bildet eine Schicht Zwiebelblumenerde. Setzen Sie die Zwiebeln eng nebeneinander obenauf. Bringen Sie dann eine Schicht aus feinem Kies um die Zwiebeln herum aus, sodass nur noch deren Spitzen herausschauen. Füllen Sie vorsichtig Wasser bis 1 cm unterhalb der Zwiebelbasis auf (zuvor mischen Sie dem Wasser Holzkohlepulver bei).

Nach dem Topfen Zwiebelblumen können nicht Jahr für Jahr in Gefäßen blühen, lassen sich aber nach der Blüte im Topf in den Garten auspflanzen. Bevor dies geschieht, entfernen Sie die welken Blüten – nicht jedoch das Laub –, und geben bei jedem zweiten Gießen etwas Flüssigdünger hinzu. Sobald die Blätter vergilben, stellen Sie das Gießen und Düngen ein und setzen die Zwiebeln in den Garten.

Großvaters Geheimtipp

FRÜHLINGSBEGINN
Unsere Vorfahren richteten sich bei den Gartenarbeiten in erster Linie nach der Natur. So läuten etwa die Schneeglöckchenblüten die neue Gartensaison ein: Gehölze können nun geschnitten und erste Beete vorbereitet werden. Der Märzenbecher hingegen gibt den Startschuss für erste Anzuchten im Haus, das Lockern von Winterschutzabdeckungen und die Aussaat robuster Gemüsesorten im Frühbeet.

Märzenbecher (oben) und Schneeglöckchen (unten) eignen sich wunderbar als Taktgeber für die ersten Gartenarbeiten im Frühling.

Die Pflege von Zwiebelblumen nach der Blüte

Blätter nicht entfernen Schneiden Sie nach der Blüte die welken Blüten weg, um eine Samenbildung zu vermeiden, die auf Kosten der Zwiebeln ginge (siehe Abb. unten links). Lassen Sie die Blätter aber unbedingt stehen: Die Zwiebeln brauchen sie, um noch Nährstoffe für die nächstjährige Blüte einzulagern. Dies können Sie unterstützen, indem Sie bei Trockenheit gießen und mithilfe eines organischen Düngers für die nötigen Nährstoffe sorgen.

- Ein guter Zeitpunkt, um dichte Gruppen aus kleinen Zwiebeln und Knollen, beispielsweise von Anemonen, Krokussen, Schneeglöckchen und Winterlingen, auszugraben und zu teilen, ist, solange die Blätter noch grün sind.
- Abschneiden sollten Sie das Laub erst, nachdem es braun und vollständig verwelkt ist. Schneiden Sie es nahe am Boden ab. Markieren Sie die Stellen, um die Zwiebeln beim Jäten oder Hacken nicht versehentlich zu beschädigen.

Nur in Ausnahmefällen gießen Noch nicht ausgetriebene Zwiebeln müssen höchstens im Herbst gegossen werden, wenn es sehr trocken ist; dies gilt insbesondere für Narzissen, die dann ihre Knospen anlegen.

Krankheiten vorbeugen Ein leichtes Überstäuben der Zwiebeln mit Schwefelpulver aus dem Fachhandel (siehe Abb. unten Mitte) kann Schimmel und anderen Krankheiten vorbeugen. Nutzen Sie diese Möglichkeit auch vor dem Einpflanzen, indem Sie die Zwiebeln in eine Papiertüte mit Schwefelpulver geben und diese kräftig schütteln.

Zwiebeln im Sommerlager Wenn Sie die Zwiebeln nach der Blüte lieber entfernen möchten, um den Anblick des welkenden Laubes zu vermeiden, holen Sie sie vorsichtig mit einer Grabegabel samt etwas umgebender Erde aus dem Boden.

- Heben Sie in einer halbschattigen Gartenecke einen flachen Graben aus. Legen Sie diesen mit einem Plastik- oder Drahtnetz aus, dessen Ränder aus dem Boden ragen.
- Setzen Sie die Zwiebeln in den Graben, und bedecken Sie sie so mit Erde, dass die Blätter herausschauen.
- Gießen Sie bei Trockenheit. Nachdem das Laub verwelkt ist, können Sie die Zwiebeln zum Lagern herausnehmen, indem Sie einfach das ganze Netz herausziehen.
- Schütteln Sie die Erde ab, entfernen Sie Blattreste, und lassen Sie die Zwiebeln einige Tage abtrocknen. Legen Sie sie dann in flache Kisten mit Sand. Lagern Sie nie feuchte oder beschädigte Zwiebeln ein.
- Bringen Sie die Kisten an einen trockenen, dunklen und kühlen Platz.

Vor Mäusen schützen Füllen Sie zu lagernde Zwiebeln mit etwas Sand in alte Nylonstrümpfe oder -strumpfhosen, die Sie oben zuknoten (siehe Abb. unten rechts). Mäuse oder Ratten können synthetische Gewebe nicht durchnagen. Kontrollieren Sie gelagerte Zwiebeln regelmäßig, und entfernen Sie alle, die Anzeichen von Fäulnis oder Beschädigungen aufweisen.

Trockenzeit für Tulpen Ursprünglich aus Gebirgsregionen des Mittleren Ostens stammend, mögen Tulpen heiße, trockene Sommer in gut durchlässiger Erde. In feuchtem, schwerem Boden oder in gemischten Beeten sind die Bedingungen ungeeignet. Hier nehmen Sie die Tulpenzwiebeln besser nach dem Welken des Laubes aus dem Boden, um sie über den Sommer kühl und trocken zu lagern und im Herbst wieder auszupflanzen.

ZWIEBELN LAGERN

1 Nachdem das Laub komplett verwelkt ist, graben Sie die Zwiebeln aus und betten sie auf trockenem Sand.

2 Verteilen Sie die Zwiebeln so, dass sie sich nicht berühren. Überstreuen Sie sie mit Schwefelpulver.

3 Geben Sie eine weitere Sandschicht obenauf, sodass nur die Spitzen herausragen.

4 Lagern Sie die Zwiebeln an einem dunklen, kühlen, trockenen Ort, und kontrollieren Sie sie regelmäßig.

Ganz links: Entfernen Sie welke Blüten, um die Samenbildung zu verhindern. So können die Zwiebeln genug Reservestoffe einlagern.
Mitte links: Überstäuben Sie die Zwiebeln vorbeugend mit Schwefelpulver.
Links: Nylonstrümpfe können vor Mäusen schützen.

Zwiebelblumenpracht im Sommer

Einige aparte Zwiebel- und Knollenblumen setzen das Farbspektakel der Frühjahrsblüher während des Sommers – teils sogar bis in den Herbst hinein – fort. Pflanzen Sie diese je nach Art im Frühjahr oder Herbst, und genießen Sie dann entspannt die Blütenparade.

Pflanz- und Pflegetipps

Gesundes Pflanzgut Am besten kaufen Sie Ihre Zwiebeln und Knollen, sobald sie in Gartencentern und Fachgeschäften angeboten werden und noch nicht lange lagern.

- Auch wenn besonders große Zwiebeln nicht automatisch für schönste Blütenpracht garantieren, sollten Sie keine kaufen, die im Vergleich zu anderen derselben Art ungewöhnlich klein oder schwach entwickelt wirken. Wählen Sie pralle, feste, unbeschädigte Zwiebeln und Knollen. Die Schale bzw. Außenhaut sollte sich nicht leicht ablösen.
- Meiden Sie rosa Gladiolenknollen, bei denen sich die papierartige braune Schale abgelöst hat.

Pflanzzeiten für Sommer- und Herbstblüher Die meisten Zwiebeln und Knollen werden im Frühjahr gepflanzt, frostempfindliche Arten wie Dahlien und Gladiolen gegen Ende April, Blumenrohr (*Canna*) und Knollenbegonien sogar erst nach Mitte Mai.

- Zu den wichtigsten Ausnahmen gehören Lilien und Zierlauch (*Allium*). Sie werden bereits im Herbst in den Boden eingesetzt.
- Einen speziellen Pflanztermin im Juli/August haben Herbstkrokusse, Herbstzeitlose (*Colchicum autumnale*) und die Madonnenlilie (*Lilium candidum*).

Nicht alle sind winterhart Manche der prächtigsten Sommerblüher stammen aus Mittel- und Südamerika oder Afrika. Schönheiten wie Belladonnenlilie (*Amaryllis belladonna*) oder Montbretie (*Crocosmia*) brauchen sonnige, warme Plätze und guten Winterschutz. In rauen Lagen nimmt man die Knollen bzw. Zwiebeln ebenso wie bei Blumenrohr, Dahlie, Gladiole und Knollenbegonie besser vor Frosteintritt aus dem Boden, um sie drinnen kühl, trocken und dunkel zu überwintern.

Der richtige Boden Die meisten Zwiebel- und Knollenblumen bevorzugen leichten, gut durchlässigen Boden. Verbessern Sie schweren, feuchten Boden durch Einarbeiten von grobem Sand, Kompost und Kalk. Oder pflanzen Sie die Zwiebeln in erhöhte Mauerbeete oder große Töpfe mit geeigneter Erde.

- Sandiger Boden ist für die meisten Zwiebelblumen optimal. Verteilen Sie darüber eine Schicht aus reifem Kompost, in die Sie die Zwiebeln und Knollen pflanzen.

Montbretien blühen in leuchtenden Farben von Juli bis September.

Von Frühsommer bis Frühherbst bringen Taglilien ständig neue Blüten hervor.

Markierungen auf der Pflanzkelle sorgen für die richtige Pflanztiefe.

In dichten Pflanzungen stützen sich Lilien gegenseitig und setzen Akzente in jedem Garten.

Pflanzen Sie Lilien in Dreiergruppen Setzen Sie Lilien bereits im Herbst in einen reichlich mit Kompost angereicherten Boden. Heben Sie je nach Zwiebelgröße bis zu 25 cm tiefe Löcher mit einem Durchmesser von 50–60 cm aus. Füllen Sie etwas groben Sand als Dränage ein. Setzen Sie dann jeweils drei Zwiebeln in Dreiecksanordnung ein, und füllen Sie die Erde auf. In solchen Grüppchen wirken die Lilien besonders attraktiv.

Die richtige Pflanztiefe Angaben zur Pflanztiefe beziehen sich auf den Abstand zwischen Zwiebelspitze und Erdoberfläche, nicht auf die Tiefe des Pflanzlochs. Die Faustregel besagt: mindestens zweimal so tief setzen, wie die Zwiebeln oder Knollen hoch sind, in sehr leichtem Boden sogar dreimal so tief. Bringen Sie auf einer Pflanzkelle mit wasserfestem Stift Markierungen für die verschiedenen Pflanztiefen an, das erleichert das korrekte Pflanzen.

- Dahlien, Gladiolen sowie manch andere Sommerblüher wollen nur relativ flach (5–10 cm) mit Erde überdeckt werden.

Verwelktes ausputzen Entfernen Sie bei Pflanzen wie Belladonnenlilie, Dahlie und Hakenlilie welke Blüten, damit sie kräftiger weiterwachsen. Schneiden Sie bei Dahlien den Blütenstiel direkt über einem Blattpaar ab. Bei Pflanzen mit langen Blütenständen wie den Gladiolen können Sie welke Einzelblüten auskneifen und später, nach dem kompletten Abblühen, den gesamten Stand unten wegschneiden.

Attraktive Herbstblüher Manche Sommerblüher, etwa die Dahlien, blühen bis zum Oktober. Als ausgesprochene Herbstblüher, teils bis November, bezaubern Belladonnenlilie, Efeublättriges Alpenveilchen (*Cyclamen hederifolium*), Herbstkrokusse (z. B. *Crocus speciosus, C. medius*) und Herbstzeitlose. Bei allen herrschen Rosa- und helle Violetttöne sowie Weiß vor.

Teilen und vermehren

Kostenloser Nachwuchs Wenn die Zwiebel- oder Knollenklumpen sehr dicht geworden sind, nehmen Sie sie nach der Blüte vorsichtig aus dem Boden und zerteilen sie. Diese Vorgehensweise wirkt wie eine Verjüngungskur und führt zu verstärktem Neuaustrieb. Schütteln Sie die Erde leicht ab, und lösen Sie die jungen Zwiebeln behutsam von der Mutterzwiebel. Falls das nur schwer geht, ist der Nachwuchs noch nicht ausgereift. Versuchen Sie es nicht mit Gewalt, sondern pflanzen Sie den Klumpen wieder ein.

Einfache Vermehrung Einige Lilien, so etwa Feuer- und Tigerlilie, bilden im Sommer kleine Zwiebeln (Bulbillen) in den Blattachseln, manche Zierlaucharten legen

Großvaters Geheimtipp

KLASSIKER IM BAUERNGARTEN
Sommerblühende Zwiebel- und Knollenblumen gehören in jeden Bauerngarten. Dahlien, am besten mit gefüllten oder pomponartigen Blüten, und Gladiolen wachsen hier auf eigenen Beeten zwischen dem Gemüse oder bilden ebenso wie Lilien den Beethintergrund. Auch exotisch anmutende Pflanzen wie Blumenrohr und Montbretien fanden schon früh bei Gärtnern Anklang. In Kästen dürfen Knollenbegonien nicht fehlen.

Die gute Wahl

ZIERENDER LAUCH

Der niedrige Goldlauch (*Allium moly*) **1** blüht bereits im Frühsommer, bald danach der Blaue Zierlauch (*A. caeruleum*) **2**. Im Spätsommer erscheinen die großen Blütenbälle des stattlichen Riesenlauchs (*A. giganteum*) **3**.

1

2

3

Brutzwiebeln in den Blütenständen oder am Stängel an. Lösen Sie diese vorsichtig ab, danach werden sie mit Schwefelpulver überstäubt und in eine Plastiktüte mit etwas feuchtem Moos gepackt. Im Frühjahr kommen sie in kleine Töpfe mit Blumenerde und werden an einem geschützten, halbschattigen Platz aufgestellt.

- Warten Sie ein Jahr bis zum Auspflanzen im Garten, dann blühen die Zöglinge besser.
- Pflanzen wie Gladiolen, Krokusse oder Montbretien bilden reichlich Brutknollen oder -zwiebeln rund um die Hauptknolle/-zwiebel. Nehmen Sie diese ab, und pflanzen Sie sie bis zur Auspflanzzeit in eine kleine Kiste, die Sie kühl und geschützt stellen. Krokusse blühen im folgenden Jahr, bei Gladiolen dauert es 2–3 Jahre.

Behandeln Sie junge Pflanzen mit Gefühl Setzen Sie die Pflänzchen behutsam in den Garten, denn ihre zarten Wurzeln und Triebe sind empfindlich. Verwenden Sie ein Pflanzholz, um genügend große Löcher zu graben, in die Sie die Pflanzen leicht einsetzen können. Drücken Sie hinterher die Erde leicht an.

Häufige Probleme und ihre Lösung

Ohrwürmer Zwar machen sich Ohrwürmer vor allem durch Vertilgen von Blattläusen und anderen Schädlingen nützlich: Doch sie vergreifen sich öfter auch an Trieben und Knospen von Knollenblumen, besonders von Dahlien. Fangen Sie die Tiere mit einfachen Fallen, die Sie dann mitsamt den Ohrwürmern aus dem Garten entfernen. Kochen Sie eine Ofenkartoffel, die Sie weitgehend aushöhlen und abkühlen lassen. Legen Sie sie dann zwischen die Pflanzen. Die Ohrwürmer kriechen hinein, um zu fressen. Auch umgedreht aufgehängte Töpfe, gefüllt mit Holzwolle, und zerknüllte Zeitungen eignen sich als Ohrwurmfallen.

Fäulnis Pilze und Bakterien können ein Faulen der Zwiebeln und Knollen verursachen. Erste Anzeichen dafür finden sich an der Blatt- oder Stängelbasis. Entfernen Sie befallene Pflanzen umgehend, und wechseln Sie im nächsten Jahr den Pflanzplatz.

DAHLIEN ÜBERWINTERN

1 Schneiden Sie die Stängel 15 cm über dem Boden ab. Die Knollen ausgraben und die Sorte etikettieren.

2 Lassen Sie die Knollen einige Tage abtrocknen. Bürsten Sie dann behutsam anhaftende Erde ab.

3 Überstäuben Sie die Knollen mit Schwefel, um Pilzkrankheiten während der Lagerzeit vorzubeugen.

4 Schneiden Sie die Stängelreste vor dem Einlagern bis auf 10 cm zurück.

5 Geben Sie die Knollen in eine Kiste, und bedecken Sie sie bis zur Stängelbasis mit Sägespänen oder Sand.

6 Stellen Sie die Kiste bis zum Frühjahr an einen kühlen, dunklen, gut belüfteten, frostfreien Platz.

- Vermeiden Sie Bodennässe durch gute Lockerung und Dränage sowie durch zurückhaltendes Gießen.
- Pilzkrankheiten wie Grauschimmel werden auch durch zu hohe Stickstoff- und Kompostgaben gefördert.
- Pflanzen Sie Zwiebeln und Knollen nicht immer an dieselbe Stelle. Schadpilze können sich lange Zeit im Boden halten. Setzen Sie daher mindestens 3 Jahre nach einem Befall keine empfindlichen Arten an den betroffenen Platz.

Die gute Wahl

SOMMER- UND HERBSTBLÜHER

DAHLIEN 1 Die auffälligen, großblumigen Hybriden eignen sich ganz besonders für ausgedehnte Blumenbeete.

ALPENVEILCHEN 2 Den anmutigen Herbstflor von Freilandalpenveilchen wie *Cyclamen hederifolium* oder *C. purpurascens* sollte man sich nicht entgehen lassen. Er kann bei mildem Wetter bis in den November andauern.

Die **IRIS 3** wie auch die **MADONNENLILIE** (*Lilium candidum*) **4** zählen zu den bezaubernden Schönheiten des Frühsommers und schmücken formale Blumenbeete.

GLADIOLEN 5 Wegen des straff aufrechten Wuchses ist die Kombination mit anderen Pflanzen nicht ganz einfach. Am besten wirken Gladiolen in eigenen Beeten.

TAGLILIEN (*Hemerocallis*) **6** Die ausdauernd blühenden Taglilien werden in nahezu allen Blütenfarben angeboten.

1 2

3 4

5 6

Standfestigkeit Binden Sie Pflanzen mit hohem Wuchs oder schweren Blüten an Bambus- oder Holzstäben auf. Dahlien lassen sich gut stützen, indem Sie um die Pflanzen drei Bambusstäbe im Dreieck in den Boden stecken und rings um dieses Gerüst Schnüre binden (bis in etwa zwei Drittel der Wuchshöhe). Am besten stecken Sie die Stäbe schon vor dem Pflanzen in den Boden, um die Knollen nicht zu beschädigen.
● Die Standfestigkeit von Gladiolen lässt sich erhöhen, indem man rund um die Pflanzenbasis einen flachen Hügel aus Erde anhäuft.

Kleine Blüten Besonders große Blüten erhalten Sie, wenn Sie an einem Trieb lediglich die Hauptknospe belassen und die Nebenknospen ausbrechen. Vorsichtshalber – beispielsweise um Totalausfällen bei Schlechtwetter vorzubeugen – können Sie auch nur bei jedem zweiten Trieb in dieser Weise vorgehen.

Zwiebelblumen für alle Fälle

Farbige Teppiche unter Bäumen Efeublättriges Alpenveilchen, Herbstkrokusse und Herbstzeitlose eignen sich hervorragend zum Unterpflanzen hoher Bäume und gedeihen auch dort, wo kaum noch Rasen wächst. Im Lauf der Jahre breiten sie sich teppichartig aus.
● Vorsicht! Die Herbstzeitlose gehört zu den giftigsten Pflanzen. Auch Alpenveilchen enthalten Giftstoffe, vor allem in den Knollen.

Im feuchten Schatten Der Gefleckte Aronstab (*Arum maculatum*) zählt ebenfalls zu den ausgesprochenen Giftpflanzen; seine Blätter können darüber hinaus Hautreizungen hervorrufen. Wo jedoch keine Gefahr für Kinder droht, lässt er sich als hübscher, pflegeleichter, robuster Füller für Schattenecken einsetzen. Er breitet sich von selbst aus, kann dadurch aber auch lästig werden. Seine Blätter sind dunkel gefleckt. Die gelblichen Blütenkolben, umgeben von hellgrünen, rot gepunkteten Hochblättern, erscheinen zwar schon im April/Mai, doch mit den nachfolgenden roten Beeren ist der Aronstab auch eine Sommerzierde.

Von Mai bis Juli schiebt die Steppenkerze bis zu 1 m lange Blütenkerzen in die Höhe.

● Ähnlich präsentiert sich der – gleichfalls giftige – Italienische Aronstab (*A. italicum*). Er hat besonders schöne, weiß gemusterte Blätter, die über den Winter grün bleiben, mag es aber nicht ganz so schattig. Beide Arten werden im Herbst gepflanzt und passen auch gut an den Teichrand.

Die Herbstzeitlose verliert ihre Blätter vor der Blüte.

RHIZOMBILDENDE IRIS TEILEN

Damit die Blütenpracht nicht nachlässt, sollten Irisse etwa alle 3 Jahre geteilt werden – im Sommer gleich nach der Blüte oder im Herbst.

1 Graben Sie die Rhizome vorsichtig mit einer Grabegabel aus, sodass möglichst viele Wurzeln erhalten bleiben.

2 Bürsten Sie Erdreste an den Rhizomen ab. Zerschneiden Sie die Pflanze in 10 bis 15 große Teilstücke.

3 Jedes Teilstück sollte mehrere Wurzeln und Blätter oder Triebknospen haben. Kürzen Sie die Blätter ein.

4 Besprühen Sie die Schnittstellen mit Netzschwefel, um Fäulnis und anderen Pilzinfektionen vorzubeugen.

5 Pflanzen Sie die Rhizome ein: in schwerem Boden mit den Spitzen an der Oberfläche, in leichtem etwas tiefer.

6 Setzen Sie sie je nach Sorte mit einem Abstand von 25–50 cm. Zum Schluss gründlich angießen.

Herbstblüher in Mauerfugen Herbstkrokusse können durch das dichte Laub von Steingartenpflanzen wie Blaukissen wachsen und sogar in Fugen von Trockenmauern. Pflanzen Sie sie in etwas Erde, und decken Sie sie mit Kieseln ab.

Entdecken Sie Iris Iris, auch als Schwertlilien bekannt, bevorzugen sonnige Plätze. Einige rhizombildende Arten eignen sich für feuchtere Standorte in Teichnähe. Sie blühen herrlich, können aber außerhalb der Blütezeit etwas unordentlich aussehen. Kleine Zwiebeliris blühen im Frühling, die ein wenig größeren Holland-Iris im Frühsommer. Sie eignen sich hervorragend als Schnittblumen.

Wohlgerüche im Garten Pflanzen Sie die duftende, winterharte Königslilie (*Lilium regale*) in den Eingangsbereich Ihres Gartens. Wählen Sie für süßen Duft im Spätsommer und Herbst die aus Japan stammende Prachtlilie (*L. speciosum*). Sie braucht einen geschützten Platz und über den Winter eine Laubabdeckung.

Star-Akteure im Sommer Lilien und Zierlaucharten verdienen den ersten Preis für ihre Vielseitigkeit. Recht winterhart und pflegeleicht können sie Blumenbeete, Rabatten, Kübel und sogar den Gemüsegarten zieren. Gepflanzt werden sie im Herbst.

- Viele Lilien bevorzugen lichten Schatten, etwa durch locker belaubte Bäume. Die Türkenbundlilie (*Lilium martagon*) eignet sich auch für den Gehölzrand und absonnige Plätze. Versorgen Sie die Lilien in jedem Frühjahr mit Kompost.
- Zierlauch gedeiht in voller Sonne auf gut durchlässigen Böden. Die Palette reicht von niedrigen, nur 25 cm hohen Arten wie dem Blauzungenlauch (*Allium karataviense*) bis zum 150 cm hohen Riesenlauch (*A. giganteum*). Die kugeligen Blütendolden erscheinen je nach Art im Früh- oder Hochsommer.

Erkunden Sie das Angebot Es gibt eine Fülle weniger bekannter Sommerblüher, die den Garten bereichern können.

- Die bis zu 100 cm hohe, locker buschige Inkalilie (*Alstroemeria aurea*) hat orangegelbe, innen purpurn gestreifte lilienähnliche Blüten, die in dichten Dolden erscheinen. Sie mag sonnige, warme Plätze und braucht guten Winterschutz.

Knollenbegonien gedeihen in Kästen und Trögen und vertragen ziemlich viel Schatten.

- Ebenfalls sonnig und geschützt gedeiht die Hakenlilie (*Crinum x powellii*). Sie bringt 80–100 cm hohe duftende Blütenschäfte mit weißen oder rosa Trichterblüten hervor.
- Die Steppenkerze (*Eremurus*) ist eine stattliche Pflanze mit langen Blütenkerzen in Rosa, Weiß, Gelb oder Orange. Sie gedeiht an sonnigen, trockenen Stellen und wird im Herbst gepflanzt.

Lang währender Vasenschmuck Gladiolen sind ausgezeichnete Schnittblumen, die sich in der Vase bis zu 12 Tage lang halten – wenn Sie zwei Grundregeln beachten. Die erste: Schneiden Sie die Blütenstände, wenn sich die unteren Knospen gerade erst zu öffnen beginnen. Die zweite lautet: Entfernen Sie die beiden ungeöffneten Spitzenknospen, und kneifen Sie täglich verwelkte Blüten aus.

Umwerfende Blüher Wenn Sie markante Farben und Formen mögen, dann reservieren Sie genügend Platz für Dahlien. Es gibt unzählige Sorten in allen Blütenfarben – außer Blau – und den unterschiedlichsten Wuchshöhen. Kombinieren Sie sie in Gruppen zu drei oder fünf mit anderen sommerblühenden Beetpflanzen. Verleihen Sie dem Gemüsegarten nostalgischen Charme, indem Sie dort mehrere Reihen Dahlien für den Schnitt pflanzen.

Fensterzierden Manche Zwiebel- und Knollenblumen eignen sich sehr gut für Pflanzgefäße. Knollenbegonien und kleine Dahlien können Blumenkästen zieren, Lilien und Blumenrohr wirken wunderschön in Töpfen und Kübeln.

SCHON GEWUSST?

Zwiebel, Zwiebelknolle, Knolle oder Rhizom?

Zwiebeln Lilien und Zierlauch haben „echte" Zwiebeln **1**. Sie bestehen aus fleischigen Schalen, die die Sprossanlagen am Zwiebelboden oder -kuchen umhüllen. Zwiebeln werden mit der Spitze nach oben gepflanzt.

Zwiebelknollen Krokusse und Gladiolen wachsen aus Zwiebelknollen **2**. Mit ihren trockenhäutigen Schalen sehen sie ähnlich aus wie Zwiebeln, doch das Innere besteht aus einem zur Knolle verdickten Spross. Jedes Jahr bilden sich neue Speicherorgane nahe der Spitze. Setzen Sie Zwiebelknollen stets mit der Spitze nach oben ein.

Knollen Alpenveilchen und Begonien haben flache, kuchenartige Knollen **3** mit winzigen Knospen an der Oberseite, die auch beim Pflanzen nach oben weisen müssen.

Rhizome Iris wachsen je nach Art aus Zwiebeln oder Rhizomen **4**. Bei Letzteren handelt es sich um fleischig verdickte Sprosse, die sich horizontal an oder unter der Erdoberfläche ausbreiten. Oben sind die Knospen erkennbar, an der Unterseite wachsen die Wurzeln.

Farbe vom Frühjahr bis zum Herbst

Ein- oder zweijährige Sommerblumen finden immer Anklang. Sie sind reich blühend und bringen rasch Farbe in Beete und Blumentöpfe, an Rankgitter und Bogen. Zudem ist die Anzucht dieser Blumen einfach und kostengünstig, und ihr schlichter Charme weckt Erinnerungen an alte Zeiten.

Das Aussäen

Verschiedene Saatzeiten Gerade manche altbewährte Bauerngartenblumen sind recht robust und können bereits Ende März oder im April ins Beet gesät werden (siehe hierzu „Die gute Wahl“, S. 71).

- Die meisten einjährigen Blumen sind indes kälteempfindlich. Eine Aussaat ins Beet ist erst ab Mitte Mai Erfolg versprechend.
- Sie können bei den empfindlicheren Blumen die Blüte verfrühen, indem Sie sie ab März an einem hellen Platz im Haus vorziehen und nach den Eisheiligen Mitte Mai nach draußen pflanzen.

Für einen guten Start Die Bedingungen in den ersten 2 Wochen nach der Aussaat sind entscheidend. Säen Sie bei mildem Wetter in feuchte, gut vorbereitete Erde. Ist der Boden schlecht oder das Wetter zu heiß, bilden sich staksige, schwächliche Pflanzen.

Für pausenlose Blütenpracht Einjährige Pflanzen sind kurzlebig. Säen Sie sie im Beet wie in Anzuchttöpfen in zeitlich gestaffelten Sätzen im Abstand von 2–4 Wochen. So können Sie die Beete immer wieder auffüllen und sich vom Spätfrühling bis in den Herbst hinein an den Blüten erfreuen.

Zweijährige für den Frühlingsflor Zweijährige Blumen wie Goldlack, Stiefmütterchen, Tausendschön und Vergissmeinnicht werden im Sommer gesät und im September verpflanzt. Sie bilden im ersten Jahr nur Blätter und blühen im folgenden Frühling.

Sommerblumen sorgen für ein Farbfeuerwerk.

Pflegeleichte Einsteigerpflanzen Manche Arten keimen selbst dann zuverlässig, wenn es bei der Aussaat zu Fehlern kommt. Sie sind ideal für den Einstieg.

- **Schmuckkörbchen** Von Juni bis Oktober bilden Schmuckkörbchen (*Cosmos bipinnatus*) weiße, rosa oder dunkelrote Blüten an schlanken, bis zu 120 cm hohen Stängeln mit fein gefiedertem Laub.
- **Feuerbohne** Die Feuerbohne (*Phaseolus coccineus*) bietet nicht nur leckere Bohnen, sondern auch hübsche ein- oder zweifarbige Blüten; sie verdient einen Platz in jedem Bauerngarten. Das Laub ist dicht, die Triebe winden sich bis zu 2,5 m hoch.

Stellen Sie sich zum Säen mitten im Beet auf ein Brett, damit die frisch gelockerte Erde nicht verdichtet wird.

Die gute Wahl

EINJÄHRIGE FÜR DEN SOMMERFLOR
Viele Blumen kann man einfach und kostengünstig in Schalen vorziehen oder gleich ins Beet säen (Direktsaat).

ANZUCHT IN SCHALEN ODER TÖPFEN
FRÜHE AUSSAT Möglichst früh – d. h. bei ausreichend Licht schon im Februar – sollten ausgesät werden: Eisbegonie, Fleißiges Lieschen, Löwenmäulchen, Mittagsgold (*Gazania*), Pantoffelblume, Petunie (Abb. unten), Ringelblume, Ziersalbei und Ziertabak.

AUSSAAT IM MÄRZ/APRIL Die meisten Einjährigen werden ab März vorgezogen, für späte Pflanzungen sogar bis Mai, und ab Mitte Mai ins Freie gepflanzt.

FRÜHES AUSPFLANZEN Robuste Einjährige wie Korn- oder Ringelblume, die sich für zeitige Direktsaat eignen (siehe unten), können Sie auch drinnen vorziehen und ins Beet setzen, sobald die Pflänzchen 3–4 cm hoch sind. In kalten Nächten brauchen sie dann etwas Schutz. Da die Wurzeln noch sehr zart sind, darf man sie nicht mehr umpflanzen, sonst büßt man möglicherweise bis zu zwei Drittel der Pflanzen ein.

DIREKTSAAT
AB MÄRZ Goldmohn (*Eschscholzia californica*), Jungfer im Grünen (*Nigella damascena*), Kornblume, Levkoje, Ringelblume und einjähriger Rittersporn

AB APRIL Bechermalve, Duftsteinrich, Klatschmohn, Kokardenblume, Ochsenzunge, Sommerphlox, Sonnenblume, Stockrose

Bechermalve Vom Sommer bis in den Herbst zieren zarte Trichterblüten über blaugrünen Blättern die Bechermalve (*Lavatera trimestris*). Die verzweigten, bis zu 60 cm hohen Stängel bilden ansehnliche Horste.

Ringelblume Ringelblumen (*Calendula officinalis*) gehören mit ihren gelben, orangefarbenen oder rötlichen, gefüllten oder einfachen Blüten zu den Bauerngartenklassikern. Sie blühen unermüdlich bis November.

Vermeiden Sie Samenmischungen
Fertig zusammengestellte Samenmischungen, z. B. deklariert als „duftend“, „Wildblumen“ oder „für Schatten“, enthalten oft einen ungeeigneten Arten- und Sortenmix. Häufig fehlen genauere Informationen, sodass man nichts über die jeweils optimalen Bedingungen erfährt. Das Ergebnis ist nicht selten unbefriedigend, mit ein oder zwei wüchsigen Sorten im Beet, die alle anderen überwuchern. Kaufen Sie lieber Einzelsaatgut, und mischen Sie später beim Pflanzen.

Kein frischer Mist Selbst schon etwas angerotteter Mist enthält für Aussaaten zu viel Stickstoff. Die Keimlinge bilden dann hauptsächlich Blattmasse und Stängel und blühen schlecht. Säen Sie nur in Boden, der bereits 2 Jahre zuvor mit Mist angereichert wurde. Oder Sie verbessern den Boden nach alter Tradition vor der Aussaat durch eine Gründüngung mit Bienenfreund oder Senf.

Kaufen Sie auch vorgezogene Pflanzen
Pflanzen wie Eisbegonie (*Begonia semperflorens*), Fleißiges Lieschen, Pantoffelblume, Petunie, Sommeraster (*Callistephus*) oder Verbene sind in der Anzucht etwas kompliziert. Kaufen Sie sie besser als fertige Jungpflanzen.

Zeitungen fördern das Keimen Samen keimen schneller, wenn man sie tagsüber mit feuchter Zeitung abdeckt, insbesondere bei heißem Wetter. Befestigen Sie die Zeitungen mit Zeltheringen oder Pflanzetiketten am Boden. Die Abdeckung hält auch Vögel vom Aufpicken der Samen ab.

Manche brauchen Licht Einige Sommerblumen, z. B. Elfenspiegel (*Nemesia*), Levkoje und Vanilleblume, sind Lichtkeimer, d. h., ihre Samen dürfen nur angedrückt und höchstens hauchfein mit Erde abgedeckt werden, um gut zu keimen. Beachten Sie die Hinweise auf den Samenpackungen.

Großvaters Geheimtipp

EIN GELUNGENER FRÜHSTART
In einem beheizten Gewächshaus können Sie im Januar mit der Anzucht beginnen; am Fensterbrett ist oft erst ab Ende Februar genügend Licht vorhanden. Große Samen einzeln in Multitopfplatten oder Töpfchen säen, kleinere in Anzuchtschalen (sie werden später in Einzeltöpfe umgepflanzt). Die Saaten mit Etiketten kennzeichnen. Gleichmäßig feucht halten und eine durchsichtige Plastikfolie als Verdunstungsschutz verwenden. Die meisten Samen keimen am besten bei 16–20 °C.

Säen Sie von der Beetmitte aus Beginnen Sie mit dem Einsäen eines größeren Beetes in der Mitte. Stellen Sie sich dazu auf ein Brett, und arbeiten Sie von innen nach außen. Rechen Sie die platt gedrückte Erde auf, nachdem Sie das Brett weitergerückt haben. ● Wollen Sie Sommerblumen für den Schnitt ziehen, wählen Sie die Reihensaat. Säen Sie jeweils vier Reihen nebeneinander, und lassen Sie zwischen den Viererreihen etwas Platz für einen Pfad. So können Sie die Blumen schneiden, ohne sie zu zertreten.

Bepflanzung für die ganze Saison

Der optimale Pflanztermin In mildem Klima oder in einem warmen Frühjahr kann man auch bei empfindlicheren Arten eine Pflanzung ab Ende April wagen. Doch es bleibt stets ein Risiko – der überlieferte Pflanztermin nach den Eisheiligen, also Mitte Mai, hat nach wie vor für die Mehrzahl der Sommerblumen seine Berechtigung. ● Pflanzen Sie gerade in rauen Lagen besonders kälteempfindliche Arten wie Fleißiges Lieschen, Fuchsschwanz, Petunien und Zinnien erst gegen Ende Mai.

Einjährigen Salbei (blau) und Sonnenhut (gelb) können Sie im Frühjahr vorziehen, die Sonnenblumen im April direkt ins Beet säen.

Blütenpracht im Winter Wenn Sie zeitig ab Mitte August Stiefmütterchen pflanzen, blühen diese häufig schon im Spätherbst bis in den Winter hinein und dann im Frühjahr erneut. Besonders zuverlässig blüht z. B. die Sorte 'Antique Shades' (pastellfarben und bronze). Auch Hornveilchen blühen häufig bis in den Winter hinein, ebenso das Tausendschön *Bellis perennis* 'Galaxy' in Rosa, Rot oder Weiß.

Frühe Farbenpracht Für zeitigen Flor sorgen neben Stiefmütterchen und Tausendschön auch die im Herbst gepflanzten Zweijährigen Goldlack und Vergissmeinnicht. ● Vergissmeinnicht sind hervorragende Begleiter für frühlingsblühende Zwiebelblumen wie Narzissen. Damit die Samen nicht an der Kleidung oder im Fell von Hund und Katze hängen bleiben, putzen Sie Verblühtes regelmäßig aus. Lassen Sie aber ein paar Samenstände stehen, um Saatgut fürs nächste Jahr zu gewinnen.

Hohe Pflanzen stützen Einjähriger Rittersporn und andere hohe Sommerblumen brauchen gleich nach dem Auspflanzen eine Stütze: Dazu können Sie Zweige bzw. Reisig zwischen die Jungpflanzen stecken, die sich dann beim Wachsen daran abstützen. Oder Sie verwenden Bambusstäbe, an denen die Pflanzenstängel mit Bindedraht oder -bast oder speziellen Drehbindern befestigt werden. Binden Sie nicht zu fest, damit die Pflanze ungehindert wachsen kann.

Nicht bei Hitze pflanzen Vermeiden Sie das Pflanzen in heißer Mittagssonne. Ideal ist etwas kühleres Wetter, bei bedecktem Himmel. Pflanzen Sie ansonsten vor 10 Uhr morgens oder noch besser nach 16 Uhr am Nachmittag. Die neu gepflanzten Setzlinge können sich dann in der Kühle und Feuchte der Nacht erholen.

Sonnenanbeter Der Boden sollte gut durchlässig sein. Ansonsten sind die meisten Sommerblumen recht anspruchslos, brauchen aber in der Regel einen sonnigen Standort. Halbschatten vertragen z. B. Duftwicke, Fleißiges Lieschen, Kapuzinerkresse, Lobelie, Marienglockenblume und Ringelblume. ● Pflanzen Sie Arten mit ähnlichen Ansprüchen zusammen, z. B. Mittagsblume, Mittagsgold und Portulakröschen; sie bevorzugen vollsonnige, eher trockene Standorte.

PFLANZEN AUS MULTITOPFPLATTEN

1 Wässern Sie gut, bevor Sie die Pflänzchen herausnehmen. Drücken Sie von unten gegen den Wurzelballen.

2 Setzen Sie die Pflanze in ein kleines Pflanzloch – so tief, dass der Wurzelhals mit der Erdoberfläche abschließt.

3 Füllen Sie um die Pflanze herum Erde auf, und drücken Sie diese mit den Fingerspitzen an.

4 Gießen Sie vorsichtig an. Zum Schluss können Sie eine leichte Mulchschicht aufbringen.

Die gute Wahl

EIN REGENBOGEN IM GARTEN
Ein- und zweijährige Sommerblumen werden in fast allen erdenklichen Farben angeboten. So können Sie Blüten und Blätter zu augenfälligen Farbverläufen und Kontrasten arrangieren und die Bepflanzung durch die Farbwahl unter ein Thema stellen.

BLAU Becherblume, Elfenspiegel, Jungfer im Grünen, Kapaster, Kornblume, Leberbalsam, Lobelie, Mehlsalbei, Rittersporn, Verbene und Vergissmeinnicht **1**

GRÜN Muschelblume (*Molucella laevis*), Resede, Wolfsmilch und manche Ziertabaksorten

GELB UND ORANGE Goldlack, Goldmohn, Husarenknopf, Kapuzinerkresse, Kokardenblume, Mittagsgold, Nachtkerze, Pantoffelblume, Portulakröschen, Ringelblume, Schmuckkörbchen (*Cosmos sulphureus*), Sonnenblume, Sonnenhut, Stiefmütterchen, Strohblume, Tagetes **2**, Zinnie und Zweizahn (*Bidens*)

ROSA UND PINK Bartnelke, Bechermalve, Dahlie **3**, Duftwicke, Eisbegonie, Fleißiges Lieschen, Kapkörbchen, Leberbalsam, Levkoje, Löwenmäulchen, Mittagsblume, Pelargonie, Petunie, Schmuckkörbchen, Sommeraster, Sommerphlox, Spinnenblume, Stockrose, Strohblume, Tausendschön, Wunderblume und Ziertabak

ROT Bartnelke, Celosie, Gauklerblume, Goldlack, Elfenspiegel, Feuersalbei, Kardinals- und Prachtlobelie, Mohn **4**, Pelargonie, Petunie und Tausendschön

VIOLETT Becherblume, Blaue Mauritius, Blaues Gänseblümchen, Lobelie, Marienglockenblume, Petunie, Sommeraster, Stiefmütterchen, Vanilleblume und Verbene

WEISS Becherblume, Bechermalve, Duftsteinrich, Eisbegonie, Glockenblume **5**, Kapkörbchen, Mittagsblume, Pelargonie, Petunie, Schleierkraut, Schmuckkörbchen, Sommeraster, Weiße Zwergmargerite und Ziertabak

SILBRIG GRAUE BLÄTTER Mehlsalbei, Silbergreiskraut (Senecio) **6**, z. B. Sorten wie 'Cirrus' und 'Silver Dust'

1

2

3

4

5

6

Großvaters Geheimtipp

KRÄFTIG ANFEUCHTEN
Folgen Sie dem alten Gärtnertipp, und durchfeuchten Sie die Erde vor dem Pikieren oder Auspflanzen gründlich. So lassen sich die Pflänzchen leichter trennen und welken nicht so schnell nach der Pflanzung.

Pflanzen mit Plan Markieren Sie entsprechend Ihrem Pflanzplan die Beetumrisse mit hellem Sand.

- Platzieren Sie nun die Pflanzen – noch im Topf – im Abstand von 15–30 cm, je nach Breite, um die endgültige Pflanzposition zu bestimmen.

Kräftige Jungpflanzen durch Pikieren
Wenn Sie die Sämlinge bald nach dem Entfalten der ersten Blätter einzeln in kleine Töpfe pflanzen, entwickeln sie sich kräftiger und wachsen später im Beet schnell an. Dieses als Pikieren bekannte Verpflanzen wird ohnehin nötig, falls Sie die Samen in einer

ACHTUNG!

Giftige Sommerblumen
Manche ein- und zweijährige Garten- und Wildblumen enthalten Giftstoffe. Hochgiftig sind Fingerhut, Kornrade (*Agrostemma*) und Wunderbaum (*Ricinus*), recht giftig Goldlack, Rittersporn und Ziertabak, hier vor allem die Samen. Giftig sind auch die Samen von Duftwicke sowie rohe Feuerbohnen. Klatschmohn gilt als leicht giftig. Bei manchen Pflanzen kann der Hautkontakt mit dem Saft (z. B. Wolfsmilch) oder den Blättern (z. B. Ziertabak) Allergien auslösen.

Anzuchtschale ausgesät haben (dann stehen die Sämlinge nach wenigen Wochen zu eng).
- Wenn Sie noch schneller Farbe ins Beet bringen möchten, können Sie auch bereits blühende Jungpflanzen kaufen. Sie werden in 10-er- oder 15-er-Töpfen in allen Gartencentern und Gärtnereien angeboten.

Gutes Wässern verhindert den Umpflanzschock Tauchen Sie die Töpfe eine halbe Stunde vor dem Auspflanzen in einen Eimer Wasser, bis keine Luftblasen mehr aufsteigen. Wässern Sie vor dem Einpflanzen auch das Pflanzloch gründlich.
- Gießen Sie nach dem Pflanzen rund um den Wurzelballen, bis der Boden gesättigt ist. Verwenden Sie einen Brauseaufsatz, damit die Erde nicht aufgeschwemmt wird.

Nicht zu tief setzen Das Pflanzloch sollte so tief sein, dass der Wurzelhals – der Übergang zwischen Wurzel und Stängel – gerade eben von der Erdoberfläche bedeckt ist. Bringen Sie Mulchschichten zwischen den Jungpflanzen mit ein paar Zentimeter Abstand zur Stängelbasis aus.

Gelungene Arrangements

Staffeln Sie nach Höhe Kombinieren Sie drei oder vier verschiedene Höhenstufen: Die niedrigen Blumen kommen nach vorn ins Beet, die höheren nach hinten.
- **Erste Reihe (10–20 cm)** Duftsteinrich, Eisbegonie, Husarenknopf, Lobelie, Mittagsgold und Spiegeleiblume
- **Zweite Reihe (20–50 cm)** Fleißiges Lieschen, Jungfer im Grünen, Kapaster, Kapkörbchen, Kapuzinerkresse, Leberbalsam, Löwenmäulchen, Mohn, Petunie, Phlox, Ringelblume und Salbei-Arten
- **Dritte Reihe (50–100 cm)** Bechermalve, Fuchsschwanz, Kornblume, Rittersporn, Schleierkraut, Schmuckkörbchen, hohe Tagetes, Ziertabak und hohe Zinnien
- **Vierte Reihe (über 1 m)** Hohes Eisenkraut (*Verbena bonariensis*), Sonnenblume, Spinnenpflanze und Stockrose

Einfache Farbakzente setzen Pflanzen Sie ähnliche Stauden und Sommerblumen – z. B. mit gleicher Wuchshöhe oder Blütenform – auf einer Fläche von etwa einem Quadratmeter zusammen. Beginnen Sie zunächst einfach, mit maximal zwei oder drei Farben. Folgen Sie dabei Ihrem eigenen Geschmack.

Ein Blütenvorhang Duftwicken oder andere schnell wachsende Kletterpflanzen eignen sich bestens, um eine unschöne Mauer zu verdecken. Schlagen Sie in der gewünschten Maximalhöhe zwei Nägel im Abstand von etwa 1,2 m in die Wand, und spannen Sie waagrecht einen Draht dazwischen, den Sie mit zwei weiteren Nägeln entlang seinem Verlauf stabilisieren. Binden Sie dann in Abständen von 15 cm kräftige Schnüre an den Draht, die senkrecht bis zum Boden hängen. An deren Enden werden nun die einjährigen Kletterer in Töpfen gesetzt, die sich schnell an den Schnüren emporranken und die Wand bedecken. Duftwicken liefern auch wohlriechende Schnittblumen.

Wertvolle Lückenfüller In den ersten Jahren nach der Pflanzung füllen Stauden und Gehölze die ihnen zugewiesenen Plätze noch nicht aus. Pflanzen Sie Sommerblumen, um die Lücken zu schließen, bis die anderen Pflanzen groß genug sind.

Gärten am Meer Wenn Sie in Küstennähe leben, wählen Sie bevorzugt Pflanzen, die Wind und salzige Luft vertragen. Dazu zählen z. B. Gazanie, Kapkörbchen, Meerlavendel, Natternkopf und Wolfsmilch.

Pflanzen Sie einen Blumenteppich Wählen Sie niedrig wachsende Einjährige mit interessanter Blattstruktur oder Wuchsform – auf diese Weise erhalten Sie einen

Duftwicken sind ideal, um rasch unschöne Gartenecken zu verdecken.

BLUMENZWIEBELN IN MISCHBEETEN

1 Stellen Sie die Pflanzen mit den richtigen Abständen auf, und pflanzen Sie sie ein.

2 Verteilen Sie die Zwiebeln zwischen den Pflanzen, und stechen Sie an diesen Stellen Löcher aus.

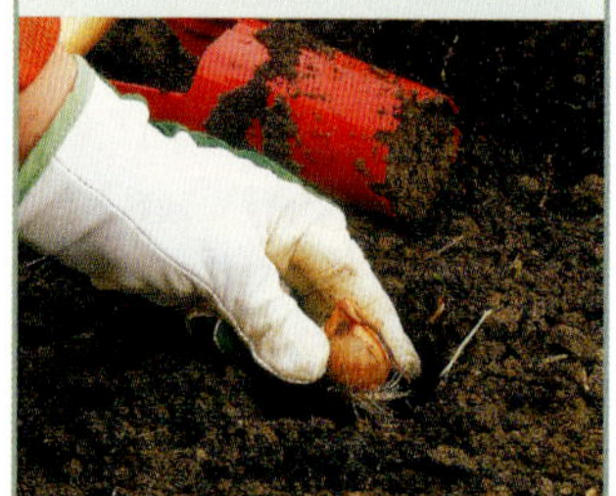

3 Drücken Sie die Zwiebeln mit dem unteren Ende in der richtigen Tiefe leicht in den Boden am Grund der Löcher.

4 Füllen Sie Erde auf, drücken Sie diese leicht an, und markieren Sie die Pflanzstellen mit Etiketten.

lebenden „Flickenteppich“. Pflanzen Sie als Umrandung zwei gegeneinander versetzte Reihen rund um die vorgesehene Fläche. Halten Sie genug Pflanzen bereit; pro Meter benötigen Sie z. B. 12–16 Exemplare des Silbergreiskrauts. Um den gewünschten Teppicheffekt zu erhalten, füllen Sie dann den „Rahmen“ mit einer Fläche aus nur einer Sorte oder gemischten Pflanzen in geometrischen Mustern. Auch Sukkulenten wirken in solchen Arrangements sehr attraktiv.

- **Pflanzen mit schönen Blüten** Duftsteinrich, Eisbegonie, Hornveilchen, Leberbalsam, Lobelien und Tagetes
- **Blattschmuckpflanzen** Rote Bete 'Bull's Blood' mit dunkelroten Blättern und Silbergreiskraut. Mutterkraut (*Tanacetum parthenium* 'Gold Moss' oder 'Plenum') hat gelbes Laub und kleine weiße Blütchen.

Am sonnigen Rankgitter Viele schnell wachsende Kletterpflanzen lassen sich leicht aus Samen anziehen und bedecken mit ihren hübschen Blüten in kurzer Zeit Zäune und Rankgitter. Hierzu zählen Duftwicke, Feuerbohne, Glockenrebe (*Cobaea scandens*), Kapuzinerkresse, Maurandie (*Asarina barclaiana*), Prunkwinde (*Ipomoea*), Rosenkelch (*Rhodochiton atrosanguineus*), Schönranke (*Eccremocarpus scaber*) und Schwarzäugige Susanne (*Thunbergia alata*).

- Die Kanarenkapuzinerkresse (*Tropaeolum peregrinum*) gedeiht von Frühsommer bis Herbst und hat zitronengelbe Blüten, die einen Durchmesser von 2–3 cm aufweisen. Sie erreicht eine Höhe von 2–3 m.
- Der Japanische Hopfen (*Humulus japonicus*) ist eine besonders wüchsige Blattschmuckpflanze mit handförmigen, frischgrünen Blättern. Er wächst auch im Halbschatten und klettert bis zu 6 m hoch.

Pflasterfugen verschönern Um Pflasterflächen aufzulockern, können Sie hier und da die Fugen auskratzen und durch Blumen- oder Gartenerde ersetzen. Anschließend säen Sie Blaue Gänseblümchen, Elfenspiegel oder andere kleine Sommerblumen ein.

Blumen an der Wand Zum Verschönern niedriger, sonniger Mauern können Sie in die Fugen oder auf die Mauerkrone Blumen wie Goldlack, Goldmohn oder Löwenmäulchen säen, die sich an heißen, trockenen Standorten wohlfühlen. Füllen Sie eine Mischung aus Gartenerde, Sand und Kompost in die Fugen, indem Sie sie mit einer Gabel hineindrücken. Durchfeuchten Sie die Erdmischung vor dem Säen gründlich.

Lebendes Tipi Stecken Sie mit langen Bambus- oder Holzstangen, die Sie 40 cm tief in den Boden drücken, einen Kreis mit einem Durchmesser von etwa 1 m ab. Zwischen zwei der Stangen lassen Sie etwa 50 cm Abstand für die „Tür“. Binden Sie die Stangen 15 cm unter der Spitze mit einer kräftigen Schnur oder einem starken Draht zusammen. Säen Sie nun Duftwicken, Feuer- oder Stangenbohnen am Fuß der Stangen. Gießen Sie regelmäßig; die Pflanzen werden die Seitenwände des Tipi bald begrünen.

Abendduft auf der Terrasse Um Ihre Terrasse den ganzen Sommer über und bis in den Herbst hinein mit Duft zu erfüllen, pflanzen Sie Levkojen (*Matthiola incana*), Nachtkerzen und verschiedene Ziertabakarten (*Nicotiana*). Sie duften abends, wenn man sich entspannt auf der Terrasse niederlässt, besonders intensiv.

- Die Mondblüte (*Ipomea alba*) hat attraktive weiße Blüten, die abends beim Öffnen einen süßen Duft verströmen. Sie kann innerhalb weniger Monate Zäune und andere Stützen begrünen.

*Eine nüchterne Mauer erhält durch eine Reihe von rosa Stockrosen (*Alcea rosea*) oder Sonnenblumen mehr Charme.*

Gerüste für einjährige Kletterer in der Art von Tipis oder Obelisken haben eine lange Tradition.

So gedeihen Ihre Pflanzen optimal

Regelmäßig gießen und hacken Gießen ist lebenswichtig – insbesondere gleich nach dem Pflanzen und bei heißem Wetter. Prüfen Sie bei Blumen in Kästen und Töpfen alle 1–2 Tage, ob die Erde noch feucht ist.

- Gießen Sie Jungpflanzen schonend, indem Sie einen Kannen- oder Schlauchaufsatz mit feiner Brause verwenden.
- Wenn Sie mit dem Schlauch gießen, sollten Sie die Brause über den Pflanzen nach oben halten, damit sie nicht durch einen zu starken Strahl beschädigt werden.
- Hacken Sie den Boden regelmäßig, um Unkraut zu entfernen, das mit den Gartenpflanzen konkurriert. Auch eine Mulchschicht unterdrückt Unkrautwuchs.

Entspitzen für kräftigen Wuchs Um bei jungen Pflanzen einen kräftigen, verzweigten Wuchs zu fördern, kneift man die Spitzen der Triebe mit den Fingernägeln über einem Blatt oder Blattpaar aus oder schneidet sie leicht zurück. Die Maßnahme verzögert zwar die Blüte ein wenig, diese wird aber viel üppiger ausfallen. Das empfiehlt sich z. B. bei Duftwicke, Kapaster, Schmuckkörbchen und Vanilleblume.

- Die zarten Stängel von Astern, Glockenblumen und Sonnenhut knicken bei Wind leicht um. Ein Auskneifen der Triebspitzen bremst den Wuchs und sorgt für kompakte Pflanzen.

Der richtige Blühdünger Um die Blütenbildung von einjährigen Kletterpflanzen zu fördern, versorgen Sie sie alle 2 Wochen mit einem phosphorbetonten organischen Dünger wie Guano oder einem Spezialdünger für Pelargonien, Rosen oder Tomaten. Stickstoffreiche Dünger dagegen sorgen für stärkeres Blatt- und Triebwachstum auf Kosten der Blüten.

Achtung: Selbstaussaat Fingerhut, Ringelblume, Schmuckkörbchen, Stockrose, Vergissmeinnicht und andere Sommerblumen versamen sich leicht selbst. Liebhabern naturnaher Bauerngärten kommt dies gerade recht, doch bei eher formaler Gestaltung kann es als störend empfunden werden. Kontrollieren Sie die Ausbreitung durch rechtzeitiges Entfernen verblühter Blüten oder ganzer Blütenstände. Da sich verschiedene Pflanzen untereinander bestäuben, können die spontanen Sämlinge später ganz anders aussehen als die Mutterpflanze.

- Wenn Sie einen „ordentlichen" Garten bevorzugen, sollten Sie auf die bereits genannten Arten sowie auf Fleißige Lieschen, Goldmohn, Jungfer im Grünen, Kapuzinerkresse und Rittersporn verzichten oder sie zumindest konsequent ausputzen.

Verlängern Sie den Flor Entfernen Sie welke Blüten, um die Bildung neuer Knospen anzuregen. So vermeiden Sie auch, dass sich Ihre Blumen durch Bildung unnötiger Samen verausgaben.

- Viele Einjährige blühen ein paar Wochen lang überreich, danach nur noch spärlich. Schneiden Sie die verblühten Triebe zurück, damit sich neue bilden.
- Schneiden Sie Stockrosen nach der Blüte bis zur Basis zurück. Sie treiben wieder aus und blühen oft in den nächsten Jahren erneut. Wenn sie Samen ansetzen, kann es sein, dass sie im Herbst absterben. Allerdings sorgen sie dann durch Versamen reichlich für Nachkommenschaft.
- Schneiden Sie beim Fingerhut gleich nach der Blüte den Haupttrieb zurück. An den Seiten bilden sich dann neue, wenn auch kleinere Blütentriebe.

Böse Überraschung nach dem Urlaub Wenn Sie nach einem Sommerurlaub all Ihre Blumenkästen und Töpfe ausgetrocknet vorfinden, pflanzen Sie am besten Blumen nach, die bis in den Herbst hinein reich blühen: z. B. Eisbegonie, Kapaster, Ringelblume, Salbeiarten, Ziertabak und Zinnie.

Herbstputz Entfernen Sie die Einjährigen inklusive Kletterpflanzen, sobald die Blätter nach den ersten kalten Nächten welken. In Kästen und Töpfen können Spätblüher wie Herbstchrysanthemen, Kissenastern und Stiefmütterchen noch einmal für kräftige Farbtupfer sorgen.

Schutz vor Frösten Spät blühende Einjährige können Sie noch ein paar Tage schützen, indem Sie über Nacht Vliese auflegen, überwinternde Zweijährige durch Auflegen von Fichtenreisig. Reduzieren Sie die Wassergaben, um die Gefahr von Frostschäden zu vermindern.

Großvaters Geheimtipp

DER RICHTIGE SCHNITTZEITPUNKT

Erfahrene Gärtner sehen genau, wann sie ihre Blumen zurückschneiden müssen, damit neue Blüten angeregt werden. Das Entspitzen junger Pflanzen verzögert zwar den Blühbeginn, sorgt aber für einen kompakteren, buschigen Wuchs und insgesamt üppigeren Flor. Ein Rückschnitt nach der Blüte regt bei vielen Arten die Bildung neuer Blütentriebe an.

Kneifen Sie bei Jungpflanzen im Alter von 4–6 Wochen ein- oder zweimal die Triebspitzen aus.

Schneiden Sie Verblühtes regelmäßig weg.

Ernten Sie Samen für das nächste Jahr

Ein Trichter aus Zeitungspapier Um Samen im Garten zu sammeln, rollen Sie aus zwei großen Zeitungsbogen einen Trichter mit breiter Öffnung. Falten und verkleben Sie das untere Ende. Fangen Sie die Samen auf, indem Sie die Samenstände über der Trichteröffnung ausschütteln. Nach der Ernte falten Sie den Trichter einfach oben um, kleben ihn zu und versehen ihn mit einem Etikett, auf dem Pflanzenart und Erntedatum stehen.

Mit einer Papiertüte Stülpen Sie nach der Blüte eine Papiertüte über den Samenstand, und binden Sie sie unten mit Gartenschnur, Bast oder Draht zu. Nachdem die Stängel vertrocknet sind, schneiden Sie die Tüte unterhalb der Bindung ab, drehen sie um und schütteln sie, sodass sich die Samen am Boden der Tüte sammeln. Vergessen Sie anschließend nicht das Beschriften bzw. Etikettieren.

- Bewahren Sie Samen nie in einer Plastiktüte auf, sie könnten darin leicht schimmeln.

Mit einem Regenschirm Mit einem umgedrehten Regenschirm, in den Sie reife Samenstände abschütteln, können Sie in Rekordzeit große Mengen Saatgut sammeln.

Sieb für kleine Samen Gewinnen Sie kleine Samen, z. B. von Löwenmäulchen oder Petunien, indem Sie die trockenen Samenstände in einem alten Küchensieb abstreifen.

Trocknen ist wichtig Breiten Sie die Samen auf Zeitungspapier aus, und lassen Sie sie gut trocknen, bevor sie eingelagert werden, um die Gefahr des Schimmelns zu verringern.

Sichere, trockene Lagerung Alte Tablettenröhrchen mit Trockenmittel in der Kappe sind ideal, um Samen aufzubewahren. Man kann auch Filmdosen, Briefumschläge oder Papiertütchen verwenden. Bewahren Sie die Samen an einem kühlen, trockenen, gut belüfteten Ort auf, z. B. in einer Garage.

- Sammeln Sie die kleinen Tüten mit Silikagel, die sich z. B. bei Elektrogeräten in der Verpackung befinden. Diese können Sie zusammen mit den Samentüten in gut verschlossene Behältnisse legen – mitsamt einem Mottenmittel gegen Schädlinge.
- Vorsicht bei Lagerung in Regalen: Regale aus Pressspan- und Faserplatten enthalten häufig Formaldehyd, das die Keimfähigkeit der Samen verringern kann.

Seit alters sammeln Gärtner Samen für die nächstjährige Aussaat. Warten Sie, bis die Samenstände reif sind.

Bewahren Sie Saatgut in einem beschrifteten Umschlag kühl und trocken auf.

Die gute Wahl

SAMEN ZUM SELBERERNTEN
Viele Gartenpflanzen setzen reichlich Samen an, die reif sind, sobald die Samenstände bzw. Früchte trocknen. Sammeln Sie nur Samen von den schönsten und gesündesten Exemplaren.

EIN UND ZWEIJÄHRIGE Elfenspiegel, Fingerhut, Goldlack, Kapuzinerkresse, Mohn, Sonnenblume und Stiefmütterchen bilden zahlreiche Samen, die man bei Bedarf neu aussäen kann.

SELBSTVERSAMENDE SOMMERBLUMEN Besonders einfach lassen sich die Samen von Arten sammeln, die sich gern selbst versamen, z. B. von Jungfer im Grünen, Ringelblume, Silberblatt, Spiegeleiblume und Vergissmeinnicht. Ernten Sie sie, bevor sie aus den Samenständen fallen. Man kann sie gleich am gewünschten Platz aussäen oder an andere Gartenfreunde verschenken.

DUFTWICKEN Diese einjährigen Kletterpflanzen setzen ebenfalls leicht Samen an, ihre Nachkommen sehen aber selten genauso aus wie die Mutterpflanze. Das gilt besonders für Hybridsorten mit speziellen Farben und Formen. Die Variabilität kommt durch Fremdbestäubung von anderen Blüten durch Bienen und Hummeln zustande. Da auf diese Weise aber auch viele verbesserte Sorten entstanden sind, kann ein bisschen Experimentierfreude nicht schaden.

STAUDEN Samen von Alpenveilchen und Primeln werden am besten gleich ausgesät, sobald sie reif sind. Sie keimen dann schnell. Wenn man sie dagegen trocknet und lagert, brauchen sie lange und müssen eine Kälteperiode durchmachen. Akelei, Lupinen, Nachtkerzen und Scheinmohn (*Meconopsis*) sind oft kurzlebig und werden am besten häufig neu aus Samen angezogen.

Beete und Rabatten in voller Blüte

Die Blumenbeete der Bauerngärten zeichnen sich idealerweise durch eine abwechslungsreiche, lang blühende Bepflanzung aus. Auch wenn sie natürlich wirkt, bedarf sie einer sorgfältigen Planung.

Präzise planen

Rund oder eckig? Bevorzugen Sie eher formale, gerade Linien oder weiche Rundungen? Eine Kombination beider Gestaltungsmöglichkeiten führt zu ausgezeichneten Ergebnissen.

Lassen Sie Platz Für Freude am Garten braucht man das Gefühl, Platz zum Durchatmen zu haben. Bepflanzen Sie nicht jedes Stückchen Boden; ist alles überwachsen, kann das bedrückend wirken. Die bepflanzten Bereiche – Hecken, Bäume und Sträucher, Beete, Rabatten sowie Topfpflanzen – sollten nicht mehr als die Hälfte der Grundfläche einnehmen. Der Rest bleibt offen und wird für Rasen, Wege, Stufen, Terrassen oder Sitzplätze reserviert.

Legen Sie eine Skizze an Für große Beete und Rabatten sollten Sie einen Pflanzplan zeichnen, in dem Sie Höhe und Breite der gewünschten Pflanzen berücksichtigen. Zeichnen Sie die Pflanzen bunt mit Blüten- und besonderen Blattfarben, um die Gesamtwirkung abschätzen zu können.

Isländischer Mohn in lockeren Gruppen zwischen niedrigen Sommerblumen und Stauden

Umrisse kennzeichnen Mit Sand können Sie auf dem Gartenboden jede beliebige Form markieren. Nehmen Sie hierzu eine Portion trockenen Sand zwischen die Hände, und lassen Sie ihn in feinem, gleichmäßigem Strahl durch die Finger rieseln.

- Um einen Kreis oder Halbkreis zu markieren, binden Sie ein Stück Schnur an einen Pflock und befestigen am anderen Schnurende eine Flasche mit Sand. Bei straff gezogener Schnur können Sie nun wie mit einem Zirkel „zeichnen".
- Bei einem rechteckigen Beet lassen sich akkurate rechte Winkel leicht anlegen, indem Sie eine alte Gemüsekiste als Schablone verwenden.

Überraschungseffekte beleben Schaffen Sie Überraschungsmomente, und durchbrechen Sie die Symmetrie von Beeten und Rabatten, indem Sie nur an einem Ende einen Baum oder Strauch pflanzen. Auffällige Elemente wie kletternde oder große Pflanzen lenken den Blick auf sich und ihre Umgebung und sorgen für Spannung im Garten.

Guter Start mit kräftigen Pflanzen Kaufen Sie bereits blühende Jungpflanzen nur mit wenigen geöffneten Blüten und vielen Knospen. Bevorzugen Sie ansonsten kompakte, gut verzweigte, gesunde Pflanzen mit frischer Blattfärbung. Der Wurzelballen sollte fest mit dem Stängel verbunden und feucht sein. Meiden Sie Pflanzen mit völlig durchnässtem oder ausgetrocknetem Ballen.

Streuen Sie die Beetumrisse mit trockenem Sand ab.

Markieren Sie Kreisformen mit einem „Schnur-Zirkel".

Großvaters Geheimtipp

FARBEN EINKAUFEN
Sehen Sie sich regelmäßig – mindestens einmal in jeder Jahreszeit – in Gärtnereien um. So können Sie immer wieder blühende Pflanzen kaufen, die fast das ganze Jahr über neue Farbe in Ihren Garten bringen.

Qualität vor Quantität Die Schönheit eines Blumenbeets hängt weniger von der Anzahl der Pflanzen ab als vielmehr von der Harmonie der Farben und Formen und der Ausgewogenheit verschiedener Texturen, Wuchshöhen und Blütengrößen. Die überzeugendsten Arrangements bestehen nur etwa zur Hälfte aus Blütenschmuck, der durch kleine Sträucher und Blattschmuckpflanzen abgerundet wird.

Kübelpflanzen als Sommerzierden
Im Sommer scheinen viele Gärten nach der Blütenfülle des Frühlings eine Verschnaufpause einzulegen. Mit gut sonnenverträglichen Kübelpflanzen, die Sie im Topf in den Boden einsenken, können Sie auf besondere Weise Farbe in den Garten bringen. Dafür eignen sich z. B. Bougainvillea, Gewürzrinde, Korallenstrauch, Oleander und Zylinderputzer. Passende stattliche Blattschmuckpflanzen sind Eukalyptus, Kanarische Dattelpalme, Neuseeländer Flachs und Olivenbaum.

Experimentieren Sie mit Formen und Texturen Gärten entfalten ihre Wirkung nicht nur in der Fläche, sondern dreidimensional. Nutzen Sie deshalb gezielt die Vielfalt an Höhen, Formen und Blattstrukturen, von stachlig über fedrig bis dickblättrig.

- Pflanzen Sie kompakte Stauden wie Purpurwolfsmilch (*Euphorbia amygdaloides* 'Purpurea'), Silbergarbe (*Achillea ageratifolia*) und Taglilie (*Hemerocallis*) zwischen locker beblätterte Pflanzen oder solche mit aufragenden Blütenständen wie Hohes Eisenkraut (*Verbena bonariensis*), Riesenfedergras, Schwertlilie oder Zierlauch.

Schattenspender für Pflanzen Wenn die Temperaturen im Sommer immer heißer werden, beginnen etliche Pflanzen in der Sonne zu leiden. Setzen Sie empfindlichere Gewächse wie Farne, Frauenmantel, Funkie oder Herbstanemone unter kleine Laub abwerfende Bäume oder Sträucher, z. B. Birnbaum, Flieder, Japanische Ahorne oder Magnolien. So sind sie vor der gleißenden Sommersonne geschützt, können aber die Frühlings- und Spätherbstsonne genießen.

Top-Tipps für Vierjahreszeitenbeete
Die Kunst der Gestaltung liegt darin, den Garten nicht nur im Frühling und Sommer gut aussehen zu lassen, sondern das ganze Jahr über. Vor allem der Winter ist eine Herausforderung. Wählen Sie Pflanzen mit attraktiven Früchten oder Rinden, dekorativem Laub oder sehr später bzw. früher Blüte.

- **Kleine Sträucher mit Fruchtschmuck** niedrige Heckenkirschen (*Lonicera nitida*, *L. pileata*), Kissenschneeball (*Viburnum davidii*), Skimmie, Torfmyrte (*Gaultheria mucronata*) und Zwergmispel
- **Kleine Gehölze mit schöner Herbstfärbung** Federbuschstrauch (*Fothergilla*), Japanische Ahorne, Kugelweide (*Salix purpurea* 'Nana'), Spiersträucher, Thunbergs Berberitze (*Berberis thunbergii*)
- **Dekorative Rinde** bläulich weiß bereifte Brombeere (*Rubus cockburnianus*), gelb- und rotrindige Hartriegel (*Cornus alba* 'Sibirica', *C. rubra*, *C. sericea* 'Flaviramea')
- **Wintergrüne Stauden** Bergenie, Elfenblume, Fackellilie und Purpurglöckchen

Petunien gehören zu den ausdauerndsten Blühern unter den Sommerblumen. Ihr Flor hält bis zum Herbst an.

Die gute Wahl

UNVERZICHTBARER BLATTSCHMUCK
Wählen Sie die Pflanzen nicht nur nach der Blüte aus – achten Sie auch auf interessantes Blattwerk. Die folgende Auswahl umfasst empfehlenswerte Ziergräser und Blattpflanzen für Beete und Rabatten.

ZARTES LAUB In schattigen Bereichen sorgen zahlreiche Farne für interessante Blattstrukturen. An sonnigen Stellen überzeugen Bronzefenchel (*Foeniculum vulgare* 'Purpureum'), fein gefiederte Sorten des Silbergreiskrauts und silbriger Wermut (*Artemisia* 'Powis Castle') **1**.

FÜR BEWEGUNG SORGEN Bringen Sie Gräser ein, die sich im Wind wiegen, z. B. Blauschwingel (*Festuca cinerea*), Lampenputzergras (*Pennisetum setaceum*) **2**, Seggen (*Carex*) und Zittergras (*Briza media*).

HOHE AKZENTE Eindrucksvoll und zugleich filigran sind Gräser wie Chinaschilf (*Miscanthus sinensis*), Reitgras (*Calamagrostis x acutiflora*) und Silberährengras (*Stipa calamagrostis*). Exotisch muten Stauden mit riesigen Blättern an, z. B. Chinesischer Rhabarber (*Rheum palmatum*) und Schaublatt (*Rodgersia podophylla*).

VERMITTLER ZWISCHEN KRÄFTIGEN FARBEN SILBERGRAU Silbergreiskraut, Wollziest **3**; GOLDGELB Goldenes Japangras (*Hakonechloa macra* 'Aureola'), Goldsegge (*Carex elata* 'Aurea'); BLAUGRAU blaublättrige Funkien (*Hosta*), Walzenwolfsmilch (*Euphorbia myrsinites*); BRONZE- ODER PURPURFARBEN rotblättriger Günsel (*Ajuga reptans* 'Burgundy Glow'), Purpursalbei (*Salvia officinalis* 'Purpurascens')

1

2

3

● **Kleine Winterblüher** Christrose, Schneeheide, teils auch Besenheide und Stiefmütterchen
● **Früh blühende Zwiebelblumen** Krokusse, Schneeglöckchen, Vorfrühlingsalpenveilchen (*Cyclamen coum*) und Winterling

Beetblumen Der Begriff „Beetblumen" ist untrennbar mit den einjährigen Sommerblumen verknüpft. Man kann sie selbst aus Samen anziehen oder als vorgezogene Jungpflanzen kaufen. Viele blühen fast pausenlos von Frühsommer bis Herbst und bringen rasch Farbe in jeden Garten. Nach der Samenbildung sterben sie ab.
● Einjährige verausgaben sich in einer Saison. Nach dem ersten Blütenflor lassen sie oft nach. Man kann sie dann entweder durch neue ersetzen oder zurückschneiden und auf einen zweiten Flor warten.

Die Komposition von Pflanzen

Etageneffekt Beete und Rabatten sollten gestaffelt aufgebaut sein. Arrangieren Sie die Pflanzen der Höhe nach – beginnend mit niedrigen Pflanzen (unter 30 cm) im Vordergrund bis hin zu den Riesen (über 1 m) ganz hinten. Auf Samentüten oder Pflanzetiketten ist die Endhöhe angegeben.

Bepflanzen Sie Beete in etagenartigen Bändern – etwa wie in diesem Fall mit kleinen Zinnien im Vordergrund, dahinter Tagetes, darüber Kornblumen, links gerahmt von hohen Dahlien.

Weniger ist mehr Setzen Sie Akzente, indem Sie nur ein oder zwei dominante Farben in einem Beet verwenden. Als dritte, eher neutrale Farbe können Sie Weiß oder dunkles Violett, das Schwarz am nächsten kommt, hinzufügen. Wählen Sie gleichartige oder sich ergänzende Farbtöne, wie in den folgenden Beispielen veranschaulicht:
● **Rosa und Weiß** Kombinieren Sie tiefrosa und weiße Blüten in voller Sonne: Bärenklau (*Acanthus mollis*), Fetthenne (*Sedum spectabile* 'Brillant') und Scharfgarbe (*Achillea millefolium* 'Cerise Queen') zusammen mit rosa Feinstrahlastern und Phlox.
● **Gelb und Weiß** Frauenmantel, Gemswurz, weiße Glockenblumen, Herbstanemonen, Prachtspieren (*Astilbe*), weiße und gelbe Primeln sowie Silberkerzen und gelbe Taglilien hellen von Frühjahr bis Herbst halbschattige Plätze auf.
● **Blau und Grün** Im Schatten ist die Auswahl an Pflanzen begrenzt. Dennoch gibt es so manche mit hübschen blauen bis violetten Blüten. Kombinieren Sie *Corydalis flexuosa*, Eisenhut, Kaukasusvergissmeinnicht und Lungenkraut mit den Grüntönen und zarten Blüten von Funkien, Günsel und Immergrün.

Ein ausgleichender Hintergrund Sträucher bilden für Blumenbeete einen schönen Hintergrund. Dasselbe gilt für Klettergehölze wie Geißblatt, Kletterspindel und Waldrebe oder Riesenstauden wie Federmohn (*Macleaya cordata*). Kletterpflanzen haben den Vorteil, dass sie nur wenig Bodenfläche benötigen. Sie eignen sich deshalb besonders für schmale Beete oder kleine Gärten.

Natürliche Wirkung Legen Sie Ihre Blumenbeete als Fortsetzung anderer Gestaltungselemente in Ihrem Garten an. Verbinden Sie sie mit anderen Pflanzengruppen wie Hecken oder Strauchbeeten. Oder führen Sie sie als Rabatten entlang von Wegen, Treppen, Pergolen oder Sitzplätzen. Ein Beet mitten im Rasen dagegen wirkt künstlich.

Dekorativer Mulch Eine Mulchschicht unterdrückt Unkräuter und vermindert Verdunstung sowie Erosion durch Starkregen – und kann dazu noch gut aussehen: Verteilen Sie eine Schicht farbiger Kieselsteine oder Schotter zwischen den Pflanzen, um blanke Erde zu bedecken. So werden Blüten und Blätter zusätzlich betont.

Die gute Wahl

PFLANZEN UND IHRE BETÖRENDEN DÜFTE
Platzieren Sie Pflanzen, die einen starken Duft verströmen, im Vordergrund von Beeten, unter Fenstern oder wo immer Sie ihren Duft häufig genießen können.

IM FRÜHLING Duftveilchen, Flieder, Goldlack, Hyazinthe, Maiglöckchen, Narzissen und Scheinhasel

IM SOMMER Duftsteinrich, Duftwicke, Geißblatt, Indianernessel, Königs- und Madonnenlilie, Lavendel, Levkoje, Nachtviole (*Hesperis matronalis*), Nelken, Pfeifenstrauch, Phlox, Resede, Rosen, Schafgarbe, Schokoladenblume (*Cosmos atrosanguineus*), Vanilleblume, Ziertabak und verschiedene Kräuter

IM HERBST Bartblume, Blauraute, Herbstflieder (*Syringa microphylla* 'Superba'), Salbei und Thymian

IM WINTER Duftschneeball, Winterblüte und Zaubernuss

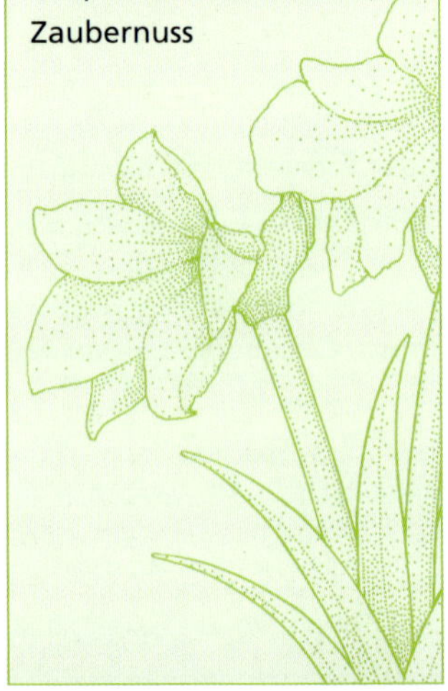

In die Höhe Möchten Sie Ihren flachen Garten etwas aufwerten? Ein erhöhtes Mauerbeet kann Ihren Lieblingspflanzen einen noch besseren Auftritt verschaffen. Errichten Sie eine niedrige Mauerumrandung (15–20 cm hoch) auf einem etwa 30 cm in die Tiefe reichenden Betonfundament. Je nach Gestaltung der Umgebung können Sie Ziegel, Beton- oder Natursteine verwenden. Befüllen Sie das Mauerbeet mit einer Mischung aus Gartenerde, Kompost und grobem Sand oder Splitt. Ineinander übergreifende, unterschiedlich hohe Beete entlang einer Terrasse sehen besonders attraktiv aus.
- Ein erhöhtes Mauerbeet rückt alle Pflanzungen stärker ins Blickfeld.
- Etwas höhere Mauerbeete sind ideal für Gärtner, denen das dauernde Bücken zum Jäten oder Pflanzen Schwierigkeiten bereitet. Wenn Sie die Mauer 50–60 cm hoch und 30 cm breit anlegen, können Sie bei der Gartenpflege sogar entspannt darauf sitzen.

Planung eines Mauerbeets Achten Sie darauf, dass das Mauerbeet tief genug für das Wurzelwerk der vorgesehenen Pflanzen ist.
- Sie können das Mauerbeet auch für Pflanzen mit speziellen Bodenansprüchen nutzen, indem Sie geeignete Erde einfüllen, z. B. Moorbeeterde für kalkempfindliche Arten. Tauschen Sie dann aber auch den ursprünglichen Boden am Grund des Beetes mindestens zwei Spatenstiche tief mit dem neuen Substrat aus.

Konturen kreieren Legen Sie in Ihrem Garten eine „Bühne“ an, indem Sie einen Pflanzhügel aufschütten. Setzen Sie bei frei stehenden Hügeln die höchsten Pflanzen in die Mitte, die kleineren zu den Rändern hin abfallend; bei einem an einer Mauer gelegenen Hügel dagegen kommen die größten Pflanzen in den Hintergrund.

Top-Tipps für die Einfassung Es gibt mehrere gute Möglichkeiten, Blumenbeete von Rasen- oder Pflasterflächen zu trennen.
- **Feste Kanten** Holzpalisaden, Ziegel oder eingegrabene Schieferplatten halten Pflanzen mit Ausbreitungsdrang im Beet.
- **Pflanzeneinfassung** Hierfür eignen sich z. B. Buchs, Frauenmantel, Lavendel und Storchschnabel (Sorte 'Johnson's Blue').
- **Bodendeckerstauden** Bergenien und Dickmännchen (*Pachysandra*) ergänzen sich hervorragend beim Bedecken kahler Erde.
- **Fugenfüller** Pflanzen Sie Sternmoos (*Sagina subulata*) in Fugen von Steineinfassungen, das sorgt für einen weichen, natürlichen Eindruck.

Kiesflächen sauber halten Wenn Sie Kieswege entlang von Beeten anlegen, halten Sie die Beetoberfläche etwas unter dem Wegniveau, damit nicht allzu viel Erde oder Mulchmaterial auf den Kies gelangt.

Zugangspfade Planen Sie bei rechteckigen Staudenrabatten einen schmalen Pfad an der Vorderkante ein, um einen besseren Zugang zu haben. Kleine Stauden im Vordergrund können ihre Triebe harmonisch über den Pfad schieben, und das Rasenmähen wird durch den sanften Übergang einfacher. Legen Sie bei großen Pflanzungen auch einen 40–50 cm breiten Weg entlang der Beetrückseite an.

Kombinieren Sie gezielt ähnliche Töne derselben Grundfarbe (oben) oder markante Kontraste (unten).

Die gute Wahl

NATÜRLICHES MULCHMATERIAL
Eine Mulchschicht vermindert Austrocknen und Erosion, unterdrückt Unkrautwuchs und schützt vor Frost.

HOLZHÄCKSEL 1 eignen sich als Mulch für Stauden- und Sommerblumenbeete. Man kann sie kaufen oder – mithilfe eines Häckslers – aus Gehölzschnitt selbst herstellen.

KAKAOSCHALEN 2 Dieses Mulchmaterial verrottet extrem langsam und hält Schnecken ab. Allerdings kann es für Hunde gefährlich sein, wenn sie davon fressen.

SCHOTTER 3 ergibt eine ornamentale Oberfläche. Um Funkien und andere empfindliche Pflanzen vor Schnecken zu schützen, eignet sich scharfkantiger Splitt oder auch zerstoßene Muschel- oder Eierschalen. Letztere erhöhen aber den pH-Wert des Bodens.

RASENSCHNITT Dieses nährstoffreiche Mulchmaterial verrottet schnell und muss häufig erneuert werden.

GARTENKOMPOST 4 wirkt als organischer Dünger und sollte im Frühjahr dünn zwischen den Pflanzen verteilt werden. Nicht direkt um die Stängel ausbringen. Kompost verbessert auch Bodenstruktur und -eigenschaften.

STROH ist z. B. ein gutes Mulchmaterial für Erdbeeren und Zucchini, um die Früchte vor Verschmutzung und Fäulnis zu bewahren.

RINDE Rindenhumus (kompostiert) ist ein idealer Feuchtigkeit speichernder Mulch. Grobe Rindenhäcksel eignen sich für Wege und unbepflanzte Flächen. Bringen Sie bei Rinden- und Holzhäcksel sowie Stroh immer eine Stickstoffdüngung mit Hornspänen aus, damit der Boden nicht auslaugt.

Farbenfrohe Blumen mit Ausdauer

Stauden gehören einfach in einen nostalgischen Blumengarten. Diese krautigen Pflanzen treiben alljährlich wieder aus einem Wurzelstock aus, sodass sie nicht jedes Jahr neu gepflanzt werden müssen. Manche Stauden sind winter- oder immergrün. Beziehen Sie solche Arten in Ihre Bepflanzung ebenso mit ein wie besonders früh oder spät blühende – dann sind die Beete das ganze Jahr über eine Freude fürs Auge.

Stauden richtig pflanzen

Halten Sie Abstand Auf Pflanzetiketten und Samentüten finden Sie fast immer Angaben zu den empfohlenen Pflanzabständen oder zur Pflanzenanzahl pro Quadratmeter. So können Sie berechnen, wie viele Exemplare Sie für Ihr Staudenbeet benötigen. Pflanzen Sie eher etwas weiter als zu eng, sodass die Luft gut zirkulieren kann und sich die Pflanzen natürlich ausbreiten können. Beachten Sie außerdem die spätere Endhöhe, damit die Proportionen stimmen. Dazu gibt es die Faustregel: Der Pflanzabstand sollte der halben Wuchshöhe entsprechen.

Verteilen Sie die Pflanzen zunächst in den Töpfen, um Anordnung und Abstände zu prüfen.

Eine Saison Vorsprung Häufig wird ein Pflanztermin im Frühjahr empfohlen. Werden die Stauden jedoch bereits im Frühherbst gepflanzt, können sie noch vor dem Winter gut einwachsen und im nächsten Jahr schon recht üppig blühen. Schützen Sie empfindliche Pflanzen in kalten Wintern mit einer lockeren Abdeckung aus Laub und Fichtenreisig.

- Manche Stauden wachsen allerdings bei Herbstpflanzung schlecht an und sollten nur im Frühjahr gepflanzt werden, darunter Fackellilie (*Kniphofia*), Herbstanemone, Herbstchrysantheme, Katzenminze und Lupine. Erkundigen Sie sich im Zweifelsfall bei fachkundigem Verkaufspersonal.
- Die meisten Stauden erhalten Sie heute als Containerpflanzen, d. h., sie wurden im Topf angezogen und haben bereits einen gut durchwurzelten Ballen. Diese Stauden können Sie im Prinzip das ganze Jahr über pflanzen, solange der Boden frostfrei ist. Doch auch sie entwickeln sich am besten, wenn man sich an den „klassischen“ Pflanzzeiten im Frühherbst oder Frühjahr orientiert.

Kaufen Sie gut entwickelte Pflanzen Wenn Sie bereits 1–3 Jahre alte Exemplare in großen Töpfen wählen, kommen Sie viel schneller zu einer dichten Bepflanzung als mit jungen oder wurzelnackten Pflanzen.

- Achten Sie beim Kauf darauf, dass die Pflanze gesund und gut gepflegt ist und dass sie mehrere frische Spitzen bzw. Triebe zeigt.

Auf Armlänge Berücksichtigen Sie bei der Anlage eines gemischten Staudenbeets

SCHON GEWUSST?

Kältebehandlung
Etliche Stauden, z. B. Glockenblumen und Primeln, sind Kaltkeimer. Bei ihnen wird die Samenruhe erst durchbrochen, wenn sie einer Kälteperiode ausgesetzt waren. Um solche Samen im Frühjahr zum Keimen zu bringen, können Sie eine Kältebehandlung durchführen.

- Säen Sie die Samen im Herbst in kleine Töpfe mit einem Sand-Erde-Gemisch, und bedecken Sie sie mit einer Sandschicht. Stellen Sie die Töpfe in einen sandgefüllten, gut dränierten Graben im Garten.
- Oder Sie legen die Samen für 2–6 Wochen in den Kühlschrank, bevor Sie sie im Frühjahr aussäen.
- Pikieren Sie die Sämlinge im Frühjahr einzeln in Töpfe, sobald sich die ersten Blätter entfaltet haben.

Stauden sind ideal, um die harten Kanten von Pflaster- und Plattenbelägen zu kaschieren. Wenn sie sich über die Wegränder ausbreiten dürfen, verleihen sie dem Garten ein nostalgisches Flair.

neben den ästhetischen auch die praktischen Gesichtspunkte. Um alle Pflanzen eines Beetes bequem zum Ausputzen und Schneiden zu erreichen, ist die Länge Ihres ausgestreckten Armes der beste Maßstab für die Breite bzw. Tiefe des Beetes. Wenn Sie auch von der Rückseite Zugang haben, können Sie die Beettiefe mit zwei Armlängen planen.

- Je länger ein Staudenbeet ist, desto besser die Wirkung. Wiederholen Sie dabei mehrfach ein bestimmtes Pflanzschema, statt zu viele verschiedene Arten zu pflanzen. Drei bis fünf Arten reichen für ein 5 m langes Beet mit der Tiefe einer Armlänge.

Neue Pflanzen erproben Setzen Sie Pflanzen, mit denen Sie noch nicht vertraut sind, an zwei oder drei unterschiedlichen Plätzen. Nach 1 Jahr können Sie abschätzen, wo die Pflanze am besten gedeiht, und die anderen Exemplare an diese Stellen umpflanzen.

Ein Garten in der Senkrechten Fugen und Ritzen in Trocken- oder Ziegelmauern können Sie nutzen, indem Sie einen vertikalen Miniaturgarten anlegen.

- Füllen Sie die Ritzen mit einer angefeuchteten Mischung aus Erde, Kompost und Sand. Bringen Sie dann Samen oder kleine Jungpflanzen ein. Wählen Sie Pflanzen wie etwa Spanisches Gänseblümchen oder Steinbrech, die sich für trockene, magere Standorte eignen und sich von selbst ausbreiten. Gießen Sie bei großer Hitze oder anhaltender Trockenheit.
- Setzen Sie hängende Pflanzen mit geringen Nährstoffansprüchen auf die Mauerkronen, z. B. Hornkraut oder Schleierkraut. Wenn Sie gelegentlich etwas Kompost verabreichen, kommen noch mehr Pflanzen infrage.

Vor dem Pflanzen gießen Wässern Sie die Pflanzlöcher gründlich. Lassen Sie das Wasser versickern, ehe Sie die Pflanzen einsetzen. Feuchten Sie auch die Wurzelballen der Pflanzen gut an, dann fallen sie nicht auseinander, und die Wurzeln können schneller einwachsen.

- Warten Sie nach einem kräftigen Regen, bis der Boden etwas abgetrocknet ist.

Dränage verbessern Bei dauerfeuchtem, vernässtem Boden können Dränagerohre aus dem Fachhandel helfen. Heben Sie einen schmalen, etwa 1 m tiefen Graben aus, der ein leichtes Gefälle aufweist, das von dem nassen Bereich wegführt. Legen Sie darin das Dränagerohr in ein Sand- oder Kiesbett. Decken Sie es mit einer Schotterschicht ab, bevor Sie den restlichen Graben mit Erde auffüllen. Das Dränagerohr sollte mit einer Ko-

Großvaters Geheimtipp

EIN ALTBEKANNTER GARTENFREUND

Pfefferminze und verwandte Arten gehören seit alters zu den Favoriten in Blumen- und Kräuterbeeten und vertreiben lästige Insekten.

Bei geeignetem Standort wuchert die Minze jedoch rasch. Wenn Sie sie in einen Topf pflanzen, der im Boden versenkt wird, kann die Minze ihre Beetnachbarn nicht bedrängen. Kontrollieren Sie aber stets, dass ihre kriechenden Rhizome nicht über den Topfrand oder unten durch das Abzugsloch klettern. Als Alternative bietet sich die Kultur in großen Töpfen z. B. auf der Terrasse an.

Das Pflanzen in einem versenkten Topf hilft, die Minze im Zaum zu halten.

Wässern Sie trockenen Boden vor der Pflanzung, damit die Pflanzen gut anwachsen.

kos- oder Vliesummantelung versehen sein, damit keinerlei Erdpartikel eingeschwemmt werden.

- Bei schweren Tonböden können Sie die Wasserführung durch Einarbeiten von reichlich Sand, feinem Splitt und die regelmäßige Humuszufuhr durch Kompost verbessern.

Für geduldige Gärtner Samen kosten weniger als Pflanzen. Aber selbst die wüchsigsten Stauden benötigen nach der Aussaat 2 Jahre, um zu blühen, andere wie die Pfingstrosen sogar 6–8 Jahre. Die eigene Anzucht empfiehlt sich vor allem bei Arten und Sorten, die als Jungpflanzen schwer erhältlich oder in größeren Mengen teuer sind.

- Stauden zieht man am besten in einem Frühbeet vor. Je nach Art gibt es unterschiedliche Saatzeiten und -bedingungen (z. B. Licht- oder Kaltkeimer). Beachten Sie die Anleitungen auf den Samentüten.

Farben, Düfte und Größen mischen

Auf feuchtem Boden Mit ihren farbenprächtigen Blüten gehören Primeln zu den schönsten Stauden für feuchte Standorte. Viele Arten fühlen sich auch am Teichrand wohl. Die frühesten, wie etwa die Kissenprimel (*Primula vulgaris*), blühen schon zeitig im März, die spätesten, z. B. *Primula pulverulenta*, von Juni bis August. Die Farbpalette reicht von Weiß über Gelb bis Rosa, Rot und Violett.

Eingestreute Gruppen von blauem Rittersporn kontrastieren schön mit dem warmen Gelb der Schafgarben und anderen hellen Wiesenblumen.

Einfarbig bepflanzte Beete können sehr elegant wirken, wie dieses Beispiel mit Fingerhut, Spornblume und Wollziest in Weißsilber zeigt.

Insektenvertreibende Pflanzen Aromatische Pflanzen wie Eberraute, Minze, Salbei und Thymian vertreiben mit intensiven Düften Schädlinge. Sie geben zudem attraktive Einfassungen für Blumenbeete und Küchengärten ab. Lavendel und Weinraute sollen auch lästige Fliegen fernhalten.

Bewährte Farbkombinationen Die riesige Staudenvielfalt ermöglicht Ihnen kreative Farbenspiele. Versuchen Sie auch Folgendes: Dunkle, lebhafte Farben z. B. lassen sich durch hellere Nuancen desselben Farbtons verstärken.

- **Einfarbige Pflanzungen** Hier können Sie die Wirkung durch Kombination mit ähnlichen Tönen verbessern. Fügen Sie zu weißen Blüten Silber- und Grüntöne hinzu, zu Blau Violett, zu Gelb helles Zitronengelb oder Goldtöne. Gleichen Sie warmes, etwas grelles Rot durch karminrote Partner aus.
- **Eine dominierende Farbe** Wählen Sie in mehrfarbigen Beeten für jede Jahreszeit eine Farbe als vorherrschenden Ton.
- **Kräftige Farbmischung** Kombinieren Sie Rot und Orange, allerdings mit zarten Blüten, damit es nicht aufdringlich wirkt.

Arbeitsparende Hänge Bepflanzen Sie schwer zu mähende Hänge mit bodendeckenden Stauden, die mit ihren Wurzeln auch den Boden befestigen. In der Sonne eignen sich z. B. Stachelnüsschen, Sternmoos und Wollziest, unter Bäumen sind Elfenblume, Günsel und Taubnessel unschlagbar.

Die gute Wahl

BAUERNGARTEN-KLASSIKER
Ein Bauerngarten lebt von einer Fülle von Pflanzen. Diese Schätze haben sich seit Langem bewährt:

FÄRBERKAMILLE (*Anthemis tinctoria*) **1** blüht lange und die Blüten halten sich gut in der Vase.

PRIMELN Die Kandelaberprimel (*Primula bulleyana*) **2** zählt zu den bezauberndsten Arten und bevorzugt einen halbschattigen Standort mit frischem Boden in Wassernähe. Die Schlüsselblume (*P. veris*) blüht bereits im Frühling und verträgt trockenere Böden.

AKELEI (*Aquilegia vulgaris*) **3** blüht im Frühsommer und vermehrt sich reichlich durch Selbstaussaat.

INDIANERNESSEL (*Monarda didyma*) ist eine traditionelle Bauerngartenpflanze, von der es viele Sorten gibt. 'Cambridge Scarlet' **4** hat rote Blüten.

PRACHTKERZE (*Gaura lindheimeri*): Die reine Art hat weiße, leicht rosa überhauchte Blüten. Sehr hübsch ist die kompakte Sorte 'Siskiyou Pink' **5** mit rosa Blüten.

FINGERHUT (*Digitalis purpurea*) **6** wird auch zu den Zweijährigen gezählt. Seine Lebensdauer lässt sich durch Rückschnitt nach der Blüte verlängern, zudem sät er sich selbst aus.

1 2

3 4

5 6

Höhepunkte im Beet Pflanzen mit langen Blütenständen bringen Höhe und anhaltend Farbe in den Garten. Lupinen (*Lupinus polyphyllus*), besonders die Russell-Hybriden, sind als stattliche Pflanzen mit großer Farbpalette beliebt. Die ersten Sorten entstanden 1890, sie sind also bereits echte Klassiker. Es gibt sie in allen Farbtönen; Samen werden häufig als Farbmischungen angeboten.

- **Rittersporn** (*Delphinium*-Hybriden) setzt dunkel- oder hellblaue, violette, rosa oder weiße Akzente. Bei Rückschnitt nach der ersten Blüte dauert der Flor bis zum Herbst an. Er braucht einen sonnigen Platz mit gutem, durchlässigem Boden. Manche Sorten können aus Samen angezogen werden.
- Auch **Königskerzen** (*Verbascum*) haben farbenprächtige und lang haltende Blütenstände in Gelb, Rosa oder Weiß. Mit ungewöhnlichem Ton überrascht die apricotfarbene Sorte 'Helen Johnson'. Königskerzen fühlen sich an heißen, sonnigen Standorten wohl, gedeihen auch in Kiesgärten und können sich auf Kieswegen selbst aussäen.

Duftender Garten Es gibt zahlreiche Stauden, die die Nase verwöhnen. Wählen Sie die duftenden Blüten von Duftveilchen, Herbstchrysantheme, Nachtviole (*Hesperis*), Nelke, Pfingstrose, Phlox, Schlüsselblume und Taglilie. Pflanzen mit aromatischen Blättern wie Heiligenkraut (*Santolina*), Minze, Salbei, Schafgarbe, Steinquendel (*Calamintha*) und Thymian sorgen für einen duftenden Hintergrund, der jedes Jahr durch neue Pflanzen ergänzt werden kann. Lavendel, eigentlich ein Halbstrauch, gehört zu den beliebtesten Duftpflanzen und ist pflegeleicht. Setzen Sie Duftpflanzen entlang von Wegen, dann können Sie die Wohlgerüche im Vorbeigehen genießen.

Einfarbige Beete werden aufgelockert, indem man wie hier weiße Blumen dazusetzt oder Blumen in einem helleren Ton derselben Grundfarbe.

STAUDEN PFLANZEN

1 Stellen Sie die Pflanze in eine wassergefüllte Schale, während Sie ein geräumiges Pflanzloch graben.

2 Geben Sie etwas Kompost auf den Boden des Pflanzloches, und arbeiten Sie ihn leicht ein.

3 Wässern Sie das Pflanzloch kräftig. So wächst die Staude auch bei trockenem Wetter gut an.

4 Setzen Sie die Pflanze so tief ein, dass die Oberfläche des Wurzelballens mit der Erdoberfläche abschließt.

5 Füllen Sie um den Wurzelballen herum Erde auf. Drücken Sie sie an, und gießen Sie zum Schluss gründlich.

6 Prüfen Sie, ob die Erde durchfeuchtet ist. Dann kann eine dünne Mulchschicht aufgebracht werden.

Klassische Zurückhaltung mit Pfiff Ein Blumenbeet mit nur ein oder zwei Arten ist zwar unkompliziert zu pflegen, kann aber etwas langweilig wirken. Auf folgende Weise sorgen Sie für zusätzliche Spannung:

- Pflanzen Sie einige hohe Glockenblumen, Lupinen oder Rittersporne in unregelmäßigen Abständen in Ihr Blumenbeet.
- Experimentieren Sie mit Farbe, indem Sie einige kontrastreiche Tupfer hinzufügen. Bringen Sie helle, strahlende Farben in dunkle Beete ein, ergänzen Sie weiße Blüten zu Rot sowie Blau und Dunkelviolett zu Beeten in warmen Rosa-, Orange-, Lachs- oder Gelbtönen.
- Für noch interessantere Effekte können Sie beide Gestaltungsmöglichkeiten kombinieren. Pflanzen Sie mehrere dunkelblaue Rittersporne in ein Beet mit gelber Schafgarbe, oder lassen Sie einige karminrote Lupinen einen Teppich aus blauem Storchschnabel überragen.

ACHTUNG!

Handschuhe tragen
Manche Pflanzen wie Weinraute (*Ruta graveolens*) oder Wolfsmilch (*Euphorbia*, Abb. unten) haben hautreizende Pflanzensäfte oder Blätter. Der Riesenbärenklau (*Heracleum mantegazzianum*) kann sogar schwere Verbrennungen verursachen und sollte nicht im Garten gepflanzt werden. Tragen Sie am besten bei allen Pflegemaßnahmen an Stauden Handschuhe. Lassen Sie zudem Ihre Tetanusschutzimpfung regelmäßig auffrischen.

Mit kompakten Pflanzen sparen Sie Zeit Staudenbeete eignen sich auch für Gärtner, die nicht so viel Zeit haben. Wählen Sie kompakt wachsende Staudenarten, die auch noch nach Jahren in Form bleiben und nur wenig Pflege benötigen. Die besten Arten, nach ihrer Höhe aufsteigend sortiert, sind Glockenblumen (*Campanula carpatica* und *C. portenschlagiana*), Weinraute (*Ruta graveolens*) mit dichtem graublauem Laub, Dost (*Origanum vulgare*), Schleifenblume (*Iberis sempervivum*) mit weißen Blüten im Frühling und Frühsommer sowie Bart- und Federnelken (*Dianthus barbatus* und *D. plumarius*). Höher wachsen verschiedene Storchschnabelarten, wie *Geranium pratense* oder *G. sanguineum*, Schlangenknöterich (*Persicaria bistorta*) sowie Katzenminze (*Nepeta x faassenii*).

Die gute Wahl

WINTERFESTE STAUDEN

Stauden gedeihen unter verschiedenen Bedingungen und sind oft sehr langlebig. Die folgenden gelten als besonders robust:

FÜR TROCKENE UND MAGERE BÖDEN
Dost, Eberraute, Ehrenpreis, Fingerkraut, Flockenblume, Heidenelke, Königskerze, Präriekerze, Schafgarbe, Schleierkraut und Thymian

FÜR SCHATTIGE STANDORTE Astilbe, Bergenie, Eisenhut, Engelwurz (*Angelica*), Fingerhut, Frauenmantel, Funkie, Kaukasusvergissmeinnicht, Lungenkraut (*Pulmonaria*), Salomonsiegel (*Polygonatum x hybridum*), Silberkerze (*Cimicifuga*) und Waldgeißbart

FÜR HEISSE SOMMERSTANDORTE
Alpenmannstreu, Astern, Bartfaden (*Penstemon*), Brennende Liebe (*Lychnis chalcedonica*), Fetthenne, Grasnelke, Hornkraut, Katzenminze, Prachtscharte (*Liatris spicata*), Präriekerze, Salbei, Schafgarbe, Sonnenauge (*Heliopsis*), Sonnenhut, Türkischer Mohn (*Papaver orientale*) und Wollziest

LANG BLÜHENDE STAUDEN Färberkamille, Glockenblumen, Indianernessel, Katzenminze, Königskerze, Mädchenauge (*Coreopsis*), Phlox, Rittersporn, Schafgarbe, Sommersalbei (*Salvia nemorosa*), Sonnenauge, Sonnenbraut (*Helenium*) sowie Spornblume (*Centranthus*)

Reduzieren Sie den Arbeitsaufwand Pflanzen Sie Ihre Stauden in größeren Gruppen, und begrenzen Sie die Anzahl der Arten. Das ermöglicht es Ihnen, im Herbst die abgestorbenen Triebe alle auf einmal abzuschneiden, indem Sie mit einer Heckenschere über das Beet gehen.

- Warten Sie in kalten Regionen bis zum Frühjahr, bevor Sie empfindlichere Stauden wie Königskerzen oder Salbei zurückschneiden. Die trockenen Stängel schützen nicht nur das Herz der Pflanze, sondern können über Winter in Raureif oder Schnee auch attraktiv aussehen.

Erfolgreich umpflanzen Die meisten Stauden lassen sich einfach umpflanzen, wenn Sie die neue Pflanzstelle gut mit Kompost vorbereiten und darauf achten, dass die Wurzeln nicht zu stark beschädigt werden. Die Ruhephase ist der beste Zeitpunkt zum Umpflanzen. Wenn Sie es im Herbst oder Winter nicht schaffen, können Sie dies noch im zeitigen Frühjahr, kurz bevor die ersten Triebe erscheinen, nachholen.

Sesshafte Pflanzen umsetzen Christrosen, Funkien und Pfingstrosen mögen das Umpflanzen nicht und brauchen lange, um sich an einem neuen Platz zu etablieren. Wenn man sie doch einmal umpflanzen muss, sollte man den Wurzelballen so groß wie möglich ausstechen und die Pflanzen anfangs häufiger wässern, bis sich die Wurzeln gut ausgebreitet haben. Es kann eventuell aber länger dauern, bis die ersten Blüten erscheinen.

- Die Triebknospen von Pfingstrosen dürfen beim Einpflanzen nur knapp unter die Erdoberfläche kommen, damit sie aufgehen.

Ideale Stauden für die Vase Viele Stauden halten sich als Schnittblumen lange in der Vase. Schneiden Sie die Blüten am besten in den frühen Morgenstunden, kurz nach dem Öffnen und bevor die Temperaturen zu sehr ansteigen. Zu den besten Schnittstauden gehören Astilbe, Feinstrahlaster, Goldrute, Indianernessel, Mädchenauge, Margerite, Nelke, Präriekerze, Rittersporn, Schleierkraut, Sonnenbraut, Sonnenhut und Tränendes Herz.

- Wenn Sie Trockenblumenarrangements lieben, pflanzen Sie Alpenmannstreu, Kugeldistel, Lampionblume (*Physalis alkekengi*), Perlpfötchen, Schafgarbe und Silberdistel.

STAUDENHORSTE TEILEN

1 Heben Sie mit einer Grabegabel behutsam den Wurzelballen aus dem Boden, ohne die Wurzeln zu beschädigen.

2 Teilen Sie kleinere Horste mit den Händen, größere mit einem Spaten in mindestens zwei Teilstücke.

3 Wählen Sie Teilstücke mit gesunden Wurzeln, und pflanzen Sie diese gleich wieder ein. Entfernen Sie den ältesten Teil in der Mitte.

4 Füllen Sie das Pflanzloch mit frischer Erde auf, und drücken Sie diese rund um die Pflanze gut an. Gießen Sie abschließend gründlich an.

Hohe Stauden brauchen eine Stütze. Viele Pflanzen werden sehr kopflastig, wenn sie blühen. Bei starkem Wind oder Ansammlungen von Regenwasser in den Blüten knicken sie ohne Stütze leicht um oder brechen sogar ab. Zudem können sie ihre Beetnachbarn überwuchern.

Top-Tipps für das Stützen Manche Pflanzen mit hohem Wuchs oder schweren Blütenständen sollten gestützt werden.

- **Pfingstrosen und Rittersporn** (Abb. ganz oben links) Stecken Sie schlanke, verzweigte Äste oder dünne Bambusstäbe rund um die Horste in den Boden. Stecken Sie etwa die Hälfte davon schräg nach innen, damit auch das Zentrum der Pflanzen gestützt wird. Es gibt auch spezielle Staudenstützen und -ringe im Gartenfachhandel zu kaufen.
- **Einzelstäbe** (Abb. ganz oben rechts) Stecken Sie beim Pflanzen nahe der Pflanzenbasis einen stabilen Stab vorsichtig in den Boden, ohne die Wurzeln zu beschädigen. Binden Sie den wachsenden Stängel am Stab fest. Das Bindematerial sollte flexibel sein, damit es den Stängel nicht einschnürt.
- **Unsichtbare Stützen** (Abb. oben links) Wenn Sie eher unauffällige Stützen bevorzugen, können Sie an den Enden des Beetes dünne Holzstäbe in die Erde stecken und dazwischen Bast, Schnur oder Gartendraht spannen. Diese werden durch Blätter und Triebe bald verdeckt.
- **Stützen von Staudenhorsten** (Abb. oben rechts) Stecken Sie drei oder vier Stäbe rund um den Staudenhorst in den Boden. Spannen Sie Bast, Schnur oder Gartendraht um die Stäbe, etwa in halber Höhe der Pflanze. Wenn die Triebe länger werden, können Sie den Zuwachs mit weiteren Schnüren stützen.

Schäden durch Schläuche vermeiden Wenn man den Gartenschlauch beim Gießen hinter sich herzieht, kann man leicht Blumenbeete beschädigen. Stecken Sie bei der Beetanlage an den Ecken und Kanten kurze Pflöcke in den Boden – daran können Sie den Schlauch sicher entlangführen.

Bevorzugen Sie pflegeleichte Arten Recht anspruchslose Stauden sind Akelei, Bergenie, Glockenblume, Goldfelberich, Heiligenkraut, Nelke, Phlox, Purpurglöckchen, Salbei, Schleifenblume und Sterndolde.

Beetkanten gestalten An Beete angrenzende Rasenflächen lassen sich an der Kante leichter mähen, wenn Sie zwischen Rasen und Beet einen 30–50 cm breiten Pflaster- oder Plattenweg anlegen. Die Blätter der Stauden wachsen bald über den Wegrand und mildern harte Kanten, kommen aber beim Mähen nicht in die Quere.

Die gute Wahl

STAUDEN, DIE SICH AUSBREITEN
Viele Stauden verbreiten sich durch Ausläufer oder Selbstaussaat und überziehen bald größere Flächen, Hänge oder Mauern.

WALSTEINIE Diese hübsche, niedrige, gelb blühende Staude bedeckt in kurzer Zeit schattige und halbschattige Stellen.

STORCHSCHNABEL Fast alle winterharten Storchschnabelarten breiten sich rasch aus und werden mitunter besonders in kleinen Gärten lästig. Hierzu zählen *Geranium endressii*, *G. macrorrhizum* und *G. sanguineum*.

FINGERHUT Bereits ein einzelner Fingerhut (*Digitalis*) kann sich mit seinen Samen über den ganzen Garten verbreiten. Schneiden Sie daher die meisten Blütentriebe nach dem Verblühen weg.

GLOCKENBLUMEN Arten wie *Campanula portenschlagiana* oder *C. carpatica* (Abb. unten) wachsen in Rekordzeit über niedrige Mauern oder Wegränder.

Verlängern Sie die Blütezeit

Strategien für heiße Sommer Ein Staudengarten, in dem es vom Frühling bis in den Herbst blühen soll, verlangt nach besonderen Strategien, damit die Pflanzen gut über heiße Sommermonate kommen. Humoser, mit Kompost angereicherter Boden speichert Wasser, sodass die Pflanzen auch an trockenen Tagen auf Reserven zugreifen können. Eine Mulchschicht um die Pflanzen hält den Wurzelbereich kühler und vermindert die Austrocknung.

- Vermeiden Sie Pflanzungen bei Hitze im Spätfrühling oder Sommer. Selbst Containerpflanzen wachsen dann nicht gut an. Frühherbst oder zeitiges Frühjahr sind die besten Termine. Falls im Sommer Lücken entstehen, füllen Sie diese mit hitzeverträglichen Sommerblumen wie Tagetes.
- Wässern Sie Ihren Garten spätabends oder früh am Morgen, so hält die Feuchtigkeit länger. Es ist außerdem besser, in etwas größeren Abständen durchdringend zu gießen als häufig, aber nur oberflächlich.

Zwei Blütenflore sind besser als einer Einige Stauden wie Bartfaden, Prachtkerze und manche Storchschnabelarten blühen ein zweites Mal im Spätsommer, wenn man sie nach der ersten Blüte zurückschneidet. Gießen Sie nach dem Rückschnitt gründlich, und geben Sie organischen Dünger.

- Um die Blütezeit von Astern, Katzenminze und Phlox zu staffeln, kürzen Sie bei jeder zweiten Pflanze die Triebe im Frühjahr um die Hälfte ein. Hohe Astern bleiben so auch kompakter und fallen nicht auseinander. Auch das Abschneiden welker Blütenstände verlängert bei vielen Stauden die Blütezeit.

Urlaubsputz Wenn Sie länger als 2 Wochen in Urlaub fahren, sollten Sie vorher alle welken Blüten entfernen. Schneiden Sie auch jene weg, die noch nicht verblüht sind, falls Sie jedem Aussamen vorbeugen wollen.

Kleine Starthilfe Da Stauden über Jahre am selben Platz stehen, sind sie für eine Anreicherung des Bodens mit Humus vor der Pflanzung dankbar. So etablieren sie sich als kräftige Exemplare. Arbeiten Sie vor dem Pflanzen reifen Kompost, Laub- oder Rindenhumus oberflächlich ein, um den Boden zu verbessern. Eine Kompostgabe in jedem Frühjahr stärkt den Neuaustrieb.

Jährlicher Rückschnitt Schneiden Sie im Spätherbst die abgestorbenen Triebe Ihrer Stauden zurück, damit die neuen Schösslinge kräftiger wachsen können. Halbsträucher wie Lavendel und Thymian kürzen Sie nach der Blüte oder im Frühjahr um ein Drittel ein.

Spät blühende Stauden sorgen mit ihren leuchtenden Blüten für ein herbstliches Farbfeuerwerk.

STECKLINGE VON STAUDEN SCHNEIDEN

1 Schneiden Sie 15–20 cm lange Triebstücke von jungen, blütenlosen Sprossen.

2 Schneiden Sie direkt unterhalb eines Knotens, und entfernen Sie die unteren Blätter.

3 Topfen Sie den Steckling in Anzuchterde. Feuchten Sie diese gut an.

4 Stellen Sie die Stecklinge mäßig warm (15–18 °C). Eine Folienhaube dient als Verdunstungsschutz.

Sonnenbraut wird wie die anderen Prachtstauden nach der Blüte im Herbst bis auf eine Handbreit über dem Boden zurückgeschnitten.

● Lassen Sie Stauden mit zierenden Fruchtständen, z. B. Astilbe, Lampionblume oder Sibirische Schwertlilie, bis zum Frühjahr ungeschoren. Sie sorgen auch über Winter für einen hübschen Anblick.

Spaß mit echten „Geranien" Als Geranien kennt man die oft nur einjährig kultivierten, frostempfindlichen Pelargonien, die mit ihrer Blütenfülle die unumstrittenen Klassiker im Balkonkasten sind. Anfänglich der Gattung *Geranium* zugeordnet, stufte man sie schon Ende des 18. Jh. als eigenständige Gattung *Pelargonium* ein – doch der Name „Geranie" hat sich hartnäckig gehalten. Die echten *Geranium*-Arten hingegen sind als Storchschnabel bekannt – und als winterharte, pflegeleichte Trendstauden, die zugleich mit nostalgischem Charme aufwarten. Sie wachsen kompakt in Sonne wie Halbschatten und blühen ab Frühsommer rosa, rot, blau oder weiß.
● Hübsche Arten sind z. B. der wintergrüne Balkanstorchschnabel (*G. macrorrhizum*), der im Herbst rotblättrige Blutstorchschnabel (*G. sanguineum*) – beide nur bis zu 30 cm hoch – und der bis zu 60 cm hohe Prachtstorchschnabel (*G. × magnificum*).

Krankheiten vorbeugen Durch richtiges Pflanzen und Pflegen können Sie der Ausbreitung von Pilzkrankheiten und Fäulnis in feuchten Sommerperioden gegensteuern.
● Feuchtigkeitsempfindliche Stauden wie Fackellilien oder Yucca müssen mit ihren Triebknospen über der Erdoberfläche gepflanzt werden. Sitzt das „Herz" der Pflanze zu tief im Boden oder ist es mit Erde bedeckt, kann es leicht faulen, und die ganze Pflanze geht möglicherweise ein.
● Wüchsige Pflanzen neigen dazu, ihre Nachbarn zu überwuchern. Vor allem schwach wachsende oder niedrige Stauden leiden dann unter dem Mangel an Licht und Luft und werden anfällig für Pilzkrankheiten. Halten Sie starkwüchsige Beetbewohner durch Rückschnitt im Zaum. Stauden, deren Ausbreitungsdrang auf Dauer zu groß ist, trennen Sie am besten durch Umpflanzen von ihren bedrängten Nachbarn.

Nelken durch Ableger vermehren
Nelken neigen dazu, nach etwa 3 Jahren stark nachzulassen oder gar abzusterben. Durch regelmäßiges Anziehen neuer Jungpflanzen können Sie die älteren kontinuierlich ersetzen. Biegen Sie dazu an einer mindestens einjährigen Pflanze einen blütenlosen Seitentrieb nach unten. Entfernen Sie dann die Blätter an der Basis, schneiden Sie den Stängel an der Unterseite leicht ein, und fixieren Sie diesen Stängelabschnitt mit einem Drahthaken an der Bodenoberfläche. Gießen Sie mit feinem Strahl. Nach etwa 6 Wochen haben sich an der Schnittstelle die ersten Wurzeln gebildet. Dann können Sie den Ableger mit einem scharfen Messer von der Mutterpflanze abtrennen und verpflanzen.

Durch Teilen im Zaum halten Wüchsige, ausbreitungsfreudige Pflanzen wie Beifuß, Frauenmantel oder manche Storchschnabelarten werden in gemischten Blumenbeeten am besten alle paar Jahre geteilt, damit sie zartere Nachbarn nicht überwuchern.

SCHON GEWUSST?

Sämlinge ausdünnen
Staudensämlinge sollten ausgedünnt werden (Abb. unten), wenn sie etwa 10 cm hoch sind. Entfernen Sie jedes zweite oder dritte Pflänzchen, und pflanzen Sie es um, oder werfen Sie es weg.
Entknospen Bei Stauden mit großen Blüten, z. B. Chrysanthemen, kann man die Seitenknospen entfernen, damit die Blüte in der Mitte besonders prächtig wird. Warten Sie, bis sich die meisten Knospen gebildet haben. Entfernen Sie dann alle bis auf die Hauptknospe.
Entspitzen Im Gegensatz zum Entknospen führt das Entspitzen zu stärkerer Seitentriebbildung und höherer Blütenzahl. Dies eignet sich für Arten, die sich leicht verzweigen, z. B. Sonnenbraut und Sonnenhut, und zwar am besten, wenn die Pflanzen ein Drittel ihrer Endhöhe erreicht haben. Kneifen oder schneiden Sie dann 3–5 cm von den Triebspitzen weg.

Der Prachtstorchschnabel bevorzugt leicht beschattete Beete. Dort entfaltet er von Mai bis Juli seine attraktiven Blüten.

Durch eine sorgfältige Pflanzenauswahl und Nutzung verschiedener Vermehrungsmethoden kann man günstig und recht schnell eine vielfältige, dichte Beetbepflanzung erhalten.

- Der Termin für die Teilung richtet sich nach der Blütezeit: Frühlingsblüher teilt man nach der Blüte im Sommer oder Frühherbst, Sommer- und Herbstblüher im Spätherbst oder zeitigen Frühjahr, bevor die neuen Triebe erscheinen. Wässern Sie die Pflanzen nach der Teilung gut. Entfernen Sie bei Bedarf einige der älteren Blätter, um die Verdunstung zu reduzieren.
- Teilen Sie Stauden stets, bevor Sie sie umpflanzen.

Stauden verjüngen Staudenhorste werden im Lauf der Jahre oft von der Mitte her kahl. Sie können ihnen zu neuer Wuchskraft und Blühfreude verhelfen, indem Sie sie ausgraben, die älteren Teile des Stockes entfernen und nur die jungen, kräftigen Triebe belassen. Im Prinzip verfährt man wie bei der Teilung, nur dass man die Pflanze nicht in mehrere Stücke zerteilt, sondern die alten Wurzeln und Triebe wegschneidet. Die jungen Triebe an der Horstaußenseite bleiben zusammen. Dann pflanzen Sie die Staude wieder ein und gießen gründlich an.

Schwer zu teilen Manche Stauden wie Japananemonen, Königskerzen oder Pfingstrosen lassen sich schlecht teilen, da sie nur eine einzelne Hauptwurzel bilden. Man vermehrt sie besser über Wurzelschnittlinge.

- **Wurzelschnittlinge** Graben Sie die Pflanze in der Ruhephase aus. Trennen Sie einige Wurzelstücke ab, die etwa so dick sind wie Ihr kleiner Finger und 7–10 cm lang. Setzen Sie die Mutterpflanze sofort wieder ein. Schneiden Sie die Wurzelstücke am dünneren, unteren Ende schräg an; hier bilden sich neue Wurzeln. Pflanzen Sie die Wurzelschnittlinge mit dem schrägen Ende nach unten in Töpfe mit Vermehrungserde, und decken Sie sie dünn mit Erde oder Sand ab. Stellen Sie die Töpfe in ein Frühbeet oder in einer Styropor-Anzuchtschale an einen geschützten Platz. Im Frühling erscheinen dann die neuen Triebe.
- **Selbstaussaat** Auch Akelei und Lupine sind schlecht zu teilen, vermehren sich aber oft durch Selbstaussaat. Lassen Sie die welken Blütenstände stehen, um später die Samen zu gewinnen.

Samen ernten Ernten Sie die Samen, sobald die Samenstände reif sind, aber noch bevor sie sich öffnen und die Samen entlassen. Schneiden Sie die Samenstände ab, wenn sie beginnen einzutrocknen, oder umhüllen Sie sie mit Papiertüten, die Sie unten zubinden. Schütteln Sie die Samenstände bzw. Tüten auf einem Stück Papier aus. Lassen Sie die Samen dann an einem geschützten Ort trocknen.

Großvaters Geheimtipp

HERBSTCHRYSANTHEMEN UND STECKLINGE
Herbstchrysanthemen lassen sich leicht vermehren, indem man im Frühjahr die neuen Triebe als Stecklinge an der Pflanzenbasis abschneidet. So erhalten Sie größere Mengen an Jungpflanzen, die im Herbst noch einmal kräftig Farbe in den Garten bringen.

- Schneiden Sie vorsichtig etwa 5 cm lange junge Triebe (mitsamt etwas Gewebe des alten Haupttriebs) an der Basis ab.
- Die unteren Blätter entfernen und dünne fasrige Reste an der Basis abschneiden.
- Setzen Sie die Stecklinge in Vermehrungserde. Unter einer durchsichtigen Plastikhaube warm und feucht halten. Keinesfalls in die Sonne stellen!
- Haben die Stecklinge Wurzeln gebildet, werden sie vor dem Auspflanzen in neue Töpfe umgesetzt.

Ein attraktiver Blattschmuck

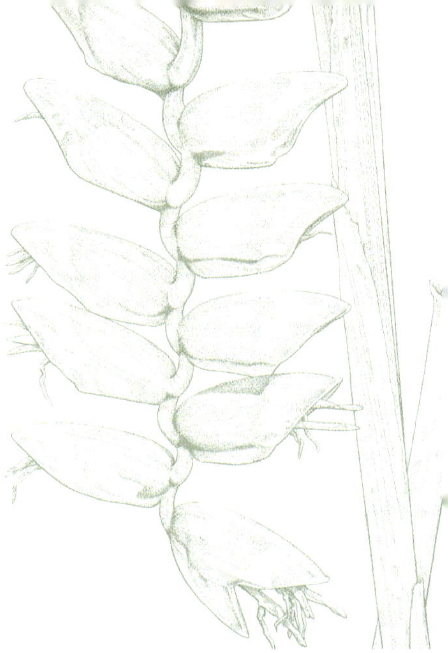

Blattschmuckpflanzen zeigen ihre Zierde im Garten viel länger als blühende Pflanzen. Sie verschönern schattige Stellen und bedecken den Boden unter Bäumen und Sträuchern. Manche sind immergrün, andere bezaubern durch ihre auffälligen Herbstfarben.

Großblättrige Pflanzen

Eindrucksvolle Schaupflanzen Es gibt eine Reihe schattenverträglicher Großstauden, die sich an kühlen, feuchten Standorten wohl fühlen. Sie gedeihen teils noch da, wo fast nichts anderes mehr wächst. Besonders im Sommer ist allerdings auf ausreichende Bewässerung zu achten.

- An schattigen Plätzen etablieren sich Schaublatt (*Rodgersia podophylla*) und Tafelblatt (*Astilboides tabularis*).
- Federmohn (*Macleaya cordata*), Ligularie (*Ligularia*), Mammutblatt (*Gunnera manicata*), Pestwurz (*Petasites hybridus*) und Zierrhabarber (*Rheum palmatum*) gedeihen in Halbschatten und Sonne.
- Funkien (*Hosta*) lieben einen Platz mit Morgensonne und Schatten ab Mittag.

Schnecken kontrollieren Vor allem Funkien werden oft von Schnecken heimgesucht. Streuen Sie im Frühling rund um die Pflanzen eine dicke Schicht aus Holzasche, Sägemehl, scharfem Sand oder Splitt, und erneuern Sie diese des Öfteren.

Ein geschützter Platz für das Schaublatt Die dekorativen Blätter des Schaublatts (*Rodgersia*) ähneln riesigen Kastanienblättern. Die Pflanze braucht ausreichend Boden- und Luftfeuchte. Windgeschützt unter Laubbäumen und Sträuchern, fühlt sie sich am wohlsten. Lassen Sie den Boden nie ganz austrocknen. Übersprühen Sie bei heißem Wetter das Laub.

Imposantes Mammutblatt Das Mammutblatt (*Gunnera*) ist ein Kunstwerk für sich. Die Blätter können 1–2 m breit und die Stängel bis zu 2,5 m hoch werden. Pflanzen Sie das Mammutblatt nur im Frühjahr. Ein Platz am sonnigen Teichrand ist ideal. An anderen Standorten muss regelmäßig gegossen werden.

- Setzen Sie die Pflanzen mit 3–4 m Abstand. Das Mammutblatt wurzelt recht langsam ein und verträgt kein Umpflanzen.
- Schützen Sie das Mammutblatt während der Wintermonate mit einer dicken Abdeckung aus Laub und Reisig. Zusätzlich können Sie die Pflanze im Herbst mit ihren eigenen Blättern bedecken.

Giganten im Zaum halten In kleineren bis mittelgroßen Gärten können Sie großwüchsige Stauden im Kübel pflanzen, die Sie im Boden versenken. Das bremst ihr Wachstum. Bei ausläuferbildenden Arten wie der Pestwurz kann man die Rhizome regelmäßig ausgraben und entfernen. Schneiden Sie bei selbstversamenden Pflanzen wie dem Wiesenkerbel (*Anthriscus sylvestris*) die welkenden Blütenstände vor dem Aussamen ab.

Farbige Blätter

Schmucke Bodendecker Pflanzen Sie unter Gehölzen kriechende Bodendeckerstauden mit hellen Blattfarben und buntblättrigen Sorten. Goldnessel (*Lamiastrum galeobdolon*), Günsel (*Ajuga reptans*) und Taubnessel (*Lamium maculatum*) überziehen mithilfe von Ausläufern den Boden in kurzer Zeit. Es

Das Mammutblatt sorgt mit seinen Riesenblättern für eine archaische Atmosphäre.

Stoppen Sie Schnecken nach alter Väter Art mit einem Ring aus Holzasche.

Die gute Wahl

BUNTBLÄTTRIG UND WINTERGRÜN
Rötliche, rotbraune oder violette Blattfarben wirken eher besänftigend, während Gelbtöne auffrischen und Weiß kontrastierende Farben zugleich hervorhebt und ausgleicht. Pflanzen Sie an diversen Stellen winter- und immergrüne Stauden als Zierde rund ums Jahr.

FARBTUPFER IN ROT UND VIOLETT Attraktiv und winterhart sind Bergenien, verschiedene Fetthennen (*Sedum*), Günsel (z. B. 'Atropurpurea'), Knöterich *Persicaria microcephala* 'Red Dragon' **1**, Purpurglöckchen wie *Heuchera* 'Palace Purple' und Purpursalbei (*Salvia officinalis* 'Purpurascens').

ATTRAKTIVE WOLFSMILCH Manche Arten der Wolfsmilch (*Euphorbia*) haben bläulich grüne oder silbrige Blätter, so etwa *E. myrsinites*, oder färben ihr Laub im Herbst oder über den Winter orange bis rot, wie z. B. *E. polychroma*. Die farbenprächtigste Sorte ist *Euphorbia dulcis* 'Chameleon', die ihre Tönung im Jahresverlauf ändert und im Winter leuchtend purpurn wird.

BLATT- UND BLÜTENSCHMUCK IM WINTER Während die heimische Christrose (*Helleborus niger*) tatsächlich im Winter blüht, entfalten hübsche Arten wie die Helleborus-Hybriden sowie die Korsische Nieswurz (*H. argutifolius*) **2** ihren Flor erst im Frühjahr.

SONNIGE BEETE In sonnenverwöhnten Beeten wirken z. B. gelbblättriger Dost (*Origanum vulgare* 'Aureum') und buntblättrige Salbeisorten (z. B. *Salvia officinalis* 'Tricolor') sehr ansprechend. Bei ihnen ist etwas Winterschutz ratsam.

1

2

genügen im Prinzip etwa 6 Pflanzen pro Quadratmeter, doch mit 8–12 wird die Unkrautkonkurrenz schneller unterdrückt.

Vorsicht, Sonnenbrand Pflanzen mit gelb oder weiß gemusterten Blättern sind lichtempfindlicher als grünblättrige. Sie erleiden in der Sonne oft Verbrennungen. Stauden mit blaugrauem, silbrigem oder rötlichem Laub gedeihen dagegen oft sogar in voller Sonne.

Beleben Sie Ihre Rabatten Bergenien sind attraktiv, vertragen Schatten wie Sonne und tolerieren alle Gartenböden. Ihre rötlichen Blattfarben werden auf mageren Böden sogar noch ausgeprägter.
- Bergenien breiten sich mit kriechendem Rhizom aus. Teilen Sie sie alle 2–3 Jahre nach der Blüte oder im Herbst. Pflanzen Sie nur die jüngeren Teilstücke wieder ein.

Taubnessel eignet sich als pflegeleichter Bodendecker im Schatten von Gehölzen.

Gräser als Blickfang

Zierende Exemplare Die große Familie der Süßgräser (*Poaceae*) umfasst etliche Pflanzen mit länglichen, schmalen Blättern, darunter die Getreidearten sowie die Rasen- und Wiesengräser. Besondere Arten und Sorten werden aufgrund ihrer Blattfarbe, Wuchsform und teils auch wegen dekorativer Samenstände als Ziergräser gepflanzt. Einzeln oder in kleinen Gruppen setzen sie elegante Akzente, in größeren Gruppen bilden sie einen attraktiven Hintergrund für blühende Stauden.
- Schneiden Sie abgestorbene Halme erst im Frühling zurück. Sie sind eine Zierde im Winter und schützen zudem das Zentrum der Horste vor Frost.

Gräser für feuchte Böden Viele Sorten des Blauen Pfeifengrases (*Molinia caerulea*), der Rasenschmiele (*Deschampsia cespitosa*) und Seggen (*Carex*) bilden dichte Horste, die selbst sehr feuchte, schwere oder moorige Böden bedecken.

Gräser für trockene Standorte Zwei Ziergräser sind ideal für trockene, sonnige Plätze und sandige Böden: das Federborstengras (*Pennisetum*) und das Federgras (*Stipa*). Von beiden gibt es mehrere Arten und Sorten mit

Ziergräser werden erst im Frühling vor dem Neuaustrieb zurückgeschnitten.

Die hohen, überhängenden Horste des Chinaschilfs bilden einen eleganten Kontrast zum kompakten, aufrechten Rosmarin im Vordergrund.

attraktiven Samenständen für verschiedene Situationen.

- Das Ziergras *Imperata cylindrica* hat blutrote Neutriebe, die ihm den Namen Blutgras einbrachten. In kälteren Gegenden ist Winterschutz empfehlenswert.

Gestalten mit Gräsern Ziergräser neigen sich mit hängenden Blättern über Steine oder Wege und mildern so harte Kanten. Hohe Arten sind markante Pflanzen und können auch als Sichtschutz dienen. Mit ihrem besonderen Habitus lockern Gräser Blumenbeete auf und geben schöne Begleiter für Prachtstauden oder Rosen ab. Manche haben im Herbst und Winter interessante Blattfärbungen und Samenstände zu bieten.

- Bärenfellgras (*Festuca gautieri*) wächst polsterförmig und kompakt. Es passt in jeden Garten und wird nur 25–30 cm hoch. Der ähnliche Blauschwingel (*F. cinerea*) hat bläulich grüne Blätter.

Rasenalternative An feuchten Plätzen empfiehlt sich das Weiche Honiggras (*Holcus mollis*) als guter Ersatz für normalen Rasen. Mähen Sie es kurz vor der Blüte, damit das graugrüne Laub dicht bleibt.

Schneller Sichtschutz Der bis über 2,5 m hohe Chinaschilf (*Miscanthus sinensis*) wächst in der Sonne rasch und dicht und bildet einen schönen Sichtschutz. Die dekorative Sorte 'Zebrinus' hat grün-weiß geringelte Triebe und bildet kompakte Horste. Pflanzen Sie sie als Blickfang oder Beethintergrund.

Ungewöhnlicher Bodendecker Schlangenbart (*Ophiopogon*) ist ein Mitglied der Familie der Liliengewächse, wirkt aber wie ein Gras. Er eignet sich zur Unterpflanzung von Kübelpflanzen oder als Beeteinfassung. Die schmalen ledrigen Blätter sind dunkelgrün oder violettpurpurn. Die weißen Blüten erscheinen im Juni bis Juli, im Herbst folgen dann blauviolette Beeren. Auch unter Gehölzen im Schatten oder Halbschatten fühlt sich der Schlangenbart wohl und bedeckt mit seinen Ausläufern schnell größere Flächen.

Ein äußerst dankbares Gras Das Japanwaldgras (*Hakonechloa macra*) ist ein außergewöhnlich attraktives Mitglied der Gräserfamilie und ideal für schattigere Stadtgärten oder für schwierige Bereiche unter Bäumen. Es wächst zu dichten Teppichen mit panaschierten Blättern heran.

- Die Flatterbinse (*Juncus effusus*) eignet sich für feuchte Standorte und den Teichrand. Sie bildet dichte Horste und wird 20–50 cm hoch. Es gibt auch eine Sorte ('Spiralis') mit korkenzieherartig gedrehten Blättern.

Eine etwas andere Hecke Mit Bambus, einem verholzenden Mitglied der Gräserfamilie, können Sie hohe, immergrüne Hecken pflanzen, die durch ihre frischgrüne Farbe eine hübsche Alternative zu den dunkellaubigen Nadelgehölzen darstellen. Bevorzugen Sie horstbildende Arten wie den Schirmbambus (*Fargesia murieliae*) mit geringer Ausläuferbildung. Viele andere Arten breiten sich stark aus und überwuchern die Umgebung, sofern sie nicht mit einer stabilen, mindestens 80 cm tief in den Boden reichenden Rhizomsperre umgeben werden.

Exotischer Windschutz Mittelgroße bis große, horstig wachsende Bambusarten

Bambus in Kübeln ist ein exzellenter Sichtschutz für die Terrasse – und raschelt leise im Wind.

RHIZOMSPERRE FÜR BAMBUS

Bambusarten, die sich durch lange Rhizomausläufer ausbreiten, werden schnell lästig. Am besten pflanzt man sie in großen Kübeln oder mit einer Rhizomsperre (im Gartenfachhandel erhältlich).

1 Graben Sie ein etwa 1 m tiefes Loch. Es sollte dreimal so breit sein wie der Wurzelballen des Bambus.

2 Formen Sie die Rhizomsperre zu einem Zylinder, und stellen Sie diesen in das Loch. Lassen Sie oben etwa 10 cm überstehen.

3 Nun pflanzen Sie den Bambus ein. Anschließend füllen Sie das Loch mit einer Mischung aus Gartenboden und Kompost auf.

4 Schneiden Sie die überstehende Sperre auf Bodenniveau. Ebnen Sie dann die Erde, und gießen Sie gut an.

Mit Farnen bepflanzte Bereiche unter Bäumen werden zu naturnahen kleinen Waldlandschaften.

sehen als Solitäre oder Hecke fantastisch aus. Wenn Sie zwei Reihen dichtblättriger Schirmbambusse hintereinander pflanzen, erhalten Sie eine wirksame Schallschutzhecke.

Bambus als Bodendecker Zwergwüchsige Bambusarten wie *Pleioblastus pumilus, P. pygmaeus* und *P. variegatus* eignen sich als Bodendecker und zur Stabilisierung von Böschungen, auf denen man keinen Rasen anlegen kann. Auch der Zwergbambus (*Sasaella ramosa*), der nur 40–60 cm hoch wird und sich schnell in der Breite ausdehnt, lässt sich so verwenden.

Sichtschutz für Balkon und Terrasse Wählen Sie für einen Sichtschutz auf Balkon und Terrasse nur Sorten, die nicht höher als 2–3 m werden. Mäßig ausläuferbildende Arten gedeihen auch in großen Töpfen; da die Rhizome mit ihrer ungeheuren Wuchskraft problemlos leichte Plastiktöpfe sprengen, müssen die Pflanzkübel sehr stabil sein.

Faszinierende Farne

Schattengewächse Im 19. Jh. waren Farne bei den Gärtnern äußerst beliebt. Man baute sogar spezielle Farnhäuser, um ihnen optimale Wachstumsbedingungen zu bieten. Die meisten Farne tolerieren als urzeitliche Waldpflanzen zumindest Halbschatten, manche sogar tiefen Schatten. Sie gedeihen an feuchten, lichtarmen Plätzen und unter Wurzelkonkurrenz mit Bäumen, wo sich nur wenige andere Pflanzen etablieren können. Sie sind ideale Begleiter für Schattenstauden wie Eisenhut oder Funkie.

Farne zwischen Steinen Wintergrüne Streifenfarne wie *Asplenium ruta-muraria* eignen sich gut für halbschattige Fels- und Mauerspalten, Plätze an Treppenstufen oder zwischen Steinen am Teichrand. Auch Blasenfarn (*Cystopteris*) und Frauenhaarfarn (*Adiantum venustum*) bieten sich an solchen Stellen an.

- Feucht-kühle Standorte sind ideal für Frauenfarn (*Athyrium filix-femina*) und Straußenfarn (*Matteuccia struthiopteris*). Sie bilden schnell bis zu 1 m hohe Trichter.
- Der heimische Wurmfarn (*Dryopteris filix-mas*) gehört zu den pflegeleichtesten Farnen. Er toleriert auch Kalkboden und zeitweilige Trockenheit.

Farne im Topf Für die feuchtigkeitsliebenden Farne sind Plastiktöpfe, die nicht so schnell austrocknen, besser als Tontöpfe. Die Plastiktöpfe können Sie in attraktivere Übertöpfe aus Terrakotta stellen. Wählen Sie diese groß genug, um am Boden eine Schicht Kiesel als Dränage auszubringen. Oder Sie pflanzen direkt in einen Ton- oder Terrakottatopf, kleiden aber die Wände mit einer kräftigen Folie aus. Halten Sie die Erde gleichmäßig feucht, und bedecken Sie sie am besten mit Rindenmulch.

Nachwuchs von Farnen Manche Arten, z. B. Straußen- und Wurmfarn, lassen sich durch Teilung vermehren. Bei anderen, etwa Königsfarn (*Osmunda regalis*) oder Tüpfelfarn (*Polypodium vulgare*), ist Aussaat die beste Methode. Anders als fast alle unsere Gartenpflanzen bilden Farne keine Samen, sondern Sporen, die sie in Sporenlagern an der Unterseite der Wedel anlegen. Diese Sporen werden zum Säen verwendet.

Mit Farnen in Töpfen lassen sich auch schattige Terrassenecken beleben.

FARNSPOREN

1 Um die feinen Sporen auf einem Blatt Papier aufzusammeln, reiben Sie vorsichtig an den Wedelunterseiten.

2 Füllen Sie eine Aussaatschale mit feiner Vermehrungserde. Drücken und feuchten Sie die Erde gut an.

3 Säen Sie die Sporen, und halten Sie sie feucht. Aus jeder Spore bildet sich ein kleines grünes Plättchen, der Prothallus.

4 Sobald die Prothalli groß genug sind, pflanzen Sie sie einzeln in Töpfe.

Schädlinge und Krankheiten an Blumen

Die Schönheit von Zierpflanzen sollte möglichst nicht durch Schädlinge oder Krankheiten beeinträchtigt werden. Doch leider lässt sich ein Befall nicht immer vermeiden.

Knollen, Zwiebeln, Wurzeln

DICKMAULRÜSSLER

Bei diesem Käfer richten die Larven den größten Schaden an. Sie fressen an den Wurzeln und Knollen vieler Blumen wie Begonien, Fleißigen Lieschen, Fuchsien, Pelargonien und Primeln sowie von Ziergehölzen (siehe S. 151).

WÜHLMÄUSE

● **Symptome** Zwiebeln und Knollen treiben trotz bester Voraussetzungen nicht aus, oder Pflanzen sterben plötzlich ab. Beim Ausgraben entdecken Sie zerfressene Zwiebeln, Knollen oder Wurzeln. Im Boden verlaufen Gänge mit hoch ovalem Querschnitt (bei Maulwürfen sind sie dagegen quer oval).

● **Befallene Pflanzen** Viele Zierpflanzen, vor allem Tulpen und Krokusse

● **Bekämpfung** Setzen Sie die Zwiebeln und Knollen in Pflanzkörben aus Metall ein. Pflanzen Sie reichlich Märzenbecher und Narzissen zwischen andere Frühjahrsblüher, da sie von Wühlmäusen gemieden werden. Traditionelle, in Bauerngärten oft in großer Zahl gepflanzte Abwehrpflanzen sind Kaiserkrone, Knoblauch und Kreuzblättrige Wolfsmilch (*Euphorbia lathyrris*). In den Gängen ausgelegte petroleumgetränkte Lappen etc. helfen als Abwehrmittel nur bedingt, ebenso gekaufte Piepser. Am ehesten bewährt sich Großvaters Trick: Stecken Sie Eisenstangen in den Boden, auf die Sie häufig mit dem Hammer schlagen. Zerstören Sie auch möglichst oft die Gänge. Ansonsten eignen sich spezielle Wühlmausfallen oder Giftköder aus dem Fachhandel am besten zur Bekämpfung.

WURZEL- UND STÄNGELGRUNDFÄULE

● **Symptome** Der Stängel wird weich, die Pflanze kümmert und welkt. Bei Veilchen bilden sich an den Wurzeln violette Sporen, schließlich verfaulen die Wurzeln. Diese Fäule wird von verschiedenen Pilzen verursacht, die sich bei feuchtem Wetter stark ausbreiten.

● **Befallene Pflanzen** Duftsteinrich, Duftwicke, Fleißiges Lieschen, Lobelie, Lupine, Nelken, Pelargonie, Petunie, Stiefmütterchen, Tagetes u. a.

● **Bekämpfung** Entsorgen Sie befallene Pflanzen. Wechseln Sie mindestens alle 2 Jahre die Beetbepflanzung. Pflanzen Sie unempfindliche Arten. Stäuben Sie in gefährdeten Bereichen Schwefel in die Pflanzlöcher oder um den Stängelgrund herum. Altbewährte Hausmittel zur Pflanzenstärkung sind verdünnte Milch, Knoblauch- und Brennnesselauszüge (siehe S. 255).

WURZELKROPF

Diese Bakterienkrankheit befällt u. a. Chrysanthemen, Dahlien, Pelargonien und Phlox, vor allem aber Ziergehölze (siehe S. 250).

ZWIEBELBODENFÄULE

● **Symptome** Die Blätter vergilben, und die Zwiebeln bekommen einen charakteristischen fauligen Geruch. Die unterirdisch wachsenden Pflanzenteile verblassen und faulen, die äußere Schale trocknet ein. Solche Fäulen werden von verschiedenen Fusarium-Pilzen verursacht.

● **Befallene Pflanzen** Lilien, Narzissen und andere Zwiebel- und Knollenblumen

● **Bekämpfung** Befallene Pflanzen müssen umgehend entsorgt werden, sobald die ersten Symptome auftauchen. Die Erreger können mehrere Jahre im Boden überdauern. Bei stärkerem Befall sollten Sie wenigstens vier Jahre lang keine anfälligen Pflanzen mehr an dieselbe Stelle setzen. Notfalls kann auch ein Erdaustausch durchgeführt werden.

Stängel

STÄNGEL- UND WURZELÄLCHEN (NEMATODEN)

● **Symptome** Die Blätter vergilben und welken, obwohl die Pflanze gut mit Wasser versorgt ist. Befallene Stängel verdrehen sich, schwellen an und sterben schließlich ab. Bei Zwiebelblumen werden die Zwiebeln weich und pulvrig. An Wurzeln sind zum Teil kleine Zysten oder Gallen sichtbar. Nematoden sind mikroskopisch kleine Würmer, die im Boden leben, an Stängeln, Blättern, Wurzeln oder Zwiebeln saugen und dabei auch Viruskrankheiten übertragen können.

● **Befallene Pflanzen** Zahlreiche Zierpflanzen wie Chrysanthemen, Hyazinthen, Narzissen, Phlox und Schneeglöckchen

● **Bekämpfung** Entfernen und entsorgen Sie befallene Pflanzen. Tauschen Sie nach Möglichkeit die Erde aus. Wenn Sie Symptome an Zwiebelblumen entdecken, nehmen Sie diese heraus, und lassen Sie die Zwiebeln 2 Stunden in 40 °C heißem Wasser einweichen. Pflanzen Sie Tagetes (Studentenblumen) oder nematodenresistente Ölrettich- und Senfsorten auf befallene Beete. Diese regen die Nematodenlarven zum Schlüpfen an, sind aber keine Nahrungspflanzen, sodass die Larven im Boden verhungern.

UMFALLKRANKHEIT

● **Symptome** Sämlinge wachsen anfangs völlig normal, bekommen aber plötzlich an der Stängelbasis rötliche oder bräunliche Flecken, die bald schwarz werden. Oft ist dann auch die Stängelbasis eingeschnürt. Die Pflänzchen welken und fallen um. Diese auch als Schwarzbeinigkeit bekannte Krankheit wird von verschiedenen Pilzen verursacht.

● **Befallene Pflanzen** Sämlinge fast aller Arten, vor allem bei Anzucht in Schalen und Töpfen, aber auch bei Direktsaat im Beet
● **Bekämpfung** Nehmen Sie für die Anzucht nur spezielle Aussaat- bzw. Anzuchterde, die keimfrei und nährstoffarm ist. Verwenden Sie nur gesundes, eventuell gebeiztes Saatgut. Säubern Sie gebrauchte Schalen, Töpfe und Geräte vor der Aussaat gründlich. Desinfizieren Sie sie nach einem Befall mit Alkohol. Bei den ersten Anzeichen helfen mitunter Schachtelhalmpräparate.

WELKEKRANKHEITEN

● **Symptome** Obwohl die Pflanzen genug Wasser erhalten, werden die Blätter schlaff, fahl und später braun, meist von unten nach oben. Auch die Stängel zeigen oft braune Flecken, knicken um und sterben schließlich ganz ab. Beim Anschneiden von Stängeln kann man innen oft braune Verfärbungen sehen. Verursacher sind meist im Boden überdauernde Schadpilze wie *Fusarium*, *Sclerotinia* oder *Verticillium* oder aber *Xanthommonas*-Bakterien. Sie verstopfen oder zerstören die Leitungsbahnen im Stängel, teils auch die Wurzeln, und unterbrechen so die Wasserversorgung.
● **Befallene Pflanzen** Astern, Dahlien, Löwenmäulchen, Mohn, Nelken, Pelargonien, Stockrosen und andere Zierpflanzen
● **Bekämpfung** Pflanzen Sie möglichst resistente Sorten, und vermeiden Sie eine zu dichte Bepflanzung. Entfernen Sie befallene Pflanzen umgehend (nicht auf den Kompost), und setzen Sie die nächsten 4–5 Jahre keine empfindlichen Pflanzen an dieselbe Stelle. Desinfizieren Sie die Gartengeräte.

Blätter

BLATTFLECKEN DURCH BAKTERIEN

● **Symptome** Typisch für Bakterienkrankheiten sind Flecken mit durchscheinender Randzone oder kleine, helle, wässrige Flecken („Ölflecken"). An Rittersporn treten unregelmäßige, eckige, schwarze Blattflecken auf, die teils auch auf Stängel und Blüten übergreifen. Mit zunehmendem Befall trocknen die Blätter ein, und die ganze Pflanze kann absterben. Bakterien dringen meist über Verletzungen in die Pflanzen ein.
● **Befallene Pflanzen** Levkoje, Pelargonie, Rittersporn, Tagetes und andere Zierpflanzen
● **Bekämpfung** Vermeiden Sie vorbeugend alle unnötigen Verletzungen beim Pflanzen und Pflegen. Entfernen Sie betroffene Blätter umgehend; wenn sich der Befall trotzdem weiter ausbreitet, entsorgen Sie die Pflanze.

BLATTFLECKEN DURCH PILZE

● **Symptome** Auf der Blattoberfläche erscheinen runde Flecken mit gelbem Rand, die sich langsam ausbreiten und dann schwarz werden. Sie können sich auch verbinden und so größere Blattbereiche zerstören. Auch Stängel, Wurzeln und besonders Knollen werden befallen. Diese Blattflecken werden von Pilzen hervorgerufen, die sich vor allem im Sommer bei hoher Luftfeuchtigkeit ausbreiten.
● **Befallene Pflanzen** Zahlreiche verschiedene Sommer- und Zwiebelblumen sowie Stauden
● **Bekämpfung** Entfernen Sie bei den ersten Anzeichen befallene Blätter, und behandeln Sie die Pflanzen mehrmals mit hausgemachten Pflanzenschutzmitteln (siehe S. 255) oder gekauften Pflanzenstärkungsmitteln. Tritt das Problem stärker auf, können Sie Fungizide auf Kupferbasis spritzen. Eine Blattdüngung fördert die Erholung der Pflanzen.

BLATTLÄUSE

● **Symptome** Das Wachstum verlangsamt sich. Bei starkem Befall sind die Blätter eingerollt und gekräuselt, die Triebe missgebildet oder verdreht. Blattläuse saugen bevorzugt an jungen, weichen Trieben und schwächen die Pflanze. Zudem können sie Viruskrankheiten übertragen. Die meist schwarzen oder grünen Tiere sitzen oft zu vielen an den Blattunterseiten oder Trieben.
● **Befallene Pflanzen** Fast alle Zierpflanzen
● **Bekämpfung** Entfernen Sie stark befallene Pflanzenteile, oder streifen Sie die Läuse mit einem Papiertuch ab. Altbewährte Gegenmittel sind Schmierseifenlösung – am besten als gekauftes Fertigpräparat – und Brennnesselauszug (siehe S. 255). Wählen Sie bei Verwendung von Insektiziden nützlingschonende Präparate. Unterstützen Sie natürliche Feinde der Blattläuse wie Marienkäfer und Florfliegen.

BLATTNEMATODEN

● **Symptome** Die Blätter vergilben, werden braun und sterben ab. Die Schäden breiten sich von der Pflanzenbasis nach oben aus. Verursacher sind Nematoden, die bei Regen vom Boden an die Blätter gespritzt werden.
● **Befallene Pflanzen** Anemonen, Begonien, Bergenien, Chrysanthemen und andere Zierpflanzen
● **Bekämpfung** Entfernen Sie befallene Blätter, bei weiterer Ausbreitung die gesamte Pflanze. Eine Mulchschicht vermindert das Aufspritzen von Wasser. Stäben Sie Chrysanthemen, damit sie nicht umfallen und mit dem Erdboden in Kontakt kommen.

ECHTER MEHLTAU

● **Symptome** Blätter, Triebe, Knospen oder Blüten überziehen sich mit einem weißen, mehligen Belag, die Blätter auf der Ober- wie Unterseite. Teils verfärbt sich der Belag schmutzig grau oder braun, die Blätter rollen sich ein. Im Gegensatz zu den meisten anderen Pilzkrankheiten breitet sich Echter Mehltau vor allem bei Trockenheit und Wärme aus. Verschiedene Mehltaupilze befallen nur bestimmte Pflanzengruppen und können nicht beliebig auf alle Arten übergreifen.
● **Befallene Pflanzen** Astern, Begonien, Phlox, Rittersporn und andere Zierpflanzen
● **Bekämpfung** Wählen Sie möglichst gering anfällige Sorten, vermeiden Sie zu hohe Stickstoffdüngung, und gießen Sie bei

Trockenheit ausreichend. Befallene Pflanzenteile umgehend entfernen. Setzen Sie Pflanzenstärkungsmittel ein, bei akutem Befall zugelassene Fungizide oder Hausmittel wie Knoblauchauszug und Milchspritzbrühe (siehe S. 255).

FALSCHER MEHLTAU

● **Symptome** Weißgrauer bis grauvioletter Belag vorwiegend an den Blattunterseiten; auf den Blattoberseiten gelbe oder braune Flecken. Auch Stängel und Blüten können erfasst werden. Falscher Mehltau wird durch feuchtes Wetter begünstigt.

● **Befallene Pflanzen** Nelken, Primeln, Stiefmütterchen, Storchschnabel u. a.

● **Bekämpfung** Entfernen Sie betroffene Pflanzenteile, bei starkem Befall die ganze Pflanze. Achten Sie auf ausgewogene, nicht zu stickstoffreiche Düngung und gute Durchlüftung, z. B. durch genügend große Pflanzabstände. Benässen Sie die Pflanzen beim Gießen möglichst wenig. Wässern Sie vorwiegend morgens, damit die Blätter wieder gut abtrocknen. Vorbeugend und bei Anfangsbefall helfen Pflanzenstärkungsmittel wie Schachtelhalmpräparate, Gesteinsmehl oder Knoblauchauszüge.

GRAUSCHIMMEL (*BOTRYTIS*)

● **Symptome** Grauschimmel tritt an Knospen, Blüten, Blättern und Früchten auf. Betroffene Pflanzenteile weisen zunächst braune Flecken auf, überziehen sich mit fortschreitendem Befall mit einem mausgrauen, stäubenden Belag und werden am Ende weich und faulig. *Botrytis*-Pilze befallen vor allem geschwächte Pflanzen.

● **Befallene Pflanzen** Dahlien, Iris, Margeriten, Pfingstrosen und zahlreiche andere Zierpflanzen

● **Bekämpfung** Hier gelten dieselben Empfehlungen wie beim Falschen Mehltau. Befallene Pflanzenteile nicht auf den Kompost geben.

LILIENHÄHNCHEN

● **Symptome** Ab April richten die kleinen roten Käfer Fraßschäden an Blättern und Knospen an, im Mai oder Juni folgen ihre ebenfalls gefräßigen gelblichen Larven, die von schleimigem Kot umgeben sind. Die runden Fraßlöcher erscheinen streifenartig dicht nebeneinander. Bei Gefahr lassen sich die Käfer fallen und verursachen durch Reiben ihrer Flügeldecken ein Geräusch, das an Hahnenkrähen erinnert.

● **Befallene Pflanzen** Kaiserkrone, Lilien und Maiglöckchen

● **Bekämpfung** Kontrollieren Sie die Pflanzen regelmäßig, und sammeln Sie entdeckte Käfer und Larven ab. Als Spritzmittel helfen möglicherweise kalter Rainfarn- und Wermuttee sowie Schmierseifenlösung. Manche Gärtner schwören auch auf das häufige Ausstreuen von Kaffeesatz am Fuß der Pflanzen.

MINIERFLIEGEN

● **Symptome** Auf den Blättern zeichnen sich helle, gewundene Miniergänge ab, teils auch größere Flecken. Hält man ein befallenes Blatt gegen das Licht, erkennt man die kleinen Larven, die diese Fraßgänge verursachen. Sie schlüpfen aus Eiern, die die Minierfliegen in das Blatt ablegen. Ist ein Blatt von mehreren Larven befallen, stirbt es möglicherweise ab.

● **Befallene Pflanzen** Akelei, Chrysantheme, Duftwicke, Kapuzinerkresse, Rittersporn und andere Blumen

● **Bekämpfung** Entfernen Sie befallene Blätter, oder zerquetschen Sie einfach die Larven in ihren Fraßgängen mit den Fingern. Bei starkem Befall können pflanzliche Insektizide auf Neembasis eingesetzt werden.

ROST

● **Symptome** Gelbe, rote oder bräunliche Flecken auf den Blattoberseiten. An den Unterseiten bilden sich Beläge aus rötlichen, gelblichen, weißlichen, braunen oder schwarzen Pusteln, die bei Trockenheit stäuben. Die Blätter welken und fallen ab. Bei den Pusteln handelt es sich um Sporenlager von Rostpilzen, die sich besonders bei warmer, feuchter Witterung schnell ausbreiten können. Verschiedene Rostpilze sind jeweils auf bestimmte Pflanzen spezialisiert.

● **Befallene Pflanzen** Chrysantheme, Löwenmäulchen, Malve, Nelken, Pelargonie, Schleierkraut, Stockrose und andere Zierpflanzen

● **Bekämpfung** Wählen Sie von vornherein möglichst gering anfällige Sorten. Die beim Falschen Mehltau genannten Vorbeugungs- und Bekämpfungsmaßnahmen empfehlen sich auch bei Rostpilz. Für den Notfall gibt es auch im Hausgarten zugelassene Fungizide.

RUSSTAU

● **Symptome** Die Blattoberseite ist klebrig und wird von einem schwärzlichen, rußähnlichen Belag überzogen, den Rußtaupilzen. Diese wachsen auf den klebrigen, als Honigtau bekannten Ausscheidungen von saugenden Insekten wie Blatt-, Woll- und Schildläusen. Sie greifen die Pflanze nicht an, drosseln aber den Wuchs, da sie weniger Licht und Luft an die Blätter lassen.

● **Befallene Pflanzen** Alle Pflanzen, die von saugenden Insekten befallen werden

● **Bekämpfung** Wischen oder spülen Sie die Blätter ab, und gehen Sie gegen die saugenden Insekten vor.

SCHNECKEN

● **Symptome** Die Blätter sind an den Rändern zerfressen, durchlöchert oder völlig kahl gefressen. Auch junge Triebe oder Blüten können durch Schabefraß geschädigt werden. Schleimspuren verraten die Verursacher. Es gibt zahlreiche unterschiedliche Nackt- und Gehäuseschneckenarten, worunter rötliche oder braunschwarze Nacktschnecken oft den meisten Schaden anrichten. Bei feuchter Witterung treten sie verstärkt auf.

● **Befallene Pflanzen** Fast alle Gartenpflanzen; besonders gefährdet sind Sämlinge und Jungpflanzen.

● **Bekämpfung** Legen Sie Bretter, große Steine oder Säcke aus. Die Schnecken sammeln sich darunter und können aufgelesen werden. Wenn Sie die Schnecken nicht mit kochendem Wasser oder durch Zerteilen mit dem Spaten töten möchten, können Sie sie in zugebundenen Plastiktüten in die Mülltonne stecken. Ebenerdig eingegrabene, halb mit Bier gefüllte Becher sind bewährte Schneckenfallen. Traditionell kann man gefährdete Pflanzen mit Barrieren aus Sand, Holzasche, Sägespänen, Fichtenzweigen oder Farnwedeln umgeben. Noch besser schützt ein Schneckenzaun. Wenn nichts anderes hilft, können Schneckenköder mit Gift zum Einsatz kommen. Bieten Sie natürlichen Feinden der Schnecken wie Blindschleiche, Frosch, Igel, Maulwurf, Spitzmäusen und Vögeln Unterschlupfmöglichkeiten.

SPINNMILBEN

● **Symptome** Die winzigen Spinnentiere, auch als Rote Spinne bekannt, saugen überwiegend an den Blattunterseiten. Kleine, helle Pünktchen verbinden sich mit der Zeit zu größeren Flecken. Die Blätter welken, rollen sich häufig ein und fallen schließlich ab. Bei starkem Befall sind die Pflanzenteile von feinen Gespinsten überzogen. Spinnmilben treten besonders bei heißem, trockenem Wetter und an geschwächten Pflanzen auf.

● **Befallene Pflanzen** Begonie, Dahlie, Margerite, Primel, Veilchen und viele andere Garten- sowie Balkon- und Kübelpflanzen

● **Bekämpfung** Sorgen Sie durch Gießen und Mulchen für ausreichende Feuchtigkeit, und vermeiden Sie zu hohe Stickstoffdüngung. Wenn Sie die Tiere bzw. ihre Saugstellen früh entdecken, können Sie sie mit Wasser oder Schmierseifenlösung absprühen. Entfernen Sie stärker befallene Blätter. Greifen Sie bei starkem Auftreten auf nützlingsschonende Präparate (z. B. auf Rapsölbasis) zurück, die die Raubmilben, die natürlichen Feinde der Spinnmilben, nicht schädigen.

WANZEN

● **Symptome** Blätter, an denen Wanzen gesaugt haben, sehen aus, als ob sie von einer Schrotflinte durchlöchert wurden. Auch Knospen werden befallen, diese entwickeln sich dann nicht weiter. Oft erscheinen Blätter und Triebe verkrüppelt und missgebildet. An Früchten erkennt man bräunliche, erhabene Flecken. Die Wanzen ernähren sich von Pflanzensaft und zerstören beim Saugen die Zellen.

● **Befallene Pflanzen** Viele Zierpflanzen, darunter Margeriten, Salbei und Storchschnabel

● **Bekämpfung** Die Wanzen lassen sich morgens gut ablesen oder mit kräftigem Wasserstrahl absprühen. Spritzen Sie bei starkem Befall mehrmals mit Schmierseifenlösung, der Sie ein wenig Brennspiritus zugeben.

WEISSE FLIEGEN

● **Symptome** Bei Berührung der Pflanze fliegen zahlreiche kleine weiße Insekten auf. Weiße Fliegen, auch Mottenschildläuse genannt, lieben Wärme und treten häufig auch im Gewächshaus und im Zimmer auf. Auf ihren Ausscheidungen siedeln sich Rußtaupilze an. Sie legen ihre Eier auf den Blattunterseiten ab. Die Larven saugen wie die erwachsenen Tiere Pflanzensäfte und schwächen so die Pflanzen.

● **Befallene Pflanzen** Fleißiges Lieschen, Fuchsie, Pelargonie und andere Garten- bzw. Kübelpflanzen

● **Bekämpfung** Im Gewächshaus oder Zimmer können Sie die Insekten mit klebrigen Gelbtafeln oder -stickern fangen. Drinnen ist zudem eine Bekämpfung mit Schlupfwespen (*Encarsia*) möglich. Eipakete sind über den Gartenfachhandel zu bestellen. Die kleinen Nützlinge parasitieren die Schädlingslarven. Verwenden Sie draußen bei starkem Befall ein Kaliseifenpräparat, mit dem Sie vor allem die Blattunterseiten gründlich behandeln.

WOLLLÄUSE

● **Symptome** Kleine, weiche Insekten sitzen meist zu vielen an den Blattunterseiten und in den Blattachseln (dort, wo die Blattstiele vom Stängel abgehen). Sie schützen sich und ihre Eier mit flockigen, wollähnlichen Wachsausscheidungen. Die Blätter sind oft klebrig und vergilben, die Pflanzen werden durch das Saugen der Tiere geschwächt, die Triebspitzen können absterben.

● **Befallene Pflanzen** Zahlreiche, durch Wasser- und Lichtmangel geschwächte Garten- und Topfpflanzen

● **Bekämpfung** Natürliche Feinde sind Marienkäfer und Schlupfwespen. Im Gewächshaus können Sie Australische Marienkäfer aus dem Handel als Nützlinge einsetzen. Streifen Sie bei Befall die Läuse ab, oder schneiden Sie stark betroffene Triebe weg. Gegen Wollläuse sind verschiedene Insektizide, oft mit Raps- oder Mineralöl, erhältlich.

ZIKADEN

● **Symptome** Zikaden und ihre Larven saugen an den Blättern und verursachen dadurch gelbe oder weiße Streifen bzw. Sprenkel. Diese sehen zwar nicht schön aus, schaden aber selten. Während der Entwicklung verstecken sich die Larven mancher Zikaden in Schaumnestern, dem sogenannten „Kuckucksspeichel".

● **Befallene Pflanzen** Chrysantheme, Dahlie, Fingerhut, Fleißiges Lieschen, Primeln, Salbei, Tagetes, Verbene und Ziertabak

● **Bekämpfung** Meist genügt das Ablesen der Insekten oder das Wegspritzen mit Wasser. Bei stärkerem Befall können Sie mehrmals mit Brennnesselauszug (siehe S. 255) spritzen. Durch eine Blattdüngung im Sommer lässt sich neues Wachstum anregen, um den Schaden auszugleichen.

KAPITEL 3

Zierbäume und -sträucher

Die Schönheit der Rosen

Besonders Rosen sind eng mit dem Bauerngarten verbunden. Trotz der Zucht von öfterblühenden und krankheitsresistenten Sorten sind die bezaubernden Historischen Rosen nach wie vor sehr beliebt.

Rosen erfolgreich pflanzen

Sorten für schwierige Standorte Rosen bevorzugen sonnige, aber nicht zu heiße, luftige Plätze mit humosem, nährstoffreichem und durchlässigem Boden. Wenn Sie meinen, dass die Verhältnisse in Ihrem Garten nicht passen, dann lassen Sie sich in einer gut sortierten Rosen- oder Baumschule beraten. Dort finden Sie auch Sorten, die z. B. magere Böden oder große Hitze vertragen.

- Achten Sie bei modernen Sorten auf die Auszeichnung „ADR-Rose". Solche Rosen haben den strengen Anbautest der „Allgemeinen Deutschen Rosenneuheitsprüfung" bestanden. Sie zeichnen sich durch besonders gute Wuchs- und Blüheigenschaften und durch hohe Robustheit, Winterhärte und Widerstandsfähigkeit gegen Krankheiten aus.

Nicht zu trocken, nicht zu nass Rosen kümmern auf sehr feuchten oder staunassen Böden. Verbessern Sie solche Böden, indem

Wurzelnackte Rosen schlagen Sie bis zum Pflanzen an einem schattigen Platz ein. Legen Sie sie schräg in einen Graben. Bedecken Sie die Wurzeln und den unteren Teil der Triebe mit Erde.

Lavendel unterstützt den Rosenduft mit eigenem Aroma, hält Blattläuse fern und lockt Bienen an.

Sie sie tiefgründig lockern, reichlich Sand, feinen Kies oder Bimskies untergraben und immer wieder oberflächlich Kompost einarbeiten. Alternativ können Sie auch ein 30–100 cm hohes Hochbeet anlegen, das Sie mit guter Erde befüllen.

- Beachten Sie bei Pflanzplätzen in Mauernähe, dass sie nicht im Regenschatten liegen.

Rosen lieben Sonne Zwar vertragen viele Sorten auch leichte Beschattung, doch die meisten Rosen sollten am Tag mindestens 6 Stunden Sonnenlicht abbekommen. Meiden Sie aber zu heiße, windstille Plätze, z. B. vor hellen Mauern in Südrichtung.

Die beste Pflanzzeit Vom Spätherbst bis zum Frühjahr werden sogenannte wurzel-

Großvaters Geheimtipp

KRÄUTER UND BANANEN FÜR GESUNDE ROSEN

Als Rosennachbarn vertreiben Lavendel, Rosmarin, Estragon und Thymian viele Schädlinge.

- Schnittlauch verhindert Mehltau an Rosen. Wie Knoblauch, Lauch und Zwiebeln enthält er pilzhemmende Schwefelverbindungen.
- Oberflächlich eingearbeitete Bananenschalen sollen die Blütenfarben der Rosen verstärken. Tatsächlich setzen sie beim Verrotten nützliche Mineralstoffe frei.

Bananenschalen sind ein guter organischer Dünger.

Rosen, am besten in duftenden Sorten, passen perfekt in jede Bauerngartengestaltung.

nackte Rosen ohne Erdballen angeboten: Sie sind recht preiswert und müssen während der Ruhezeit bei frostfreiem Wetter gepflanzt werden, also zwischen Ende Oktober und April. In Folien verpackte Rosen, bei denen die Wurzeln in ein feuchtigkeitspeicherndes Material eingebettet sind, können Sie notfalls noch im Mai pflanzen.

- Bei wurzelballierten Rosen sind die Wurzeln von einem Erdballen umgeben, der durch Pappe oder ein Netz zusammengehalten wird. Solche Rosen können Sie zwischen Oktober und Juni auspflanzen.
- Containerrosen wurden in Töpfen angezogen, haben bereits einen gut durchwurzelten Ballen und kommen häufig schon belaubt und blühend in den Handel. Sie können sie das ganze Jahr über pflanzen, sofern der Boden frostfrei ist. Die Verkaufstöpfe sollten mindestens 3 l Volumen haben.

Nicht zu früh kaufen Wenn man wurzelnackte Rosen zeitig im Herbst kauft, kann es passieren, dass sie bei mildem Wetter schon austreiben; solche zarten Neutriebe sind sehr frostempfindlich. Warten Sie mit dem Kauf besser bis Mitte/Ende Oktober, oder kaufen und pflanzen Sie diese Rosen erst im Frühjahr, was besonders in kälteren Regionen empfehlenswert ist.

- Ist der Boden wegen Dauerregens zu nass oder treten stärkere Fröste auf, dann warten Sie besser einen günstigeren Pflanzzeitpunkt ab. Bis dahin können Sie bereits gekaufte wurzelnackte Pflanzen an einer geschützten, schattigen Stelle, z. B. nahe einer Mauer, in den Boden einschlagen. Heben Sie dort einen Graben aus, und legen Sie die Pflanzen etwas schräg mit den Triebspitzen nach oben ein. Bedecken Sie dann die Wurzeln sowie die untere Hälfte der Triebe mit Erde.

Halten Sie die Wurzeln feucht Wurzelnackte Rosen werden vor dem Pflanzen am besten komplett, also mitsamt den Trieben, 12–24 Stunden in einen Eimer mit Wasser gestellt.

- Tauchen Sie bei wurzelballierten und bei Containerrosen den Ballen vor dem Einsetzen so lange in Wasser, bis keine Luftblasen mehr aufsteigen.

Genug Platz im Pflanzloch Die Wurzeln sollten bequem Platz im Pflanzloch haben. Heben Sie die Grube recht tief aus, damit Sie unten reichlich lockere, mit reifem Kompost verbesserte Erde einfüllen können. Lockern Sie die Sohle der Grube mit der Grabegabel.

- Für Containerrosen sollte die Pflanzgrube mindestens doppelt so breit und tief sein wie der Wurzelballen.
- Alle Pflanzen werden so tief gesetzt, dass die Veredlungsstelle etwa 5 cm unter der Erdoberfläche liegt.
- Häufeln Sie die Rosen nach dem Pflanzen und gründlichen Wässern an, indem Sie einen kleinen Erdhügel aufschütten, der sämtliche Triebe bis fast zu den Spitzen bedeckt.

WURZELNACKTE ROSEN PFLANZEN

1 Graben Sie ein 40–50 cm tiefes Loch. Lockern Sie den Boden an den Seiten und am Grund des Loches. Unter den Aushub können Sie etwas Langzeitdünger mischen.

2 Entfernen Sie sorgfältig alle beschädigten Wurzeln. Schneiden Sie bei den anderen Wurzeln etwa 1 cm an der Spitze weg. Dann werden die Triebe der Rose auf 15–20 cm Länge eingekürzt.

3 Stellen Sie vor dem Einsetzen in die Erde die Wurzeln 12–24 Stunden in einen mit Wasser gefüllten Eimer. Wollen Sie die Rose im Frühjahr pflanzen, ist es am besten, sogar die ganze Pflanze mitsamt den Trieben in Wasser zu legen.

4 Füllen Sie einen Teil der Erde auf. Setzen Sie die Rose so ein, dass die Veredlungsstelle etwa 5 cm unter der Erdoberfläche liegt. Dann die restliche Erde einfüllen, andrücken und gut angießen.

Wählen Sie die idealen Rosen für Ihren Garten

Rote Rosen soll es regnen Rote Rosen gibt es in vielen Farbnuancen, die sich allerdings „beißen“ können, wenn man sie nebeneinanderpflanzt. Vor einem dunkelgrünen Hintergrund wirken die Rottöne besonders markant.

- Mit leuchtendem, reinem Rot überzeugen z. B. 'Ingrid Bergmann', 'Roter Korsar' oder die Kletterrose 'Flammentanz'. Zwischen Rot, Pink und Rosa gibt es unzählige Sorten in verschiedenen Schattierungen, darunter die kirschrote 'Alec's Red'. Das vielleicht schönste Orangerot hat die robuste Edelrose 'Duftwolke' zu bieten. Mehrere Sorten wetteifern um das dunkelste Rot: 'Black Magic', 'La Negresse' und 'Papa Meilland' gehören zu den Favoriten.
- Rote Rosen verlieren bei sommerlicher Hitze ein wenig von ihrem Charme, wenn die Blütenfarben ausbleichen. Eine leichte Schattierung um die Mittagszeit kann die Farbintensität erhalten.

Historische Rosen Als Historische oder Alte Rosen bezeichnet man Sorten, die schon vor 1867 eingeführt wurden. Auch neuere Züchtungen aus den nostalgischen Stammformen zählen zu dieser Kategorie. Heute gibt es eine große Vielfalt an diesen herrlichen, oft intensiv duftenden Rosen. Schöne Sorten für den Bauerngarten sind:

- **Strauch- und Beetrosen** 'Ballerina' (zartrosa), 'Buff Beauty' (apricot), 'Cardinal de Richelieu' (purpurn), 'Fantin Latour' (zartrosa), 'Félicité Parmentier' (weiß mit rosa Hauch, blaugrünes Laub), 'Hansa' (leuchtend rot), 'Mme Caroline Testout' (satinrosa), 'Mrs John Laing' (zartrosa), 'Reine de Violette' (satt purpurn, violett verblühend)
- **Für Hecken** 'Roseraie de l'Haÿ' (karminrot) und 'Stanwell Perpetual' (weißrosa)
- **Kletterrosen und Rambler** 'Dorothy Perkins' (hellrosa), 'Félicité Perpétue' (weiß) 'Mme Cécile Brunner' (rosa)

Einmal- oder öfterblühend? Wildrosen und Historische Rosen sind einmalblühend, d. h., sie bringen nur im Juni und Juli eine reiche Blütenfülle hervor. Bei manchen erscheint noch ein Nachflor im Spätsommer, was als Remontieren bezeichnet wird. Die modernen, öfterblühenden Züchtungen dagegen zeigen ihre Blüten in ununterbrochenen Schüben von Juni bis zum Oktober, bei mildem Wetter noch länger.

Top-Tipps für die Auswahl Orientieren Sie sich an der verbreiteten Einteilung in Rosengruppen oder -klassen, um für jede Situation die passende Rose zu finden.

- **Edelrosen** Mit großen, oft intensiv duftenden Blüten, die einzeln an langen Stielen stehen. Für Einzelpflanzung und kleine Gruppen; hervorragende Schnittblumen.
- **Beetrosen** Mit Blüten in Büscheln. Ideal für Gruppenpflanzungen mit intensiver Farbwirkung; auch für gemischte Beete und Rabatten mit Stauden.
- **Kletterrosen** Zum Beranken von Lauben, Obelisken, Spalieren oder Mauern, in Bäumen oder an Zäunen. Eine besondere Gruppe bilden die meist nur einmal blühenden, starkwüchsigen, langtriebigen Rambler.
- **Moderne Strauchrosen** Meist öfterblühend. Mit buschigem, oft bis zu 2 m hohem Wuchs. Strauchrosen sind besonders für Solitärstellung geeignet.

Historische Rosen vermitteln besonderen romantischen Charme. Hier einige Favoriten (von links nach rechts): 'Ballerina', 'Félicité Parmentier', 'Max Graf' und 'Roseraie de l'Haÿ'.

Die gute Wahl

ROSEN FÜR JEDEN GESCHMACK

FÜR KLETTERGERÜSTE, ROSENBOGEN UND WÄNDE Starkwüchsige Rambler wie 'American Pillar' **1** können auch hohe Bäume beranken. Sie sind einmalblühend, mit reichem Flor im Juni und Juli. Moderne Kletterrosen wie 'Händel' **2** blühen von Juni bis zum Frostbeginn.

FARBE AUCH IM WINTER Die einmalblühende Mandarinrose (*Rosa moyesi*) **3** ist ein Vorfahr vieler moderner Rosen. Bis in den Winter hinein schmückt sie sich mit orangeroten Hagebutten.

ROBUST UND PFLEGELEICHT 'Schneewittchen' **4** mit ihren weißen, zart duftenden Blüten gehört zu den pflegeleichtesten Rosen. Diese Strauchrose wird oft auch als Hochstämmchen angeboten. Sie ist ein unermüdlicher Dauerblüher und wurde 1983 zur „Weltrose“ gekürt.

HISTORISCHE SCHÖNHEIT 'Variegata di Bologna' **5** ist eine robuste Bourbonrose mit nostalgischem Charme. Sie braucht eine Stütze. Nach einer Blühpause im August bringt sie im Herbst oft noch einen zweiten Flor hervor.

LANGE BLÜTENPRACHT 'Centenaire de Lourdes' **6** ist eine wunderschöne, frostharte Strauchrose mit langer Blütezeit.

1 2

3 4

5 6

Die gute Wahl

SCHÖNE ROSENBEGLEITER

FRÜHLINGSPRACHT Lassen Sie den Rosenflor durch zeitige Blüher wie Akelei, Anemonen, Christrosen und Primeln ankündigen.

STAUDEN Verlängern Sie die Blühdauer im Rosenbeet durch Kombination mit Glockenblumen, Herbstastern, Iris, Nachtkerzen, Rittersporn, Sommersalbei, Storchschnabel, Zierlauch oder anderen Stauden (Abb. unten).

DEKORATIVE KRÄUTER Fenchel schafft einen schönen Hintergrund für Strauchrosen, und Estragon passt gut zu Beetrosen.

HOHE BARTIRIS Diese hohen Stauden können einen herrlichen Kontrast zu Rosenblüten bilden. Wählen Sie Sorten, deren Blütenfarben die der Rosen betonen, z. B. violette Iris zu gelben oder orangefarbenen Rosen.

ZIERSTRÄUCHER Viele Sträucher geben gute Rosenpartner ab, beispielsweise Fingerstrauch, Geißblatt, Ölweide, Roseneibisch, Säckelblume, Schneeball, Spierstrauch und Waldrebe (*Clematis*).

ATTRAKTIVE BEETEINFASSUNG Durch eine Umpflanzung des Rosenbeets mit Buchs, Katzenminze oder Lavendel sorgen Sie für einen perfekten Abschluss.

Füllen Sie Ihren Garten mit vielerlei Rosen

Bodendeckerrosen Andere Bezeichnungen für diese niedrig wachsenden Sorten sind Kleinstrauch- oder Flächenrosen. Sie werden zwischen 30 und 100 cm hoch und wachsen meist eher in die Breite als in die Höhe. Mit ihnen lassen sich leicht größere Flächen und Böschungen attraktiv begrünen. Sie können damit auch unattraktive Elemente wie alte Baumstümpfe oder Schachtdeckel verbergen.

- Bodendeckerrosen sind gewöhnlich gut winterhart, robust und pflegeleicht. Viele gedeihen auch an heißen Plätzen oder auf schlechteren Böden. Der Blütenduft ist allerdings oft nur schwach.
- Mit höheren, aufrechten Sorten wie 'Moje Hammarberg' können Sie auch niedrige, stachlige Hecken anlegen, um Gartenbereiche z. B. vor Hunden zu schützen.
- Damit die Rosen niedrig bleiben, schneidet man sie etwa alle 3 Jahre im Frühjahr stark zurück.

Rosen-Romantik Wenn Sie der Duft und Zauber Historischer Rosen begeistert, lohnt es sich, das zunehmende Angebot der „Romantikrosen“ zu studieren. Diese neueren Sorten, zu denen auch die Englischen Rosen zählen, vereinen die Vorzüge alter und moderner Rosen. Hierunter finden Sie auch herrlich blühende Sorten in Gelb oder Apricot wie z. B. 'Graham Thomas' oder 'Concerto 94'.

Kletterrosen entfalten ihre Magie hoch über den anderen Pflanzen. Sie können Pergolen, Bogen oder auch Bäume überwallen.

Großvaters Geheimtipp

DIE ROSE IM LAUF DER ZEIT

Heute gehören Rosen zu den beliebtesten Zierpflanzen. Doch früher wurden sie mehr aufgrund ihrer heilenden Wirkungen als wegen ihrer Schönheit geschätzt. Schon Plinius führte über 30 Arzneimittel auf, die aus Rosen hergestellt wurden. Man nimmt an, dass *Rosa gallica* 'Officinalis' die Rose war, die bereits die Römer kultivierten. Die Blüten wurden von den Römern, Griechen und Ägyptern zur Herstellung von Duftölen und Parfüms verwendet und sollten die Pest fernhalten.

- Eine alte Gärtnerregel besagt, dass man Rosen in allen Monaten mit einem „r" pflanzen kann.

Der Charme der Wildrosen Naturarten und von ihnen abgeleitete Züchtungen bezaubern mit natürlichem Flair und zierenden Hagebutten im Herbst. Die robusten, meist hochwüchsigen Rosen eignen sich gut für naturnahe Hecken. Bedenken Sie aber, dass die meisten Wildrosen stark in die Breite wachsen und viel Platz brauchen.

- Eine ganz besonders attraktive Art ist die Hechtrose (*Rosa glauca*) mit blaugrünen Blättern, rosaroten Blüten, leuchtend roten Hagebutten als Herbstschmuck und bläulich bereiften Trieben.

Überwallende Blütenvorhänge Wenn Sie Rosen über hohe Mauern wachsen lassen möchten, sollten Sie starkwüchsige Kletterrosen wie 'Mme Alfred Carrière' (mit weißen, rosa überhauchten Blüten) wählen. 'New Dawn' (zartrosa) oder 'Super Dorothy' (hellrosa) sind mit ihren reichen Blütenkaskaden eine gute Wahl für Pergolen und Rosenbogen. 'Veilchenblau' (purpurviolett) eignet sich besonders gut, um an Wegen und Sitzbereichen herabzuwallen, da die Triebe fast stachellos sind.

Rosen auf Stämmchen Für reizvolle Hingucker, etwa nahe der Terrasse oder mitten in einem Bauerngarten-Gemüsebeet, sorgen Hochstammrosen. Bei diesen sind attraktive Rosensorten auf Wildrosenstämme veredelt, sodass sie wie kleine Bäumchen erscheinen. Geradezu romantisch wirken Kaskaden- oder Trauerrosen, bei denen aufveredelte Kletter- und Bodendeckerrosen ihre Blüten an langen Trieben herabhängen lassen.

Rosen in Töpfen und Kübeln Wenn Sie Rosen in Pflanzgefäßen halten möchten, gönnen Sie ihnen genügend Platz für die Wurzeln. Als ungefähre Anhaltspunkte: Für Hochstämmchen brauchen Sie einen Kübel mit etwa 50 cm Ø und 60 cm Höhe, für Beet- oder Edelrosen 40 cm Ø und 50 cm Höhe. Zwerg- oder Patiorosen gedeihen auch in kleineren, flacheren Töpfen mit etwa 30 cm Ø oder in Balkonkästen.

- Wenn Ihre Rosen älter werden, müssen sie im Frühjahr in noch größere Kübel umgepflanzt werden.

Gestalten Sie Ihre Beete interessanter Ein Beet, das nur mit Rosen bepflanzt ist, sieht außerhalb der Blütezeit nicht besonders attraktiv aus. Pflanzen Sie Stauden wie Eberraute, Fingerkraut, Frauenmantel, Katzenminze oder Sommersalbei dazwischen. Sie verbergen auch den kahlen unteren Stängelbereich der Rosen.

Die gute Wahl

LANG BLÜHENDE ROSEN

Die meisten modernen Rosensorten sind öfterblühend, d. h. ihre Blüten entfalten sich in ununterbrochenen Schüben von Juni bis zum Frosteintritt. Es gibt sie in nahezu allen Farbtönen.

ROT 'Alec's Red' **1**, 'Grande Amore' und 'Tess of the D'Urbervilles' sind schöne rote Sorten.

ROSA 'Mrs John Laing' und 'Queen Elizabeth' **2** sind sehr attraktive Sorten.

ORANGE UND GELB 'Golden Celebration' blüht goldgelb, 'Golden Wings' **3** zart buttergelb und 'Tequila' leuchtend orange.

WEISS 'Anita Pereire' **4** hat reinweiße Blüten ebenso wie 'Brautzauber' und 'Schneewittchen'.

LAUB- UND FRUCHTSCHMUCK Sorten, die aus *Rosa rugosa* und *R. pimpinellifolia* gezüchtet wurden, blühen zwar oft nur im Juni/Juli, haben aber fein gefiedertes Laub, das sich im Herbst von Bronzerot nach Orange, Rot und Gelb verfärbt. Viele setzen auch zahlreiche Hagebutten an. *Rosa rugosa* selbst und *R. glauca* warten ebenfalls mit schönem Laub und attraktiven Hagebutten auf.

1

2

3

4

CONTAINERROSEN PFLANZEN

1 Containerrosen können Sie blühend im Herbst oder Frühjahr pflanzen, doch nicht bei großer Hitze. Sie sollten mindestens drei kräftige Triebe haben.

2 Tauchen Sie den Wurzelballen vor dem Pflanzen kurz in einen Wassereimer, oder durchfeuchten Sie ihn gründlich mit der Gießkanne.

3 Ist der Wurzelballen sehr dicht und stark zusammengepresst, dann lockern Sie ihn vor dem Einsetzen vorsichtig auf.

4 Die Veredlungsstelle sollte sich 5 cm tief unter der Erde befinden. Bedecken Sie den Boden nach dem Pflanzen und Angießen mit Mulch.

Unkraut unterdrücken Eine Unterpflanzung der Rosen mit niedrigen Bodendeckern unterdrückt aufkeimendes Unkraut. Lavendel ist ein besonders attraktiver Partner, der mit seinem silbergrauen Laub die Rosenblüten unterstreicht. Außerdem vertreibt er mit seinem Duft Schädlinge.

Mehr aus den Rosen herausholen

Halten Sie die Beete sauber Früher waren Rosengärten oft etwas eintönig: Die Beete wurden regelmäßig gehackt und geharkt, um den Boden von Pflanzen freizuhalten, die Krankheiten und Schädlingen Unterschlupf bieten könnten. Heutzutage pflanzt man andere Blumen zwischen die Rosen, um für Abwechslung zu sorgen. Entfernen Sie regelmäßig abgefallene Blätter, abgeschnittene Triebe und Unkräuter, damit sich keine Schaderreger einnisten können.

Top-Tipps für Kletterrosen Binden Sie die Triebe Ihrer Kletterrosen regelmäßig auf, damit sie optimal wachsen und blühen. So lassen sie sich auch leichter pflegen. Wenn die Triebe quer durcheinanderwachsen, wird es schwierig, die Schnittmaßnahmen gezielt durchzuführen.

- **Klettergerüste und Pergolen** Achten Sie regelmäßig darauf, dass neue Triebe nicht durch die Kletterhilfen hindurchwachsen. Wenn die Pflanze nur auf einer Seite der Konstruktion emporwächst, kann man sie bei Reparaturmaßnahmen leichter abnehmen. So werden auch Pflege, Schnitt und das Entfernen abgestorbener Triebe einfacher.
- **Waagrechte Spanndrähte** Horizontal gespannte Drähte eignen sich gut, um Rosen an Wänden hochzuziehen. Binden Sie die grünen Triebe separat und mit leichter Biegung an, so bilden sie mehr Blüten.
- **Senkrechte Spanndrähte** Unterstützen Sie starkwüchsige Kletterpflanzen und Rambler, die hohe Wände erklimmen sollen, mit senkrecht gespannten Drähten. So können Sie beispielsweise eine zweistöckige Fassade mit Rosen begrünen, indem Sie die Triebe zwischen den Fenstern im Erdgeschoss senkrecht bis zum ersten Stock hochziehen und darüber dann an waagrechten Drähten über die Wand leiten.

Üppigerer Blütenansatz bei Kletterrosen Kletterrosen blühen an waagrechten Trieben reicher als an senkrechten. Bringen Sie leichte Gewichte, z. B. kleine Töpfe, an den Triebenden an, oder biegen Sie die Triebe beim Anbinden entsprechend herab. So bilden sich an den Seitentrieben neue Blüten. Für Pergolen, Rosensäulen oder Bogen sind kleinblütige Sorten besser geeignet, da sie sich einfacher in die gewünschte Form ziehen lassen.

Gesund ohne Chemie Pflanzen Sie Rosen nur dort, wo sie ideale Wachstumsbedingungen vorfinden. Dadurch halten Sie die Anfälligkeit für Schaderreger gering. Volle Sonne, regelmäßige, den Wurzelbereich durchdringende Wassergaben, eine maßvolle Düngung mit speziellem Rosendünger und gute Luftzirkulation beugen Krankheiten vor.
Ein bewährtes Hausmittel zum Spritzen gegen Sternrußtau ist Backpulver (Natriumbikarbonat), von dem man 1 TL in 1 l Wasser auflöst. Eine Milchspritzbrühe (ein Teil Milch auf neun Teile Wasser) hilft gegen Mehltau.

Ein Gewicht am Triebende sorgt für üppigen Blütenflor.

Binden Sie die Triebe regelmäßig auf.

TRIEBE ZUR BLÜTENFÖRDERUNG HERABBIEGEN

Diese Technik eignet sich für Rosensorten, die normalerweise nur am Ende der langen Triebe blühen. Das Herabbiegen fördert den Blütenansatz in der Triebmitte.

1 Säubern Sie im Spätherbst den Boden rund um den Rosenstock, und entfernen Sie die abgefallenen Blätter.

2 Schneiden Sie Triebe, die in der letzten Saison geblüht haben, sowie störende Triebe über dem Boden ab.

3 Biegen Sie die Triebe, die nicht geblüht haben, vorsichtig mit den Spitzen nach unten, gleichmäßig um den Strauch herum verteilt.

4 Fixieren Sie die Triebspitzen mindestens 60 cm von der Basis entfernt mit Klammern oder Haken.

5 Belassen Sie die Triebe bis zum folgenden Herbst in dieser Stellung.

6 Im nächsten Jahr treiben zahlreiche neue, blühfähige Sprosse aus den herabgebogenen Trieben.

Rosen pflegen

Pflanzenschutz zum richtigen Zeitpunkt Wenn Sie Ihre Rosen mit Pflanzenschutzmitteln behandeln müssen, wählen Sie Tage mit trockenem, windstillem Wetter und möglichst mit bedecktem Himmel. In den frühen Morgenstunden oder am Abend, außerhalb der Mittagshitze, ist die beste Zeit. Spritzen Sie die Blätter tropfnass, behandeln Sie auch die Blattunterseiten gründlich.

Trockenzeiten Rosen sind bemerkenswert trockenheitsverträglich. Für gutes Gedeihen und Blühen sollten Sie aber in Trockenperioden ein- bis zweimal pro Woche durchdringend gießen.

- Wenn Sie mit einem Tropfbewässerungssystem gießen, stecken Sie pro Rosenstock zwei oder mehr Tropfer in den Boden. Kontrollieren Sie regelmäßig, wie tief das Wasser in den Boden einsickert, um sicherzustellen, dass es an die Wurzeln gelangt und nicht nur an der Oberfläche bleibt.

Gießen zur rechten Zeit Gießen Sie im Sommer am besten frühmorgens, niemals in der Mittagshitze. Wässern am späten Abend ist weniger günstig, da Feuchtigkeit über Nacht die Ausbreitung von Pilzkrankheiten fördern kann.

- Wässern Sie direkt an der Basis der Pflanze über dem Wurzelbereich. Befeuchten Sie dabei Blätter und Blüten möglichst wenig.
- Feuchten Sie den Boden vor einer Düngung gründlich an, oder düngen Sie nach einem Regenschauer.

Mulch fördert das Wachstum Rosen gedeihen besser, wenn der Boden über den Wurzeln stets mit einer dünnen Mulchschicht bedeckt ist. Spezieller Rosenmulch (Fachhandel) oder Rindenhumus, gemischt mit Kompost, ist ideal. Der Boden trocknet nicht so schnell aus, durch den Abbau der organischen Substanz wird der Humusgehalt erhöht und das Bodenleben gefördert. Die Mulchschicht hält im Sommer den Boden kühl und unterdrückt Unkräuter. Um das Wachstum zu fördern, können Sie dem Mulch gut verrotteten Mist untermischen.

- Säen Sie Luzerne als Gründüngungspflanze, und verwenden Sie die klein geschnittenen Stängel als Mulch. Dies kann den Befall mit Sternrußtau mindern.

Eine sonnige Wand ist ideal für eine Kletterrose. Sie lässt sich so ziehen, dass sie die Fenster hübsch umrahmt.

Anhäufeln schützt den Rosenstock Häufeln Sie im Spätherbst 15–20 cm hoch Erde über der Basis des Rosenstocks an, und bedecken Sie die Triebe mit Fichtenreisig. So wird verhindert, dass die unbelaubten Triebe von der Wintersonne verbrannt werden. Zudem ist die empfindliche Veredlungsstelle vor Frost geschützt. Im Frühjahr, nach alter Gärtnertradition zu Beginn der Forsythienblüte, häufelt man die Erde wieder ab.

Schädlingskontrolle Achten Sie ab dem Neuaustrieb auf Blattläuse, die besonders die jungen, weichen Triebe befallen. Sie können sie mit Handschuhen abstreifen oder mit einem kräftigen Wasserstrahl abspritzen. Wählen Sie bei starkem Befall ein Präparat, das Nützlinge wie Marienkäfer und Florfliegen schont.

- Pflanzen Sie Kapuzinerkresse um Rosenbeete. Sie zieht Blattläuse an und hält sie so von den Rosen fern. Befallene Triebe können Sie komplett abschneiden, die robuste Kapuzinerkresse erholt sich recht schnell wieder.

Eingetrocknete Rosenknospen Trockene Triebspitzen oder Knospen sind ein Anzeichen dafür, dass die Pflanze vom Rosentriebbohrer befallen ist. Dessen Larven fressen im Innern der Triebe und Knospen, sowohl triebaufwärts als auch -abwärts. Entfernen Sie befallene Triebe, und geben Sie sie in den Müll (nicht auf den Kompost).

Gießen Sie durchdringend an der Basis. Ein kleiner Erdwall sorgt dafür, dass das Wasser nicht abläuft.

Pilzkrankheiten vorbeugen Zwei Pilzkrankheiten machen Rosen besonders häufig zu schaffen: Echter Mehltau und Sternrußtau. Mehltau erkennen Sie an gräulichen oder weißen Belägen auf Blättern, Knospen und Trieben. Er tritt besonders bei warmer, trockener Witterung auf und breitet sich in den kühleren, feuchteren Nächten aus. Sternrußtau wird durch feuchte Witterung gefördert und verursacht schwarzbraune Blattflecken mit strahlenartigem Rand; befallene Blätter vergilben und fallen ab.

- Achten Sie schon bei der Auswahl auf Sorten, die gegenüber diesen Krankheiten gering anfällig oder resistent sind.
- Wählen Sie einen gut belüfteten Standort, an dem die Blätter nach einem Regen schnell abtrocknen.
- Gießen Sie Ihre Rosen lieber seltener, dafür aber durchdringend und direkt in den Wurzelbereich, bevorzugt morgens.
- Düngen Sie ausreichend, aber nicht zu viel mit einem Rosendünger mit ausgewogenem Nährstoffverhältnis. Vermeiden Sie besonders eine überhöhte Stickstoffdüngung.

Reiche Blüten durch richtigen Schnitt

Schnitt hält Rosen fit Ein regelmäßiger und fachgerechter Schnitt fördert das Wachstum und die Blütenbildung Ihrer Rosen. Durch das Schneiden erzielen Sie eine schöne Wuchsform und regen die Bildung neuer Triebe an.

Der richtige Zeitpunkt Schneiden Sie am besten im Frühjahr, gleich nach dem Abhäufeln und sobald die Forsythien blühen. Bei einem Rückschnitt schon im Herbst oder Winter könnten die verbliebenen Triebe erfrieren, sodass der Rose im Notfall keine Reserve mehr bleibt.

Gutes Werkzeug, sauberer Schnitt Eine gute Garten- oder Rosenschere und eine kleine Astsäge sind für die meisten Schnittmaßnahmen ausreichend. Achten Sie auf stets gut geschärftes Werkzeug, das einen sauberen Schnitt ohne Quetschungen ermöglicht.

Überalterte Triebe werden direkt an ihrer Ansatzstelle sauber abgeschnitten. Reinigen Sie stets die Schere, bevor Sie die nächste Rose schneiden.

- Schneiden Sie beim Rückschnitt die Triebe etwa 0,5 cm oberhalb eines Auges ab. Führen Sie den Schnitt leicht schräg, sodass der obere Teil der Schräge oberhalb des Auges liegt. So kann kein Wasser auf der Schnittstelle stehen bleiben.
- Setzen Sie beim Wegschnitt eines seitlich abzweigenden Triebes die Schere direkt an dessen Ansatzstelle an, sodass von ihm nur wenige Millimeter verbleiben.

Beet-, Bodendecker-, Edel- und Zwergrosen schneiden Beet-, Edel- und Zwergrosen blühen am diesjährigen Holz und werden jedes Frühjahr kräftig zurückgeschnitten. Aus den wenigen verbleibenden Augen treiben starke Triebe, die reich blühen. Kürzen

WILDTRIEBE ENTFERNEN

Wildtriebe sind Schösslinge, die unterhalb der Veredlungsstelle aus der sogenannten Unterlage austreiben. Sie unterscheiden sich meist von der aufveredelten Rose durch hellgrüne, kleinere Blätter mit sieben Teilblättchen. Entfernen Sie solche Triebe regelmäßig, da sie sonst die aufveredelte Rosensorte überwuchern.

1 Graben Sie die Basis des Rosenstocks vorsichtig bis zu dem Punkt unterhalb der Veredlungsstelle frei, an dem der Wildtrieb entspringt.

2 Schneiden Sie den Wildtrieb so dicht wie möglich am Haupttrieb ab, ohne diesen zu beschädigen. Wildtriebe nur an der Oberfläche wegzuschneiden bringt wenig.

3 Füllen Sie die Erde wieder sorgfältig auf, und gießen Sie dann gründlich. Kontrollieren Sie die Rose immer wieder auf neue Wildtriebe.

Das regelmäßige Entfernen verwelkter Blüten nennt man Ausputzen.

Sie nach dem Entfernen eventuell abgestorbener Triebe die restlichen kräftigen Triebe bei Edel- und Beetrosen auf 15–30 cm ein, bei Zwergrosen auf 10–15 cm. Je tiefer der Rückschnitt, desto weniger, aber dafür stärkere Triebe werden gebildet.

- Bodendeckerrosen brauchen Sie nur alle 3 Jahre auf etwa 30 cm zurückzuschneiden. Dafür können Sie bei größeren Pflanzflächen auch die Heckenschere verwenden.

Strauchrosen schneiden Bei diesen Rosen müssen Sie weitaus seltener schneiden. Hier entfernt man lediglich abgestorbene Triebe, lichtet bei Bedarf leicht aus und lässt die Rosen ansonsten in den ersten Jahren ungestört wachsen. Besonders bei den einmalblühenden Strauchrosen, zu denen viele Historische Rosen sowie die Wildrosen zählen, würden Sie sich durch übermäßigen Schnitt der Blüten berauben: Diese erscheinen an Seitentrieben des ein- und mehrjährigen Holzes.

- Schneiden Sie nach etwa den ersten 5 Jahren ein oder zwei der ältesten Triebe in Bodennähe heraus. Wiederholen Sie dies bei öfterblühenden Strauchrosen ungefähr alle 4 Jahre, bei einmalblühenden nur alle 5–6 Jahre.
- Frieren bei öfterblühenden Strauchrosen Triebe zurück, dann kürzen Sie die Haupttriebe um etwa ein Drittel ein. Auch überhängende Seitentriebe können Sie bei Bedarf einkürzen.

Kletterrosen schneiden Hier gibt es stärkere Schnittunterschiede zwischen öfterblühenden Sorten und einmalblühenden wie den Ramblern.

- Öfterblühende Kletterrosen blühen sowohl am mehrjährigen Holz als auch an diesjährigen Trieben. Ein leichter Rückschnitt im Frühjahr, bei dem junge, kräftige Langtriebe stehen bleiben und Seitentriebe auf vier bis fünf Augen eingekürzt werden, reicht völlig. Dünne Triebe werden ebenso wie jene, die älter als 6 Jahre sind, herausgeschnitten.
- Rambler blühen nur am mehrjährigen Holz. Deshalb würde ein kräftiger Rückschnitt die Blüte im Sommer verhindern. Es genügt, nach der Blüte auszulichten und abgestorbene Triebe zu entfernen.

Hochstammrosen schneiden Bei Hochstämmchen mit aufrechten Kronen sind Beet-, Edel- oder Zwergrosen aufveredelt, sodass Sie die Kronen nach den dort genannten Prinzipien einkürzen. Achten Sie auf eine gleichmäßige, rundliche Kronenform.

- Kaskaden- oder Trauerrosen mit hängenden, langtriebigen Kronen werden wie Kletterrosen nur behutsam ausgelichtet.

Entfernt man die äußeren Knospen eines Blütenbüschels, wird die Blüte an der Spitze größer.

Größere Blüten fördern Mit einem Trick können Sie bei mehrblütigen Trieben größere Blumen fördern. Schneiden Sie alle Seitenknospen weg, nur die mittlere bleibt stehen. Sie bekommt nun alle Wuchskraft und wird besonders schön. Allerdings erhält man so weniger Blüten. Deshalb sollte man diese Technik nicht bei jungen Rosenstöcken anwenden. Hierfür eignen sich nur gut etablierte Pflanzen mit zahlreichen Trieben.

Ausputzen Verwelkte Blüten sehen nicht nur unattraktiv aus, sie können auch als Unterschlupf für Schädlinge und Krankheitserreger dienen. Entfernen Sie sie am besten täglich. Sie regen dadurch auch die Bildung neuer Knospen und Blüten an. Machen Sie

ACHTUNG!

Verletzungen samt Folgen vermeiden

Die gemeinhin als Dornen bekannten, botanisch korrekt als Stacheln bezeichneten Auswüchse der Rosenstängel können böse Verletzungen verursachen. Tragen Sie besonders beim Schneiden kräftige Schutzhandschuhe.

Frischen Sie regelmäßig Ihre Tetanusschutzimpfung auf, denn die Krankheitserreger können schon durch kleine Kratzer in der Haut eindringen und eine schwere Infektion hervorrufen. Tetanus (Wundstarrkrampf) ist eine gefährliche, manchmal sogar tödlich verlaufende Krankheit, die von einem Bakterium, das im Boden und in den Eingeweiden von Tieren lebt, verursacht wird.

BEETROSEN SCHNEIDEN

1 Schneiden Sie im Frühjahr alle Triebe auf 15–30 cm Länge zurück, sodass drei bis sechs Augen verbleiben.

2 Schneiden Sie mit einer scharfen Rosenschere etwas schräg und ungefähr 0,5 cm oberhalb eines Auges.

3 Störende Seitentriebe können noch später im Jahr an ihrer Ansatzstelle weggeschnitten werden.

allerdings eine Ausnahme bei Rosen, die attraktive Hagebutten ausbilden.

- **Großblumige Rosen** Schneiden Sie die Blütenstände über dem ersten voll ausgebildeten Laubblatt (mit in der Regel fünf Teilblättchen) weg.
- **Rosen mit mehrblumigen Blütenständen** Bei diesen Sorten können Sie Verblühtes nach und nach entfernen, bevor Sie den Blütenstand über dem ersten darunterliegenden Auge abschneiden.

Hochstämmchen stützen Schlagen Sie bei Hochstammrosen schon vor dem Pflanzen einen Stützpfahl in das Pflanzloch, an dem das Stämmchen dann angebunden wird. Der Pfahl sollte bis in die Krone reichen.

- Da sich bei Hochstammrosen die Veredlungsstelle unterhalb der Krone befindet, können sich am Stamm Wildtriebe bilden. Entfernen Sie diese möglichst früh.

Rosen selbst vermehren

Rosen auf eigenen Füßen Am besten lassen sich sogenannte wurzelechte, also nicht veredelte Rosen durch einfache Methoden vermehren.

- Die meisten gekauften Rosen sind veredelt, d. h., sie wachsen auf einer robusten Wildlingsunterlage, die die Wurzeln und das untere kurze Teilstück des Stammes beisteuert. Solche Rosen erhält man nur durch die professionelle Vermehrungsmethode der Okulation. Manche Rosensorten wachsen auch recht gut auf ihren eigenen Wurzeln, sodass eine Vermehrung über Stecklinge oder Steckhölzer Erfolg zeigen kann.

Die robusten, den ganzen Sommer über in dichten Büscheln blühenden Beetrosen lassen sich oft gut durch Stecklinge vermehren.

Vermehrung durch Stecklinge Vor allem Beet-, Bodendecker-, Strauch- und Zwergrosen lassen sich recht gut durch Stecklinge vermehren. Schneiden Sie dazu im Juni oder Anfang Juli von gesunden, ausgereiften, aber noch nicht zu stark verholzten Trieben etwa 5–10 cm lange Teilstücke von den Spitzen. Entfernen Sie alle Blätter bis auf die beiden obersten. Stecken Sie die Stecklinge in ein Gemisch aus Anzuchterde und Sand. Dann wird der Topf mit einer durchsichtigen Folie abgedeckt und an einem hellen, aber nicht allzu sonnigen Platz aufgestellt. Nach einigen Wochen bilden sich die ersten Wurzeln. Setzen Sie die gut bewurzelten Stecklinge in größere Töpfe, die Sie über Winter frostfrei platzieren. Im nächsten Frühjahr können Sie die Rosen dann in den Garten pflanzen.

Vermehren durch Steckhölzer Diese Methode lässt sich z. B. bei Kletterrosen anwenden. Schneiden Sie im Spätherbst oder zeitigen Frühjahr etwa 15–20 cm lange, ungefähr bleistiftdicke verholzte Stücke aus einem Rosentrieb. Diese werden dann so tief in den Boden gesteckt, dass nur noch das oberste Auge herausschaut. Nach einigen Monaten bilden sich Wurzeln und ein kleiner Trieb. Damit sich die neue Rose gut verzweigt, kürzt man die neuen Triebe mehrmals ein.

Eigener Nachwuchs von Ramblern Rosen mit langen Trieben, allen voran die Rambler, können durch Absenker vermehrt werden. Biegen Sie einen gesunden, bodennahen Trieb nach unten. Entfernen Sie dort, wo er auf dem Boden liegt, die Blätter, und schneiden Sie ein Stück Rinde auf der Unterseite weg. Fixieren Sie diesen Teil des Triebes mit einer Drahtkrampe am Boden, und bedecken Sie ihn einige Zentimeter hoch mit Erde. Die Spitze wird nicht eingegraben. Bis zum Herbst haben sich an der eingegrabenen Triebstelle Wurzeln gebildet. Nun können Sie den Trieb von der Mutterpflanze trennen, ausgraben und an anderer Stelle einpflanzen.

- Damit sich die neue Rose gut verzweigt und kräftige Triebe entwickelt, sollte man sie im ersten Jahr noch nicht blühen lassen.

Großvaters Geheimtipp

NATÜRLICHES BEWURZELUNGSHORMON
Schneiden Sie im Sommer von einer Ihrer Lieblingsrosen einen nicht blühenden, leicht verholzten Trieb als Steckling ab. Entfernen Sie die unteren Blätter bis auf ein kleines Stück des Blattstiels. Schneiden Sie das untere Ende des Stecklings kreuzförmig ein, und stecken Sie ein Weizenkorn in den Schlitz. Lassen Sie den Steckling über Nacht in einem Wasserglas stehen. Pflanzen Sie ihn dann in eine Mischung aus Sand und Anzuchterde. Der Steckling wird sich mit dieser Methode leichter bewurzeln.

Steckhölzer kann man direkt in den Boden stecken oder in Töpfen anziehen.

Hochstammrosen sind auf einen Wildrosenstamm veredelt. Entfernen Sie Triebe, die am Stamm erscheinen.

Genießen Sie die Vielfalt der Rosen

Zierende Hagebutten Wildrosen sowie auch manche Zuchtsorten bilden Hagebutten als attraktiven Fruchtschmuck. Sie erscheinen im Spätsommer oder Herbst, vor allem bei Wildrosen bleiben sie oft auch über Winter haften. Möchten Sie den Fruchtansatz erhalten, aber Verblühtes dennoch ausputzen, dann ziehen Sie vorsichtig nur die welken Blütenblätter ab.

- Besonders schöne und viele Hagebutten tragen Wildrosen wie die Kartoffelrose (*Rosa rugosa*). Die Hagebutten der Apfelrose (*R. villosa*) ähneln kleinen Äpfeln. Die Mandarinrose (*R. moyesii*) hat lange, schlanke Früchte, die wie kleine Flaschen aussehen und viele Monate am Strauch bleiben. Auch Historische Rosen bringen oft hübsche Hagebutten hervor.

Gesunder Genuss Hagebutten sind essbar, schmecken ausgesprochen lecker und gehören zu den Früchten mit dem höchsten Vitamin-C-Gehalt.

- Ernten Sie die Hagebutten nach dem ersten Frost. Dann sind sie weicher, und Sie können sie zu Hagebuttengelee und -marmelade verarbeiten. Zerdrücken Sie die Früchte im Mixer. Passieren Sie dann das Mus, um die Samen und feinen Härchen herauszufiltern. Pro Tasse Hagebuttenmark gibt man eine halbe Tasse Gelierzucker in den Topf, kocht das Ganze, bis es sämig wird, und füllt es in sterilisierte Gläser.
- Die Blütenblätter von (ungespritzten!) Rosen sind ebenfalls essbar. Sie passen zu Salaten und kandiert zu Desserts, aber auch zu Fleischgerichten. Sammeln Sie am frühen Morgen die Blütenblätter von gerade geöffneten, duftenden Blüten.
- Hagebuttentee ist ein altes Hausmittel gegen Erkältung. Übergießen Sie einige Hagebutten mit heißem, nicht mehr kochendem Wasser, und lassen Sie sie einige Minuten ziehen. Gießen Sie den Tee über ein Sieb ab, und süßen Sie ihn nach Belieben.

Lang haltende Schnittrosen Schneiden Sie Rosen für die Vase am besten frühmorgens. Am längsten erfreuen Rosen, die gerade ihre Knospen öffnen oder in der Nacht zuvor geöffnet haben. Schneiden Sie die Stiele möglichst lang und über einem Auge ab. Aus diesem kann dann ein neuer Trieb wachsen.

- Schneiden Sie stets mit scharfer Schere. Achten Sie darauf, dass die Rose durch den Blütenschnitt nicht aus der Form gerät.
- Streifen Sie die untersten Blätter am Stiel ab, sie würden im Wasser faulen. Schneiden Sie das untere Stielende schräg an, unmittelbar bevor Sie die Rosen ins Wasser stellen.
- Stellen Sie die Vase nicht in die pralle Sonne. Füllen Sie jeden Tag etwa ein Drittel frisches Wasser auf, und entfernen Sie regelmäßig welke Blüten.
- Im Wasser gelöste Aspirintabletten, Zucker oder Zitronensaft können helfen, dass Schnittrosen länger halten. Die modernere Variante sind Blumenfrischhaltemittel aus dem Fachhandel.
- Wenn die Blütenköpfe hängen, schneiden Sie die Stiele nochmals schräg an. Wickeln Sie die Rosen in feuchtes Papier, und stellen Sie sie in einer Vase mit Blumenfrischhaltemittel über Nacht in einen kühlen Raum.

Ein altes Heilmittel Rosenwasser ist ein altes Hausmittel und wirkt besonders gut in Kompressen für die Augen. Man kann es leicht selbst herstellen. Geben Sie 500 g frisch gepflückte Blütenblätter in 1 l abgekochtes, aber bereits abgekühltes Quellwasser. Lassen Sie das Ganze 3–4 Tage in einem abgedeckten Gefäß ziehen. Filtern Sie dann die Flüssigkeit ab. Füllen Sie das Rosenwasser in verschließbare Fläschchen, die Sie kühl aufbewahren.

Schneiden Sie Rosen für die Vase mit einer guten, scharfen Rosenschere.

Hagebutten halten sich oft bis in den Winter hinein und dienen Vögeln in der kalten Jahreszeit als Nahrung.

Prächtige Gartensträucher

Sträucher bilden das Gerüst des Gartens und verleihen ihm Struktur. Sie sorgen für interessante Blickpunkte rund ums Jahr und dienen als Hecken und Sichtschutz. Von heimischen Wildsträuchern über die hübschen Blütensträucher des Bauerngartens bis hin zu immer wieder neu eingeführten Arten – nie zuvor war die Auswahl so groß.

Gut wählen, gut pflanzen

Sorgen Sie für einen guten Start Die meisten Gehölze werden heute als Containerpflanzen verkauft, d. h., sie wurden von Anfang an im Topf gezogen. Prüfen Sie vor dem Pflanzen, ob nicht eventuell der Wurzelballen ausgetrocknet ist. Wenn Sie das Gehölz in diesem Zustand einsetzen, können die Wurzeln selbst bei ausgiebigem Gießen schlecht Wasser aufnehmen. Möglicherweise wird diese Pflanze nicht überleben.

- Stellen Sie zur Sicherheit den Topf vor dem Pflanzen mindestens 15 Minuten in einen Eimer Wasser, bis keine Luftbläschen mehr an die Oberfläche emporsteigen.

Reichlich wässern Schlämmen Sie den Boden gleich nach dem Pflanzen mit einer Gießkanne voll Wasser gründlich ein – selbst wenn es regnet. Dies ist nötig, um einen guten Bodenschluss zwischen dem Wurzelballen und dem umgebenden Erdreich herzustellen.

- Häufen Sie rund um die Pflanze einen kleinen Erdwall an, um seitliches Ablaufen des Wassers zu verhindern. Füllen Sie das so entstandene „Becken" mit Wasser, lassen Sie es langsam einsickern, und wiederholen Sie dies so lang, bis die Kanne geleert ist.

Achten Sie auf die Wurzeln Prüfen Sie auch bei Containerpflanzen schon beim Kauf, ob das Wurzelsystem gesund und gut entwickelt ist.

- Beachten Sie unbedingt die Topfunterseite: Die Wurzeln sollten nicht aus den Abzugslöchern herausragen; dies wäre ein Anzeichen, dass die Pflanze zu lang im selben Topf stand. Nehmen Sie dann die Pflanze, wenn möglich, aus dem Topf. Rund um den Wurzelballen sollten mehrere helle, saftige Wurzeln zu sehen sein.

Wurzelnackte Pflanzen setzen Manche Sträucher – besonders Heckenpflanzen – werden nicht in Töpfen angeboten, sondern kommen mit „nackten" Wurzeln, ohne Erdballen, in den Handel. Sie werden nur während der Ruhezeit, also im Herbst oder zeitigen Frühjahr, gepflanzt.

- Setzen Sie solche Pflanzen möglichst schnell. Stellen Sie sie zuvor mit den Wurzeln einige Stunden in einen Wassereimer.
- Schneiden Sie vor dem Pflanzen alle beschädigten Wurzeln weg, und kürzen Sie

Stellen Sie den Verkaufstopf vor dem Pflanzen mindestens 15 Minuten in einen mit Wasser gefüllten Eimer.

Der Boden im Blickpunkt

Wählen Sie Ihre Sträucher gezielt nach den Bodenverhältnissen in Ihrem Garten. Zur Prüfung des pH-Werts (sauer, neutral oder alkalisch) und anderer Bodeneigenschaften gibt es Testsets in Gartencentern. Oder Sie lassen eine Bodenuntersuchung von einem Labor durchführen.

BODENART	GEEIGNETE STRÄUCHER
leichter, sandiger, oft trockener Boden	Ginster, Kerrie, Sanddorn, Warzenberberitze (*Berberis verruculosa*), Wolliger Schneeball (*Viburnum lantana*)
schwerer, tonhaltiger, oft feuchter Boden	Hartriegel (*Cornus alba*, *C. sanguinea*), Hortensie, Kolkwitzie, Schönfrucht (*Callicarpa*), viele Weidenarten
saurer Boden	Rhododendren, Lavendelheide (*Pieris*), Lorbeerrose (*Kalmia*), Prachtglocke (*Enkianthus*), Sternmagnolie
alkalischer Boden	Deutzie, Forsythie, Pfaffenhütchen, Pfeifenstrauch

*Ein attraktiver Blickfang ist der Perückenstrauch (*Cotinus coggygria*). Sein Laub verfärbt sich im Herbst in prächtiges Orangerot.*

lange Wurzeln ein. Lassen Sie aber kleine bzw. Seitenwurzeln unversehrt, sie dienen der Wasseraufnahme.

- Ebenso wie Containerpflanzen werden wurzelnackte Pflanzen so tief gesetzt, wie sie vorher standen. Legen Sie als Anhaltspunkt den Spatenstiel quer über das Pflanzloch. Auf diesem Niveau sollte der Wurzelhals zu stehen kommen, also die Übergangsstelle zwischen Wurzeln und Stamm.

Häufige Fehler Vermeiden Sie folgende Missgeschicke, um anhaltend Freude an Ihren Sträuchern zu haben.

- Pflanzen Sie nicht zu dicht, sonst bedrängen sich die Gehölze schon nach wenigen Jahren, sodass Sie einige der gerade eingewachsenen Sträucher entfernen müssen.
- Sparen Sie nicht, indem Sie zu kleine Pflanzen kaufen. Mit einigen größeren Jungpflanzen von guter Qualität erreichen Sie die gewünschte Wirkung besser.
- Düngen Sie nach dem Spätsommer nicht mehr. Zu späte Düngung fördert die Bildung weicher, frostempfindlicher Jungtriebe.

Die besten Pflanzzeiten Zwar können Sie Containerpflanzen – außer bei Frost – das ganze Jahr über setzen. Laub abwerfende Gehölze wachsen jedoch am besten an, wenn sie im zeitigen Frühjahr oder im Herbst gepflanzt werden.

- Pflanzen Sie etwas frostempfindlichere Gehölze nur im Frühjahr.
- Immergrüne Gehölze setzen Sie am besten im März/April oder im Frühherbst.

Kalkempfindliche Gehölze Freilandkamelien, Rhododendren und andere Heidekrautgewächse brauchen sauren, kalkarmen Boden. Öfter wird versucht, dies zu erreichen, indem man das Pflanzloch mit saurer Rhododendren- oder Moorbeeterde füllt. Aber so einfach lässt sich die Natur nicht „austricksen“. Eine Zeit lang mag es gut gehen, doch nach wenigen Jahren wachsen die Pflanzen immer schlechter.

- Wenn Ihr Boden alkalisch ist (mit einem pH-Wert über 7), sollten Sie Gehölze bevorzugen, die damit zurechtkommen, z. B. Aralie, Deutzie, Forsythie, Perückenstrauch, Pfaffenhütchen und Weißdorn.
- Möchten Sie dennoch Sträucher pflanzen, die sauren Boden brauchen, dann setzen Sie diese am besten in große Töpfe mit geeigneter Spezialerde.

Pflanzung im Rasen Jede Pflanze, die im Rasen wächst, muss mit den Gräsern um Nährstoffe und Wasser konkurrieren. Legen Sie deshalb vor dem Pflanzen eine grasfreie

Kaufen Sie keine Pflanzen, deren Wurzeln aus dem Topf quellen (Abb. ganz oben). Achten Sie auf gesunde, helle Wurzeln (Abb. oben).

PFLANZPLÄTZE FÜR KALKEMPFINDLICHE ARTEN SCHAFFEN

Sie können die Chancen für kalkempfindliche Gehölze in alkalischem Boden verbessern, indem Sie die Pflanzgrube mit einem kräftigen, wasserdurchlässigen Trennvlies auskleiden.

1 Heben Sie die Pflanzgrube möglichst groß und 1 m tief aus; ein gemieteter kleiner Bagger erleichtert die Arbeit.

2 Kleiden Sie die Grube komplett mit einem großen Trennvlies aus, und lassen Sie einen Rand überstehen.

3 Füllen Sie die Grube halb mit kalkfreiem Schotter, darüber kommt Rhododendron- oder Moorbeeterde.

4 Tauchen Sie den Wurzelballen eine halbe Stunde in Wasser, und setzen Sie dann die Pflanze ein.

5 Füllen Sie die restliche Erde ein. Häufen Sie auf den umgeschlagenen Vliesrändern einen Gießwall an.

6 Wässern Sie gründlich. Tragen Sie eine Mulchschicht aus saurem Rindenhumus auf, die Sie öfter erneuern.

Fläche an, etwa im Durchmesser der späteren Strauchbreite, indem Sie die Grasnarbe 3–4 cm tief abschälen. Decken Sie diese Fläche nach der Pflanzung mit Mulch ab.

- Noch besser ist es, ein Beet mit mehreren Sträuchern im Rasen anzulegen. Das lässt sich einfacher pflegen und macht weniger Probleme beim Mähen.

Verführerisch blühende Jungpflanzen Gartencenter locken häufig mitten im Sommer mit herrlich blühenden Containergehölzen. Bei gut entwickeltem Wurzelballen können auch blühende Gehölze gepflanzt werden. Doch gerade im Hochsommer ist das nicht ohne Risiko. Deshalb sollten Sie, wenn Sie nicht widerstehen können, die bestmöglichen Vorkehrungen treffen.

- Gießen Sie die Gehölze nach dem Pflanzen täglich. Wässern Sie dabei direkt an der Basis in den Wurzelbereich.
- Umgeben Sie die Pflanzenbasis mit einer dicken Mulchschicht aus Rindenhumus, die die Verdunstung reduziert.
- Schneiden Sie den Strauch nach der Blüte leicht zurück, um gesunden Neuaustrieb anzuregen.
- Wenn Sie einen hübschen Strauch entdecken, den Sie nicht kennen, erkundigen Sie sich vor dem Kauf genau nach seiner Frost- und Hitzeverträglichkeit sowie nach den Standortansprüchen.

Je größer, desto besser Möchten Sie Ihrem Strauch die bestmöglichen Startbedingungen geben, dann heben Sie die Pflanzgrube so groß aus, dass sie mindestens den doppelten Durchmesser des Wurzelballens hat.

- Setzen Sie den Strauch nicht zu tief: Die Oberfläche des Wurzelballens sollte nach dem Pflanzen auf Bodenniveau abschließen. Lockern Sie die Sohle der Pflanzgrube mit der Grabegabel auf, damit die Wurzeln gut Fuß fassen können.

Farben und Düfte

Wohlgeruch am Nachmittag Blüten duften oft spätnachmittags am stärksten. Pflanzen Sie duftende Sträucher in Fensternähe, an Gartensitzplätzen und Wegen, sodass Sie den Wohlgeruch häufig genießen können. Wählen Sie Gehölze mit verschiedenen Blütezeiten, damit Ihr Garten das ganze Jahr über duftet: beispielsweise Sternmagnolie (Frühjahr), Schmetterlingsstrauch (Sommer), Bartblume (Herbst) und Zaubernuss (Winter).

*Die Bartblume (*Caryopteris x clandonensis*): erfrischendes Blau im spätsommerlichen Garten*

Sträucher als Geschenke Schenken Sie befreundeten Gartenbesitzern einen schönen Strauch anstelle von Blumen. Dies ist ein langlebiges Geschenk, das immer wieder an die Freundschaft erinnert.

Sommer in kühlem Blau Blau blühende Sträucher bringen im Sommer erfrischendes Flair in den Garten. Wählen Sie blaue Sorten von Hortensien, Roseneibisch (*Hibiscus syriacus*) und Schmetterlingsstrauch (*Buddleja davidii, B. alternifolia*) sowie Bartblume (*Caryopteris*), Blauraute (*Perovskia*) und Säckelblume (*Ceanothus*).

- Hortensien bevorzugen absonnige bis halbschattige Standorte. Alle anderen dieser Sträucher lieben sonnige, warme Plätze mit gut durchlässigem Boden.

Flammender Herbst Manche Ziersträucher zeigen eine wunderschöne Herbstfärbung der Blätter mit leuchtenden Gelb-, Orange- oder Rottönen. Nach warmen, eher trockenen Sommern fällt die Blattfärbung besonders intensiv aus. Sträucher mit attraktiver Herbstfärbung sind z. B. Apfelbeere (*Aronia*), Felsenbirne (*Amelanchier*), Flügelspindelstrauch (*Euonymus alatus*), Perückenstrauch (*Cotinus coggygria*), Pfaffenhütchen, Prachtglocke (*Enkianthus campanulatus*) und Schneeball (*Viburnum opulus*).

Die gute Wahl

ATTRAKTIV BLÜHENDE STRÄUCHER

FRÜHSOMMERDUFT
Flieder (*Syringa vulgaris*) **1** kann als Strauch oder baumartig gezogen werden. Seine intensiv duftenden Blüten erscheinen je nach Sorte in Blaulila, Weiß, Gelb, Rosa oder Rot.

ROT ODER BLAU Die Blütenfarbe der Hortensien (*Hydrangea macrophylla*) **2** hängt vom pH-Wert ab: Hortensien blühen auf alkalischen Böden rot, auf sauren Böden blau.

KLASSISCHE SCHÖNHEIT
Rhododendren **3** können den frühsommerlichen Garten in ein Blütenmeer tauchen. Die meisten sind immergrün; sommergrüne Sorten kennt man auch als Azaleen.

VETERAN IM BAUERNGARTEN Der Schneeball (*Viburnum opulus*) **4** ziert schon seit Jahrhunderten die Gärten. Neben Blüten- und Fruchtschmuck bietet er auch eine schöne Herbstfärbung.

LEUCHTENDER FRÜHLING
Die Forsythie 'Spectabilis' **5** ist eine bewährte Sorte. Sie eignet sich auch hervorragend für Hecken.

DUFTENDE BLÜTENKERZEN Die violettblauen, rosa oder weißen Blüten des Schmetterlingsstrauchs (*Buddleja davidii*) **6** locken zahlreiche Schmetterlinge in Ihren Garten.

1 2

3 4

5 6

Die leuchtend gefärbten Früchte des Pfaffenhütchens hängen oft bis in den Winter hinein.

Den Sträuchern mehr Pep verleihen Manche Sträucher wirken blühend oder Früchte tragend prächtig, sehen jedoch das restliche Jahr über eher langweilig aus. Nutzen Sie ihr Grün gezielt als Kulisse für bunte Sommerblumen- und Staudenbeete oder z. B. auch für Kletterpflanzen, die an Obelisken hochranken. Rhododendren, deren Blütezeit im Frühsommer endet, können Sie durch eine Rabatte sommerblühender Fleißiger Lieschen geradezu „wiederbeleben".

- Sie können einen Garten mit vielen Sträuchern auch lebhafter gestalten, indem Sie einige mit besonderen Blattfarben wählen. Dekorativ sind beispielsweise die gelbe Goldberberitze (*Berberis thunbergii* 'Aurea'), der weiß gerandete Hartriegel (*Cornus alba* 'Argenteomarginata') oder die dunkelrote Purpurhasel (*Corylus maxima* 'Purpurea').

*Die roten Beeren des Traubenholunders (*Sambucus racemosa*) haben anders als die essbaren Früchte des Schwarzen Holunders giftige Samen.*

Die Früchte der Schneebeere sind für Menschen giftig, Vögel vertragen sie dagegen.

Gedeckter Tisch für Vögel Vögel sind im Garten meist gern gesehen, denn sie halten Schädlinge wie Raupen und Schnecken kurz. Mit Sträuchern laden Sie die gefiederten Helfer geradezu ein. Sie finden in den Gehölzen schützende Plätze, Freibrüter bauen dort ihre Nester. Besonders wertvoll sind für sie Gehölze, die ihnen im Herbst und Winter Früchte als Nahrung bieten.

- Gute Vogelnährgehölze sind z. B. Eberesche (Vogelbeere), Eibe, Felsenbirne, Feuerdorn, Holunder, Liguster, Sanddorn, Stechpalme, Wacholder und Weißdorn.
- Pflanzen Sie in einer abgelegenen Gartenecke dichte, zum Teil bestachelte heimische Gehölze wie Liguster, Schlehe, Stechpalme und Weißdorn. Sie werden gern zum Nisten angenommen.

Unter Nadelbäumen Die schattigen, trockenen, oft bodensauren Bereiche unter Nadelbäumen sind für die meisten Sträucher schwierige Standorte. Bereiten Sie den Pflanzbereich gründlich vor, und setzen Sie die Sträucher nicht direkt unter die Bäume. Versuchen Sie es mit Buchs, Heckenkirsche (*Lonicera*), Lorbeerkirsche, Mahonie, Skimmie, Spindelstrauch (*Euonymus*) oder Stechpalme. Gießen Sie die Sträucher häufiger, da die Nadelbäume mit ihnen stark um die Feuchtigkeit konkurrieren.

Bunter Fruchtschmuck Neben späten Blüten und schönem Herbstlaub gehören rote, gelbe, weiße, blaue oder schwarze Früchte zu den besonderen Attraktionen im Spätjahr.

- Dekorative, aber teils hochgiftige Früchte tragen: Efeu, Eibe, Geißblatt und Heckenkirsche (*Lonicera*), Liguster, Lorbeerkirsche (*Prunus laurocerasus*), Pfaffenhütchen (*Euonymus europaeus*), Schneeball (*Viburnum*),

Die gute Wahl

GUTE GRÜNDE FÜR STRÄUCHER

Sträucher sind die perfekte Wahl für kleine Gärten, in denen der Platz für Bäume fehlt. Viele können Sie sogar in Kübeln auf Balkon oder Terrasse ziehen. In großen Gärten lassen sich Sträucher als Hecken oder große Solitärgehölze ideal als Raumteiler einsetzen.

BESTÄNDIG Sträucher leben viele Jahre und müssen nicht immer wieder neu gepflanzt werden.

UNEMPFINDLICH Sträucher sind gegen Wetterextreme und Krankheiten meist unempfindlicher als krautige Zierpflanzen.

PFLEGELEICHT Die meisten Sträucher gedeihen und blühen gut, wenn man ihnen im Frühjahr Kompost gibt, sie in Trockenphasen ab und zu gründlich wässert und alle paar Jahre auslichtet.

ZIERDE RUND UMS JAHR Immergrüne Gehölze sehen das ganze Jahr über gut aus. Buchs (Abb. unten), Eiben und Johanniskraut sind Klassiker im Bauerngarten.

Schneebeere (*Symphoricarpos*), Seidelbast (*Daphne*), Stechpalme (*Ilex aquifolium*) und Torfmyrte (*Gaultheria mucronata*).

- Ungenießbar bis leicht giftig sind die hübschen Früchte von Berberitze, Feuerdorn (*Pyracantha*), Hartriegel (*Cornus*), Mahonie, Skimmie (*Skimmia japonica*) sowie Zwerg- und Felsenmispel (*Cotoneaster*).
- Zierende und essbare Früchte haben Apfelbeere (*Aronia*), Felsenbirne (*Amelanchier*), Kornelkirsche (*Cornus mas*), Rosen, Sanddorn (*Hippophae rhamnoides*) und Schlehe. Bei manchen, z. B. Eberesche, Holunder und Weißdorn (*Crataegus*), werden die Früchte erst nach der Verarbeitung genießbar.

Späte Blüten Bis in den Herbst hinein blühen Bartblume, Blauraute, Fingerstrauch (*Potentilla fruticosa*), Herbstflieder (*Syringa microphylla*), Johanniskraut (*Hypericum* 'Hidcote'), Säckelblume und Schmetterlingsstrauch. Für winterliche Blütenfreuden sorgen vor allem Schneeheide (*Erica carnea*), Winterjasmin (*Jasminum nudiflorum*) und Zaubernuss (*Hamamelis*).

Farbige Zweige im winterlichen Garten Im Winter ist der Garten – bis auf die Immergrünen – weitgehend kahl und wirkt etwas trüb und langweilig. Für attraktive Abhilfe können Sträucher mit farbigen Rinden sorgen. Vor allem Hartriegel sind hier empfehlenswert, insbesondere der Tatarische Hartriegel (*Cornus alba* 'Sibirica') mit roter Rinde. *Cornus stolonifera* 'Flaviramea' und die Gelbweide (*Salix alba* 'Vitellina') haben auffällige gelbe Zweige, die Tangutische Himbeere (*Rubus cockburnianus*) beeindruckt mit weißlich bereifter Rinde.

- Die beste Färbung zeigen Triebe, die aus dem Vorjahr stammen. Schneiden Sie im Frühjahr ältere Triebe, deren Farbe verblasst ist, an der Basis heraus.

Weiße Hochzeit im Frühsommer Es ist ein prachtvoller Anblick, wenn weiß blühende Deutzien, Kolkwitzien, Pfeifensträucher und Spiersträucher (*Spiraea*) den frühsommerlichen Garten in Weiß erstrahlen lassen. Doch versuchen Sie es auch einmal mit ausgefalleneren Sträuchern wie Blumenhartriegel (*Cornus kousa*), Blumenspiere (*Exochorda* x *macrantha*) oder Japanischem Schneeball (*Viburnum plicatum* 'Mariesii').

Für trockene Standorte An ausgesprochen sonnigen Plätzen mit eher leichten Böden tun sich selbst Sträucher, die sonst recht anspruchslos sind, schwer. Durch recht häufiges, stets durchdringendes Gießen, regelmäßiges Mulchen und Kompostgaben können Sie diesen Standortnachteil etwas

Farbige Rinden werden im Winter zum Blickfang: Tangutische Himbeere, Gelbweide und Tatarischer Hartriegel (von links nach rechts).

ACHTUNG!

Giftige und gefährliche Sträucher

Mehrere Sträucher wie Eibe, Pfaffenhütchen, Seidelbast und Stechpalme haben hochgiftige Früchte (siehe „Bunter Fruchtschmuck", S. 118). Oft sind bei diesen Arten auch alle anderen Pflanzenteile giftig. Sehr giftig in sämtlichen Pflanzenteilen sind außerdem Ginster (*Cytisus, Genista*), Goldregen (*Laburnum*) und Lebensbaum (*Thuja*). Unter den Wacholderarten gehört der Sadebaum (*Juniperus sabina*) zu den giftigsten. Sträucher mit scharfen Dornen oder Stacheln wie Berberitzen, Feuerdorn und Weißdorn können Verletzungen verursachen.

Einen wunderschönen Anblick bietet im Frühsommer der weiß blühende Japanische Schneeball 'Mariesii'.

Entfernen Sie bei buntlaubigen Sträuchern frühzeitig Triebe mit rein grünen Blättern.

ausgleichen. Greifen Sie hier bevorzugt zu trockenheitsverträglichen Arten.

- An sonnigen, trockenen Plätzen gedeihen Bartblume, Berberitzen, Blasenstrauch (*Colutea arborescens*), Blauraute, Felsenbirne (*Amelanchier laevis*), Ginster, Goldregen (*Laburnum*), Ölweide (*Elaeagnus*), Sanddorn, Schneebeere, Tamarisken, Wacholder.

*Die immergrüne Lavendelheide (*Pieris japonica*) erfreut im Frühjahr mit roten Blättern und blüht in dichten weißen oder rosa Rispen.*

- Für beschattete trockene Plätze, z. B. im Einflussbereich einer Mauer, eignen sich Bärentraube (*Arctostaphylos uva-ursi*), Bastardeibe (*Taxus × media*), Blasenstrauch, Buchs, Mahonie, Polster- und Schneeige Berberitze (*Berberis buxifolia, B. candidula*), Zwerglebensbaum (*Microbiota decussata*) und Zwergmispeln (*Cotoneaster*).

Sträucher in Rot Bei manchen Sträuchern erscheint der Neuaustrieb mit kräftig roten jungen Blättern, die sich reizvoll vom älteren, grünen Laub abheben. Besonders spektakulär ist dieser Effekt bei der Lavendelheide (*Pieris japonica* 'Forest Flame') und bei der Purpurglanzmispel (*Photinia × fraseri* 'Red Robin'). Letztere braucht guten Winterschutz. Solche Sträucher sind ideal, um in größeren Rabatten besondere Frühjahrsakzente zu setzen.

Gesunde, wüchsige Sträucher

Grüne Blätter an buntblättrigen Sträuchern An Sträuchern mit weiß oder gelb gemusterten Blättern wachsen zuweilen Zweige mit rein grünem Laub aus der Mitte. Entfernen Sie solche Triebe direkt an ihrer Ansatzstelle, sobald sie Ihnen auffallen. Wenn Sie hier nicht eingreifen, verwandelt sich der Strauch mit der Zeit in ein weniger attraktives, nur grün beblättertes Exemplar.

Gefahr durch Salz In Küstenregionen sind die Sträucher salzhaltiger Gischt und Winden ausgesetzt; auch die Böden sind oft salzhaltiger. Wählen Sie hier bevorzugt salzverträgliche Sträucher wie Erbsenstrauch (*Caragana arborescens*), Holunder, Kartoffelrose (*Rosa rugosa*), Kreuzdorn (*Rhamnus cathartica*), Kupferfelsenbirne (*Amelanchier lamarckii*), Ölweide, Roten Hartriegel (*Cornus sanguinea*), Sanddorn und Tamarisken.

- Solche Pflanzen verkraften auch noch am ehesten winterliches Streusalz, das z. B. Hecken stark schädigen kann. Halten Sie Wege in der Nähe von Gehölzen mit salzfreien Streumitteln wie Splitt oder Sand begehbar.

Wuchsprobleme Wenn ein Strauch trotz bester Pflege nicht wachsen will, prüfen Sie folgende mögliche Ursachen:

Die gute Wahl

ZWERGSTRÄUCHER
Zwerg- und Kleinsträucher wirken schön im Eingangsbereich und Vorgarten, in Rabatten, Steingärten oder Innenhöfen. Achten Sie darauf, dass sie nicht durch höhere Pflanzen verdrängt werden.

IMMERGRÜNE LAUBSTRÄUCHER Buchs (*Buxus microphylla* 'Green Pillow'), Glänzende Heckenkirsche (*Lonicera nitida*), Japanischer Spindelstrauch (*Euonymus japonicus* 'Microphyllus Albovariegatus'), Lavendelheide (*Pieris japonica* 'Little Heath'), Skimmie (*Skimmia japonica*) und Zwergmispel (*Cotoneaster microphyllus*)

NADELGEHÖLZE Balsamtanne (*Abies balsamea* 'Nana'), Igelfichte (*Picea glauca* 'Echiniformis'), Scheinzypressen (z. B. *Chamaecyparis obtusa* 'Nana Gracilis', *C. pisifera* 'Filifera Aurea'), Zwergkiefer (*Pinus mugo* 'Mops') und Zwergwacholder (*Juniperus squamata* 'Blue Star')

Die Lorbeerkirsche eignet sich für niedrige Hecken. Die Hauptblütezeit liegt im Mai.

- Der Boden kann ungeeignet oder verdichtet sein. Vielleicht haben die Wurzeln auch wegen Pflanzfehlern mangelnden Bodenkontakt. Am besten graben Sie den Strauch im Herbst oder zeitigen Frühjahr mit dem kompletten Wurzelballen aus, um ihn sorgfältig in gut vorbereiteten, tiefgründig gelockerten Boden umzupflanzen.
- Eventuell wurden beim Pflanzen oder beim Einschlagen eines Stützpfahls zu nah am Strauch die Wurzeln verletzt. Nehmen Sie das Gehölz vorsichtig heraus, und schneiden Sie beschädigte Wurzeln weg. Pflanzen Sie es dann wieder ein. Ziehen Sie dabei die Wurzeln behutsam auseinander. Setzen Sie diese auf einen Hügel mit guter Erde am Boden eines großen Pflanzlochs.
- Auch starke Kälte oder Hitze oder eine längere Phase mit austrocknenden Winden bald nach dem Pflanzen kann zu Wachstumsstockungen führen. Schützen Sie die Pflanzen entsprechend, oder setzen Sie sie an einen besser geschützten Platz um.

Top-Tipps für schlecht blühende Sträucher Bei schwacher Blüte lässt sich oft leicht für Abhilfe sorgen.

- **Haben Sie Geduld** Junge Sträucher brauchen teils mehrere Jahre, bis sie richtig anfangen zu blühen.
- **Düngen Sie ausgewogen** Ein zu stickstoffreicher Dünger fördert Trieb- und Blattwachstum auf Kosten der Blüten. Wählen Sie einen Dünger mit höherem Phosphat- und Kalianteil.
- **Schützen Sie überwinternde Knospen** Decken Sie Gehölze, die bereits im Herbst Blütenknospen anlegen, vor kalten Nächten mit Jute, Sackleinen oder mehreren Lagen Vlies ab.
- **Schneiden Sie richtig** Vor allem bei Frühlingsblühern berauben sich Gärtner öfter der Blüte, indem sie die Sträucher im Herbst oder Spätwinter stark zurückschneiden. Schneiden Sie solche Sträucher erst nach der Blüte. Lichten Sie sie im Zweifelsfall nur behutsam aus.
- **Pflanzen Sie notfalls um** Wenn alles nicht hilft, liegt es möglicherweise am falschen Standort, z. B. mit zu viel Sonne, Schatten oder Zugluft. Pflanzen Sie dann den Strauch während der Vegetationsruhe an einen geeigneteren Platz.

Eine Bandage für verletzte Triebe Ist ein Trieb, z. B. durch starken Wind, angebrochen oder gesplittert, lässt er sich oft noch retten. Umbinden Sie die Bruchstelle mit einem Bast- oder Baumverband aus dem Fachhandel. Häufig können sich Triebe dann durch Überwachsen des gesplitterten Holzes selbst heilen. Gießen Sie zur Unterstützung gründlich, und verabreichen Sie mehrmals Algenextrakt. Entfernen Sie nach dem Verwachsen den Verband.

Kein Gras unter Sträuchern Rasen unter Sträuchern ist schwierig zu mähen. Außerdem konkurrieren die Gräser mit den Gehölzen um Nährstoffe und Wasser. Halten Sie deshalb unter den Sträuchern eine Fläche von etwa 1 m Durchmesser grasfrei. Mulchen Sie die Stelle 5–8 cm hoch mit organischem Material wie Rindenhumus. Ziehen Sie den Mulch nicht ganz an die Triebbasis heran. Erneuern Sie den Mulch, wenn er halb verrottet ist.

Gesunde Stecklinge Nach dieser traditionellen Methode lassen sich viele Sträucher vermehren. Gute halb reife Stecklinge liefern im Sommer junge, noch nicht blühende, gesunde Triebe, die sich an der Strauchbasis entwickelt haben. Schneiden Sie von ihnen etwa 15 cm lange Spitzen ab, ca. 5 mm unterhalb eines Knotens. Achten Sie auf einen sauberen, geraden Schnitt ohne ausgefranste oder gequetschte Ränder. Entfernen Sie vor-

ACHTUNG!

Wasser ist lebenswichtig
Kräftiges Gießen gleich nach dem Pflanzen zählt zu den wichtigsten Maßnahmen, um das Überleben und das gute Wachstum des jungen Strauches zu sichern. Gießen Sie aber nicht nur nach dem Einsetzen gründlich, sondern auch noch in den folgenden Wochen.

Es dauert einige Zeit, bis die Wurzeln gut eingewachsen sind und sich im Boden ausgebreitet haben. Wässern Sie bis dahin so häufig wie bei Topfpflanzen – stets an der Pflanzenbasis direkt in den Wurzelbereich. Gießen Sie bei sehr heißem oder windigem Wetter besonders durchdringend.

Aber auch im Winter kann Gießen nötig werden, denn immergrüne Laub- und Nadelgehölze brauchen das ganze Jahr über Wasser. Wässern Sie die Pflanzen nach Trockenperioden bei frostfreiem Wetter, besonders die noch jungen Exemplare.

Gießen Sie frisch gepflanzte Sträucher durchdringend, selbst wenn es am Pflanztag etwas regnen sollte.

sichtig die unteren Blätter. Pflanzen Sie dann den Steckling in ein Gemisch aus Anzuchterde und scharfem Sand. Drücken Sie die Erde an, und gießen Sie behutsam. Stellen Sie den Topf zum Bewurzeln an einen geschützten Platz oder in eine Styropor-Anzuchtschale. Im nächsten Frühling können Sie den bewurzelten Steckling pflanzen.

Gehölzschnitt leicht gemacht

Top-Tipps für das Schneiden Ganz entscheidend für den Schnitterfolg ist eine Qualitätsgartenschere. Verwenden Sie vorzugsweise eine zweischneidige Bypass-Schere (Schwalbenschwanzschere). Mit ihren gegenläufigen, gebogenen Klingen ermöglicht sie einen präzisen, schonenden Schnitt. Bei Amboss-Scheren drückt eine gerade Klinge den Trieb gegen eine feste Gegenfläche, den „Amboss“. Sie eignet sich gut, um mit relativ geringem Kraftaufwand totes und überaltertes Holz oder Ausläufer wegzuschneiden.

- Beim Ansetzen der Schere sollte die größere der beiden Klingen stets an dem Teil des Strauches oder Triebes anliegen, der stehen bleibt (Abb. unten links). So entsteht ein sauberer, glatter Schnitt, der schnell verheilt. Wenn Sie stattdessen die schmalere Klinge näher zum verbleibenden Trieb halten, kann das Gewebe reißen oder splittern.
- Kürzen Sie beim Rückschnitt Triebe etwa 0,5–1 cm über einer nach außen weisenden Knospe. Setzen Sie bei aufrecht wachsenden Trieben den Schnitt etwas schräg an. Der Schnitt sollte von oberhalb der Knospe zur gegenüberliegenden Seite schräg nach unten führen. Von einer schrägen Schnittfläche läuft das Wasser besser ab, was Krankheiten vorbeugt. Eine Ausnahme machen Sträucher, bei denen sich an einem Knoten zwei Knospen auf gleicher Höhe gegenübersitzen. Hier schneiden Sie gerade, direkt oberhalb des Knospenpaars.
- Wollen Sie Triebe ganz entfernen, dann schneiden Sie diese direkt am Stamm bzw. am verbleibenden Haupttrieb weg, ohne einen Stummel stehen zu lassen. Haupttriebe nimmt man komplett heraus, indem man diese knapp über dem Boden abschneidet.

Der beste Zeitpunkt Laub abwerfende Sträucher werden während der Vegetationsruhe zwischen Herbst und Frühjahr geschnitten. Am besten ist ein Schnitt im zeitigen Frühjahr, kurz vor dem Austrieb. Wenn Sie bereits im Herbst schneiden, kann es passieren, dass noch einige der verbliebenen Triebe erfrieren und Sie im Frühjahr nachschneiden müssen.

- Schneiden Sie nie bei Temperaturen unterhalb von –5 °C.
- Eine wichtige Ausnahme sind die Frühjahrs- und Frühsommerblüher: Sie werden erst im Sommer nach der Blüte geschnitten.

Für Licht und Luft sorgen Die wichtigste Schnittmaßnahme ist das Auslichten. Hierbei entfernen Sie zunächst alle abgestorbenen und beschädigten Triebe.

- Nehmen Sie dann je nach Austrieb- und Wuchsstärke des Strauches alle 2–4 Jahre einige der ältesten Haupttriebe heraus; sie sind an ihrer Dicke und meist auch an ihrer

Bypass-Scheren schneiden mit gegenläufigen Klingen. Setzen Sie diese so an, dass die größere am verbleibenden Trieb oder Triebteil anliegt.

Beim Auslichten ist es am wichtigsten, ältere Triebe knapp über dem Boden zu schneiden. Tun Sie dies etwa alle 2–4 Jahre.

SCHNITT EINES FRÜHJAHRSBLÜHERS

1 Schneiden Sie Sträucher, die im Frühjahr oder Frühsommer blühen, gleich nach der Blüte, also noch im Sommer.

2 Entfernen Sie einige der ältesten Triebe im Strauchinnern durch Wegschnitt kurz über dem Boden. So wird der Strauch wieder luftiger.

3 Schneiden Sie Seitentriebe weg, die zu dicht oder über Kreuz stehen. Wenn viele Triebe nach innen wachsen, entfernen Sie davon die meisten.

4 Lichten Sie bei verwahrlosten Sträuchern beherzt überalterte Triebe aus. Schneiden Sie die verbleibenden um etwa zwei Drittel zurück.

Schneiden Sie überhängende Triebe bei Forsythien hinter der Biegestelle zurück.

dunklen Farbe erkennbar. Schneiden Sie die Triebe nah am Boden weg; so bleibt der Strauch luftig, ohne seine natürliche Wuchsform zu verlieren. Auf diese Weise kann auch mehr Licht ins Strauchinnere gelangen.

- Manche Sträucher treiben jährlich neu aus der Basis aus, z. B. Hasel, Holunder oder Kerrie (Ranunkelstrauch). Hier können Sie auch einige der Jungtriebe unten wegschneiden, damit der Strauch nicht zu dicht wird.
- Entfernen Sie zum Schluss Triebe, die zu dicht oder über Kreuz wachsen oder auf andere Weise deutlich stören. Solche Triebe können Sie auch bis zu günstiger stehenden Seitentrieben zurückschneiden, ebenso wie weit herausragende Zweige.

Sträucher mit Bogentrieben Manche Sträucher, z. B. sommergrüne Berberitzen, Forsythie, Kerrie, Pfeifenstrauch, Weigelie und Zierquitte, wachsen mit zunächst geraden Neutrieben, die sich mit den Jahren in der Mitte stark verzweigen und dann bogig überhängen. Kürzen Sie solche Triebe nach der Blüte kurz hinter der Biegestelle ein, wobei Sie auf einen kräftigen, nach oben wachsenden Seitentrieb zurückschneiden. Hier werden dann im Folgejahr kräftig Blüten angesetzt. Schneiden Sie alle paar Jahre überalterte Bogentriebe in Bodennähe heraus.

Schneiden, nicht „schnippeln" Aus Angst, zu viel zu schneiden, kürzen manche Gärtner die Triebe immer nur ein wenig ein. Als Folge entwickeln sich an den Triebspitzen viele dünne, zunehmend dicht und besenartig stehende Neutriebe, während das Strauchinnere verkahlt. Seien Sie mutig: Lichten Sie den Strauch durch Herausschneiden alter Triebe an der Basis aus.

Sträucher für beherzten Schnitt Manche Sommer- und Herbstblüher bilden ihre Blüten an den Trieben, die sich im Frühjahr entwickeln. Hierzu zählen Rispenhortensie (*Hydrangea paniculata*) und Schmetterlingsstrauch (*Buddleja davidii*). Schneiden Sie bei diesen Sträuchern im Frühjahr alle oder zumindest einen Teil der älteren Triebe radikal bis etwa 10–20 cm über dem Boden zurück. Alle 2–3 Jahre empfiehlt sich das auch bei den Spiersträuchern (*Spiraea bumalda*, *S. japonica* und *S. decumbens*).

- Auch Bartblume (*Caryopteris*), Besenheide (*Calluna vulgaris*), Blauraute (*Perovskia abrotanoides*) und strauchiges Johanniskraut (*Hypericum*) schneiden Sie im Frühjahr um etwa die Hälfte zurück.

Sträucher ohne Schnittbedarf Manche Sträucher bilden kaum Neutriebe aus dem Boden und verzweigen sich auch nur mäßig, so etwa Eberesche, Felsenbirne, Goldregen, manche Hartriegel (*Cornus*), Magnolien, Perückenstrauch und Zaubernuss. Beschränken Sie hier den Schnitt auf das Entfernen abgestorbener, beschädigter oder kranker Triebteile sowie besonders störender Zweige. Führen Sie nie einen starken Rückschnitt durch.

- Auch die meisten immergrünen Laub- und Nadelgehölze brauchen kaum regelmäßigen Schnitt. Einige vertragen allerdings Rückschnitt gut, z. B. Hecken- und Formschnitt (siehe S. 127–129).

SCHON GEWUSST?

Darum lohnt es sich, Sträucher zu schneiden
An und für sich blühen viele Sträucher über Jahre auch ohne Schnitt zufriedenstellend. Doch früher oder später wird der Flor spärlicher. Oft verschiebt sich dann auch die Blütenzone nach außen, der untere und innere Bereich wird zunehmend kahl.

- Meist sind es die ein- oder zweijährigen Haupttriebe bzw. deren Seitentriebe, die die meisten Blüten hervorbringen. Das regelmäßige Auslichten des ältesten Holzes fördert die Bildung neuer Triebe und trägt so auch zu einer ständigen Verjüngung bei.
- Da durch den Schnitt mehr Licht an alle Triebe gelangt, wirkt er zudem dem Verkahlen entgegen. Zugleich sind alle Teile besser belüftet; nach einem Regen trocknen die Blätter schneller ab, was der Ausbreitung von Pilzkrankheiten vorbeugt.

SPEZIELLE SCHNITTMASSNAHMEN

Der Schmetterlingsstrauch (*Buddleja davidii*) blüht ab Juli bis zum Herbst. Hier lohnt sich das Ausputzen: Durch Wegschneiden verwelkter Blütenstände fördern Sie den Nachflor.

Bei langen oder ungünstig stehenden Trieben ist es oft einfacher und schonender, zunächst auf einen Stummel zu schneiden und diesen dann direkt an seiner Ansatzstelle sauber zu entfernen.

Bei Sommer- und Herbstblühern, die an diesjährigen Trieben blühen, schneidet man im Frühjahr die alten Triebe kurz über dem Boden weg. Dies gilt z. B. für *Buddleja davidii*.

Grüne Wände und Skulpturen

Historische Gartenanlagen entfalten durch ihre akkurat angelegten und kunstvoll in Form geschnittenen Hecken einen besonderen Zauber. Mit Gehölzen wurden Einfriedungen, Hintergründe und Blickpunkte geschaffen. Mittlerweile haben diese Gestaltungsmittel auch in Hausgärten erfolgreich Einzug gehalten.

Der Weg zur perfekten Hecke

Kaufen Sie wurzelnackte Pflanzen
Die meisten Sträucher werden als Containerpflanzen verkauft, die man – außer bei Frost oder großer Hitze – fast das ganze Jahr über pflanzen kann. Heckengehölze allerdings gibt es häufig auch als wurzelnackte Pflanzen ohne Erdballen. Aufgrund der Stückzahlen, die für größere Hecken erforderlich sind, empfiehlt es sich oft, diese deutlich preiswerteren Jungpflanzen zu verwenden. Sie können sie allerdings nur im Herbst oder Frühjahr pflanzen. Zudem kann es einige Jahre dauern, bis die Hecke dicht wird.

- Manche Gärtnereien und Gartencenter räumen bei größeren Stückzahlen einen Mengenrabatt ein.
- Alternativ können Sie für Hecken auch Pflanzen mit Ballen verwenden. Sie liegen preislich zwischen Container- und wurzelnackter Ware und wachsen sicherer und schneller an als Pflanzen ohne Ballen.

Ein Bagger erleichtert die Arbeit Bei einer längeren Hecke kann man sich viel Mühe und Arbeit ersparen, wenn man einen kleinen Bagger ausleiht oder den Pflanzgraben von einer Firma ausheben lässt. Legen Sie den Graben schon etwa 1 Monat vor der Pflanzung an. Geben Sie dann den Aushub, vermischt mit reifem Kompost, in die Grube. Bringen Sie eine 10 cm dicke Mulchschicht darüber aus. Lassen Sie dann den Boden ruhen und sich absetzen.

Solch ein großzügiger nostalgischer Garten mit Formschnitthecken und -gehölzen kann Anregungen bieten, die sich auch in kleineren Gärten umsetzen lassen.

- Wenn Sie anschließend pflanzen, ist der Boden immer noch locker, und Sie können die Pflanzlöcher einfach ausheben.

Mulchen ist wichtig Eine etwa 10 cm hohe Mulchschicht unter der frisch gepflanzten Hecke bewahrt die Bodenfeuchtigkeit und unterdrückt Unkräuter. Entfernen Sie schon beim Vorbereiten des Pflanzgrabens gründlich alle Unkräuter samt Wurzeln.

Ein Pfad vor der Hecke Hecken müssen regelmäßig geschnitten werden. Halten Sie deshalb einen Pfad zwischen der Hecke und angrenzenden Beeten frei. Er sollte breit genug sein, um ihn mit einer Schubkarre zu befahren und um eine Leiter oder ein Gerüst für den Schnitt hoher Hecken aufzustellen.

Platzsparende Alternativen Bei allen Vorzügen beanspruchen Hecken auch reichlich Platz. Wenn Sie auf beschränkter Fläche eine lebendige Abschirmung haben möchten, können Sie stattdessen ein Rankgerüst oder einen Zaun mit Kletterpflanzen begrünen. Auch als schmale Spaliere gezogene Obstgehölze sind eine reizvolle Möglichkeit.

Schnell wachsende Hecken Manche Gehölze, vor allem einige Koniferen, wachsen recht schnell zu dichten Hecken heran. Allerdings erfordern diese Hecken dann später wenigstens zweimal im Jahr einen Rückschnitt, damit sie in Form bleiben. Am schnellsten wachsen Leylandzypressen (x *Cupressocyparis leylandii*) und Scheinzypressen (*Chamaecyparis*).

Achten Sie auf den Grenzabstand Vor der Pflanzung einer Hecke sollten Sie sich bei der örtlichen Baubehörde erkundigen, welche Grenzabstände einzuhalten sind. Auch für die Höhe der Hecke gibt es unter Umständen Vorschriften. Sprechen Sie frühzeitig mit Ihren Nachbarn, wenn Sie eine Heckenpflanzung nahe der Grundstücksgrenze planen. So lassen sich oft schon im Vorfeld spätere Streitigkeiten, z. B. über eine unerwünschte Beschattung durch die Hecke, vermeiden.

Eine „wilde" Hecke Eine lockere, frei wachsende Hecke aus unterschiedlichen Gehölzen bietet sich als naturnahe Alternative zur akkurat getrimmten Schnitthecke an. Sie wird nicht ganz so dicht wie eine einheitliche immergrüne Hecke, wirkt aber sehr attraktiv. Zudem dient sie Vögeln und anderen Wildtieren als Unterschlupf und braucht viel weniger Pflege. Sie müssen nur gelegentlich auslichten und besonders wüchsige Sträucher etwas stärker im Zaum halten, damit sie die anderen nicht überwuchern.

Hecken mit Schutzfunktion Wenn Sie an einer viel befahrenen Straße wohnen, dann ist eine immergrüne, dichte Hecke der beste Schutz vor Lärm und Abgasen. Geeignet sind z. B. Eiben, Liguster, Lorbeerkirschen und Scheinzypressen.

- Hainbuche und Rotbuche sind zwar Laub abwerfend, doch ein Großteil des trockenen Laubes bleibt über Winter haften, sodass sie auch während der kalten Jahreszeit einen gewissen Schutz bieten.

PFLANZUNG EINER HECKE MIT UNKRAUT UNTERDRÜCKENDEM VLIES

Der Fachhandel bietet spezielle Unkrautvliese an, die wasserdurchlässig sind. Mithilfe eines solchen Vlieses kann sich die Hecke ohne Unkrautkonkurrenz entwickeln. Das Vlies wird entfernt, wenn die Hecke gut eingewachsen ist, oder dauerhaft unter einer Mulchschicht versteckt. Eine preiswerte Alternative ist eine Schicht alter, gut angefeuchteter Zeitungen.

1 Den Boden 40 cm tief lockern und mit Kompost verbessern. Danach graben Sie rund um den Pflanzbereich eine 10 cm tiefe Rille.

2 Legen Sie das Vlies aus, ziehen Sie dessen Ränder in die Rille, und fixieren Sie sie darin mit Haken. Füllen Sie die Rille mit Erde auf.

3 Schneiden Sie an den Pflanzstellen kreuzförmige Schlitze in das Vlies. So können Sie das Vlies aufklappen, um Pflanzlöcher zu graben.

4 Setzen Sie die Pflanzen ein, füllen Sie Erde auf, und gießen Sie gründlich an. Überdecken Sie dann das Vlies mit einer Schicht Rindenmulch.

Hecken als Barrieren Um unerwünschte Besucher – egal, ob Mensch oder Tier – vom Grundstück fernzuhalten, eignen sich besonders Gehölze mit Stacheln, Dornen oder spitzen Nadeln. Berberitze, Feuerdorn, Stechpalme, Weiß- und Rotdorn sowie Wildrosen bilden undurchdringliche Dickichte. Obendrein schmücken sie sich mit attraktiven Blüten oder Früchten.

Jedes Jahr eine neue Hecke Mit hochwachsenden Sommerblumen und Stauden können Sie einen Sichtschutz schaffen, der sich jedes Jahr anders präsentiert. Artischocken, Sonnenblumen oder Stockrosen etwa, im Frühjahr gesät oder gepflanzt, bilden schnell eine grüne Wand, die viele Monate hält.

SCHON GEWUSST?

Vielfältige Hecken
In einer frei wachsenden gemischten Hecke können Sie sämtliche Zieraspekte von Sträuchern kombinieren: Blüten, Fruchtschmuck, hübsche Blätter, schöne Herbstfärbung und immergrünes Laub. Bei geschickter Zusammenstellung hat die Hecke zu jeder Jahreszeit etwas für das Auge zu bieten.

- Gut eignen sich z. B. Forsythie, Glanzmispel (Abb. unten), Hainbuche, Haselnuss, Schneeball, Thuja (Abb. ganz unten), Weiß- und Rotdorn.

Eine Rosenhecke Rosen bilden attraktive, nostalgisch anmutende Hecken. Am besten eignen sich Strauchrosen, insbesondere Sorten mit dichter Belaubung und langer Blütezeit. Auch Wildrosen wie die Kartoffelrose geben schöne Hecken mit Bauerngartenflair ab und schmücken sich im Herbst mit zahlreichen Hagebutten.

● Schneiden Sie die Triebe in unterschiedlichen Höhen zurück. So erscheinen die Blüten über der gesamten Hecke, nicht nur im oberen Bereich.

Weidenflechtzäune Hecken, die aus ineinandergeflochtenen Weidenruten wachsen, werden immer beliebter. Dazu steckt man einfach stabile Weidenruten in den Boden und flicht dünnere dazwischen. Das Ergebnis ist ein dichter, lebendiger Zaun, der mit der Zeit neue Triebe bildet und zu einer grünen Wand wird.

Düstere Nadelholzhecken aufhellen Eine Hecke, die nur aus grünen Nadelgehölzen besteht, kann recht eintönig wirken. Verwenden Sie zum Aufhellen goldgelb benadelte Sorten, oder pflanzen Sie gemischte Hecken aus Koniferen und immergrünen Laubgehölzen mit weiß-bunten Blättern, z. B. panaschierten Stechpalmensorten.

● Gelbnadelige Sorten, die sich für Hecken eignen, sind die Scheinzypressen (*Chamaecyparis lawsoniana*) 'Ellwood's Gold', 'Stardust' und 'Stewartii'. Bei den Eiben haben 'Semperaurea' und 'Summergold' gelbe Nadeln.

Pflegeleichte Hecken Anstelle stark wüchsiger Nadelgehölze, die regelmäßig geschnitten werden müssen, damit sie nicht zu breit werden, können Sie schmal säulenförmige Sorten pflanzen. Selten breiter als 1 m werden Raketenwacholder (*Juniperus* 'Blue Arrow' und 'Sky Rocket'), Säulenwacholder (*Juniperus communis* 'Hibernica') oder Smaragdlebensbaum (*Thuja occidentalis* 'Smaragd'). Diese Sorten brauchen durch Schnitt nur auf der gewünschten Höhe gehalten zu werden.

Hecken als Windschutz Eine hohe Hecke aus windfesten Arten wie Eibe, Lebensbaum oder Liguster kann effektiv vor starken Winden schützen. Dabei sind etwas durchlässige Hecken, die den Wind quasi „filtern", wesentlich besser als völlig dichte Hecken oder Mauern. Denn starre Barrieren bremsen den Wind ab, doch in einigem Abstand hinter ihnen beschleunigt er sich wieder umso stärker und bildet kräftige Wirbel.

● Ein Windschutz schützt eine Fläche am Boden, die der 20-fachen Höhe pro Meter Breite entspricht. Das bedeutet, dass eine Hecke von 1,8 m Höhe und 10 m Breite eine Fläche von 360 m² schützt. Wählen Sie die Heckenpflanzen nach der gewünschten Endhöhe und Wüchsigkeit aus.

Geeignete Heckenpflanzen – Auswahl

	STRAUCH- ODER BAUMART	LAUB
SICHERHEIT	Feuerdorn (*Pyracantha coccineus, P.*-Hybriden)	immergrün
	Hundsrose, Kartoffelrose (*Rosa canina, R. rugosa*)	sommergrün
	Stechpalme (*Ilex aquifolium*)	immergrün
	Thunbergs-Berberitze (*Berberis thunbergii*)	sommergrün, orange bis rote Herbstfärbung
	Weiß- und Rotdorn (*Crataegus laevigata*)	sommergrün, gelbe bis orange Herbstfärbung
SICHTSCHUTZ	Eibe (*Taxus*-Arten)	grün oder gelb benadelt, immergrün
	Hainbuche (*Carpinus betulus*)	sommergrün, gelbe Herbstfärbung
	Leylandzypresse (x *Cupressocyparis leylandii*)	grün oder gelb benadelt, immergrün
	Liguster (*Ligustrum obtusifolium, L. vulgare*)	teils wintergrün
	Lorbeerkirsche (*Prunus laurocerasus*)	immergrün
	Rotbuche (*Fagus sylvatica*)	sommergrün, gelbe bis rotbraune Herbstfärbung
WINDSCHUTZ	Eibe (*Taxus*-Arten)	grün oder gelb benadelt, immergrün
	Hartriegel (*Cornus alba, C. sanguinea*)	sommergrün, orangegelbe bis rote Herbstfärbung
	Hasel (*Corylus avellana*)	sommergrün, gelbe Herbstfärbung
	Kornelkirsche (*Cornus mas*)	sommergrün, gelbe Herbstfärbung
	Lawson-Scheinzypresse (*Chamaecyparis lawsoniana*)	grün oder gelb benadelt, immergrün
	Lebensbaum (*Thuja occidentalis*)	grün benadelt, immergrün
	Liguster (*Ligustrum obtusifolium, L. vulgare*)	teils wintergrün
	Weide (*Salix*-Arten)	sommergrün
EINFASSUNG	Buchs (*Buxus sempervirens* 'Suffruticosa')	immergrün
	Glänzende Heckenkirsche (*Lonicera nitida*)	immergrün
	Polsterberberitze (*Berberis buxifolia* 'Nana')	immergrün
BLÜTENHECKEN	Blutjohannisbeere (*Ribes sanguineum*)	sommergrün
	Deutzie (*Deutzia*-Arten und -Hybriden)	sommergrün
	Flieder (*Syringa vulgaris*)	sommergrün
	Forsythie (*Forsythia* x *intermedia*)	sommergrün
	Kerrie (*Kerria japonica*)	sommergrün
	Spierstrauch (*Spiraea*-Arten)	sommergrün
	Weigelie (*Weigela*-Hybriden)	sommergrün

Halten Sie Ihre Hecken in Form

Vorsicht, Kabel! Achten Sie beim Arbeiten mit der elektrischen Heckenschere stets auf das Stromkabel. Legen Sie es über die Schulter nach hinten, oder befestigen Sie es an der Gürtelschlaufe, damit es nicht in Reichweite der Schneide gelangt. Elektrische Gartengeräte sollten ausschließlich an einem Stromkreis mit Fehlerstromschutzschalter (FI-Schalter) betrieben werden.

Sicherheit geht vor Pflegen Sie Ihre elektrische Heckenschere regelmäßig. Prüfen Sie vor jedem Einsatz, ob alle Sicherheitsvorrichtungen funktionieren.

- Gute Heckenscheren können nur mit beiden Händen bedient werden: Wenn man eine Hand loslässt, stoppen die Messer. Seien Sie besonders vorsichtig, falls Sie noch mit einem Gerät ohne eine solche Sicherheitsabschaltung arbeiten.
- Achten Sie beim Kauf auf weitere Sicherheitsvorrichtungen wie Anstoßschutz, Sicherheitsmesser, Schutzschild für die Hände oder Sicherheitsbügel.
- Tragen Sie beim Heckenschnitt immer eine Schutzbrille, kräftige Handschuhe, lange Hosen, eine langärmlige Jacke und Sicherheitsschuhe.

Hecken „erziehen" Schneiden Sie nicht erst dann, wenn Ihre Hecke die gewünschte Höhe erreicht hat, sonst verkahlt sie von unten. Sobald die Hecke eine Höhe von etwa 1 m aufweist, wird zum ersten Mal geschnitten. Auf diese Weise verzweigt sie sich gut und wird dicht. Lassen Sie die Hecke pro Jahr etwa 15–20 cm wachsen. Kappen Sie darüber hinausgehenden Zuwachs, bis die vorgesehene Endhöhe erreicht ist.

Achten Sie beim Kauf darauf, dass die Heckenschere der Größe Ihrer Hecke entspricht.

Lorbeerkirsche und Feuerdorn werden schonend geschnitten Die schattenverträgliche, immergrüne Lorbeerkirsche (*Prunus laurocerasus*) wächst schnell zu dichten Hecken heran.

- Schneiden Sie Lorbeerkirschhecken nicht mit der Heckenschere, da die großen Blätter an jeder Schnittstelle braun eintrocknen. Verwenden Sie stattdessen eine Gartenschere, um die einzelnen Triebe auf die nötige Länge einzukürzen.
- Wenn Sie Hecken aus Feuerdorn (*Pyracantha*) kräftig stutzen, berauben Sie sich eines Teiles der Blüten und des herbstlichen Fruchtschmucks. Schneiden Sie diese Gehölze deshalb möglichst nur alle paar Jahre stärker zurück. Kürzen Sie zwischendurch lediglich überlange und störende Triebe mit der Astschere ein.

Wann wird geschnitten? Bei Formhecken erfolgt der erste Schnitt im zeitigen Frühjahr. Je nach Wuchsstärke und Bedarf können Sie im Spätsommer noch einmal nachschneiden, häufig ist jedoch ein Schnitt pro Jahr ausreichend.

- Beachten Sie, dass in Hecken häufig Vögel brüten. Verzichten Sie unbedingt während der Hauptbrutzeit von März bis Ende Juli auf den Schnitt. In mehreren Bundesländern sind sogar Schnitteingriffe von März bis September untersagt oder höchstens „leichte" Pflegeschnitte erlaubt.

Heckenseiten schräg schneiden Beim Heckenschnitt sollten Sie immer an der Basis beginnen und sich von unten nach oben vorarbeiten. Umgekehrt würden die abgeschnittenen Triebe auf die unteren Zweige fallen und so deren Schnitt erschweren.

- Schneiden Sie die Hecke an den Längsseiten etwas schräg, sodass sie einen trapezförmigen Querschnitt erhält und die Basis breiter ist als die Krone. So bekommen die unteren Bereiche mehr Sonnenlicht ab, und dem Verkahlen wird vorgebeugt.
- Mithilfe von Latten und Schnüren können Sie einfache Schablonen errichten, die einen sauberen Schnitt erleichtern.

HECKEN SCHNEIDEN

1 Eine an Latten aufgespannte Schnur hilft dabei, die Hecke im oberen Bereich gerade zu schneiden.

2 Verwenden Sie eine stabile Trittleiter. Schneiden Sie nie über Schulterhöhe oder mit extrem gestreckten Armen.

3 Hecken mit kleinen Blättern lassen sich mit der Heckenschere stutzen. Bei großblättrigen Sträuchern kürzen Sie die Triebe einzeln mit der Gartenschere.

4 Schneiden Sie nach innen, damit man die Schnittstellen nicht sieht. Kontrollieren Sie immer wieder, ob die Schnittlinie noch gerade verläuft.

Eine Hecke mit Ausblick Wenn Sie in eine etablierte, dichte Hecke „Fenster" oder gar Türbogen schneiden, ergeben sich romantisch wirkende Ausblicke. Dieser Kunstgriff wurde von früheren Landschaftsgärtnern sehr gern und effektiv eingesetzt.

Heckenschnitt kompostieren Am besten lässt sich das Schnittgut verwenden, wenn Sie es mit einem Häcksler zerkleinern. Auf dem Kompost etwas angerottet, eignet sich das Häckselgut als Mulchmaterial.

Hecken bewässern Zur Bewässerung von Hecken eignen sich Tropfschläuche besonders gut. Solche perforierten Schläuche werden entlang der Heckenbasis verlegt und an die Wasserleitung angeschlossen. Aus ihnen sickert das Wasser langsam, aber stetig in den Wurzelbereich. Aufgrund der effektiven Versorgung und geringen Verdunstung ist diese Methode recht wassersparend.
● Steuern Sie die Tropfschlauchbewässerung am besten mit einer Zeitschaltuhr oder mit einem kleinen Bewässerungscomputer samt Feuchtigkeitsfühler aus dem Fachhandel.

Besprühen Sie Nadelgehölzhecken Manche Nadelgehölze werden bei starker Trockenheit leicht von Schädlingen wie Spinnmilben befallen. Beugen Sie vor, indem Sie die Hecke einmal in der Woche mit einem feinen Wasserstrahl besprühen.

Herbstputz bei Laub abwerfenden Hecken Der Spätherbst, wenn das letzte Blatt gefallen ist, ist ein guter Zeitpunkt, unter und in den Hecken abgestorbene Zweige und Äste zu entfernen. Auch Unkräuter, die in die Hecke gewachsen sind, können dann leichter beseitigt werden. Erneuern Sie zum Abschluss, wenn nötig, die Mulchschicht.

Wenn Koniferen absterben Wenn in einer Koniferenhecke eine einzelne Pflanze braun wird und abstirbt, die benachbarten aber gesund bleiben, dann liegt das oft an einer Pilzinfektion der Wurzeln. Dies tritt besonders bei sehr feuchten Böden auf. Entfernen Sie die befallene Pflanze mitsamt dem Wurzelballen und so viel Erde wie möglich. Geben Sie das Pflanzenmaterial nicht auf den Kompost. Verbessern Sie den Boden, bevor Sie die Lücke neu bepflanzen, und behandeln Sie die gesamte Hecke regelmäßig mit Pflanzenstärkungsmitteln.

Die hohe Kunst des Formschnitts

Altehrwürdige Tradition In Formen geschnittene Pflanzen lassen sich bis ins alte Rom nachweisen und sind seither ein beliebtes Gestaltungselement. Die vor allem in England hoch entwickelte Schnittkunst ist auch als „Topiary" bekannt. Geometrische Formen passen gut in modern gestaltete Gärten, während verspielte Tierfiguren in romantischen Bauerngärten ihren Platz haben.

Formschnittgehölze brauchen Nahrung Um nach dem Schnitt schnell wieder neue Triebe und eine dichte Belaubung bilden zu können, brauchen die Pflanzen regelmäßige Düngergaben. Ein organischer, stickstoffreicher Dünger im Frühjahr ist ideal. Düngen Sie keinesfalls nach Ende Juli, damit die jungen Triebe gut ausreifen können.

Der richtige Schnittzeitpunkt Bis die endgültige Form erreicht ist, schneidet man einmal jährlich im späten Frühjahr. Dabei kürzt man den Zuwachs des Vorjahrs etwa

Die gute Wahl

DIE BESTEN PFLANZEN FÜR DEN FORMSCHNITT
Buchsbaum war von jeher eines der beliebtesten Formschnittgehölze. Es gibt aber auch andere Sträucher, die sich dafür eignen.

IMMERGRÜNE LAUBSTRÄUCHER Buchs, Glänzende Heckenkirsche (*Lonicera nitida*), Liguster und Stechpalme lassen sich gut in Form schneiden.

LAUB ABWERFENDE STRÄUCHER Hainbuche und Berberitze (*Berberis thunbergii*) verlieren zwar im Herbst ihre Blätter, sind aber attraktive Formschnittgehölze.

NADELGEHÖLZE Eiben sind altbewährte Formschnittpflanzen. Auch Wacholder lässt sich gut in Form bringen.

NIEDRIGE PFLANZEN Für kleine Skulpturen eignen sich auch Efeu, Glänzende Heckenkirsche, Heiligenkraut und Lavendel.

Großvaters Geheimtipp

EINE STETE QUELLE FÜR HECKENPFLANZEN
Um eine dichte, schöne Hecke zu bekommen, braucht man viele Pflanzen. Bei langen Hecken kann das ins Geld gehen. Alternativ kann man das tun, was schon unsere Großväter perfekt beherrschten: die Pflanzen selbst anziehen.
● Schneiden Sie von Ihren Heckenpflanzen Stecklinge oder Steckhölzer, und setzen Sie sie in kleine Töpfen mit einem Gemisch aus Sand und Anzuchterde, bis sie sich bewurzeln. Über Winter schützt man sie in einem Frühbeetkasten oder in Styroporkisten (gelegentlich die Feuchtigkeit überprüfen und lüften).
● Topfen Sie dann die bewurzelten Stecklinge ein- bis mehrmals um, bis sie für die Heckenpflanzung groß genug sind.

Im Fachhandel gibt es auch Fertigschablonen für den Formschnitt von Gehölzen.

IN FORM BRINGEN MIT EINEM BAMBUSSTABGERÜST

1 Buchs lässt sich als Formschnittpflanze auch gut im Kübel halten. Er braucht durchlässige, etwas kalkhaltige und humose Erde. Vor allem als junge Pflanze verträgt er pralle Sonne schlecht.

2 Stecken Sie die Bambusstäbe rund um die Pflanze, und binden Sie sie oben zusammen. Da Buchs langsam wächst, müssen Sie etwas Geduld haben, bis er das Gerüst ausfüllt.

3 Alle Triebe, die aus der Form herauswachsen, schneiden Sie zurück, wenn nötig, jeden Monat. Durch den häufigen Rückschnitt verzweigen sich die Triebe besser.

4 Gießen Sie den Buchs im Kübel regelmäßig. Düngen Sie ihn im Frühjahr. Sobald er die perfekte Form erreicht hat, können Sie das Bambusstabgerüst entfernen.

um die Hälfte ein. So wird die Verzweigung gefördert und der Neuaustrieb angeregt. Hat die Pflanze ihre endgültige Form und Größe, hängt die Schnitthäufigkeit von der Wuchsstärke und der gewählten Form ab. Komplizierte Formen muss man zum Teil monatlich nachschneiden, um ihre Kontur zu erhalten. Bei weniger anspruchsvollen Figuren reicht es, nach dem Frühjahrsaustrieb zu stutzen und, wenn nötig, im Sommer nachzuschneiden. Schneiden Sie nie im Herbst, sonst regen Sie einen Neuaustrieb an, der bis zum Winter nicht mehr ausreifen könnte.

Schnitthilfen und -schablonen Für einfache Formen mit geraden Kanten können Sie ein Gerüst aus Bambusstäben als Schnittschablone verwenden, das nach dem Schneiden wieder entfernt wird.

- Um komplexere Figuren wie Tiere oder geometrische Formen wie Pyramiden, Zylinder, Kugeln oder Kegel zu schneiden, biegen Sie sich passende Schablonen aus Maschendraht zurecht. Stülpen Sie die Form über die Pflanze, und befestigen Sie sie mit Stäben am Boden. Schneiden Sie alle Triebe, die durch die Maschen wachsen, zurück.
- Die Drahtschablone braucht nicht entfernt zu werden, da sie im Lauf der Zeit komplett überwachsen wird.

Formschnittpflanzen in Töpfen
Geschnittene Buchsbäumchen oder Eiben in Kübeln setzen schöne Akzente auf jeder Terrasse, entlang von Treppen oder links und rechts der Eingangstür. Verwenden Sie nur qualitativ hochwertige Pflanzerden, düngen Sie regelmäßig, und achten Sie auf einen guten Wasserabzug.

Gute Scheren für präzisen Schnitt
Eine Heckenschere schneidet viel zu schnell und grob für feine Figuren. Für kleinere Formschnittgehölze eignet sich eine Qualitätsgartenschere noch recht gut. Doch das optimale Werkzeug ist eine spezielle Topiaryschere, die auch als Buchsbaum- oder Schafschere im Handel erhältlich ist.

- Schleifen und schärfen Sie die Klingen regelmäßig. Mit stumpfem Schnittwerkzeug werden die Triebe gequetscht, was nicht nur zu unschönem Aussehen, sondern auch zu Krankheitsbefall bis hin zum Absterben führen kann.
- Scheren mit gewellten Klingen eignen sich für feinblättrige Sträucher besonders gut.

Absterbende Zweige Wenn sich ein Zweig braun verfärbt und abzusterben scheint, schneiden Sie ihn an der Basis bis ins gesunde Holz weg. Bei guter Nährstoff- und Wasserversorgung werden neue Triebe die Lücke füllen. Es kann jedoch einige Zeit dauern, bis die ursprüngliche Form wiederhergestellt ist. Das klappt bei den meisten Formschnittgehölzen; allerdings gibt es manche Nadelbäume, die sich kaum durch Neuaustrieb regenerieren können.

Aus der Form geraten Wurden Figuren oder Skulpturen einige Jahre nicht geschnitten, haben sie meist stark an Kontur verloren. Schneiden Sie sie im ersten Jahr kräftig und nur grob auf die ursprüngliche Form zurück. In den nächsten 2–3 Jahren können Sie dann behutsam die Oberflächen glätten und die Ausgangsform wieder herausarbeiten.

SCHON GEWUSST?

Schnitt einer Spirale
Eibe, Buchs und Wacholder eignen sich besonders gut für Spiralformen (Abb. unten). Es kann allerdings 5–7 Jahre dauern, bis eine dichte Form erreicht ist. Beginnen Sie mit einer schlanken, 50–60 cm hohen Pflanze, deren Haupttrieb gestäbt wird. Schneiden Sie das Gehölz im zweiten Jahr in eine zylindrische Form mit etwa 10 cm Durchmesser. Im Spätsommer schneiden Sie ein weiteres Mal auf diesen Durchmesser zurück.

Wiederholen Sie diese Schnittmaßnahmen, bis die Pflanze etwa 1,2 m hoch ist. Dann entfernen Sie den Stab und schneiden von unten her mit der Schere die Spiralform ein. Winden Sie als Richtlinie eine Schnur oder einen Draht um die Pflanze, und schneiden Sie mit der Baumschere die Äste am Stamm entsprechend der Form aus.

Bezaubernde Himmelsstürmer

Weinrebe und Efeu rankten schon in den Bauerngärten. In jüngerer Zeit lernte man Kletterer zu schätzen, die bei geringem Platzbedarf eine herrliche Blütenpracht gen Himmel schieben.

Gut gepflanzte Kletterer

Kaufen Sie stets Containerpflanzen Anders als einjährige Kletterer, die man als Samen oder kleine Jungpflanzen kauft, sollten Klettergehölze bereits einen gut entwickelten Wurzelballen besitzen. Achten Sie darauf, dass der Container wenigstens 2 l Volumen hat und dass die Pflanze mindestens 2–3 kräftige Triebe besitzt und gesunde Blätter aufweist.

Großblütige Clematis und Kletterrosen – ein herrliches Paar mit nostalgischem Charme

Die beste Zeit Containerpflanzen werden das ganze Jahr über angeboten und können auch zu allen Jahreszeiten gepflanzt werden, außer bei Frost, starker Nässe oder Trockenheit. Dennoch ist ein Kauf- und Pflanztermin im Frühjahr oder Herbst am günstigsten. Zu diesen Zeiten finden Sie auch die größte Auswahl an gesunden Pflanzen vor.
- Für die meisten Klettergehölze empfiehlt sich vorzugsweise eine Pflanzung im Frühjahr. Dann sind sie bis zu den ersten stärkeren Frösten im Spätjahr bereits gut eingewachsen und haben ausgereifte Triebe.

Auch die Preise klettern Klettergehölze sind nicht gerade billig. Natürlich hängt der Preis auch von der Größe der Pflanze und des Wurzelballens bzw. Containers ab. Manche Pflanzen sind auf eine Unterlage veredelt und wurden bereits mehrere Jahre in der Baumschule herangezogen. Diese aufwendige Vorkultur schlägt sich im Preis nieder.
- Manche Gärtnereien haben sich ganz auf Kletterpflanzen spezialisiert. In solchen Betrieben finden Sie eine große Auswahl, z. B. an Clematissorten, und können mit besonders fachkundiger Beratung rechnen.

Große Pflanzen kaufen? Zuweilen werden in Gartencentern Klettergehölze in großen Töpfen angeboten, die mindestens 2 m hoch sind und oft schon blühen. Sie eignen sich besonders gut für eine Kübelhaltung. Für den Garten ist es oft besser, etwas jüngere, höchstens 1,5 m hohe Pflanzen zu wählen. Sie gedeihen am neuen Platz besser als zu große Exemplare, die beim Auspflanzen im Garten häufig 1–2 Jahre mit der Blüte auf sich warten lassen. Nach etwa 2 Jahren haben dann auch die kleineren Pflanzen mit der Wuchshöhe aufgeholt.

SCHON GEWUSST?

Kletterpflanzen und das Gesetz
Gehören Fassaden an der Grundstücksgrenze zu Nachbargebäuden, dann dürfen Sie diese ohne Zustimmung des Eigentümers nicht mit Kletterpflanzen begrünen. Wachsen die Kletterer an Ihrer Mauer, sollten Sie darauf achten, dass sie nicht die Mauerkrone überwuchern und beim Nachbarn herabhängen. Wenn Sie in Miete wohnen, müssen Sie vor einer Wandbegrünung erst die Erlaubnis des Vermieters einholen. In Eigentumswohnungen ist häufig eine Abstimmung mit der Eigentümergemeinschaft nötig.

Mit einer dunklen Platte beschatten Sie die Pflanzenbasis.

Feuchten Sie den Wurzelballen gut an Wenn das torfhaltige Substrat in den Verkaufstöpfen einmal ausgetrocknet ist, lässt es sich nur sehr schwer wieder anfeuchten – erst recht nach dem Einpflanzen. Tauchen Sie den Wurzelballen vor dem Pflanzen in einen Eimer mit zimmerwarmem Wasser – für etwa 15 Minuten bzw. so lange, bis keine Luftbläschen mehr aufsteigen.

Nah, aber nicht zu nah Wollen Sie eine Kletterpflanze an einer Fassade hochziehen, dann pflanzen Sie sie gut 30 cm von der Wand entfernt. Bei geringerer Entfernung kann die Wand das Regenwasser ablenken; unter einem Dachvorsprung sitzt der Kletterer eventuell sogar ganz im Trockenen. Am besten setzen Sie die Pflanze etwas schräg zur Fassade hin ein und leiten anfangs die jungen Triebe zur Wand, indem Sie sie locker in die gewünschte Richtung binden.

- Ein Abstand zur Hauswand ist auch ratsam, weil der Boden direkt am Haus häufig einen ungünstigen Untergrund hat. Oft wird er über Bauschutt, Schotter oder Kies aufgeschüttet, um die Dränage zu verbessern. Pflanzen Sie die Klettergehölze nie über einem harten, undurchlässigen Untergrund.

Kühle Basis Die meisten Kletterpflanzen – und insbesondere Clematis – mögen es an der Triebbasis schattig und kühl. Mit einer Mulchschicht können Sie ein wenig dazu beitragen, dass sich zumindest der Wurzelbereich nicht zu stark erwärmt. Häufeln Sie aber keinesfalls die Triebbasis an, sonst zirkuliert dort zu wenig Luft.

- Mit aufrecht gestellten Ziegeln oder dunklen Kunststoffplatten lässt sich die Pflanzenbasis gut beschatten.
- Für Schatten im unteren Bereich sorgen auch Sträucher oder höhere Stauden, die Sie vor die Kletterer pflanzen.

Rankhilfen nie direkt an der Wand Ganz gleich, ob Sie Rankgitter, Maschendraht oder Spanndrähte verwenden: Bringen Sie diese stets mit mindestens 5 cm starken Abstandshaltern aus Holz oder Kunststoff an der Wand an. Bei solch einem Abstand können sich die Triebe oder Kletterorgane rund um die Stütze herum festhalten. Außerdem tut es der Pflanze und der Wand gleichermaßen gut, wenn etwas Luft zirkulieren kann.

- Rankgerüste können Sie auch befestigen, indem Sie Schraubhaken an der Wand anbringen und das Gitter einfach einhängen. So lässt es sich, wenn einmal nötig, leicht entfernen: Das Gitter wird nur angehoben und mitsamt der Pflanze vorsichtig nach vorn auf den Boden gelegt.

Rankgitter sollten unbedingt stabil, aber stets mit etwas Abstand zur Fassade angebracht werden.

Schütten Sie einen Gießwall auf Häufen Sie rund um die Pflanzenbasis einen kleinen Erdwall an. Dadurch verhindern Sie, dass das Gießwasser abläuft. Vielmehr dringt es direkt in den Wurzelbereich ein.

- Den Gießwall können Sie bis zum nächsten Herbst nach der Pflanzung belassen. Bleibt allerdings wegen häufiger Regenfälle ständig Wasser darin stehen, sollten Sie ihn einebnen – spätestens aber vor den ersten Frösten, damit die Pflanze im Winter nicht von einer Eisscheibe umgeben wird.

Der richtige Boden Die meisten Kletterpflanzen sind recht tolerant, was die Qualität des Bodens angeht. Der Boden sollte allerdings gut durchlässig und tiefgründig sowie nicht allzu trocken sein. Mischen Sie beim Pflanzen reichlich gut verrotteten Kompost unter den Aushub, ehe Sie damit das Pflanzloch auffüllen.

- Alkalische Böden verursachen beim Blauregen (*Wisteria*) leicht gelbe Blätter. Diese sogenannte Chlorose ist Folge eines Eisenmangels. Meist ist der Nährstoff Eisen ausreichend im Boden vorhanden, doch der hohe Kalkgehalt behindert seine Aufnahme. Versuchen Sie langfristig, den pH-Wert durch sauren Mulch zu senken. Kurzfristig hilft eine Blattdüngung mit Eisendünger.

EINE CLEMATIS PFLANZEN

1 Graben Sie ein tiefes, breites Loch. Setzen Sie die Pflanze etwas schräg in Richtung der Kletterunterlage ein.

2 Vermischen Sie den Aushub mit gutem Kompost. Füllen Sie damit das Loch bis knapp über der Triebbasis auf.

3 Drücken Sie die Erde gut an, und gießen Sie durchdringend, damit die Wurzeln optimalen Bodenkontakt bekommen.

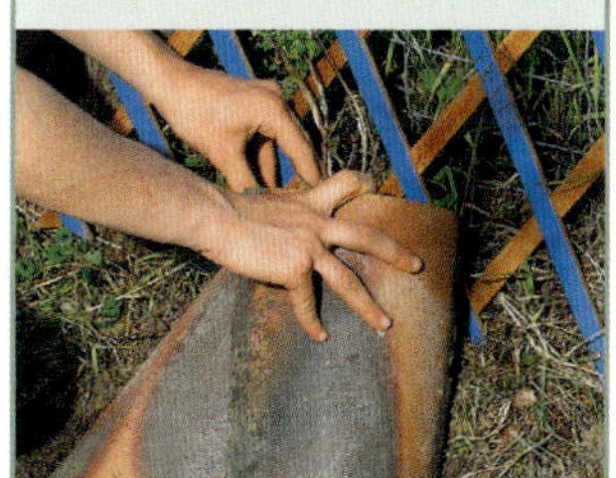

4 Beschatten Sie die Basis. Die Clematis liebt „einen warmen Kopf und kalte Füße".

Kletterpflanzen bereichern den Garten

Duftende Kletterer Mit intensivem süßlichem Blütenduft, der gegen Abend geradezu betörend wird, warten Jelängerjelieber und andere Geißblätter (*Lonicera*-Arten) auf. Beim Blauregen (Glyzine, botanisch *Wisteria*) kommt es auf die Sorten an: Manche duften kaum, andere recht stark, so z. B. 'Macrobotrys' oder die weiß blühende 'Alba'. Ausgeprägte Sortenunterschiede beim Duft gibt es auch bei den Kletterrosen.

- Bei den Clematis duften vor allem Sorten der Bergwaldrebe (*Clematis montana*). So riecht z. B. 'Elizabeth' angenehm nach Vanille, und 'Wilsonii' erinnert an Schokolade.
- Stark duften die Blüten der Kletterhortensie (*Hydrangea anomala*), leichten Wohlgeruch verströmt die Akebie (*Akebia quinata*).

Frostverträglich oder nicht? Die meisten der uns vertrauten Klettergehölze wie Blauregen, Efeu oder Wilder Wein vertragen Minusgrade bis –20 °C und mehr. Auch bei den nicht ganz so frostharten Pflanzen wie Clematis oder Weinrebe kommt es selten zu starken Frostschäden. Bei der Weinrebe reifen allerdings in kälteren Regionen oft die Trauben nicht aus. Ähnlich verhält es sich mit den Früchten der Kiwi (*Actinidia chinensis*), die auch als Kletterpflanze sehr dekorativ ist. Die ebenfalls zierenden Kiwi-Verwandten *Actinidia arguta* und *A. kolomikta* sind frosthärter. Bei Frühblühern wie Akebie, frühjahrsblühenden Clematis und Weinrebe können Spätfröste im März bis Mai die Blüte gefährden.

- Pflanzen Sie kälteempfindlichere Kletterer an geschützte Plätze, und bedecken Sie den Wurzelbereich in den ersten Wintern nach der Pflanzung mit einer Laubschicht.
- Wärmeliebende Kletterer wie Bougainvillea und Passionsblume können in milden Klimaregionen recht gut gedeihen – aber nur, solange keine stärkeren Fröste auftreten. In diesen Regionen ist die Haltung als Kübelpflanze in jedem Fall sicherer.

Gute Kombinationen Sehr hübsch können zwei verschiedene Kletterpflanzen nebeneinander wirken, egal, ob sie gleichzeitig oder zu verschiedenen Terminen blühen. Ein klassisches Beispiel sind frühlings- oder sommerblühende Clematis, die zwischen Rosen hochranken.

- Gute Partner für Klettergehölze sind auch einjährige Kletterer wie Duftwicke, Feuerbohne oder Kapuzinerkresse. Mit ihnen können Sie die „Klettergemeinschaft" jeden Sommer variieren.

Kletterpflanzen zur Wandbegrünung

1

2

3

4

SÜDSEITE
- Akebie
- Blauregen
- Kiwi, Strahlengriffel (*Actinidia*)
- Kletterrosen
- Schlingknöterich
- Trompetenblume **1**
- Weinrebe
- Wilder Wein
- Winterjasmin

WESTSEITE
- Clematisarten und -hybriden
- Efeu
- Jelängerjelieber und andere Geißblätter (*Lonicera*)
- Kletterhortensie
- Kletterspindel
- Pfeifenwinde
- Winterjasmin **2**

NORDSEITE
- Efeu **3**
- Immergrünes Geißblatt (*Lonicera henryi*)
- Kletterhortensie
- Kletterspindel
- Pfeifenwinde

OSTSEITE
- Akebie
- Baumwürger
- Jelängerjelieber **4** und andere Geißblätter
- Pfeifenwinde
- Scheinrebe
- Schlingknöterich
- Wilder Wein
- Winterjasmin

Die gute Wahl

FARBENPRÄCHTIGE KLETTERER FÜR JEDE SITUATION

BLÜTENVORHÄNGE
Der Chinesische Blauregen (*Wisteria sinensis*) **1** entfaltet im Frühsommer, noch vor dem Blattaustrieb, duftende Blütenkaskaden.

BEZAUBERND Mit außergewöhnlichen, gefüllten Blüten präsentiert sich die Clematis 'Josephine' **2**. Sie blüht im Mai und Juni, mit üppigem Nachflor im Spätsommer.

BETÖRENDER DUFT Geißblätter wie *Lonicera* x *americana* **3** verströmen an Sommerabenden einen intensiv süßlichen Duft.

WEISSE BLÜTENWOLKEN Schlingknöterich (*Fallopia baldschuanica*) **4** ist den ganzen Sommer mit weißen Blüten übersät.

HERBSTSCHÖNHEIT Mit seinen ungewöhnlichen Früchten ist der Baumwürger (*Celastrus orbiculatus*) **5** im Herbst eine besondere Attraktion.

APARTE ZIERDE Mit goldgelben, glockenförmigen Blüten hebt sich die Mongolische Waldrebe (*Clematis tangutica*) **6** deutlich von ihrer Clematis-Verwandtschaft ab.

1 2

3 4

5 6

Fassaden rasch begrünen Als besonders schnellwüchsig gilt das Waldgeißblatt (*Lonicera periclymenum* 'Serotina'). Baumwürger, Schlingknöterich (*Fallopia baldschuanica*) und Wilder Wein (*Parthenocissus*) starten zwar zunächst etwas langsamer, legen dann aber mit jährlich 1 m Zuwachs und mehr richtig los. Pflanzen Sie für eine rasche Bedeckung mehrere Exemplare nebeneinander.

Kletterer für schattige Plätze Im Halbschatten gedeihen Akebie, Alpen- und Bergwaldrebe (*Clematis alpina*, *C. montana*), Scheinrebe (*Ampelopsis*), Schlingknöterich, Wilder Wein und Winterjasmin. Noch stärkeren Schatten vertragen Efeu, Geißblätter, Kletterhortensie, Kletterspindel (*Euonymus fortunei*) und Pfeifenwinde (*Aristolochia macrophylla*).

● Verwenden Sie Sorten mit weiß oder gelb gemusterten Blättern, um dunkle Ecken aufzuhellen, z. B. die Efeusorte 'Glacier', die Kletterspindel 'Variegatus' oder die Scheinrebe *Ampelopsis glandulosa* 'Elegans'.

Kletternde Hortensien Die Kletterhortensie (*Hydrangea anomala*) ist eine weniger prominente Kusine der Gartenhortensien (*Hydrangea macrophylla*) mit ihren großen, auffälligen blauen oder rosa Blütenständen. Ihre flachen, weißen, duftenden Blütenschirme erscheinen im Juni und Juli und heben sich hübsch vom attraktiven, glänzend grünen Laub ab, das sich im Herbst gelb verfärbt. Die Kletterhortensie eignet sich auch zur Begrünung von Nordwänden, sollte aber einen windgeschützten Platz erhalten.

Mit ihren dachziegelartig angeordneten Blättern eignet sich die Pfeifenwinde gut als Sichtschutz.

Die Kletterhortensie gedeiht selbst an Nordwänden. Sie hält sich mit Haftwurzeln fest.

Erste Blüten beim Blauregen Aus Samen angezogene Blauregen (*Wisteria*) brauchen teils 10–20 Jahre, bis die ersten Blüten erscheinen. Das verlangt den meisten Gartenbesitzern allzu viel Geduld ab. Achten Sie deshalb beim Kauf auf veredelte Pflanzen; sie blühen schon nach 2–3 Jahren.

● Düngen Sie junge Blauregen nicht mit stickstoffbetonten Düngern. Stickstoff fördert das Trieb- und Blattwachstum, dadurch kann sich die Blüte verzögern.

Vorsicht, Wandschäden! Efeu, Kletterhortensie und Wilder Wein halten sich mit Haftwurzeln oder -scheiben an ihrer Unterlage fest. Mit diesen Haftorganen können sie an Fassaden mit schadhaftem Putz (kleine Risse genügen!), aus weichem Gestein oder mit Holzverkleidungen empfindliche Schäden verursachen. Weichen Sie deshalb bei solchen Wänden auf andere Arten aus. Befestigen Sie die Rankgitter mit langen Abstandshaltern.

● Eine glatte, völlig intakte Betonwand kann selbst Efeu schlecht erklimmen und braucht hier eventuell ein Klettergerüst.

● Achtung beim Schneiden oder Entfernen von Efeu: Auf und hinter seinem Blattwerk sammeln sich reichlich Staub und Kleintiere an, was bei der Arbeit zu Haut-, Atem- und Augenreizungen führen kann. Feuchten Sie die Blätter vorher gründlich an, und tragen Sie feste Kleidung, eine Kopfbedeckung und am besten eine Atemschutzmaske.

SCHON GEWUSST?

Klettertechniken Pflanzen können auf unterschiedliche Weise klettern.

Windende Sprosse Schlingpflanzen wie Blauregen und Bohnen winden sich mit ihren langen Trieben an Stützen hoch.

Haftwurzeln Efeu **1**, Kletterhortensie, Kletterspindel und Trompetenblume bilden an den Trieben Haftwurzeln aus, sobald die Sprosse mit einer geeigneten Unterlage in Berührung kommen.

Ranken können sich um Nägel oder Haken wickeln und so festhalten. Sie entstehen aus umgebildeten Sprossen (z. B. Passionsblume **2** und Wilder Wein), Blattstielen (Clematis) oder Blättern (z. B. Gurke).

Haftscheiben Bei manchen Formen des Wilden Weines **3** sitzen an den Spitzen der Ranken Haftscheiben, die sich ähnlich wie Saugnäpfe anheften.

Stacheln und Widerhaken Brombeeren, Kletterrosen **4** und Winterjasmin schieben ihre langen Triebe an rauen Untergründen hoch und halten sich mit Stacheln, Dornen oder widerhakenartigen Gebilden fest.

Besondere Effekte erzielen mit Kletterpflanzen

Kletterpflanzen in Baumgestalt Blauregen (Abb. rechts) und Kletterhortensie können wie kleine Bäume gezogen werden. Pflanzen Sie sie mit genügend Platz zu allen Seiten. Zuerst schlagen Sie einen kräftigen Pfahl nahe der Pflanzenbasis ein. Lassen Sie die Triebe zunächst am Boden wachsen. Sobald sie 1–2 m lang sind, heben Sie sie vorsichtig an und leiten sie um den Pfahl. Sie umwachsen diesen und wirken mit zunehmendem Dickenwachstum wie ein Baumstamm mit mehreren Strängen. Die neuen Triebe an der Spitze des Pfahles bilden dann die „Baumkrone". Das braucht etwas Geduld, doch die Wirkung ist bestechend.

Mehr Raumwirkung mit Spiegeln Wenn Sie einen kleinen Garten haben, probieren Sie einmal den Spiegeleffekt aus: Platzieren Sie einen großen Spiegel in einer Ecke hinter einer Kletterpflanze, die an einem Pfosten oder an einem schmalen Rankgerüst hochwächst. Das lässt nicht nur die Kletterpflanze größer erscheinen, sondern auch den ganzen Gartenbereich.

Kletterer mit prächtiger Herbstfärbung Manche Kletterpflanzen bieten im Herbst mit ihren leuchtenden, feurigen Blattfarben ein solch faszinierendes Schauspiel, dass sie in ihrer Zierwirkung den attraktiven Blütengehölzen ebenbürtig sind.

- Besonders schöne Herbstfärbung bietet der Wilde Wein, z. B. die Sorte *Parthenocissus tricuspidata* 'Veitchii' mit blutroten Tönen im Oktober oder die Jungfernrebe (*Parthenocissus inserta*) mit scharlachroten Blättern im Herbst. Die Blätter der Rostroten Rebe (*Vitis coignetiae*) verfärben sich vor dem Abfallen ebenfalls scharlachrot.
- Auch die gelben oder braunroten Herbstfarben, z. B. von Blauregen, Kletterhortensie oder Weinrebe, sind ansprechend. Solche Laub abwerfenden Arten sind eine gute Wahl für Pergolen, da sie die Wintersonne ungehindert durchlassen.

Attraktive Vorhänge Wilder Wein und andere Pflanzen mit schöner Herbstfärbung wirken besonders eindrucksvoll, wenn ihre Triebe dicht an dicht wie Schleppen herabwallen. Ziehen Sie sie dazu über eine Mauer oder über kräftige Querdrähte, die Sie z. B. zwischen einer Pergola und einem Zaun aufspannen. Im Sommer pendeln die Triebe elegant herab, im Herbst verwandeln sie sich in rote Vorhänge.

Klettergehölze mit kräftigen Trieben können wie dieser Blauregen in Baumform gezogen werden.

Klettergehölze pflegen

Kontrollierte Freiheit Auch Schlingpflanzen, die sich von selbst hochwinden, brauchen teils Unterstützung durch Aufbinden. Doch binden Sie sie nicht zu fest an, damit die Triebe nicht eingeschnürt werden. Schon seit Großvaters Zeiten haben sich lockere Achterschlaufen bewährt: Dazu legen Sie die Schnur von hinten um die Stütze, führen sie zwischen Stütze und Trieb über Kreuz, um schließlich die Schnurenden an der Triebvorderseite zu verknoten. Die Bindung hat dann die Form einer liegenden Acht.

Alte Strumpfhosen recyceln Aus alten Strumpfhosen können Sie hervorragendes Bindematerial herstellen, das zugleich fest und elastisch ist. Waschen Sie die Strumpfhose, und trennen Sie die Beine ab. Zerschneiden Sie diese in 4 cm breite Streifen, sodass Sie kreisförmige Bänder erhalten.

SCHON GEWUSST?

Aus dem Schatten der Wälder
Die meisten Klettergehölze sind in Wäldern zu Hause. Sie wurzeln im beschatteten Boden und nutzen die Bäume, um an ihnen zum Licht emporzuklimmen. Erst wenn sie in helleren Regionen angekommen sind, beginnen sie zu blühen. Deshalb gedeihen die meisten, auch die sonnenliebenden, am besten, wenn sie am Fuß beschattet und kühl stehen. Es ist außerdem wichtig zu wissen, dass Kletterer keinerlei Staunässe im Boden vertragen.

Mit dem leuchtenden Herbstrot des Wilden Weines wird jede Wand zum Blickfang (Abb. oben). Sehr dekorativ ist er, wenn er über Mauern „fließt" (Abb. unten).

Ableger von Kletterpflanzen Viele Kletterpflanzen lassen sich einfach durch Ableger vermehren. Biegen Sie im Frühjahr einen der weichen Triebe zum Boden herab. Wählen Sie dazu ein Triebstück mit mehreren Knospen, aber ohne Blätter. Graben Sie eine flache Rille, fixieren Sie darin das Triebstück mit Drahthaken, und bedecken Sie es 5 cm hoch mit Erde. Meist muss man nun etwa 1 Jahr warten, also bis zum folgenden Frühling. Wenn sich dann das Teilstück bewurzelt hat und Neutriebe an der Oberseite erscheinen, trennen Sie es von der Mutterpflanze ab und pflanzen es an die gewünschte Stelle.

Unterschlupf für kleine Tiere Kletterpflanzen bieten den unterschiedlichsten Tieren Schutz, Nahrung und teils auch Nistplätze. Als Erste stellen sich Insekten und Spinnen ein. Mit etwas Glück folgen, angelockt durch die Insektenbeute, Blindschleichen und Eidechsen. Schließlich siedeln sich Vögel an. Im hoch gelegenen Blattwerk finden z. B. Amseln, Rotkehlchen, Singdrosseln oder Zaunkönige geschützte Plätze für ihre Nester und den Nachwuchs.

- Achten Sie beim Schnitt von Kletterpflanzen sorgsam auf verborgene Nester, damit Sie sie nicht versehentlich zerstören oder Jungvögel ihrer Heimstatt berauben.

Kräftiger Blauregen Die Triebe des Blauregens können Armdicke erreichen und sich mit solcher Kraft um ihre Unterlage winden, dass sie diese manchmal verbiegen oder sogar umwerfen, selbst wenn sie aus Metall ist. Verwenden Sie kräftige, robuste Stützen, und verankern bzw. befestigen Sie diese besonders sorgfältig.

- Auch andere Kletterer sollte man nicht unterschätzen. Wenn sie voll entwickelt sind und eventuell noch Früchte tragen, lastet ein beachtliches Gewicht auf Rankhilfen und Stützkonstruktionen. Bedenken Sie dies im Voraus, wenn Sie z. B. eine begrünte Pergola planen, und verwenden Sie nur robustes Material für die Konstruktion.

Denken Sie schon beim Planen von Pergolen und anderen Stützkonstruktionen daran, dass die volle Begrünung viel Gewicht hat.

Kälteschutz für junge Pflanzen Wenn gleich im ersten Winter nach der Pflanzung starke Fröste auftreten, sollten Sie nicht nur den Wurzelbereich durch Abdecken mit einer Laubschicht schützen. Auch die zarten Triebe muss man gegen Frost und kalte Winde abschirmen. Umhüllen Sie sie mit luftdurchlässigem Material wie Sackleinen oder Vlies, oder umgeben Sie sie mit Schilf- oder Kokosmatten.

Einfache Tipps für den Schnitt

Rückschnitt vor dem Pflanzen Sofern die Jungpflanzen nicht bereits beim Verkauf pflanzfertig geschnitten sind, sollten Sie vor allem bei den Selbstklimmern Efeu, Kletterhortensie und Wilder Wein einen Pflanzschnitt vornehmen. Denn nur die jungen Neutriebe heften sich willig von selbst an der Unterlage an. Schneiden Sie alle Triebe auf etwa 10 cm Länge zurück, bis knapp oberhalb einer Knospe.

Schnitt ganz nach Bedarf Baumwürger, Efeu, Kletterhortensie und Wilden Wein brauchen Sie nur ab und an auszulichten und ansonsten nur zu schneiden, wenn sie sich zu stark ausbreiten. Wilder Wein verträgt gelegentlich auch einen kräftigen Rückschnitt. Führen Sie diese Schnittmaßnahmen hauptsächlich im Spätwinter oder zeitig im Frühjahr aus. Der Austrieb darf noch nicht erfolgt sein, die Knospen sollten aber schon leicht schwellen. Dann verheilen Schnittwunden relativ gut.

- Die Kletterspindel (*Euonymus fortunei*) sollte möglichst wenig geschnitten werden.

Durch Aufbinden können Sie die Pflanzen unterstützen.

Bei der Absenkervermehrung wird ein Teil des Triebes am Boden fixiert.

ACHTUNG!

Wenn die Clematis welkt
Manchmal trocknen Clematis ganz plötzlich von den Spitzen her ein, und Triebe, Blätter und Blüten werden schlagartig welk. Die Krankheit heißt Clematiswelke oder Clematissterben und wird hauptsächlich von Pilzen aus dem Boden verursacht. Reagieren Sie schnell: Schneiden Sie alle befallenen Triebe weit bis ins gesunde Holz zurück. Wenn sich die Welke trotzdem fortsetzt, sollten Sie die ganze Pflanze entfernen und den Boden an der Pflanzstelle großzügig austauschen. Halten Sie vorbeugend die Pflanzen gleichmäßig feucht, aber nicht nass.

Die Pfeifenwinde (*Aristolochia macrophylla*) schneiden Sie nur zurück, wenn Sie eine bessere Verzweigung anregen möchten.

Schnitt für bessere Blütenfülle Die meisten blühenden Kletterpflanzen brauchen einen regelmäßigen Schnitt, um reich zu blühen. Kletterer, die, wie beispielsweise Akebie und Blauregen, an vorjährigen oder älteren Trieben blühen, werden nach der Blüte geschnitten. Erscheinen die Blüten an jungen, diesjährigen Trieben, wie z. B. beim Schlingknöterich, schneidet man im Spätwinter oder Frühjahr die vorjährigen Triebe stark zurück oder entfernt sie ganz. Die wichtigsten Schnittzeiten und -maßnahmen zeigt die nebenstehende Tabelle im Überblick. Schnitthinweise zu Kletterrosen finden Sie auf S. 111.

Clematis schneiden Bei den Waldreben erscheint der Schnitt zunächst etwas schwierig, weil er je nach Blütezeit unterschiedlich ausfällt. Doch durch die bewährte Einteilung in drei Schnittgruppen lassen sich die jeweils richtigen Maßnahmen leicht nachvollziehen.

- **Schnittgruppe 1:** Im Mai und Juni blühende Wildarten wie Alpenwaldrebe (*Clematis alpina*), Bergwaldrebe (*C. montana*) und ihre Sorten bilden Blüten an vorjährigen Trieben. Lichten Sie hier nur gelegentlich nach der Blüte aus.
- **Schnittgruppe 2:** Früh blühende großblumige Hybridsorten wie 'Lasurstern' und 'Nelly Moser' blühen wie die Wildarten im Frühsommer (Mai bis Juni), bilden im Spätsommer aber noch einen Nachflor an jungen Trieben. Lichten Sie im Frühjahr ein wenig aus, und kürzen Sie die Haupttriebe um etwa 20 cm ein.
- **Schnittgruppe 3:** Spät blühende Hybridsorten wie 'Jackmanii', 'Multi Blue' oder 'Ville de Lyon' blühen von Juni bis September an diesjährigen Trieben. Schneiden Sie im Spätwinter oder Vorfrühling die vorjährigen Triebe stark zurück.

Schützen Sie Dächer und Dachrinnen Wüchsige Kletterer wie Blauregen, Efeu, Schlingknöterich und Wilder Wein können Dachziegel anheben und Regenrinnen zuwuchern oder sogar verbiegen und zerdrücken. Schneiden Sie diese Pflanzen, wenn nötig, jährlich so zurück, dass sie stets mindestens 50 cm unterhalb von Dächern und Dachrinnen bleiben.

Schnitt beliebter Kletterpflanzen

PFLANZE	WANN?	WIE?
Akebie (*Akebia quinata*)	Sommer, nach der Blüte	Schneiden Sie die abgeblühten vorjährigen Triebe kräftig zurück.
Blauregen (*Wisteria*)	Spätsommer	Nachdem sich das Grundgerüst entwickelt hat, schneiden Sie jährlich die langen vorjährigen Seitentriebe auf drei Knospen zurück.
Clematis, früh blühende Wildarten	Spätwinter, Frühling	Schneiden Sie nur bei Bedarf zurück, und lichten Sie gelegentlich aus.
Clematis, früh blühende großblumige Sorten	Frühling	Lichten Sie, wenn nötig, aus, und schneiden Sie die Haupttriebe um etwa 20 cm zurück.
Clematis, spät blühende großblumige Sorten	Spätwinter, Vorfrühling	Schneiden Sie die vorjährigen Triebe kräftig auf 20–50 cm zurück.
Geißblatt, Jelängerjelieber (*Lonicera*)	Spätwinter, Frühling	Schneiden Sie die abgeblühten vorjährigen Triebe zurück, und lichten Sie bei Bedarf aus.
Pfeifenwinde (*Aristolochia macrophylla*)	Spätwinter, Frühling	Schneiden Sie nur zurück, wenn Sie die Verzweigung fördern möchten.
Schlingknöterich (*Fallopia baldschuanica*)	Spätwinter, Frühling	Lichten Sie aus, und entfernen Sie die verblühten vorjährigen Triebe.
Trompetenblume (*Campsis radicans*)	Spätwinter, Frühling	Lichten Sie aus, und schneiden Sie die abgeblühten vorjährigen Triebe auf drei bis vier Knospen zurück.
Weinrebe (*Vitis vinifera*)	Frühjahr	Schneiden Sie die vorjährigen Seitentriebe auf zwei Knospen zurück.
Wilder Wein (*Parthenocissus*)	Spätwinter, Frühling	Wenn nötig, können Sie kräftig zurückschneiden. Lichten Sie gelegentlich aus.
Winterjasmin (*Jasminum nudiflorum*)	Frühsommer, nach der Blüte	Kürzen Sie alle paar Jahre die ältesten Triebe stark ein, um neuen Austrieb anzuregen.

*Die Bergwaldrebe (*Clematis montana*) schmückt sich auch ohne regelmäßigen Schnitt im Mai und Juni mit einer Fülle hübscher Blüten.*

Die Stützen des Gartens

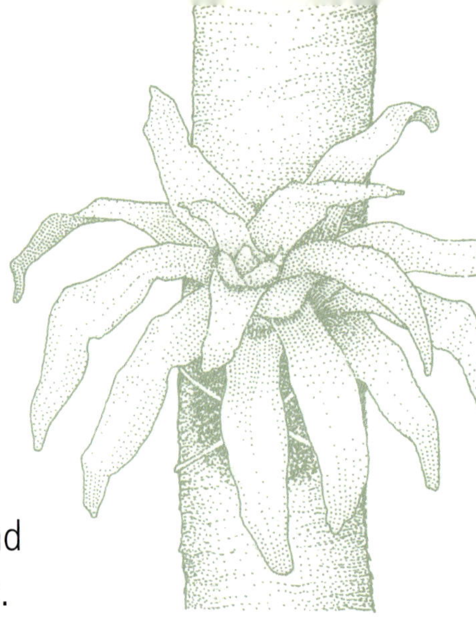

In Form und Stil haben sich Klettergerüste, Pergolen und Rankbogen in den letzten 100 Jahren kaum verändert. Heute kann man zwischen modernen und traditionellen Materialien wählen und findet Modelle für jede Gartengröße, jeden Zweck und Geschmack.

Vielfältige Klettergerüste

Alte Rankgitter renovieren Betagte Klettergerüste aus Holz können sehr unansehnlich werden, besonders wenn sie nicht ausreichend gegen Pilze und Algen geschützt waren. Behandeln Sie das Holz alle 2–3 Jahre mit einem wasserlöslichen Holzschutzmittel, auch wenn das bei bewachsenen Rankgittern recht schwierig ist.

- Unbehandeltes Holz lässt sich für viele dekorative Zwecke im Garten einsetzen, kann aber je nach Holzart schnell altern.
- Nach der Behandlung mit Holzschutzmittel können Sie die Rankgitter mit Farben oder Lasuren streichen, um sie an den Hintergrund anzupassen oder um noch mehr Farbe in den Garten zu bringen. Viele Anstriche sind wasserlöslich und können zusammen mit wasserlöslichen Holzschutzmitteln verwendet werden. Achten Sie auf pflanzenverträgliche Präparate, befolgen Sie die Gebrauchsanweisungen auf der Verpackung.

EIN DRAHTGITTER AN EINER WAND ANBRINGEN

1 Für Rankgitter aus Draht gibt es im Fachhandel spezielle Clips. Bringen Sie diese in gleichmäßigen Abständen an.

2 Drücken Sie das Rankgitter in der richtigen Höhe gerade auf die Clips. Diese dienen zugleich als Abstandshalter.

Rankgitter erhalten mit pflanzenverträglichen Holzschutzmitteln und Farben neuen Glanz.

Abstand hinter dem Rankgitter Wenn Sie ein Klettergerüst an einer Wand oder einem Zaun anbringen, verwenden Sie stets etwa 5 cm dicke Holzklötzchen oder Ähnliches als Abstandshalter. So kann sich die Kletterpflanze um die Streben schlingen oder ranken und hat besseren Halt. Außerdem reduziert die Luftzirkulation zwischen Wand und Pflanze die Gefahr von Pilzinfektionen.

Natürlicher Lärmschutz Balkone und Terrassen lassen sich durch Klettergerüste mit immergrünen Kletterpflanzen gegen Straßenlärm und unerwünschte Blicke abschirmen. Praktisch sind für diesen Zweck große Pflanztröge mit integriertem Rankgitter.

- Eine grüne Pflanzenwand kann in gewissem Umfang auch vor Abgasen schützen.

Unschöne Bereiche verstecken Geräteschuppen, Mülltonnen und dergleichen können Sie mit Kletterpflanzen verdecken,

Großvaters Geheimtipp

NATÜRLICHE STÜTZEN
Frühere Gärtner zogen ihr Material für Stützen und Klettergerüste selbst an, indem sie wüchsige Gehölze wie Hasel oder Weiden häufig „auf Stock" setzten, d. h. stark zurückschnitten. Das regt die Bildung neuer, lang und gerade wachsender Triebe an.

- Nach 2–3 Jahren können Sie solche Triebe als Stützen für Kletterpflanzen schneiden. Lässt man sie länger wachsen, eignen sie sich als Material für rustikale Zäune.

Mit solch einem Bogengerüst können Sie den Eindruck räumlicher Tiefe erwecken.

In diesem herrlichen Laubengang aus Goldregen wandelt man zwischen gelben Blütenkaskaden.

indem Sie davor ein Rankgitter anbringen, das an im Boden verankerten Pfosten befestigt wird. Besonders gut eignen sich hier schnellwüchsige Pflanzen wie Efeu, Geißblatt oder Wilder Wein, die Sie durch regelmäßigen Schnitt im Zaum halten sollten. Für schnelle Wirkung können Sie auch einjährige Kletterer wie Duftwicken und Kapuzinerkresse dazwischenpflanzen, bis sich die Klettergehölze etabliert haben.

Auf die Erziehung kommt es an Wenn Sie Kletterpflanzen an eine Wand setzen, berücksichtigen Sie, dass diese meist ein Betonfundament hat und der Mauerfuß häufig im Regenschatten der Dachtraufe liegt. Setzen Sie deshalb die Pflanzen mindestens 30 cm von der Wand entfernt.

- Kletterpflanzen werden meist mit zwei oder drei Trieben verkauft, die an einem dünnen Bambusstab befestigt sind. Entfernen Sie den Stab nach dem Pflanzen vorsichtig, und leiten Sie die Triebe behutsam zur Kletterhilfe an der Wand. Binden Sie sie dort aber erst an, sobald sie die nötige Länge erreicht haben.
- Wenn sich im nächsten Jahr die ersten Seitentriebe bilden, breiten Sie diese fächerartig, etwa im 45°-Winkel, aus, damit die Kletterhilfe gleichmäßig bewachsen wird.
- In den Folgejahren können Sie die neuen Seitentriebe je nach gewünschter Wuchsrichtung weiterhin im 45°-Winkel oder senkrecht aufbinden.
- Binden Sie die Triebe eher locker an. Kontrollieren Sie regelmäßig die Bindungen, damit sie nicht die Triebe einschnüren.

Eine Kaskadenrose kann wie ein blühender Schirm wirken.

Illusion von Raum und Weite schaffen Dekorative Bogengitter mit strahlenförmig angeordneten Streben (Abb. S. 138 rechts unten) erwecken den Eindruck optischer Tiefe, indem sie ein perspektivisches Bild von einem tiefen Laubengang erzeugen. Das lässt kleine Gärten größer erscheinen. Beim Anbringen an einer hellen Wand kommt dieser Effekt besonders gut zur Geltung.

- Bedenken Sie allerdings, dass solch ein Bogengitter seine Wirkung verliert, wenn es komplett überwachsen wird.

Strukturen im Garten

Ein Rosenschirm als Blickpunkt Für die auf Hochstämme veredelten Kaskaden- oder Trauerrosen gibt es im Fachhandel spezielle Stützen mit schirmförmigem Aufsatz. Daran können Sie die lang herabhängenden Blütentriebe optimal anordnen, sodass sie tatsächlich wie ein Blütenschirm wirken (Abb. oben rechts).

Unsichtbare Querstreben Wenn Ihre Kletterpflanzen nur an senkrechten Streben hochwachsen, können Sie kräftige Angelschnur oder Gartendraht, z. B. zwischen zwei

SCHON GEWUSST?

Imprägniertes Holz
Holzprodukte für den Garten sind meist kesseldruckimprägniert. Bei dieser Imprägnierung werden Holzschutzmittel unter hohem Druck tief ins Holz gepresst; sie beugen so Pilzbefall und Holzschädlingen vor. Fragen Sie beim Kauf im Zweifelsfall nach. Oft gibt es auch eine mehrjährige Garantie gegen Verrotten. Tragen Sie beim Arbeiten mit imprägniertem Holz stets Handschuhe. Versehen Sie Holz, das regelmäßig angefasst wird, z. B. an Handläufen, mit einem Anstrich. Wenn Sie vorbehandeltes Holz zersägen, streichen Sie die Sägestellen mit einem Holzschutzmittel.

Kletterhilfen mit Gitterstruktur eignen sich besonders für Rankpflanzen wie Clematis. Hier können sich die Ranken hervorragend festhalten.

Pfosten, waagrecht spannen und die Triebe an ihnen entlangleiten. Bald verschwinden diese Kletterhilfen ganz unter den Blättern.

Klettersäulen Kletterpflanzen lassen sich auch an frei stehenden Klettersäulen ziehen.
- Für nicht allzu schwere Kletterpflanzen können Sie aus langen Bambusstangen ein „Kletterzelt" bauen. Schlagen Sie die Stangen kreisförmig und zur Mitte hin geneigt in den Boden, und binden Sie sie oben zusammen.
- Größere, schwerere Kletterpflanzen wie Geißblatt oder Schlingknöterich brauchen ein stabiles, gut im Boden verankertes Rankgerüst mit kräftigen Holz- oder Metallstreben. Für solche Zwecke werden sehr dekorative, oft nostalgisch gestaltete Ranksäulen und Obelisken angeboten.

Jägerzäune Jäger- oder Scherengitterzäune haben rustikalen Charme und eignen sich mit ihrer Gitterstruktur gut für Kletterpflanzen wie Clematis, Geißblatt oder Kapuzinerkresse. Mit ihnen lassen sich auch Gartenbereiche wie der Gemüsegarten abtrennen. Aufgrund ihrer offenen Struktur wirken sie weniger einengend als andere Umfriedungen.

Klettergerüste auf befestigtem Boden Wo Stützpfosten für Rankgitter nicht in den Boden eingeschlagen werden können, z. B. auf der Terrasse oder im Hof, finden Sie in Baumärkten geeignete Lösungen. Dort gibt es Pfostenträger oder -schuhe, die auf feste Bodenbeläge aufgeschraubt werden. Alternativ können Sie „Schuhe" aus Ziegelsteinen mauern, in die die Pfosten gesteckt werden.

Rost oder Patina? Manchen Gärtnern gefällt der verwitterte Charme von leicht angerosteten Metallgegenständen im Garten. Wenn es Sie jedoch stört, können Sie Metallgerüste mit einer Drahtbürste von Rost befreien, eine Rostschutzgrundierung auftragen und dann das Gerüst mit einer passenden Farbe streichen.

Strommasten und Laternenpfähle Auch wenn es verlockend erscheint, darf man an Strommasten und Laternenpfählen keine Kletterpflanzen emporwachsen lassen. Dies könnte gefährlich werden.

Pergolen, Bogen und Lauben

Ursprünge der Pergola Schon in der Antike wurden Pergolen, Laubengänge und Bogen errichtet, um Gärten mit vertikalen Gestaltungselementen zu bereichern. Auf frühen Darstellungen kann man z. B. Bogen aus Schilfrohr sehen, die mit Rosen und Wein berankt sind. Traditionell ist eine Pergola ein mit Kletterpflanzen bewachsenes Gerüst aus Holz oder Metall, unter dem man entspannen oder hindurchgehen kann.

Langlebige Stützpfosten Wichtigste Voraussetzung für eine dauerhafte Pergola sind sicher verankerte, trocken stehende, haltbare senkrechte Stützpfosten. Eine ver-

SCHON GEWUSST?

Pflegeleichte Rankgerüste Dank moderner Materialien und Technologien wird heute eine Fülle von Kletterhilfen und Stützen angeboten, die sehr pflegeleicht sind und teils auch eine lange Lebensdauer haben. Kunststoffgerüste, häufig aus recyceltem Material, werden oft so gestaltet, dass sie wie Holz aussehen. Ansonsten gibt es sie in vielen Farben. Wenn das nicht nach Ihrem Geschmack ist, schauen Sie sich in Gartencentern und Baumärkten nach den vielfältigen Ausführungen aus Metall um. Darunter findet sich so manches Stück mit nostalgischem Design. Metallgerüste sollten verzinkt oder eloxiert sein, damit sie nicht rosten.

Die gute Wahl

TRADITIONELLE MATERIALIEN FÜR PERGOLEN

IMPRÄGNIERTES NADELHOLZ Kiefern- oder Fichtenholz ist stabil und leicht zu bearbeiten. Die Pfosten sollten mindestens 10 x 10 cm stark sein, die horizontalen Latten mindestens 5 cm dick. Kesseldruckimprägniertes Holz ist am besten geeignet, weil es lang haltbar ist.

ALTES HARTHOLZ Wenn man die Möglichkeit hat, an altes Holz aus Abrisshäusern zu kommen, erhält man besonders rustikales Material. Auch neue Hölzer, etwa Eiche oder Robinie, fügen sich gut in einen traditionellen Garten ein.

METALL Man kann eine Pergola auch aus Metall bauen, sollte aber darauf achten, dass die Konstruktion nicht wie ein Baugerüst aussieht. Metallelemente gibt es häufig auch im nostalgischen Stil: Schmiedeeisen wirkt besonders edel, ist aber auch entsprechend teuer.

breitete Lösung ist das Einbetonieren. Stellen Sie zuvor die Pfosten mit dem unteren Ende in ein Gefäß mit Holzschutzmittel, bis sie sich vollgesaugt haben.

- Eine andere Möglichkeit ist, die Pfosten mit Einschlaghülsen aus Metall im Boden zu verankern. Das erspart das Betonieren, kann aber auf steinigen Böden schwierig werden.
- Am elegantesten sind Pfostenträger, die auf Punktfundamente aus Beton aufgeschraubt werden. So haben die Pfosten keinen Kontakt mit feuchter Erde und lassen sich, wenn einmal nötig, leicht auswechseln.

Pergola mit Dach Wenn Sie im Schatten von Kletterpflanzen sitzen möchten, dann begrünen Sie Ihre Pergola mit wüchsigen Schlingpflanzen wie Blauregen, Pfeifenwinde oder Schlingknöterich. Sie überwachsen mit der Zeit auch quer die Oberfläche. Bis dahin können Sie Bambus- oder Schilfmatten als provisorische Bedachung einsetzen.

- Bedenken Sie, dass eine Pergola direkt am Haus durch den Rahmen und die Bepflanzung vor allem im Winter viel Licht wegnehmen kann. Nicht allzu wuchtige, hohe Konstruktionen und Laub abwerfende Kletterpflanzen eignen sich dort am besten.

Pflanzenschmuck in Töpfen Pergolen und hölzerne Rankgitter eignen sich nicht nur für Kletterpflanzen. Sie können an ihnen auch Pflanzkörbe und Blumenampeln aufhängen und so für zusätzliche Farbe sorgen.

Idyllischer Laubengang Für einen Laubengang überbauen Sie einen Weg mit einer mindestens 2,5–3 m hohen Pergola. Wenn sie breiter ist als hoch, entsteht ein unerwünschter Tunneleffekt. Man sollte zu zweit nebeneinander durchgehen können, ohne sich unter herabhängenden Pflanzen ducken zu müssen; planen Sie wenigstens 60 cm freien Raum über Kopfhöhe ein.

Kletterhilfen zum Selberbauen Mit Bausätzen aus dem Gartencenter oder Baumarkt kann man auch ohne handwerkliche Kenntnisse Pergolen, Klettergerüste, -säulen und -bogen selbst bauen. Sie werden als Komplettset mit allen nötigen Verbindungs- und Befestigungsschrauben angeboten, zum Teil bereits aus imprägniertem Holz. Für viele gibt es auch Bausätze zum Erweitern, sodass Sie eine individuelle Konstruktion zusammenstellen und aufbauen können.

EINE PERGOLA AUS EINEM BAUSATZ ERRICHTEN

1 Legen Sie sich die Hölzer, Schrauben, das Werkzeug usw. übersichtlich sortiert zurecht, und stellen Sie den ersten Stützbalken auf.

2 Befestigen Sie den Balken gemäß der beiliegenden Anleitung. Prüfen Sie mit einer Wasserwaage, ob er senkrecht steht.

3 Errichten Sie auch die übrigen Stützen exakt senkrecht, bevor Sie die stabilisierenden waagrechten Balken (Pfetten) aufbauen.

4 Ein elektrischer Schraubendreher oder ein leistungsstarker Akkuschrauber vereinfacht die Arbeit.

5 Wenn der Rahmen stabil steht, werden die Querbalken (Sparren) aufgesteckt und befestigt.

6 Genießen Sie nach dem Bau und Anstrich den geschützten, schattigen Sitzplatz unter Ihrer neuen Pergola.

Den Wind bedenken Unterschätzen Sie nie die Kraft des Windes. Ein dichter Kletterpflanzenbewuchs wirkt zwar als Windbremse, das erhöht aber den Druck auf Pergolen und Rankgerüste samt Stützpfosten.

- Achten Sie an windigen Stellen auf eine besonders solide Verankerung aller Pfosten. Verwenden Sie kräftige Konstruktionsteile. Stabile Holzelemente eignen sich hier besser als leichte Metallkonstruktionen, die sich bei Windbelastung verbiegen können.

Eine Pergola, die einen Weg überspannt, sollte hoch genug sein, damit man bequem unten durchlaufen kann.

SCHON GEWUSST?

Holz mit attraktivem Anstrich

Mit farbig gestrichenen Holzkonstruktionen können Sie besondere Akzente setzen – dies erst recht im Winter, wenn der Garten sonst eher kahl und trist ist. Wählen Sie ganz nach Geschmack traditionelle, gedeckte Töne oder frische, bunte Farben. Achten Sie auf geeignete Farben für den Außenbereich. In der Regel empfiehlt sich eine Grundierung vor dem Auftragen der Farbe.

Sanfte Riesen und Freunde fürs Leben

Ein Garten ohne Bäume ist kaum vorstellbar. Sieht man einen altehrwürdigen Baum, fragt man sich öfter, was er wohl alles schon erlebt haben mag. Wenn Sie einen neuen Baum pflanzen, erfreuen Sie auch künftige Generationen und setzen eine wertvolle Tradition fort.

Baumkauf mit Bedacht

Endgröße und Wuchsform beachten Kaufen Sie nie einen Baum, ohne sich vorher genau über die Höhe und Breite zu informieren, die er im Alter oder zumindest nach den ersten 10 Jahren Wachstum erreicht. Nur so finden Sie einen Baum, der dauerhaft mit Ihrem Garten harmoniert.

- Bedenken Sie, dass große Nadelbäume und andere Immergrüne viel Licht wegnehmen, besonders im Winter bei tief stehender Sonne. In ihrem dichten, trockenen Schatten gedeihen zudem nur wenige Pflanzen.

Bevorzugen Sie Bewährtes Immer wieder kommen neue, prächtige Gehölze auf den Markt, für die dann oft in höchsten Tönen geworben wird. Doch gerade bei der langfristigen Investition in einen Baum ist es meist besser, Arten zu wählen, die in Ihrer Region erfahrungsgemäß gut gedeihen.

- Lassen Sie sich in Ihrer Baumschule oder Gärtnerei vor Ort beraten, welche Bäume am besten in Ihren Garten passen. Hier weiß man, was sich unter den lokalen Klimabedingungen und Bodenverhältnissen am besten entwickelt. Heimische oder schon lange eingebürgerte Arten sind oft auch weniger anfällig für Schädlinge und Krankheiten.

Junge Bäume wachsen schnell an Größere Bäume, die bereits einen kräftigen Stamm und viele Äste entwickelt haben, wachsen nicht unbedingt besser an als kleinere, jüngere Pflanzen. Oft brauchen sie sogar länger, besonders wenn ihr Wurzelwachstum nicht durch mehrmaliges Umpflanzen gefördert wurde.

- Wenn größere, nicht im Container gezogene Jungbäume für den Verkauf ausgegraben werden, bleibt ein Teil der Wurzeln im Boden zurück. Im Garten dauert es dann einige Zeit, bis das Wurzelsystem wieder optimal entwickelt ist – schließlich muss es ja bereits reichlich Trieb- und Blattmasse mit Wasser und Nährstoffen versorgen.
- Langfristig gesehen, ist es oft günstiger, einen kleineren Baum zu kaufen. Dieser kann schon nach wenigen Jahren den Wachstumsvorsprung eines größeren Gehölzes aufholen.

*Das attraktive Laub der Goldrobinie (*Robinia pseudacacia *'Frisia') bildet eine herrliche Kulisse für eine Staudenrabatte.*

Baum oder Strauch? Es ist nicht immer einfach, die Grenze zwischen Bäumen und Sträuchern zu ziehen. Im Allgemeinen hat ein Baum einen Stamm, aus dem im oberen Bereich die Äste entspringen und eine Krone bilden. Bei manchen, besonders bei Nadelbäumen, setzen die Äste auch schon im unteren Stammbereich an. Die sogenannten Trauer- oder Hängeformen besitzen lange, nach unten gebogene Äste. Etliche Gehölze, z. B. Salweide oder Weißdorn, können ein- oder mehrstämmig gezogen werden. Im ersteren Fall stuft man sie als Bäume ein, im letzteren als Großsträucher. Doch die Höhe ist letztlich kein Kriterium: Zwergformen von Bäumen messen manchmal kaum 1 m.

- Für Ihre persönliche Auswahl ist allerdings die Größe entscheidend: In einem kleinen Garten kann auch ein stattlicher Strauch die Funktion eines Baumes übernehmen.

Achten Sie auf Qualität Da Bäume einen das ganze Gärtnerleben über begleiten sollen, lohnt es sich hier besonders, auf Qualität zu setzen. Man kann überall gute Jungbäume finden, z. B. auch im Baumarkt. Doch für geprüfte, hochwertige Qualität garantieren besonders die Mitgliedsbetriebe des Bundes deutscher Baumschulen (BdB), die sich durch ein entsprechendes Siegel ausweisen. Sie richten sich nach strengen, einheitlichen Gütebestimmungen, die gewährleisten sollen, dass die Bäume gesund und in art- und sortentypischer Form heranwachsen.

Wurzeln, Ballen und Container Ebenso wie bei den Sträuchern gibt es bei den Bäumen drei grundsätzliche Angebotsformen: wurzelnackte Pflanzen, Pflanzen mit Ballen und Pflanzen im Container. Die Preisunterschiede zwischen diesen Verkaufsformen können gerade bei Bäumen beträchtlich sein.

- Wurzelnackte Pflanzen werden nur während der Vegetationsruhe angeboten, also zwischen Herbst und Frühjahr. Sie sollten möglichst unverzüglich nach dem Kauf gepflanzt werden.
- Laubbäume mit Wurzelballen, der durch ein Tuch oder Drahtgeflecht zusammengehalten wird, pflanzt man ebenfalls nur während der Ruhezeit. Diese Angebotsform finden Sie häufig auch bei immergrünen Laub- und Nadelgehölzen; kaufen und setzen Sie diese am besten im Frühherbst.
- Containerware können Sie – außer bei gefrorenem Boden – das ganze Jahr über pflanzen. Doch meiden Sie besser heiße, trockene Phasen sowie extrem nasse Tage.

Prüfen Sie beim Kauf von Containerpflanzen, ob der Ballen gut durchwurzelt und weder ausgetrocknet noch stark vernässt ist.

Verschulte Ware bevorzugen Was einmal ein Solitärbaum werden soll, wird am besten als Hochstamm gekauft. Qualitätshochstämme sind mindestens 180 cm hoch, gerade und haben eine gesunde, unbeschädigte Rinde. Die Krone sollte regelmäßig und arttypisch verzweigt sein.

- In guten Baumschulen, Gartencentern und Versandgärtnereien erhalten Sie stets einen Hinweis, wie oft wurzelnackte oder Ballenpflanzen verpflanzt („verschult") wurden. Das mehrmalige Verpflanzen fördert Wurzelwachstum und Robustheit.
- Bäume sollten in der Regel mindestens zweimal verpflanzt worden sein und dann

*Die hübsche Japanische Blütenkirsche (*Prunus serrulata*) gibt es in breit ausladenden und schmalwüchsigen Sorten.*

ACHTUNG!

Vorsicht beim Transport
Die wenigsten Jungbäume passen in einen normalen Pkw. Oft muss man daher einen Teil der Krone aus dem Dachfenster oder aus der Heckklappe herausragen lassen. Am besten umhüllen Sie dann die überstehenden Partien mit einer Decke oder einem Vlies, um sie vor Windschäden zu schützen. Manche Baumschulen und Gartencenter bieten aber auch einen Lieferservice an, sodass das Gehölz in einem Transporter sicher und bequem zu Ihnen nach Hause gelangen kann.

einen Stammumfang von mindestens 8 cm aufweisen. Große Jungbäume mit über 2 m Stammhöhe sollten drei- bis viermal verpflanzt sein, mindestens 10 cm Stammumfang haben und mit Ballen gekauft werden.

- Manche Bäume, z. B. Ahorne oder Rotbuchen, erhalten Sie auch als sogenannte Heister, d. h., sie haben auch im unteren Stammbereich arttypische Seitenzweige. Diese können Sie später, nach guter Entwicklung der Krone, direkt am Stamm entfernen.
- Gelegentlich werden Bäume, wie etwa Kugelakazien, auch als Halbstämme mit nur etwa 120 cm Stammhöhe angeboten. Bei Nadelbäumen und Zwerggehölzen spielt die Stammhöhe keine Rolle; hier wird beim Verkauf einfach die Gesamtgröße des Junggehölzes angegeben.

Den richtigen Baum wählen

Schnell wachsende Bäume Bäume brauchen oft viele Jahre, um ihre endgültige Größe und charakteristische Wuchsform zu erreichen. Schnellwüchsige Baumarten sind beispielsweise Ahorne, Birke, Pappel, Robinie und Weiden. Auch Eichen wachsen in der Jugend schnell und erreichen in wenigen Jahren eine stattliche Höhe.

Bäume mit attraktiver Herbstfärbung Die spektakuläre orangerote Herbstfärbung kanadischer und nordamerikanischer Wälder ist als „Indian Summer" bekannt und berühmt. Ein ähnlich eindrucksvolles Farbenspiel haben die Ahornwälder Japans zu bieten. Mit entsprechenden Bäumen kann auch Ihr Garten im Spätjahr weithin leuchten.

- **Goldgelb** Ginkgo (*Ginkgo biloba*), Spitzahorn (*Acer platanoides*) und Tulpenbaum (*Liriodendron biloba*) schmücken sich mit goldgelben Herbstfarben.
- **Goldgelb bis Purpurn** Der Amberbaum (*Liquidambar styraciflua*) kann mit einer ganzen Palette verschiedener Herbsttöne aufwarten. Achten Sie beim Kauf auf Sorten, die etwas kleiner bleiben als die reine Art.
- **Leuchtendes Rot** Essigbaum (*Rhus typhina*), Feuer- und Rotahorn (*Acer tataricum ssp. ginnala, A. rubrum*) sowie Scharlacheiche (*Quercus coccinea*) weisen im Herbst eine tiefrote Färbung auf.

Bäume mit dekorativer Rinde Bäume mit auffällig strukturierter und gefärbter Rinde bieten das ganze Jahr über einen interessanten Anblick. Doch im winterlichen Garten sind sie ein besonderer Blickfang in sonst eher reizarmer Umgebung. Zu den attraktivsten Vertretern gehört die Platane (*Platanus × hispanica*), die allerdings für die meisten Gärten zu groß und ausladend wird.

- Viele Birken zeichnen sich durch hübsche Rinden aus, die sich charakteristisch in dünnen Fetzen abrollen. Häufig sind sie weiß, wie bei der bekannten Weißbirke (*Betula pendula*). Die Schwarzbirke (*B. nigra*) dagegen hat eine rotbraune, im Alter schwärzliche Rinde. Die Rinde der Kupferbirke (*B. albosinensis*) ist glänzend rötlich.
- Auch Zierkirschen wie die Scharlachkirsche (*Prunus sargentii*) besitzen attraktive Rinden. Die Mahagonikirsche (*P. serrula*) besticht mit glänzend rotbrauner Rinde.
- Der Zimtahorn (*Acer griseum*) hat eine zimtbraun abrollende Rinde. Durch weiße Längsstreifen auf olivgrüner Rinde fällt der Schlangenhautahorn (*A. capillipes*) auf.

Blaue Töne Spezielle Nuancen bringen Nadelgehölze mit bläulichen oder silbergrauen Nadeln in den Garten; so etwa die Blaufichten (*Picea-pungens*-Sorten wie 'Hoopsii' und 'Koster'), der Blauzedernwacholder (*Juniperus squamata* 'Meyeri') oder die Scheinzypresse (*Chamaecyparis lawsoniana* 'Glauca').

Zierende Zapfen Die Zapfen mancher Koniferen heben sich auffällig vom Nadelkleid ab. Die Koreatanne (*Abies koreana*) trägt schon als junge Pflanze schmucke, violett gefärbte Zapfen. Besonders große Zapfen bringt die Silbertanne (*A. procera* 'Glauca')

Bäume mit attraktiver Rinde (von oben nach unten): Mahagonikirsche, Zimtahorn und Schwarzbirke

Die Blaufichte 'Hoopsii' zählt zu den dekorativsten blaunadeligen Gehölzen.

Die gute Wahl

BÄUME MIT BESONDEREM CHARME

Bäume sind derart vielgestaltig und vielseitig, dass Sie für jeden Wunsch und Verwendungszweck etwas Passendes finden können.

NADELGEHÖLZE FÜR INNENHÖFE
Raketenwacholder (*Juniperus virginiana* 'Skyrocket') **1**
Säuleneibe (*Taxus baccata* 'Fastigiata')
Scheinzypresse (*Chamaecyparis lawsoniana*)

HÄNGE- UND TRAUERFORMEN
Hängebuche (*Fagus sylvatica* 'Pendula')
Hängeesche (*Fraxinus excelsior* 'Pendula')
Hängeschnurbaum (*Sophora japonica* 'Pendula')
Trauerweide (*Salix alba* 'Tristis') **2**

IMMERGRÜNE LAUBBÄUME
Immergrüne Magnolie (*Magnolia grandiflora*, nur wintermilde Lagen) **3**
Stechpalme (*Ilex aquifolium*)
Steineiche (*Quercus ilex*, nur wintermilde Lagen)

BÄUME MIT PANASCHIERTEM LAUB
Eschenahorn (*Acer negundo* 'Variegatum')
Buntblättriger Fächerahorn (*Acer palmatum*) **4**

BÄUME MIT ROTEM LAUB
Blutbuche (*Fagus sylvatica* 'Atropunicea')
Blutpflaume (*Prunus cerasifera* 'Nigra')
Roter Fächerahorn (*Acer palmatum* 'Atropurpureum') **5**

DUFTENDE BÄUME
Blumenesche (*Fraxinus ornus*)
Katsurabaum (*Cercidiphyllum japonicum*)
Robinie (*Robinia pseudacacia*) **6**
Winterlinde (*Tilia cordata*)

BÄUME MIT SCHÖNEN BLÜTEN
Blumenhartriegel (*Cornus florida*)
Japanische Zierkirschen (*Prunus serrulata*, *P. subhirtella*)
Judasbaum (*Cercis siliquastrum*) **7**
Magnolie (*Magnolia*)
Tulpenbaum (*Liriodendron tulipifera*)

BÄUME MIT DEKORATIVEN FRÜCHTEN
Eberesche (*Sorbus aucuparia*)
Ginkgo (*Ginkgo biloba*)
Maulbeerbaum (*Morus*) **8**
Zierapfel (*Malus*)

1

2

3

4

5

6

7

8

hervor. Auch bei den Fichten und Kiefern sind die Zapfen oft ansehnlich. Vorsicht, parken Sie Ihr Auto nie unter Bäumen mit großen Zapfen.

Bäume für alkalische Böden Die meisten Bäume bevorzugen leicht saure Böden. Doch es gibt auch mehrere Gehölze, die recht hohen Kalkgehalt und pH-Wert tolerieren: Unter den Immergrünen sind dies Berg-, Weymouths- und Zirbelkiefer, Eibe, Serbische Fichte, Stechpalme und Wacholder; bei den Laub abwerfenden Arten Amberbaum, Buche, Japanische Blütenkirsche, Linde, Mehlbeere, Robinie und Stieleiche.

Wurzeln mit Ausbreitungsdrang Etliche Bäume bilden ein weit reichendes Wurzelwerk nahe der Bodenoberfläche, das Wege und Terrassenplatten anheben kann. Manchmal verursachen Wurzeln sogar Risse in Kellerwänden. Amberbaum, Birken, Eichen, Fichten und Silberweiden gehören zu den Gehölzen, die man nicht direkt am Haus pflanzen sollte.

- Pflanzen Sie Gehölze mit weit reichenden Wurzeln auch nicht in der Nähe eines Gemüsegartens.
- Mit einer Wurzel- bzw. Rhizomsperre, wie man sie auch für Bambus verwendet, können Sie das Wurzelwerk im Zaum halten. Graben Sie sie im Abstand von 2 m vom Stamm ein – allerdings nur in Richtung des Objektes, das geschützt werden soll, wie etwa ein Weg oder Wasserrohr. Eine Rundumsperre könnte auf Dauer auch das oberirdische Wachstum beeinträchtigen.

Einen Baum pflanzen

Die beste Pflanzzeit Laub abwerfende Bäume mit nackten Wurzeln oder Wurzelballen werden nur im blattlosen Zustand gepflanzt, also im Herbst oder Frühjahr. Eine Pflanzung im Spätjahr ist oft am günstigsten. Im Jugendstadium etwas kälteempfindliche Gehölze wie der Tulpenbaum werden jedoch besser im Frühjahr gepflanzt.

- Obwohl Containerpflanzen außer bei Frost jederzeit gesetzt werden können, sind auch für sie Frühjahr oder Herbst besonders empfehlenswert.

Schon den Sommer über attraktiv, wird das Laub des Tulpenbaums im Herbst zum Höhepunkt im Garten.

Pflanzung von Nadelgehölzen Kaufen Sie Nadelgehölze immer mit Wurzelballen oder im Container. Für sie ist der Frühherbst der ideale Pflanztermin. Für das Pflanzen gilt wie auch bei den anderen Ballen- und Containerpflanzen:

- Stellen Sie den Wurzelballen vor dem Einsetzen etwa 15 Minuten in einen Eimer mit Wasser.
- Ballentücher oder Netze aus unverzinktem Draht werden nicht entfernt, sondern nur nach dem Einsetzen oben aufgeknotet bzw. gelockert. Sie zersetzen sich dann mit der Zeit im Boden.
- Gießen Sie nach der Pflanzung gründlich an, mit mindestens 10 l Wasser.
- Stützen Sie den Baum mit einem oder mehreren Pfählen, die Sie neben dem Wurzelballen einschlagen.

Die richtige Pflanztiefe Der Baum sollte so tief gepflanzt werden, wie er vorher in der Baumschule bzw. im Container stand. Der Wurzelhals schließt dann mit der Erdoberfläche ab. Legen Sie als Orientierungshilfe eine Latte oder einen Stiel quer über die Grube.

- Bäume sollte man stets zu zweit einpflanzen, damit der eine den Stamm in richtiger Position halten und korrigieren kann, während der andere die Erde auffüllt.

Top-Tipps für die Pflanzung Ein Baum soll möglichst lebenslang an seinem Pflanzplatz gut zurechtkommen. Sorgen Sie deshalb für optimale Startbedingungen.

Großvaters Geheimtipp

WURZELN FÖRDERN
Früher bestrich man die Baumwurzeln vor dem Einsetzen mit einem Brei aus Erde, Rinderdung und Wasser, um die Bildung neuer Wurzeln zu fördern. Alternativ taucht man heute die Wurzeln in Algenextrakt oder gießt damit nach dem Pflanzen den Baum.

WURZELNACKTE GEHÖLZE

1 Heben Sie ein tiefes Loch mit 80 cm Ø aus, in dem sich die Wurzeln gut ausbreiten können. Mischen Sie Kompost unter den Aushub.

2 Schneiden Sie mit einer scharfen Gartenschere sorgfältig beschädigte und abgeknickte Wurzeln bis ins gesunde Gewebe zurück.

3 Platzieren Sie zu zweit den Baum in der Pflanzgrube. Kontrollieren Sie mit einer über die Grube gelegten Latte, ob er gerade und in der richtigen Höhe steht.

4 Füllen Sie die Grube zur Hälfte mit Erde. Dann leicht am Stamm rütteln, damit mehr Erde zwischen die Wurzeln gelangt. Nun restliche Erde auffüllen und festtreten.

5 Schütten Sie einen kleinen Wall um den Stamm herum auf. Gießen Sie dann gründlich und durchdringend an.

6 In diesem Beispiel wird der Baum mit zwei Pfählen gestützt, die man links und rechts des Stammes einschlägt.

7 Befestigen Sie den Stamm mit Baumbindeband nicht zu fest an den Pfählen. Später werden die Bindungen gelockert oder ersetzt.

8 Bringen Sie nach dem Angießen eine gut 5 cm starke Mulchschicht über dem Wurzelbereich aus, z. B. aus Rindenhumus, Rasenschnitt oder Laub.

- **Vorübergehend einschlagen** Wenn Sie einen Baum nach dem Kauf nicht sofort pflanzen können, müssen Sie die Wurzeln vor dem Austrocknen schützen. Heben Sie zum Einschlagen einen etwa 30 cm tiefen Graben aus, stellen Sie den Baum hinein, und bedecken Sie die Wurzeln mit Erde. So kann er einige Tage, notfalls auch mehrere Wochen stehen, bevor er endgültig gepflanzt wird. Gießen Sie den Einschlag regelmäßig.
- **Halten Sie genügend Abstand** Berücksichtigen Sie die spätere Kronenbreite, um den Baum in ausreichendem Abstand zu Gebäuden oder anderen großen Pflanzen zu platzieren. Das Abstandsminimum für einen Baum, der höher als 2 m wird, beträgt 2 m.
- **Feinwurzeln nicht abschneiden** Entfernen Sie vor dem Pflanzen beschädigte oder abgestorbene Wurzeln, jedoch nicht die feinen Faserwurzeln – damit nimmt der Baum Wasser und Nährstoffe aus dem Boden auf.
- **Gießen Sie auch bei Regen an** Das Angießen dient nicht nur der Wasserversorgung, sondern schlämmt auch die Erde zwischen die Wurzeln, sodass diese innigen Bodenkontakt bekommen. Gießen Sie so lange, bis der Boden kein Wasser mehr aufnehmen kann. Häufen Sie rund um den Stamm einen Wall aus Erde auf, damit das Wasser nicht abläuft.
- **Unterstützende Algenextraktlösung** Gießen Sie damit in den ersten Wochen alle 14 Tage, um das Wurzelwachstum zu fördern.

Nach dem Pflanzen stützen Wenn der junge Baum gestützt werden muss, gibt es eine altbewährte Methode, die Wurzeln und Wurzelballen schont: In der Regel werden drei Pfähle um den Ballen herum schräg in den Boden geschlagen, etwa 50 cm vom Stamm entfernt. Befestigen Sie diesen mit elastischen Bindern an den Stützen (siehe Abb. rechts oben).

- Wenn man nur einen Pfahl verwenden möchte, schlägt man ihn am Rand des Wurzelballens schräg ein, sodass die Spitze ein wenig in die Krone bzw. bei Nadelbäumen in den höheren Stammbereich ragt. Binden Sie den Stamm dann ebenfalls mit elastischen Bindern oder Kokosbändern an.

Fest, aber flexibel anbinden Für das Anbinden junger Stämme an Pfählen eignen sich elastische Baumbinder besonders gut. Sie erlauben feste Bindungen, die sich aber flexibel anpassen, wenn sich z. B. die Erde nach dem Pflanzen noch deutlich setzt.

Drei Stützpflöcke sind besser als einer. Kontrollieren Sie dennoch regelmäßig die Bindungen.

Zum Anbinden eignen sich spezielle Baumbinder (oben) oder Schaumstoffbänder (unten). Sie sind im Fachhandel erhältlich.

Stütze und Schutz Ein kräftiger Stützpfahl sorgt nicht nur für gute Standfestigkeit, bis sich die Wurzeln vollständig etabliert haben. Er schützt den Stamm auch vor Wind und Regen und bewahrt ihn auch ein wenig vor praller Sonne. Schlagen Sie den Pfahl stets an der Seite ein, die am stärksten Wind und Wetter ausgesetzt ist.

- Binden Sie den Baum nicht zu fest an den Pfahl, sonst wird die Rinde eingeschnürt, wenn der Stamm an Dicke zulegt. Überprüfen Sie die Bindungen regelmäßig. Lockern Sie sie, wenn nötig. Nach etwa 3 Jahren kann der Stützpfahl erfahrungsgemäß entfernt werden.

Bäume richtig schneiden

Schneiden Sie zurückhaltend Bei den meisten Zierbäumen genügt es, abgestorbene und beschädigte Zweige zu entfernen und sehr dichte Kronen gelegentlich etwas auszulichten. Bei einem starken Rückschnitt kann es passieren, dass die Bäume sehr lange brauchen, um sich zu regenerieren.

Entfernen dicker Äste Wenn kräftige Äste stören oder Windbruch erlitten haben, sägt man sie am besten im Frühjahr ab. Der bald einsetzende Saftstrom fördert die optimale Wundverheilung.

Wasserschosse Wasserschosse oder -reiser sind kräftige Triebe, die in der Regel weder Blüten noch Früchte tragen. Sie erscheinen bei manchen Bäumen an der Stammbasis, oder sie treiben senkrecht aus den Astoberseiten. Auch an Sägeschnittwunden können sie sich bilden. Schneiden Sie solche Schösslinge frühzeitig weg, sie verbrauchen nur unnötig Energie.

Untere Äste ausdünnen Wenn Sie die unteren Äste ausdünnen, gelangt mehr Licht durch die Krone und kommt Pflanzen, die unter dem Baum wachsen, zugute.

„Kleiderhaken" entfernen Aststummel, die als Überreste früherer Schnitte stehen geblieben sind, werden als „Kleiderhaken" bezeichnet. Diese sollten Sie direkt am Stamm wegschneiden, da sie nicht nur unschön aussehen. Sie fungieren auch leicht als Eintrittspforten für Krankheitserreger, wenn sie eintrocknen oder verfaulen.

Unterstützung für ein langes Baumleben

Wenn junge Bäume kümmern Sofern nicht Schaderreger oder deutliche Standort- oder Pflegefehler im Spiel sind, können vor allem Hitze oder starke Kälte den jungen Bäumen zusetzen. Sorgen Sie im Winter für eine gute Laubabdeckung des Wurzelbereichs. Umhüllen Sie bei empfindlicheren Gehölzen vor strengen Frostnächten auch die oberirdischen Teile mit Tüchern oder Sackleinen.

- Leiden die Bäume in extrem heißen Sommern unter der Sonne, dann schützen Sie sie über Mittag mit einer Schattierung, z. B. aus Schilfmatten an einem einfachen Lattengerüst. Besprühen Sie den Baum morgens und frühabends mit feinem Wassernebel. Eine Mulchschicht über den Wurzeln sorgt für Kühle und verhindert ein schnelles Austrocknen des Bodens. Achten Sie auf gute Wasserversorgung. Bringen Sie im Frühjahr über den Wurzeln gut ausgereiften Kompost und etwas organischen Dünger aus.

Schnelle Hilfe bei Beschädigungen Bäume können beim Rasenmähen, durch Fahrzeuge, Windbruch oder Krankheiten beschädigt werden. Die meisten Verletzungen der Rinde verheilen recht gut von allein. Es reicht, lose Rindenstücke oder Fasern zu entfernen und die Wundränder mit einem scharfen Messer glatt zu schneiden. Wundverschlussmittel sind in der Regel nur bei großflächigen Wunden sinnvoll.

Achten Sie auf Rindenschäden Die Rinde eines Baumes ist wie eine Haut. Sobald sie verletzt wird, bilden sich von den Wundrändern her Überwallungen, die die Wunde schließen. So schützt sich der Baum auf natürliche Weise vor eindringender Feuchtigkeit, Krankheitserregern und Schädlingen. Die Wundüberwallung geht von einer dünnen Gewebeschicht zwischen Holz und Rinde aus, dem Kambium, das stets

EINEN DICKEN AST ABSÄGEN

1 Sägen Sie den Ast zuerst ein Stück vom Stamm entfernt von unten her ein, etwa bis zu einem Drittel seiner Dicke. Achten Sie auf einen sicheren Stand, wenn Sie in höheren Baumbereichen sägen.

2 Dann sägen Sie den Ast von oben ab. Lassen Sie nur eine hauchdünne „Scheibe" am Stamm stehen, dann heilt die Wunde schneller.

WASSERSCHOSSE ENTFERNEN

1 Wasserschosse sind Triebe, die meist an der Basis des Baumes erscheinen. Graben Sie den Boden vorsichtig auf, um sie komplett zu entfernen.

2 Schneiden Sie den Schössling so tief wie möglich an seiner Ansatzstelle weg. Verwenden Sie eine scharfe Gartenschere oder eine kleine Astsäge.

Die Äste dieses schönen, alten Baumes wurden abgestützt, damit sie nicht brechen.

neue Rindenzellen bildet. Man kann das Verheilen fördern, indem man Wunde und Wundränder glatt schneidet und sauber hält.

Durchdringend gießen Auch wenn viele Bäume Trockenzeiten überstehen, gedeihen sie doch besser, wenn man sie in Hitzeperioden bewässert. Zumindest in den ersten 3 Jahren nach der Pflanzung sollten Sie sie fast so häufig gießen wie andere Gartenpflanzen, und dies jeweils sehr durchdringend. Denn es dauert einige Zeit, bis sich die Wurzeln so entwickelt haben, dass sie auch aus tieferen und entfernteren Bodenbereichen Wasser aufnehmen können.

- Manchmal sieht man unter Bäumen in öffentlichen Anlagen Kunststoffschläuche herausragen. Diese sind mit zahlreichen feinen Löchern versehen und am unteren Ende verschlossen. Sie werden bei der Pflanzung um den Wurzelballen gelegt. So kann der Baum später einfach gegossen werden, indem man in das herausragende Ende Wasser füllt, das dann direkt an die Wurzeln gelangt. Vor allem frisch gepflanzte Bäume wachsen so viel schneller an.

Vorsicht vor Blitzeinschlag Hohe Bäume in der Nähe des Hauses können Blitze anziehen. Sorgen Sie deshalb mit einem Blitzableiter auf dem Dach vor.

- Folgende Bäume sind besonders blitzschlaggefährdet: große Ahorne, Eichen, Eschen, Fichten, Kiefern, Pappeln, Ulmen und Weiden – besonders wenn sie auf sandigem Gartenboden wachsen.

Ein spiralförmiger Riss entlang dem Stamm kann auf einen Blitzeinschlag hindeuten.

- Bäume, in die der Blitz eingeschlagen hat, sterben meist ab. Manchmal bringt der Blitz den Baum förmlich zum Explodieren, bei anderen zeigt sich der Einschlag nur durch einen spiralförmigen Riss, der sich am Stamm nach unten zieht. Meist geht der Baum in den folgenden 6 Monaten ein. Ziehen Sie einen Baumchirurgen zurate; er kann den Baum vielleicht noch retten.

Neues Leben für alte Bäume Alte Bäume sind ein unschätzbares Landschaftsgut und sollten bestmöglich gepflegt werden. Wenn Ihr Garten einen großen, betagten Baum beherbergt, dann lassen Sie ihn am besten alle paar Jahre von einem Fachmann untersuchen. Fachgerechtes Schneiden, Bewässern, Düngen und gegebenenfalls Rindenpflege sowie das Abstützen von Ästen können lieb gewonnene alte Bäume noch lange am Leben erhalten.

Roden eines abgestorbenen Baumes
Diese Arbeit ist anstrengend und gefährlich, sodass man sie am besten einer Firma mit entsprechender Ausrüstung überlässt. Zuerst sägt man, von oben nach unten, alle Äste ab und kürzt dann den Stamm stückweise ein. Den Stumpf kann man mit der Motorsäge kreuzweise einschneiden, damit er schneller verrottet, oder mit einem kleinen Bagger ausgraben. Falls Sie zumindest einen Teil der Arbeiten selbst durchführen möchten, tragen Sie unbedingt Schutzkleidung und -schuhe. Verwenden Sie eine sicherheitsgeprüfte Motorsäge sowie eine geeignete, stabile Leiter.

SCHON GEWUSST?

Schäden vermeiden
Übereifriges Rasenmähen und Kantenschneiden kann Baumschäden verursachen. Rindenverletzungen durch Rasenmäher oder Motorsensen sind potenzielle Eintrittstellen für Krankheitserreger. Wenn die Rinde rund um den Stamm verletzt wird, kann sogar der ganze Baum zugrunde gehen.

- Halten Sie mit allen Schnittwerkzeugen Abstand vom Stamm. Am besten legen Sie um den Stamm herum eine gras- und unkrautfreie Baumscheibe mit wenigstens 1,5 m Ø an, die Sie ständig mit Mulch bedeckt halten.

Ein beim Pflanzen eingegrabener Tropfschlauch wässert direkt die Wurzeln.

Schädlinge und Krankheiten an Ziergehölzen

An großen Gehölzen können Pflanzenschutzmaßnahmen recht aufwendig sein. Achten Sie von vornherein auf gering anfällige Arten und Sorten.

Wurzeln

ENGERLINGE

● **Symptome** Engerlinge nennt man die Larven von Blatthornkäfern, die öfter an Baum- und Strauchwurzeln fressen. Die Pflanzen welken oder kümmern trotz guter Wasserversorgung. Beim Aufgraben findet man zerfressene und zerstörte Wurzeln vor sowie weißliche, meist gekrümmte Larven. Es handelt sich vor allem um Larven von Mai-, Juni-, Gartenlaub- und Dungkäfern. Aufgrund ihres Entwicklungszyklus treten die Maikäferengerlinge alle 3–5 Jahre besonders massiv auf. Die Käfer können vor allem an Bäumen auch starke Fraßschäden verursachen.

● **Befallene Pflanzen** Rosen und andere Ziergehölze; Blattfraß der Käfer besonders an Birke, Buche und Eiche

● **Bekämpfung** Entfernen und vernichten Sie die Engerlinge, sobald Sie sie, z. B. bei der Bodenbearbeitung, entdecken. Die Larven von Gartenlaubkäfern können biologisch durch Ausgießen von Nematodenpräparaten (HM-Nematoden) bekämpft werden. Gegen die Käfer gibt es keine zugelassenen Mittel.

PHYTOPHTORA-WURZELFÄULE

● **Symptome** Als Erstes entdeckt man an den Pflanzen oft faulige Stellen an der Trieb- bzw. Stammbasis, aus denen besonders bei Nadelgehölzen eine dunkle, schwammige Flüssigkeit austritt. Beim vorsichtigen Aufgraben stößt man dann auf verfaulte Wurzeln. Die Blätter werden erst gelb, dann braun oder rot und welken, ebenso die Triebspitzen.

● **Befallene Pflanzen** Hauptsächlich Rhododendren sowie Eiben, Lebensbaum und andere Nadelgehölze

● **Bekämpfung** Wenn Sie den Befall frühzeitig erkennen, können Sie es mit einem Fungizid gegen Phytophtora-Pilze versuchen. Doch oft ist das Gehölz nicht mehr zu retten. Dann muss es komplett entfernt werden. Auch die Erde muss dann großzügig ausgetauscht werden. Vermeiden Sie vorbeugend nasse Standorte und Wurzelverletzungen beim Pflanzen.

Stämme und Äste

BAUMKREBS

● **Symptome** An der Rinde zeigen sich Spalten, die zu größeren Wunden auseinanderklaffen. Das Überwallungsgewebe, mit dem der Baum versucht, die Wunden zu heilen, umgibt sie mit dicken Wülsten. Trotzdem werden die Wunden größer. Bei Nadelgehölzen tritt reichlich Harz aus. Der Ast oder sogar der ganze Baum kann schließlich absterben.

● **Befallene Pflanzen** Eberesche, Esche, Pappel, Rotbuche und andere Bäume, besonders auch Obstbäume (siehe S. 251)

● **Bekämpfung** Schneiden Sie befallene Teile weg bzw. heraus, tief bis zum gesunden Holz. Glätten Sie die Schnittränder mit einem scharfen Messer, und bestreichen Sie die Schnittstelle mit einem Wundverschlussmittel.

BAUMPILZE

● **Symptome** Auf Stamm und Ästen wachsen auffällige Pilzkörper, meist in größeren Gruppen. Hauptsächlich handelt es sich um Baumschwämme, Porlinge oder Hallimasch. Sie schwächen die Bäume, führen zu Holzfäule und können die Gehölze sogar ganz zum Absterben bringen.

● **Befallene Pflanzen** Birke, Eiche, Esche, Robinie, Rotbuche und andere Bäume

● **Bekämpfung** Kratzen Sie die Pilzkörper möglichst frühzeitig mit einem Messer ab. Schneiden Sie erkranktes, faulendes Gewebe bis ins gesunde Holz heraus. Da die Pilze geschwächte Bäume befallen, sind gute Pflege und die Behandlung von Holzwunden wichtige Vorbeugemaßnahmen.

FORSYTHIENKREBS

● **Symptome** An den Trieben finden sich dicke, krebs- bzw. gallenartige Wucherungen. Die Triebe entwickeln sich schwach und können schließlich oberhalb der Wucherungen ganz absterben. Ursache ist ein Bakterium.

● **Befallene Pflanzen** Forsythie

● **Bekämpfung** Schneiden Sie alle Triebe mit den Wucherungen komplett und regelmäßig heraus. Lichten Sie die Pflanzen durch bodennahes Herausschneiden überalterter Triebe und Einkürzen langer Bogentriebe gründlich aus. Düngen Sie ausgewogen.

HEXENBESEN

● **Symptome** An den Ästen bilden sich dichte, besenähnliche Büschel aus dünnen Trieben. Oft vergilben dort auch die Blätter.

● **Befallene Pflanzen** Vor allem Birke, Hainbuche und Tanne

● **Bekämpfung** Oft treten die Hexenbesen nur an einigen Ästen auf und schaden dem Baum dann kaum. Wenn sie optisch stören oder aber überhandnehmen, können sie weggeschnitten werden.

ROSENTRIEBBOHRER

● **Symptome** Etwa ab Mai biegen sich plötzlich die Triebspitzen herab, und die Triebe beginnen zu welken, bis sie schließlich komplett absterben. Verursacher sind die Larven von Blattwespen, die sich durch den Trieb fressen, um ihn schließlich gegen Ende Juni zu verlassen. Beim Aufschneiden der Triebe findet man die gelblichen Larven im Mark.

● **Befallene Pflanzen** Rosen

● **Bekämpfung** Schneiden Sie befallene Triebe frühzeitig bis ins gesunde Holz zurück, und entfernen Sie das Schnittgut mitsamt den Larven.

ROTPUSTELKRANKHEIT

● **Symptome** Zunächst bemerkt man auffällige Rindenverfärbungen, oft beginnen dann Blätter und Triebe zu welken. Im Winter schließlich brechen aus der Rinde rötliche, stecknadelkopfgroße Pusteln hervor. Dies sind die Fruchtkörper des Schadpilzes. Aus ihnen kann er sich über Sporen weiterverbreiten.

● **Befallene Pflanzen** Laubgehölze, besonders Ahorn, Buche, Hainbuche, Linde und Ulme

● **Bekämpfung** Schneiden Sie befallene Stellen bis ins gesunde Holz heraus, und behandeln Sie die Wunden mit einem Wundverschlussmittel. Regelmäßige Kompostgaben können den Baum stärken. Vermeiden Sie vorbeugend Rindenverletzungen, und schützen Sie junge Bäume vor Rindenschäden durch Frost oder pralle Sonne. Entfernen Sie am Boden liegende tote Äste, da sie als Infektionsquelle für die Pilze dienen können.

Blätter

BLATTBRÄUNE DER ROSSKASTANIE

● **Symptome** Anfangs erscheinen kleinere, unregelmäßig verteilte, rotbraune Flecken, oft mit hellem Rand und eckig, da von den Blattnerven begrenzt. Sie können sich zu größeren Flecken vereinigen. Stark befallene Blätter rollen sich ein und fallen ab.

● **Befallene Pflanzen** Rosskastanie, Strauchrosskastanie

● **Bekämpfung** Entfernen Sie befallene Blätter frühzeitig, und beseitigen Sie das Falllaub.

BLATTFLECKEN

Braune oder schwärzliche Blattflecken können an einer Vielzahl von Gehölzen auftreten. Oft sind Pilze oder Bakterien die Verursacher. Meist befallen sie nur eine spezielle Pflanzengruppe oder Gattung, wie beispielsweise die Teerfleckenkrankheit an Ahorn oder Blattfleckenkrankheiten an Rhododendren.

Kompetentes Personal in Gärtnereien und Gartencentern sowie Pflanzenschutzdienste können beim Identifizieren helfen. Doch in vielen Fällen gibt es keine wirksamen oder zugelassenen Pflanzenschutzmittel. Überlegen Sie zunächst, ob die Flecken unbelebte Ursachen haben könnten, z. B. Hitze oder Streusalz. Dann sind sie meist unregelmäßig und trocken, während Parasiten oft rundliche, hell oder dunkel umrandete, teils feuchte Flecken hervorrufen.

● **Bekämpfung** Entfernen Sie bei Pilz- oder Bakterienverdacht betroffene Blätter frühzeitig und regelmäßig, und schneiden Sie stark befallene Triebe ganz heraus. Beseitigen Sie alles Falllaub, das eventuell die Erreger beherbergen könnte.

Vorbeugend und nach Befall können Kompostgaben und eine ausgewogene Düngung (kalibetont, nicht zu stickstoffreich) und Pflanzenstärkungsmittel aus dem Fachhandel helfen. Benetzen Sie beim Gießen gefährdeter Sträucher die Blätter möglichst wenig, und gießen Sie bevorzugt morgens. Lichten Sie regelmäßig aus, damit in den Sträuchern bzw. Kronen Luft zirkuliert und nasse Blätter schneller abtrocknen.

BLATTKÄFER

● **Symptome** Im Frühjahr oder Sommer sind die Blätter durchlöchert, wobei die Blattadern stehen bleiben. Auch die Blattspitzen können weggefressen sein.

● **Befallene Pflanzen** Erle, Holunder, Lavendel, Pappel, Schneeball und Weiden

● **Bekämpfung** Sammeln Sie die Käfer so weit möglich ab. Schneiden Sie stark befallene Triebe ab, und vernichten Sie diese mitsamt den Larven. Setzen Sie notfalls ein geeignetes Insektizid ein (Fachhandel).

BLATTLÄUSE

Blattläuse treten des Öfteren z. B. an Liguster, Rosen, Zierapfel und -kirsche auf, besonders bei trockenem, warmem Wetter. Sie sitzen meist zahlreich an jungen Trieben oder Blütenknospen. Die Blätter sind eingerollt, gekräuselt oder verdreht (siehe S. 97).

DICKMAULRÜSSLER

● **Symptome** Die Käfer fressen an den Blatträndern große, bogenförmige Kerben heraus. Gefährlicher sind aber die weißlichen Larven, die im Boden leben und an den Wurzeln fressen. Das kann zu Welke, Wuchshemmung und sogar zum Absterben der Pflanzen führen.

● **Befallene Pflanzen** Zahlreiche Gehölze, darunter Eibe, Flieder, Rhododendren, Rosen und Stechpalme

● **Bekämpfung** Die dämmerungsaktiven, flugunfähigen Käfer können abends mithilfe einer Taschenlampe aufgespürt und abgelesen werden. Gegen die Larven gibt es im Fachhandel ein biologisches Nematodenpräparat (HM-Nematoden), das auf den Boden gegossen wird.

EISENMANGEL

● **Symptome** Jüngere Blätter vergilben, doch die Blattadern bleiben meist grün. Bei Nadelgehölzen verfärben sich zuerst die jüngsten Nadelzweige an den Triebspitzen gelb. Das Problem tritt überwiegend auf kalkhaltigen bzw. alkalischen Böden auf.

● **Befallene Pflanzen** Zahlreiche Ziergehölze; besonders häufig Rhododendren und Rosen

● **Bekämpfung** Kurzfristig hilft ein Eisendünger, der als Blattdünger direkt auf das Laub gesprüht wird. Ursache ist allerdings in der Regel der hohe Kalkgehalt im Boden, der die Aufnahme von Eisen blockiert. Mit sauer wirkendem Mulch (z. B. Rindenmulch, Laubhumus) und Dünger (z. B. schwefelsaures Kali) lässt sich der pH-Wert auf Dauer absenken. Gießen Sie die betroffenen Pflanzen keinesfalls mit kalkhaltigem, hartem Leitungswasser, sondern verwenden Sie möglichst gesammeltes Regenwasser.

FEUERBRAND

Diese Bakterienkrankheit kann verheerende Schäden an Apfel- und Birnbäumen anrichten (siehe S. 250) mit der Folge hoher Ertragseinbußen. Sie tritt aber auch an Ziergehölzen aus der Familie der Rosengewächse auf, vor allem an Eberesche, Feuerdorn, Weiß- und Rotdorn sowie Zwergmispel. Blüten, Blätter und Triebe werden erst braun, dann schwarz und wirken wie versengt. Die Triebspitzen welken und krümmen sich dann hakenartig. Befallene Pflanzen müssen umgehend entfernt werden. Das Auftreten der Krankheit muss dem zuständigen Pflanzenschutzamt oder der Kreis- bzw. Stadtverwaltung gemeldet werden.

FICHTENGALLENLÄUSE

● **Symptome** Im Frühjahr sieht man die Gallenläuse als weiße Wachshäufchen auf Triebknospen. An den aus den Knospen entstehenden Trieben bilden sich geschuppte, anfangs grünliche Gallen, die an kleine Ananasfrüchte erinnern. Ältere, rötliche Gallen ähneln ein wenig den Fichtenzapfen. In den Gallen, die aus pflanzeneigenem Gewebe bestehen, leben die Larven der Gallenläuse.

● **Befallene Pflanzen** Fichten; auch an Douglasien und Lärchen, an diesen aber nur Saugschäden durch die Läuse, keine Gallen

● **Bekämpfung** Brechen Sie die Gallen frühzeitig und regelmäßig aus, und entsorgen Sie sie über den Hausmüll.

GALLEN

● **Symptome** Auf den Blattunter- oder -oberseiten oder an Trieben von Laubgehölzen erscheinen gallen- bzw. pockenartige Ausstülpungen oder Wucherungen. Ursache sind meist Gallmilben (Pockenmilben) oder Gallmücken. Besonders große „Galläpfel“ rufen die Gallwespen hervor.

● **Befallene Pflanzen** Gallmilben besonders an Ahorn, Hainbuche, Haselnuss und Linde; Gallmücken an Buchs; Gallwespen an Eiche, Rose und Weide

● **Bekämpfung** Schneiden Sie betroffene Triebe frühzeitig und regelmäßig heraus, um einer Ausbreitung der Schädlinge vorzubeugen. Die Galläpfel, z. B. an Rosen, sind harmlos und müssen nur entfernt werden, wenn sie stören. Gegen Gallmilben gibt es Insektizide auf Rapsölbasis.

GRAUSCHIMMEL

Diese Pilzkrankheit kann an Laub- und Nadelgehölzen auftreten. Sie befällt vor allem geschwächte Pflanzen. Blätter, Triebe, Blüten oder Früchte haben einen mausgrauen Belag (siehe S. 98).

MAGNESIUMMANGEL

● **Symptome** An Laubgehölzen zeigen sich an den Blättern gelbe, bald braune Flecken zwischen den Blattadern. Schließlich fallen die Blätter ab. Bei Koniferen werden die Nadeln von den Spitzen her erst gelb, dann bräunlich. Jüngere Nadelzweige an den Spitzen der Äste bleiben zunächst grün. Auch bei Laubgehölzen sind zuerst die älteren Blätter betroffen. Magnesiummangel tritt vor allem auf sauren Böden auf.

● **Befallene Pflanzen** Zahlreiche Gehölze, besonders häufig Nadelgehölze

● **Bekämpfung** Mit einem speziellen Magnesiumdünger können Sie relativ schnell gegensteuern. Achten Sie künftig auf Mehrnährstoffdünger mit höherem Magnesiumanteil. Eine Bodenuntersuchung kann hilfreich sein, um die Düngung gezielt anzupassen.

MOSAIKKRANKHEIT

● **Symptome** Die Blätter sind mosaikartig hell- und dunkelgrün gefleckt. Teils zeigen sie auch Ring- oder Wellmuster. Zuweilen sind auch die Blüten in verschiedenen Tönen gescheckt. Verursacher sind Viren. Sie können die Gehölze stark schwächen oder sogar zum Absterben bringen.

● **Befallene Pflanzen** Mehrere Laubgehölze, darunter Flieder, Goldregen, Hortensie, Rosen und Zierquitte

● **Bekämpfung** Gegen Viren gibt es keine direkte Bekämpfungsmöglichkeit. Befallene Pflanzen sollte man am besten rigoros entfernen. Bekämpfen Sie vorbeugend saugende Schädlinge wie Blattläuse, Thripse und Zikaden – sie sind die wichtigsten Virenüberträger. Außerdem können Viren über Schnittwerkzeug und andere Gartengeräte übertragen werden. Säubern Sie die Utensilien deshalb nach jedem Gebrauch gründlich, und desinfizieren Sie sie bei Virenverdacht.

ROST

● **Symptome** Meist bemerkt man zuerst gelbe, rötliche oder bräunliche Flecken auf den Blattoberseiten. An den Unterseiten entwickeln sich stäubende rötliche, gelbliche, weißliche, braune oder schwarze Pusteln. Dies sind die Sporenlager von Rostpilzen. Sie bringen die Blätter zum Welken und Abfallen, die Pflanze kann stark geschwächt werden. Bei feuchtem, warmem Wetter breiten sich die Pilze rasch aus.

● **Befallene Pflanzen** Vor allem Birke, Mahonie, Rose, Weide und Weißdorn. Verschiedene Rostpilze sind auf bestimmte Pflanzen spezialisiert, können also z. B. nicht von Rosen auf Mahonien übergreifen.

● **Bekämpfung** Wählen Sie vorbeugend gering anfällige Sorten. Düngen Sie ausgewogen mit eher kali- als stickstoffreichem Dünger. Halten Sie Gehölze durch Auslichten luftig, damit nasse Blätter schneller abtrocknen. Gießen Sie bevorzugt morgens und direkt in den Wurzelbereich. Schneiden Sie befallene Triebe weg. Bei starkem Befall können Fungizide eingesetzt werden.

SCHWAMMSPINNER

● **Symptome** Die Blätter werden im Frühjahr von kleinen, graubraunen, behaarten Schmetterlingsraupen abgefressen. Nur die Mittelrippen bleiben stehen.

● **Befallene Pflanzen** Birke, Eiche, Hainbuche, Rotbuche, Ulme und andere Ziergehölze; auch Obstbäume

● **Bekämpfung** Der Schaden ist oft nicht so dramatisch, wie er zunächst aussieht – meist bringen die Gehölze im Sommer einen zweiten Neuaustrieb mit heilen Blättern hervor. Doch sie können durch mehrmaligen Befall stark geschwächt werden. Kratzen Sie möglichst schon im Winter die hellbraunen Eigelege von der Rinde ab. Sammeln Sie im Frühjahr die Raupen ab. Vorsicht, tragen Sie dabei unbedingt Handschuhe: Allergische Hautreaktionen drohen. Im Notfall lassen sich Bacillus-thuringiensis-Präparate einsetzen.

SCHROTSCHUSS-KRANKHEIT

Diese Pilzkrankheit ruft im Frühjahr rote Flecken auf den Blättern hervor, die sich vergrößern und dann in der Mitte ausbrechen. So wirken die Blätter wie mit einer Schrotladung durchlöchert. Betroffen sind Lorbeerkirsche und andere Zierkirschen sowie die Süßkirsche (siehe S. 253).

SPINNMILBEN

Die winzigen Spinnmilben übersieht man anfangs leicht, da sie an den Blattunterseiten sitzen. Die Weibchen sind im Winter rot, deshalb auch der Name Rote Spinne. Die punktförmigen, hellen Saugstellen sieht man am besten, wenn man die Blätter gegen das Licht hält. Mit fortschreitendem Befall welken die Blätter, rollen sich ein und fallen ab. Teils sind die Triebe von hellen Gespinsten überzogen. Befallen werden vor allem Rosen sowie Fichten und andere Nadelgehölze, besonders wenn sie z. B. vor einer weißen, reflektierenden Hauswand im Sommer unter Hitzestau leiden. Zur Bekämpfung siehe S. 99.

STERNRUSSTAU

● **Symptome** Auf den Blättern erscheinen ab April dunkelbraune Flecken mit strahlenartigem Rand. Sie werden größer und wachsen zusammen, während der Rest des Blattes vergilbt. Schließlich fallen die Blätter ab.

● **Befallene Pflanzen** Rosen

● **Bekämpfung** Entfernen Sie alle befallenen Blätter, auch die auf dem Boden. Achten Sie beim Kauf auf resistente oder gering anfällige Sorten. Die beim Rost genannten Vorbeugungsmaßnahmen sind auch gegen Sternrußtau wichtig. Bei starkem Befall können Fungizide eingesetzt werden.

THRIPSE

● **Symptome** Die etwa 1 mm langen Thripse oder Blasenfüße rufen durch ihre Saugtätigkeit an der Blattunterseite silbrig weiße Pünktchen und Sprenkel auf den Blättern hervor. Sie treten vor allem bei warmem, trockenem Wetter auf.

● **Befallene Pflanzen** Liguster und andere Zier- sowie Obstgehölze; besonders häufig an Gehölzen und Kübelpflanzen in Töpfen, auf warmen Terrassen oder im Wintergarten

● **Bekämpfung** Gute Wasserversorgung, Mulchen und zurückhaltendes Düngen mit einem Stickstoffdünger vermindern das Befallsrisiko. Gegen Thripse gibt es mehrere zugelassene Insektizide. Im Wintergarten, Gewächshaus oder Haus können sie mit Nützlingen aus dem Fachhandel (Raubmilben, Raubwanzen oder Florfliegen) sowie mit klebrigen Blautafeln bekämpft werden.

ULMENSTERBEN

● **Symptome** Diese Pilzkrankheit hat auf der gesamten Nordhalbkugel vielfach zum Verschwinden der Ulmen geführt. Ab Frühsommer welken die Blätter, rollen sich ein und fallen ab. Triebe und Äste sterben ab, schließlich der ganze Baum. Die Borke ist mit braunen Flecken bedeckt und schält sich ab. Beim Durchschneiden von Ästen sieht man innen einen braunen Ring.

● **Befallene Pflanzen** Alle gängigen Ulmenarten

● **Bekämpfung** Bei Befall bleibt nur das Roden und Entsorgen der Bäume. Bekämpfen Sie vorbeugend den Ulmensplintkäfer, der diese Krankheit überträgt.

VERTICILLIUM-WELKE

Dieser Schadpilz kann Robinien und andere Ziergehölze befallen und die ganze Pflanze zum Absterben bringen (siehe S. 97 unter „Welkekrankheiten").

ZIKADEN

● **Symptome** Bei den Gehölzen treten vor allem Zikaden an Rhododendren und Rosen auf, die jeweils auf ihre Wirtspflanzen spezialisiert sind. Rhododendronzikaden sind metallisch grün mit orangeroten Streifen und verursachen meist nur Kräuselungen der Blätter. Rosenzikaden sind grün und sehr klein, fallen aber auf, wenn sie bei Berührung der Blätter auffliegen. An den Blättern sieht man winzige helle Einstiche. Bei stärkerem Befall welken die Blätter und fallen ab. Zikaden werden aber vor allem durch die Übertragung von Viren und anderen Krankheiten gefährlich.

● **Befallene Pflanzen** Rhododendren, Rosen

● **Bekämpfung** Fördern Sie vorbeugend natürliche Feinde der Zikaden, wie Laufkäfer, Raubwanzen, Schlupfwespen und Spinnen. Sprühen Sie Tiere mit scharfem Wasserstrahl oder Schmierseifenlösung ab. Setzen Sie bei massivem Auftreten nützlingschonende Insektizide ein (Fachhandel).

Blüten

KNOSPENBRÄUNE

● **Symptome** Die Blütenknospen öffnen sich nicht und färben sich schwarzbraun.

● **Befallene Pflanzen** Rhododendren

● **Bekämpfung** Brechen Sie befallene Knospen so früh wie möglich aus. Bekämpfen Sie vorbeugend Zikaden (siehe oben), die diesen Schadpilz beim Saugen an Rhododendren übertragen.

KAPITEL 4

Der Gemüsegarten

Gut planen, richtig bepflanzen

Die traditionellen Küchengärten waren ganz auf nachhaltige Erträge ausgerichtet. Altbewährte Prinzipien können Ihnen auch heute noch zu einem idealen Gemüsegarten und reichen Ernten verhelfen.

Die Grundlagen

Die richtige Lage Bestimmte Standorte scheiden für den Gemüsegarten von vornherein aus: steile Hänge, nasse oder schattige Flächen sowie Bereiche, die weit weg vom nächsten Wasseranschluss liegen. Wählen Sie stattdessen einen sonnigen Platz, der vor austrocknenden Winden geschützt ist oder geschützt werden kann. Der Boden sollte möglichst wenig verunkrautet und frei von Bauschutt und dergleichen sein. Halten Sie mindestens 10–20 m Abstand zu kräftigen Baumwurzeln.

Die Wahl der Form Gemüsegärten können in beliebiger Form und Größe angelegt werden. Doch quadratische oder rechteckige Umrisse haben sich als besonders praktisch erwiesen, um verschiedene Gemüse mit unterschiedlichen Ansprüchen und Wachstumszeiten anzubauen.

Wege sind unentbehrlich Vermeiden Sie Bodenverdichtungen durch häufiges Betreten der Beetflächen. Ein gut durchdachtes Wegenetz sorgt vor und macht alle Pflegearbeiten einfacher.

- Hauptwege im Gemüsegarten sollten wenigstens 90 cm breit sein, um sie bequem mit einer Schubkarre befahren zu können.
- Bedecken Sie die Wege mit einer dicken Schicht Rindenmulch, oder befestigen Sie sie mit Platten oder Pflaster. Aufkeimende Unkräuter können Sie durch Übergießen mit heißem Salzwasser abtöten.

Beete oder Pflanzreihen? Je nach Gartengröße und -stil können Sie die Gemüsefläche unterschiedlich anlegen.

Gestalten Sie Ihre Gemüsefläche entsprechend dem übrigen Gartenstil. So passen z. B. akkurate Beete gut in einen formalen Garten.

- **Rechteckige Beete** Dies ist die klassische Einteilung. Die Rechtecke sollten nicht breiter als 1,2 m und durch schmale, etwa 30 cm breite Pfade getrennt sein. So können Sie alle Pflanzen erreichen, ohne den Beetboden zu betreten.
- **Lange Pflanzreihen** Lang gestreckte Reihen kommen z. B. infrage, wenn Ihre Familie reichlich Bedarf an Gemüse hat. Dieses System eignet sich auch gut für Mischkulturen, bei denen Gemüse in parallelen Reihen gesetzt werden, die sich gegenseitig fördern. Legen Sie für den Zugang zu den Pflanzen Bretter zwischen den Reihen aus.

Pflanzabstände bei Mischanbau Wenn Sie mehrere Gemüsearten auf derselben Fläche anbauen möchten, können Sie einfach einen „Durchschnittsabstand“ ermitteln. Sollen z. B. zwei verschiedene Arten auf einem kleinen Beet angebaut werden, dann addieren Sie die jeweils empfohlenen Reihenabstände und teilen das Ergebnis durch zwei.

Großvaters Geheimtipp

MARKIEREN SIE DIE SAATEN

Versehen Sie am besten gleich nach dem Säen jede Reihe mit einem Etikett. Altbewährt ist das Kennzeichnen mit den leeren Samentüten. Befestigen Sie diese an einem Stöckchen, das Sie am Reihenanfang in die Erde stecken. Eine Plastiktüte oder ein umgestülptes altes Einmachglas schützt die Tüte vor Regen.

In Gartencentern werden praktische Stecketikette angeboten. Beschriften Sie diese mit einem wasserfesten Stift.

Bodenansprüche Jeder normale Gartenboden eignet sich für Gemüse oder kann entsprechend verbessert werden, sofern er nicht stark verdichtet oder vernässt ist. Schwere, tonhaltige Böden sollte man immer wieder gründlich lockern und durch Untermischen von Sand durchlässiger machen. Graben Sie bei der Erstanlage alle Böden im Herbst um, und arbeiten Sie im Frühjahr oberflächlich gut verrotteten Kompost ein. Bei schweren Böden kann eine Motorhacke hilfreich sein.

- Sandige Böden sollten besonders gut mit Kompost versorgt werden. Für alle Böden ist eine langfristige Verbesserung durch Gründüngung (siehe S. 269) empfehlenswert. Hierbei werden schnellwüchsige Pflanzen wie Luzerne, Phacelia oder Senf ausgesät, die nach dem Abfrieren oder Absensen beim Verrotten den Boden mit Humus anreichern.

Vorbereitung für die Gründüngung
Lockern Sie den Boden möglichst tief mit Hacke oder Grabegabel. Entfernen Sie alle Abfälle und Unkräuter. Ebnen Sie die Oberfläche mit dem Rechen, und harken Sie dabei Steine ab. Der Boden sollte für diese Arbeiten weder nass noch zu trocken sein.

- Vermischen Sie die Gründüngungssamen mit etwas Sand, um sie gleichmäßig über die Fläche ausstreuen zu können. Arbeiten Sie die Samen dann mit dem Rechen etwas ein.

Wasser in Reichweite Eine gut erreichbare Gießwasserquelle ist für den Gemüsegarten unverzichtbar. Achten Sie darauf, dass Sie mit dem Schlauch die gesamte Fläche bequem bewässern können.

- Sammeln Sie nach Möglichkeit Regenwasser in einer Tonne oder Zisterne. Wenn ein Geräteschuppen nahe dem Gemüsegarten eine Dachrinne hat, können Sie auch hier am Fallrohr eine Regentonne anschließen.

Geräte in Griffweite Ein Geräteschuppen oder Gartenhaus ist äußerst nützlich, um Gartenwerkzeug, Samen und anderes Zubehör aufzubewahren. Verstauen Sie die Geräte nach der Arbeit immer im Schuppen. So sind sie vor Wettereinflüssen geschützt und stets ohne große Sucherei verfügbar.

- Für einfache Gartenhäuser gibt es Bausätze, die sich leicht errichten lassen.

Rücken Sie das Gemüse ins Blickfeld
Hochbeete ersparen vor allem das Bücken bei der Arbeit. Sie können als ansehnliche Holzkonstruktionen aber auch recht attraktiv wirken und bringen die Gemüsepflanzen besonders zur Geltung. Da die Hochbeete mit guter Erde befüllt werden, lösen sie zudem Bodenprobleme.

Mit etwas Planung wird ein gemischtes Gemüse- und Kräuterbeet zum attraktiven Gestaltungselement im Garten.

Wählen Sie die Größe nach Bedarf
Wenn Sie die Größe des Gemüsegartens festlegen, berücksichtigen Sie nicht zuletzt auch den Zeitaufwand. Für eine Fläche von bis zu 10 m² müssen Sie während der Hauptsaison schon etwa einen halben Tag Arbeit pro Woche veranschlagen.

- **10 m²:** Diese Fläche reicht für eine Auswahl an Gemüse für ein oder zwei Personen.
- **50 m²:** Hier haben Sie genug Platz, um reichlich Gemüse für zwei Personen oder eine kleine Familie anzubauen.
- **100 m²:** Mit solch einem Areal decken Sie den Gemüsebedarf einer großen Familie.

Legen Sie die Wege so an, dass Sie Zugang zu allen Beetbereichen haben.

Gemüse und Blumen im Bauernstil
Um nach traditionellem Vorbild nützliche und attraktive Pflanzen zu kombinieren, können Sie Ihre Gemüsebeete rundum mit Blumen und Kräutern bepflanzen. Aromatische Kräuter wie Bohnenkraut, Petersilie, Salbei und Thymian sind attraktiv und zugleich eine Bereicherung für die Küche. Bartnelken, Ringelblumen, Tagetes und Zwergdahlien bringen Farbe in den Gemüsegarten.

- Etwas formaler wirken Beetumrandungen oder Wegsäume aus niedrigem Buchs, der durch regelmäßigen Schnitt akkurat in Form gehalten wird.

Hochbeete schonen den Rücken, bilden einen Blickfang und helfen bei Problemen mit schlechten Böden.

Attraktive Unterstützung Die Blumen und Kräuter des Bauerngartens sind nicht

Blumen lockern die Gemüsebeete mit Farbtupfern auf und ziehen nützliche Insekten an.

nur Zierde – sie helfen auch gegen Gemüseschädlinge. Manche Kräuter vertreiben unerwünschte Insekten mit intensivem Duft. Andere Pflanzen locken nützliche Insekten an, die als natürliche Feinde Blattläuse und weitere Schädlinge im Zaum halten.

- Hübsche und nützliche Begleiter für Gemüse sind Dill, Engelwurz, Kapuzinerkresse, Koriander, Ringelblume, Schmuckkörbchen (*Cosmos*), Spiegeleiblume (*Limnanthes douglasii*) und Tagetes.

Schmackhafte Bodenlockerer Auf einer frisch angelegten Gemüsefläche mit noch nicht optimal gelockertem Boden haben es vor allem feine Sämereien wie die von Möhren oder Salat schwer. Doch es gibt auch Gemüse, die damit gut zurechtkommen oder die sogar den Boden für nachfolgende Kulturen verbessern.

- Kartoffeln und Topinambur sind optimale „Pionierpflanzen" und können selbst Böden lockern, bei denen die Zeit für eine gründliche Bearbeitung gefehlt hat.
- Kürbisse und Zucchini bedecken mit ihren großen Blättern den Boden und können so Unkräuter unterdrücken. Außerdem wurzeln sie ebenso wie Kohl, Sellerie oder Tomaten recht flach und gedeihen notfalls auch auf einem unzureichend gelockerten Boden.

Mist – der traditionelle „Kraftstoff" Stallmist war früher der wichtigste und oft auch der einzige Dünger. Da er nicht nur reichlich Nährstoffe enthält, sondern beim Verrotten auch in Humus umgewandelt wird, verbessert er nachhaltig die Bodenfruchtbarkeit.

Mischkulturen im Gemüsegarten

Manche Gärtner sind überzeugt, dass viele Gemüse besser wachsen, wenn sie bestimmte Arten als direkte Nachbarn haben. Hier einige bewährte Empfehlungen für Mischkulturen.

PFLANZE	GUTE PARTNER	SCHLECHTE PARTNER
Busch- und Stangenbohne	Erbse, Gurke, Kartoffel, Kohl, Kopfsalat, Lauch, Möhre, Rettich, Sellerie, Tomate, Zucchini, Zuckermais	Zwiebel
Dicke Bohne	Kartoffel, Kopfsalat	
Erbse	Busch- und Stangenbohne, Gurke, Kartoffel, Kohl, Kopfsalat, Möhre, Rettich, Sellerie, Spargel, Speiserübe, Zuckermais	Knoblauch, Petersilie, Tomate, Zwiebel
Gurke	Busch- und Stangenbohne, Erbse, Kopfsalat, Kohl, Sellerie, Zuckermais	Kartoffel, Tomate
Kartoffel	Busch- und Stangenbohne, Dicke Bohne, Erbse, Kohl, Sellerie	Gurke, Tomate, Zuckermais, Zwiebel
Kohlarten	Busch- und Stangenbohne, Erbse, Gurke, Kartoffel, Kopfsalat, Rote Bete, Sellerie, Tomate	Lauch, Rettich, Zucchini, Zwiebel
Kopfsalat	Busch- und Stangenbohne, Dicke Bohne, Erbse, Gurke, Kohl, Lauch, Möhre, Rettich, Rote Bete, Zwiebel	Petersilie
Lauch	Busch- und Stangenbohne, Kopfsalat, Möhre, Sellerie, Spargel, Tomate, Zwiebel	Rote Bete, Kohl
Möhre	Busch- und Stangenbohne, Erbse, Kopfsalat, Lauch, Rettich, Zwiebel	Petersilie
Petersilie	Rettich, Spargel, Tomate	Erbse, Kopfsalat, Sellerie
Rettich und Radieschen	Busch- und Stangenbohne, Dicke Bohne, Erbse, Gurke, Kopfsalat, Möhre, Petersilie, Spinat, Tomate	Kohl
Rote Bete	Kohl, Kopfsalat, Sellerie, Zwiebel	Spargel, Tomate
Sellerie	Busch- und Stangenbohne, Erbse, Gurke, Kartoffel, Kohl, Lauch, Rote Bete, Tomate	Petersilie
Spargel	Erbse, Lauch, Petersilie, Tomate	Rote Bete
Speiserübe	Erbse, Kopfsalat	
Spinat	die meisten Gemüse	
Tomate	Busch- und Stangenbohne, Kohl, Lauch, Petersilie, Rettich, Sellerie, Spargel, Zwiebel	Erbse, Gurke, Kartoffel, Rote Bete
Zucchini	Busch- und Stangenbohne, Zuckermais	Kohl
Zuckermais	Busch- und Stangenbohne, Erbse, Gurke, Zucchini	Kartoffel
Zwiebel	Kopfsalat, Lauch, Möhre, Rote Bete, Tomate	Busch- und Stangenbohne, Kartoffel, Kohl

- Wenn Sie die Möglichkeit haben, Pferde-, Rinder- oder Schafmist zu beziehen, können Sie damit einen neu angelegten Gemüsegarten sehr gut in Schwung bringen. Wo die Beschaffung schwierig ist, kann man auf getrockneten, abgepackten Dung aus dem Fachhandel zurückgreifen.
- Verwenden Sie stets nur gut verrotteten, am besten kompostierten Mist. Bringen Sie ihn im Herbst oder zeitigen Frühjahr aus, und arbeiten Sie ihn nur flach ein.

Anbau im Wechsel

Die Fruchtfolge Wenn Sie bestimmte Gemüse immer wieder an derselben Stelle anbauen, wird der Boden einseitig beansprucht. Zudem etablieren sich so leicht Krankheiten und Schädlinge, die auf diese Gemüse spezialisiert sind. Schon nach wenigen Jahren können dadurch die Pflanzen im Wuchs beeinträchtigt werden und die Ernten schlechter ausfallen. Deshalb ist es am besten, die verschiedenen Gemüse jährlich nach einem festen Schema „rotieren" zu lassen. Die einfachste Möglichkeit ist die bewährte 3- oder 4-jährige Fruchtfolge, die zugleich den unterschiedlichen Nährstoffbedarf der Gemüse berücksichtigt. Unterteilen Sie dazu den Gemüsegarten in drei oder vier Teilflächen (Quartiere), deren Nutzung Sie jährlich in festgelegter Reihenfolge abwechseln.

- **Erstes Jahr** Das Quartier wird im Herbst oder zeitigen Frühjahr kräftig mit Mist oder Kompost versorgt. So ist der Boden optimal vorbereitet für die „erste Tracht", wie dies unsere Vorfahren nannten: für Starkzehrer wie Kartoffeln, Kohl, Kürbis, Sellerie, Tomaten und Zucchini.
- **Zweites Jahr** Nun folgt auf derselben Fläche die zweite Tracht, nämlich Mittelzehrer wie Kohlrabi, Mangold, Möhren, Rettich, Rote Bete und Zwiebeln. Währenddessen wachsen die Starkzehrer auf dem benachbarten, frisch gedüngten Quartier.
- **Drittes Jahr** Schließlich bauen Sie auf dem jetzt nährstoffarmen Quartier Schwachzehrer wie Buschbohne, Erbse oder Speiserübe an. Wenn genug Fläche vorhanden ist, können Sie dasselbe Quartier nun nochmals mit Kompost versorgen und dann mit einer mehrjährigen Kultur wie Erdbeeren bepflanzen. Diese entfernen Sie nach 2 oder 3 Jahren; dann fügen Sie das Quartier wieder in die jährliche Fruchtfolge ein.
- Gemüse mit kurzer Kulturdauer, z. B. Feldsalat, Radieschen, Schnittsalat oder Spinat, können Sie in allen Quartieren zwischendurch aussäen, wenn die Fläche gerade nicht von einer Hauptkultur belegt wird.

Noch cleverer: der Fruchtwechsel Beim Fruchtwechsel lösen sich jährlich nicht nur Stark-, Mittel- und Schwachzehrer ab, sondern auch die Pflanzenfamilien. Das bedeutet z. B., dass direkt nach Weiß- oder Rotkohl keine andere Kohlart angebaut wird;

des Weiteren auch kein Brokkoli, Kohlrabi, Meerrettich, Pak Choi oder Rucola (Salatrauke), keine Radieschen, Rettiche oder Speiserüben, denn sie alle gehören wie Kohl zur Familie der Kreuzblütler (*Brassicaceae*). Manche Krankheiten und Schädlinge haben sich auf diese Verwandtschaft spezialisiert.

- So gibt es z. B. die gefürchtete Kohlhernie, eine Pilzkrankheit, die Kohl ebenso befallen kann wie Rettiche und andere nahe Verwandte. Nach einem Befall sollte man sogar 6 Jahre lang keine Kreuzblütler auf der betroffenen Fläche anbauen.
- Es verlangt ein wenig Aufwand, von allen bevorzugten Gemüsen und Kräutern die Familienzugehörigkeit herauszufinden und dies im Anbauplan zu berücksichtigen. Doch mit der Kombination von Fruchtfolge und Fruchtwechsel sind Ihre Gemüse gut gegen Krankheiten und Schädlinge gewappnet.

Die „Spinat-Methode" Dies ist eine besondere Form des Mischanbaus. Hierbei säen Sie Spinat in Reihen mit 50 cm Abstand. In die Zwischenräume säen oder pflanzen Sie Reihen unterschiedlicher Gemüse. Die Spinatblätter beschatten und beschützen die anderen Sämlinge und Jungpflanzen. Soweit der Spinat nicht in der Küche verwertet wird, können Sie ihn abschneiden und als Mulch liegen lassen oder mit der Hacke leicht einarbeiten – denn Spinat ist auch ein hervorragender Gründünger.

Gemüse braucht Platz zum Wachsen
Mit Mischkulturen können Sie die Fläche optimal ausnutzen. Vermeiden Sie aber zu dichte Saat oder Pflanzung; das kann letztlich sogar den Ernteerfolg deutlich mindern.

- Beachten Sie stets die auf den Samentüten empfohlenen Reihenabstände und Abstände innerhalb der Reihen.

Wenn Sie jährlich die Anbaufläche für die einzelnen Gemüse wechseln, wird die Anfälligkeit für Schädlinge und Krankheiten reduziert.

Großvaters Geheimtipp

VOGELSCHEUCHEN
Vogelscheuchen wie die unten abgebildete verleihen dem Gemüsegarten nostalgisches Flair. Basteln Sie sie selbst, oder schauen Sie sich in Dekoläden und Gartencentern nach originellen Ausführungen um. Einige weitere Methoden, um Saaten und Ernten vor Vögeln zu schützen:

- Hängen Sie alte CDs zwischen den Pflanzen auf. Wenn sie sich drehen und dabei das Licht reflektieren, erschrecken sie die Vögel.
- Ähnlich funktionieren im Wind flatternde Alufolienstreifen, die an über dem Beet gespannten Schnüren hängen.
- Oder überspannen Sie die Beete mit einem Vogelschutznetz.

Kohl, Salat und andere schmackhafte Blattgemüse

Kohl und Blattpflanzen wie Mangold gehören zu den ältesten Gemüsen. Sie sind nicht nur wohlschmeckend, sondern oft auch attraktiv und lassen sich gut im Garten mit Blumen kultivieren.

Kopfkohl, Rosenkohl und Grünkohl

Säen oder Pflanzen kaufen? Von den gängigen Kohlarten werden ab März überall Jungpflanzen angeboten, die nicht allzu teuer sind. Gerade für frühe Pflanzungen empfehlen sich gekaufte Jungpflanzen. Denn für die eigene Anzucht früher Sorten, die ab Februar möglich ist, mangelt es in der Wohnung oft noch am Licht.

- Bei eigener Anzucht haben Sie den Vorteil, dass Sie über eine große Auswahl an Sorten verfügen und die Erntezeitpunkte durch Kombination früher, mittelfrüher und später Sorten optimal staffeln können.
- Mittelfrühe und späte Sorten können Sie auch ins Frühbeet oder ab Mai direkt aufs Beet säen.

Richtig pflanzen und anhäufeln Vorgezogene oder gekaufte Pflanzen mit Wurzelballen setzen Sie so ein, dass der Ballen oben mit der Erdoberfläche abschließt. Etwas tiefere Pflanzung schadet aber nicht und ist besonders bei Pflänzchen mit langen, dünnen Stängeln sogar vorteilhaft. Kohl kann unten am Stängel zusätzliche Wurzeln (sogenannte Adventivwurzeln) bilden. Dies macht man sich auch zunutze, um die Standfestigkeit zu verbessern. Dazu häufelt man die jungen Pflanzen an, sobald sie im Beet gut angewachsen sind. Ziehen Sie rund um die Stängelbasis etwas Erde bei, und drücken Sie diese leicht an.

Kohlköpfe sind riesige Blattknospen. Blütenstiele erscheinen erst im Jahr nach der Aussaat.

Viele Kohlarten sind ebenso attraktiv wie wohlschmeckend. Mit Tomaten und Blumen als Partnern bieten sie einen hübschen Anblick.

Was, wenn sich keine Köpfe bilden? Die Köpfe von Weiß-, Rot- und Wirsingkohl bestehen aus dicht gepackten Blättern. Wenn einzelne Jungpflanzen keine Köpfe entwickeln, hat es keinen Zweck, sie länger stehen zu lassen. Entfernen Sie die Pflanzen beizei-

Großvaters Geheimtipp

KOHLPFLANZEN SELBST VORZIEHEN

Sofern Sie kein Gewächshaus haben, beginnen Sie mit der Anzucht am besten Mitte März, wenn die Tage länger werden. Bei Lichtmangel wachsen die Sämlinge staksig heran. Als Keimtemperatur genügen 15–20 °C. Säen Sie in eine Schale mit Anzuchterde, und halten Sie die Saat gleichmäßig feucht. Pikieren Sie die größer werdenden Sämlinge in kleine Töpfe oder Multitopfplatten mit großen Mulden. So werden sie kräftiger und entwickeln einen kompakten Wurzelballen.

ten, und ersetzen Sie sie mit kräftigen vorgezogenen Pflanzen.

- Sorgen Sie für gleichmäßige Bewässerung sowie gute, ausgewogene Düngung, und mulchen Sie zwischen den Pflanzen, um die Bodenfeuchtigkeit zu bewahren. So unterstützen Sie die Kopfbildung.
- Chinakohl bildet schon nach 8–10 Wochen lockere Köpfe. Viele Sorten können aber erst ab Juli ausgesät werden. Bei früherer Saat „schießen" sie, d. h., sie bilden vorzeitig Blüten und keine Köpfe.

Doppelte Ernte Wenn Sie die Strünke nach dem Abernten der Köpfe oben mit einem scharfen Messer kreuzförmig einschneiden, gibt es öfter noch eine Nachernte: Bis zu fünf kleine, lockere Köpfe können aus solchen Einschnitten austreiben.

Der Kohlhernie vorbeugen Kohlhernie ist eine Pilzkrankheit, die Kohlarten und andere Kreuzblütler (siehe S. 159) befällt. Der Schaderreger kann bis zu 20 Jahre im Boden überdauern und von dort aus immer wieder neue Infektionen hervorrufen, die zu Wucherungen an den Wurzeln führen (siehe S. 206). Geben Sie erkrankte Pflanzen nie auf den Kompost, der Schadpilz kann sich dort weitervermehren.

- **Achten Sie auf weiten Fruchtwechsel** Bauen Sie Kohlarten nur alle 3–4 Jahre auf derselben Fläche an. Dasselbe gilt für verwandte Kreuzblütler wie Kresse, Radieschen, Rettich, Rucola und Speiserübe, außerdem für die Gründüngungspflanzen Ölrettich, Raps und Senf.
- **Bekämpfen Sie Unkräuter konsequent** Der Befall geht nicht selten von Unkräutern aus, die ebenfalls zu den Kreuzblütlern gehören, so z. B. Ackerhellerkraut und Hederich. Beseitigen Sie die Unkräuter frühzeitig und regelmäßig.
- **Erhöhen Sie den pH-Wert** Der Pilz entwickelt sich am besten in feuchtem, saurem Boden. Lassen Sie vorbeugend alle paar Jahre den Boden untersuchen, und erhöhen Sie, wenn nötig, den pH-Wert durch Kalken auf 7–7,5. Gut eignet sich kohlensaurer Kalk.
- **Verbessern Sie die Bodenstruktur** Gründliche Bodenbearbeitung und das Verbessern schwerer Böden mit Sand oder Kies und Kompost beugen der Krankheit vor.
- **Vermeiden Sie stets frische organische Düngung** Kohl reagiert als Starkzehrer zwar gut auf Mist und Kompost, doch diese sollten unbedingt gut verrottet sein. Am besten kompostieren Sie Stallmist, ehe Sie ihn in den Boden einarbeiten.

Top-Tipps für den Kohlanbau Unterstützen Sie gesundes Wachstum durch bewährte Anbau- und Pflegemaßnahmen.

- **Pflanzen Sie in Fruchtfolgen** Am besten ist eine 3- bis 4-jährige Fruchtfolge, wobei Kohl im ersten Jahr nach der organischen Düngung angebaut wird (siehe S. 159) – und dann frühestens in 3 Jahren wieder auf dasselbe Beet kommt.
- **Beachten Sie die Pflanzabstände** Die meisten Kohlarten brauchen weite Pflanzabstände von mindestens 40–50 cm.
- **Halten Sie den Boden locker und feucht** Regelmäßiges Hacken oder Mulchen sowie gute Wasserversorgung bei Trockenheit sorgen für ein harmonisches Wachstum und beugen Schädlingen wie Erdflöhen vor.
- **Schützen Sie die Pflanzen** Tomatenblättern, frischen Farnwedeln und Ginsterzweigen sagt man nach, dass sie den Kohlweißling fernhalten. Legen Sie diese ab April zwischen den Kohlpflanzen aus. Günstig sind auch Mischkulturen mit Tomaten.

Kohl als Medizin Seit Jahrhunderten werden Weißkohl- und Wirsingblätter als Hausmittel gegen vielerlei Beschwerden oder auch als Gesichtsmaske geschätzt. Als äußerlich angelegte Kohlwickel bieten sie Linderung

Kohl für jede Saison

Durch die gezielte Zusammenstellung verschiedener Sorten können Sie vom Sommeranfang bis in den Winter hinein Kopfkohl ernten. Manche der Spätsorten sind ausgeprägte Lagersorten, die sich bei kühler Aufbewahrung viele Wochen halten.

SORTENGRUPPE	ANZUCHT/ AUSSAAT	ERNTE
WEISS- UND ROTKOHL		
früh	Februar/März	Juni/Juli
mittelfrüh	März/April	Juli–Sept.
spät	April/Mai	Okt.–Nov.
WIRSING		
früh	Februar/März	ab Ende Juni
mittelfrüh	März/April	ab Ende August
spät	April–Juni	Sept.–Nov.

Setzen Sie Kohlpflanzen mit großem Wurzelballen mithilfe einer Pflanzschaufel ein.

KOHL AUSPFLANZEN

1 Pflanzen Sie Sämlinge ohne Erdballen besonders behutsam, damit die Wurzeln nicht beschädigt werden. Statt einer Pflanzschaufel kann auch ein Pflanzholz verwendet werden.

2 Die Stängelbasis kann unter die Erde kommen. Drücken Sie den Boden etwas an, und gießen Sie kräftig.

3 Pralle Sonne oder austrocknender Wind kann den Setzlingen schaden. Eine luftige, lichtdurchlässige Lattenkiste eignet sich gut, um die Pflänzchen vorübergehend zu schützen.

Wenn Sie Rosenkohl mit dem Messer ernten, dürfen Sie die Röschen nicht verletzen.

z. B. bei Gelenkschmerzen, Entzündungen, Erkältungen und Mückenstichen.

- Wählen Sie einige gut gefärbte, saubere, gesunde Blätter, entfernen Sie die Mittelrippen, und walzen Sie dann die Blätter mit einem Nudelholz, bis die Blattrippen aufbrechen. Legen Sie die Blätter auf die betroffene Stelle, und fixieren Sie sie durch Umwickeln mit einem Tuch oder einer Bandage. Der Wickel sollte ein- bis zweimal pro Tag durch frische Blätter ersetzt werden.

Kein Mist für Rosenkohl Beim Rosenkohl kann sich der hohe Stickstoffgehalt von Stallmist negativ auswirken: Die Röschen entwickeln sich nicht kompakt, sondern wachsen offen und locker. Düngen Sie besser mit gut ausgereiftem Kompost.

Zarte Röschen ernten Bei den sogenannten Röschen handelt es sich um Seitenknospen, die der Rosenkohl in seinen Blattachseln anlegt. Sie lassen sich recht gut mit der Hand abpflücken. Wenn Sie ein Messer verwenden, achten Sie darauf, dass Sie benachbarte Röschen nicht beschädigen (Abb. oben). Die Röschen reifen von unten nach oben. Pflücken Sie deshalb zuerst die im unteren Bereich.

- Wenn Sie die Triebspitzen gegen Ende September abschneiden, entwickeln sich die oberen Röschen kräftiger. Die Pflanze kann dadurch allerdings etwas frostempfindlicher werden.

Ein Loblied auf den Grünkohl Grünkohl, auch als Kraus- oder Federkohl bekannt, hat vor allem in Norddeutschland eine lange Tradition. Doch sein Anbau ist überall empfehlenswert. Die winterharte, dekorative Pflanze bereichert den Garten bis zum Frühjahr und liefert ein deftiges, vitamin- und mineralstoffhaltiges Herbst- und Wintergemüse. Zudem ist der Grünkohl gegen Schädlinge und Krankheiten recht robust.

- Gepflanzt wird der Grünkohl ab Ende Juni bis Anfang August, ernten können Sie bis ins Frühjahr hinein. Die ersten leichten Fröste verbessern das Aroma.

Blumenkohl und Brokkoli

Blumenkohl ist hungrig Blumenkohl gedeiht am besten in nährstoff- und humusreichem, tiefgründigem Boden, der besonders gut gelockert werden sollte. Um dem hohen Nährstoffbedarf des Gemüses gerecht zu werden, düngen Sie Blumenkohl am besten mit einem organischen Volldünger – bald nach dem Pflanzen und dann noch ein- bis zweimal während Wachstumszeit und Blumenbildung. Fast noch wichtiger ist eine gleichmäßige Wasserversorgung.

Ernten Sie schöne weiße Blumen Sonnenlicht und schlechtes Wetter führen dazu, dass der Blumenkohl vergilbt. Ein altbewährtes Gegenmittel ist das Einknicken der Blätter, um die Blume abzudecken und dadurch bleich zu halten (Abb. unten).

Romanesco wird immer beliebter Romanesco ist eine italienische Variante des Blumenkohls. Seine schmackhaften grüngelben Blumen setzen sich aus spitzkegeligen Röschen zusammen. Er ist robust und eignet sich für den Herbstanbau.

Durch Einknicken der Blätter können Sie den Blumenkohl vor dem Gelbwerden bewahren.

Die gute Wahl

VIELFÄLTIGER KOHL Kohlgemüse umfasst eine Fülle unterschiedlicher Varietäten, vom Kopfkohl über Blumenkohl und Grünkohl bis zu Kohlrabi und Rosenkohl.

WIRSING 1 Er bildet feste Köpfe aus stark gekrausten Blättern mit hellen Rippen.

ROMANESCO 2 Wie beim Blumenkohl sind es hier die fleischig verdickten Blütenstandsanlagen, die wir als Delikatesse schätzen.

BROKKOLI 3 Beim Brokkoli genießen wir die noch geschlossenen Blütenknospen, die in dichten Köpfen beisammenstehen.

ROTKOHL 4 Die Blattfärbung variiert in verschiedenen roten und blauvioletten Tönen; deshalb auch der Name „Blaukraut".

ROSENKOHL 5 Als Röschen bezeichnet man die großen Blattknospen, die sich in den Blattachseln bilden.

GRÜNKOHL 6 Mit seinen stark gekrausten Blättern bietet der Grünkohl einen besonderen Anblick. Die Sorte 'Redbor' hat dekorative dunkelrote Blätter, die sich beim Kochen grün verfärben.

1 2

3 4

5 6

Brokkoli rechtzeitig ernten Brokkoli ist kein direkter Verwandter des Blumenkohls, hat aber ähnliche Ansprüche. Ernten Sie die lockeren grünen Köpfchen, die aus Blütenknospen bestehen, sobald sie gut entwickelt sind. Wenn Sie zu lange warten, beginnen sie im Sommer schnell zu blühen und sind dann für die Küche wertlos. Lassen Sie die Pflanze nach der Ernte des Kopftriebs stehen – aus den Blattachseln wachsende Seitensprosse liefern dann weitere Ernten.

Frische Salate

Vielfältige Formen und Sorten Unser klassischer Kopfsalat, der auf den seit Jahrtausenden kultivierten Lattich (*Lactuca sativa*) zurückgeht, wird heute in einer Fülle interessanter Varianten angeboten. Die Salate gehören zur Familie der Korbblütler.

- **Buttersalate** Das sind die altbekannten Kopfsalate mit feinen, weichen Blättern, die einen dichten Kopf bilden. Neben grünen gibt es auch rot gefärbte Sorten.
- **Eis- oder Krachsalate** Diese Salate haben robuste Köpfe aus festeren, knackigen Blättern. Ihr Urahn ist der europäische Bataviasalat 'Chou de Naples'. Die Blattränder sind teils gekräuselt oder zerschlitzt, die Blätter mancher Sorten rot getönt.
- **Romana-, Römer- oder Bindesalate** Sie bilden lange, schlanke Köpfe aus derben grünen oder rötlich gefleckten Blättern.
- **Blattsalate** Hierzu gehören Pflücksalate, die lockere Köpfe bilden, und Schnittsalate, die mit bodennahen Blattrosetten wachsen. Beliebte Vertreter sind krausblättrige 'Lollo'-Sorten sowie Eichblattsalate. Es gibt auffällig gelb, rot oder bräunlich gefärbte Sorten.

Gießen Sie Salat stets direkt in den Wurzelbereich. Gießwasser sollte möglichst nicht in das Herz gelangen: Wenn es dort länger stehen bleibt, kann dies zu Fäulnis führen.

Salate sind ein Blickfang, wenn man verschiedene Wuchsformen und Blattfarben kombiniert; in der Mitte der Pflücksalat 'Lollo Bionda'.

Top-Tipps für den Salatanbau Die folgenden Empfehlungen helfen, zu zartem, saftigem Salat zu kommen.

- **Achten Sie auf den Anbauzeitraum** Verwenden Sie je nach Saatzeit ausgewiesene Sorten für Früh-, Sommer- oder Spätanbau. Ungeeignete Sorten schießen an langen, warmen Sommertagen schnell.
- **Bevorzugen Sie resistente Sorten** Mittlerweile werden zahlreiche Sorten angeboten, die widerstandsfähig gegen Blattläuse und Mehltau sind.
- **Sorgen Sie für Feuchtigkeit** Halten Sie den Boden gleichmäßig feucht. Humoser, mit Kompost versorgter Boden eignet sich wegen seiner guten Wasserspeicherung am besten.
- **Lockern Sie den Boden** Gehen Sie zwischen den Reihen regelmäßig mit Hacke oder Kultivator durch. So halten Sie nicht nur Unkräuter unter Kontrolle. Eine alte Gärtnerregel besagt: „Einmal hacken erspart zweimal gießen." Tatsächlich zerstören Sie durch das Hacken feinste Kanäle im Boden, über die das Wasser verdunstet. So bewahren Sie die Bodenfeuchtigkeit. Außerdem nimmt eine lockere Oberfläche besser Wasser auf.

Nicht zu tief pflanzen Setzen Sie Salatpflanzen keinesfalls zu tief ein. Das Herz,

Großvaters Geheimtipp

RUSTIKALES FLAIR IM BLUMENBEET

Das alte Bauerngartenprinzip, Blumen neben oder zwischen Gemüse zu pflanzen, lässt sich auch umkehren: Gerade Kohlvarietäten sind oft sehr dekorativ und können als Blattschmuckpflanzen das Blumenbeet auflockern. Manche werden zudem erst im Spätherbst oder Winter geerntet, sodass sie noch für Blickpunkte sorgen, wenn die meisten Blumen verblüht sind.

- Eine Spezialität für diesen Zweck ist der Zierkohl mit krausen, mehrfarbigen Blättern in Violett, Cremeweiß und Grün. Doch auch rotblättrige Grünkohlsorten, Rotkohl oder blauviolette Brokkoli und Kohlrabi bringen besondere Töne ins Spiel. Mangold, den es mit roten, mehrfarbigen und weißen Stielen gibt, macht sich ebenfalls gut zwischen bunten Blüten.

Wenn Salate, Kohl- oder Blattgemüse vorzeitig in Blüte gehen, sagt man, dass sie „schießen".

dem die inneren Blätter entspringen, muss unbedingt über der Erdoberfläche bleiben.

- Der Wurzelhals darf die Oberfläche ruhig ein wenig überragen, denn beim leichten Andrücken der Erde und beim Angießen senkt sich die Pflanze noch etwas ab.

Erfolgreiche Anzucht Frühe Salatsorten können Sie in einem Gewächshaus oder hellen Raum ab Februar aus Samen vorziehen. Säen Sie in Saatschalen oder Multitopfplatten, verwenden Sie nur Anzucht- bzw. Aussaaterde, und halten Sie die Saat bei 10–15 °C gleichmäßig feucht.

- Pikieren Sie die Sämlinge einzeln in Töpfe, sobald es in der Saatschale zu eng wird.
- Frühe Sorten können Sie ab März in den Garten setzen. Härten Sie die Pflanzen vorher ab, indem Sie sie in ein Frühbeet oder an milden Tagen stundenweise ins Freie stellen.
- Ab Ende März können Sie Salat auch direkt ins Beet säen. Schützen Sie die Saaten mit Folien oder Vliesen vor kalten Nächten. Sobald die Sämlinge gut entwickelt sind, dünnen Sie sie auf 30 × 30 cm Abstand aus.

Feldsalat – gesund und pflegeleicht

Unter allen Salaten hat Feldsalat den höchsten Vitamin-C-Gehalt. Er gehört nicht zur Verwandtschaft der Kopf- und Blattsalate, sondern zur selben Familie wie der Baldrian. Als einziges Baldriangewächs unter den Gemüsen sorgt er für Abwechslung in der Fruchtfolge. Allerdings setzt man ihn in der Regel als zusätzliche Nachkultur im Spätjahr ein, z. B. nach der Ernte von Kartoffeln oder frühem Kohl. Da Feldsalat als sogenannte Langtagpflanze im Sommer zu schnell blüht und andererseits recht kältefest ist, wird er erst ab Ende Juli bis September gesät. Im Gewächshaus können Sie Feldsalat sogar noch im Oktober säen.

- Feldsalat mag humosen, etwas kalkhaltigen Boden, ist aber sonst recht anspruchslos. Achten Sie auf mehltauresistente Sorten, und bedecken Sie die Samen nur flach mit Erde.
- Früh gesäter Feldsalat wird bereits nach 4–6 Wochen, noch im Herbst, erntereif; sehr späte Saaten erst im Frühjahr. Schützen Sie draußen überwinternden Feldsalat mit Fichtenreisern oder Vlies vor starken Frösten.

Salatmischungen für schnelle Ernten

Seit einiger Zeit bieten Gartencenter und -versandhandel „Babyleaf"-Salate an, von denen man schon wenige Wochen nach der Aussaat die jungen Blätter fortlaufend erntet. Es handelt sich um Mischungen verschiedener Schnitt- oder Pflücksalate. Mit unterschiedlichen Blattformen und -farben wirken sie im Garten wie in der Salatschüssel besonders attraktiv.

- Diese Salatmischungen erhalten Sie meist als Saatbänder oder -teppiche; im letzteren Fall heißen sie auch „Salatwiesen". Hier sind die Samen zwischen später verrottenden Spezialpapierstreifen oder -bogen schon im richtigen Pflanzabstand befestigt, sodass Sie nicht ausdünnen müssen. Sie können die Bänder oder Teppiche nach Belieben zuschneiden. Dann legen Sie sie auf dem Boden aus, feuchten sie an und überdecken sie dünn mit Erde. Abschließend nochmals gründlich gießen.

Salate rund ums Jahr

Achten Sie beim Samenkauf auf jeweils geeignete Früh-, Sommer- oder Spätsorten. Säen Sie die schnellwüchsigen Salate in kleineren Sätzen in etwa 2-wöchigem Abstand.

ART/SORTENGRUPPE	ANZUCHT-, SAATZEIT	ERNTE NACH …
Buttersalat (Kopfsalat)	Ende Februar–Juli	8–10 Wochen
Eissalat	Ende Februar–Juli	10–14 Wochen
Endivie	Mai–Juli	8–12 Wochen
Feldsalat	Ende Juli–September	4–6 Wochen; Spätsaaten im Frühjahr
Pflück- und Schnittsalat	Ende Februar–September	4–6 Wochen
Radicchio	Mai–August	16–24 Wochen
Romanasalat	Ende Februar–Juli	8–10 Wochen
Zuckerhut	Juni–Juli	10–14 Wochen

KOPFSALAT PFLANZEN

1 Heben Sie die Pflänzchen mit einer Pflanzschaufel vorsichtig aus dem Saat- oder Frühbeet.

2 Behandeln Sie die Wurzeln vorsichtig. Manche Gärtner schneiden die Blätter zurück, um die Verdunstung zu reduzieren.

3 Setzen Sie die Pflanze mit einem Pflanzholz ein. Das Herz darf keinesfalls mit Erde bedeckt werden.

4 Drücken Sie die Erde leicht an, und gießen Sie, ohne das Herz zu benässen.

● Wenn Sie bei der Ernte die Herzen stehen lassen, treiben immer wieder neue Blätter aus. Viele Mischungen können von März bis August gesät werden, auch in Balkonkästen und anderen Pflanzgefäßen.

Endivie, Radicchio, Zuckerhut und Chicorée

Salate mit kräftigem Geschmack Neben den vom Lattich abstammenden Kopf- und Blattsalaten gibt es eine weitere wichtige Gruppe von Salaten, die ebenfalls zu den Korbblütlern zählen. Sie sind mit der wilden Wegwarte (*Cichorium intybus*) verwandt und bilden Köpfe aus Blättern mit würzigem, leicht bitterem Geschmack. Die meisten Sorten sind vitaminreiche Herbst- und Wintersalate, die man erst im Sommer sät. Bei zu früher Aussaat würden sie durch die langen Sommertage zu vorzeitiger Blüte, also zum „Schießen", angeregt.

● **Endivie** Hier unterscheidet man Sorten mit krausen, geschlitzten Blättern (Frisée) und mit breiten, ganzrandigen Blättern (Escariol). Sommersorten können Sie bereits ab Mai vorziehen und ab Juli ernten.

● **Radicchio** Sein Kennzeichen sind kompakte, meist kugelige Köpfe mit roten, rotweißen oder rotgrünen Blättern. Radicchio schmeckt angenehm nussig und nur leicht bitter und kann auch als Gemüse zubereitet werden. Aussaat ist ab Mai möglich. Späte Sorten wie 'Roter von Verona' können Sie mit Reisig- oder Vliesabdeckung überwintern und im Frühjahr nochmals beernten.

● **Zuckerhut** Er ist auch als Fleischkraut bekannt. Zuckerhut hat spitze, kegelförmige Köpfe aus fleischigen, grünen Blättern und kann als Salat oder Gemüse zubereitet werden. Er wird im Juni oder Juli gesät.

Endivie muss nicht bitter werden Die Bitterstoffe der Zichoriensalate sind gesundheitsfördernd. Doch grüne Endivienblätter enthalten davon so viele, dass sie unangenehm schmecken. Schon unsere Vorfahren fanden heraus, dass man dies mildern kann, indem man die inneren Blätter bleicht. Binden Sie dazu etwa 10 Tage vor der Ernte die Köpfe mit einem Bast- oder Gummiband zusammen. Die Blätter sollten zu diesem Zeitpunkt trocken sein, damit das Herz nicht fault. Alternativ können Sie auch einen Eimer über die Pflanzen stülpen.

Zuckerhut hat leicht bitter schmeckende Blätter. Man baut ihn als Herbstsalat und -gemüse an.

● Bei manchen Sorten, wie 'Bubikopf', 'Diva' oder 'Jeti', erübrigt sich dieses Verfahren, da sie selbstbleichend sind.

Zarte Chicoréesprosse Chicorée oder Witloof ist im Grunde genommen die ursprüngliche Form von Zuckerhut und Radicchio. Er bildet fleischige Rübenwurzeln aus, die man früher geröstet als Kaffeeersatz verwendete. Für heutige Gärtner sind die Wurzeln weniger interessant. Doch die jungen, gebleichten Sprosse eignen sich für besonders delikate Wintersalate. Säen Sie dazu in der zweiten Maihälfte Chicorée mit 40 cm Reihenabstand auf ein Beet. Dünnen Sie nach dem Aufgehen der Pflanzen in der Reihe auf 10 cm Abstand aus. Halten Sie den Boden feucht, verzichten Sie aber auf Düngung.

● Graben Sie ab Mitte Oktober bis November die Wurzeln aus, und lassen Sie sie einige Tage mitsamt dem Laub abgedeckt auf dem Beet liegen. Schneiden Sie dann das Laub etwa 3 cm über der Wurzel weg. Wählen Sie nur Wurzeln mit 4–7 cm Ø.

● Versehen Sie einen Eimer oder eine Kiste unten mit Wasserabzugslöchern, füllen Sie 10 cm hoch Erde ein, und stellen Sie die Wurzeln im Winter dicht an dicht hinein. Manche Sorten müssen mit Erde abgedeckt werden, bei anderen reicht z. B. eine dunkle Folie. Wässern Sie gründlich, und stellen Sie das Gefäß bei 12–18 °C dunkel auf. Nach 5–6 Wochen erscheinen die Sprosse, die Sie bei etwa 15 cm Länge abernten.

SCHON GEWUSST?

LÖWENZAHN ALS KULTURPFLANZE

Löwenzahn wird von vielen nur als Unkraut angesehen. Doch er hat auch eine lange Tradition als Heil- und Nutzpflanze. Früher dienten seine gerösteten Wurzeln als Kaffeeersatz. Besonders in Frankreich schätzen Gourmets seit jeher die jungen Blätter als Salat. Es gibt sogar spezielle Sorten für den Salatanbau. Einige Wochen vor der Ernte stülpt man einen Eimer über die Pflanzen. So erhält man wie bei Chicorée oder Endivie zarte, helle, nicht allzu bittere Blätter.

Spinat und Mangold

Beliebte Blattgemüse Die Familie der Gänsefußgewächse umfasst mehrere Pflanzen, deren Blätter teils schon seit Urzeiten als Gemüse geschätzt werden. Guter Heinrich und Melde, die heute eher als Unkräuter gelten, wurden bis weit ins Mittelalter in den Gärten kultiviert. Samen der robusten Gartenmelde findet man heute noch im Angebot. Doch bis zum Beginn der Neuzeit hatte der aus dem Kaukasus stammende Spinat die alten Blattgemüse verdrängt und erfreut sich bis heute größter Beliebtheit. Allerdings beginnt er als Langtagpflanze im Sommer schnell zu schießen; die Blätter werden dann ungenießbar. Mangold diente anfangs nur als sommerlicher Spinatersatz, hat aber mittlerweile viele Gärten und Küchen erobert.

Üppige Spinaternten Spinat ist pflegeleicht, stellt keine besonderen Bodenansprüche und gedeiht sogar noch im Halbschatten. Für gute Ernten ist es dennoch wichtig, einige Punkte zu beachten.

- Wählen Sie je nach Saatzeit geeignete Sorten. Man unterscheidet Frühsorten (Aussaat März bis Mitte Mai), Sommersorten (Aussaat August/September) und Herbstsorten (Aussaat September/Oktober). Einige Neuzüchtungen wie 'Emilia' können sogar im Hochsommer angebaut werden.
- Achten Sie auf Sorten, die gegen Falschen Mehltau resistent sind.
- Gießen Sie bei Trockenheit, und hacken Sie gelegentlich zwischen den Reihen. Bei Frühbeet- oder Gewächshausanbau ist Lüften bei mildem Wetter wichtig, um Mehltau vorzubeugen.

Attraktiver Mangold Mangold liefert nicht nur Blätter und Stiele mit aromatischem, etwas erdigem Geschmack. Vor allem die rotstieligen Sorten sind auch dekorativ und passen sogar in Blumenbeete. Je nach Erntegut unterscheidet man Blatt- und Stielmangold. Gesät wird von April bis Juni direkt aufs Beet.

- Ziehen Sie beim Ernten die Stiele unter leichter Drehung heraus. Ernten Sie nach und nach jeweils die äußeren Blätter und Stiele. Blattmangold können Sie auch knapp über dem Boden abschneiden, er treibt dann nochmals aus. Spät gesäter Mangold liefert bei mildem Wetter oder mit etwas Winterschutz noch im Frühjahr eine Ernte.

Neuseeländer Spinat und Winterportulak Diese beiden Blattgemüse finden heutzutage immer mehr Liebhaber und sind einen Versuch wert.

- Neuseeländer Spinat wächst mit langen, rankenden Trieben. Junge Blätter und Triebspitzen können den ganzen Sommer über geerntet werden.
- Winterportulak, auch als Postelein bekannt, lässt sich von September bis März säen. Die robuste, schnellwüchsige Pflanze liefert von Herbst bis zum Frühjahr wohlschmeckende, sehr vitaminreiche Blätter für Salat und Gemüse.

Beim Spinat werden die zarten Blätter am besten einzeln gepflückt, statt die ganze Pflanze abzuschneiden.

ACHTUNG!

VORSICHTIG DÜNGEN

Bei hoher Stickstoffdüngung können Blattgemüse und Salate reichlich gesundheitsschädliches Nitrat einlagern. Dies gilt besonders bei Herbstanbau, da in der lichtarmen Jahreszeit der Umbau des Stickstoffs stark verlangsamt wird. Verwenden Sie deshalb stickstoffhaltige Dünger sehr zurückhaltend, am besten von Spätsommer bis Frühjahr gar nicht.

Mangold, mit der Roten Bete verwandt, gibt es mit verschieden gefärbten, teils sehr auffälligen Stielen. 'White Silver' (ganz links) hat weiße Stiele; bei 'Rainbow Chard' (Mitte) sind sie mehrfarbig orange, gelb, rosa oder weiß; bei 'Rhubarb Chard' (rechts) leuchten sie kräftig rot.

Bescheidene Hülsenfrüchte, anspruchsvoller Zuckermais

Bohnen und Erbsen speichern mithilfe von Bakterien Stickstoff aus der Luft in ihren Wurzeln. Dadurch reichern sie nach ihrem Absterben den Boden an. Zuckermais ist ein Starkzehrer mit hohem Nährstoffbedarf.

Bohnen für jeden Garten

Welche Bohnen eignen sich? Bei Bohnen denken viele Gärtner zuallererst an die Stangenbohnen, die Stützen brauchen, um sich daran hochzuwinden. Buschbohnen sind eine niedrig bleibende, nicht kletternde Varietät. Sie brauchen weniger Platz und Aufwand, bringen aber auch bescheidenere Erträge. Eine weitere Verwandte ist die hochwindende Feuer- oder Prunkbohne mit hübschen roten oder weißen Blüten. Stangen-, Busch- und Feuerbohne werden nach ihrem botanischen Gattungsnamen als Phaseolus-Bohnen zusammengefasst.

- Von den Phaseolus-Bohnen erntet und genießt man meist die zarten, noch nicht ausgereiften Hülsen. Von Feuerbohnen werden öfter auch erst die reifen, häufig farbig gescheckten Samen geerntet, um sie als Trockenbohnen aufzubewahren.
- Die Dicke Bohne, auch Acker-, Puff- oder Saubohne genannt, gehört nicht in diese Gruppe. Sie ist viel kälteverträglicher als die Phaseolus-Bohnen. Erntegut sind halb reife Hülsen oder reife Bohnen.
- Die wärmebedürftige Sojabohne versagt oft in kühlen, nassen Sommern. Doch neuere Sorten wie 'Ustie' gedeihen bei uns ähnlich gut wie Busch- oder Stangenbohnen. Auch hier erntet man halb reife Hülsen oder reife Bohnen.

Reiche Bohnenernte Einige lang erprobte Tipps helfen beim Erfolg mit Phaseolus-Bohnen. Diese Bohnen sind frostempfindlich und sollten erst ab Mitte Mai, nach den Eisheiligen, draußen gesät oder gepflanzt werden. Wenn Sie sie gegen Ende April drinnen in Töpfen vorziehen, verschaffen Sie ihnen einen Wachstumsvorsprung.

- Eine alte Gärtnerregel sagt: „Bohnen wollen die Glocken läuten hören." Säen Sie sie

Buschbohnen eignen sich auch für kleine Gemüsegärten und liefern den ganzen Sommer über leckere Bohnen.

Häufeln Sie Erde an der Stängelbasis junger Pflanzen an, das verbessert die Standfestigkeit.

SCHON GEWUSST?

BOHNEN OHNE FÄDEN

Bei älteren Sorten stören manchmal noch kräftige Fäden in den Hülsen den Genuss. Die meisten neueren Züchtungen sind jedoch fadenlos. Als Wachsbohnen werden Sorten mit gelben Hülsen bezeichnet, z. B. 'Golddukat' oder 'Goldelfe'. Manche Sorten haben auch dekorativ violett gefärbte Hülsen, etwa die Stangenbohne 'Blauhilde', die zudem virusresistent ist.

Achten Sie beim Kauf auf Sorten, die als widerstandsfähig gegen Krankheiten ausgewiesen sind.

nicht zu tief; gut 2 cm Erde über den Samen reichen. Bewährt hat sich außerdem die Horstsaat, bei der man etwa sechs Samen in eine Mulde bzw. kreisförmig um die Stützstangen legt.

- Düngen Sie Bohnen nicht zu stark. Halten Sie den Boden besonders während der Blüte gleichmäßig feucht.

Stützen und anhäufeln Stangen- und Feuerbohnen können Sie an zeltartigen, oben zusammengebundenen Stangengerüsten sowie an senkrechten Schnüren oder Drähten hochziehen.

- Häufeln Sie bei allen Bohnen etwas Erde rund um die Stängelbasis auf, und drücken Sie diese leicht an, sobald die Pflanzen 10–15 cm hoch sind.

Verlängerte Ernte durch Folgesaaten Besonders bei Buschbohnen lohnt es sich, wenn man sie mehrmals in kleineren Mengen – in Abständen von etwa 10 Tagen – sät. Die Aussaat ist bis Anfang Juli möglich, bis zur Ernte dauert es jeweils nur etwa 8 Wochen. Auf diese Weise ernten Sie lange Zeit frische Bohnen nach Bedarf, statt auf einen Schlag größere Erntemengen verarbeiten zu müssen.

Bohnen für die nächste Aussaat Eigene Samen für das folgende Jahr kann man von Bohnen besonders leicht gewinnen, auch von Dicken Bohnen oder Erbsen. Lassen Sie einfach einige der letzten Hülsen hängen und voll ausreifen. Sie werden gelblich und trocken, die Samen hart und je nach Sorte weiß oder rotbraun.

- Pflücken Sie dann die Hülsen, und nehmen Sie die Bohnen heraus. Breiten Sie sie an einem geschützten, luftigen Platz einige Tage zum Trocknen aus. Füllen Sie sie dann in eine Papiertüte, die Sie mit dem Sortennamen und dem Erntedatum beschriften. Lagern Sie die Samen an einem kühlen, aber frostfreien, trockenen, dunklen Platz. So bleiben die Samen etwa 3 Jahre keimfähig.
- Moderne Sorten sind öfter sogenannte F1-Hybriden (Kreuzung ausgewählter Elternlinien). Die aus ihren Samen wachsenden Nachkommen fallen teils ganz anders aus als die Mutterpflanzen und bringen häufig nur schlechte Ernten.

Lassen Sie die Hülsen ganz ausreifen, wenn Sie im nächsten Jahr eigene Samen aussäen möchten.

Vorsicht, giftig! Die rohen Samen und Hülsen der Busch-, Feuer- und Stangenbohne enthalten den Giftstoff Lectin bzw. Phasin, der erst durch Kochen zerstört wird. Das Essen roher Bohnen kann zu schweren Darm- und Magenstörungen, Fieber und Krampfanfällen führen.

- Auch rohe Dicke Bohnen enthalten einen Giftstoff, der bei darauf empfindlichen Menschen allergische Reaktionen auslösen kann.

Dicke Bohnen

Robuste Bohnenpflanzen Dicke Bohnen sind kälteverträglich und gedeihen in Sonne wie Halbschatten. Sie können sie von Ende Februar bis Mai säen.

- Dicke Bohnen werden direkt aufs Beet gesät, etwa 5 cm tief. Säen Sie in Reihen mit 60 cm Abstand und 20 cm Entfernung innerhalb der Reihen. Legen Sie jeweils 2–3 Samen in Horsten aus. Sie brauchen etwa 10–14 Tage zum Keimen.
- Nach dem Aufgehen der Pflanzen können Sie etwas Kompost verabreichen. Zu hohe Düngung, besonders mit Stickstoff, ist eher schädlich.

Stützen Sie die Pflanzen Durch mehrmaliges Anhäufeln von Erde an der Stängelbasis verbessern Sie die Standfestigkeit. An windexponierten Stellen sollten hohe Sorten zusätzlich gestützt werden. Schlagen Sie entlang den Reihen einige Bambus- oder Holzstäbe in den Boden, und spannen Sie daran senkrechte Schnüre auf (siehe Abb. S. 170).

Späte Zweiternte Früh gesäte Dicke Bohnen reifen ab Ende Mai. Wenn Sie nach der Ernte die Stängel bis etwa 15 cm über dem Boden zurückschneiden, treibt die Pflanze erneut aus. Im August oder September gibt es dann nochmals eine kleinere Ernte.

BOHNEN SÄEN

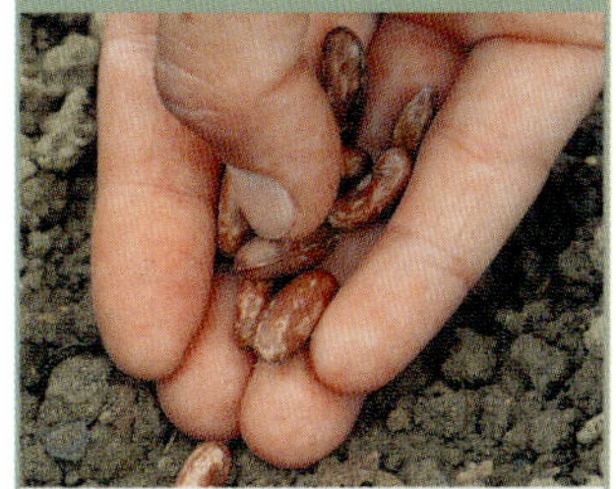

1 Säen Sie in gut gelockerten Boden. Bei der Horstsaat legt man bis zu sechs Samen in eine Mulde.

2 Säen Sie Bohnen nicht zu tief. Eine 2–3 cm dicke Erdbedeckung ist ausreichend.

3 Gießen Sie nach dem Säen die Reihen gründlich und durchdringend an.

4 Halten Sie auch in den folgenden Tagen die Erde stets ausreichend feucht, um die Keimung der Samen zu fördern.

Hochwüchsige Dicke Bohnen können Sie mit einem Schnurgerüst an Bambusstäben stützen.

Lästige Läuse Dicke Bohnen werden häufig von Blattläusen befallen. Dem können Sie durch frühe Saat vorbeugen. Die Pflanzen sind dann bis zum Auftreten der ersten Läuse so weit entwickelt, dass sich der Schaden in Grenzen hält.

- Manche Gärtner schwören auch auf das Kappen der Haupttriebe, an deren Spitzen sich besonders zarte, für Blattläuse attraktive Jungtriebe bilden.

Bohnenbegleiter Ein empfehlenswerter Partner für alle Bohnen ist das Sommerbohnenkraut. Das aromatische Würzkraut wehrt mit seinem Duft Schädlinge ab, und seine Blätter eignen sich gut zum Verfeinern von Bohnengerichten.

Leckere Erbsen

Frühstarter Erbsen können Sie deutlich früher säen als Busch- und Stangenbohnen. Je nach Sorte beginnt die Saatsaison schon im März. Wenn Sie erst ab Mai säen möchten, müssen Sie auf späte Sorten achten; andere Erbsen würden dann zu früh mit der Blüte einsetzen und schlecht fruchten. Man unterscheidet drei Sortengruppen:

- **Schal- oder Palerbsen** Sie bilden runde, glatte Körner. Man erntet sie entweder sehr früh für den Frischverzehr oder lässt sie ausreifen, um die etwas mehligen Körner zum Pürieren, Einfrieren oder Trocknen zu verwenden. Schalerbsen werden ab März gesät.
- **Markerbsen** Ihre runzligen Samenkörner schmecken süß, bleiben lange zart und werden meist unreif geerntet. Ausgereift eignen sie sich zum Einfrieren und Einkochen. Markerbsen sät man je nach Sorte zwischen April und Juni.
- **Zuckererbsen** Von diesen Erbsen erntet und isst man die kompletten Hülsen, solange sie noch jung und zart sind. Saatzeit ist – sortenabhängig – zwischen März und Juli.

Säen Sie Erbsen tief Die Keimblätter der Erbse entfalten sich unter der Erdoberfläche, deshalb sollten die Samen etwa 5 cm tief in den Boden kommen. Außerdem sät man sie recht eng, mit 5 cm Abstand in der Reihe.

Erbsen in allen Etagen Hohe Erbsensorten ranken bis 2 m hoch, mittelhohe werden meist 60–80 cm hoch. Die niedrigen, um 40 cm hohen Sorten benötigen keine Stütze. Doch auch manche der größeren Sorten brauchen keinen besonderen Halt, da sich die Pflanzen mit kräftigen Ranken gegenseitig stützen. Auskunft darüber gibt jeweils die Samenpackung. Die niedrigen Sorten lassen sich auch in Pflanzgefäßen ziehen.

Die Kunst des Stützens Erbsen klettern mit Ranken und lassen sich sogar an einem Gerüst an der Hauswand oder am Zaun hochziehen. Im Beet können Sie sie an dünnen Bambusstäben hochranken lassen. Noch besser eignen sich in den Boden gesteckte, reich verzweigte Äste als Stützreisig. Eine andere gute Lösung ist entlang den Reihen an Pfosten aufgespannter Maschendraht.

Erbsensamen kommen recht tief in den Boden, etwa 5 cm. Ein gut gelockerter Boden ist für sie besonders wichtig.

Großvaters Geheimtipp

WARMER BODEN FÜR GUTEN START

Vor allem in England und Frankreich verwendeten die Gärtner früher große Glasglocken, sogenannte Cloches, um empfindliche Pflanzen zu schützen. Man findet sie manchmal auch bei uns im Fachhandel. Stellt man sie vor der Saat auf, kann man den Boden für frühe Saaten von Erbsen und Dicken Bohnen erwärmen.

ERBSEN STÜTZEN

1 Heben Sie beim Gehölzschnitt oder z. B. beim Abrechen des Rasens anfallende Zweige auf. Sie eignen sich gut als natürliche Stützen für Erbsen.

2 Stecken Sie die Zweige in 25–30 cm Abstand etwa 5 cm neben die Pflanzen. Zwischen engen Doppelreihen steckt man sie schräg nach innen, sodass sie sich überkreuzen.

3 Leiten Sie die jungen Triebe zu den Reisern, dann ranken sie bald selbst hoch. Ohne Halt würden die Triebe von nicht selbststützenden Sorten am Boden wachsen.

- Bewährt hat sich der Anbau in Doppelreihen. Säen Sie jeweils zwei Reihen in 25 cm Abstand. Dazwischen wird längs der Maschendraht gespannt oder das Reisig gesteckt. An diesen Hilfen können die Pflanzen beider Reihen hochranken. Die nächste Doppelreihe folgt in 40–50 cm Abstand.
- Häufeln Sie die Pflanzen an der Stängelbasis an, sobald sie 10 cm hoch sind, auch niedrige und selbststützende Sorten.

Zuckermais

Ein besonderer Genuss Der Zuckermais aus der Familie der Süßgräser zählt nicht zu den gängigen Gemüsepflanzen. Doch wer einmal Maiskolben aus dem eigenen Garten – z. B. gedünstet oder gegrillt – genossen hat, möchte den Zuckermais nicht mehr missen. Die Körner lassen sich auch als Zutat für Salate und verschiedene Gemüse verwenden.

Säen Sie mehrreihig Auf der Maispflanze sitzen die weiblichen und männlichen Blütenanlagen getrennt: die weiblichen als Kolben mit seidigen Narbenbüscheln in den Blattachseln, die männlichen in langen Rispen an den Stängelspitzen. Damit sich die weiblichen Anlagen zu den bekannten Fruchtkolben entwickeln, ist eine Bestäubung durch den Wind nötig: Er weht die Pollen aus den Rispen auf die seidenhaarigen „Bärte". Wenn die Pflanzen in mehreren benachbarten kurzen Reihen stehen, funktioniert die Windbestäubung besser als bei Pflanzen in einer langen Einzelreihe.

Wärme muss sein Zuckermais sollte möglichst sonnig, warm und geschützt stehen. Säen Sie draußen erst ab Mitte Mai, oder ziehen Sie im April drinnen Pflanzen vor, um sie dann Mitte Mai ins Beet zu setzen. Der Boden sollte humos, nährstoffreich und gut durchlässig sein.

- Säen oder pflanzen Sie den Mais in Reihen mit 50 cm Abstand; innerhalb einer Reihe sollten die Pflanzen mit einem Abstand von 25–30 cm stehen. Legen Sie je 2–3 Körner pro Saatstelle aus, etwa 3 cm tief. Später wird ausgedünnt, sodass jeweils nur die kräftigste Pflanze weiterwächst.
- Auch wenn der Boden schon im Herbst gut mit Kompost oder Mist versorgt wurde, düngen Sie am besten noch zweimal während der Wachstumszeit. Gießen und lockern Sie regelmäßig, und häufeln Sie die Stängel bis 20 cm hoch an.

Wenn die seidigen Bärte an den Kolbenspitzen braun und trocken werden, sind die Kolben reif.

Erntezeit Je nach Sorte, Saatzeit und Wetter werden die Kolben zwischen August und Oktober erntereif. Die heranreifenden Maiskolben sind von den sogenannten Lieschblättern ganz umhüllt. Ob die Ernte naht, erkennen Sie zuerst an den Bärten an der Kolbenspitze: Anfangs grün, färben sie sich bei Reife dunkelbraun und werden welk. Prüfen Sie dann an einem Kolben, ob sich die Körner schon sortentypisch ausgefärbt haben. Noch unreife Körner sind milchig durchscheinend.

Bei nebeneinanderstehenden Reihen ist die Bestäubung besser und sicherer als bei Einzelreihen.

Unter den feinhaarigen Narbenbüscheln entwickeln sich die Fruchtkolben.

SCHON GEWUSST?

GUTE PARTNER – ZUCKERMAIS UND BOHNEN

Mais und Stangenbohnen stammen beide aus Amerika, wo sie auch heute noch vielfach angebaut werden. Schon die Indianer setzten diese alten Kulturpflanzen eng beieinander. Dabei profitiert der nährstoffliebende Mais von der Fähigkeit der Bohnen, Stickstoff binden und im Boden speichern zu können. Die Bohnen wiederum nutzen den Mais als Kletterstützen.

- Mais enthält viel Kohlenhydrate, Bohnen sind eiweißreich – deshalb verarbeitet man die beiden Pflanzen in Amerika traditionell auch gemeinsamen in Gerichten.
- Warten Sie, bis die Maispflanzen die ersten Blätter entfaltet haben, und säen Sie dann einige Stangen- oder Buschbohnen zwischen die Reihen.
- Zuckermais und Kürbis sind eine weitere, in den USA bereits seit langer Zeit bewährte Pflanzenkombination.

Saftige Fruchtgemüse im Sommer

Im Lauf des Sommers wachsen Tomaten, Zucchini und andere Fruchtgemüse heran und versprechen besondere Genüsse. Die Sonne fördert Reife und Aroma der Früchte, die als frische Sommersalate und köstliche Gemüsegerichte Verwendung finden.

Tomaten – rot, knackig und lecker

Selbst gezogene Tomaten, direkt vom Stock gepflückt, schmecken am besten.

Tomaten mögen's warm Tomaten, die zur Familie der Nachtschattengewächse gehören, sind echte Sonnenkinder und brauchen zum Keimen und Wachsen viel Wärme. Sofern Sie keine fertigen Jungpflanzen kaufen möchten, ziehen Sie sie Anfang März bis Anfang April bei 18–20 °C auf der Fensterbank oder im Gewächshaus vor. Für die Anzucht im Zimmer sind Saatschalen mit Abdeckhaube oder heizbare Minigewächshäuser günstig. Pikieren Sie die Sämlinge einzeln in kleine Töpfe, sobald sie die ersten Laubblätter entwickelt haben.

Nicht zu früh pflanzen Warmes Aprilwetter verlockt zum Auspflanzen, doch richten Sie sich besser nach der Tradition. Bewährter Pflanztermin ist nach den Eisheiligen, ab Mitte Mai. Härten Sie vorher die Pflanzen ab, indem Sie sie an warmen Tagen draußen an einen geschützten Platz stellen.

- Tomaten können Sie bis zum unteren Blattansatz in den Boden setzen, dann bilden sich an der Stängelbasis zusätzliche Wurzeln. Pflanzen Sie mit 70–80 cm Reihenabstand und 50 cm in der Reihe. Buschtomaten können etwas enger stehen.
- Als Kälteschutz junger Pflanzen gibt es die traditionellen englischen Cloches oder „Victorian Bells“ in moderner Kunststoffausführung oder einfache Tomatenhauben.

Stäbe und Stützen Fast alle Tomaten brauchen eine Stütze zum Aufbinden. Gut eignen sich Spiralstäbe aus verzinktem Metall oder Bambusstäbe, je nach Wuchshöhe 1,5–2 m hoch. Stecken Sie sie gleich beim Pflanzen knapp neben den jungen Tomaten fest in den Boden, und binden Sie später die wachsenden Stängel in Abständen von 20–30 cm locker an.

- Wenn man drei oder vier Stäbe, ähnlich wie bei Stangenbohnen, oben wie Zeltpfosten zusammenbindet, erhält man eine besonders stabile Konstruktion. Außerdem sieht dieses „Tipi“ hübsch aus, gerade wenn Sie die Tomaten im Ziergarten anpflanzen.
- **Buschtomaten** Sorten wie 'Balkonstar', 'Patio' und 'Tiny Tim' wachsen niedrig, buschig und kompakt. Sie brauchen keine Stütze. Doch falls sich die Triebe unter dem Gewicht der Früchte zum Boden neigen, sollte man sie an kurzen Stäben aufbinden.

Tomaten brauchen viel Wasser. Eingesenkte Blumentöpfe dienen als Wasserreservoir für heiße Tage, wenn man sie jeden Morgen frisch befüllt.

Die gute Wahl

TOMATEN IN HÜLLE UND FÜLLE
Wildtomaten stammen aus Mittel- und Südamerika. Seit dem 16. Jh. sind sie bei uns bekannt, allerdings zuerst als Zierpflanzen. Ihren Durchbruch als Gemüsepflanze erlebte die Tomate Anfang des 20. Jh. mit der Zucht von ertragreichen Sorten. Heutzutage gibt es Tomaten in unzähligen Sorten, die sich in Größe, Form, Farbe und Geschmack der Früchte unterscheiden, aber auch in der Wuchsform.

- Die folgenden Beispiele können nur einen kleinen Überblick über die Sortengruppen bieten.
- Studieren Sie das Angebot in Gartencentern, Katalogen von Versandgärtnereien und auf Internetseiten. Man kann dabei immer wieder auf interessante neue Sorten stoßen, z. B. mit größerer Widerstandsfähigkeit gegen Krankheiten.
- Wenn Sie experimentierfreudig sind, informieren Sie sich über alte Sorten. Darunter finden Sie etliche besonders schmackhafte, robuste und teils sehr ungewöhnlich gefärbte Tomaten.

„NORMALE" STABTOMATEN 'Culina', 'Diplom', 'Delizia', 'Fantasio','Gourmet', 'Moneymaker', 'Phantasia', 'Philovita', 'Sparta', 'Suso', 'Vanessa', 'Vitella'
EIER- UND FLASCHENTOMATEN 'Corianne', 'Ovata', 'Roma' **1**, 'Trilly'
FLEISCHTOMATEN 'Master', 'Montfavet', 'Myrto', 'Rouge de Marmande' **2**
KIRSCH- UND COCKTAILTOMATEN 'Aranca', 'Dolce Vita', 'Piccolino', 'Sweet 100' **3**, 'Sweet Million', 'Swift'
GELBE TOMATEN 'Goldene Königin', 'Goldino' (Cocktail), 'Goldita' (Cocktail), 'Locarno', 'Yellow Pearshaped' (birnenförmig)
ORANGE TOMATEN 'Bolzano', 'Orangino' (Cocktail)
BUSCHTOMATEN 'Balkonstar', 'Balkonzauber','Gnom', 'Minibel', 'Patio', 'Tiny Tim'
AMPEL- UND HÄNGETOMATEN 'Tumbler', 'Tumbling Tom Red'

1

2

3

Wie die Sortennamen teils schon besagen, eignen sich diese Tomaten auch für Kübel und Kästen auf Balkon und Terrasse.

Wasservorräte Tomaten brauchen viel und regelmäßig Wasser. Graben Sie für gleichmäßigen Nachschub rund um die Pflanzen einige kleine Blumentöpfe ein, die Sie täglich mit Wasser füllen. Durch das Abzugsloch versickert es langsam zu den Wurzeln. Sie können auch bei einer 2-l-Plastikflasche den Boden abschneiden und sie mit dem Hals nach unten als Wasserreservoir in die Erde stecken. Füllen Sie sie jeden Tag auf.

- Tomaten brauchen während der Wachstumszeit regelmäßig Dünger. Sie können solche Wasserreservoire auch mit in Wasser gelöstem Flüssigdünger befüllen. Gute organische Dünger sind Brennnessel- oder Beinwelljauche (siehe S. 269) oder in Wasser gelöster Rinderdung.

Mulchen ist vorteilhaft Aufgrund der nötigen weiten Pflanzabstände bleibt zwischen Tomaten viel freie Bodenfläche. Bedecken Sie diese mit Mulchmaterial wie Rasenschnitt, abgemähten Gründüngungspflanzen oder Rindenhumus, dem eine Handvoll Hornspäne beigemischt wird. Die Mulchschicht kann bis zu 5 cm dick sein. So wird das Keimen von Unkräutern unterdrückt und die Wasserverdunstung vermindert.

Tomaten in Mischkultur Gute Tomatennachbarn sind Bohnen, Kohl, Lauch, Petersilie, Rettiche, Sellerie und Zwiebel.

- Tomaten gedeihen schlecht neben Erbsen, Fenchel, Gurken und Roten Bete.
- Pflanzen Sie Tagetes neben die Tomaten, das senkt den Befall mit der Weißen Fliege.

Geiztriebe entfernen Kontrollieren Sie Ihre Tomatenpflanzen regelmäßig auf kleine Seitentriebe, die in den Blattachseln erscheinen. Wenn sich diese sogenannten Geiztriebe entwickeln, verwendet die Tomate einen Großteil ihrer Kraft für die Bildung von Trieb- und Blattmasse und setzt weniger Früchte an. Brechen Sie diese Triebe frühzeitig aus. Diese Technik nennt man Ausgeizen.

- Lassen Sie aber bei Buschtomaten die Achseltriebe stehen, denn an ihnen werden auch Früchte gebildet.

Kraut- und Braunfäule vorbeugen Zu den schlimmsten Albträumen des Gärtners

Großvaters Geheimtipp

MÄSSIG, ABER REGELMÄSSIG
Ein gepflegter Gemüsegarten (Abb. unten) sieht nach sehr viel Arbeit aus – doch das Geheimnis liegt in der regelmäßigen Pflege. Täglich ein kurzer Kontrollgang, frühmorgens oder abends, hier und da ein paar Handgriffe – das kostet oft nur ein paar Minuten.

- Letztlich erspart es sogar Arbeit, wenn man Kleinigkeiten wie Unkrautjäten frühzeitig erledigt. Schädlinge und Krankheiten lassen sich leichter bekämpfen, wenn man sie früh entdeckt. Tomaten fruchten besser, wenn Sie regelmäßig die Geiztriebe in den Blattachseln entfernen (Abb. ganz unten).

gehören fast ausgereifte Tomatenfrüchte, die plötzlich große, braune Flecken bekommen. Schuld ist die Kraut- und Braunfäule, die von einem Pilz verursacht wird. Sie kann zwar schon früher an den Blättern auftreten. Doch besonders häufig ist ein Befall der Früchte im Spätsommer, wenn der Pilz bei regnerischem, warmem Wetter optimale Bedingungen vorfindet.

- Mittlerweile spannen viele Gärtner über ihren Tomaten Foliendächer an hohen Stäben auf, sobald Regenperioden auftreten. Bringen Sie solche Folien hoch genug an, damit die Luft gut zirkulieren kann.
- Luftdurchlässige Tomatenhauben werden vor allem über die Pflanzen gezogen, um bei kühlem Wetter das Ausreifen der Früchte zu verbessern. Auch sie können einen gewissen Schutz vor dem Erreger bieten; doch im schlimmsten Fall wird der Pilz durch das feuchtwarme Mikroklima unter der Haube begünstigt.
- Achten Sie schon beim Samen- oder Pflanzenkauf auf möglichst widerstandsfähige Sorten wie etwa 'Phantasia' oder 'Philovita'. Veredelte Tomatenpflanzen, die immer häufiger angeboten werden, sind recht robust gegen verschiedene Krankheiten.
- Früher versuchten es Gärtner häufiger mit zwei feinen Kupferdrähten, die sie kreuzweise durch den Grund des Stängels stachen. Obwohl wissenschaftlich nicht bewiesen, könnte es sein, dass sich im Pflanzensaft Kupfer löst, das vor den Pilzen schützt.

Pflanzplatz wechseln Lange Zeit hieß es, man könne Tomaten problemlos jährlich am selben Platz anbauen. Mittlerweile weiß man, dass der Pilz längere Zeit im Boden überleben kann. Wechseln Sie deshalb jedes Jahr das Beet.

- Pflanzen Sie Kartoffeln nie vor, nach oder in der Nähe von Tomaten. Derselbe Erreger verursacht bei ihnen die Kraut- und Knollenfäule und kann in Knollen, die im Boden liegen bleiben, überdauern.

Spezialdünger für gesunde Früchte Wenn die Tomaten zu blühen beginnen, können Sie 2 TL Bittersalz in 5 l Wasser lösen und die Pflanzen damit gießen. Magnesium und Schwefel, die im Bittersalz enthalten sind, fördern gesunde Früchte.

Tomatensamen selbst ernten Vor allem ältere Sorten, die man erhalten möchte, lassen sich gut über selbst geerntete Samen vermehren. Moderne F1-Sorten eignen sich dagegen nicht. Zuerst gibt man etwas Wasser und das Fruchtfleisch einer reifen Tomate in eine Schüssel. Schon nach kurzer Zeit wird sich ein weißlicher Bakterienfilm auf der Oberfläche zeigen. Geben Sie nach etwa 36 Stunden noch etwas Wasser dazu, und rühren Sie das Ganze um. Durch die Fermentation trennt sich der Samen vom Fruchtfleisch und sinkt zu Boden. Sieben Sie den Brei dann ab, spülen Sie die Samen unter kaltem Wasser sauber, und lassen Sie sie auf Küchenpapier trocknen.

Kürbisse, Squash und Zucchini

Eine große Verwandtschaft Sämtliche Kürbisse und Zucchini zählen zur Familie der Kürbisgewächse, der auch die Gurke angehört.

- Kürbisse gibt es in vielen Farben, Formen, Größen und Geschmacksrichtungen. Sie werden meist im Herbst geerntet. Grundsätzlich unterscheidet man den vielfältigen Gartenkürbis und den Riesenkürbis oder Squash. Das Fruchtfleisch ist reich an Vitamin C. Kürbisse lassen sich gut lagern.
- Zucchini werden schon im Juni bis August geerntet und lassen sich nicht so lange lagern wie Kürbisse. Ernten Sie sie als 15–20 cm lange Exemplare, dann ist das Fruchtfleisch noch zart. Im Hochsommer kann ein Zucchino innerhalb weniger Tage zu groß werden und sein Aroma verlieren.

Leicht zu ziehende Fruchtgemüse Zucchini und Kürbisse kann man im April drinnen vorziehen oder ab Mitte Mai direkt aufs Beet säen. Der Platzbedarf pro Pflanze beträgt etwa 1 m², für langtriebige Kürbisse muss man sogar 2 m² einkalkulieren. Säen Sie etwa 2 cm tief. Da man wenige Pflanzen braucht, legt man am besten 2–3 Samen pro Anzuchttopf oder Saatstelle aus. So stellen Sie sicher, dass sich zumindest einer gut entwickelt. Die schwächeren Sämlinge können Sie dann entfernen.

Zwei genügen Zucchini bringen reichlich Früchte hervor, deshalb lohnt es nicht, mehr als zwei Exemplare gleichzeitig zu pflanzen.

SCHON GEWUSST?

NACHREIFEN NACH DER ERNTE
Tomaten, die im Herbst im Freien am Stock nicht mehr reif werden, ernten Sie noch grün, damit sie keine Kälteschäden bekommen. An einem dunklen, nicht allzu warmen Ort reifen sie am besten nach. Sie können sie in Papier einschlagen und in Obstkisten in einem trockenen, frostfreien Raum lagern.

Zucchinisamen sät man entweder direkt ins Beet oder zieht sie, wie hier, in Schalen oder Töpfen.

Geben Sie zur Pflanzung reichlich Kompost, und gießen Sie unbedingt durchdringend an. Auch später brauchen Zucchini in Trockenperioden viel Wasser.

Mehrfarbige Zucchini Zucchini gibt es nicht nur in Dunkelgrün, sondern auch in anderen Farben wie Hellgrün oder Gelb. Im Geschmack ähneln sie sich sehr; doch wenn Sie verschiedene Sorten zusammen servieren, ergibt dies einen hübschen Effekt.

- Ganz anders sehen die 'Crooneck'-Zucchini aus, die ein dickes Ende und einen schmalen Hals besitzen. Sie haben eine gelbe Schale mit oft warzigen Verdickungen.

Dem Unkraut keine Chance Wenn Kürbisse und Zucchini gut eingewachsen sind, bedecken sie mit ihren großen Blättern den Boden, sodass nur wenige Unkräuter aufkeimen. Besonders ausgeprägt ist das bei Sorten, die lange Triebe bilden.

Auf der Erfolgsleiter Langtriebige, rankende Kürbisse können Sie an Gerüsten oder Maschendraht hochklettern lassen. Besonders reizvoll wirken sie an einer alten Holzleiter, die an einen Zaun oder eine Wand gelehnt wird. Pflanzen Sie die Kürbisse zu ihren Füßen, dann ranken sie an den Sprossen hoch.

Wenig zimperlich Kürbisse und Zucchini wachsen zwar auf gut durchlässigem, humosem Boden optimal. Doch sie gedeihen notfalls auch auf schlecht vorbereiteten Böden. Wenn Sie einen Gemüsegarten neu anlegen und wenig Zeit hatten, den Boden zu verbessern, dann bescheren diese Gewächse trotzdem noch einen ganz passablen Ertrag. Allerdings unter einer Voraussetzung: Geben Sie ihnen eine Startdüngung mit gut verrottetem Kompost oder Mist, den Sie oberflächlich einharken.

- Kürbisse und Zucchini fühlen sich an einem sonnigen, geschützten Standort am wohlsten, vertragen aber auch Halbschatten.

Auf dem Komposthaufen Mit ihrer Vorliebe für nährstoff- und humusreichen Boden sind Kürbis und Zucchini ideale Pflanzen für den Kompostplatz. Ihre großen Blätter beschatten den Kompost und bewahren ihn vor dem Austrocknen. Außerdem wird durch sie der Kompostplatz zur Augenweide. Doch säen oder pflanzen Sie die Gewächse

Butternusskürbisse sind dekorativ, einfach anzubauen und halten sich nach der Ernte lang.

nie direkt auf den Kompost – sie würden ihm sehr viele Nährstoffe entziehen. Setzen Sie sie direkt daneben, und leiten Sie dann die Triebe über den Kompostbehälter oder -haufen.

Top-Tipps für Kürbisse Mit einigen gezielten Maßnahmen können Sie die Bildung großer Früchte unterstützen.

- **Fruchtansatz fördern** Um bei rankenden Sorten den Ansatz von Seitentrieben und weiblichen Blüten zu fördern, kneifen Sie die Spitzen der Haupttriebe aus, sobald diese etwa 45 cm lang sind.
- **Bestäubung von Hand** Wenn der Fruchtansatz schlecht ist, können Sie durch Handbestäubung nachhelfen. Dazu überträgt man mit einem kleinen Pinsel den Pollen einer männlichen Blüte auf die Narbe einer weiblichen. Die weiblichen Blüten erkennen Sie an der Verdickung am Blütenstängel.
- **Blätter ausdünnen** Sobald sich die ersten kleinen Kürbisse bilden, ist es vorteilhaft, an den fruchtenden Trieben einige Blätter zu entfernen. Lassen Sie zwei oder drei Blätter direkt oberhalb der Frucht stehen.
- **Alufolie kontra Schädlinge** Mit Aluminiumfolie, die rund um die Stängelbasis ausgebreitet wird, lässt sich der Übertragung von Pflanzenviren durch Thripse und Blattläuse vorbeugen. Wenn Sie den unteren Stängelteil ganz mit Alufolie umhüllen, können Erdraupen keinen Schaden verursachen. Wichtig ist dabei, dass die Folienröhre mindestens 2–3 cm tief in den Boden reicht.

Früchte mit Unterlage Legen Sie Kürbisfrüchten eine Platte oder einen flachen Stein

ACHTUNG!

RAUMGREIFENDE GEMÜSE

Wenn Sie einen kleinen Garten besitzen, dann sollten Sie rankende Kürbissorten vermeiden. Viele Sorten breiten sich in jede Richtung mehrere Meter aus und bedecken alles mit ihren großen Blättern. Auf der Samentüte steht, ob die Sorte kompakt oder langtriebig wächst.

- Die meisten Kürbissorten haben lange Triebe. Eine Ausnahme ist 'Golden Nugget', die buschig wächst. Pro Pflanze reicht 1 m² oder ein großer Kübel.
- Butternusskürbisse haben zwar auch lange Triebe, lassen sich aber leicht an einem Zaun oder Spalier ziehen, um Platz zu sparen.
- Zucchini bilden große, buschige Pflanzen.

Viele Kürbisse, wie etwa der hier gezeigte 'Jarrahdale', haben eine harte Schale und lassen sich gut lagern.

Eine untergelegte Fliese oder Platte verhindert, dass der Kürbis bei Nässe faulig wird.

unter, damit sie nicht direkt auf der feuchten Erde liegen. So beugen Sie Fäulnis und anderen Krankheiten vor. Zudem speichert die Platte die Sonnenwärme und lässt den Kürbis schneller reifen.

Wann ernten? Für den richtigen Zeitpunkt gibt es einige einfache Anhaltspunkte.

- **Zucchini** Zucchini können Sie von Juni bis August ernten. Sie munden am besten, wenn sie 10–15 cm groß sind. Wenn man sie größer werden lässt, verlieren sie an Aroma und schmecken erst wässrig, dann bitter. Je häufiger Sie ernten, desto mehr neue Früchte werden angesetzt.
- **Sommerkürbisse** Kürbisse wie die „Ufo"-Patissons, 'Patty Pan', Rondini oder Spaghettikürbis erntet man fortlaufend von Sommer bis Frühherbst, solange die Schalen noch weich sind. Unreif schmeckt das Fleisch am besten.
- **Winterkürbisse** Hierzu gehören Butternuss-(Butternut-), Hokkaido-, Halloween- und Riesenkürbisse. Sie werden im Herbst erntereif, wenn sie die sortentypische Farbe entwickelt haben und der Fruchtstiel verholzt ist. Ernten Sie aber noch vor Einsetzen des ersten Frostes.

Mit langtriebigen Kürbissorten können Sie vernachlässigte oder verwilderte Gartenbereiche nutzen und verschönern. Sie breiten sich nach allen Seiten über mehrere Meter aus.

Zucchini schmecken am besten, wenn Sie sie mit etwa 10–15 cm Länge ernten.

Kürbisse nachreifen Lassen Sie Winterkürbisse nach der Ernte 3–4 Wochen an einem warmen, hellen, luftigen Platz nachreifen. Bei mildem, sonnigem Herbstwetter kann dies draußen geschehen. Doch setzen Sie die Früchte weder Nässe noch Frost aus.

Kürbisse lagern Winterkürbisse können Sie nach der Ernte bis zu 3 Monate an einem trockenen, luftigen und frostfreien Ort lagern. Legen Sie die Kürbisse auf Holzsteigen oder auf mehrere Lagen Karton oder Zeitungspapier, nicht auf kalte Steine oder Betonböden. Ausgefuchste Gärtner hängen ihre Kürbisse in Netzen an die Decke, damit sie keine Druckstellen bekommen oder an andere Früchte stoßen.

„Lebende" Halloweenkürbisse Ein besonderer Spaß, gerade für Kinder, sind Kürbisse, die mit Gesichtern oder anderen Verzierungen heranwachsen. Ritzen Sie die Muster mit einem großen Nagel oder einem Messer in die Haut junger Kürbisse ein, und belassen Sie die Frucht an der Pflanze. So werden die Kürbisgesichter beim Wachsen immer größer.

Der bizarre Spaghettikürbis Verblüffen Sie Ihre Gäste doch einmal mit einer Kuriosität der Kürbisfamilie. Spaghettikürbisse werden mitsamt Schale etwa 30 Minuten gekocht. Dann können Sie das spaghettiartige Fruchtfleisch herauslösen. Saatgut bekommen Sie bei spezialisierten Samenhändlern.

Die gute Wahl

ATTRAKTIVE KÜRBISSE

'PATTY PAN' 1 ist ein hübscher Mini-Patissonkürbis. Die Früchte schmecken am besten, wenn man sie im Sommer klein und unreif erntet.

'CINDERELLA'-SORTEN 2 mit ihrer orangefarbenen, stark gerippten Schale sind beliebte Kürbisse mit aromatischem Fruchtfleisch.

TURBANKÜRBISSE 3 sind sehr schön gefärbt und ungewöhnlich geformt. Man kann sie essen, meist pflanzt man sie aber wegen der dekorativen Früchte.

PATISSONKÜRBISSE 4 sind die populärsten Sommerkürbisse und wachsen meist rankenlos.

'BUTTERNUT'-SORTEN 5 sind klassische Winterkürbisse. Sie eignen sich gut für Suppen und Aufläufe.

HUBBARDKÜRBISSE 6 haben einen nussigen Geschmack und halten sich lange. Es gibt auch dunkelgrüne und graublaue Sorten.

1 2

3 4

5 6

Gurken und Melonen

Gurken lieben Wärme Gurken brauchen zum Wachsen und Gedeihen viel Wärme. Das gilt besonders für die bis 50 cm langen Schlangen- oder Salatgurken, die nur im Gewächshaus kultiviert werden.

- Bei den etwas robusteren Freilandgurken unterscheidet man Einlegegurken (Traubengurken) mit 5–15 cm langen Früchten, Schäl- oder Senfgurken mit dicken, um 50 cm langen Früchten und Freilandsalatgurken mit 20–40 cm langen Früchten.
- Freilandgurken ziehen Sie ab April im Warmen vor und pflanzen sie am besten erst gegen Ende Mai nach draußen. Bei Gewächshausgurken kann die Anzucht schon im März beginnen.

Wärme von unten Eine gute Lösung für Freilandgurken ist das Pflanzen in schwarzer Mulchfolie oder dunklem Mulchvlies. Sie rollen Folie oder Vlies auf dem Beet aus und setzen die Pflanzen in kreuzförmige Einschnitte. Die dunklen Materialien absorbieren die Sonnenstrahlen und geben sie nach und nach als Wärme ab. Außerdem lassen sie kein Unkraut aufkommen und bewahren auf dem Boden liegende Früchte vor Verschmutzung. Diese Methode eignet sich auch für Auberginen, Melonen und Paprika.

Kletternde Gurken Gurken sind Rankpflanzen, die über 2 m hoch klettern. Im Freien zieht man sie oft niederliegend mit auf dem Boden ausgebreiteten Trieben. Doch Sie können sie auch an Gittern, Maschendraht- oder Schnurgerüsten hochziehen. Das spart Platz und erleichtert die Ernte. Gewächshausgurken werden stets an Schnüren oder Drähten senkrecht gezogen.

Perfekter Gurkengenuss Früher wurde der Genuss öfter durch sehr bittere Gurken getrübt, doch heute sind etliche bitterstofffreie Sorten im Angebot. Achten Sie auch auf Widerstandsfähigkeit der Sorten gegen Krankheiten.

Melonen anbauen Zucker- und Wassermelonen haben lange, rankende Triebe und wachsen ähnlich wie Kürbisse. Sie brauchen viel Sonne und Wärme und einen nährstoffreichen Boden, der mit Kompost oder verrottetem Mist angereichert wurde. In klimamilden Regionen oder an sehr warmen, geschützten Plätzen können Sie mit Zuckermelonen draußen Erfolg haben. Doch ansonsten empfiehlt sich Frühbeet- oder Gewächshausanbau, ganz besonders für Wassermelonen.

- **Zuckermelonen** Hauptsächlich werden Samen der französischen Charentais-Melone angeboten, z. B. die Sorte 'Marlene'. Recht kältetolerant ist 'Doral'. Geerntet wird, wenn sich der Stiel leicht vom Trieb lösen lässt.
- **Wassermelonen** Hier ist das Angebot recht spärlich. Gute Sorten sind z. B. 'Maribo' (etwas kälteverträglich) und 'Sugar Belle' (krankheitsresistent). Wassermelonen sind reif, wenn die Seite, die auf dem Boden liegt, langsam gelb wird, und sich die Melone beim Klopfen an die Schale hohl anhört.

Melonen aussäen Ziehen Sie Melonen im April bei mindestens 16 °C , besser noch 20–25 °C in kleinen Töpfen vor. Gepflanzt wird nach Mitte Mai. Am besten ziehen Sie die Pflanzen an Rankgerüsten, Drähten oder Schnüren hoch.

Mistbeet Dies ist eine altbewährte Methode, um wärmeliebenden Gemüsen in natürlich beheizten Frühbeeten einen guten Start zu geben. Heben Sie den Boden im Frühbeet 50 cm tief aus, bringen Sie unten eine Schicht Laub oder Stroh ein und darüber, wenn verfügbar, 30–50 cm hoch Pferde- oder anderen Mist. Treten Sie den Mist fest, und legen Sie die Frühbeetfenster auf. Nach einigen Tagen treten Sie den Mist nochmals fest und füllen darüber mit reifem Kompost vermischte Erde auf. Nun sollten Sie noch ein paar Tage Geduld haben, bis das Ammo-

Wärmeliebende Schlangengurken bilden die beliebten langen, geraden Früchte für Salate.

Einlegegurken werden geerntet, wenn sie 5–15 cm lang sind, und gern zu Gewürzgurken verarbeitet.

Zuckermelonen brauchen von der Aussaat bis zur Ernte bis zu 4 Monate – möglichst an einem Platz in voller Sonne.

Die saftig-süßen Wassermelonen lassen sich leicht aus Samen anziehen und sind besonders bei Kindern beliebt.

niakgas aus dem Mist entwichen ist. Die nun ins Frühbeet gesäten oder gesetzten Pflanzen profitieren sehr von der Wärme, die der Mist beim Verrotten freisetzt.

- Anstelle von Mist können Sie auch anderes organisches Material wie Laub, Rasenschnitt, Garten- oder Küchenabfälle verwenden. Der Wärmeeffekt ist aber nicht ganz so stark.

Auberginen und Paprika

Kinder der Tropen Auberginen oder Eierfrüchte stammen aus den tropischen Regionen Asiens, Paprika kommen aus dem tropischen Amerika. Entsprechend hohe Ansprüche stellen beide an Sonne und Wärme. Frühbeet, Gewächshaus oder Folientunnel sind die sicherste Lösung, besonders für Auberginen. Im Freien empfiehlt sich ein Anbau auf schwarzer Mulchfolie oder schwarzem Mulchvlies. Wie Tomaten sind sowohl Auberginen als auch Paprika Nachtschattengewächse, und wie diese mögen sie ähnliche Wuchsbedingungen.

Die gute Wahl

PAPRIKAFAVORITEN

Paprika lässt sich in zwei Gruppen unterteilen: die mild schmeckenden Gemüsepaprika und die scharfen Gewürzpaprika. Alle Sorten brauchen viel Wärme und müssen bei heißem Wetter regelmäßig gegossen werden.

'AGIO' erinnert mit schmalen, roten Früchten an Gewürzpaprika, schmeckt aber mild.

'BELL BOY' 1 kann grün geerntet werden, verfärbt sich schließlich aber rot.

'CAYENNE' gehört zu den beliebtesten Gewürzpaprikasorten und hat schmale, längliche, glänzend rote, sehr scharfe Früchte.

'LUTEUS' 2 ist eine mild-aromatische, gelb reifende Sorte.

'PURPLE BEAUTY' 3 hat eine ungewöhnliche schwarzpurpurne Farbe und schmeckt sehr süß und saftig.

'YOLO WONDER' ist eine bewährte hellrote, milde Sorte.

1

2

3

Auberginen sind dekorative und schmackhafte Gemüse mit großen, glänzenden Früchten.

Auberginen Charakteristisch für Auberginen sind die großen, eiförmigen oder länglichen, dunkelvioletten bis purpurschwarzen Früchte.

- Wenn Ihnen die normalen Auberginen zu groß werden, können Sie Sorten wie 'Bambino' probieren. Sie hat kleinere Früchte und lässt sich auch in Balkonkästen, Töpfen oder Kübeln ziehen.
- Interessant sind auch weiße ('Little Spooky','White Egg') oder gestreifte Sorten ('Sweet Red', 'Udmalbet').

Den Wuchs bremsen Um die Fruchtbildung und Ausreife der Auberginen zu unterstützen, empfiehlt es sich, die Triebspitze auszukneifen, wenn die Pflanze etwa 5 Blätter ausgebildet hat. Daraufhin entwickeln sich an den Seitentrieben bald Blüten. Kürzen Sie dann auch die Seitentriebe oberhalb von vier Blättern ein.

Paprika Wenn Sie Paprika oder auch Auberginen im Freien kultivieren möchten, pflanzen Sie erst zwischen Mitte und Ende Mai aus. Häufeln Sie die Paprikapflanzen mehrmals an, und binden Sie sie an Stützstäben auf. Mulchen ist sehr empfehlenswert.

- Auf Balkon oder Terrasse können Sie Paprika auch in einem 30-cm-Topf ziehen.
- Je nach Sorte färben sich die reifen Früchte rot, gelb oder violett oder bleiben bis zur Ernte grün. Paprika gehören zu den Gemüsen mit dem höchsten Vitamin-C-Gehalt.

Großvaters Geheimtipp

GÄRTNERN NACH DEM MONDKALENDER

Erfahrenen Gärtnern zufolge beeinflusst der Mond Keimung und Wachstum der Pflanzen.

- Zunehmender Mond: Pflanzen, die kräftig wachsen sollen, werden gesät oder gepflanzt; außerdem Heilkräuter, Wurzelgemüse und Fruchtgemüse wie Paprika und Tomaten geerntet.
- Abnehmender Mond: Pflanzen, deren Blattwachstum man begrenzen möchte, werden gesät. Dazu gehören auch die Fruchtgemüse, da ihre Entwicklung zugunsten der Blüten und Früchte verlaufen soll.

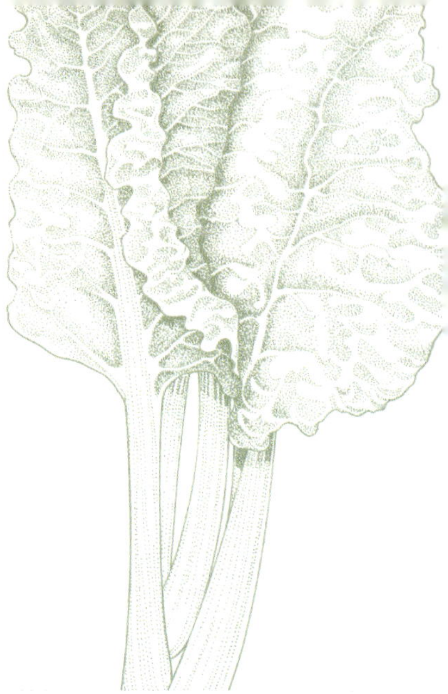

Ausdauernde Gemüse für alljährliche Ernten

Spargel, Artischocke, Topinambur und Rhabarber sind ausdauernde Gemüse, die jedes Jahr neu austreiben. Einmal gepflanzt, liefern sie für lange Zeit reiche Ernten. Besonders Rhabarber und Topinambur sind zudem ausgesprochen pflegeleicht.

Langfristig planen

Spargel bevorzugt leichte Böden
Sandige, durchlässige, aber zugleich humose, nährstoffreiche Böden an sonnigem Platz sind für den Erfolg mit Spargel entscheidend. Arbeiten Sie bei mittelschweren Böden reichlich Sand unter. Sehr schwere, stark tonhaltige Böden sind ungeeignet, hier lohnt sich der große Aufwand für eine Verbesserung kaum. Graben Sie die Pflanzfläche im Herbst tief um, und arbeiten Sie mit Grubber oder Hacke Kompost oder Mist ein.

Vom Graben zum Hügel Heben Sie im Frühjahr 50 cm breite und 30 cm tiefe Pflanzgräben aus, und arbeiten Sie reifen Kompost in die Grabensohle ein. Häufen Sie in den Gräben alle 40 cm kleine Hügel auf.

Legen Sie die Stangen zur Ernte vorsichtig frei. Am besten eignet sich ein richtiges Spargelmesser.

Auf diese setzen Sie die Pflanzen, wobei Sie die Wurzeln ausbreiten. Befüllen Sie dann den Graben so mit Erde, dass die Setzlinge 5–10 cm hoch bedeckt sind, und wässern Sie kräftig. Im zweiten Jahr füllen Sie den Graben ebenerdig auf, im dritten Jahr häufen Sie dann darüber einen etwa 50 cm hohen Hügel auf, um den Spargel zu bleichen. Den Boden festklopfen. Die Ernte beginnt ab dem dritten oder vierten Jahr. Legen Sie die Gräben mit 1 m Abstand nebeneinander an.

Kaufen Sie kräftige Pflanzen Achten Sie darauf, dass die Setzlinge frisch und keinesfalls ausgetrocknet sind. Sie sollten 10–12 gesunde Wurzeln und 5–6 gut entwickelte Triebknospen haben. Beim Spargel gibt es männliche und weibliche Pflanzen. Heute werden in der Regel nur noch moderne Sorten mit überwiegend männlichen Pflanzen angeboten, die ertragreicher sind.

Spargel ernten Die Erntezeit beginnt etwa Mitte April, wenn die wachsenden Stangen in den festgeklopften Hügeloberflächen leichte Risse verursachen. Legen Sie die Spargelstangen durch Aufgraben vorsichtig frei, und schneiden Sie sie in Bodennähe mit einem scharfen Messer ab. Füllen Sie danach wieder Erde auf, und klopfen Sie sie fest.

- Traditioneller Stichtag für die letzte Ernte ist der 24. Juni, der Johannistag. Danach brauchen die Pflanzen Zeit, um sich bis zur nächsten Ernte zu regenerieren.
- Sie können etwa 10–12 Jahre lang ernten, bis die Ertragskraft der Pflanzen nachlässt.

Grünspargel als Alternative Die Kultur des Grünspargels ist ähnlich, er wird jedoch

SPARGEL PFLANZEN

1 Heben Sie einen Graben aus, und schütten Sie alle 40 cm Pflanzhügel auf, die Sie mit einem dünnen Stab markieren.

2 Setzen Sie dann die Spargelsetzlinge auf die Hügel, und breiten Sie die Wurzeln nach allen Seiten aus.

3 Zunächst werden nur die Setzlinge abgedeckt, im zweiten Jahr füllt man den Graben auf, erst im dritten Jahr folgt das Aufschütten des Hügels.

nicht durch Erdabdeckung gebleicht, braucht also keinen Hügel. Er kann auch noch auf mittelschweren Böden angebaut werden und schmeckt etwas kräftiger als Bleichspargel.

Artischocken Von diesen bis 2 m hoch wachsenden Stauden wird der fleischige Blütenboden noch geschlossener Blütenkörbe als Delikatesse geschätzt. Mit ihren großen, silbrig blaugrünen Blättern und den blauvioletten Blüten sind sie zudem sehr attraktive Zierpflanzen – sofern man nicht alle Blütenkörbe erntet. Zu Artischocken kommen Sie meist nur über Samen, aus denen Sie im März auf der warmen Fensterbank Jungpflanzen vorziehen. Ausgepflanzt wird erst nach Mitte Mai mit 1 m Abstand. Stützen Sie die stattlichen Pflanzen durch Anbinden an einem Stab.

- Ernten Sie im Juli bis September die noch nicht geöffneten Blütenkörbe. Im Herbst schneiden Sie die Pflanze knapp über dem Boden zurück und decken den Wurzelbereich gut mit Laub und Fichtenreisig ab.

Ewig treuer Topinambur Wenn Sie diese mit der Sonnenblume verwandte Knollenpflanze einmal gepflanzt haben, bleibt sie für immer im Garten. Beim Ernten hinterlässt man unweigerlich einige Knollen im Boden, sodass regelmäßig neue Pflanzen austreiben. Da sich Topinambur immer etwas ausbreitet und bis 3 m hoch wächst, brauchen Sie für ihn recht viel Platz. Gut eignet er sich als Windschutz für den Gemüsegarten.

Verlässlicher Auftritt Topinambur ist robust, anspruchslos und gedeiht in Sonne wie Halbschatten. Pflanzen Sie die Knollen ab April etwa 10 cm tief mit 30 cm Abstand. Ab August erscheinen hübsche, gelbe Korbblüten. Im Spätherbst sterben die oberirdischen Pflanzenteile ab. Danach können Sie die Knollen den ganzen Winter über mit der Grabegabel ernten.

Schnelle Rhabarberernte Wenn Sie kleine Rhabarberjungpflanzen in Töpfen kaufen, kann es 1–2 Jahre dauern, bis Sie richtig ernten können. Fragen Sie besser Freunde oder Gartennachbarn, bei denen bereits gut etablierter Rhabarber wächst, ob Sie ein Teilstück erhalten können. So kommen Sie schneller zu erntefähigem Rhabarber. Das gelegentliche Teilen der Pflanzen im Herbst ist ohnehin vorteilhaft, weil sie dadurch verjüngt werden. Zum Pflanzen eignen sich Teilstücke mit einem Büschel gesunder Wurzeln und ein bis zwei Knospen.

Drehen Sie Rhabarberstiele heraus, und entfernen Sie vor der Zubereitung die Blätter.

- Je nach Bedarf und Familiengröße reichen ein bis vier Pflanzen, die man mit 1 m Abstand setzt. Ein leicht beschatteter Platz mit humosem, leicht feuchtem, durchlässigem Boden ist ideal. Setzen Sie die Pflanzen so ein, dass die Triebknospen knapp unter der Bodenoberfläche zu liegen kommen.

Rhabarber richtig ernten Die Erntezeit beginnt ab Ende April. Packen Sie die Stiele unten, und ziehen Sie sie heraus, indem Sie gleichzeitig drehen. Ernten Sie jedes Jahr nur ein Drittel der Stiele.

- Letzter Erntetermin ist ähnlich wie beim Spargel Ende Juni. Dies nicht nur, weil sich die Pflanze erholen muss: Danach steigt der Oxalsäuregehalt in den Stielen auf eine gesundheitsschädliche Dosis an.
- Vorsicht, essen Sie nie die Blätter, sie enthalten Giftstoffe!
- Brechen Sie Blütenstände, die im Frühsommer erscheinen, regelmäßig aus.
- Versorgen Sie die Pflanze nach der Ernte gut mit ausgereiftem Kompost.

Rote Stiele Rotstielige Sorten haben mittlerweile die grünstieligen an Beliebtheit überrundet. Streng genommen muss man rotstielige mit grünem Fleisch und rotstielig-rotfleischige Sorten unterscheiden. Letztere schmecken besonders mild; hierunter zählen 'Holsteiner Blut' und 'Sutton'.

Großvaters Geheimtipp

DAS GEHEIMNIS BESONDERS GROSSER ARTISCHOCKEN

Als bewährter Kniff gilt es, direkt unter den neu gebildeten Blütenköpfen ein zugespitztes Hölzchen durch den Stiel zu stecken. Niemand weiß zu erklären warum, doch tatsächlich werden die Blütenköpfe dann gößer.

- Belassen Sie pro Pflanze nur vier bis sechs Blütenkörbe, wenn Sie besonders große Artischocken ernten möchten. So bleiben der Pflanze auch mehr Reservestoffe für den nächstjährigen Austrieb.
- Regelmäßiges Gießen bei Trockenheit, Kompostgaben im Frühjahr und zum Blühbeginn sowie das Mulchen sind wichtige Voraussetzungen für große, aber zugleich zarte Artischocken.

Wurzelgemüse – frisch und für den Winter

Es gab eine Zeit, in der die Gärtner nach der Fülle ihrer Wintervorräte beurteilt wurden. Die gesunden, köstlichen und einfach zu lagernden Möhren und Roten Bete spielen immer noch eine wichtige Rolle im Küchengarten.

Robuste Rote Bete

Rund oder länglich? Rote Bete oder Rote Rüben gehören wie Mangold und Spinat zu den Gänsefußgewächsen. Sorten mit länglich walzenförmigen Wurzelknollen können ein wenig dichter gesät werden, jene mit runden Knollen lassen sich allerdings leichter ernten.

- Der Klassiker unter den runden Sorten ist die 'Rote Kugel', die sich sehr gut zum Einlagern, Einlegen und Saften eignet. Als besonders robust gilt die runde 'Bolivar'. Die 'Ägyptische Plattrunde' ist eine alte, sehr wohlschmeckende Sorte mit abgeflachten rundlichen Knollen. Gute längliche Sorten sind 'Cylindra', 'Forono'und 'Moronia'.
- Großer Beliebtheit erfreuen sich heute die „Baby Beets". Dabei handelt es sich um Rote Bete, die man früh, mit 4–5 cm Durchmesser erntet, sodass sie besonders zart schmecken. Hierfür eignen sich runde Sorten wie 'Bolivar' oder 'Mona Lisa'.

Nicht zu früh säen Rote Bete werden durch kühle Temperaturen zum „Schießen", also zum Blühen angeregt. Säen Sie deshalb in einem kühlen Frühjahr erst ab Ende April. Rote Bete mögen gut durchlässigen, nicht zu trockenen, mittelschweren oder sandig humosen Boden, der keinesfalls frisch mit Mist gedüngt werden darf. Sie gedeihen in Sonne und Halbschatten.

- Säen Sie in Reihen mit 25–30 cm Abstand 2–3 cm tief, und drücken Sie die Samen gut an. Dünnen Sie die Sämlinge nach dem Aufgehen auf 6–8 cm Abstand in der Reihe aus. Achten Sie während der gesamten Kulturzeit auf eine gleichmäßige Wasserversorgung.

Längliche Rote Bete wie 'Cylindra' oder 'Forono' sind einfach zu verarbeiten, da sie gleichmäßig große Scheiben ohne viel Abfall liefern.

Ernte nach Bedarf Ab etwa 8 Wochen nach der Aussaat können Sie die ersten zarten „Baby Beets" herausziehen, nach 14–20 Wochen große Knollen ernten. Die letzten Knollen können bis zum Spätherbst im Boden bleiben. Sie lassen sich nach der Ernte in einer Erdmiete oder in einem kühlen Keller lagern, eingeschlagen in angefeuchtetem Sand.

- Schneiden Sie vor dem Einlagern die Blätter etwa 3 cm über der Knolle ab. Die Herzblätter müssen stehen bleiben, sonst blutet die Knolle aus.

SCHON GEWUSST?

EIN SAMEN, MEHRERE PFLANZEN

Wenn man zum ersten Mal Rote Bete anbaut, erlebt man die Überraschung, dass mehr Sämlinge austreiben als Samen gesät wurden. Denn die Samen sind eigentlich Samenknäuel aus 4–5 Einzelsamen. Aus diesem Grund muss man die Sämlinge unbedingt ausdünnen (Abb. unten). Doch mittlerweile werden immer mehr Züchtungen als Monogerm- oder Einzelkornsaatgut angeboten, die das Ausdünnen ersparen. Probieren Sie z. B. die Sorten 'Mona Lisa' oder 'Moulin Rouge'. Sie sind nicht nur einfach anzubauen, sondern zeichnen sich auch durch guten Geschmack aus.

Ein Augenschmaus Wenn Sie dekorative, originelle Gerichte lieben, sehen Sie sich bei Samenversendern nach ungewöhnlich gefärbten Sorten um. 'Burpee's Golden' hat Knollen mit goldgelbem Fleisch, 'Chioggia' ist innen rot-weiß gestreift, und die alte Sorte 'Albina Vereduna' besitzt komplett weißes Fleisch.

Möhren von Frühsommer bis Herbst

Saatbeet gut vorbereiten Die besten Ergebnisse erzielen Sie, wenn Sie Möhren in durchlässigen, sandig humosen Böden anbauen. Arbeiten Sie vor der Saat keinesfalls Mist oder frischen Kompost ein. Sorgen Sie für ein gut gelockertes, feinkrümeliges Saatbeet, und entfernen Sie Unkrautwurzeln und Steine besonders gründlich.

- In schlecht vorbereiteten und sehr schweren Böden entwickeln sich oft „beinige", vergabelte Rüben.

Tipps für schwere Böden Für schwere, feuchte, sehr tonhaltige Böden wählen Sie am besten Sorten mit kürzeren Rüben und bauen diese auf kleinen Dämmen an. Lockern Sie den Boden gut mit der Grabegabel, und häufen Sie lange Erddämme mit etwa 10 cm Höhe und 30–40 cm Breite auf. Säen Sie dann die Möhren in Reihen auf den Dämmen, vorzugsweise mit pilliertem Saatgut (siehe S. 187). Die Dämme trocknen relativ schnell aus, deshalb empfehlen sich perforierte Tropfschläuche oder ein anderes Tropfbewässerungssystem.

Möhrenformen und Saatzeiten Die meisten Möhren haben längliche, zylindrische Rüben, wobei man halblange wie 'Amsterdamer' und sehr lange wie 'Rote Riesen' unterscheiden kann. Daneben gibt es die kurzen, fast runden Möhren wie 'Pariser Markt', die als Karotten bezeichnet werden. Nach Saat- und Entwicklungszeit unterteilt man frühe, mittelfrühe und späte Sorten.

Möhren gedeihen am besten in einem krümeligen Boden ohne Steine oder harte Erdklumpen.

- Frühe Sorten werden ab Mitte Februar bis Anfang April gesät und ab Ende Mai geerntet. Sie haben eine kurze Entwicklungszeit von nur 80–90 Tagen. Bewährte Sorten sind z. B. 'Almaro', 'Decora', 'Laguna', 'Nantaise 2' und 'Pariser Markt'.
- Mittelfrühe und späte Sorten säen Sie von März bis Mitte Juni. Die Ernte erstreckt sich von Juni bis September. Hier empfehlen sich u. a. 'Ingot', 'Juwarot', 'Rotin' und 'Narbonne'.
- Späte oder Wintersorten mit Aussaat zwischen Mitte April und Ende Juni sind ausgesprochene Lagermöhren, die bis Oktober/November geerntet werden. Hierunter fallen z. B. die Sorten 'Lange rote Stumpfe' und 'Rothild'. 'Flyaway' ist tolerant gegen die Möhrenfliege, 'Nutri-red' eine exzellente Gesundheitsmöhre.

Vorkeimen Schneller keimen Möhren, wenn Sie sie vor der Aussaat über Nacht in

SCHON GEWUSST?

ERTRÄGE VON WURZELGEMÜSEN

Eine magere Ernte ist immer enttäuschend, doch es kann ebenso problematisch werden, wenn Sie mehr Gemüse ziehen, als Sie verarbeiten können. Oft ist das allerdings schwer einzuschätzen. Als Anhaltspunkte hier die durchschnittlichen Erträge beliebter Wurzelgemüse je Quadratmeter Anbaufläche:

Möhren 3–5 kg
Sellerie 4–5 Knollen
Radieschen etwa 100 Stück
Rettiche 14–20 Stück
Rote Bete 4–5 kg
Schwarzwurzeln 2–3 kg

Wenn Sie die Möhrensamen vor der Aussaat über Nacht in warmes Wasser legen, keimen sie schneller.

Möhren gibt es in unterschiedlichen Größen und Formen: kurze, runde Sorten (links), die sich auch für die Topfkultur eignen, mittelgroße (Mitte) und solche mit langen Rüben (rechts). Die Kulturdauer hängt von der Größe ab. Lange Spätmöhren brauchen für ihre volle Entwicklung bis zu 190 Tage.

warmes Wasser legen oder einige Tage in feuchten Sand einschlagen. Danach müssen sie sofort ausgesät werden und dürfen keinesfalls mehr austrocknen.

Unkräutern ein Schnippchen schlagen Möhren keimen sehr langsam, weshalb sich Unkräuter schnell dazwischen breitmachen können.

- Sie können die erste Unkrautwelle reduzieren, indem Sie das Beet gründlich vorbereiten, aber noch nicht einsäen. Spätestens nach dem nächsten Regen laufen die ersten Unkräuter auf. Sie lassen sich mit der Hacke leicht beseitigen, nachdem der Boden etwas abgetrocknet ist. Am besten wiederholen Sie die Prozedur noch einmal, bevor Sie schließlich die Möhren säen. So erschöpft sich der Vorrat an Unkrautsamen im Boden.

Dünn aussäen Nach einer alten Gärtnerweisheit folgt einer dichten Aussaat eine magere Ernte. Dies trifft besonders für die Möhren zu, deren feine Samen selbst mit einer Sämaschine schwer zu verteilen sind. Der optimale Samenabstand wäre je nach Rübengröße 5–10 cm. Säen Sie aber etwas mehr aus, um bei Ausfällen Lücken vorzubeugen.

- Ziehen Sie mit dem Rechenstiel breite, etwa 3 cm tiefe Saatrillen. Halten Sie die Samentüte ein Stück über der Rille, und führen Sie sie langsam daran entlang. Klopfen Sie dabei mit der anderen Hand leicht seitlich auf die Tüte, damit die Samen herausfallen. Wählen Sie dafür einen windstillen Tag.
- Zum leichteren Ausstreuen können Sie die Samen mit trockenem Kaffesatz vermischen, durch den der Saatstreifen auch deutlich sichtbar wird. Zudem soll der Kaffesatz vor Schädlingen schützen. Verwenden Sie zum Mischen 0,5–0,8 g Samen pro m^2.
- Auch das Mischen mit feinem Sand erleichtert gleichmäßiges Verteilen der Samen.

Nach Vermischen mit Sand gelingt das Verteilen der Möhrensamen besser. Schnell wachsende Radieschen dienen als Markiersaat in den Reihen.

Kombinieren Sie Möhren mit Zwiebeln und Lauch Ein gefürchteter Möhrenschädling ist die Möhrenfliege. Zwiebeln und Lauch wiederum werden von der Zwiebelfliege befallen. Wenn Sie Möhren und Zwiebeln bzw. Lauch in abwechselnden Reihen nebeneinandersäen oder -pflanzen, werden die beiden auf die Gerüche ihrer jeweiligen Wirtspflanzen geprägten Schädlinge durch die diffusen Düfte verwirrt. So nimmt die Befallswahrscheinlichkeit deutlich ab.

Radieschen als Markiersaat Wenn Sie beim Säen der Möhren gleichmäßig verteilt einige Radieschensamen in die Rillen streuen, gehen diese Schnellkeimer bald auf und markieren exakt die Reihen, wodurch Sie gefahrlos hacken können. Ernten Sie die Radieschen möglichst bald, nachdem die Möhrensämlinge erschienen sind.

Zielgenaues Jäten Unkraut aus einer Möhrenreihe zu entfernen, kann eine heikle Angelegenheit sein. Manche alte Gartenhasen raten zu einer Stricknadel als optimalem Werkzeug zur Unkrautentfernung.

Möhren mit Beinen Zuweilen ragen die Rüben dick und vielversprechend aus dem Boden – doch was Sie beim Ernten ans Licht befördern, ist eine herbe Enttäuschung: Die Rübe ist nur kurz und verzweigt sich stark. Dies bezeichnet man als Beinigkeit.

- Ursachen sind meist Verdichtungen im Untergrund oder Hindernisse im Boden, z. B. dicke Erdklumpen, große Steine oder schlecht verrotteter Mist. Wenn der Boden jedes Jahr bis zur gleichen Tiefe bearbeitet wird, kann sich auf Dauer eine verdichtete Sohle unter der gelockerten Krume bilden. Achten Sie darauf, den Boden im nächsten Jahr tiefer und gründlicher zu bearbeiten.
- Beinige Möhren können auch durch Nematoden (Älchen) im Boden hervorgerufen werden. Beugen Sie vor, indem Sie Möhren und verwandte Doldenblütler wie Pastinake und Sellerie nur alle 4 Jahre an derselben Stelle anbauen.

Möhren ernten Wenn Sie versuchen, eine Möhre zu ernten, indem Sie sie an ihrem

MÖHREN AUSDÜNNEN

1 Warten Sie mit dem Ausdünnen, bis die Sämlinge zwei oder drei gefiederte Blätter entwickelt haben.

2 Lassen Sie alle 5–10 cm eine Pflanze stehen. Sparen Sie Zeit und Energie – jäten Sie gleichzeitig das Unkraut.

3 Altbewährter Gärtner-Tipp: Nutzen Sie eine Stricknadel für diffizile Jätearbeiten.

Mit trockenem Kaffeesatz vermischte Samen lassen sich gleichmäßiger aussäen.

Beinige Möhren entstehen meist in dichten oder steinigen Böden oder nach frischen Mistgaben.

Laub herausziehen, haben Sie am Ende oft nur die Blätter in der Hand – aber die Möhre steckt noch fest in der Erde.

- Der beste Erntehelfer für alle Wurzelgemüse ist die Grabegabel. Stechen Sie diese mit genug Sicherheitsabstand parallel zur Möhrenreihe tief in den Boden, und rütteln Sie sie mehrmals nach vorn und hinten. Dadurch lockert sich die Erde, und Sie können die Möhren am Rübenkopf packen und leicht herausziehen.

Miete nach alter Väter Sitte Früher lagerte man Kartoffeln, Möhren, Pastinaken, Rote Bete und andere Rüben über Winter oft in Erdmieten oder -gruben. Benötigtes Gemüse wurde möglichst vorsichtig entnommen, danach wurden alle Lücken wieder sorgfältig verschlossen.

- Erdmieten oder -gruben sind auch heute noch eine praktische Lösung, wenn kein kühler Keller zur Verfügung steht. Heben Sie eine 50 cm tiefe und bis 80 cm breite Grube aus. Legen Sie die Grube komplett mit kleinmaschigem Maschendraht als Mäuseschutz aus. Zuunterst füllen Sie eine dicke Lage Stroh oder trockenes Laub ein. Darüber kommt die erste Lage Gemüse, dann folgt wieder eine Isolierschicht aus Stroh oder Laub usw. Verwenden Sie bei Möhren stattdessen Sand als Zwischenschichten.
- Haben Sie so viel Gemüse einzulagern, dass sich die Schichten über den Boden erheben, wird aus der Grube eine Miete. Sie sollte sich nach oben etwas verjüngen. Decken Sie die Grube oder Miete mit der ausgehobenen Erde ab, die Miete auch an den Seiten.

Trocken muss es sein Lassen Sie frisch geerntete Möhren vor dem Einlagern noch 1–2 Tage ausgebreitet liegen und abtrocknen. So festigt sich die Außenhaut, und die Möhren werden haltbarer. Entfernen Sie dann das Laub kurz oberhalb des Rübenkopfs. Lagern Sie ausschließlich gesunde, unbeschädigte Möhren ein.

Lagerung in Kisten Kleiden Sie eine Obstkiste mit Jutestoff bzw. Sackleinen aus. Entfernen Sie vorsichtig die Erdreste von den Möhren, ohne sie zu verletzen, keinesfalls aber sollten Sie sie waschen. Packen Sie zuunterst eine isolierende Schicht aus Sand, Sägemehl, trockenem Laub und etwas Erde in die Kiste. Darüber folgen abwechselnd je eine Lage Möhren und wiederum die Isolierschicht. Lagern Sie die Kiste bei konstanten 0–4 °C.

Lassen Sie die Möhren vor der Lagerung abtrocknen, und schütteln Sie Erdreste ab.

SCHON GEWUSST?

DÜNGEN ODER NICHT DÜNGEN?

Mit jeder Ernte entziehen Sie dem Boden auch Nährstoffe. Ein guter Gartenboden hat zwar einiges an Mineralstoffreserven, doch die müssen von Zeit zu Zeit aufgefüllt werden. Mit kräftigen Gaben an gut verrottetem Mist oder Kompost im Rahmen einer 3- oder 4-jährigen Fruchtfolge (siehe S. 159) legen Sie einen soliden Grundstock. Dennoch sind zusätzliche kleinere Kompostgaben zum Wachstumsbeginn oft vorteilhaft, auch bei Wurzelgemüse. Besonders für stark zehrende Gemüse wie Tomaten empfiehlt sich auch zusätzlicher organischer Fertigdünger.

Pflanzen brauchen in ausgewogenem Verhältnis Stickstoff, Kalium und Phosphor sowie Magnesium, Eisen und andere Spurennährstoffe. Kompost und Mist allein können nicht immer die ganze Palette optimal abdecken. Lassen Sie am besten alle 4–5 Jahre eine Bodenuntersuchung durchführen. So können Sie mit käuflichen organischen Mischdüngern oder Gesteinsmehlen eventuelle Mängel gezielt ausgleichen.

WURZELGEMÜSE IN KISTEN LAGERN

1 Lagern Sie Wurzelgemüse an einem kühlen, frostfreien, etwas luftfeuchten Ort bei 0–4 °C. Eine Holzkiste ist dafür ideal.

2 Geben Sie eine Schicht Sand oder Sägemehl in die Kiste. Legen Sie dann die abgetrockneten, ungewaschenen Wurzelgemüse hinein.

3 Bedecken Sie das Gemüse mit Sand bzw. Sägemehl. Schichten Sie mehrere Lagen übereinander. Den Abschluss bildet Sand.

Knackige Radieschen und Rettiche

Radieschen für die schnelle Ernte Radieschen und Rettich gehören zur Familie der Kreuzblütler und sind somit nah mit den Kohlgemüsen verwandt. Während Rettiche lange aromatische Rüben entwickeln, bilden Radieschen in kurzer Zeit knackige kleine Knollen. Die Samen keimen innerhalb von 5–8 Tagen, und 3–7 Wochen später sind die köstlich scharfen Radieschen bereits erntereif. Ab März bis September können Radieschen gesät werden. Säen Sie jeweils nur kleine Mengen, und dies alle 14 Tage. So ernten Sie die ganze Saison über fortlaufend Radieschen.

- Radieschen eignen sich hervorragend für erste Gärtnerversuche von Kindern, die gern schnelle Erfolge sehen. Sie können auch in Schalen oder Balkonkästen gezogen werden.

Runde und lange Knollen Radieschen haben typischerweise runde oder kugelige Knollen, manche Sorten wie 'Eiszapfen' bilden aber auch bis 15 cm lange, zylindrische Knollen. Sie brauchen ebenso wie Rettiche einen besonders gut gelockerten Boden.

- Wählen Sie passende Sorten für die unterschiedlichen Saattermine. Manche eignen sich nur für Frühjahrs- und Herbstanbau, andere nur für den Sommer.
- Säen Sie die Samen gleichmäßig in 50 bis 100 cm langen Reihen in etwa 1 cm tiefen Rillen, Abstand 15–20 cm. Dünnen Sie später die Sämlinge auf 5–8 cm Abstand aus.
- Schützen Sie frühe Saaten durch Abdecken mit Folie oder Vlies.

Rettiche rund ums Jahr Achten Sie bei Rettichen auf geeignete Sorten für die jeweilige Aussaatzeit, andernfalls besteht die Gefahr, dass sie schießen. Die Palette reicht von Treibsorten für die Aussaat unter Glas ab Januar über Früh- und Sommersorten bis zu Herbst- und Wintersorten für das Säen bis August. Manche Sorten eignen sich auch für Anbau von Frühjahr bis Herbst. Wenn Sie das ganze Spektrum nutzen, können Sie von Mai bis Dezember frische Rettiche ernten.

- Säen Sie je nach Größe der Rettiche in Reihen von 20–35 cm Abstand 1–3 cm tief. Dünnen Sie die Sämlinge auf etwa 30 cm Abstand aus.

Die gute Wahl

VIELFÄLTIGE RADIESCHEN UND RETTICHE

Bei geeigneter Sortenwahl können Sie monatelang Radieschen und Rettiche als farbenfrohe, pikante Salatzutaten ernten. Rettiche, besonders die Wintersorten, lassen sich auch zu wohlschmeckendem Gemüse verkochen.

Zu „pelzigen" Radieschen und Rettichen kommt es oft wegen mangelnder Wasserversorgung, großer Hitze oder zu später Ernte; manche Sorten neigen allerdings auch stärker zum Pelzigwerden.

RADIESCHEN – RUND UND LÄNGLICH

Runde Sorten Hübsch wirken rot-weiße Sorten wie 'Rundes halbrot-halbweiß' **1**, eine Züchtung für Frühjahrs- und Spätsaat. 'Parat' **2** ist eine Sommersorte mit zartem, mildem Geschmack.

Längliche Sorten Hierunter finden sich rot-weiße Sorten wie 'Bamba' und 'French Breakfast' **3**. Die außen weißen 'Eiszapfen' ähneln mit ihren langen Knollen schon fast Rettichen.

RETTICHE IN VIELEN FARBEN

Von Frühjahr bis Herbst Bewährte Sorten sind 'Hilds roter Neckarruhm' für den Früh- und Sommeranbau sowie der weiße 'Rex' für alle Aussaattermine.

Winterrettiche Ungewöhnliche Farben finden sich bei den Herbst- und Winterrettichen, so bei 'Hilds Blauer' (außen violettblau) und 'Langer Schwarzer Winter' **4**.

1

2

3

4

Sonne oder Schatten? Für den Frühjahrs- wie für den Herbstanbau ist volle Sonne von Vorteil. Im Hochsommer sind die Pflanzen dagegen für leichten Schatten um die Mittagszeit dankbar. Radieschen wie Rettiche lieben einen durchlässigen, leichten bis mittelschweren, humosen Boden.

- Sorgen Sie stets für gleichmäßige Feuchtigkeit. Zeitweilige Trockenheit kann zum Platzen der Radieschenknollen führen. Zudem begünstigt dies Erdflöhe, die winzige Löcher in die Blätter beißen.

Radieschen als Zwischenkultur Mit ihrem schnellen Wachstum eignen sich Radieschen hervorragend, um vor dem Pflanzen oder nach dem Ernten anderer Gemüse die Beete kurzzeitig zu belegen. Sie können sie auch zwischen jungen Pflanzen von Gemüsearten säen, die nur langsam heranwachsen, und dadurch die Fläche optimal nutzen.

Die schnellwüchsigen Radieschen sind ideal als Zwischenkultur neben langsam wachsenden Gemüsearten.

Schwarzwurzel und Meerrettich

Schwarzwurzel – ein delikates Gemüse
Die früher häufiger angebaute Schwarzwurzel aus der Familie der Korbblütler ist ein hervorragendes Wurzelgemüse. Ihre langen schwarzen Wurzeln schmecken angenehm spargelähnlich, haben einen hohen Gesundheitswert und können vom September bis ins Frühjahr hinein geerntet werden. Allerdings muss man die schwarzbraune Außenhaut vor der Zubereitung schälen, was relativ aufwendig ist. Wie bei anderen Wurzelgemüsen sollte der Boden vor der Aussaat besonders sorgfältig gelockert werden. Leichte bis mittelschwere Böden sind ideal. Bei schweren Böden heben Sie für die Saatreihen am besten Gruben aus, die Sie mit einem Gemisch aus Erde, Sand und gut verrottetem Kompost füllen.

- Saatzeit ist März oder April. Säen Sie in Reihen mit 20–30 cm Abstand in 2–3 cm tiefe Rillen. Dünnen Sie die Sämlinge auf 4–7 cm in der Reihe aus. Sehr wichtig ist ausreichendes Gießen während der gesamten Kulturzeit.
- Achten Sie bei der Ernte darauf, die Wurzeln nicht zu beschädigen; sie brechen leicht und „bluten“ dann mit einem gelblichen Milchsaft.
- Bewährte Sorten sind ‘Hoffmanns schwarze Pfahl’ und ‘Verbesserte nichtschießende Riesen’.

Schwarzwurzeln ergeben ein schmackhaftes, besonders bekömmliches Wurzelgemüse.

Vom Meerrettich verwendet man nicht nur die Wurzeln, sondern auch die jungen Blätter.

Meerrettich – ein Klassiker Der ausdauernde Meerrettich aus der Familie der Kreuzblütler wird wegen seiner aromatisch scharf schmeckenden Pfahlwurzeln angebaut.

- Graben Sie im Herbst die Pflanzstelle um, und versorgen Sie den Boden gut mit ausgereiftem Kompost. Als Pflanzware gibt es sogenannte Fechser zu kaufen; das sind etwa fingerdicke Schnittlinge von den Seitenwurzeln. Setzen Sie diese im Frühjahr schräg ein, sodass das Kopfende etwa 5 cm unter die Erde kommt.
- Wenn im Herbst die Blätter absterben, beginnt die Ernte. Sie können bei frostfreiem Boden auch über Winter ernten oder im Spätherbst das Erntegut in einem kühlen Keller in Sand einschlagen.
- Meerrettich kann sich über seine langen Wurzeln kräftig ausbreiten. Pflanzen Sie ihn in eine sonnige oder halbschattige Gartenecke, in der er andere Pflanzen nicht bedrängt, und schneiden Sie gelegentlich die Nebenwurzeln zurück.
- Es gibt einen alten Trick, um einerseits das Wuchern einzudämmen und andererseits lange, gerade Wurzeln zu erhalten: Nehmen Sie ein langes Abflussrohrstück aus verzinktem Metall und mit großem Durchmesser, und versenken Sie dieses bis zum Rand in ein tiefes Loch. Füllen Sie die Röhre mit kompostreicher Erde, setzen Sie den Meerrettich hinein, drücken Sie die Erdoberfläche an, und wässern Sie gründlich.

SCHON GEWUSST?

EINFACHE SAAT MIT SPEZIELLEN SAMENFORMEN
Gewöhnlich müssen die Sämlinge von Wurzelgemüse ausgedünnt werden, damit die verbliebenen Pflanzen genug Platz haben, um ihre unterirdischen Organe kräftig zu entwickeln. Besser wäre es, gleich im nötigen Endabstand zu säen, doch das ist gerade bei feinen Samen sehr schwierig. Glücklicherweise gibt es heute Saatgutformen, die akkurates Aussäen zu einer einfachen Sache machen. Einziger Wermutstropfen: Solches Saatgut ist recht teuer und nur von manchen Sorten erhältlich.

Saatbänder Die Samen sind zwischen zwei Papierstreifen in dem für die Sorte erforderlichen Endabstand eingebettet (unten). Das Spezialpapier verrottet mit der Zeit problemlos im Boden. Sie legen einfach das Saatband in der Saatrille aus, decken es mit Erde ab und gießen dann gründlich an.

Pilliertes Saatgut Pillierte oder Pillensamen sind mit einem Schutzmaterial umhüllt, das ihnen eine einheitliche Größe und kugelige Form verleiht. So lassen sie sich sehr einfach im gewünschten Abstand auslegen.

Speiserüben, Kohlrüben und weitere Spezialitäten

Traditionelles Wintergemüse Mit Kohl und Rettich verwandte Rüben aus der Familie der Kreuzblütler hatten früher besondere Bedeutung als Wintergemüse. Nahrhaft, gesund und gut lagerfähig, halfen sie gut über die kalte Jahreszeit. Insbesondere die Kohl- oder Steckrübe gewann auch in Notzeiten immer wieder an Bedeutung, was ihr aber auch den Ruf einbrachte, ein reiner Sattmacher und ansonsten nur Viehfutter zu sein. Doch mittlerweile schätzt man ihre besten Sorten in der feinen Küche ebenso wie die Mairüben. Diese Rüben aus Großvaters Zeiten genießen heute ein wahres Comeback.

Rüben mit vielen Namen Die Beschäftigung mit diesen altehrwürdigen Rüben kann etwas verwirrend sein. Aufgrund verschiedener Nutzungen, Formen und Varietäten sowie regional unterschiedlicher Bezeichnungen tragen sie mehrere gängige Namen. Grundsätzlich unterscheidet man die Speise- oder Weiße Rübe, zu der Mai- und Herbstrüben sowie Teltower Rübchen zählen, und die Kohlrübe.

- **Mairüben** Sie sind rundlich, weiß- bis gelbfleischig, teils auch violett gefärbt oder mit rötlichem Kopf. Sie schmecken mild rettichähnlich.
- **Herbstrüben** Sie ähneln den Mairüben, haben aber eine längliche Form und einen etwas kräftigeren Geschmack.
- **Teltower Rübchen** Diese schon von Goethe hoch geschätzten Delikatessen schmecken besonders zart und süßlich würzig. Sie werden nur daumengroß und sind kegelförmig, es gibt aber auch rundliche Varianten.
- **Kohl- oder Steckrüben** Sie sind auch als Erdkohlrabi bekannt. Für die Küche nutzt man nur Sorten mit gelbfleischigen, meist runden Rüben, die geschmacklich etwas an Möhren erinnern. Wichtigste Sorte ist die 'Grünköpfige gelbe Wilhelmsburger'.

Vom Mai bis zum Herbst Mairüben können Sie ab März bis August säen, Erntezeit ist dann von Mai bis Oktober. Saattermin für Herbstrüben ist im Juli/August, mit Ernte im September und Oktober. Teltower Rübchen kann man auch im Frühjahr säen, doch bei Spätsaat im August munden sie am besten.

- Speiserüben gedeihen am besten auf leichten bis mittelschweren Böden und sollten bei Trockenheit stets gut gegossen werden.
- Säen Sie etwa 2 cm tief in Reihen mit 20–30 cm Abstand. Dünnen Sie die Sämlinge auf 10 cm Abstand aus, die Herbstrüben noch etwas weiter, Teltower Rübchen nur auf 8 cm.
- Mit ihrer späten Saatzeit eignen sich Herbstrüben und Teltower Rübchen ideal als Nachkulturen für früh geerntete Gemüse. Säen Sie sie aber nicht nach oder vor Kohl und anderen verwandten Kreuzblütlern, um der Pilzkrankheit Kohlhernie vorzubeugen.

Stielmus statt Rüben Stielmus oder Rübstiel ist eine alte Spezialität aus dem Rheinland. Hierzu säen Sie Mai- oder Herbstrüben sehr dicht, sodass sie kaum Rüben bilden. Nach etwa 5 Wochen können Sie die zarten Blätter zum Kochen oder für Salate ernten. Für Stielmus wird auch spezielles Saatgut angeboten.

Robuste Kohlrüben Die Kohlrübe wächst auf fast allen Böden, selbst auf schweren. Gießen bei Trockenheit ist ratsam, eine Kompostgabe während der Wachstumszeit empfehlenswert. Gesät wird von April bis Juni auf ein Saatbeet. Verpflanzen Sie dann die gut entwickelten Sämlinge im Abstand von 40 × 50 cm. Oder Sie säen gleich an Ort und Stelle und dünnen später aus. Sie können die Rüben zwischen September und November ernten und an einem kühlen, luftfeuchten Ort monatelang lagern.

Köstliche Pastinaken Die Wildform der Pastinake ist in Mitteleuropa verbreitet. Als Doldenblütler gehört sie zur Verwandtschaft von Möhre und Sellerie. Bevor Möhren und Kartoffeln unsere Gärten eroberten, war die Pastinake das Wurzelgemüse schlechthin und wurde vor allem für Suppen und Eintöpfe genutzt. Ihre langen elfenbeinfarbenen Wurzelrüben schmecken zart und würzig. Mittlerweile ist die vitaminreiche, bekömmliche Pastinake in der Natur- wie in der Feinschmeckerküche wieder voll im Trend.

- Tiefgründig gelockerter, durchlässiger, humoser Boden und gute Wasserversorgung bei Trockenheit sind Voraussetzungen für eine zufriedenstellende Ernte.

Die rundlichen Mairüben sind nach ihrem frühestmöglichen Erntetermin benannt.

Die süßliche, gelbfleischige Herbstrübe 'Goldball' lässt sich gut lagern.

Pastinakengemüse war einst die traditionelle Beilage für den Sonntagsbraten.

- Säen Sie von März bis Mai in Reihen mit 40 cm Abstand, und dünnen Sie die Sämlinge auf 15–20 cm Abstand in der Reihe aus. Die Samen keimen langsam; streuen Sie deshalb Radieschensamen als Markiersaat in die Rillen.
- Pastinaken können nach 18–20 Wochen geerntet werden, vom Herbst bis zum Frühjahr. Sie sind relativ frosthart und können daher über Winter im Boden bleiben.

Kohlrabi – oberirdische Knollen Zwar ist dieser Kohlverwandte kein Wurzelgemüse, sondert bildet verdickte Sprossknollen über der Erde aus. Doch die Altvorderen sahen ihn einfach als spezielle Rübenvariante an. Noch heute kennt man ihn auch als Oberkohlrabi, während mit Unter- oder Erdkohlrabi die Kohlrübe gemeint ist. Kohlrabi gedeiht ähnlich wie die Wurzelgemüse am besten auf leichtem bis mittelschwerem, humosem Boden, der neutral bis alkalisch sein sollte, um der Kohlhernie vorzubeugen.

Variabler Anbau Frühe Kohlrabisorten können Sie zum späteren Verpflanzen bereits im Februar vorziehen, Freilandaussaat ist von April bis Juni möglich. Mit seiner recht kurzen Kulturdauer lässt sich Kohlrabi gut als Vor- oder Nachkultur einsetzen. Achten Sie aber jeweils auf geeignete Früh-, Sommer- und Herbstsorten oder auf ausgesprochen schossfeste Sorten wie 'Lanro', die von März bis Juni gesät werden können.
- Der ideale Pflanzabstand für die meisten Sorten beträgt 30 × 30 cm. Pflanzen Sie nicht zu tief, das Herz darf nicht mit Erde bedeckt werden.
- Gleichmäßige Wasserversorgung ist wichtig, damit die Knollen nicht aufplatzen.
- Je nach Saatzeit fällt die Ernte zwischen Mai und Oktober an. Ernten Sie die Knollen im Zweifelsfall lieber etwas kleiner; große Knollen werden innen leicht holzig.

Die gute Wahl

KOHLRABI WEISS UND BLAU

Das beliebte Kohlgemüse wird in weißen (grünen) und blauen (violetten bis rötlichen) Sorten angeboten. Eine Besonderheit ist der weiße 'Superschmelz': Diese Sorte liefert wahrhafte Riesenknollen mit einem Gewicht bis zu 10 kg.

Lanro 1 Eine bewährte weiße Sorte; sie ist kälteresistent und schossfest und kann von März bis Anfang Juli gesät werden.
Azur Star 2 Auch diese schossfeste blaue Sorte lässt sich über den ganzen Anbauzeitraum säen.

Würziger Knollensellerie

Gemüse mit Geschichte Bereits die alten Römer kultivierten den Sellerie. Im frühen Mittelalter gelangte er dann über die Alpen nach Deutschland. Das mit der Möhre verwandte Doldenblütengewächs bildet nicht nur aromatische Knollen. Beim Stangensellerie werden die Blattstiele für die Küche genutzt, beim Blattsellerie das Laub. Doch die prominenteste Unterart ist nach wie vor der Knollensellerie, der als vitamin- und mineralstoffreiches Herbst- und Wintergemüse gern für Eintöpfe verwendet wird.

Sonne erwünscht Setzen Sie die vorgezogenen Sämlinge nach Mitte Mai in humus- und nährstoffreichen Boden, und sorgen Sie während des Wachstums für genügend Wasser. Die reifen Knollen können Sie bis November im Erdreich lassen und nach Bedarf ernten.

Platz und Pflege Um große, wohlgeformte Sellerieknollen zu erhalten, geben Sie den Pflanzen viel Platz – in Reihen mit 45 cm Abstand und 30 cm Abstand in der Reihe. Entfernen Sie verwelkte Blätter am herausragenden Teil der Knolle. Schneiden Sie ebenso kleinen Wurzeln ab, die sich an der Erdoberfläche entwickeln.

Petersilie mit Rüben Die Wurzelpetersilie bildet Rüben, die an Pastinaken erinnern, wird aber ähnlich wie der Knollensellerie verwendet. Man sät sie im März oder April, Erntezeit ist im Oktober und November.

SCHON GEWUSST?

SELLERIE BRAUCHT ZEIT

Beim Knollensellerie müssen Sie mit einer langen Wachstumszeit rechnen: Etwa 24 Wochen dauert es von der Aussaat bis zur Ausformung genügend großer Knollen. Für eine frühe Saat im Freien eignet sich der Sellerie nicht: Noch im Mai können Spätfröste dazu führen, dass die Jungpflanzen aufgrund des Kältereizes vorzeitig Blüten ansetzen. Ziehen Sie deshalb die Pflanzen ab Mitte März bis April an einem warmen, hellen Platz vor; er sollte 18–20 °C warm sein. Pikieren Sie die Sämlinge nach dem Entfalten der ersten Laubblätter in 8-cm-Töpfe. Halten Sie sie bis zum Auspflanzen nach Mitte Mai bei 15–18 °C.

Damit sich die Sellerieknolle gut entwickeln kann, entfernen Sie welke untere Blätter (oben) und Seitenwurzeln an der Oberfläche (unten).

Pflegeleichte Zwiebeln und Knollen

In alten Zeiten brauchten die Menschen ihren Gemüsegarten zum Überleben. Besonders wichtig waren Gemüse, die sich bis zum Winter ernten oder gut lagern ließen. Neben Wurzelgemüse spielten dabei Lauch, Zwiebeln und Kartoffeln die Hauptrolle.

Aromatische Zwiebeln, Schalotten und Knoblauch

Für beste Ergebnisse Zwiebeln, Schalotten und Knoblauch sind leicht anzubauen. Um beständig gute Ernten zu erzielen, empfiehlt sich ein sorgfältiger Fruchtwechsel. Säen bzw. pflanzen Sie Zwiebelgewächse – inklusive Lauch und Schnittlauch – nur alle 4–5 Jahre auf derselben Fläche. So beugen Sie Krankheiten und Schädlingen, die sich auf diese Familie spezialisiert haben, vor.

Keine frische Mistdüngung Säen oder pflanzen Sie Zwiebelgewächse frühestens 1 Jahr nach einer Mistgabe. Die Zwiebeln könnten sonst im Boden faulen, zumindest aber wird ihre Lagerfähigkeit beeinträchtigt. Vermeiden Sie generell zu hohe Stickstoffgaben. Sie fördern die Blätter auf Kosten der Zwiebeln und machen die Pflanzen krankheitsanfälliger. Schwere, sehr tonhaltige, zu Nässe neigende Böden sind ungeeignet, sofern sie nicht gründlich und nachhaltig verbessert werden.

Rund um die Zwiebel Lange Zeit baute man bei uns fast nur die scharfen, als Würze dienenden Speisezwiebeln an. Doch mittlerweile sind auch die großen, mild schmeckenden Gemüsezwiebeln sehr beliebt. Sie haben in den Mittelmeerländern und in England eine lange Tradition. Die Speisezwiebeln sind längst nicht mehr nur braun und rund. Weiße, gelbe oder violette Sorten bringen

Farbe in den Garten und in die Küche, birnenförmige oder sehr schmale Züchtungen erweitern das vielfältige Angebot.

- Lauch- oder Bundzwiebeln bilden keine Zwiebeln aus. Von ihnen können Sie fortlaufend die röhrenförmigen Zwiebelblätter – die Schlotten – ernten.
- Winterheckzwiebeln sind winterhart und ausdauernd. Sie liefern ganzjährig frische Schlotten.

Zwiebeln säen oder pflanzen? Mit gekauften kleinen Steckzwiebeln kommen Sie am einfachsten und schnellsten zur eigenen Ernte. Das Sortenangebot ist jedoch eingeschränkt. Eigene Saat bietet mehr Auswahl.

- **Steckzwiebeln** Sie werden im März oder April gepflanzt und ab Juli erntereif. Pflanzen Sie mit 25–30 cm Reihenabstand und 10 cm in der Reihe.

Lassen Sie die Zwiebeln vor dem Einlagern einige Tage auf dem Beet abtrocknen. Breiten Sie die Zwiebeln bei Regen an einem geschützten, luftigen Platz aus.

Mit einem Pflanzstock lassen sich Knoblauchzehen und Zwiebeln besser einpflanzen.

Zwiebeln werden erntereif, wenn die Schlotten umknicken und sich gelb färben.

KNOBLAUCHZOPF FLECHTEN

1 Die Blätter und Knollen müssen völlig abgetrocknet sein. Verflechten Sie zunächst 3 Knollen mit ihren Blättern.

2 Flechten Sie dann weitere Knollen ein, sodass sich deren Blätter dort fortsetzen, wo die vorherigen enden.

3 Stellen Sie den Zopf bis zur gewünschten Länge fertig. Stutzen Sie dann herausragende lose Enden zurecht.

4 Hängen Sie den Zopf an einem kühlen, trockenen Platz auf. Er wird Sie die ganze Saison über mit Knoblauch versorgen.

- **Wintersteckzwiebeln** Diese steckt man Ende September, häufelt sie vor dem Winter an und schützt sie mit etwas Reisig. Bereits ab Mitte Mai können Sie ernten.
- **Saatzwiebeln für Sommer und Herbst** Diese Sorten können Sie bereits im Februar drinnen vorziehen und später auspflanzen. Oder Sie säen draußen ab Ende März und dünnen später in den Reihen auf 5–10 cm Abstand aus. Die Ernte beginnt im August.
- **Saatzwiebeln für das Frühjahr** Saatzeit ist Mitte August, Erntezeit im nächsten Jahr ab Anfang Juni.

Geheimnisse erfolgreicher Pflanzung Steckzwiebeln, Schalotten und Knoblauch werden auf dieselbe Weise gepflanzt. Nehmen Sie die Zwiebeln mit der Spitze nach oben zwischen Daumen, Zeige- und Mittelfinger. Drücken Sie sie so in den zuvor gut gelockerten Boden, dass die Spitze knapp unter die Erdoberfläche kommt.

- Zuweilen werden die Zwiebeln wenige Tage nach dem Pflanzen von den wachsenden Wurzeln nach oben geschoben. Drücken Sie diese Zwiebeln wieder in die Erde, sonst wachsen die Wurzeln eher zur Seite als nach unten. Sie können dem vorbeugen, indem Sie mit dem Finger oder einem Pflanzstock schmale, tiefe Pflanzlöcher vorbohren.
- Achten Sie beim Kauf auf gesunde, pralle Steckzwiebeln. Speisezwiebeln sollten nicht mehr als 2 cm Ø haben, da sie sonst zum Schießen neigen.

Wenn die Schlotten umknicken Gegen Ende des Zwiebelwachstums kippen die Blätter an ihrer Basis zur Seite und werden allmählich gelb und trocken. Bis sie verwelkt sind, entnimmt ihnen die Zwiebel aber weiterhin Reservestoffe. Oft wird empfohlen, dem Reifen nachzuhelfen, indem man die Schlotten mit der Hand oder Rechenrückseite umknickt. Allerdings hat man herausgefunden, dass diese Zwangsreife die Lagerfähigkeit der Zwiebeln beeinträchtigen kann.

Vom Ernten und Lagern Ebenso wie Zwiebeln werden auch Schalotten und Knoblauch erntereif, wenn sich die Blätter gelb färben. Ernten Sie nur an trockenen, möglichst sonnigen Tagen. Lassen Sie die Schlotten an den Zwiebeln. Nachdem sie komplett verwelkt sind, können Sie die Zwiebeln in Holzsteigen an einem trockenen, kühlen Ort lagern. Oder Sie verflechten sie mit Hilfe der Blätterreste zu einem Zopf, den Sie an einem geeigneten Platz aufhängen. Zum luftigen Aufhängen eignen sich auch alte Strumpfhosen. Wenn Sie diese nach jeder eingefüllten Zwiebel verknoten, kann das Erntegut nicht aneinanderreiben.

Vom Knoblauch gibt es nur recht wenig Sorten. Die Bilder zeigen 'Thermidrome' (links), 'Sultrop' (Mitte) und den „Elefantenknoblauch" mit bis zu 10 cm großen Knollen (rechts).

Die gute Wahl

SCHMACKHAFTE SORTEN UND VARIANTEN

SPEISEZWIEBELN Zu den vielfach erprobten Sorten zählt 'Stuttgarter Riese', häufig auch als Steckzwiebel angeboten. Als beliebteste gelbe Sorte gilt die 'Zittauer Gelbe'. 'Braunschweiger Dunkelblutrote' ist eine sehr attraktive, wohlschmeckende rote Sorte, die sich gut lagern lässt. Zu den besten Sorten für die Spätsaat zählt die 'Weiße Frühlingszwiebel'.

GEMÜSEZWIEBELN Als Gigant unter den Zwiebeln präsentiert sich 'The Kelsea', die bis 3 kg schwer werden kann.

ETAGEN- ODER LUFTZWIEBEL Diese interessante, ausdauernd wachsende Varietät der Küchenzwiebel bildet an den Stängelspitzen kleine Brutzwiebeln in mehreren Etagen. Sie eignen sich, roh oder gekocht, als delikate Snacks.

SILBERZWIEBELN Dafür verwendet man silbrig weiße Speisezwiebelsorten wie 'Weiße Königin'. Sie werden früh als noch kleine Zwiebeln geerntet und sauer eingelegt, z. B. als „Mixed Pickles".

SCHALOTTEN 'Golden Gourmet' ist eine empfehlenswerte gelbe Sorte, 'Red Sun' eine bewährte rote Züchtung.

Delikate Schalotten Diese Zwiebelvarietät bildet mehrere kleine gelbe bis rötliche Zwiebeln mit feinwürzigem Geschmack. Auch die Schlotten sind sehr aromatisch. Wegen der kleinen Zwiebeln ist dies eine besonders leicht anzubauende Form mit früher Ernte.

- Säen Sie Schalotten von März bis Mai: Ab Juni beginnt die Erntezeit. Noch etwas einfacher geht es mit Steckzwiebeln, die man im Fachhandel erhält.

Knoblauch aus eigener Ernte Knoblauch wird ausschließlich über Nebenzwiebeln an seiner Knolle, die sogenannten Zehen, vermehrt. Pflanzen Sie diese im zeitigen Frühjahr oder – mit etwas Reisigabdeckung – im Herbst, mit 30 × 15 cm Abstand an einen sonnigen Platz.

- Wenn Sie die Zehen gekaufter oder geernteter Knollen verwenden, wählen Sie die größten außen an den Knollen.
- Erntezeit ist ab Ende Juli. Heben Sie einige der besten Knollen als Pflanzgut für das nächste Jahr auf.
- Zehen von Knollen aus dem Supermarkt oder Gemüseladen können des Öfteren enttäuschen. Ware aus warmen Ländern versagt besonders bei Herbstpflanzung. Gutes Pflanzgut bewährter Sorten finden Sie im Gartenfachhandel.
- In feuchten Böden kommt es öfter zu Ausfällen durch Fäulnis. Pflanzen Sie Knoblauch möglichst nur in gut durchlässige, leichte bis höchstens mittelschwere Böden.

Lauch, Knollenfenchel und Stangensellerie

Lauch für jede Saison Bei geeigneter Sortenwahl lässt sich der Lauch oder Porree vom Frühjahr bis zum Spätsommer in Abständen von 4–6 Wochen pflanzen – mit dem Ergebnis, dass Sie die aromatischen Schäfte fast ganzjährig ernten können. Lauch ist nichts für ungeduldige Gärtner, denn bis zur Erntereife braucht er ebenso lang wie Zwiebeln. Doch das Warten lohnt sich, ganz besonders zur Bereicherung des Speiseplans im Herbst und Winter.

- Die Sorten werden unterteilt in Sommerlauch (Ernte ab Juli), Herbstlauch (ab August) und Winterlauch (vom Spätjahr bis zum nächsten Frühjahr).
- Achten Sie aber vor allem auf die genauen Angaben auf den Samentüten, die Übergänge – etwa zwischen Herbst- und Wintersorten – sind oft fließend. Die robusten 'Herbstriesen 2' z. B. sind winterhart und liefern von August bis Februar lange, mildwürzige Schäfte. 'Blaugrüner Winter' lässt sich sogar bis zum Mai des nächsten Jahres beernten, kurz bevor dann die Blüten erscheinen. Besonders dicke, hohe Schäfte bildet der Herbstlauch 'Elefant'. Eine bewährte Sommersorte ist 'Bavaria'.

Säen und Pflanzen Um kräftigere Pflanzen und Schäfte zu erzielen, ist es vorteilhaft, Lauch vorzuziehen und später zu verpflanzen. Das beginnt ab Februar mit der Anzucht früher Sommersorten im Warmen und kann sich bei den Wintersorten bis Mai erstrecken. Ab Ende April ist es günstiger, die Pflänzchen im Freien auf einem Saatbeet vorzuziehen. Die Anzucht hat zudem den Vorteil, dass der Lauch bis zur Pflanzung wenig Beetfläche beansprucht. Sie können aber auch von April bis Juni direkt aufs Beet säen und die Sämlinge später vereinzeln.

- Pflanzen Sie je nach Anzuchttermin und Sortengruppe ab Mitte April bis Mitte August in Reihen mit 30–40 cm Abstand und jeweils 15–20 cm Abstand in der Reihe.

Für schneeweiße Schäfte Lauch wird am besten tief gepflanzt: Er kann bis kurz unter

Der schmackhafte Lauch oder Porree gehört in jeden Gemüsegarten. Mit geschickter Sortenwahl und gestaffelten Säterminen können Sie ihn fast ganzjährig ernten.

„Schirme" aus Eierschalen sollen Lauch vor Nematodenbefall bewahren.

LAUCH AUSPFLANZEN

1 Wenn die Lauchpflänzchen etwa bleistiftgroß sind, können sie gepflanzt werden. Durch Einkürzen der Spitzen lässt sich die Verdunstung nach dem Einpflanzen reduzieren.

2 Bohren Sie mit einem Pflanzstock Löcher, und setzen Sie die Pflanzen bis kurz unter dem Blattansatz in den Boden.

3 Gießen Sie die Pflanzen gründlich an, und sorgen Sie auch nach dem Anwachsen für gleichmäßige Feuchtigkeit. Häufeln Sie die wachsenden Schäfte regelmäßig an.

dem Blattansatz in den Boden kommen. Das beugt ebenso wie mehrmaliges Anhäufeln während der Wachstumszeit dem Vergrünen der Schäfte vor. So bleiben sie schön weiß und zart im Geschmack.

- Eine pfiffige Lösung ist das Pflanzen in einem 30 cm tiefen, breiten Graben. Lockern Sie dessen Sohle gründlich. Markieren Sie in der Grabenmitte in Längsrichtung die Pflanzreihe. Setzen Sie entlang dieser Reihe die Pflanzen mit einem Pflanzstock tief ein.
- Nun ziehen Sie etwa jeden Monat ein paar Zentimeter der ausgehobenen Erde mit dem Rechen in die Grube, sodass die Pflanze beidseits an der Basis angehäufelt wird. Zuvor können Sie Streifen aus Wellpappe um die Schäfte legen, um sie von Verschmutzungen durch Erde frei zu halten.

Tipps für große Lauchschäfte Der Schlüssel zum Erfolg mit Lauch liegt in gut durchlässigem Boden, gleichmäßiger Feuchtigkeit und guter Düngung. Geben Sie zum Start reifen Kompost, und düngen Sie während der Wachstumszeit ein- bis zweimal mit einem organischen Volldünger. Halten Sie die Reihen unkrautfrei.

- Winterlauch eignet sich mit seinem späten Pflanztermin gut als Nachfrucht für frühe Erbsen oder Salate.

Merkwürdige Effekte Manche Gärtner schwören auf halbierte Eierschalen, die sie schirmartig auf kleine Stöckchen neben die Lauchreihen stecken: Sie sollen den Lauch vor Stängel- und Wurzelnematoden schützen. Die Wirkung lässt sich kaum erklären, doch es scheint zu funktionieren.

Schon vor der Ernte der Knollen können Sie den Sommer über Blätter des Knollenfenchels als Würze für Salate oder Fleischgerichte pflücken.

Manche Sorten des Stangenselleries müssen gebleicht werden. Sie erreichen dies durch Umhüllen mit Karton oder Papier sowie Anhäufeln.

Günstige Pflanzengemeinschaften
Viele Gärtner früherer Zeiten wussten aus eigener Erfahrung, dass manche Gemüse gut und andere schlecht nebeneinander gedeihen: Lauch beispielsweise harmoniert sehr gut mit Bohnen, Feld- und Kopfsalat, Möhren, Sellerie und Tomaten. Solche Paarungen sind anscheinend vorteilhaft, weil die Partner in ihren Nährstoffansprüchen zueinander passen bzw. sich ergänzen und sich teils auch gegenseitig vor Schaderregern schützen.

Zarter Stangensellerie Vom Stangensellerie erntet man die fleischigen, aromatischen Blattstiele, die als Gemüse gegart ebenso munden wie als Rohkost. Damit sie tatsächlich zart und angenehm schmecken, müssen sie gebleicht werden, sofern es sich nicht um selbstbleichende Sorten handelt. Ziehen Sie Stangensellerie ab Mitte März im Warmen vor, und pflanzen Sie die Sämlinge ab Mitte Mai nach draußen. Ab Juli können Sie die Stiele herausdrehen oder die ganze Pflanze abschneiden.

Sellerie bleichen Pflanzen Sie nicht selbstbleichende Sorten in 20 cm tiefe Gräben, oder binden Sie sie 2–3 Wochen vor der Ernte zusammen, und umhüllen Sie sie mit einer Kartonröhre oder mit Packpapier.

- Zu den selbstbleichenden Sorten gehören 'Golden Spartan', 'Goldgelber' und 'White Pascal'. Pflanzen Sie selbstbleichenden Stangensellerie etwas enger, mit 30 cm Abstand, die anderen Sorten mit 40 cm.
- 'Tango' und 'Tall Utah' bleiben grün, sie müssen aufgrund ihres angenehmen Geschmacks nicht gebleicht werden.

Knollenfenchel braucht Sonne Der Knollen- oder Gemüsefenchel ist anders als der verwandte Gewürzfenchel eine einjährige Pflanze. Säen Sie ihn, je nach Sorte, ab Mitte April bis Juli an einen sonnigen Platz mit gut

Großvaters Geheimtipp

HEILSAME NAHRUNG
Auch wenn unsere Vorfahren kaum etwas über Vitamine, Mineralstoffe und andere gesundheitsfördernde Substanzen in den Gemüsen wussten – die Herbst- und Wintergemüse halfen ihnen oft auch gesundheitlich über die strapaziöse kalte, dunkle Zeit. Antibiotische Stoffe in Zwiebelgewächsen oder magenbelebende ätherische Öle im Fenchel sind nur ein kleiner Ausschnitt aus der vielfältigen „Gemüseapotheke". Die legendäre Äbtissin Hildegard von Bingen war bereits im Mittelalter außerordentlich kundig, was die Heilkräfte von Pflanzen anbelangt. Den Lauch mochte sie allerdings gar nicht: Sie hielt ihn für eines der schlimmsten „Küchengifte".

durchlässigem Boden. Dünnen Sie die Sämlinge später auf 30 cm Abstand aus. Oder Sie ziehen die Pflanzen ab März im Warmen vor und setzen sie ab Mai ins Beet.

- Wählen Sie schossfeste Sorten wie 'Rondo', 'Selma' oder 'Zefa Fino', die im Sommer nicht vorzeitig in Blüte gehen.
- Knollenfenchel braucht während der Wachstumszeit gleichmäßige Feuchtigkeit: Häufeln Sie über den wachsenden Knollen Erde an, dann bleiben sie weiß und zart.

Ein schwieriger Nachbar Vermutlich liegt es am intensiven Duft des Knollenfenchels, dass viele Gemüse neben ihm schlecht gedeihen. Erbsen, Kopfsalat und Lauch kommen jedoch in seiner Nachbarschaft gut zurecht.

Reif für die Ernte Knollenfenchel wird je nach Saattermin zwischen Sommer und Spätherbst erntereif. Nehmen Sie späte Knollen vor den ersten stärkeren Frösten im Oktober oder November aus dem Boden. An einem kühlen, frostfreien Platz in Sand eingeschlagen, halten sich die Knollen vielen Wochen frisch.

Kartoffeln – tolle Knollen mit feinem Geschmack

Fremdling aus Südamerika Die Kartoffel gehört wie Paprika und Tomate zu den Nachtschattengewächsen und hat mit diesen auch die Herkunft aus Südamerika gemein. Die spanischen Eroberer des 16. Jh. fanden Gefallen an der Knollenpflanze und brachten sie nach Europa. Hier jedoch hielt man das durchaus attraktive exotische Gewächs anfangs für eine Zierpflanze. Doch bis ins 17. Jh. hatte man in mehreren europäischen Ländern die sättigenden und schmackhaften Eigenschaften der ertragreichen Knolle schätzen gelernt. In Deutschland allerdings taten sich die Menschen mit der Neuheit ungemein schwer. Mit Gewalt und List gelang es schließlich Friedrich dem Großen, den Anbau in Preußen durchzusetzen. So trat die Kartoffel dann Ende des 18. Jh. auch in Deutschland ihren Siegeszug an. In der Folge erhielt sie vielfältige regionale Namen wie Erdapfel, Grundbirne, Härdepfel oder Krummbeere.

Kartoffeln und Stangenbohnen sind gute Nachbarn. Sie haben ähnliche Standortansprüche und konkurrieren nicht um Nährstoffe.

Giftiges Grün Dass es die Kartoffel anfangs so schwer hatte, lag nicht zuletzt daran, dass manche aus Unkenntnis die Blätter, grün gewordene Knollen oder gar die Beeren verzehrten. Diese Teile enthalten jedoch das Alkaloid Solanin, das zu schweren Vergiftungen führen kann. Kleine vergrünte Knollenpartien sind noch nicht akut gefährlich, dennoch sollten Sie diese Stellen nicht verzehren.

- Das Anhäufeln der Kartoffeln dient u. a. dazu, dem Vergrünen der Knollen vorzubeugen. Da Licht sogar bei geernteten Knollen zur Grünfärbung führen kann, müssen sie dunkel gelagert werden.

Von früh bis spät Nach Anbau- und Erntetermin unterscheidet man frühe, mittelfrühe und späte Kartoffelsorten. Demnach erstrecken sich die Pflanztermine je nach Sortengruppe von April bis Mai, die Erntetermine von Juni bis Oktober.

- Späte Sorten sind meist die besten Lagersorten. Allerdings haben sie eine lange Kulturdauer, und für eine ordentliche „Lagerernte" ist reichlich Platz erforderlich.
- Frühsorten, die schon im Sommer leckere Knollen frisch aus dem Garten liefern, eignen sich für den Hausgarten meist am besten.
- In kälteren Regionen sind die robusteren mittelfrühen Kartoffeln eine gute Lösung.

Kartoffeln selbst vermehren? Früher hielten Gärtner ganz selbstverständlich einen kleinen Teil der Ernte als Pflanzgut für das nächste Jahr zurück. Sie zerschnitten sie in Teilstücke mit jeweils einigen Augen, sodass es für die ganze Fläche reichte. Doch leider

KARTOFFELN ANHÄUFELN

1 Pflanzen Sie Kartoffeln 10 cm tief in Reihen mit 50 cm Abstand; lockern Sie den Boden vorher gründlich.

2 Ziehen Sie links und rechts von den Reihen mit der Hacke Erde heran, sobald die Pflanzen 15 cm hoch sind. So entstehen kleine Wälle.

3 Häufeln Sie beim weiteren Wachstum immer wieder an. Das schützt die Knollen vor Kälte, bewahrt sie vor Vergrünen und verbessert den Ertrag.

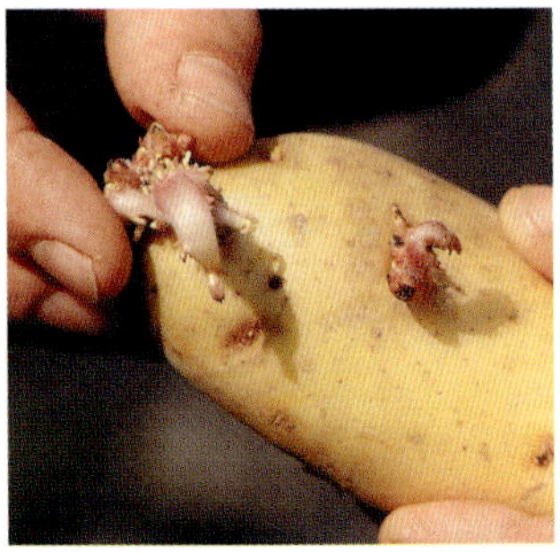

Mit vorgekeimten Kartoffeln können Sie einige Wochen früher ernten. Vorsicht, die Keime brechen leicht ab.

empfiehlt sich diese althergebrachte Methode heute nicht mehr: Auf diese Weise kann es leicht zur Verbreitung von Viruskrankheiten oder auch von Kraut- und Knollenfäule kommen. Kaufen Sie besser gesunde Pflanzkartoffeln, die als virusfrei ausgewiesen sind.

Vorkeimen für frühere Ernte Mit vorgekeimten Kartoffeln können Sie nach alter Väter Sitte die Ernte um 2–3 Wochen verfrühen. Legen Sie dazu die Pflanzkartoffeln ab Anfang März dicht an dicht nebeneinander in flache Kisten, und zwar jeweils so, dass die Knollenseite mit den meisten Augen nach oben zeigt. Stellen Sie die Kisten bei 12–15 °C an einen hellen Platz. Pflanzen Sie die Kartoffeln, an denen dann die dünnen Keime ausgetrieben haben, nach 5–6 Wochen ins Beet. Vorsicht beim Pflanzen: Die zarten Keime brechen leicht ab.

- Schützen Sie frühe Pflanzungen durch Auflegen von Folie und Vlies.

Kartoffeln pflegen und ernten Häufeln Sie die Pflanzen erstmals an, wenn sie 15 cm hoch sind. Kartoffeln sind eine traditionelle „Hackfrucht“. Tatsächlich sollte man den Boden zwischen den Reihen durch regelmäßiges Bearbeiten mit Hacke oder Kultivator locker und unkrautfrei halten. Häufeln Sie dabei immer wieder die Pflanzen an. Achten Sie darauf, dass Sie beim Hacken die Knollen nicht beschädigen. Gießen Sie bei Trockenheit durchdringend.

- Frühe Kartoffeln sind etwa 8–10 Wochen nach dem Legen erntereif. Zuvor überraschen sie mit hübschen weißen, rosa oder blauen Blüten, dann vergilben allmählich die Blätter. Graben Sie vorsichtig an einer Pflanze den Boden auf, um zu prüfen, ob die Knollen groß genug sind. Zum Ernten eignen sich Grabegabel, Kartoffelhacke oder ein Karst mit zwei kräftigen Zinken.
- Lassen Sie die Knollen nach der Ernte etwas abtrocknen, und lagern Sie sie an einem dunklen, kühlen Platz.

Kraut- und Knollenfäule vorbeugen Leider gibt es kein Wundermittel gegen diese Krankheit, die in feuchtwarmen Sommern die ganze Ernte ruinieren kann.

- Bevorzugen Sie gering anfällige Sorten, und verwenden Sie nur gesundes Pflanzgut.
- Arbeiten Sie im Herbst vor der Pflanzung keinen frischen Mist ein, sondern nur gut verrotteten Dung.
- Bauen Sie Kartoffeln oder Tomaten, die beide vom selben Erreger befallen werden, nur alle 4 Jahre auf derselben Fläche an. Setzen Sie keine Tomaten neben die Kartoffeln.
- Pflanzen Sie nicht zu dicht, und gießen Sie möglichst nur morgens, damit die Blätter nicht feucht in die Nacht gehen.
- Vermeiden Sie unausgewogene, stickstoffreiche Düngung.
- Bringen Sie regelmäßig Pflanzenstärkungsmittel aus dem Fachhandel und Gesteinsmehle zur Kräftigung aus.
- Entfernen Sie befallene Blätter, aber geben Sie sie nicht auf den Kompost. Setzen Sie bei starkem Befall ein zugelassenes Fungizid ein.

Ein Karst mit zwei kräftigen Zinken eignet sich gut, um die reifen Knollen zu ernten.

Vielfalt der Kartoffelsorten

Manche Kartoffeln haben interessant gefärbte Schalen und ungewöhnlich getöntes Fleisch, von Weiß über Gelb bis Blauviolett. Daneben unterscheiden sich die Sorten nach Anbauzeitpunkt (früh, mittelfrüh, spät), Lagereignung und Kocheigenschaften. Hiernach unterteilt man sie in festkochend, vorwiegend festkochend (in der Übersicht vereinfacht zusammengefasst) und mehlig. Festkochende Sorten eignen sich z. B. gut für Salate, mehlige für Püree und andere Kartoffelteiggerichte. Sorten mit dem Hinweis „widerstandsfähig“ zeigen eine geringe Anfälligkeit für Kraut- und Knollenfäule sowie andere Krankheiten.

SORTE	KOCHTYP	HINWEISE
'Augusta'	mehlig	früh; gelbe Schale, hellgelbes Fleisch
'Blaue Schweden'	festkochend	mittelfrüh; blaue Schale, blauviolettes Fleisch
'Christa'	festkochend	sehr früh; gelbe Schale, gelbes Fleisch
'Desiree' **1**	festkochend	mittelfrüh; rötliche Schale, weißes Fleisch
'Gloria'	festkochend	früh; gelbe Schale, hellgelbes Fleisch
'Granola'	festkochend	mittelfrüh; gelbe Schale, gelbes Fleisch; widerstandsfähig
'Karlena'	mehlig	früh; gelbe Schale, hellgelbes Fleisch; gute Püreekartoffel
'La Ratte'	festkochend	sehr früh; gelbe Schale, gelbes Fleisch; hörnchenförmig
'Maris Peer'	festkochend	früh; gelbe Schale, gelbes Fleisch; widerstandsfähig
'Melina'	mehlig	mittelfrüh; gelbe Schale, gelbes Fleisch; widerstandsfähig
'Orla'	mehlig	sehr früh; weiße Schale, hellgelbes Fleisch; widerstandsfähig
'Princess'	festkochend	früh; gelbe Schale, gelbes Fleisch; widerstandsfähig
'Roseval' **2**	festkochend	mittelfrüh; rote Schale, gelbes Fleisch
'Roter Erstling'	festkochend	sehr früh; rote Schale, gelbes Fleisch
'Sieglinde'	festkochend	früh; gelbe Schale, gelbes Fleisch
'Steffi'	festkochend	mittelfrüh; gelbe Schale, gelbes Fleisch; widerstandsfähig

1

2

Gemüse gut geschützt

Heranwachsende Gemüsepflanzen sind durch kühle Temperaturen oder gar Fröste, aber auch durch frühsommerliche Hitze und Trockenheit bedroht. Über die Jahrhunderte hinweg haben Gärtner bewährte Methoden entwickelt, um Boden und Pflanzen zu schützen.

Den Boden bedecken

Top-Tipps für gute Mulchmaterialien
Eine Bedeckung freier Bodenflächen bewahrt die Bodenfeuchtigkeit, mindert Temperaturschwankungen, schützt die Oberfläche vor Verkrustung, Platzregen und Windabtrag und unterdrückt Unkräuter. Geeignet ist alles, womit sich der Boden bedecken lässt, sogar flache Steine oder Kies. Organische Materialien erhöhen jedoch beim Verrotten den Humus- und Nährstoffgehalt des Bodens.

- **Rasenschnitt** Dies ist ein schnell verrottendes, nährstoffreiches Mulchmaterial. Bringen Sie den Rasenschnitt leicht angetrocknet und nur dünn aus, auch wenn Sie die Schicht dann häufig erneuern müssen. Dickere Lagen können bei Feuchtigkeit verklumpen oder sogar schimmeln.
- **Papier und Pappe** Mit Zeitungen oder Kartons lässt sich der Boden zwischen Gemüsen mit weiten Pflanzabständen einfach mulchen. Legen Sie Steine auf, damit das Papier nicht vom Wind verweht wird.
- **Abgemähte Gründüngungspflanzen** Das ist ein optimales Mulchmaterial für Gemüse. Frostharte, überwinterte Pflanzen wie Phacelia oder schnellwüchsiger Senf stehen bereits im Frühjahr zur Verfügung. Im Sommer sind Schmetterlingsblütler wie Lupinen ideal.
- **Stroh** Wer in einer Getreideanbaugegend wohnt, kann sich leicht etwas Stroh für den Garten besorgen. Strohmulch eignet sich besonders, um am Boden wachsende Früchte wie Erdbeeren oder Zucchini vor Verschmutzung und Fäulnis zu bewahren.

Rasenschnitt ist ideal als Mulch – am besten leicht angetrocknet und nur in dünnen Lagen.

- **Rindenmulch** Aufgrund seiner sauren und wachstumshemmenden Wirkung sollte Rindenmulch nur auf Pfaden im Gemüsegarten verwendet werden. Für die Beete nehmen Sie besser Rindenhumus oder Gartenkompost.
- **Stickstoffausgleich** Beim Verrotten von Papier, Stroh und Rindenmulch wird dem Boden Stickstoff entzogen. Sorgen Sie deshalb mit stickstoffreichen organischen Düngern wie Hornspänen für einen Ausgleich.

Vorsicht, Schnecken! Bei allen Vorzügen hat das Mulchen einen Nachteil: Schnecken werden durch Mulch angezogen. Entfernen Sie deshalb besser in feuchten schneckenreichen Perioden die Mulchschichten zwischen Gemüsejungpflanzen. Sobald die Pflanzen etwas größer sind und das Wetter wärmer und trockener wird, kann der Mulch wieder seine segensreiche Wirkung entfalten.

Großvaters Geheimtipp

VORSPRUNG FÜR SAATEN UND JUNGPFLANZEN
In früheren Zeiten legten Gärtner vor dem Säen oder Pflanzen alte Decken oder Säcke aus, um den Boden vorzuwärmen. Mit Säcken aus dünnem Jutestoff deckten sie auch Pflanzen gegen Frost ab. Heute stehen für solche Zwecke praktische Gartenfolien und -vliese zur Verfügung.
Um den Pflanzen im vorgewärmten Boden einen guten Start zu geben, legen Sie 1–2 Wochen vor der Saat oder Pflanzung eine Folie aus. Dunkle Mulchfolie unterdrückt außerdem den Unkrautaufwuchs. Zum Abdecken der Saaten und Pflanzen müssen die Materialien unbedingt luftdurchlässig sein. Verwenden Sie ausschließlich gartentaugliche Vliese oder Loch- und Schlitzfolien.

Gegen die Unbilden des Wetters

Glocken gegen Frost und kalte Winde Aus der englischen und französischen Gartentradition stammen die Cloches oder „Victorian Bells": große Glasglocken, die man wie bewegliche Minigewächshäuser verwendete. Heute gibt es diese dekorativen Gartenhelfer auch bei uns zu kaufen, meist in moderner Variante aus stabilem Kunststoff. Die großen Hauben eignen sich, um den Boden vorzuwärmen, im Frühjahr junge Pflanzen zu schützen oder Spät- und Wintergemüse vor Frösten zu beschirmen.

Praktische Folientunnel Folientunnel sind zwar nicht ganz so ansehnlich wie Glasglocken, dienen aber denselben Zwecken und bieten weitere Vorteile. Sie bestehen aus bogenförmigen Draht- oder Federstahlstützen, über die die Folie gezogen wird. Im Fachhandel erhält man sie in unterschiedlichen Breiten und Höhen. Sie lassen sich einfach aufbauen und umsetzen. Im Folientunnel sind die Temperaturen ausgeglichener als unter flach verlegter Folie oder Glasglocken. Außerdem können Sie durch Wegklappen der Folien an den Schmalseiten leicht lüften.

Das altbewährte Frühbeet In den Gärten unserer Großeltern war das Frühbeet eine unverzichtbare Einrichtung. Vorziehen von Pflanzen, Anbau empfindlicher Gemüse, Ernteverfrühung, Lagern von Wintergemüse – das Frühbeet bietet viele Möglichkeiten und kann im kleinen Garten zum Teil das Gewächshaus (siehe S. 39–40) ersetzen. Das klassische Frühbeet wurde aus Holzbrettern für die isolierenden Seitenwände und ausgedienten Fenstern als Abdeckung errichtet. Teils wurden die Wände auch gemauert. Auch heute ist der Eigenbau keine schlechte Lösung. Er erfordert nicht allzu viel Aufwand und ermöglicht individuelle Größen und Formen. Mit Mist oder anderem organischem Material können Sie das Frühbeet nach alter Tradition im Frühjahr erwärmen (siehe S. 178–179).

- Im Fachhandel finden Sie Frühbeete unterschiedlichster Ausführungen und Größen als Bausätze. Zum nützlichen Zubehör zählen automatische Fensteröffner, Verstellhebel mit Windsicherung und Frühbeetheizungen.

Hohe Pflanzen wie Sonnenblumen schützen empfindliche Gemüse vor Mittagssonne und Winden.

- Errichten Sie Kästen stets so, dass die vordere, niedrigere Seite nach Süden oder Südosten weist.

Lebender Sonnen- und Sichtschutz Eine in Süd- oder Westrichtung gepflanzte Reihe aus Sonnenblumen kann empfindliche Gemüse wie Salate vor greller Mittagssonne und Winden schützen. Die Sonnenblumen verleihen dem Gemüsegarten zudem nostalgisches Flair.

- Wenn den Jungpflanzen die pralle Sonne zusetzt, können Sie sie vorübergehend mit Schattiergewebe für Gewächshäuser beschirmen, das Sie auf langen Stangen aufspannen.

Großvaters Geheimtipp

NETZE GEGEN MITESSER
Früher deckten Gärtner Saaten und gefährdete Gemüse mit feinem Maschendraht ab, um sie vor Vögeln und anderen Tieren zu schützen. Heutzutage gibt es für solche Zwecke fein gesponnene Vogel- und Kulturschutznetze aus Kunststoff. Sie halten auch verschiedene Schadinsekten ab.

EIN FRÜHBEET IN EIGENBAU

1 Wenn Sie alte Fenster verwenden, entfernen Sie zunächst alle Beschläge, die Sie nicht brauchen.

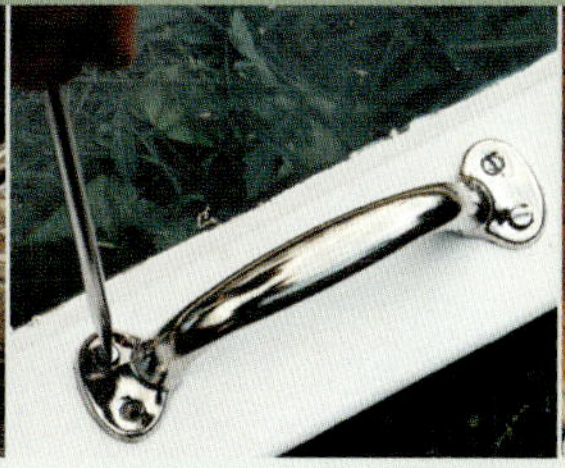

2 Bringen Sie seitlich an den Rahmen Metallgriffe an. Sie erleichtern das Anheben der Fenster.

3 Die vordere Längswand des Rahmens sollte 10–15 cm niedriger sein als die Hinterwand.

4 Streichen Sie den Rahmen mit Holzschutzmittel und dann nach Belieben mit Farbe.

5 Befestigen Sie die Fenster mit Klappscharnieren an der hinteren Längsseite der Rahmenkonstruktion.

6 Platzieren Sie das Frühbeet an sonniger Stelle, mit der Vorderseite nach Süden oder Südosten weisend.

Kräuter frisch auf den Tisch

Denkt man an nostalgische Bauerngärten, erscheint vor dem inneren Auge unweigerlich das Bild sonniger Kräuterbeete. Der Anbau aromatischer Würz- und Heilpflanzen hat eine sehr lange Tradition, die für uns heute noch wertvoll ist. Glücklicherweise sind die meisten Kräuter pflegeleicht und recht anspruchslos.

Kräuter für alljährliche Aussaat

Dill und Möhren sind gute Partner Der einjährige Dill lässt sich ideal zwischen Möhren säen, mit ein oder zwei Samen pro Meter entlang einer Reihe. Es heißt, dass er die Möhrenfliege vertreibt.

- Seine aromatischen Fiederblätter verfeinern Eierspeisen und Fischgerichte, besonders Lachs.

Basilikum ziert in hübschen Sorten Basilikum ist ein sehr aromatisches einjähriges Würzkraut, das allerdings viel Wärme und Sonne braucht. Besonders attraktiv sind rotblättrige Sorten wie 'Dark Opal' mit tief purpurrotem Laub oder 'Purple Ruffles' mit dunkelroten, krausen Blättern. Damit bringen Sie Farbe in den Gemüsegarten wie in die Küche. Basilikum passt gut in Salate, zu Tomaten sowie zu gekochten Gerichten.

Schneiden oder knipsen Sie beim Basilikum die Triebspitze heraus, dann wächst er buschiger.

- Spezialversender von Kräuter- und Duftpflanzensamen bieten eine Fülle interessanter Basilikumsorten und -formen an. Probieren Sie z. B. Anisbasilikum, Buschbasilikum mit unzähligen kleinen Blättern, Zimt- oder Zitronenbasilikum.
- Entfernen Sie bei jungen Pflanzen die Spitze des Haupttriebs, dann wächst der Basilikum buschiger.

Kapuzinerkresse Diese pflegeleichte, einfach aus Samen anzuziehende Sommerblume eignet sich auch für den Kräutergarten. Ihre Blätter verleihen Salaten eine pfeffrige Note, die essbaren Blüten bilden einen dekorativen Anblick.

- Auch Ringelblumen, Rosen und Veilchen passen mit ihren essbaren Blüten in den Kräutergarten.

Anis für leckeres Gebäck Den einjährigen Anis können Sie im April oder Mai direkt aufs Beet säen. Er braucht einen sonnigen, geschützten Platz und gut durchlässigen Boden. Die Samen werden im Spätsommer erntereif.

- Anissamen runden Plätzchen und Kuchen geschmacklich ab, die gefiederten Blätter können Sie den ganzen Sommer über schneiden und zu Salaten geben.

Borretsch sorgt für blaue Töne Die himmelblauen, sternförmigen Blüten des Borretsch sind im Garten wie in der Küche äußerst dekorativ. Man kann sie ebenso essen wie die leicht nach Gurke schmeckenden graugrünen, behaarten Blätter. Im Garten zieht er mit seinen Blüten viele Bienen an.

SCHON GEWUSST?

Kräuter in Töpfen und Kästen

Viele Kräuter lassen sich gut in Pflanzgefäßen ziehen, sehr dekorativ z. B. in einem Erdbeertopf, wie in der Abb. oben zu sehen. Auf diese Weise sparen sie Platz im Garten und können auf der Terrasse bzw. nahe der Küche platziert werden.

- Zu den Kräutern, die in Töpfen und Blumenkästen gedeihen, zählen Basilikum, Bohnenkraut, Dill, Estragon, Kerbel, Majoran, Oregano, Petersilie, Salbei, Schnittlauch und Thymian, in größeren Töpfen auch Lavendel, Pfefferminze und Rosmarin.

Der traditionelle Kräutergarten bietet eine gute Mischung aus Pflanzen für die Küche und Heilpflanzen.

Verwenden Sie Kerbel stets frisch aus dem Garten.

Schnittlauch ist eine Staude, lässt sich aber leicht aus Samen anziehen.

Borretsch verbreitet sich stark durch Selbstaussaat und wird schnell zum Dauergast im Garten. Wenn er überhandnimmt, müssen Sie ihn wie ein Unkraut regelmäßig jäten.

Feines Kerbelaroma Die gefiederten Kerbelblätter bestechen mit würzig anisähnlichem Geschmack. Kerbel können Sie ab Ende März bis zum Spätsommer aufs Beet säen. Dünnen Sie die Sämlinge später auf 25 cm Abstand aus. Man kann Kerbel auch drinnen vorziehen; die Sämlinge sind allerdings sehr empfindlich und müssen beim Verpflanzen behutsam behandelt werden.

- Kerbel gedeiht am besten im Halbschatten, bei Trockenheit sollte er gut gegossen werden.

Schnittlauch als Rabattenpflanze Mit seinen hübschen hellvioletten Blüten, die im Frühsommer erscheinen, macht sich Schnittlauch sehr schön im Vordergrund einer Rabatte. Schnittlauch ist eine Staude, lässt sich aber anders als die meisten mehrjährigen Kräuter gut durch Samen vermehren. Manche Gärtner bevorzugen die jährliche Neuaussaat, entweder als Anzucht ab Februar oder Direktsaat im Frühjahr oder Spätsommer. Sie können aber auch Jungpflanzen kaufen.

- Teilen Sie ältere Stöcke alle 2–3 Jahre im Frühjahr oder Herbst, und setzen Sie die Teilstücke mit 25–30 cm Abstand ein. So bleiben die Pflanzen kräftig und wüchsig.
- Knoblauchschnittlauch ist eine gute Alternative zum richtigen Knoblauch. Seine breiten, flachen Blätter haben ein ausgeprägtes Knoblaucharoma.

Koriander – Blätter oder Samen? Koriander säen Sie ab April direkt aufs Beet. Für die Samenernte lohnt sich eine Aussaat nach Anfang Mai nicht mehr, doch um die Blätter zu nutzen, können Sie auch noch im Sommer säen. Im Fachhandel findet man zuweilen den speziellen Blattkoriander 'Cilantro', der im Halbschatten stehen sollte, damit er nicht zu früh blüht.

- Die Verwendung der Blätter ist vor allem in der asiatischen und südamerikanischen Küche üblich. Bei uns nutzt man die Samen seit jeher für Gewürzmischungen oder zum Aromatisieren von Backwaren.

Würziger Kümmel Der verdauungsfördernde Kümmel gehört zu den ältesten Würzpflanzen. Er ist zweijährig, nach der Aussaat im April bildet er seine Samenstände erst im Sommer des Folgejahrs aus. Im ersten

Um Koriandersamen ernten zu können, sollten Sie ab April direkt auf das Beet säen.

Großvaters Geheimtipp

NATÜRLICHE ABWEHR

Um den Platz optimal zu nutzen, setzte man im Bauerngarten die Kräuter oft zwischen Gemüse und Blumen. Dabei fiel auf, dass manche Kräuter die Gemüse und Blumen vor Schädlingen schützten. Man pflanzte Schnittlauch unter Rosen, um Blattläusen und Sternrußtau vorzubeugen. Bohnenkraut wurde gegen Blattläuse an Bohnen gesät. Meerrettich unter Obstbäumen half gegen Pilzkrankheiten.

Estragon liefert fein würzige Blätter. Er braucht gut durchlässigen Boden und viel Sonne.

Jahr können Sie seine jungen Blätter für Salate und Suppen verwenden. Kümmel liebt einen sonnigen Platz und humosen, nicht zu trockenen Boden.

● Gelegentlich findet man im Angebot auch Saatgut des Kreuzkümmels, der vor allem aus der orientalischen und asiatischen Küche bekannt ist. Bis zur Ernte der intensiv schmeckenden Samen bedarf es einer 3- bis 4-monatigen Entwicklungszeit. Kreuzkümmel wird am besten im Warmen vorgezogen und im Mai ausgepflanzt.

Vielseitiger Estragon Von Salaten über Fischgerichte bis hin zu Quark und eingelegten Gurken – die aromatischen Blätter des Estragons lassen sich sehr vielfältig einsetzen.

● Man unterscheidet den Russischen, den Deutschen und den Französischen Estragon. Der Russische Estragon ist robuster, schmeckt herber und wird im April ins Freie gesät. Deutscher und Französischer Estragon, die oft als identisch eingestuft werden, bilden bei uns keine Samen aus, sind nur als Jungpflanzen erhältlich und werden im Mai gesetzt. Diese Varianten haben einen feinwürzigen Geschmack, der ein wenig an Fenchel erinnert.

● Die empfindlichen Stauden brauchen einen warmen, geschützten Platz. Im Herbst werden sie bodennah zurückgeschnitten und zum Schutz mit Fichtenreisig abgedeckt. Geben Sie den Stauden im Frühjahr Kompost als Startgabe.

● Den Deutschen und Französischen Estragon können Sie durch Teilung oder Stecklinge vermehren. Beide Arten sollten alle 3–4 Jahre neu gepflanzt werden.

Die Blätter des Gartensauerampfers können Sie wie Spinat zubereiten oder im Salat verwenden.

Bohnenkraut in zwei Versionen Das einjährige Sommerbohnenkraut säen Sie am besten in zeitlich gestaffelten Sätzen von Mai bis Anfang Juli. So stehen Ihnen immer wieder frische, junge Blätter zur Verfügung. Das Kraut eignet sich nicht nur hervorragend als Würze für Bohnen- und andere Gemüsegerichte; im Garten soll es auch Blattläuse von den Bohnen fernhalten.

● Dasselbe gilt auch für das ausdauernde Winter- oder Bergbohnenkraut, von dem Sie ganzjährig Blätter und Triebspitzen ernten können.

Sauerampfer als Spinat Die großen Blätter des Gartensauerampfers lassen sich gedünstet wie Spinat verwenden. Junge Blätter mit ihrem mild säuerlichen Geschmack munden auch in Salaten. Gartensauerampfer, der Sonne wie Schatten verträgt, wird im Frühjahr oder August gesät. Da es sich um eine Staude handelt, können Sie ihn auch im Herbst teilen.

Beliebte Petersilie Die vitamin- und mineralstoffreiche zweijährige Petersilie ist ein Muss in jedem Gemüse- und Kräutergarten. Es gibt krausblättrige und die etwas aromatischeren glattblättrigen Sorten.

● Säen Sie Petersilie für die Ernte im selben Jahr von März bis Juli aufs Beet, für das nächste Frühjahr erst im August. Die Samen keimen sehr langsam; am besten streuen Sie einige Radieschensamen als Markiersaat in die Reihen.

● Petersilie ist nicht selbstverträglich und sollte frühestens nach 3 Jahren wieder an derselben Stelle gesät werden.

Die gute Wahl

AROMATISCH UND DEKORATIV
Viele Kräuter bereichern den Gemüsegarten mit Farbe und die Küche mit besonderen Genüssen.

SALBEI (*Salvia officinalis* 'Tricolor') **1** Salbei braucht Sonne und Wärme, um seine charakteristischen Aromastoffe auszubilden.

DILL (*Anethum graveolens*) **2** Von Juli bis September entfaltet der Dill seine gelben Doldenblüten.

BORRETSCH (*Borago officinalis*) **3** Bienen lieben die blauen Blüten des Borretschs, der auch als Gurkenkraut bekannt ist.

RÖMISCHE KAMILLE (*Chamaemelum nobile*) **4** Diese Staude lässt sich auch als Duftrasen einsetzen. Sie eignet sich ebenso für Kräutertees wie die einjährige Echte Kamille (*Matricaria recutita*).

PFEFFERMINZE (*Mentha x piperita*) **5** Die hoch aromatische Pfefferminze darf in keinem Bauerngarten fehlen.

BASILIKUM (*Ocimum basilicum*) **6** Von dem mediterranen Würzkraut gibt es mehrere attraktive rote Sorten, wie diese fast schwarzrote 'Rubin'.

1

2

3

4

5

6

Kräuter für den Halbschatten

Aroma ohne Sonne? Für den Kräutergarten wird üblicherweise ein möglichst sonniger Platz empfohlen – zu Recht, denn die ätherischen Öle und anderen Aromastoffe bilden sich meist nur unter Sonneneinwirkung optimal aus. Zudem stammen viele unserer Kräuter aus dem Mittelmeerraum und brauchen schon deshalb Sonne. Doch nicht wenige Kräuter gedeihen auch im Halbschatten gut. Den hier vorgestellten mehrjährigen Pflanzen genügt auch ein halber Tag direkte Sonne, um intensiv schmeckende Blätter zu bilden. Dennoch werden sie in der vollen Sonne oft noch aromatischer.

- Zu den ein- oder zweijährigen Kräutern, die Halbschatten vertragen, gehören Estragon, Gartenkresse, Kerbel und Petersilie.
- Auch Schnittlauch kommt im Halbschatten gut zurecht. Gartensauerampfer entwickelt sich sogar im Schatten passabel.

Duftige Zitronenmelisse Trotz ihres Zitronendufts ist die Zitronenmelisse nah mit der Pfefferminze verwandt. Bei Insektenstichen oder Kontakt mit Brennnesseln wirken ihre Blätter lindernd, wenn man sie auf der Haut zerreibt. Ansonsten verwendet man sie für Kräutertees oder zum Verfeinern von Soßen, Salaten und Süßspeisen.

- Die Staude wird im Frühjahr gepflanzt und lässt sich durch Teilung oder Ausläufer vermehren. Sie breitet sich von selbst aus und muss gelegentlich eingedämmt werden.

Köstliche Pfefferminze Lange Zeit nutzte man bei uns die Pfefferminze nur für Kräutertees bei Magenproblemen, Erkältung und anderen Beschwerden. Erst in neuerer Zeit wurde sie – angeregt durch die englische und orientalische Küche – auch als Würze immer beliebter zu Salaten und Gemüse ebenso wie zu Fleischgerichten. Mit der vielseitigeren Verwendung wuchs auch das Angebot an unterschiedlichen Minzearten und -sorten.

- Besonders empfehlenswert ist die Ährige oder Spearmintminze (*Mentha spicata*). Sie schmeckt etwas milder und hat einen geringeren Mentholgehalt als die klassische Pfefferminze (*Mentha* × *piperita*). Dadurch eignet sie sich besonders gut als Würze und für den häufigen Gebrauch als Tee.

Halten Sie Minze unter Kontrolle Die Ausläufer bildende Pfefferminze ist berüchtigt für ihren Ausbreitungsdrang. Durch Auspflanzen in einem großen Topf können Sie sie im Zaum halten. Der Topf muss unten unbedingt Wasserabzugslöcher haben, sonst faulen die Wurzeln. Senken Sie ihn bis zum Rand in den Boden ein. Kappen Sie über den Topfrand wuchernde Ausläufer.

Pfefferminze gegen Schädlinge Mit ihrem eindringlichen Geruch kann die Pfefferminze Schädlinge von Gemüsebeeten fernhalten. Insbesondere hat sie sich als Kohlpartner bewährt, da sie Kohlweißlinge und andere Kohlschädlinge vertreibt.

- Ein oder zwei Pfefferminztriebe in einem Wasserglas sollen auch helfen, Räume weitgehend frei von Fliegen zu halten.

Stattliche Engelwurz Diese kurzlebige Staude kann bis 2,5 m hoch wachsen und macht auch als imposante Zierpflanze im Bauerngarten eine gute Figur. Ihre großen Blütendolden erscheinen von Juni bis August. Der kräftige Wurzelstock und die Samen sind für magenfördernde Zubereitungen und Liköre verwendbar, die Blätter eignen sich als Würze für Salate, Suppen und Soßen sowie als Gemüse.

- Die Engelwurz wird oft nur 2–3 Jahre alt, sorgt aber durch Selbstaussaat für ihren Fortbestand. Entfernen Sie nicht benötigte Sämlinge im Frühjahr.

Echte Schattenkräuter Als Gewächse der Wälder sind Bärlauch, Beinwell und Waldmeister weitaus schattenverträglicher als die meisten anderen Kräuter.

Wählen Sie den Pflanzplatz für die stattliche Engelwurz so, dass sie andere Pflanzen nicht in Bedrängnis bringt.

MAJORAN ERNTEN UND TROCKNEN

1 Schneiden Sie Majoran kurz vor der Blüte, am besten morgens, nachdem der Nachttau abgetrocknet ist.

2 Binden Sie die geernteten Triebe zu kleinen Büscheln zusammen.

3 Belassen Sie am Ende ein längeres Schnurstück für die Schleife zum Aufhängen.

4 Hängen Sie die Büschel an einer Leine in einem trockenen, luftigen Raum auf.

● Bärlauch erfreut sich seit einiger Zeit zunehmender Wertschätzung als gesunde Frühlingsdelikatesse. Seine pikant knoblauchähnlich schmeckenden Blätter können Sie bereits im März pflücken. Sie verlieren an Aroma, wenn von April bis Juni die weißen, sternförmigen Blüten erscheinen. Kräftig würzig schmecken auch die Zwiebeln, die man im Herbst erntet. Bärlauch kann von August bis Februar gesät werden, oder Sie pflanzen im Herbst Zwiebeln. Wählen Sie einen humosen Platz unter Gehölzen oder eine schattige Gartenecke.

● Beinwell ist eine alte Heilpflanze für die äußerliche Anwendung bei Prellungen und Wunden. Seine jungen Blätter können für Salate und als Würze genutzt werden. Waldmeister kennt man vor allem als Zutat zur traditionellen Maibowle. Beide Pflanzen sollten nur sparsam verwendet werden. Sie enthalten Inhaltsstoffe, die in höherer Dosis oder bei Dauergebrauch gesundheitsschädlich sind.

● Brunnenkresse ist eine Schattenpflanze feuchter bis nasser Standorte. Ihre Blätter eignen sich als vitamin- und mineralstoffreiche, scharf schmeckende Würze. Am besten kultiviert man sie in wassergefüllten Gefäßen oder am Gartenteich.

Mehrjährige Kräuter für Sonnenplätze

Eine ausdauernde Kamille Die heilsame Echte Kamille (*Matricaria recutita*) ist eine einjährige Pflanze, die man ab April auf ein sonniges, warmes Beet sät. Die Blütenköpfe können Sie den ganzen Sommer über für wohltuende Magen- oder Erkältungstees ernten. Zunehmender Beliebtheit erfreut sich die ausdauernd wachsende, immergrüne Römische Kamille (*Chamaemelum nobile*). Ihre kriechenden Triebe bewurzeln sich, wo sie den Boden berühren. Dadurch eignet sie sich gut als Flächendecker oder für regelrechte Duftrasen. Die beste Sorte dafür ist 'Treneague' (Englische Rasenkamille), die allerdings keine Blüten bildet.

Majoran oder Oregano? Beide Kräuter gehören zur Gattung *Origanum* und lieben

Vom Salbei können Sie einzelne Blätter pflücken oder komplette Büschel abschneiden.

voll sonnige, warme Standorte mit durchlässigem, eher trockenem Boden.

● Oregano, auch als Dost bekannt, ist winterhart. Allerdings leidet er unter feuchten Wintern. In regenreichen Gegenden zieht man ihn besser in Töpfen. Substrat bzw. Boden sollte nährstoffarm sein. Schneiden Sie Oregano im Frühjahr knapp über dem Boden zurück. Große Pflanzen können im Herbst oder Frühjahr geteilt werden.

● Majoran wird, da nicht frosthart, einjährig gezogen. Am besten ziehen Sie ihn im März bei 10–15 °C vor und pflanzen ihn nach Mitte Mai mit 25 cm Abstand ins Freie.

Attraktiver Salbei Verschiedene Salvia-Arten finden als Sommerblumen oder Stauden Verwendung, doch auch der hoch aromatische Gewürz- oder Gartensalbei (*S. officinalis*) ist recht attraktiv. Er wächst als unten verholzender Halbstrauch mit wintergrünen Blättern. Es gibt mehrere Sorten mit unterschiedlichen Blattformen und -farben.

● Der Purpursalbei (*S. officinalis* 'Purpurascens') hat purpurrote Blätter. Die Sorte 'Tricolor' (siehe S. 201) fällt durch weiße Blattränder und rötliche Triebspitzen auf.

● Die Blätter können Sie ganzjährig ernten, vor der Blüte sind sie am aromatischsten.

● Von Juni bis August erscheinen schmucke blauviolette, rosa oder weiße Blüten. Schneiden Sie den Salbei für kompakteren Wuchs nach der Blüte zurück.

Salbei vermehren Nachwuchs lässt sich durch im Frühsommer geschnittene Kopfstecklinge gewinnen. Eine andere traditionelle Methode ist das Ablegen. Biegen Sie im Frühjahr einen langen Trieb zum Boden und

SCHON GEWUSST?

Kräuter optimal ernten
Ein paar frische Blätter oder Triebspitzen können Sie von den meisten Kräutern während der ganzen Vegetationszeit pflücken. Bevorzugen Sie dabei die jüngeren Blätter. Wenn Sie die Kräuter jedoch trocknen oder auf andere Weise konservieren möchten, sollten Sie sie kurz vor der Blüte schneiden. Dann enthalten die Blätter die meisten Aromastoffe. Zu den wenigen Ausnahmen zählt der Oregano: Er ist während der Blüte am aromatischsten.

● Ernten Sie an einem sonnigen Vormittag, nachdem der Morgentau abgetrocknet ist.

● Verwenden Sie scharfe Messer oder Scheren, und legen Sie die Kräuter locker in einen luftigen Korb.

ACHTUNG!

Kein einseitiger Genuss
Ein vielfältiger Kräutergarten ist eine wahre Hausapotheke. Etliche Arten lindern als Tees oder alkoholische Auszüge allerlei Beschwerden und helfen beim Vorbeugen. Doch wechseln Sie besser des Öfteren die „Teesorte". Viele Inhaltsstoffe sind zwar erwiesenermaßen gesundheitsfördernd; manche haben aber auch ungünstige Nebenwirkungen, die sich bei Dauergebrauch bemerkbar machen.

befestigen Sie ihn mit einem Haken in einer flachen Rille. Bedecken Sie ihn dann gut mit Erde. Nachdem sich der Trieb bewurzelt hat, trennen Sie ihn von der Mutterpflanze ab, um ihn an gewünschter Stelle einzusetzen.

Thymian zur Auswahl Der Echte Thymian (*Thymus vulgaris*) wächst in Südeuropa wild in Buschlandschaften. Den Sand- bzw. Feldthymian oder Quendel (*T. serpyllum*) findet man auch bei uns in freier Natur. Es sind wintergrüne Halbsträucher mit rosa bis violetten Blüten, der Sandthymian wächst flach polsterartig. Beide mögen es voll sonnig, warm und eher trocken. Der Boden sollte nicht allzu nährstoffreich sein.

- Immer häufiger findet man im Fachhandel weitere Thymianarten und -sorten mit verschiedenen Blatt- und Blütenfarben und Aromen. Sehr beliebt ist der Zitronenthymian (*Thymus × citriodorus*), teils mit weiß oder gelb gemusterten Blättern. Mehrere kriechende Arten werden vor allem für Duftrasen angeboten, z. B. Kriechender Zitronenthymian (*T. herba-barona* var. *citriodorus*) und Lavendelthymian (*T. thracicus*).
- Aufrechte Arten wie den Zitronenthymian können Sie schön als Einfassungspflanzen für Rabatten und Kräuterbeete setzen. Die Matten bildenden Thymiane wirken hübsch in Weg- und Pflasterfugen oder im Steingarten.
- Schneiden Sie die Pflanzen nach der Blüte oder im Frühjahr um ein Drittel zurück, damit sie buschig kompakt wachsen.
- Ernten Sie die kleinen Blätter vom Frühjahr bis zum Herbst, indem Sie Triebstücke nach Bedarf abschneiden. Sie verfeinern Soßen, Kartoffelgerichte und Pizza und machen fettige Fleischgerichte bekömmlicher.

Einfache Stecklingsvermehrung Schneiden Sie im Frühjahr oder Frühsommer Triebspitzen vom Thymian, entfernen Sie die unteren Blätter, und stecken Sie sie so in Töpfe mit Anzuchterde, dass der Spross zu zwei Dritteln bedeckt ist. Gründlich wässern. Die Stecklinge bewurzeln sich nach 3–4 Wochen. Sie können über Sommer draußen stehen. Pflanzen Sie sie am besten erst nach frostfreier, kühler Überwinterung im Frühjahr.

Der unterschätzte Ysop Unsere Vorfahren hielten große Stücke auf den Ysop, der bereits in der Bibel erwähnt ist. In den mittelalterlichen Klostergärten wurde er als wichtige Heilpflanze, u. a. zur Wundheilung und bei Magenbeschwerden, kultiviert. Heute ist er zu Unrecht etwas in Vergessenheit geraten. Seine hübschen blauvioletten, rosa oder weißen Blüten ziehen Bienen und Schmetterlinge an. Die leicht bitteren, minzeartig schmeckenden Blätter helfen in Tees gegen Husten und Verdauungsprobleme und verfeinern Gemüse- und Kartoffelgerichte.

- Der recht winterharte Halbstrauch wächst wild in mediterranen Bergregionen, an trockenen, steinigen Standorten. Im Garten gedeiht er auf warmem, durchlässigem, nicht allzu nährstoffreichem Boden. In kalten Wintern decken Sie ihn am besten mit etwas Reisig ab.
- Ziehen Sie Ysop im März oder April aus Samen vor, oder sehen Sie sich nach Jungpflanzen um. Pflanzzeit ist im Mai. Sie können die Pflanze auch über im Frühsommer geschnittene Kopfstecklinge vermehren.

Aparter Rosmarin Dieser immergrüne Strauch wächst in den Mittelmeerländern in Buschlandschaften. Seine Ansprüche entsprechen denen anderer mediterraner Kräuter; er gedeiht auch auf sandigen und steinigen Böden. Allerdings ist er recht frostempfindlich und braucht in kühleren Regionen eine Winterschutzabdeckung. Da er zudem nasse Winter schlecht verträgt, ist es vielerorts besser, ihn in einem großen Kübel zu halten und ihn frostfrei, kühl und hell zu überwintern.

- Mit seinen graugrünen, nadelähnlichen Blättern und den blauen bis violetten Blüten präsentiert sich der Rosmarin auch als ansehnliche Zierpflanze.
- Schneiden Sie ihn im Frühjahr um gut ein Drittel zurück, und entfernen Sie abgestorbene, beschädigte und überstehende Triebe.

*Der Zitronenthymian (*Thymus × citriodorus*) hat attraktives hellgrünes Laub und unterstreicht sehr schön die Blüten des Echten Thymians (*T. vulgaris*).*

ROSMARINSTECKLINGE SCHNEIDEN

1 Schneiden Sie im Frühjahr 15–20 cm lange Triebspitzen. Entfernen Sie die unteren Blätter.

2 Pflanzen Sie die Stecklinge in Schalen mit Anzuchterde, der Sie feinen Kies untermischen.

3 Gießen Sie nur leicht an. Nach 4–6 Wochen sind erste Wurzeln sichtbar. Pflanzen Sie im folgenden Frühjahr aus.

Schädlinge und Krankheiten an Gemüse

Altbewährte Anbaumethoden sorgen für widerstandsfähiges Gemüse. Werden die Pflanzen dennoch von Krankheiten oder Schädlingen befallen, setzen Sie möglichst naturnahe Verfahren ein. Falls Sie spritzen, beachten Sie die Wartezeiten bis zur Ernte.

Blatt- und Kohlgemüse

BLATTLÄUSE

Grüne, schwarze oder graue Blattläuse sammeln sich in Kolonien an den Stängeln und Blattunterseiten. Mischkulturen und geeignete Begleitpflanzen können helfen, die Blattläuse fernzuhalten. Kerbel, Kapuzinerkresse, Tagetes und Salbei werden als gute Abwehrpflanzen angesehen. Bei Salat gibt es resistente Sorten. Siehe S. 97.

ERDFLÖHE

● **Symptome** Die Blätter weisen zahlreiche winzige Löcher auf. Oft beginnt der Schadfraß schon an den Keimblättern, sodass die Keimlinge völlig zerstört werden. Die glänzend blauschwarzen oder dunkelgrünen Erdflöhe treten vor allem bei warmem, trockenem Wetter sehr zahlreich auf.

● **Befallene Pflanzen** Kohlarten, Radieschen, Rettich und andere Kreuzblütler

● **Bekämpfung** Feuchthalten des Bodens und häufiges Hacken oder Mulchen sind wichtige Vorbeugemaßnahmen. Auch das Überstäuben von Sämlingen und Jungpflanzen mit Gesteinsmehl oder Algenkalk hat sich bewährt. Spritzen Sie vorbeugend und bei Anfangsbefall mehrmals mit Rainfarn- oder Wermuttee, und fördern Sie natürliche Feinde wie Igel und Spitzmäuse.

ERDRAUPEN

● **Symptome** Die Blätter sind zunächst punktförmig zerfressen, später mit größeren Löchern in der Blattmitte oder am Rand. Teils vergilben sie anfangs nur und werden papierartig, weil die Erdraupen an den Wurzeln oder an der Stängelbasis fressen. Auch junge Triebe und das Innere von Kohlköpfen werden durch Fraß zerstört. Die grauen, braunen oder grünlichen Erdraupen sind die Larven verschiedener Eulenfalter, darunter Kohl-, Gemüse- und Gammaeule. Oft flattern die unauffällig gelbbraunen oder grauen Falter an Sommerabenden um Außenleuchten. Die Raupen verbergen sich tagsüber im Boden und kommen nachts an die Erdoberfläche.

● **Befallene Pflanzen** Kohlarten, Möhren, Salat, Zwiebeln und andere Gemüse

● **Bekämpfung** Jäten Sie vorbeugend alle Unkräuter. Wichtig sind außerdem Gießen bei Trockenheit und regelmäßiges Hacken ab Frühjahr. Lesen Sie die Raupen spätabends ab, wenn sie an die Erdoberfläche kommen. Bacillus-thuringiensis-Präparate können als effektive Spritzmittel eingesetzt werden.

FALSCHER MEHLTAU

An Blattoberseiten treten gelbe oder braune Flecken auf, an den Blattunterseiten bilden sich weißgraue bis grauviolette Beläge. Die Symptome können auch an den Stängeln auftreten. Betroffen sind besonders Salat, Spinat und Zwiebeln, aber auch Radieschen, Rettich, Rukola und Kräuter. Der Pilz breitet sich besonders bei feuchtem, kühlem Wetter aus und findet bei Spät- und Frühanbau im Gewächshaus und Frühbeet optimale Bedingungen. Bevorzugen Sie resistente Sorten, wechseln Sie jährlich die Anbaufläche, und lüften Sie bei Anbau unter Glas häufig. Zur weiteren Vorbeugung und Bekämpfung siehe S. 98. Feldsalat kann von Falschem und Echtem Mehltau (siehe S. 97) befallen werden.

GRAUSCHIMMEL (*BOTRYTIS*)

Dieser Pilz ruft zunächst braune Flecken hervor und überzieht dann Blätter, Stängel, Blüten und Früchte mit einem mausgrauen bis graubraunen Belag. Die befallenen Teile werden faulig und weich. Die Krankheit tritt unter ähnlichen Bedingungen wie beim Falschen Mehltau insbesondere im Gewächshaus auf. Befallen werden u. a. Gurke, Kohlarten, Kürbis, Salat, Zucchini und Zwiebel. Siehe S. 98.

KOHLGALLENRÜSSLER

● **Symptome** An den Wurzeln und am Wurzelhals bilden sich rundliche, kleine Gallen. Sie werden manchmal mit den Wucherungen der Kohlhernie verwechselt, doch beim Durchschneiden erkennt man, dass sie – anders als bei Kohlhernie – innen hohl sind und dass darin meist die gelblichen Larven leben.

● **Befallene Pflanzen** Kohlarten

● **Bekämpfung** Entfernen Sie befallene Pflanzen mitsamt den Wurzeln. Tiefe Pflanzung und Anhäufeln beugen der Eiablage durch den grauschwarzen Rüsselkäfer vor, der vor allem im Frühsommer und im Frühherbst unterwegs ist.

KOHLFLIEGE

● **Symptome** Junge Kohlpflanzen zeigen ab Mai grau verfärbte Blätter, welken und lassen sich leicht aus dem Boden ziehen, da die Wurzeln zerfressen sind. In Radieschen, Rettichen sowie Kohl- und Speiserüben findet man braune Fraßgänge. Die kleine graue Kohlfliege fliegt – besonders bei trockenem, warmem Wetter – erstmals im April oder Mai und legt winzige weiße Eier an den Wurzelhals von Jungpflanzen oder in den Boden. Daraus schlüpfen weißlich gelbe Maden, die an den Pflanzen fressen. Im Lauf des Jahres können noch zwei bis drei Generationen auftreten; die letzte überwintert im Puppenstadium im Boden.

● **Befallene Pflanzen** Kohlarten, Radieschen, Rettich und andere Kreuzblütler

● **Bekämpfung** Frischer Mist oder Kompost fördert den Schädling, düngen Sie aus diesem Grund nur mit gut verrottetem Material. Setzen Sie die Pflanzen tief, und häufeln Sie sie gleich an, um die Eiablage am Wurzelhals zu verhindern. Dabei kann auch ein Kohlkragen aus Kunststoff, Filz oder festem Karton helfen, den man wie eine Manschette um die Stängelbasis und den Wurzelhals legt. Alternativ können junge Pflanzen mit einem Kulturschutznetz abgedeckt werden. Durch frühe Pflanzung kommen Sie der ersten Generation zuvor. Spritzen Sie notfalls mit einem geeigneten Insektizid.

KOHLHERNIE

● **Symptome** An den Wurzeln bilden sich verdickte, kropfartige Wucherungen mit runzliger Oberfläche. Verursacher ist ein bodenbrütiger Schleimpilz. Die Blätter verfärben sich gelb oder blaugrün, die Pflanzen kümmern. Die in den Wurzelkröpfen gebildeten Dauersporen des Pilzes können als Schaderreger bis zu 20 Jahre im Boden verbleiben und dann unter für sie günstigen Bedingungen wieder aktiv werden.

● **Befallene Pflanzen** Alle Kohlgemüse und andere Gemüse aus der Familie der Kreuzblütler, z. B. Rettich und Speiserübe; außerdem die Gründüngungspflanzen Ölrettich, Raps und Senf sowie Unkräuter aus dieser Familie (Ackerhellerkraut, Hederich, Hirtentäschelkraut u. a.).

● **Bekämpfung** Ein weiter, mindestens 3- bis 4-jähriger Fruchtwechsel bei allen Kreuzblütlern ist eine entscheidende Vorbeugungsmaßnahme. Achten Sie auf gut gelockerte Böden mit neutralem bis leicht alkalischem pH-Wert, da sich der Pilz in feuchten, sauren Böden am besten entwickelt. Vermeiden Sie frische organische Düngung, verwenden Sie nur gut verrotteten Mist und Kompost. Setzen Sie ausschließlich gesunde Jungpflanzen. Es gibt einige resistente China- und Weißkohlsorten. Entfernen Sie befallene Pflanzen unverzüglich; geben Sie diese nicht auf den Kompost. Desinfizieren Sie Gartengeräte, die mit befallenen Pflanzen in Berührung kamen, mit Alkohol. Siehe auch S. 161.

KOHLMOTTE

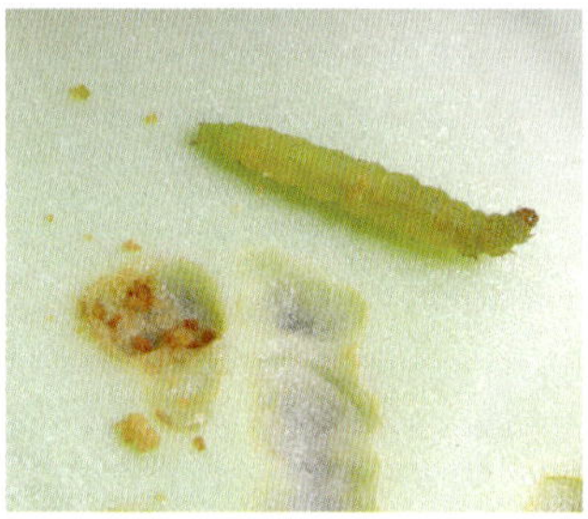

● **Symptome** Die Blätter von Kohlpflanzen sind mit Löchern unterschiedlicher Größe übersät, hervorgerufen von gelblich braunen oder grünen Raupen. Die Raupen können das Innere von Kohlköpfen zerfressen und mit ihren Exkrementen verunreinigen. Auch Blumenkohl wird zerfressen.

● **Befallene Pflanzen** Kohlarten, auch Kohl- und Speiserübe

● **Bekämpfung** Kontrollieren Sie die Kohlpflanzen regelmäßig, und entfernen Sie Eigelege, die zu 20 bis 100 Stück an den Blattunterseiten abgelegt werden; auch alle entdeckten Raupen sollten Sie absammeln. Verwenden Sie bei starkem Befall ein Bacillus-thuringiensis-Präparat, und besprühen Sie damit Blattober- wie -unterseiten. Das Bakterium tötet die Raupen innerhalb weniger Tage ab. Beseitigen Sie nach einem Befall alle Pflanzenreste; in diesen überwintert nämlich der Schädling.

KOHLWEISSLING

● **Symptome** Die Blätter sind stark durchlöchert und teils bis auf die Rippen abgefressen, Fraßgänge durchziehen die Kohlköpfe. Verursacher sind gelbgrüne, schwarz gefleckte Raupen (Großer Kohlweißling) oder grünliche Raupen (Kleiner Kohlweißling).

● **Befallene Pflanzen** Alle Kohlgemüse, auch Brokkoli und Rosenkohl

● **Bekämpfung** Greifen Sie frühzeitig ein, ehe die Raupen die Blätter ganz zerfressen oder in die Kohlköpfe eindringen. Zerdrücken Sie regelmäßig die gelben Eigelege an den Blattunterseiten. Spritzen Sie bei starkem Befall mit Bacillus-thuringiensis-Präparaten oder anderen zugelassenen Insektiziden. Vorbeugend können Sie ab April Kulturschutznetze auflegen. Entfernen Sie Unkräuter aus der Familie der Kreuzblütler wie Hederich; an ihnen legen die Weißlinge die ersten Eier ab. Als schützende Mischkulturpartner haben sich Pfefferminze, Sellerie und Tomate bewährt.

MOSAIKVIRUS

● **Symptome** Befallene Blätter sind mit gelben oder hellgrünen kleinen Flecken mosaikartig gescheckt. Die Pflanzen kümmern, wachsen deformiert und können absterben.

● **Befallene Pflanzen** Kohlarten, Salat und Spinat, aus anderen Gemüsegruppen z. B. Bohne, Gurke, Kartoffel und Zucchini. Die Viren sind meist spezialisiert, das Gurkenmosaikvirus kann aber auch Salat befallen.

● **Bekämpfung** Entfernen und vernichten Sie befallene Pflanzen unverzüglich, um einer weiteren Ausbreitung vorzubeugen. Bekämpfen Sie bei gefährdeten Pflanzen Blattläuse und andere saugende Insekten wie Spinnmilben oder Thripse, die die Viren übertragen. Desinfizieren Sie Werkzeug, Stützstangen und alles andere Zubehör, das mit befallenen Pflanzen in Berührung kam. Verwenden Sie nur gesundes Saatgut, und bevorzugen Sie virusresistente oder -tolerante Sorten.

SALATFÄULEN

● **Symptome** An Salat können verschiedene Fäulen auftreten. Bei der Bakterienfäule sieht man erst an den äußeren Blättern faulige, feuchte Flecken. Die Fäulnis geht dann auf ganze Salatköpfe über; typisch sind schleimige Blätter. Auch bei der Sklerotina-Fäule beginnen die Blätter von außen nach innen zu welken und zu faulen; meist sieht man ein lockeres, weißes Pilzgeflecht.
Bei der Schwarzfäule breitet sich die Welke von innen aus; Blätter, die der Erde aufliegen, werden schwärzlich. An den Befallsstellen zeigen sich gespinstartige Pilzfäden.

● **Befallene Pflanzen** Kopfsalat und andere Salate

● **Bekämpfung** Setzen Sie die Pflanzen nicht zu tief, und halten Sie sie nicht allzu feucht. Pflanzenstärkungsmittel und Gesteinsmehl können vorbeugen, wichtiger ist ein regelmäßiger Fruchtwechsel. Entfernen Sie befallene Blätter und Köpfe frühzeitig.

SCHNECKEN

Diese Schädlinge fressen an fast allen Gemüsen, besonders an zarten Jungpflanzen. Charakteristisch sind Schabefraß und Schleimspuren. Verzichten Sie zeitweilig auf das Mulchen, wenn in einem feuchten Frühjahr oder Frühsommer besonders viele Schnecken auftreten. Gemüsebeete und Frühbeete lassen sich gut durch Schneckenzäune schützen. Zur weiteren Vorbeugung und Bekämpfung siehe S. 98.

Wurzelgemüse und Zwiebeln

BLATTROLLKRANKHEIT

● **Symptome** Die Blätter werden dick, steif und rollen sich ein. Die Pflanzen kümmern, die Ernte wird reduziert.

● **Befallene Pflanzen** Kartoffel

● **Bekämpfung** Verwenden Sie nur gesunde, als virusfrei ausgewiesene Pflanzkartoffeln, und verzichten Sie besser auf eigene Vermehrung. Bekämpfen Sie bereits ab Frühjahr gründlich alle auftretenden Blattläuse; sie sind die wichtigsten Virusüberträger. Entfernen und vernichten Sie befallene Pflanzen unverzüglich, und desinfizieren Sie Gartengeräte, die damit in Kontakt kamen.

DRAHTWÜRMER

● **Symptome** Die Pflanzen welken und fallen um bzw. lassen sich einfach aus dem Boden ziehen. Die Wurzeln sind zerfressen, Rüben und Knollen von dünnen Fraßgängen durchzogen. Dies verursachen die schlanken, gelblichen, an Würmer erinnernden Larven verschiedener Schnellkäferarten. Auf frisch umbrochenen Beeten, auf denen vorher Rasen oder Wiese wuchs, treten Drahtwürmer besonders häufig und zahlreich auf.

● **Befallene Pflanzen** Kartoffel, Möhre, Rote Bete, Salat und andere Gemüse

● **Bekämpfung** Achten Sie schon beim Umgraben auf Drahtwürmer, um sie gleich auszulesen. Oft helfen auf frisch umgegrabenen Böden auch Vögel beim Dezimieren. Tiefe, gründliche Bodenlockerung und häufiges Hacken beugen vor. Möhren- oder Kartoffelstücke, auf lange Nägel gesteckt und knapp unter der Erdoberfläche versteckt, eignen sich als Köder, um die Drahtwürmer regelmäßig abzusammeln, ebenso junge Salatpflanzen.

ERDFLÖHE

Erdflöhe durchlöchern die Blätter junger Radieschen und Rettiche sowie von Herbst-, Kohl- und Mairüben. Siehe S. 205.

GELBSTREIFIGKEIT

● **Symptome** Die Blätter bzw. Schlotten zeigen gelbe Längsstreifen und drehen und wellen sich. Die Pflanzen wachsen nicht weiter, Zwiebeln bleiben klein und faulen leicht. Verursacher ist ein Virus.

● **Befallene Pflanzen** Knoblauch, Lauch, Schnittlauch und Zwiebeln

● **Bekämpfung** Bekämpfen Sie vorbeugend die Virus übertragenden Blattläuse. Entfernen und vernichten Sie befallene Pflanzen möglichst schnell.

KARTOFFELKÄFER

● **Symptome** Die Blätter und Blattränder werden löchrig zerfressen, häufig auch komplett abgefressen. Die gelb-schwarz gestreiften Käfer sind leicht zu entdecken, ebenso die rötlichen Larven. An den Blattunterseiten finden Sie ab Mai orangerote Eier, oft zu Hunderten. Trockenes, warmes Wetter begünstigt die Entwicklung und Vermehrung. Ab Juli fliegt eine zweite Käfergeneration, die nochmals Eier an den Blättern ablegt.

● **Befallene Pflanzen** Kartoffel, gelegentlich auch Aubergine, Paprika und Tomate

● **Bekämpfung** Durch frühzeitiges Auflegen von Kulturschutznetzen oder -vliesen können Sie der Eiablage vorbeugen. Untersuchen Sie andernfalls die Blätter ab dem späten Frühjahr regelmäßig auf Eigelege. Zerquetschen Sie die Eier, und sammeln Sie später Larven und Käfer immer wieder ab. Bei starkem Befall gibt es auch zugelassene Insektizide, z. B. auf Neembasis.

KOHLFLIEGE

Braune Fraßgänge in Radieschen, Rettichen sowie Herbst-, Kohl- und Mairüben sind häufig von Maden der Kohlfliege verursacht. Siehe S. 205.

KRAUT- UND KNOLLENFÄULE

● **Symptome** Diese von dem Schadpilz *Phytophthora infestans* verursachte Krankheit breitet sich besonders im feuchtwarmen Sommer und Herbst aus. Zunächst erscheinen gelbe, bald braun werdende Flecken auf den Blättern. An den Blattunterseiten bildet sich ein schimmelartiger Belag, schließlich stirbt das Laub ganz ab. Die Knollen weisen gräuliche, eingesunkene Flecken auf, das Fleisch verfärbt sich rotbraun. Beim Lagern faulen sie rasch. Manchmal überdauert der Pilz unbemerkt in den Knollen oder in Ernteresten im Boden.

● **Befallene Pflanzen** Kartoffel; derselbe Erreger verursacht die Kraut- und Braunfäule an Tomaten (siehe S. 209).

● **Bekämpfung** Wichtig ist vor allem sorgfältig vorzubeugen, wie auf S. 195 beschrieben. Erkrankte Blätter bzw. Pflanzen und Knollen sollten Sie unverzüglich entfernen und in den Hausmüll geben oder, soweit zulässig, verbrennen. Für den Hausgarten sind verschiedene Fungizide zugelassen.

LAUCHROST, PORREEROST

● **Symptome** Ab Frühsommer erscheinen an den Blättern rotorangefarbene Pusteln. An den Befallsstellen reißen die Blätter schlitzartig auf. Verursacher ist ein Pilz.

● **Befallene Pflanzen** Lauch und Schnittlauch
● **Bekämpfung** Beseitigen Sie befallene Pflanzen frühzeitig. Feuchte Blätter und übermäßige Stickstoffdüngung fördern den Befall. Gießen Sie möglichst nur vormittags und direkt in den Wurzelbereich. Pflanzen Sie nicht zu eng, und verwenden Sie eher kalibetonte Düngemittel.

MINIERFLIEGEN

● **Symptome** Erste Anzeichen sind meist zahlreiche kleine Einstichstellen an den Blättern. Die Maden der winzigen Fliegen fressen regelrechte Gänge durch die Blätter: Bei Wurzelgemüse und Zwiebeln dehnen sich diese Fraßgänge bis in die unterirdischen Organe aus.
● **Befallene Pflanzen** Möhre, Radieschen, Rettich, Rote Bete, Sellerie, Zwiebel und andere Gemüse
● **Bekämpfung** Durch frühe Aussaat bzw. Pflanzung können Sie der ersten, ab Mai fliegenden Generation zuvorkommen; diese verursacht meist die größten Schäden. Abdecken mit Kulturschutznetzen hilft gegen die Frühsommer- sowie Spätsommergeneration. Fördern Sie Schlupfwespen, sie sind wichtige natürliche Gegenspieler. Entfernen Sie befallene Pflanzenteile frühzeitig. Verwenden Sie im Notfall Insektizide auf Neembasis.

MÖHRENFLIEGEN

● **Symptome** Das Laub verfärbt sich rötlich und welkt schließlich. In den Möhrenrüben finden sich, vor allem im unteren Teil, rostbraune Fraßgänge mit dunklen Kotkrümeln. Häufig entdeckt man dort auch die weißlich gelben Maden. Oft faulen die Möhren rund um die Fraßstellen. Die winzigen schwarzen Fliegen mit durchsichtigen Flügeln legen ihre Eier etwa Anfang Mai im Boden neben den Pflanzen ab. Rasch schlüpfen die Maden und fressen sich in die Rüben. Gegen Ende Juli fliegt eine zweite Generation. Die Maden oder Puppen überwintern im Boden oder in den Möhren.
● **Befallene Pflanzen** Möhre
● **Bekämpfung** Achten Sie auf gering anfällige Sorten. Durch sehr frühe Aussaat oder Aussaat Anfang Juni können Sie der ersten Möhrenfliegengeneration zuvorkommen. Legen Sie bei April- oder Maisaaten Kulturschutznetze auf. Lauch, Zwiebeln oder Knoblauch halten als bewährte Mischkulturpartner die Möhrenfliege fern. Vorbeugend und bei Anfangsbefall gibt es wirksame Kiesel-Kräuter-Präparate als Streumittel.

NEMATODEN (ÄLCHEN)

● **Symptome** Die unteren Blätter werden gelb und welken, allmählich können die Pflanzen ganz absterben. Oft tritt dies nesterweise bei mehreren benachbarten Exemplaren auf. Beim Aufgraben der Erde entdeckt man an den Wurzeln Missbildungen wie Wurzelbärte, extreme Verzweigungen, gallenartige Wucherungen oder auch weiße bis gelbliche winzige Zysten.
● **Befallene Pflanzen** Kartoffel, Möhre, Tomate, Zwiebel und andere Gemüse
● **Bekämpfung** Entfernen und vernichten Sie befallene Pflanzen, und bauen Sie auf betroffenen Flächen mindestens 6 Jahre keine anfälligen Gemüse mehr an. Ein möglichst weiter Fruchtwechsel ist auch die beste Vorbeugemaßnahme. Tagetes (Studentenblumen) als Begleitpflanzen beugen ebenfalls vor. Sie können außerdem, ebenso wie nematodenresistene Ölrettich- und Senfsorten, als „Kur" für befallene Böden eingesetzt werden. Es gibt einige Kartoffelsorten, die weitgehend resistent sind, z. B. 'Cilena' und 'Gloria'.

RETTICHSCHWÄRZE

● **Symptome** An den Rüben zeigen sich anfangs bläulich schwarze Flecken oder Streifen, dann Längsrisse und Missbildungen. Schließlich werden die Rettiche innen morsch.
● **Befallene Pflanzen** Radieschen und Rettich, besonders weiße Sorten
● **Bekämpfung** Achten Sie vorbeugend auf regelmäßigen Flächenwechsel, lockern Sie den Boden gründlich, und bringen Sie vor der Saat keinen frischen Mist oder Kompost aus. Lassen Sie bei häufigem Auftreten eine Bodenuntersuchung durchführen: Hoher Kalkgehalt fördert den Schadpilz, eventuell muss der pH-Wert abgesenkt werden. Entfernen Sie befallene Pflanzen sofort, und säen Sie mindestens 2 Jahre keine Radieschen oder Rettiche an dieselbe Stelle.

WÜHLMÄUSE

Wühlmäuse können ganze Gemüsebeete durch ihre Grabtätigkeit zerstören und die Wurzeln von Jungpflanzen komplett abfressen. Extrem lästig werden sie bei Möhren und anderen Wurzelgemüsen, wenn sie die Rüben oder Knollen zerfressen. Siehe S. 96.

ZWIEBELFLIEGE

● **Symptome** Ab Mai welken junge Pflanzen bald und können leicht aus dem Boden gezogen werden, weil sich kleine weißliche Maden durch das Gewebe fressen. Im Sommer sieht man an Blättern älterer Pflanzen Fraßgänge. Zwiebeln sind innen zerfressen und beherbergen oft noch die Maden. Die Zwiebelfliege, die im Aussehen an eine Stubenfliege erinnert, überwintert im Puppenstadium im Boden. Im Mai und dann nochmals im Hochsommer, seltener auch im Spätsommer, legt sie ihre Eier im Boden neben den Pflanzen ab.
● **Befallene Pflanzen** Knoblauch, Lauch, Schnittlauch und Zwiebel
● **Bekämpfung** Mischkultur mit Möhren hat sich ebenso bewährt wie das Auflegen von Kulturschutznetzen vor den gefährlichen Flugzeiten der Weibchen. Unterstützen Sie natürliche Gegenspieler wie Laufkäfer, Schlupfwespen und Spinnen. Bei akutem Befall können Streumittel oder Neempräparate eingesetzt werden.

Fruchtgemüse und Hülsenfrüchte

BLATTLÄUSE

Die allgegenwärtigen, bereits beim Blattgemüse erwähnten Blattläuse treten sehr häufig an Bohnen, insbesondere Dicken

Bohnen, und Gurken auf. Gerade bei Busch- und Stangenbohne, Erbse, Gurke und Zucchini sollte man sie konsequent bekämpfen, da sie Mosaik- und andere Viruskrankheiten übertragen können. Siehe S. 97 und 152.

BOHNENFLIEGE

● **Symptome** An den Sämlingen sind die Keimblätter oder Triebspitzen zerfressen, oder die Samen keimen trotz gleichmäßiger Wasserversorgung gar nicht.

● **Befallene Pflanzen** Busch- und Stangenbohne, auch Erbse, Gurke, Kartoffel, Spinat, Tomate, Zucchini, Zuckermais und andere Gemüse

● **Bekämpfung** Halten Sie einen weiten Fruchtwechsel ein, lockern Sie den Boden gründlich, und verwenden Sie keinesfalls frischen Mist oder Kompost. Decken Sie Samen sofort nach der Aussaat mit einem Kulturschutznetz ab. Wenn der Schädling öfter auftritt, setzen Sie besser nur vorgezogene Jungpflanzen.

BOHNENROST

● **Symptome** Im Frühjahr erscheinen weiße Pusteln auf den Blattunterseiten, bei starkem Befall sind die Oberseiten gelb gesprenkelt. Im Sommer werden die Sporen zimtbraun, schließlich erscheinen an Blättern und Hülsen schwarzbraune Wintersporenlager, mit denen der Pilz auf Pflanzenresten oder auch an Bohnenstangen überwintert. Er breitet sich bei warmem, feuchtem Wetter ganz besonders schnell aus.

● **Befallene Pflanzen** Vor allem Stangenbohnen

● **Bekämpfung** Entfernen Sie befallene Blätter umgehend, und geben Sie diese nicht auf den Kompost. Verwenden Sie widerstandsfähige Sorten. Vermeiden Sie zu dichte Pflanzung, abendliches Gießen und Benässen der Blätter, da feuchtes Laub dem Pilz optimale Vorraussetzungen bietet. Säubern Sie die Stangen nach der Ernte gründlich, und tauschen Sie sie nach einem Befall gegen neue aus. Gegen den Bohnenrost sind mehrere Fungizide für den Hausgarten zugelassen.

ECKIGE BLATTFLECKENKRANKHEIT

● **Symptome** Auf den Blättern zeigen sich wässrig durchscheinende, unregelmäßige Flecken, die sich braun verfärben und von den Adern eckig begrenzt werden. Das abgestorbene Gewebe bricht aus. An der Blattunterseite kann Bakterienschleim austreten. An den Früchten bilden sich anfangs dunkelgrüne, später bräunliche Flecken. Die Bakterien überwintern an Samen und auf Pflanzenrückständen.

● **Befallene Pflanzen** Gurke, Kürbis und Zucchini

● **Bekämpfung** Verwenden Sie vorbeugend nur gesundes Saatgut, und bauen Sie Gurken, Kürbisse oder Zucchini höchstens alle 3 Jahre an derselben Stelle an. Versuchen Sie beim Gießen die Blätter nicht zu benetzen, und lüften Sie im Gewächshaus regelmäßig. Führen Sie Pflegearbeiten und Ernte nur bei trockenem Wetter durch. Entfernen Sie bei Befall sorgfältig die erkrankten Pflanzen und alle Pflanzenreste.

ERBSENKÄFER

● **Symptome** Die Samen haben kleine runde Löcher, teils auch hellbraune Flecken. In den Hülsen oder Samen sind die nur 5 mm großen, bräunlichen, hell gefleckten Käfer zu sehen. Sie überdauern den Winter in den Samen, fliegen ab Beginn der Blüte und legen dann ihre Eier an jungen Hülsen ab. Die Larven fressen sich in die Samen und entwickeln sich darin zum Käfer.

● **Befallene Pflanzen** Busch-, Stangen- und Dicke Bohne sowie Erbse

● **Bekämpfung** Sammeln Sie ab der Blütezeit die Käfer regelmäßig ab. Sortieren Sie bei der Ernte und vor der Saat befallene Samen aus.

ERBSENWICKLER

● **Symptome** Die Hülsen werden schon sehr früh reif. In ihnen findet man angefressene Körner, die von dunklen Kotkrümeln und einem Gespinst umgeben sind. Die Spinnfäden dienen den weißlich gelben Raupen des kleinen olivbraunen Falters zum Abseilen: Nachdem sie sich in den Samen zur Reife herangefressen haben, graben sie sich zum Überwintern im Boden ein.

● **Befallene Pflanzen** Erbse

● **Bekämpfung** Bevorzugen Sie bei häufigem Befall sehr frühe Sorten, um der Hauptflugzeit des Falters (Mitte Mai bis Juli) auszuweichen. Durch mehrmalige tiefgründige Bodenbearbeitung können Sie die in der Erde überdauernden Raupen dezimieren. Notfalls hilft ein Insektizid.

KRAUT- UND BRAUNFÄULE

● **Symptome** Unter feuchtwarmen Bedingungen bilden sich schon im Sommer erst graugrüne, dann braunschwarz werdende Flecken auf den unteren Blättern. Die Blattunterseiten überziehen sich mit weißlichen Schimmelrasen, häufig sterben die Blätter ganz ab. Auch die Stängel zeigen braune Verfärbungen. Bei einem späten Befall infolge eines regnerischen Spätsommers werden zuerst die Früchte befallen: Sie bekommen braune, eingesunkene Flecken, vor allem in der Nähe des Stielansatzes.

● **Befallene Pflanzen** Tomate; derselbe Erreger (*Phytophthora infestans*) ruft die Kraut- und Knollenfäule an Kartoffeln hervor (siehe S. 207).

● **Bekämpfung** Wichtige Vorbeugemaßnahmen sind auf S. 174 zusammengefasst. Daneben empfiehlt es sich, ab Sommer die unteren Blätter zu entfernen und die Blätter beim Gießen nicht zu benetzen. Entfernen Sie alle befallenen Pflanzenteile frühzeitig. Früh müssen auch Fungizide eingesetzt werden. Beachten Sie wie bei allen Gemüsespritzungen unbedingt die im Beipackzettel genannten Wartezeiten zwischen Mittelanwendung und Verzehr der Früchte.

KAPITEL 5

Obst aus dem Garten

Die Erdbeere – Königin des Gartens

Erdbeeren gedeihen in fast jedem Klima, und Sie brauchen dafür noch nicht einmal ein Gartenbeet. Saftige, rote Erdbeeren können in Kübeln und Ampeln ebenso gezogen werden wie im traditionellen Beet.

Erdbeeren richtig pflanzen und pflegen

Wie groß sollte das Beet sein? Die Beetgröße kann sich ganz nach der gewünschten Erntemenge richten. Eine 6 m lange Pflanzenreihe genügt, um eine Familie über die Saison zu versorgen. Für Singles reicht bereits ein mit Erdbeeren bepflanzter Kübel.

Pflanzen Sie zeitig Die beste Pflanzzeit für die meisten Erdbeeren ist zwischen Ende Juli und August. Dabei gibt es einige Unterschiede je nach Sortengruppe.

- Einmaltragende Erdbeeren wie 'Polka' bringen im Juni und Juli eine reiche Ernte. Pflanzen Sie sie spätestens Mitte August, damit Sie schon im nächsten Jahr einen guten Ertrag haben.
- Mehrmals tragende oder remontierende Sorten wie 'Ostara' fruchten im Juni/Juli etwas schwächer, sorgen dafür aber bis Oktober für eine ordentliche Ernte. Solche Sorten können Sie bis Ende September pflanzen, als getopfte Pflanzware auch im April.
- Kleinfrüchtige Monatserdbeeren wie 'Rügen' fruchten von Mai bis Oktober, werden im Frühjahr gepflanzt und lassen sich aus Samen vorziehen.
- Achten Sie auf gesundes, virusfreies Pflanzgut. Setzen Sie Erdbeeren nur alle 4–5 Jahre an dieselbe Stelle.
- Nach 3–4 Jahren lässt der Ertrag nach; dann sollten Sie eine neue Pflanzung anlegen. Dafür können Sie auch bewurzelte Ausläufer gut fruchtender Mutterpflanzen verwenden, die Sie im Spätsommer abtrennen

Pflücken Sie die Erdbeeren mitsamt einem Stück des Stiels. So halten sie sich länger frisch.

und verpflanzen. Monatserdbeeren bilden keine Ausläufer.

Nicht zu tief pflanzen Setzen Sie Erdbeeren stets so ein, dass das Herz mit den inneren zarten Blättern und Knospen knapp über der Erdoberfläche bleibt. Graben Sie mit der Pflanzschaufel ein ausreichend großes Loch, und lockern Sie die Wurzeln, bevor Sie sie mit Erde bedecken und andrücken.

Empfindliche Setzlinge Einmal aus der Erde genommen, sollten junge Erdbeerpflanzen nicht zu lange in der Sonne liegen. Schlagen Sie, wenn nötig, die Wurzeln vorübergehend in gut gewässerter Pflanzerde ein, und pflanzen Sie die Setzlinge so bald wie möglich in den Garten.

Pflanzung auf Dämmen Die Erdbeerwurzeln brauchen einen gut durchlässigen, lockeren Boden. Wenn Ihr Gartenboden eher schwer und feucht ist, empfiehlt sich das

Pflanzen Sie Erdbeeren niemals zu tief – das Herz sollte knapp über der Erde sitzen.

Ein Bett aus Stroh schützt Ihre Erdbeeren vor Grauschimmel und Fäulnis.

Die gute Wahl

BESONDERS GUTE ERDBEEREN

JUNITA Dies ist eine sehr robuste, wenig krankheitsanfällige Sorte mit großen, festen, aromatisch süßen Früchten.

MARA DE BOIS Diese mehrmals tragende Sorte hat weiche, süße Früchte mit ausgeprägtem Erdbeerduft.

MIEZE SCHINDLER Die alte Dresdner Züchtung überzeugt mit einem herrlich nach Walderdbeeren schmeckenden Aroma. Sie braucht aber eine zweite Sorte zum Befruchten (z. B. 'Senga Sengana').

POLKA Sehr aromatische, glänzende Früchte; diese Sorte verträgt auch schwerere Böden.

Pflanzen in etwa 20 cm hohen Dämmen, die Sie aus lockerer Erde aufschütten. Für eine Doppelreihe sollte der Damm 1 m breit sein.

Im Wald zu Hause Ursprünglich wuchsen Erdbeeren an Waldlichtungen, weshalb sie leicht sauren, humosen Boden lieben. Laubkompost eignet sich gut, um den Boden für die Pflanzung vorzubereiten. Ein zuverlässiger Tipp aus alten Zeiten: Bedecken Sie die Erde zwischen den Pflanzen mit Koniferennadeln, Farnwedeln und Rindenmulch oder ersatzweise mit einer dicken Schicht Stroh. Diese durchlässige Decke macht zudem Unkräutern das Leben schwer und sorgt für einen sauberen, trockenen Boden, wodurch die Pflanzen und Früchte weniger anfällig für Grauschimmel und Schnecken sind.

Erdbeeren in Töpfen Selbst wenn Sie nur über einen Balkon oder eine Terrasse verfügen, müssen Sie auf frische Erdbeeren nicht verzichten. Für die Gefäßkultur gibt es spezielle Erdbeertöpfe mit taschenartigen Pflanzöffnungen an den Seiten. Sie können aber auch mehrere Tontöpfe, große Kübel oder halbierte Fässer verwenden, die Sie mit guter Pflanzerde füllen. Stellen Sie die Gefäße leicht beschattet auf, sorgen Sie stets für ausreichend Wasser, und entfernen Sie regelmäßig die Ausläufer, damit sich die Pflanzen nicht verausgaben. Genießen Sie die Ernte – für Marmelade wird es jedoch nicht reichen.

Blätter entfernen Im Herbst werden die Blätter häufig von Pilzkrankheiten befallen. Knipsen Sie daher so früh wie möglich nach der Ernte die alten Blätter ab – so hoch, dass Sie das Herz nicht verletzen.

Empfindlich gegenüber Unkräutern Starkwüchsige Unkräuter wie z. B. Franzosenkraut, Giersch oder Quecke können die Erdbeerpflanzen regelrecht ersticken, den Früchten das Sonnenlicht nehmen und dem Boden Nährstoffe entziehen. Sollten Unkräuter in Ihrem Erdbeerbeet überhandnehmen, erwägen Sie eine Neupflanzung auf gut vorbereiteter, unkrautfreier Fläche.

Mischpflanzungen Nutzen Sie die weiche, lockere Erde zwischen zwei Erdbeerpflanzreihen, um Salat, Spinat oder Zwiebeln dazwischen zu pflanzen; diese Kulturen konkurrieren mit den Erdbeeren kaum um Nährstoffe.

Belassen Sie die „Krönchen" Entfernen Sie nach der Ernte nicht den grünen Fruchtkelch, sonst nehmen die Erdbeeren beim Waschen Wasser auf und verlieren an Aroma.

Alte Köstlichkeiten neu entdeckt Suchen Sie in Spezialkatalogen gezielt nach alten Sorten, die in erster Linie gezüchtet wurden, um dem Gaumen zu gefallen. Ihre zarten Früchte schmecken frisch aus dem Garten am besten. Zu diesen Liebhabersorten zählen z. B. 'Königin Luise', 'Mieze Schindler' oder 'Sieger'.

Moderne Sorten Neuere Sorten wurden speziell auf kräftigen Wuchs, verbesserte Krankheitsresistenz und ansprechende Früchte gezüchtet. Darunter gibt es auch schmackhafte Sorten wie z. B. 'Mara de Bois', 'Polka' und 'Symphonie'.

Pflücken Sie alle paar Tage die bereits reifen Früchte.

ERDBEEREN VERMEHREN

1 Wählen Sie im Spätsommer von den Erdbeerpflanzen, die Sie vermehren möchten, nur die kräftigen und gesunden Ausläuferpflanzen.

2 Heben Sie die Pflänzchen samt Wurzeln mit einer Pflanzschaufel aus dem Boden. Trennen Sie die Wurzeln mit einer Gartenschere von der Pflanze ab.

3 Belassen Sie an den Wurzeln so viel Erde wie möglich, und setzen Sie die Pflanzen schnell an ihren neuen Platz, damit sie nicht vertrocknen.

4 Achten Sie darauf, dass Sie beim Einpflanzen das Herz nicht zu tief setzen, und wässern Sie ausgiebig.

Verlockende Beeren vom Strauch

Ein Korb selbst gepflückter Himbeeren, Heidelbeeren, Johannisbeeren, Stachelbeeren oder Brombeeren erinnert an gute alte Zeiten, und der Anbau wird leicht zur Leidenschaft. Für Beerenobst brauchen Sie keinen großen Garten, doch mildes Klima ist von Vorteil.

Heidelbeeren und Himbeeren

Heidelbeeren aus Amerika Vielerorts in Europa wächst die Heidel- oder Blaubeere (*Vaccinium myrtillus*) wild in Wäldern und Heidelandschaften. Doch außerhalb ihrer natürlichen Lebensräume lässt sie sich sehr schwer kultivieren. Deshalb baut man in unseren Gärten fast nur die aus Amerika stammende, ertragreichere Kulturheidelbeere (*Vaccinium corymbosum*) an, auch wenn ihr manche weniger Aroma nachsagen.

- Die Kulturheidelbeere wird 1–2 m hoch und bringt je Strauch 1–3 kg Früchte (bisweilen sogar bis zu 10 kg). Im Herbst verfärbt sich das Laub sehr dekorativ rot.
- Im Gegensatz zu unserer heimischen Heidelbeere fruchtet die Kulturheidelbeere nur in voller Sonne wirklich gut; wählen Sie deshalb einen passenden Standort.

Heidelbeeren brauchen sauren Boden Ebenso wie ihre wilde Verwandte braucht auch die Kulturheidelbeere sauren Boden.

- Untersuchen Sie den pH-Wert Ihres Bodens mit einem Testset (Gartenfachhandel), oder orientieren Sie sich an der Farbe der Hortensienblüten in Ihrer Gegend: Rötlich blühende Bauernhortensien zeigen alkalischen, bläulich blühende sauren Boden an.
- Wenn sich Ihr Gartenboden nicht eignet, können Sie Heidelbeeren auch in einem großen Kübel mit saurer Pflanzerde ziehen.
- Graben Sie für jede Heidelbeerpflanze ein Pflanzloch mit 50 cm Ø, und befüllen Sie es mit einer Mischung aus je einem Drittel Rhododendronerde, Laub- oder Nadelkompost und gut verrottetem Gartenkompost. Achten Sie auf einen Pflanzabstand von ungefähr 1,5 m.
- Mulchen Sie die Heidelbeeren regelmäßig mit sauer wirkenden Materialien wie Laubhumus und Rindenmulch, düngen Sie gelegentlich mit Rhododendrondünger, und verwenden Sie zum Gießen möglichst nur kalkarmes Wasser bzw. Regenwasser.

Pflücken Sie Heidelbeeren immer mit der Hand, und sammeln Sie sie in einem großen, flachen Korb.

Heidelbeeren per Hand pflücken Verwenden Sie keine der im Handel angebotenen Pflückhilfen für Heidelbeeren, denn damit sammeln Sie genauso viele Blätter wie Früchte ab. Außerdem beschädigen die Hilfen auch leicht die Beeren. Es lohnt sich, mit viel Geduld und per Hand zu pflücken.

Befruchtungspartner Die meisten Kultursorten der Heidelbeere sind selbstfruchtbar, Fremdbefruchtung durch eine zweite Sorte kann den Ertrag sicherer und höher machen.

Himbeeren mulchen für gute Ernten Als Waldpflanze weiß die Himbeere angerot-

SCHON GEWUSST?

SOMMER- UND HERBSTTRAGENDE HIMBEERSORTEN

Himbeerpflanzen wachsen als Strauch bzw. Halbstrauch und bilden lange, mehr oder weniger bestachelte Ruten aus. Je nach Entwicklungs- und Tragzeit der Ruten unterscheidet man sommer- und herbsttragende Sorten.

- Sommertragende Sorten: Sie fruchten hauptsächlich im Juli. Während die im Vorjahr gebildeten Tragruten Früchte liefern, wachsen neue Jungruten nach, die dann im folgenden Jahr Früchte bringen.
- Herbsttragende Sorten: Diese fruchten vom Spätsommer bis zum Herbst an diesjährigen Ruten. Sie werden auch als zweimal tragende Himbeeren bezeichnet.

teten Mulch aus Blättern, Zweigen, Stroh oder Rinde zu schätzen. Solche Materialien sorgen beim Verrotten für einen günstigen humosen, leicht sauren Boden. Mulchen ist bei Himbeeren ohnehin sehr ratsam, da sie flach wurzeln und man deshalb direkt unter den Pflanzen nicht hacken sollte. Außerdem hilft eine Mulchdecke, die Himbeeren vor der Rutenkrankheit zu schützen.

Himbeeren brauchen Stützen Himbeerruten sind sehr biegsam und werden leicht durch Wind, Regen oder das Gewicht der Früchte zu Boden gedrückt. Daher sollten sie unbedingt gestützt werden, beispielsweise durch ein einfaches Drahtgerüst.

- Schlagen Sie an beiden Enden der Himbeerreihe je einen Pfahl ein. Sie können die Pfähle durch schräg eingeschlagene Latten zusätzlich stabilisieren.
- Spannen Sie zwischen den Pfählen einen verzinkten, kräftigen Draht auf einer Höhe von etwa 1,4 m. Spannen Sie bei hochwüchsigen Sorten 30–40 cm darüber einen zweiten Draht, sobald die Himbeerpflanzen den ersten Draht überragen.
- Binden Sie jede Rute mit Gartenschnur, elastischen Baumbindern oder einem Stück Nylonstrumpf an den Drähten fest.

Himbeeren schneiden Ein regelmäßiger Schnitt sorgt für gesunde Jungruten und eine gute Ernte.

- **Sommertragende Sorten** Schneiden Sie nach der Ernte die abgetragenen Ruten dicht über dem Boden ab. Neu gewachsene Jungruten binden Sie auf. Kürzen Sie im zeitigen Frühjahr sehr lange Ruten auf 2 m Höhe ein.
- **Herbsttragende Sorten** Schneiden Sie nach der Ernte alle Ruten knapp über dem Boden weg.

Schädlinge und Krankheiten Zu den häufigsten Schädlingen zählen Himbeerkäfer, Himbeerblütenstecher und Blattläuse, die vor allem durch die Übertragung von Viren gefährlich werden können. Kontrollieren Sie Ihre Pflanzen regelmäßig, und entfernen Sie sichtbare Schädlinge frühzeitig mit der Hand, ebenso stark befallene Pflanzenteile. Setzen Sie notfalls geeignete Insektizide ein.

- Die Wahl widerstandsfähiger Sorten, ein gut vorbereiteter, durchlässiger Boden, gleichmäßige Feuchtigkeit und Mulchen, zurückhaltende Stickstoffdüngung sowie Schnitt gleich nach der Ernte sind effektive Vorbeugungsmaßnahmen gegen die Rutenkrankheit und andere Pilzkrankheiten. Entfernen Sie kranke Pflanzenteile umgehend, und entsorgen Sie diese über den Hausmüll.

Himbeeren schätzen eine Mulchdecke aus Laub, Rindenmulch oder Stroh.

Durch Befestigen an Spanndrähten unterstützen Sie Ihre Himbeerpflanzen optimal.

Die gute Wahl

PFLEGELEICHTE HIMBEERSORTEN

AUTUMN BLISS Eine der beliebtesten herbsttragenden Sorten; robust und ertragreich, mit dunkelroten, weichen Früchten
GLEN CLOVA 1 Ertragreich und früh reifend. Die kleinen Früchte sind ideal zum Einfrieren.
MALLING PROMISE Robuste, früh reifende Sorte mit kleinen, aromatischen Früchten
MEEKER Mittel bis spät reifende Sorte, sehr aromatisch; widerstandsfähig gegen Rutenkrankheit und Viruskrankheiten
POLKA Herbsttragende, sehr ertragreiche Sorte mit feinem Geschmack
RUBACA Eine süßaromatische, große Sommerhimbeere; ertragreich und sehr widerstandsfähig gegen Rutenkrankheit, Wurzel- und Fruchtfäulen
RUFLAVA Robuste, widerstandsfähige Sorte mit großen, leuchtend gelben, sehr aromatischen Früchten
WILLAMETTE 2 Früh reifend, ertragreich und sehr robust, mit festen, süßen Früchten

1

2

HIMBEEREN PFLANZEN

1 Pflanzen Sie Himbeerruten im Herbst oder Frühjahr. Containerpflanzen können Sie auch von März bis Oktober setzen. Verbessern Sie die Erde mit Kompost oder gut verrottetem Rindenhumus.

2 Breiten Sie die Wurzeln im Pflanzloch aus, und setzen Sie die Ruten so ein, dass die grundständigen Triebknospen nur etwa 5 cm tief unter die Erde kommen. Drücken Sie den Boden gut an.

3 Belassen Sie eine Gießmulde, und wässern Sie gründlich. Sobald die Pflanze angewachsen ist, schneiden Sie die Ruten auf 25 cm Höhe oberhalb einer Knospe schräg ab.

Johannisbeeren und Stachelbeeren

Perfekt gepflanzt Containerpflanzen von Johannisbeeren können Sie außer bei Frost oder starker Hitze das ganze Jahr über einsetzen. Für andere Pflanzware sind Herbst oder zeitiges Frühjahr die besten Pflanztermine.

- Wählen Sie einen sonnigen, windgeschützten Pflanzplatz, an dem die Blüten möglichst gut vor Spätfrösten geschützt sind. Ideal ist ein mittelschwerer, gut durchlässiger, humoser, leicht saurer Boden.
- Setzen Sie Rote Johannisbeeren so tief, dass die untersten Triebknospen an der Stammbasis etwa 5 cm unter die Erde kommen. Pflanzen Sie Schwarze Johannisbeeren tiefer, mit den untersten Triebknospen etwa 10 cm unter der Erdoberfläche; so können ihre Wurzeln besser neue Triebe hervorbringen. Setzen Sie die Pflanzen mit 1,5–2 m Abstand zum Nachbarn.
- Lassen Sie nach dem Pflanzen vier bis fünf kräftige, gut verteilte Triebe stehen, kürzen Sie diese um ein Drittel ein, und schneiden Sie überzählige bzw. schwächere Triebe knapp über dem Boden weg.
- Jährlich können dann zwei bis drei Triebe hinzukommen, bis sich die Sträucher schließlich aus acht bis zwölf Haupttrieben aufbauen. Danach schneiden Sie jeweils die ältesten Triebe heraus, sobald diese Zahl überschritten wird.

Achtung, Vögel Es wird nicht lange dauern, bis Vögel Ihre neuen Sträucher entdeckt haben. Sie können die Beeren plündern oder im Frühjahr die Knospen abpicken und kahle, unproduktive Triebe hinterlassen.

Überlisten Sie Vögel, indem Sie ein Netz über die Beeren spannen (links) oder einfach weiße bzw. rosafarbene Sorten anbauen (rechts).

- Vogelscheuchen, im Wind flatternde Alubänder oder auch akustische Vertreibungssysteme können eine Zeit lang helfen, doch die Vögel gewöhnen sich recht schnell daran.
- Wenn Sie mehrere Sträucher anpflanzen, lohnt sich die Mühe, eine einfache Rahmenkonstruktion zu bauen und diese mit einem Vogelschutznetz zu überspannen.
- Vögel bevorzugen weiche, rote Früchte. Überlisten Sie die Räuber, und pflanzen Sie weiße und rosafarbene Johannisbeersorten wie etwa 'Blanka' oder 'Weiße Versailler'. Sie werden von den Vögeln nicht gefressen.

Steckhölzer an Ort und Stelle pflanzen
Wenn ein Freund einen Johannisbeerstrauch besitzt, gibt er sicher gern ein paar Steckhölzer ab. Professionell werden Steckhölzer im Spätherbst oder Winter geschnitten und bis zur Pflanzung im Frühjahr in feuchten Sand gesteckt. Doch bei Johannisbeeren bewurzeln sich die Steckhölzer oft auch recht gut, wenn Sie sie im Frühherbst schneiden und gleich in den Boden stecken.

- Schneiden Sie von einjährigen Trieben 20–25 cm lange Teilstücke mit mehreren Augen ab. Entfernen Sie noch anhaftende Blätter, und kürzen Sie die Steckhölzer oben und unten bis knapp über einem Auge ein. Schneiden Sie die unteren Enden schräg an, so haben Sie einen guten Anhaltspunkt, welches Ende in die Erde kommt.
- Drücken Sie die Steckhölzer etwas schräg und mit 10 cm Abstand in den gut vorbereiteten Boden – so tief, dass nur noch die zwei obersten Augen herausschauen.
- Halten Sie den Boden leicht feucht. Wenn die ersten Blätter austreiben, haben sich die Steckhölzer bewurzelt, und sie können verpflanzt werden.

Vom Steckholz zum fruchttragenden Strauch Wenn Sie einen Strauch aus einem Steckholz ziehen, schneiden Sie ihn 3 Jahre lang im Spätwinter oder zeitigen Frühjahr zurück, bevor Sie ihn zum ersten Mal Früchte tragen lassen.

- **Erstes Jahr** Schneiden Sie nach dem Pflanzen neue Triebe auf zwei Knospen zurück.
- **Zweites Jahr** Schneiden Sie alle neuen Triebe auf drei Knospen zurück und Wurzeltriebe auf 15 cm Höhe über dem Boden.
- **Drittes Jahr** Schneiden Sie die Triebe auf vier Knospen zurück, Wurzeltriebe auf 15 cm Höhe. Im nächsten Jahr kann Ihr Johannisbeerstrauch erste Früchte liefern.

Die gute Wahl

BEEREN, BEI DEREN ANBLICK EINEM DAS WASSER IM MUND ZUSAMMENLÄUFT

JONKHEER VAN TETS 1
Die früheste aller Roten Johannisbeeren; sie liefert saftige Früchte und ist äußerst ertragreich.

BLUECROP 2 Eine ertragreiche Heidelbeere mit großen, hell bereiften Früchten. Die Sorte ist starkwüchsig und robust.

BLACK SATIN 3 Diese stachellose Brombeersorte bringt große, glänzend schwarze, leicht säuerlich schmeckende Früchte hervor.

ZEFA 4 Diese herbsttragende, hochwachsende, ertragreiche Himbeersorte ist auch unter dem Namen 'ZEFA Herbsternte' im Handel erhältlich.

INVICTA 5 Eine pflegeleichte Stachelbeere mit fast unbehaarten, gelbgrünen Früchten. Diese Sorte ist mehltauresistent.

BEN LOMOND 6 Dies ist eine spät reifende, ertragreiche Schwarze Johannisbeere. Ihre Früchte schmecken leicht säuerlich.

1 2

3 4

5 6

Besser mulchen statt hacken Bei Johannis- und Stachelbeersträuchern verlaufen wie bei den meisten Beerenobstarten die Wurzeln recht flach unter der Erdoberfläche. Hacken Sie deshalb im Umfeld der Sträucher nur sehr vorsichtig und möglichst flach. Die bessere Alternative ist eine Mulchschicht – z. B. aus Rindenhumus oder Laub –, die Unkräuter unterdrückt und den Boden vor dem Austrocknen bewahrt.

Nährstoffe für eine reiche Ernte
Beerensträucher haben einen recht hohen Nährstoffbedarf. Versorgen Sie Johannis- und Stachelbeersträucher im Frühjahr zum Austrieb mit Kompost oder besser noch mit einem kalibetonten, nicht allzu stickstoffreichen organischen Fertigdünger.
- Falls Sie Mineraldünger verwenden, achten Sie unbedingt auf chloridfreien Dünger.

Johannisbeersträucher verjüngen Der einfachste Weg, einem alten Johannisbeerstrauch neue Vitalität zu verleihen, ist, im Winter alle Triebe radikal bis knapp über dem Boden zurückzuschneiden. Im nächsten Frühjahr erscheinen neue Triebe, die sich den Sommer über entwickeln und meist schon ab dem folgenden Jahr Früchte tragen.

Zwei Sorten sind besser als eine Zwar sind Johannisbeeren selbstfruchtbar, doch eine zweite, daneben gepflanzte Sorte verbessert die Befruchtung und damit den Ertrag und vermindert die Verrieselungsgefahr (siehe unten). Wählen Sie die Sorten sorgfältig, damit die Blütezeiten zueinanderpassen. Je nach Blühzeitpunkt zwischen April und Ende Mai unterscheidet man frühe, mittelfrühe, mittelspäte und späte Sorten. Entsprechend staffeln sich auch die Erntetermine von Ende Juni bis Ende Juli.

Wenn Beeren verrieseln Ein gefürchtetes Problem bei Johannisbeeren ist das Verrieseln. Darunter versteht man das vorzeitige Abfallen unreifer Früchte. Häufig ist das eine Nachwirkung von Spätfrösten während der Blüte oder auch nur von kühlem, regnerischem Wetter, das die Bienen von der Bestäubung abhielt.
- Achten Sie gerade in kühleren Regionen auf Sorten, die nicht zum Verrieseln neigen oder als Spätblüher weniger durch Fröste bedroht sind. Dazu zählen bei den Roten Johannisbeeren z. B. 'Heinemanns Spätlese', 'Red Lake' und 'Rolan', bei den Weißen 'Blanka' und bei den Schwarzen Johannisbeeren 'Ometa' und 'Titania'.

Johannisbeerhochstämmchen selbst erziehen Wenn Sie eine Johannisbeere möchten, die Sie im Stehen abernten können, die nicht viel Platz braucht und deren Fuß leicht von Unkraut freizuhalten ist, dann erziehen Sie Ihren Steckholznachwuchs zu einem Hochstämmchen.
- Entfernen Sie von der unteren Hälfte des Steckholzes alle Augen, sodass sich im Boden keine Triebe entwickeln können. Drücken Sie das Steckholz senkrecht in die Erde.
- Nachdem sich das Steckholz bewurzelt und ausgetrieben hat, binden Sie den stärksten Trieb an einen Bambusstab auf und entfernen die übrigen.
- Lassen Sie das Stämmchen etwa 1 m hoch wachsen, und schneiden Sie dann die Spitze ab. Aus den oberen drei bis vier Knospen wachsen dann die Seitentriebe.

Zierende Hochstämmchen Hochstämmchen kann man zwar mit Geduld selbst ziehen. Einfacher ist der Kauf vorgezogener Johannis- oder Stachelbeerstämmchen. Mit ihnen lassen sich hübsche Akzente setzen, auch im Gemüsegarten oder in Rabatten.
- Die Stämmchen brauchen zeitlebens einen Stützpfahl, der bis in den unteren Bereich der Krone reicht. Schlagen Sie den Pfahl bereits beim Pflanzen ein, und binden Sie die Stämmchen daran locker an.

Hochstämmchen bieten einen hübschen Anblick. Sie brauchen einen Stützpfahl.

SCHON GEWUSST?

VEREDELTE HOCHSTÄMMCHEN
Im Handel erhältliche Johannis- oder Stachelbeerhochstämmchen sind meist veredelt, d. h., die Krone wird von der gewünschten Edelsorte gebildet, und die robuste Goldjohannisbeere (*Ribes aureum*) liefert Wurzeln und Stamm. Die Goldjohannisbeere (Abb. unten) lässt sich auch als hübscher Zierstrauch verwenden.

Ein Platz für Stachelbeeren Stachelbeeren mögen humosen, nährstoffreichen, mittelschweren, gut durchlässigen Boden. Sie stehen gern hell, fruchten aber auch im Halbschatten gut. Pralle Mittagssonne im Hochsommer führt leicht zum Sonnenbrand der Früchte. Meiden Sie frostexponierte Plätze und kalte Senken: Die Stachelbeere blüht im späten Frühjahr, ihre Blüten können durch Spätfröste geschädigt werden.

Stachelbeeren pflanzen Stachelbeersträucher und -hochstämmchen werden im Herbst oder zeitigen Frühjahr gepflanzt, als Containerpflanzen fast ganzjährig. Anders als Johannisbeeren sollten Stachelbeeren nicht tiefer gesetzt werden, als sie vorher in der Baumschule standen.

Wermutstropfen Stachelbeermehltau Früher gehörten Stachelbeersträucher in jeden Bauerngarten. Doch mit der zunehmenden Ausbreitung des Amerikanischen Stachelbeermehltaus machte der Anbau altbewährter Sorten wie 'Gelbe Triumph' und 'Grüne Kugel' immer weniger Freude. Der Pilz überzieht junge Triebspitzen, Blätter sowie Beeren mit einem weißlichen Belag. Schließlich werden die Beeren graubraun und ungenießbar. Da die Pilzsporen in den Knospen befallener Triebspitzen überwintern, kann es immer wieder zu neuen Infektionen kommen.

- Wählen Sie bevorzugt mehltauresistente oder gering anfällige Züchtungen wie 'Hinnonmäki' (rote oder gelbe Früchte), 'Invicta' (hellgrün), 'Mucurines' (hellgrün), 'Rokula' (rot) oder 'Rixanta' (gelb).
- Setzen Sie die Pflanzen nicht zu eng, am besten mit 1,5–2 m Abstand. Bei Stachelbeeren reichen etwa fünf Haupttriebe. Entfernen Sie nach der Ernte abgetragene Triebe, die älter als 3 Jahre sind. Kürzen Sie Haupt- und Seitentriebe etwa um ein Viertel ein.
- Wässern Sie nur vormittags und direkt in den Wurzelbereich. Vermeiden Sie übermäßige Stickstoffdüngung.
- Schneiden Sie befallene Triebspitzen bis ins gesunde Holz zurück, und entfernen und vernichten Sie alle betroffenen Pflanzenteile frühzeitig.
- Bringen Sie ab Austriebsbeginn regelmäßig käufliche Pflanzenstärkungsmittel aus. Bei häufigem Befall sind vorbeugende Spritzungen mit Netzschwefel oder anderen zugelassenen Fungiziden ratsam.

Jostabeere – interessante Mischung Die Jostabeere ist eine eigenständige Kreuzung aus Schwarzer Johannisbeere und Stachelbeere. Ihre tiefbraunen bis schwarzroten Früchte liegen in Größe und Geschmack zwischen den Kreuzungseltern und tendieren je nach Sorte mehr zur Johannis- oder Stachelbeere. Die starkwüchsigen Sträucher sind wenig krankheitsanfällig und pflegeleicht.

Brombeeren

Erntefreuden ohne Schmerzen Nach wie vor schwören viele Gärtner auf bewährte und stachelig bewehrte Sorten wie die sehr wohlschmeckende 'Theodor Reimers'. Doch stachellose Sorten wie etwa 'Chester Thornless' oder 'Nessy' ('Loch Ness') finden immer mehr Liebhaber, liefern ebenfalls Früchte mit gutem Aroma – und lassen sich ohne dicke Lederhandschuhe einfach pflegen.

- Neben diesen rankenden Sorten mit ihren bis zu 5 m langen Trieben werden auch einige aufrecht wachsende, bis 2,5 m hohe Sorten angeboten, teils als Säulenbrombeeren. Hierzu zählen z. B. 'Choctaw' (bestachelt), 'Navaho' (stachellos) und 'Wilsons Frühe' (leicht bestachelt). Sie brauchen weniger Platz, doch trotz ihres strauchartigen Wuchses ist auch bei diesen nicht rankenden Sorten ein Stützgerüst von Vorteil.

Nicht zimperlich Brombeeren sind nicht allzu anspruchsvoll. Wenn Sie in der Vergan-

BROMBEEREN ERZIEHEN

1 Schneiden Sie im Frühjahr oder gleich nach der Ernte Ruten, die älter als 2 Jahre sind, bodennah ab. Kürzen Sie lange Jungruten auf etwa 2 m Länge ein.

2 Haben sich nur wenig neue Ruten gebildet, belassen Sie einige ältere Ruten. Schneiden Sie beschädigte Teile bis zu einem gesunden Auge zurück.

3 Entfernen Sie verletztes oder krankes Holz sowie Ruten, die dem Wachstum im Weg sind.

4 Binden Sie die Jungtriebe vorsichtig auf, sie liefern die meisten Früchte. Im nächsten Jahr werden sie nach der Ernte bodennah abgeschnitten.

Lassen Sie Brombeeren nach der Schwarzfärbung noch einige Tage am Strauch, dann schmecken sie süßer.

Befestigen Sie die schnell wachsenden, kletternden Brombeerruten immer wieder mit weichen Bindungen an den Spanndrähten.

genheit Probleme mit dem Anbau von Beerenobst hatten, sollten Sie es einmal mit Brombeeren versuchen. Sie sind recht robust, tolerieren leichten Schatten und gedeihen auch auf etwas schlechteren Böden. Ein sonniger Platz und ein humoser, durchlässiger, leicht saurer Boden führen allerdings zu den besten Ernten.

- Da Brombeeren erst ab Mai blühen, ist die spätere Ernte kaum von Spätfrösten zur Blütezeit bedroht. Allerdings sind die Pflanzen selbst – je nach Sorte – teils etwas frostempfindlich. In kälteren Regionen ist es ratsam, dass Sie auf einen geschützten Platz achten und die Pflanzen über Winter anhäufeln sowie vor starken Frösten mit Schilfmatten beschirmen.
- Gepflanzt werden Brombeeren am besten im Frühjahr. Setzen Sie die Pflanzen so tief, dass die Triebknospen am Wurzelhals unter die Bodenoberfläche kommen. Schneiden Sie nach dem Pflanzen lange Ruten auf etwa 40 cm zurück.

Stütze gefragt Manche Brombeersorten können in einer einzigen Saison mehrere Meter wachsen. Daher ist es wichtig, die weichen, kletternden Ranken zu stützen, damit sie nicht über den Boden wuchern.

- Schlagen Sie in Abständen von 5 m mindestens 2 m lange Holz- oder Metallpfähle in den Boden, und stabilisieren Sie diese am besten mit zusätzlichen, schräg eingeschlagenen Latten. Spannen Sie zwischen den Pfählen drei kräftige, verzinkte oder ummantelte Querdrähte jeweils in einer Höhe von 1 m, 1,3 m und 1,6 m über dem Boden. Befestigen Sie dann jeden Draht an einem Ende mit einer Spannschraube. Anstelle der Einzeldrähte können Sie an den Pfählen auch ein grobmaschiges Maschendrahtgitter anbringen.
- Pflanzen Sie schließlich die Brombeeren im Abstand von 2,5 m entlang dem Gerüst. Für aufrecht wachsende Sorten genügt ein Pflanzabstand von 0,8 m. Wenn Sie mehrere Reihen pflanzen, legen Sie diese in Abständen von 2–3 m an, abhängig von der Wuchsstärke der Sorte.
- Befestigen Sie die neuen Triebe entlang den Spanndrähten mit lockeren, weichen Bindungen, sodass die jungen Ruten nicht eingeschnürt werden. Verwenden Sie geeignete Pflanzenbinder aus dem Fachhandel oder alte Nylonstrumpfhosen.

Der Wachstumszyklus – der Schlüssel zum Schnitt Im ersten Wachstumsjahr bildet der Wurzelstock einer Brombeere vom Boden aus meterlange Triebe. Im folgenden Jahr erscheinen an den kletternden Ruten Seitentriebe, an denen sich Blüten und dann von Sommer bis Herbst Früchte bilden. Während dieser Zeit wachsen aus dem Wurzelstock neue Ruten, die im nächsten Jahr Früchte liefern.

- Belassen Sie von jedem Jahrgang nur die kräftigsten sechs bis acht Ruten, und schneiden Sie die übrigen nach der Ernte oder im Frühjahr in Bodennähe weg, damit Sie den Überblick behalten. Binden Sie die Ruten fächerförmig oder abwechselnd nach links und rechts an den Spanndrähten auf.
- Schneiden Sie nach der Ernte oder im nächsten Frühjahr abgetragene zweijährige Ruten knapp über dem Boden weg. In raueren Lagen ist der Frühjahrsschnitt günstiger, da die alten Ruten die jüngeren Triebe vor Frösten schützen können.
- Kürzen Sie im Frühjahr junge Ruten, die den obersten Spanndraht überragen, auf 1,8–2 m Länge ein.
- Schneiden Sie lange Seitentriebe der diesjährigen Ruten im Juli oder August auf 40–50 cm Länge zurück.

Nicht in der Sonne stehen lassen Frisch gepflückte Brombeeren werden in der Sonne rot und hart. Schützen Sie daher Ihre Ernte beim Pflücken mit einem Küchentuch, und bewahren Sie die Beeren bis zum Verzehr oder zur Weiterverarbeitung zu Marmelade, Gelee oder Saft im Kühlschrank auf.

Großvaters Geheimtipp

LOGAN-, BOYSEN- UND TAYBEEREN

Das Kreuzen von Brombeeren mit Himbeeren hat eine lange Tradition. Die erste bekannt gewordene Hybride zwischen diesen beiden Beerenobstarten schuf 1881 der amerikanische Richter James Logan per Zufall: die Loganbeere mit walzenförmigen roten Früchten (Abb. unten). Etwa um 1920 kreuzte dann der Züchter Robert Boysen die Loganbeere gezielt mit einer Brombeere. So entstand die Boysenbeere mit schwarzvioletten, brombeerähnlichen Früchten. Neueren Datums ist die nach dem schottischen Fluss Tay benannte Taybeere mit länglichen, himbeerartigen Früchten.

Kletterndes Obst

Weinrebe und Kiwi liefern nicht nur köstliche Früchte, sondern sind auch attraktive Kletterpflanzen. Mit geeigneten Klettergerüsten können sie platzsparend in die Höhe gezogen werden.

Süße und saftige Trauben

Wein aus dem eigenen Garten? Es macht Spaß und ist ein interessantes Erlebnis, aus selbst angebauten Trauben eigenen Wein zu keltern. Doch bedenken Sie, dass ein Weinstock nur etwa 2–3 kg Früchte liefert und damit etwa 1,5 l Most. Für eine halbwegs ordentliche Ernte brauchen Sie schon wenigstens ein Dutzend Weinstöcke und – bei mindestens 1 m Pflanzabstand – entsprechenden Platz. Für die Weingewinnung müssen die Reben besonders gut umsorgt werden, außerdem wird Zubehör und Fachwissen für das Keltern nötig. Mancher Hobbygärtner ist aber schon zum begeisterten, erfahrenen Hobbywinzer geworden. Ein gut umhegter Stock liefert über Jahrzehnte Trauben, wobei es allerdings 4 Jahre dauern kann, bis die Ernte ausreichend ist.

- Für die meisten Gärtner sind Weinreben vor allem für die Ernte leckerer Tafeltrauben interessant – oder auch als schmucke Kletterpflanzen an Wänden und Pergolen.

Die Weinrebe im Kübel Füllen Sie einen großen Kübel mit 35–40 cm Ø mit guter Kübelpflanzenerde. Bringen Sie zuvor eine Dränageschicht aus Blähton oder Kies auf dem Topfboden aus. Dieser muss unbedingt ein Wasserabzugsloch aufweisen. Pflanzen Sie eine junge Rebe in den Kübel. Ihre Ranken können Sie an einer Pergola oder einem Klettergerüst hochziehen. Stellen Sie Ihre Rebe an einen sonnigen Platz auf der Terrasse, und gießen Sie bei Trockenheit. Spätestens ab dem zweiten Jahr können Sie saftige Tafeltrauben pflücken.

- Topfen Sie die Weinrebe alle 2 Jahre um. Falls das nicht möglich ist, ersetzen Sie zumindest die obere Substratschicht vorsichtig durch frische Erde.

An einem geschützten, sonnigen Platz mit geeigneter Rankhilfe gedeiht die Weinrebe auch im Kübel.

Nur im Weinbauklima? Die Rebe selbst trotzt kältesten Wintern, die Triebknospen aber reagieren empfindlich auf Spätfröste, die ihnen gefährlich werden können. Außerdem brauchen die Trauben vom Sommer bis in den Herbst hinein möglichst viel Wärme und Sonne zum Ausreifen. Von daher bietet das wintermilde und im Sommer warme und eher trockene Klima in den typischen Weinanbauregionen die besten Voraussetzungen. Doch auch wenn Sie in einer kühleren Gegend leben, können Sie mit geeigneten Sorten durchaus Erfolg haben. Wählen Sie hier vorzugsweise früh, noch im August reifende Sorten mit guter Frosthärte und geringer Anfälligkeit für Pilzkrankheiten. Dazu gehören z. B. 'Bianca' (grüne Trauben), 'Boskoop Glory' (blau), 'Mitschurinski' (blau) und 'Palatina' (grün).

Schützen Sie die reifenden Trauben mit übergezogenen, fein durchlöcherten Papiertüten vor Wespen und hungrigen Vögeln.

Die gute Wahl

PILZFESTE TAFELTRAUBENSORTEN

LAKEMONT Eine beliebte grüne, kernlose Sorte, die ab Mitte September reift

MUSCAT BLEU 1 Die blauen, kernarmen Beeren dieser Sorte haben ein angenehmes Muskataroma.

NERO 2 Diese robuste Sorte mit dunkelblauen Trauben reift früh. Ihre Blätter verfärben sich im Herbst dekorativ rot.

PHOENIX Eine robuste, starkwüchsige Sorte; ihre grünen Trauben haben eine Muskatnote.

REGENT Eher kleinere, dunkelblaue Trauben mit fruchtig süßem Geschmack; eine gute Rotweinsorte, die sich zum Keltern eignet

SOLARIS Eine unkomplizierte, robuste grüne Sorte, die ab Ende August reift

Pilzfeste Tafeltrauben Zu den größten Problemen im Weinanbau gehören Echter und Falscher Mehltau und andere Pilzkrankheiten. Beliebte und bekannte Sorten wie 'Gutedel' und 'Portugieser' eignen sich als Tafeltrauben ebenso gut wie zum Keltern, sind aber recht anfällig. Bevorzugen Sie pilzfeste Tafeltraubensorten, die heute in großer Auswahl angeboten werden, von der gelbgrünen 'Fanny' über die blaue 'Nero' bis zur rosaroten, kernlosen 'Rosella'.

- Pflanzen Sie ausschließlich Pfropfreben auf reblausresistenter Unterlage. In Weinbauregionen ist sogar nur der Anbau solcher Pflanzen erlaubt.

Richtig pflanzen Pflanzen Sie Weinstöcke am besten im Frühjahr, damit sie bis zu den ersten Winterfrösten gut entwickelt sind. Aber auch Herbstpflanzung ist möglich. Wenn Sie nur eine oder wenige Reben setzen, sind die etwas teureren Topf- oder Containerreben empfehlenswert. Pflanzen Sie die Reben so ein, dass die Veredlungsstelle etwa 4 cm über die Bodenoberfläche kommt.

- Ziehen Sie Ihre Reben an Drahtgerüsten, Zäunen, Rankgittern oder an einer Pergola.
- Gießen Sie bei Trockenheit vom Frühjahr bis zur Erntezeit.
- Vermeiden Sie, Blätter und Früchte zu benetzen, um Pilzkrankheiten vorzubeugen.

Schützen Sie Ihre Trauben Hier ein Tipp aus alten Zeiten, der hilft, die Qualität und Quantität Ihrer Ernte zu erhöhen: Hüllen Sie die Fruchtstände kurz vor der Reife in Papiertüten, die Sie zuvor mit kleinen Löchern versehen. So sind sie vor Wespen und Vögeln geschützt.

Top-Tipps für eine gute Traubenernte Dünnen Sie die noch jungen Fruchtstände aus, um große, schön geformte Tafeltrauben zu erhalten. Entfernen Sie dazu mit einer Nagelschere alle beschädigten, kranken oder missgebildeten Trauben.

- **Lassen Sie Sonne an die Früchte** Binden Sie während der Reife Blätter zur Seite, oder entfernen Sie einige, damit möglichst viel Sonne direkt an die Trauben gelangt.
- **Ernten Sie zur rechten Zeit** Wenn sich der Stiel des Fruchtstands braun verfärbt, sind die Trauben erntereif.
- **Schneiden Sie ganze Trauben** Schneiden Sie die kompletten Fruchtstände ab, keine einzelnen Beeren.

REBENSCHNITT IM SPÄTWINTER

1 Schneiden Sie alle Triebe, die im Vorjahr Früchte trugen, sauber und schräg ab.

2 Schneiden Sie die verbleibenden Triebe auf zwei Knospen zurück. Die oberste wird die diesjährigen Früchte liefern.

3 Kürzen Sie für den Aufbau des Rebstocks einen Seitentrieb auf 20 cm ein, und heften Sie ihn ans Drahtgerüst.

4 Brechen Sie im Sommer Triebe, die aus den obersten Knospen wachsen, immer wieder aus.

Köstliche Kiwis

Ungewöhnliche Früchte Die fremdartig aussehende, behaarte Frucht, heute vor allem als Kiwi bekannt, wird auch Chinesische Stachelbeere genannt. Chinesischer Strahlengriffel ist ein weiterer Name für die sommergrüne Schlingpflanze, deren Heimat im Flusstal des Jangtse im Norden Chinas sowie an der Südostküste in der Provinz Zhejiang liegt. Anfang des 20. Jh. brachten Missionare Samen der Kiwifrucht aus China nach Neuseeland. Von dort aus eroberten erst die exportierten Früchte die Supermärkte und schließlich auch die Kiwipflanzen europäische Hausgärten. Die Kiwi besitzt große, feste, fast ledrige Blätter und cremeweiße, duftende Blüten, gefolgt von wohlschmeckenden, eiförmigen Früchten mit hellgrünem Fleisch.

Überraschend schwer Die Kiwi kann mit ihrem kräftigen Wuchs und dem beachtlichen Gewicht ihrer Triebe, Blätter und Früchte überraschen.

- Achten Sie auf eine solide Stützkonstruktion. Die Triebe können übers Jahr mehrere Meter wachsen. Das feste Laub bietet darüber hinaus dem Wind Widerstand, was die Konstruktion zusätzlich belasten kann.
- Eine Pergola sollte idealerweise 2,5 m hoch und 3 m breit sein. Befestigen Sie Spanndrähte alle 60–75 cm, um die Seitentriebe zu unterstützen.

Kiwis pflanzen Die Kiwi gedeiht am besten an einem sonnigen, windgeschützten Standort. Sie bevorzugt mildes, gemäßigtes Klima ohne Spätfröste oder brennende Hitze. Die Kletterpflanze liebt gut durchlässigen, humosen, nährstoffreichen, nicht zu trockenen Boden, der leicht sauer sein darf.

- Die Kiwipflanze ist zweihäusig, d. h., die weiblichen und die männlichen Blüten werden getrennt auf verschiedenen Exemplaren angelegt. Somit brauchen Sie mindestens eine weibliche Pflanze sowie eine männliche zur Befruchtung; diese genügt bei Bedarf für acht bis neun weibliche Exemplare. Hierfür bietet der Handel spezielle männliche Befruchtersorten an. Ohne Befruchtungspartner kommen die einhäusigen, somit selbstfruchtbaren Sorten 'Issai' und 'Jenny' aus.
- Die beste Pflanzzeit für Kiwis liegt im Frühjahr. Setzen Sie die Pflanzen mit 3–5 m Abstand, männliche Befruchtersorten nur mit 1–2 m. Weibliche Kiwipflanzen beginnen ab dem vierten Jahr zu fruchten und tragen dann etwa 20 Jahre lang.

Mit ihren großen, grünen, hübsch geformten Blättern sind Kiwipflanzen attraktive Klettergehölze.

Kiwis pflegen Leiten Sie die jungen Triebe anfangs durch lockeres Anbinden an ihrer Kletterhilfe hoch. Kiwipflanzen brauchen reichlich Wasser. Gießen Sie bei Trockenheit regelmäßig und durchdringend.

- In den ersten Jahren ist bei den empfindlicheren großfrüchtigen Sorten eine Winterschutzabdeckung an der Pflanzenbasis empfehlenswert, z. B. mit Fichtenreisig, Jutestoff oder Schilfmatten.
- Ab dem zweiten Jahr sollten Sie regelmäßig düngen, einmal zum Austrieb und dann gegen Ende der Blütezeit im Juni/Juli. Verwenden Sie dafür einen chloridfreien, kalibetonten Dünger.
- Die kleinfrüchtigen Arguta-Kiwis wie 'Issai' und 'Weiki' sind frosthärter und anspruchsloser.
- Kürzen Sie im Sommer fruchtende Seitentriebe bis auf sechs bis acht Blätter hinter den Früchten ein. Schneiden Sie dieselben Triebe dann im nächsten Frühjahr kurz vor dem Austrieb auf drei bis fünf Augen zurück. Daraus treiben dann neue, fruchtende Seitenzweige.
- Kiwifrüchte pflücken Sie, wenn die Pflanze Ende Oktober/Anfang November ihr Laub abwirft. Die Früchte sollten auf Druck leicht nachgeben. Sie werden erst nach Lagerung weich und genussreif. Kühl und bei hoher Luftfeuchtigkeit halten sich die Vitamin-C-reichen Früchte etwa 3 Monate.

Die gute Wahl

ZWEIHÄUSIGE KIWISORTEN

HAYWARD 1 Dies ist wohl die am häufigsten angebaute Sorte; mit großen, sehr wohlschmeckenden Früchten.

WEIKI Die robuste, frostharte Pflanze stammt von der kleinfrüchtigen *Actinidia arguta* ab. Ihre aromatischen Früchte sind glatt und stachelbeergroß.

BEFRUCHTERSORTEN

Sorten mit rein männlichen Blüten **2**, z. B. 'Matua' oder 'Nostino', sind zur Befruchtung weiblicher Sorten nötig.

SELBSTFRUCHTENDE KIWISORTEN

ISSAI Gehört zur robusten, frostharten Arguta-Gruppe; mit walzenförmigen, glatten, saftigen Früchten.

JENNY Dies war die erste einhäusige Züchtung mit grünen, walnussgroßen Früchten.

1

2

Der Obstgarten Ihrer Träume

Heutzutage bieten nur wenige Grundstücke den Platz für einen traditionellen Obstgarten mit großen Bäumen. Doch auch bei begrenztem Raum können Sie mit sorgfältiger Planung eine Vielfalt verschiedener Obstarten und -sorten anbauen.

Den Platz klug nutzen

Der beste Standort für Ihren Obstgarten Wählen Sie für Ihre Obstgehölze eine sonnige Freifläche, die etwas geschützt liegt, Spätfrösten und starken Winden möglichst wenig ausgesetzt ist und weder nassen noch verdichteten Boden aufweist.

- Besonders gut sind Süd- oder Südosthänge direkt unterhalb einer Hecke oder Mauer.
- Sehr schlechte Standorte sind Senken, in denen sich Kaltluft sammelt, und Bereiche mit staunassen Böden.
- Meiden Sie auch die Südseite Ihres Gemüsegartens, sonst beschatten später die hoch wachsenden Obstgehölze die Beete.

Was kommt wohin? Obstbäume können Sie in den Rasen oder in eine Wiese pflanzen. Denken Sie aber daran, zwischen den Bäumen genügend Platz für den Rasenmäher zu lassen. Berücksichtigen Sie zudem die Wuchshöhe der Bäume; Kirschen z. B. können bis 15 m hoch werden. Manche Zwergformen bleiben dagegen so niedrig, dass Sie sich beim Mähen ducken müssen. Für sie ist eine gesonderte Rabatte die bessere Wahl.

- Pflanzen Sie Spalierobst und entsprechend gezogene Beerensträucher vor eine geschützte, sonnige Wand.
- Himbeeren, Johannis- und Stachelbeeren lassen sich gut als Kordon, Fächerspalier oder schmale Obsthecken am Drahtrahmen ziehen. In dieser Form eignen sie sich schön als Umrandung des Gemüsegartens. Auch Erdbeeren passen gut in den Gemüsegarten.

Baum- und Beerenobst lässt sich platzsparend im Gemüsegarten unterbringen, wie dieses hübsche Birnenspalier demonstriert.

Beachten Sie Höhe und Breite Ein Baum ist eine langfristige Anschaffung: Informieren Sie sich vor dem Kauf genau über seine spätere Endgröße. Wird er nach vielen Jahren zu groß für den Garten, sind Sie oder Ihre Nachfolger gezwungen, den Baum vorzeitig zu fällen. Die Gefahr besteht besonders bei Süßkirsche und Walnuss: Beide können bis zu 15 m hoch wachsen und einen Kronendurchmesser von 10–18 m erreichen.

Fragen Sie die Nachbarn Wenn Sie einen kleinen Obstgarten planen, gibt es nichts Besseres, als sich gründlich in den Nachbargärten umzuschauen. Erkundigen Sie sich bei Ihren Nachbarn, mit welchen Arten und Sorten sie gute oder auch schlechte Erfahrungen gemacht haben. Lokale Märkte und Pflanzentauschbörsen spiegeln ebenfalls wider, was in der Region gut gedeiht. So finden Sie heraus, welche Obstbäume und -sträucher in Ihrem Garten fruchten können.

Platzsparende Lösungen Spezielle Wuchs- und Erziehungsformen ermöglichen Ihnen auch in einem kleinen Garten den Anbau vielfältiger Baumobstarten. Studieren Sie das Angebot von Baumschulen, Pflanzenversendern, Spezialversendern von Obstgehölzen und gut sortierten Gartencentern.

- **Kleinkronige Bäume** Bei Busch- oder Spindelbäumen werden gängige Obstsorten auf schwachwüchsige Unterlagen veredelt und teils auch durch entsprechende Erziehung klein gehalten. Bei Säulen- und Zwergformen zeichnen sich auch die aufveredelten Fruchtsorten durch besonders schmalen bzw. kompakten Wuchs aus.
- **Duo-Bäume** Auf solchen Bäumen sind zwei verschiedene Apfel-, Birnen-, Kirsch- oder andere Steinobstsorten aufveredelt. So können Sie nicht nur unterschiedliche Früchte vom selben Baum ernten – die Sorten bestäuben sich auch gegenseitig, sodass Sie Platz für eine zusätzliche Befruchtersorte sparen. Sogenannte Familienbäume tragen sogar vier und mehr verschiedene Sorten.
- **Spalierobst** Bei dieser Erziehungsform werden Bäume nur in einer Ebene gezogen, indem man die Triebe nach links und rechts leitet, z. B. an einer Wand oder einem Drahtgerüst. Es gibt sehr „strenge" Spalierformen mit etagenartig waagrecht angeordneten Ästen; ein Spalier kann aber auch locker fächerartig aufgebaut werden.

Baumformen für den Obstgarten

BAUMFORM	HÖHE	BREITE
Hochstamm	8–20 m	8–12 m
Halbstamm	5–12 m	5–8 m
Niederstamm	3–6 m	3–6 m
Busch	2–3,5 m	2–4 m
Spindelbusch	2–3,5 m	2–3 m
schlanke Spindel	2–2,5 m	1–2 m
Säulenbaum	2–3 m	0,3–0,5 m
Zwergbaum	1–1,5 m	bis 1,5 m

Obstbäume pflanzen

Denken Sie an die Befruchtung Apfel-, Birnen- und viele Süßkirschensorten können ihre Blüten nicht mit den eigenen Pollen befruchten. Sie brauchen jeweils eine zweite Sorte als Pollenspender, die zur selben Zeit blüht. Wenn in der Umgebung mehrere Exemplare derselben Obstart wachsen, ist das meist kein Problem. Andernfalls bleiben trotz reicher Blüte die Früchte aus oder werden nur spärlich gebildet. Planen Sie deshalb eventuell Platz für einen zweiten Baum bzw. Strauch ein. Bei begrenzter Fläche sind die erwähnten Duo-Bäume mit zwei Sorten eine gute Lösung. Oder Sie lassen beim Kauf in der Baumschule eine zusätzliche Sorte in Ihren Jungbaum einveredeln.

- Aprikose, Pfirsich, Quitte, Beerensträucher sowie die meisten Pflaumen- und Sauerkirschsorten sind selbstfruchtbar. Häufig verbessert aber eine zweite Sorte die Befruchtung und damit den Ernteerfolg.

Der Herbst ist meist die beste Zeit
Ab dem Herbst bieten die Baumschulen und Versender wurzelnackte Obstbäume in großer Sortenvielfalt an. Sie können während der gesamten Vegetationsruhe gepflanzt werden, ab etwa Mitte Oktober bis April, wenn der Boden frostfrei ist. Besonders bewährt hat sich jedoch die Pflanzung im Oktober und November – dann sind die Bäume bis zum Frühjahr schon gut eingewurzelt.

- Die wärmeliebenden Aprikosen, Pfirsiche und Quitten machen eine Ausnahme: Sie sollten im Frühjahr gepflanzt werden.
- Containerpflanzen können Sie außer bei Frost das ganze Jahr über setzen, doch auch sie wachsen bei Herbst- oder Frühjahrspflanzung am besten an.
- Achten Sie beim Kauf auf einen geraden Stamm mit gesunder Rinde und kräftigen, gut verteilten Seitenästen sowie auf ein gut entwickeltes Wurzelsystem.

Langlebige Stützen Stützpfähle sind unverzichtbar, wenn Sie nicht möchten, dass der erste Windstoß Ihre jungen Obstbäume umwirft. Wählen Sie einen kräftigen Pfahl mit imprägnierter Spitze, der so lang ist, dass er nach dem Einschlagen in den Boden knapp unterhalb der Krone endet.

Großvaters Geheimtipp

ALTBEWÄHRTE TIPPS FÜR DIE OBSTBAUMPFLANZUNG

- Ein großer Stein in der Pflanzgrube verhindert, dass der Baum beim Festtreten der Erde absinkt (Abb. oben).
- Ein paar Getreidekörner geben beim Keimen Hormonstoffe ab, die das Wurzelwachstum begünstigen (Abb. unten Mitte).
- Dosen in der Pflanzgrube setzen Eisenoxide und Sulfate frei, die die Wurzeln vor Fäulnis bewahren (Abb. unten).

Recycling für alte Strumpfhosen
In einem Obstgarten brauchen Sie immer wieder Bindematerial, um junge Stämme an Pfählen zu befestigen oder Äste zu erziehen oder zu stützen. Eine gute, äußerst kostengünstige Lösung sind ausgediente Strumpfhosen. Aus ihnen lassen sich breite, weiche, elastische Bänder schneiden, die wachsende Stämme und Äste nicht einschnüren.

Unregelmäßige Ernten In manchen Jahren können Spätfröste und Regen eine magere Ernte verursachen. Das betrifft besonders das Steinobst.

- Apfel-, teils auch Birnen- und Pflaumenbäume, tendieren je nach Sorte dazu, in einem Jahr sehr viel zu tragen und im folgenden Jahr fast nichts. Diese Erscheinung nennt man Alternanz.
- Starke Winde im Frühjahr und Sommer können die Arbeit der bestäubenden Insekten behindern, die noch jungen Früchte und Triebe beschädigen und so die Ernte verschlechtern. Sorgen Sie deshalb an exponierten Stellen möglichst für Windschutz.

Gras zwischen Bäumen Ein Grasbewuchs auf dem Boden Ihres Obstgartens sorgt für gute Begehbarkeit selbst nach Regen, bietet Fallobst einen weichen Landeplatz und erspart das Unkrautjäten. Sie müssen ihn nur gelegentlich mähen und können den Grasschnitt sogar auf dem Boden liegen lassen. So reichert er beim Verrotten den Boden mit Humus an.

- Lassen Sie die Wiese jedoch nicht zu dicht am Baumstamm wachsen, sonst könnten Sie ihn beim Mähen beschädigen. Außerdem konkurrieren die Gräser mit den Bäumen um die Bodenfeuchtigkeit. Legen Sie daher nur Grasstreifen zwischen den Baumreihen an. Der Boden unter den Bäumen sollte frei

Alte Strumpfhosen liefern gutes, kostenloses Bindematerial (Abb. links). Lassen Sie bei Graseinsaat im Obstgarten zwischen den Reihen genügend Platz für den Rasenmäher (Abb. rechts).

Einige Bienenstöcke fördern Befruchtung und Ertrag der Obstbäume und erfüllen den Garten mit freundlichem Summen.

bleiben und wird am besten mit Mulchmaterialien bedeckt.

Schützen Sie die Rinde junger Bäume
Die Rinde frisch gepflanzter Obstgehölze reagiert sehr empfindlich auf Frost und ganz besonders auf den Wechsel zwischen sonnigen Tagen und frostigen Nächten, der leicht zu Rindenrissen führen kann. Wenden Sie in gefährdeten Lagen altbewährte Schutzmethoden an: Umwickeln Sie die Stämme mit

ACHTUNG!

DENKEN SIE AN IHRE NACHBARN
In den meisten Bundesländern sind für die Pflanzung von Obstbäumen mindestens 2 m Abstand zur Nachbargrenze vorgeschrieben. Unabhängig davon sollten Sie möglichst keinen Baum so pflanzen, dass er später das Grundstück des Nachbarn beschattet.

Hängen die Zweige Ihrer Obstbäume in Nachbars Garten über, darf dieser von Rechts wegen alles Fallobst aufsammeln.

Beeinträchtigen Äste oder Wurzeln sein Grundstück, muss er zu deren Entfernung zuerst eine Frist setzen. Wenn Sie bis dahin nicht eingreifen, darf er sie selbst entfernen.

Wie viel Obst können Sie ernten?

Die Erntemenge kann je nach Wuchsform, Sorte, Wetter und Standort variieren.

OBSTART	ERNTEMENGE JE BAUM ODER STRAUCH
Apfel (groß)	unregelmäßig: 0 bis über 100 kg
Aprikose	unregelmäßig: 0 bis mehrere Dutzend Kilogramm
Birne (groß)	regelmäßig: mehrere Dutzend Kilogramm
Birne (klein bis mittel)	unregelmäßig: mehrere Kilogramm bis mehrere Dutzend Kilogramm
Brombeere	regelmäßig: einige Kilogramm
Haselnuss	unregelmäßig: 0 bis mehrere Kilogramm
Himbeere	regelmäßig: mehrere Kilogramm pro 10 m^2 Ruten
Kirsche	unregelmäßig: mehrere Kilogramm bis mehrere Dutzend Kilogramm
Kiwi	regelmäßig: mehrere Kilogramm
Pfirsich	unregelmäßig: 0 bis über 10 kg
Pflaume	unregelmäßig: mehrere Kilogramm bis mehrere Dutzend Kilogramm
Quitte	unregelmäßig: mehrere Kilogramm bis mehrere Dutzend Kilogramm
Rote Johannisbeere	regelmäßig: 1–2 kg
Schwarze Johannisbeere	regelmäßig: 1–2 kg
Walnuss	unregelmäßig: mehrere Kilogramm bis über 100 kg
Weinrebe	regelmäßig: mehrere Kilogramm

Stroh, oder versehen Sie diese mit einem Kalkanstrich, der die Sonne reflektiert und so die Gefahr von Temperaturschwankungen mindert. Früher verwendete man verschiedene Rezepturen für Kalkanstriche, oft gemischt mit Lehm. Heute bietet der Fachhandel geeignete Weißanstrichpräparate an.

Ein ökologischer Obstgarten

Gärtnern mit der Natur Sie können die Gesundheit und Ertragskraft Ihrer Obstgehölze naturgemäß fördern, indem Sie Sträucher, farbenfrohe Blumen und Kräuter dazwischen pflanzen, um nützliche Insekten, Vögel und Bienen anzulocken.

Blüten- und Fruchthecken „Wilde" Hecken in der Nähe oder am Rand des Obstgartens bieten Nahrung und Unterschlupf für Vögel und nützliche Insekten, die Obstschädlinge in Schach halten.

- Für solche frei wachsenden Hecken eignen sich z. B. Berberitze, Forsythie, Hainbuche, Hartriegel, Haselnuss, Heckenkirsche, Kornelkirsche und Schneeball.
- Verzichten Sie jedoch auf Sträucher, die ebenso wie die meisten Obstbäume zur Familie der Rosengewächse gehören. So sind z. B. Fels- und Zwergmispel, Feuerdorn sowie Weiß- und Rotdorn sehr anfällig für Feuerbrand, eine gefürchtete Bakterienkrankheit an Obstbäumen. Auch Eberesche, Felsenbirne und Zierquitte können befallen werden und so zur Verbreitung beitragen.
- Vögel werden zwar auch als „Mitesser" beim Obst lästig, doch dafür revanchieren sie sich besonders während der Brutzeit durch fleißiges Vertilgen von Raupen und Insekten. Fruchtende Gehölze wie die Kornelkirsche bieten ihnen zudem eine Nahrungsalternative zu unseren Obstbäumen.

Attraktive Pflanzen Zu Pflanzen, die nützliche Insekten anlocken, zählen die Bienenweiden Lavendel und Schmetterlingsstrauch; Ringelblume und Studentenblume (Tagetes) locken Flor- und Schwebfliegen an. Bevorzugen Sie im Umfeld des Obstgartens Blumen und Sträucher mit einfachen, ungefüllten Blüten – sie sind für Bienen und andere nützliche Insekten sehr wertvoll.

Winterschutz für gute Freunde Florfliegen mit ihren schillernden, durchscheinenden Flügeln und ihre Larven fressen reichlich Blattläuse, Raupen und andere Obstschädlinge. Sie können sie und andere Nützlinge durch geeignete Unterschlupfmöglichkeiten und Nisthilfen fördern.

- Florfliegen überwintern an geschützten, trockenen Plätzen, z. B. im Geräteschuppen oder auf dem Dachboden. Sie nehmen auch gern rot gestrichene, mit Stroh gefüllte Holzkästen als Winterquartier an.
- Schilf- oder Bambusbündel in einer Dose und angebohrte Holzblöcke dienen Florfliegen, Schlupfwespen und anderen Insekten als Nisthilfen.
- Unter Reisig-, Laub- oder Steinhaufen, aufgeschüttet in einer ruhigen Gartenecke, überwintern Igel, Spitzmäuse, Laufkäfer, Blindschleichen und Eidechsen – alles eifrige Insekten- und Schneckenvertilger.

Bienenhaltung Bienen sind für die Bestäubung der Obstgehölze unverzichtbar. Früher schätzte sich jeder Gärtner glücklich, der einen Bienenstock unter seinen Bäumen besaß. Die Bienenhaltung ist zwar ein Hobby für Spezialisten – doch gerade im Obstgarten ein äußerst lohnendes, das zudem noch köstlichen Honig liefert.

SCHON GEWUSST?

FÜGEN SIE ORGANISCHEN DÜNGER HINZU

Geben Sie bei der Obstbaumpflanzung gut verrotteten Kompost oder Mist sowie Hornspäne in die Pflanzgrube. Schlämmen Sie alles mit Algenextrakt ein. Reichern Sie aber auch den Boden in der näheren Umgebung durch Einarbeiten von Kompost an.

EINEN OBSTBAUM PFLANZEN

1 Tauchen Sie das gesamte Wurzelsystem für eine Stunde in eine Mischung aus gut verrottetem Gartenkompost und Wasser.

2 Stechen Sie dann eine kreisförmige Grasnarbe an der geplanten Pflanzstelle aus, die einen Durchmesser von 1 m aufweist.

3 Graben Sie an dieser Stelle ein 50 cm tiefes Loch, und lockern Sie dessen Sohle. Entfernen Sie alle beschädigten Baumwurzeln.

4 Setzen Sie nun den Baum so in die Pflanzgrube ein, dass die Veredlungsstelle etwa 10 cm über der Erdoberfläche zu stehen kommt.

5 Rütteln Sie den Baum beim Auffüllen der Erde ein wenig, damit sich alles setzt. Schlagen Sie dann nahe am Stamm den Pfahl ein.

6 Treten Sie die Erde rund um den Stamm etwas fest, gießen Sie gründlich an, und binden Sie den Stamm am Pfahl fest.

Schöne Apfel-, Birn- und Quittenbäume

Wenn Sie das Glück hatten, mit einem Apfel- oder Birnbaum im Garten aufzuwachsen, wollen Sie diese Tradition sicher fortsetzen. Selbst für den kleinsten Raum gibt es passende Formen, und neue krankheitsresistente Sorten machen den Anbau einfacher.

Die richtige Größe und Form

Spalierobst für kleine Gärten Flach an einer Wand, einem Latten- oder Drahtgerüst gezogen, nehmen Obstbäume nur wenig Platz ein. Apfel und Birne lassen sich gut als Palmetten erziehen. Dabei zweigen von einem senkrechten Mitteltrieb die Seitenäste paarweise waagrecht oder im 45°-Winkel (schräge Palmette) nach links und rechts ab. Die Seitenastpaare sind etagenartig mit 40–60 cm Abstand übereinander angeordnet. Beim Fächerspalier werden Haupt- und Seitentriebe links und rechts vom Mitteltrieb fächerartig gezogen.

- Spalierobst verlangt für die gewünschte Form regelmäßigen Schnitt und Erziehung.

Platz und Zeit sparen Bäume, die auf schwachwüchsigen Unterlagen aufveredelt sind, brauchen als kompakte Busch- oder Spindelformen wenig Platz und verlangen auch weniger Schnittaufwand. Apfelbäume sind z. B. auf der schwachwüchsigen Unterlage M 27 erhältlich, die die Baumgröße beeinflusst, jedoch nicht die Fruchtgröße.

- Säulen- und Zwergformen lassen sich sogar im Kübel kultivieren und benötigen kaum Schnittmaßnahmen. Säulenäpfel und -birnen wachsen nur etwa 30 cm breit und 2–3 m hoch.

Naturnaher Schnitt Viele Erwerbsobstbauern bevorzugen einen nicht allzu strengen, eher naturnahen Schnitt ihrer Apfelbäume, ein Beispiel, dem Sie folgen können.

Dieser kleine Apfelbaum wächst auf einer schwachwüchsigen Unterlage, bildet aber normal große Früchte.

- Lassen Sie die fruchttragenden Triebe ihre Früchte auf natürliche Weise entwickeln. Schneiden Sie dann jedes Jahr einige davon direkt über einem jungen Seitentrieb zurück.
- Haben die Fruchtholztriebe sehr viele Blütenknospen, können Sie diese ausdünnen, um die Fruchtmenge zu reduzieren.

Renaissance der Quitte In wärmeren Regionen wurde die etwas frostempfindliche Quitte früher häufiger angebaut, vor allem wegen der köstlichen Marmelade, die sich aus ihren aromatischen Früchten gewinnen lässt. Heute erfreut sich der mit 2–5 m Höhe relativ kleine Baum wieder zunehmender Beliebtheit. Mit ihren schönen Blüten und den hübschen großen Blättern ist die Quitte ein sehr ansehnliches Obstgehölz. Die goldgelben, gegen Mitte Oktober reifenden Früchte sind je nach Sorte apfel- oder birnenförmig.

Die Quitte ist ein langlebiger, mit ihren gelben Früchten attraktiver Obstbaum. Sie braucht nur wenig Pflege.

Eine Birne kann als waagrechte Palmette Gartenbereiche abgrenzen (links außen). Als schräge Palmetten benötigen Äpfel kaum Platz (links).

Durch Ausdünnen der Früchte lassen sich Fruchtgröße und Ausreife verbessern.

Je mehr Sonne und Wärme sie erhalten, desto schmackhafter reifen Birnen heran.

Wählen Sie einen möglichst warmen, geschützten Pflanzplatz. Als frostfest haben sich die Apfelquitte 'Konstantinopeler' und die Birnenquitte 'Champion' bewährt. Beide sind selbstfruchtbar, brauchen also keine zusätzliche Befruchtersorte. Quitten dienen auch als Veredlungsunterlagen für Birnen.

Stützen für die Äste In sehr ertragreichen Jahren können Apfel-, Birn- und Quittenbäume buchstäblich von der Last ihrer Früchte erdrückt werden. Dann besteht die Gefahr, dass einige der Hauptäste brechen.

- Beugen Sie dem vor, indem Sie kräftige Äste oder andere Holzstützen mit einer Gabelung an der Spitze in den Boden stecken und die fruchtenden Äste vorsichtig darauf ablegen.

Schöne Blüten, reichlich Früchte

Richtig schneiden Von Knospenschäden durch extreme Fröste einmal abgesehen, ist falscher bzw. zu starker Schnitt der häufigste Grund für ausbleibende Blüten. Beachten Sie, dass Apfel, Birne und Quitte an kurzen Seitentrieben blühen und fruchten, die sich an den zweijährigen Abschnitten längerer Triebe bilden. Diese fruchttragenden Kurztriebe verzweigen sich weiter, sodass das produktive Fruchtholz zwei- oder mehrjährig ist. Erst nach einigen Jahren lässt die Blütenbildung dort nach. Schneiden Sie diese verzweigten Fruchttriebe dann auf jüngere Triebe zurück.

- Wenn Ihr Obstbaum in den ersten Jahren nicht blüht, besteht kein Grund zur Sorge – bei jungen Bäumen kann es 2–3 Jahre dauern, bis sie Blüten und Früchte ansetzen. Bei großen Bäumen dauert es bis zu 8 Jahren, bis sie reichlich Früchte tragen. Kleine Baumformen kommen viel früher in das Vollertragsstadium, haben aber auch eine kürzere Lebensdauer.

Die gute Wahl

GUTE SORTENGRUPPEN FÜR DEN HAUSGARTEN

ALTE SORTEN Äpfel werden seit Jahrhunderten kultiviert, und viele frühere Sorten für den Hausgarten sind nach wie vor beliebt. Alte Sorten wie 'Cox Orange' oder robuste Lokalsorten gibt es bei Spezialgärtnereien.

BALLERINA-SÄULENÄPFEL Diese modernen Apfelsorten wie 'Bolero' oder 'Waltz' haben den Obstanbau im Garten revolutioniert. Sie wachsen schmal säulenförmig und eignen sich z. B. auch für Hecken.

„PI"-SORTEN Diese in Pillnitz bei Dresden entwickelten Sorten tragen Namen wie 'Pilot', 'Piros' oder 'Pisaxa'. Sie sind robust und meist nur gering anfällig gegen Mehltau.

„RE"-SORTEN Die ebenfalls in Pillnitz gezüchteten Sorten heißen z. B. 'Reglindis', 'Relinda, 'Resi' oder 'Rewena'. Sie sind mehr oder weniger resistent gegen Mehltau und Apfelschorf, oft auch gegen Feuerbrand.

Ein fächerförmig gezogener Apfelbaum eignet sich ideal für eine sonnige Wand.

Ausdünnen für eine bessere Ernte Besonders Apfelbäume setzen oft „vorsichtshalber" mehr Früchte an, als sie tatsächlich gut ernähren können. Zum Teil regelt das die Natur von selbst: Im Juni oder Juli, etwa 3–4 Wochen nach der Blüte, stoßen die Bäume von selbst überschüssige kleine Früchte ab. Warten Sie zuerst diesen sogenannten Junifruchtfall ab. Bei Birnen ist der Fruchtbehang danach oft schon ausreichend reduziert.

- Manche Apfelsorten wie 'Berlepsch', 'Boskoop' und 'Gravensteiner' haben eine sehr ausgeprägte Alternanz, d. h., nach einem Jahr mit reichem Fruchtbehang bleibt die Blütenbildung fast ganz aus. Wenn Sie im üppigen Ertragsjahr die Früchte auslichten, gibt es im Folgejahr zumindest eine mäßige Ernte. Die verbliebenen Früchte werden zudem größer und reifen besser aus. Außerdem lässt sich dadurch die Stippigkeit von Apfelfrüchten (siehe rechts) vermindern.
- Dünnen Sie dichte Fruchtbüschel nach dem Junifruchtfall mit der Gartenschere aus, sodass pro Fruchtstand nur ein bis höchstens drei Früchte stehen bleiben.
- Quittenbäume liefern ohne jegliches Ausdünnen gute Früchte.

Auf die Befruchtung achten Im Gegensatz zur selbstfruchtbaren Quitte brauchen Apfel- und Birnbäume Befruchtungspartner bzw. Pollenspender. Um Früchte zu entwickeln, müssen die Blüten durch Bienen, Hummeln oder andere Insekten mit Pollen einer zweiten, zur gleichen Zeit blühenden Sorte bestäubt werden (siehe auch S. 225).

- Sorgen Sie in der Umgebung der Obstgehölze für eine Bepflanzung mit Sträuchern, Hecken und Blumen, die Bienen anlocken.

Stippige Äpfel vermeiden Es gibt nichts Unerfreulicheres, als in einen frisch gepflückten Apfel zu beißen und dann auf bitter schmeckende Stellen mit braunen, vertrockneten Flecken zu stoßen. Diese stippigen Bereiche finden sich meist direkt unter der Schale und in der Nähe des Kelchansatzes. Ursache ist ein Kalziummangel der Früchte, wobei es anfälligere und weniger anfällige Sorten gibt.

- Lassen Sie den Boden untersuchen, wenn das Problem häufig auftritt. Wird ein Kalziummangel festgestellt, können Sie durch Kalken des Bodens die Stippigkeit reduzieren. Häufig ist dieser Nährstoff aber ausreichend vorhanden, doch hohe Kalium- und Magnesiumgehalte verhindern die Aufnahme des Kalziums. Stoppen Sie dann zunächst jede weitere Kalium- und Magnesiumdüngung. Verwenden Sie auch stickstoffhaltige Dünger nur zurückhaltend.

Schon in alten Zeiten bogen Gärtner Apfelbaumzweige mit Gewichten herab, um die Bildung von Blüten und Früchten zu fördern.

Die gute Wahl

BIRNEN FÜR DIE GANZE SAISON

Man unterscheidet drei Sortengruppen nach Reifezeit und Lagerfähigkeit. Sommerbirnen sind schon wenige Tage nach dem Pflücken genussreif, Herbstbirnen erst nach 2–4 Wochen. Winterbirnen, im Herbst gepflückt, müssen längere Zeit gelagert werden, halten sich aber auch bis in den Spätwinter.

SOMMERBIRNEN Sie reifen im Spätsommer, die 'Bunte Julibirne' schon ab Ende Juli. Mitte bis Ende August reifen 'Clapps Liebling' und 'Frühe von Trevoux'.

HERBSTBIRNEN Sie reifen in den Monaten September und Oktober und sind zahlenmäßig die stärkste Gruppe; zu ihnen gehören auch die alten Sorten 'Gellerts Butterbirne' **2**, 'Vereinsdechant' und 'Williams Christ' **1**.

WINTERBIRNEN Sie werden im Herbst pflückreif, schmecken aber erst nach längerer Lagerung. Hierzu zählen 'Alexander Lucas', 'Conférence', 'Großer Katzenkopf' ('Catillac') **3** und 'Winternelis'.

1

2

3

● Regelmäßige Kompostgaben, gleichmäßige Wasserversorgung während der Fruchtbildung, Lichthalten der Krone und Ausdünnen der Früchte mindern die Stippigkeit und verbessern auf Dauer die Situation.

● Schneiden Sie die Bäume nicht zu stark zurück, denn sonst konkurrieren die zahlreichen Neutriebe mit den Früchten um das Kalzium.

● Kurzfristig können Sie der Stippigkeit begegnen, indem Sie etwa von der zehnten Woche bis zur dritten Woche vor Erntebeginn die Krone mehrmals mit Kalziumchlorid oder Kalksalpeter besprühen.

Triebe herabbiegen für mehr Früchte Die Bildung von Blütenknospen hängt von der Saftzirkulation ab, die sich wiederum nach der Stellung der Triebe richtet. Bei steil stehenden Trieben wird das Spitzen- und Holzwachstum gefördert. Eher waagrecht stehende Triebe entwickeln beim Kernobst auf den Oberseiten verstärkt Fruchtholz und Blütenknospen. Biegen Sie deshalb steil stehende Triebe herab, möglichst in die Horizontale. Dazu können Sie Gewichte anbinden, z. B. mit Kiesel gefüllte Körbchen oder Steine. Oder Sie binden die Triebe mit Schnüren herunter, die Sie mit Zeltheringen im Boden befestigen, oder Sie verwenden spezielle Spreizhölzer oder Baumklammern zum waagrechten Abspreizen des Triebes.

Ein Gürtel gegen Raupen Der Apfelwickler, ein bräunlicher kleiner Falter, zählt zu den am meisten gefürchteten Apfelschädlingen. Die erste Generation fliegt ab Mitte Mai, im Juni legen die Weibchen ihre Eier an jungen Früchten und Blättern ab. Die daraus schlüpfenden Raupen, auch als „Apfelmaden“ bekannt, bohren sich in die jungen Früchte. Zum Verpuppen kriechen sie am Stamm herunter. Warmes Wetter begünstigt die Entwicklung einer zweiten Generation im Sommer; diese Raupen schädigen die heranreifenden Äpfel.

● Binden Sie ab Ende Mai Fanggürtel aus Wellpappe um die Stämme. Darin verpuppen sich die Raupen und können abgesammelt werden.

● Legen Sie ab Ende Juli neue Fanggürtel gegen die zweite Generation an. Diese nehmen Sie Anfang November ab und vernichten Sie mitsamt der Raupen und Puppen. So können Sie die nächste Frühjahrsgeneration bereits stark reduzieren.

● Gegen Apfelwickler gibt es auch Lockstofffallen (Pheromonfallen). Ob sie etwas helfen, ist umstritten. Allerdings können Sie damit einen Befall frühzeitig erkennen, denn an den Fallen bleiben die männlichen Falter kleben. Die Weibchen legen zwar noch ihre Eier ab, doch gegen die Raupen können Sie dann biologisch mit einem Granulose-Virus-Präparat oder mit einem zugelassenen Insektizid vorgehen.

Obstbaumschnitt – eine schwierige Sache? Im Prinzip ist der Schnitt von Obstbäumen recht einfach, wenn man sich das einmal von einem erfahrenen Praktiker zeigen lässt. Die Schwierigkeit besteht vor allem darin, dass man zunächst herausfinden muss, welche Schnittmaßnahmen je nach Baumalter und Baumform geeignet sind. Hier müssen Sie zum einen Pflanz-, Erziehungs-, Erhaltungs- und eventuell Verjüngungsschnitt unterscheiden, zum anderen Baumformen mit Pyramidenkrone (vom Hochstamm bis zum Busch), Spindel- und Spalierobst sowie Säulen- und Zwergbäume, die kaum geschnitten werden müssen. Erkundigen Sie sich am besten schon beim Kauf, wie Letztere zu schneiden sind.

● Neben Spezialliteratur zu diesem Thema empfiehlt sich besonders die Teilnahme an einem praktischen Obstbaumschnittkurs – hier verliert man schnell die Scheu vor dem Schneiden und kann sich alles genau erklären lassen, was durch die Fachbegriffe oft viel komplizierter klingt, als es tatsächlich ist.

● Bei Bäumen mit Pyramidenkrone strebt man von Beginn an einen Aufbau mit kräftigem, geradem Mittelast und drei bis fünf Leitästen an. Diese sollten auf verschiedener Höhe gleichmäßig um den Mittelast angeordnet sein und ungefähr im 45°-Winkel davon abzweigen. Sie müssen in der Länge immer etwas kürzer als der Mittelast bleiben und etwa in gleicher Höhe enden, in der sogenannten Saftwaage.

● Später kommt es vor allem darauf an, dieses Gerüst aus Mittel- und Leitästen zu erhalten, die Krone licht zu halten und vor allem beschädigte und überalterte Zweige zu entfernen oder bis knapp oberhalb junger Seitentriebe einzukürzen, in der Gärtnersparche umzulenken.

● Achten Sie darauf, dass beim Kernobst die Früchte an kurzen zwei- oder mehrjährigen Seitentrieben gebildet werden (siehe Abb. rechts).

SCHON GEWUSST?

FRUCHTHOLZ BEIM KERNOBST

Früchte bilden sich an kurzen Trieben mit rundlichen Knospen **1**, an bis zu 15 cm langen Fruchtspießen **2** oder an bis 30 cm langen Fruchtruten. Fruchtkuchen **3** sind verdickte Triebenden, aus denen neue Fruchttriebe entstehen. Durch mehrfache Verzweigung bildet sich mit der Zeit Quirlholz **4**.

Nutzen Sie für die Ernte in hohen Baumpartien einen speziellen Obstpflücker mit Auffangbeutel.

Richtig schneiden Arbeiten Sie mit gut geschärftem Werkzeug. Verwenden Sie je nach Trieb- bzw. Aststärke eine gute Gartenschere, eine Astschere mit langen Griffen oder eine Baumsäge mit verstellbarem Sägeblatt.

- Kürzen Sie Triebe knapp über einer nach außen weisenden Knospe ein. Setzen Sie die Schere etwas schräg an, sodass die Schnittfläche von der Knospe weg nach unten weist.
- Wenn Sie Triebe oder Äste ganz entfernen möchten, schneiden oder sägen Sie direkt an ihrer Ansatzstelle. Lassen Sie am verbleibenden Ast nur eine millimeterdicke Scheibe stehen, den sogenannten Astring. So verheilen die Wunden am besten. Stehen gelassene Stummel bieten Angriffsflächen für Keime.

Wann schneiden? Schon vor Jahrhunderten diskutierten Gartenfreunde und Obstliebhaber über den richtigen Schnittzeitpunkt. Die einen plädierten für den Winter, da sie meinten, dass der Baum während der Ruhezeit die Eingriffe am besten verkraftet. Die anderen bevorzugten den Sommer, weil selbst große Sägewunden schneller und besser verheilen, wenn der Baum voll „im Saft" steht. Diese Ansicht wird bis heute von vielen Experten geteilt. Doch der Schnitt in der Ruhezeit hat einen großen Vorteil: Sie können die Ast- und Zweigstruktur viel besser erkennen und so zielgerichtet schneiden.

- Für Kernobstbäume ist ein Schnitttermin im Spätwinter oder zeitigen Frühjahr, kurz bevor die Knospen schwellen, empfehlenswert. Wenn Sie bereits im Herbst schneiden, könnten einige der stehen gebliebenen Triebe Frostschäden erleiden. Schneiden Sie nie bei Temperaturen unter –5 °C, das kann zu Rinden- und Holzschäden führen.
- Das Absägen großer Äste oder andere starke Eingriffe nehmen Sie am besten im Sommer vor, wenn die Wunden rasch verheilen. Verstreichen Sie große Schnitt- und Sägewunden dennoch mit einem käuflichen Wundverschlussmittel.
- Ein Schnitt im Sommer dämpft außerdem das Triebwachstum starkwüchsiger Sorten.

Apfelsorten für den Garten

Die frühen, bis etwa Anfang September pflückreifen Äpfel schmecken bereits frisch vom Baum. Herbst- und Wintersorten dagegen müssen 4–6 Wochen gelagert werden, bevor sie genussreif sind und wirklich munden.

SORTE	FRUCHT	PFLÜCKREIFE	HINWEISE
'Alkmene'	gelborange, aromatisch süßsäuerlich	ab Anfang September	wenig krankheitsanfällig
'Berlepsch' und 'Roter Berlepsch'	grünlich gelb oder rot, säuerlich, saftig	ab Ende September	neigt zu Alternanz
'Boskoop' und 'Roter Boskoop'	gelblich grün oder rot, säuerlich, saftig	ab Anfang Oktober	etwas frostempfindlich, schlechter Pollenspender
'Cox Orange'	orange bis braunrot, fruchtig-würzig	ab Mitte September	recht krankheitsanfällig
'Gala'	hellrot, sehr süß, aromatisch	ab Ende September	schorfanfällig
'Idared'	rot, mild süßsäuerlich, knackig	ab Ende Oktober	recht robust
'James Grieve'	grüngelb, rot gestreift, süßsäuerlich	ab Anfang September	anfällig für Blutläuse und Spinnmilben
'Jonagold'	grünlich gelb, fest, süß-aromatisch	ab Ende September	schlechter Pollenspender
'Klarapfel'	leicht säuerlich	ab Mitte Juli	frosthart, recht krankheitsanfällig
'Pinova'	rot, aromatisch süßsäuerlich	ab Oktober	recht frosthart, wenig krankheitsanfällig
'Piros'	rot, aromatisch süßsäuerlich	ab Anfang August	recht frosthart, wenig krankheitsanfällig
'Reglindis'	rot, süßsäuerlich, saftig	ab Anfang September	mehrfach resistent und frosthart
'Resi'	rot, aromatisch, süßlich saftig, fest	ab Mitte September	mehrfach resistent und frosthart
'Rewena'	hellrot, süßsäuerlich, saftig	ab Oktober	mehrfach resistent und frosthart
'Topaz'	orangerot, süßsäuerlich, saftig	ab Mitte September	wenig krankheitsanfällig

Üppige Apfelblüte verspricht reiche Ernte – sofern ein geeigneter Pollenspender in der Nähe wächst.

Kernobst ernten und lagern

Die richtige Pflückzeit Wenn die ersten reifen Äpfel oder Birnen vom Baum fallen – nicht jene, die vorzeitig aufgrund Raupenbefalls abfallen –, dann wird es Zeit zum Ernten. Pflückreife Früchte lassen sich leicht vom Zweig abdrehen. Besonders bei roten Äpfeln ist auch die vollendete Fruchtausfärbung ein guter Anhaltspunkt.

- Quitten sind reif, wenn sich ihr Flaum einfach mit der Hand abreiben lässt.
- Ernte nach Geschmackstest ist nur bei frühen Sommeräpfeln sinnvoll. Alle anderen Apfelsorten sowie Birnen und Quitten entfalten ihre volle Genussreife erst nach Lagerung – je nach Sorte schon nach einigen Tagen oder erst nach mehreren Wochen.

Nützlicher Erntehelfer Ein Obstpflücker (siehe Abb. S. 232) bewahrt Sie davor, beim Pflücken von Äpfeln, Birnen und Quitten, die in luftiger Höhe hängen, in den Baum oder auf eine Leiter klettern zu müssen. Dieses in Gartencentern erhältliche Hilfsmittel besteht aus einem Leinen- oder Baumwollbeutel, der an einem langen Stiel befestigt ist. Oft gibt es ausziehbare Stiele, an denen sich auch andere Geräte, z. B. Astsägen, festmachen lassen. Über der Beutelöffnung steht ein Kranz aus biegsamen Zinken, mit denen sich die Frucht bis zum Stiel greifen lässt – ein sanfter Zug, und sie fällt in den Beutel.

Mit Vorsicht behandeln Pflücken Sie Äpfel und Birnen vorsichtig, ohne sie zu quetschen, da sie sonst nicht lange halten. Legen Sie die Hand um die Frucht, wenn Sie diese vom Zweig abdrehen.

Obst einlagern Frühe Apfel- und Birnensorten erlangen zwar bald ihre Genussreife, lassen sich aber auch nicht allzu lang lagern. Spät- und Wintersorten dagegen halten sich teils über Monate.

- Lagern Sie die Früchte möglichst kühl, bei 2–4 °C. Optimal ist ein Raum, der sich gut lüften lässt und in dem weder zu hohe noch zu niedrige Luftfeuchtigkeit herrscht. In einem trockenen Keller können Sie die Luftfeuchtigkeit erhöhen, indem Sie ein paar wassergefüllte Eimer aufstellen.
- Legen Sie die Früchte mit den Stielen nach oben locker nebeneinander auf Lattenrostregale oder in flache Obstkisten aus Sperrholz. Für größere Mengen gibt es im Fachhandel praktische Obsthorden mit stapelbaren Lattenrosten oder Schubregalen.
- Lagern Sie Äpfel nie zusammen mit anderem Obst oder Gemüse. Sie verströmen das Reifegas Ethylen, das die Haltbarkeit anderen Ernteguts deutlich verschlechtern kann.
- Kontrollieren Sie die gelagerten Früchte regelmäßig, und sortieren Sie Faules oder Krankes umgehend aus.

Großvaters Geheimtipp

SO ERHALTEN SIE PERFEKTE FRÜCHTE

Im frühen 20. Jh., vor der Einführung chemischer Mittel, tüteten Erwerbsobstbauern ihre Früchte zum Schutz ein. Man umhüllte Äpfel und Birnen, sobald sie walnussgroß waren, mit Papierbeuteln, die mit Gummibändern an den Fruchtstielen befestigt wurden – eine sehr aufwendige, aber lohnende Maßnahme.

- Auf diese Weise geschütztes Obst (siehe Abb.) wird in der Regel nicht von Schädlingen befallen, hat makellose Schalen, reift schneller und wird meist auch größer. Gut eignen sich dünne Brot- oder Haushaltspapierbeutel.

Steinobst – sommerlicher Genuss

Ein Aprikosen-, Kirsch-, Pfirsich- oder Pflaumenbaum bereichert Ihren Garten mit saftigen Sommergenüssen. Diese seit alters geschätzten Früchte verdienen auch im modernen Garten ihren Platz.

Steinobst auswählen

Geeignete Standortbedingungen Alle Steinobstarten wachsen und fruchten am besten an sonnigen, warmen, geschützten Plätzen und bevorzugen tiefgründige, humose Böden. Doch die Kälteverträglichkeit ist je nach Art unterschiedlich.

- Aprikose (*Prunus armeniaca*) und Pfirsich (*Prunus persica*) mitsamt Nektarine, einer Varietät des Pfirsichs, sind besonders kälteempfindlich, vor allem ihre Blüten leiden leicht unter Spätfrösten. Sie gedeihen am sichersten in wintermilden, sommerwarmen Regionen. In ungünstigeren Lagen pflanzt man sie am besten vor wärmespendende Wände, bevorzugt als Spalierobst.
- Pflaume bzw. Zwetsche (*Prunus domestica*) und Sauerkirsche (*Prunus cerasus*) sind vergleichsweise robust und wenig spätfrostgefährdet. Die Sauerkirsche fruchtet sogar im Halbschatten noch passabel.
- Die Süßkirsche (*Prunus avium*) steht in ihrem Wärmeanspruch dazwischen. Besonders bei früh blühenden Sorten mindern Spätfröste des Öfteren die Ernte.
- Pflaume und Süßkirsche mögen kalkhaltige Böden, die anderen Steinobstarten neutrale bis leicht saure Böden.

Sonnengereifte Aprikosen Nichts gleicht dem Aroma einer frisch gepflückten Aprikose aus dem eigenen Garten. Von daher ist der geschützte Anbau an einer Südwand auch in etwas kälteren Gegenden einen Versuch wert. Notfalls können Sie die im März und April erscheinenden Blüten durch Abdecken mit Vlies vor leichten Frösten schützen.

Kirschbäume liefern nicht nur Früchte, sondern sind auch während der Blütezeit sehr attraktiv.

Allerdings beeinträchtigt auch häufiger Regen die Blüten und Früchte. In niederschlagsreichen Regionen ist deshalb ein Standplatz unter einem Dachvorsprung vorteilhaft. Aprikosen sind selbstfruchtbar, sodass Sie keinen zweiten Baum zur Fruchtbildung brauchen.

Aprikosen-Baumformen Aprikosen werden meist als Busch- und Niederstammbäume angeboten. Als Niederstämme wachsen sie bis 5 m hoch und bis 4 m breit. Sie können sie mit Pyramidenkrone (ein Mittelast und drei bis vier Leitäste) oder Hohlkrone (ohne Mittelast) ziehen. Ansonsten bietet sich besonders die Erziehung als Fächerspalier an der Hauswand an.

- Mittlerweile sind auch Zwerg- und Säulenaprikosen erhältlich. Sie lassen sich im Kübel kultivieren, was die Wahl eines geschützten Standorts stark vereinfacht.

Die gute Wahl

SELBSTFRUCHTBARE KIRSCHEN

SAUERKIRSCHEN Die meisten Sorten sind selbstfruchtbar, doch manche fruchten mit einer zweiten Sorte wesentlich besser, so etwa 'Morina'. Selbstfruchtbar sind 'Gerema' (krankheitsresistent), 'Kobold', 'Schattenmorelle' und 'Morellenfeuer'. Letztere (Abb. unten) ist zugleich eine gute Befruchtersorte für andere.

SÜSSKIRSCHEN Hierunter gibt es etliche selbstunfruchtbare Sorten, wobei eine Befruchtung auch durch Sauerkirschen möglich ist. Bewährte selbstfruchtbare Sorten sind 'Stella' und 'Sunburst'.

Kirschen werden immer per Hand gepflückt. Für große Bäume benötigt man oft eine Leiter.

Süße und saure Kirschen Die fruchtig aromatischen Süßkirschen können vielfältig verarbeitet werden, doch ihre süßen Früchte schmecken auch direkt vom Baum köstlich. Bei den Süßkirschen unterscheidet man Herzkirschen mit weichem Fleisch, das sich schwer vom Stein löst, und die festfleischigeren Knorpelkirschen. Die herb-säuerlich schmeckenden Sauerkirschen werden besonders gern für Kompott, Marmelade, Gelee oder Saft verwendet.

- Die Reifezeit der Kirschen wird in sieben Zeiträume zwischen Juni und August unterteilt, die sogenannten Kirschenwochen. In Katalogen finden Sie oft abgekürzte Angaben, z. B. „Reife in der 4. KW".

Kleine Kirschbäume Für Sauerkirschen gibt es schon länger schwachwüchsige Unterlagen. Sie lassen sich gut als relativ kleine Hochstämme, als Busch oder auch Fächerspalier ziehen. Süßkirschen dagegen waren früher wegen ihres kräftigen, hohen, ausladenden Wuchses geradezu berüchtigt. Doch mittlerweile sind sie ebenfalls auf schwachwüchsigen Unterlagen erhältlich und können z. B. als nicht allzu breite Spindelbüsche gezogen werden. Der Trend zu Säulen- und Zwergformen hat vor den Kirschen nicht haltgemacht, sodass Sie auch hier diese platzsparenden Bäumchen wählen können. Eine gute Süßkirschen-Zwergsorte ist die selbstfruchtbare 'Stella Compact'.

Geplatzte Früchte Süßkirschen, besonders Knorpelkirschen, platzen recht schnell, wenn es während der Reife zu viel regnet. Die aufgeplatzten Früchte werden nicht nur unschön, sondern auch krankheitsanfällig. Wählen Sie daher in regenreichen Regionen platz- und regenfeste Sorten wie z. B. 'Frühe Rote Meckenheimer', 'Kassins Frühe', 'Kordia', 'Oktavia', 'Regina' und 'Sweetheart'.

Pfirsiche und Nektarinen Da Nektarinen eine Varietät der Pfirsiche darstellen, haben die Bäume dieselben Standort- und Pflegeansprüche. Im Gegensatz zu den flaumig behaarten Pfirsichfrüchten sind Nektarinen glattschalig. Die meisten Sorten sind selbstfruchtbar. Als Halb- oder Niederstämme wachsen Pfirsich- und Nektarinenbäume 3–6 m hoch mit flacher, breiter Krone. Sie werden bevorzugt mit Hohlkrone ohne Mittelast gezogen, damit das Kroneninnere reichlich Licht und Sonne erhält. Pfirsiche erhalten Sie auch als kleinere Buschbäume. Da sie ähnlich wärmebedürftig und spätfrostempfindlich sind wie Aprikosen, bietet sich alternativ die Erziehung als Fächerspalier an einer sonnigen Wand an.

Pfirsichsorten für den Garten Pfirsiche reifen je nach Sorte zwischen Juli und Oktober. Es gibt weiß-, gelb- und rotfleischige Sorten; weißfleischige sind oft am robustesten und deshalb für den Garten gut geeignet. Bewährt haben sich z. B. 'Benedicte' (Reife Ende August), 'Früher Roter Ingelheimer' (Juli), 'Revita' (August; resistent gegen Kräuselkrankheit) und 'Roter Ellerstädter' (September), unter den Nektarinen die 'Nektarose' (Ende August).

- Vor einiger Zeit wurde der 'Weinbergpfirsich' wiederentdeckt: Diese alte Form erfreut sich wegen ihrer rotfleischigen, aromatischen Früchte großer Beliebtheit. Anbauversuche außerhalb des Weinbauklimas sind aber oft enttäuschend, da die Blüte spätfrostempfindlich ist und die Früchte bei herbstlicher Kälte schlecht ausreifen.

Pfirsiche im Kübel Zwergformen von Pfirsich und Nektarine gedeihen in großen Töpfen ebenso wie in einem Mini-Obstgarten. Die Bäumchen werden nur etwa 1–1,5 m hoch und breit, doch die Früchte haben normale Größe und schmecken lecker. Gelegentlich findet man Sorten wie 'Bonanza', doch meist werden Zwergpfirsiche und -nektarinen ohne Sortenbezeichnung angeboten. Mit ihren oft rosafarbenen Blüten, den hübschen Blättern und ansehnlichen Früchten wirken die „Zwerge" auf der Terrasse sehr dekorativ; manche haben sogar rotes Laub.

Die gute Wahl

BEWÄHRTE APRIKOSEN
Aprikosen werden im Juli oder August erntereif. Sie können sie bei Vollreife ernten oder noch hart und dann ein paar Tage nachreifen lassen.

APRIKOSE VON NANCY
Diese über 200 Jahre alte Sorte hat hellgelbe, rotbackige, sehr aromatische Früchte (Abb. unten).

HARGRAND Die ertragreiche, nur wenig spätfrostgefährdete Sorte mit gelborangen Früchten ist sehr widerstandsfähig gegen Krankheiten.

HEIDESHEIMER FRÜHE
Mittelgroße, goldgelbe, zarte, saftige Früchte zeichnen diese altbewährte Sorte aus.

MOMBACHER FRÜHE
Eine alte Sorte mit mittelgroßen, sehr saftigen, gelbroten Früchten; hohe, regelmäßige Erträge.

ORANGERED Diese frostharte Sorte hat große, orangerote Früchte.

UNGARISCHE BESTE
Diese frostharte Sorte hat große, leuchtend orangegelbe Früchte.

Pflaumen in allen Größen und Farben In manchen Regionen spricht man eher von Zwetschen, Zwetschgen oder Quetschen als von Pflaumen. Doch die Obstgärtner machen hier feine Unterschiede und sehen die Zwetschen als Untergruppe der Pflaumen an, ebenso wie Mirabellen und Renekloden.

- Rund- und Eierpflaumen haben große blauviolette, gelbe oder rötliche, mäßig bereifte Früchte mit deutlicher Fruchtnaht. Ihr grünlich bis orangegelbes Fruchtfleisch ist saftig, aber meist schwer vom Stein zu lösen.
- Zwetschen bilden mittelgroße, längliche, blaue bis blauviolette, meist stark bereifte Früchte ohne Fruchtnaht. Die Steine im festen, gelblichen Fruchtfleisch sind gut löslich.
- Renekloden haben mittelgroße bis große, rundliche, grüngelbe oder rötliche Früchte mit grünlichem Fleisch.
- Die kleinen, kugelrunden Mirabellenfrüchte sind gelb bis orangefarben und besitzen ein festes Fruchtfleisch.

Selbstfruchtbare Pflaumen Die zwischen Juli und Oktober reifenden Pflaumen brauchen zum Teil eine Befruchtersorte. Doch in allen Sortengruppen finden Sie auch selbstfruchtbare Züchtungen: bei den Rund- und Eierpflaumen z. B. 'Ontario' (gelb) und 'The Czar' (blau), bei den Zwetschen die altbewährte 'Hauszwetsche' und die 'Wangenheimer Frühzwetsche' (beide dunkelblau). Auch 'Oullins Reneklode' (grüngelb) und die 'Mirabelle von Nancy' (gelb) benötigen keinen Pollenspender.

Reiche Ernten

Ab wann? Frisch gepflanzte Steinobstbäume müssen zunächst das Grundgerüst an Ästen entwickeln, bevor die jungen Triebe fruchten können. Deshalb gibt es die ersten Früchte oft erst nach 3–4 Jahren, nach 5–10 Jahren liefern Bäume den vollen Ertrag.

Saftige Aprikosen und Pfirsiche Aprikosen und Pfirsiche werden größer und saftiger, wenn Sie Ihren Baum vom Frühjahr bis zum Herbst bei Trockenheit regelmäßig und ausgiebig gießen, besonders während der Blütezeit und Fruchtbildung.

- Wässern Sie entlang den aktiven Wurzeln, die sich hauptsächlich im Bereich unter den Laubkronenrändern befinden.

Zwergpfirsiche bezaubern mit dichten Blütenbüscheln und sind ideal für kleine Gärten.

Ein Tipp zum Kirschenpflücken Die ersten Kirschen reifen ungefähr 40 Tage nach der Blüte, und die Ernte einer Sorte zieht sich über etwa 3 Wochen. Achten Sie beim Pflücken darauf, nicht die Stiele mit abzuziehen, da hier neue Blütenknospen für das nächste Jahr entstehen.

Zuckerwasser für Bienen Um die Befruchtung besonders bei nicht selbstfruchtbaren Kirschen- und Pflaumensorten zu verbessern, gibt es einen alten Gärtnertrick: Besprühen Sie einige Zweige Ihres Baums mit einer schwach dosierten Zuckerlösung, sobald er zu etwa 75 % in Blüte steht. So locken Sie Bienen und andere bestäubende Insekten an. Es ist nicht nötig, den gesamten Baum einzusprühen, aber oft ist eine Wiederholung nach 2–3 Tagen angeraten, vor allem, wenn es geregnet hat.

Ausdünnen für bessere Früchte Wenn die Äste Ihres Pflaumenbaums schon im Frühsommer von Früchten geradezu überborden, sollten Sie einen Teil ausdünnen, damit sich die verbleibenden Früchte groß und schmackhaft entwickeln und die Zweige nicht unter der Last brechen. Der Baum reguliert den Überbehang schon ein wenig von selbst, indem er einige Früchte abstößt. Sollten es immer noch zu viele sein, schütteln Sie leicht an den Ästen.

- Dünnen Sie vor allem ungünstig sitzende oder besonders kleine Früchte aus. Belassen Sie an den Hauptästen nur sechs bis zehn Früchte pro Meter.

Die gute Wahl

OBSTBÄUME FÜR JEDEN GESCHMACK

PFLAUME Auch bei Pflaumen und Zwetschen bevorzugen viele Gärtner selbstfruchtbare Sorten wie 'Königin Victoria' **4** oder die altbewährte, robuste 'Hauszwetsche' **1**. Zur Gruppe der Pflaumen zählen auch die Renekloden und die runden Mirabellen.

PFIRSICH Pfirsichbäume sind attraktiv, selbstfruchtbar und liefern köstliche Früchte. Allerdings brauchen sie viel Wärme und Sonne. Sorten wie 'Früher Roter Ingelheimer' oder die spät reifende 'Hale' **2** gedeihen am besten vor einer warmen Hauswand.

SÜSSKIRSCHEN Süßkirschen sind durch mittelgroße und kleinkronige Formen für den Garten sehr interessant geworden. Selbstfruchtbare Sorten wie 'Stella' **3** sparen den Platz für eine Befruchtersorte. Dagegen braucht die sehr aromatische 'Große Schwarze Knorpel' **5** einen Pollenspender, z. B. 'Hedelfinger'.

NEKTARINE Die glattschalige Nektarine **6** ähnelt in ihren Ansprüchen und Vorzügen dem Pfirsich.

SAUERKIRSCHEN Bei den recht robusten, weniger spätfrostempfindlichen Sauerkirschen empfehlen sich besonders selbstfruchtbare Sorten wie 'Morellenfeuer' oder die gegen Monilia resistente 'Gerema'.

1 2

3 4

5 6

Steinobstbäume schneiden

Weise schneiden Es ist möglich, auch mit wenig Schnittarbeit ertragreiches Steinobst zu ziehen. In Erwerbsobstanlagen, wo hohe Ernten angestrebt werden, erfolgt jährlich ein kräftiger Schnitt im Spätwinter oder zeitigen Frühjahr, um den Ertrag zu regulieren und die Krone für eine bessere Reife zu lichten. Im Hausgarten schneidet man dagegen meist im Spätsommer oder Frühherbst gleich nach der Ernte.

Die richtige Zeit für den Kirschbaumschnitt Durch große Schnitt- und Sägewunden werden Kirschbäume anfällig für Krankheiten und Schädlinge.

- Fördern Sie die Wundheilung, indem Sie nach der Ernte im Spätsommer oder Frühherbst schneiden, wenn die Säfte absteigen. Schneiden Sie nie im Winter, da über die Schnittwunden Keime eindringen können.
- Vergessen Sie nicht, die Bindungen zu lockern, mit denen Sie die jungen Bäume an ihrem Stützpfahl befestigt haben. Andernfalls wird der Stamm eingeschnürt und deformiert; erleidet er das über zu viele Jahre, zeigt er zeitlebens Narben. Wenn Sie das Lösen der Bindungen noch rechtzeitig nachholen, kann sich der Stamm wieder erholen.

Ausputzen im Herbst Entfernen Sie im Herbst nach dem Laubfall alle „Fruchtmumien", die noch am Baum hängen. In diesen geschrumpften, vertrockneten Früchten überdauert der Verursacher der Moniliakrankheit, ein Pilz, und kann von hier aus neue Infektionen hervorrufen.

- Kranke oder schädlingsbefallene Früchte sollten in einem verschlossenen Beutel in den Hausmüll gegeben werden.

Fruchtmumien entstehen infolge eines Moniliabefalls. Entfernen Sie solche Früchte im Herbst.

Tipps für den Pfirsich-Schnitt Wenn Sie einen Pfirsich- oder Nektarinenbaum kaufen, wählen Sie ein Exemplar mit wenigstens vier gesunden, gut verteilten Seitentrieben.

- **Nach dem Pflanzen** Schneiden Sie im ersten Frühjahr den Haupttrieb kurz über einem kräftigen Seitentrieb zurück. Belassen Sie mindestens vier gesunde Seitentriebe.
- **Triebe entfernen** Schneiden Sie alle Triebe, die unterhalb der Krone entspringen, direkt am Stamm weg.
- **Seitentriebe kürzen** Kürzen Sie Seitentriebe um zwei Drittel über einer nach außen weisenden Knospe ein. Entfernen Sie schwache oder beschädigte Zweige.
- **Jährlicher Schnitt** Kürzen Sie im zweiten Frühjahr die Hauptseitentriebe und die von ihnen abgehenden Nebentriebe um die Hälfte über nach außen zeigenden Knospen ein. Kräftiger jährlicher Rückschnitt hält das Baumwachstum unter Kontrolle und verhindert ein Verkahlen der Kronenmitte. Gleich zu Beginn oder später kann die Verlängerung des Haupttriebs entfernt werden, sodass eine lichtdurchflutete Hohlkrone entsteht.

Wahre und falsche Fruchttriebe Pfirsichbäume tragen ihre Früchte an im Vorjahr gebildeten, langen, unverzweigten Trieben. Doch nicht alle dieser Vorjahrestriebe sind gute Fruchttriebe.

- Wahre Fruchttriebe haben rundliche Blütenknospen und spitze Blattknospen. Vor allem zur Triebmitte hin stehen meist je zwei Blütenknospen und eine Blattknospe in Gruppen zusammen. Kürzen Sie diese Triebe im Frühjahr so weit ein, dass noch fünf bis sechs solcher Knospengruppen bleiben.
- Die sogenannten falschen Fruchttriebe sind oft dünner und weisen nur rundliche

Links: Pfirsichbäume sollte man regelmäßig schneiden, damit die Krone licht bleibt.

Fruchtbeladene Äste können splittern oder brechen. Stützen Sie diese mit gegabelten Ästen oder Latten.

SCHON GEWUSST?

PLANEN SIE IHRE PFLAUMENERNTE

Achten Sie bei der Auswahl von Pflaumenbäumen für Ihren Garten auf den jeweiligen Reife- und Erntezeitpunkt. Falls Sie regelmäßig zur Sommerzeit, wenn die meisten Pflaumen reifen, in Urlaub fahren, sollten Sie Pflaumensorten anpflanzen, die früher oder später reifen.

Blütenknospen auf. Da an ihnen keine Blätter austreiben, werden die Früchte nur ungenügend ernährt.

- Holztriebe haben nur spitze Blattknospen, bringen also nur Blätter hervor.
- Schneiden Sie falsche Fruchttriebe und Holztriebe auf ein bis zwei Knospen zurück.

Auch Pflaumen brauchen Schnitt Pflaumen- bzw. Zwetschenbäume hatten lange den Ruf, fast ohne Schnitt auszukommen. Doch schon in früheren Zeiten lichteten erfahrene Gärtner ihre Pflaumenbäume alle zwei oder drei Jahre gründlich aus. Zu Recht: Die kräftigen und oft steil wachsenden Triebe beeinträchtigen zwar anfangs die Ernte kaum, doch sie führen zu einem frühen Verkahlen und Vergreisen der Krone. Kürzen Sie in den ersten Jahren Mittelast und Leitäste regelmäßig ein, und bringen Sie steil wachsende junge Leitäste durch Abbinden oder Abspreizen ungefähr in einen 45°-Winkel. Halten Sie später die Krone licht, schneiden Sie steile Konkurrenztriebe, die parallel zum Mittelast wachsen, weg, und dünnen Sie besonders an den Astspitzen aus. Die Früchte erscheinen hauptsächlich an zwei- bis dreijährigen Kurztrieben. Schneiden Sie alle paar Jahre überalterte, abgetragene Fruchttriebe heraus.

Halten Sie Ihre Bäume gesund

Reich tragende Äste abstützen In ertragreichen Jahren biegen sich die Äste häufig unter dem Gewicht der Früchte herab und können dann abbrechen.

- Verwenden Sie lange Äste mit Gabelungen am Ende oder Stützpfähle, die Sie an der Spitze mit etwas schräg nach oben weisenden Querlatten versehen, als Stützen. Rammen Sie diese in den Boden, und legen Sie die Fruchtäste vorsichtig in die Gabelungen bzw. auf die Querlatten. Achten Sie bei starkem Wind darauf, dass die Stützen unter den schwankenden Ästen nicht wegknicken.

Bitteres gegen Blattläuse Pflanzen Sie die mehrjährige Weinraute zu Füßen Ihrer Steinobstbäume. Sie kann mit ihrem bitteren Aroma die Bäume vor Blattläusen schützen, die sich gern in Kolonien an den jungen Trieben festsetzen. Man nimmt an, dass Bitterstoffe der Weinraute über die Wurzeln in den Saft der Bäume gelangen, was die Läuse fernhält.

Eine Ameisensperre Wussten Sie, dass es meist Ameisen sind, die die Blattläuse auf Obstbäume bringen? Tatsächlich „importieren" Ameisen Blattläuse, um sich an dem honigsüßen Sekret, das die Läuse ausscheiden, zu laben. Legen Sie in Gartencentern erhältliche Leimringe um die Baumstämme, um Ameisen und andere Schädlinge abzufangen.

- Achten Sie auf die Herstellerangaben hinsichtlich des Baumalters, ab dem die Leimringe verwendet werden dürfen. Zu junge Bäume könnten den Leim eventuell über die Rinde aufnehmen.

Vermeiden Sie Astbruch Nicht selten brechen große Äste an der Basis ab, vor allem an Kirsch- und Pflaumenbäumen. Besonders gefährdet sind steile, in spitzem Winkel wachsende Äste, die zu eng nebeneinanderstehen. Erziehen Sie deshalb die Bäume von Anfang an so, dass Leit- und Nebenäste gut verteilt und nicht zu dicht stehen, und belassen Sie beim Schnitt bevorzugt Äste, die etwa im 45°-Winkel abzweigen.

Schutz der Pfirsiche vor der Kräuselkrankheit Der Pilz verursacht eine starke Kräuselung der Blätter bald nach dem Austrieb. Bei starkem Befall fallen Blätter und Früchte ab. Da für den Hausgarten keine Fungizide zugelassen sind, haben vorbeugende Maßnahmen besondere Bedeutung.

- Verwenden Sie resistente oder gering anfällige Sorten wie 'Benedicte', 'Revita', 'Roter Ellerstädter' oder 'Weinbergpfirsich'.
- Käufliche Pflanzenstärkungsmittel auf der Basis von natürlichen Fettsäuren und Pflanzenextrakten haben in Versuchen gute Wirkung gezeigt. Sie werden gespritzt, sobald die Knospen schwellen.
- Knoblauch, Kapuzinerkresse und Meerrettich sind traditionell empfohlene Schutzpflanzen, die man zur Abwehr der Kräuselkrankheit unter Pfirsichbäume pflanzt.
- Gärtner früherer Zeiten verteilten einige Zinkspäne unter den Baumstämmen und ließen das Metall vom Regen in den Boden waschen. Tatsächlich ist Zink ein nützliches, die Gesundheit der Bäume förderndes Spurenelement, das auch als Spezialdünger ausgebracht werden kann.

Großvaters Geheimtipp

FALLEN GEGEN OBSTSCHÄDLINGE

Weichschaliges Obst, wie z. B. Pfirsiche, Nektarinen und Pflaumen, wird leicht von Insekten heimgesucht, die Gänge in die Früchte bohren oder ihre Eier darin ablegen. Nach alten Vorbildern gestaltete Fallen wie die Apfelwicklerfalle (Abb. unten) helfen bei der Abwehr. Um Fruchtfliegen zu fangen, reicht bereits eine mit süßem Wein oder einer Hefelösung gefüllte Wasserflasche. Kommerziell hergestellte Fallen erhalten Sie in Gartencentern oder bei Spezialversendern.

Verwenden Sie Leimringe, um Ameisen und Läuse von Ihren Bäumen fernzuhalten.

Nüsse für den Winter

Es gab eine Zeit, in der ein Nussbaum in keinem Garten fehlen durfte. Lassen Sie diese Tradition wieder aufleben, und pflanzen Sie einen Nussbaum, der über Jahrzehnte hinweg reiche Ernten bringt.

Mächtige Walnuss

Bäume aus Samen Walnüsse lassen sich recht gut über Samen vermehren. Doch für diesen Weg zum eigenen Baum brauchen Sie viel Geduld – und Platz. Die Sämlingsbäume können über 15 m hoch und breit werden. Sie fruchten erst nach 15–20 Jahren richtig und bringen nach 60 Jahren die besten Erträge. Sie erreichen ein Lebensalter von bis zu 300 Jahren.

Walnussbaum mit Gartenmaßen Heute pflanzt man üblicherweise veredelte Bäume, die auf Unterlagen unserer heimischen Walnuss (*Juglans regia*) oder der amerikanischen Schwarznuss (*Juglans nigra*) wachsen. Schwarznussveredlungen sind vergleichsweise schwachwüchsig, die Bäume werden etwa 4–6 m hoch und breit. Veredelte Walnussbäume beginnen bereits nach 4–5 Jahren zu tragen, allerdings erreichen sie nicht das Alter von Sämlingsbäumen. Etwas ungewöhnlich sind manche Sortennamen: Oft werden einfach die besten Zufallssämlinge durchnummeriert, z. B. „Klon Nr. 120".

- Achten Sie in kühleren Regionen auf spät blühende Sorten, die nicht durch Spätfröste gefährdet sind. Als robuste, nicht allzu starkwüchsige Sorten empfehlen sich 'Nr. 26', 'Nr. 139', 'Parisienne' und 'Wunder von Monrepos'. Die Sorten sind selbstfruchtbar.

Befreien Sie die Walnüsse von ihren grünen Schalen, bevor Sie sie trocknen und lagern.

Wächst ein Walnussbaum aus einem Sämling, kann er 300 Jahre alt werden.

Am richtigen Platz Walnussbäume mögen Sonne, gedeihen aber auch an einem hellen Standort ohne direkte Sonneneinstrahlung. Sie tolerieren fast alle Böden, sehr schwer und nass sollten diese allerdings nicht sein. Reservieren Sie genügend Fläche für den Baum, und bedenken Sie, dass Sie 4–6 m Grenzabstand zum Nachbarn einhalten müssen. Pflanzen können Sie im Herbst oder Frühjahr.

Schnitt ohne „Bluten" Walnussbäume reagieren auf Schnitt mit starkem Saftaustritt, man spricht dann von „Bluten". Schneiden Sie am besten im August, wenn die Wunden schnell verheilen und der Saftdruck gering ist. Auch ein Schnitttermin von Februar bis Anfang März, kurz bevor die Säfte im Stamm steigen, ist günstig. Entfernen Sie bei jungen Bäumen Seitentriebe, die unterhalb von 0,8–1 m Höhe am Stamm austreiben. Wenn sich einmal die Krone ausgebildet hat, sind nur gelegentliche Korrekturschnitte nötig.

SCHON GEWUSST?

EIN ALTER, GROSSER BAUM
Wenn Sie einen alten, vernachlässigten Walnussbaum erben, entfernen Sie beschädigte Äste mit einer scharfen Säge, um Krankheiten und Schädlingen vorzubeugen. Beachten Sie in kleinen Gärten, dass Walnussbäume durch giftige Wurzelausscheidungen benachbarte Obstbäume schädigen können.

Walnüsse ernten Die Nüsse reifen je nach Sorte im September oder Oktober. Am besten lassen Sie sie einfach abfallen und sammeln sie alle paar Tage ein; Sie können auch durch Schütteln der Zweige ein wenig nachhelfen. Entfernen Sie die grünhäutigen, braun werdenden Schalen, säubern Sie die Nüsse, und lassen Sie sie ausgebreitet in luftiger Umgebung trocknen. Lagern Sie sie dann an einem kühlen, luftigen Platz.

- Wenn Sie Sackleinen in Bahnen unter dem Baum auslegen, bevor Sie die Zweige abschütteln, können Sie einfach die Bahnen einrollen und die Nüsse abtransportieren, ohne sich an den stark abfärbenden Schalen schmutzig zu machen.
- Eine zeitsparende Methode, die Nüsse von ihren Schalen zu befreien: Verteilen Sie sie auf festem Untergrund, und harken Sie täglich durch. Bald brechen die Schalen auf und fallen ab. Dann trocknen Sie die Nüsse einfach an der Sonne.

Robuste Hasel

Vielseitiger Strauch Die Hasel eignet sich hervorragend für Gehölzgruppen und frei wachsende Hecken. Sie bietet nicht nur Sicht- und Windschutz, sondern auch Unterschlupf für Vögel und ist mit ihrer zeitigen Blüte im März eine wertvolle Futterpflanze für Bienen. Sie stellt recht geringe Ansprüche an den Boden und gedeiht auch im Stadtklima problemlos. An halbschattigen Plätzen kommt sie gut zurecht, die Früchte fallen hier jedoch etwas spärlicher aus als in der Sonne. Einen Wermutstropfen gibt es allerdings: Wer unter einer Pollenallergie leidet, sollte auf den Strauch mit seinen reich blühenden Kätzchen unbedingt verzichten.

Zeller- und Lambertsnüsse Die Nüsse der Gewöhnlichen Hasel (*Corylus avellana*) werden als Zellernüsse bezeichnet, Lambertsnüsse stammen von der Lamberts- oder Großen Hasel (*Corylus maxima*). Lambertsnüsse zeichnen sich durch besseren Geschmack aus. Sie lösen sich aber anders als die Zellernüsse nur schwer aus der Schale. Allerdings sind die angebotenen Fruchtsorten meist Hybriden, die mehr oder weniger die Eigenschaften beider Fruchttypen in sich vereinen. Zu den bewährten großfrüchtigen Sorten

Wenn die äußeren Fruchtbecher und die Schalen der Haselnüsse braun werden, kann man ernten.

zählen 'Hallesche Riesen', 'Webbs Preisnuss' und 'Wunder aus Bollweiler'.

Befruchter nötig Die Sorten können sich nicht selbst befruchten, doch für die Befruchtung reicht auch eine Wildhasel in der Nähe. Eine Anzucht aus Samen ist ebenso möglich wie Vermehrung über Stecklinge oder Absenker. In der Baumschule veredelte Fruchtsorten wachsen jedoch kompakter und fruchten noch reicher.

Halten Sie die Sträucher licht Damit die Haselsträucher nicht zu dicht werden, sollten Sie alle paar Jahre die ältesten Triebe knapp über dem Boden herausschneiden – sechs bis acht Haupttriebe genügen. Wenn nötig, verträgt die Hasel auch einen kräftigen Rückschnitt.

Herbst- und Wintervorräte Sobald die Nüsse hart werden und sich die grünen Schalen braun verfärben, ist es Zeit für die Ernte. Dies geschieht je nach Sorte zwischen August und Oktober. Entfernen Sie Reste des Fruchtbechers, breiten Sie die geernteten Nüsse etwa 1 Woche lang zum Trocknen aus, und lagern Sie sie dann an einem dunklen, trockenen, kühlen, luftigen Platz.

NÜSSE AUSSÄEN UND STRATIFIZIEREN

1 Wal- und Haselnüsse brauchen eine Kältephase, bevor sie keimen. Dazu werden sie stratifiziert, d. h., man schichtet sie in feuchten Sand ein.

2 Bedecken Sie die Nüsse mit Sand. Sie können mehrere Lagen aus Nüssen und Sand übereinanderschichten.

3 Graben Sie die Schale über Winter an einem schattigen Gartenplatz ebenerdig in den Boden ein, am besten im Schutz einer Nordmauer.

4 Legen Sie ein Brett darüber, das Sie mit einem Stein beschweren, um Mäuse fernzuhalten. Im Frühjahr können Sie die Sämlinge in Töpfe setzen.

Dunkel und luftig gelagert, halten sich Haselnüsse bis zu 1 Jahr. Die Kerne enthalten über 60 % Fett mit wertvollen ungesättigten Fettsäuren.

Alte und exotische Obstarten

Schon frühere Gärtner waren von fremdländischen Obstarten fasziniert und versuchten, sie in unseren Breiten anzubauen. Andererseits wussten sie aber auch heimische Wildfrüchte sehr zu schätzen.

Dekorative Pflanzen, feine Früchte

Nicht nur für Spezialisten Ausgefallene Fruchtgehölze, insbesondere solche aus fernen Ländern, brauchen häufig spezielle Wachstumsbedingungen. Viele kommen nur im Gewächshaus oder Wintergarten zur Fruchtreife oder müssen im Kübel gehalten werden, weil sie über Winter einen frostfreien Platz benötigen. Feigen-, Orangen- oder Zitronenbäumchen beispielsweise werden eher als dekorative Kübelpflanzen geschätzt – die oft bescheidene Ernte ist dann nur ein angenehmer Nebeneffekt.

- Andere Obstarten brauchen neben viel Wärme reichlich Platz, so etwa die Ess- oder Edelkastanie. Doch Gehölze wie Apfelbeere, Maulbeere, Mispel oder Nashi sind auch für Grundstücke normaler Größe interessant und bringen eine besondere Note in den Garten. Sie gedeihen aber nur in wärmeren Regionen oder an geschützten Standorten.

Die Mispel zierte früher Bauerngärten. Am besten munden ihre Früchte nach dem ersten Frost.

- Wildobst wie Holunder oder Kornelkirsche kann jeden Garten bereichern und bietet die einfachste Möglichkeit, die übliche Obstpalette zu erweitern.

Obst aus dem Mittelalter Im Jahr 812 erließ Kaiser Karl der Große eine Landgüterverordnung, in der u. a. genau festgelegt war, welche Pflanzen auf allen Hofgütern im Reich angebaut werden sollten. Die Pflanzenliste, die zu den wichtigsten Zeugnissen des mittelalterlichen Gartenbaus zählt, umfasste 73 Kräuter und Gemüse sowie 16 verschiedene Obstarten. Darunter finden sich viele der noch heute kultivierten Obstgehölze wie Apfel, Pflaume, Sauer- und Süßkirsche oder Haselnuss. Recht weit vorn auf der Liste erscheinen aber auch Esskastanie, Maulbeere, Mispel und Speierling, schließlich sogar Feige und Mandel. Besonders wärmeliebende Pflanzen wurden wohl hauptsächlich auf Hofgütern in Südfrankreich angebaut. Doch auch in unseren wintermilden Regionen haben sich z. B. Esskastanie und Maulbeere bis heute gehalten.

Die Mispel, ein Bauernklassiker Im Mittelalter war die Mispel (*Mespilus germanica*) eine hoch geschätzte Obstart, und noch vor 100 Jahren konnte man sie in vielen Bauerngärten antreffen. Mittlerweile erlebt der 3–6 m hohe, breitwüchsige Strauch oder kleine Baum eine bescheidene Renaissance. Mit ihren hübsch geformten Blättern und weißen Blüten im Frühsommer ist die Mispel eine ansehnliche Gartenzierde. Besonders auffällig präsentieren sich die apfelähnlichen, rotbraunen Früchte mit den anhaftenden Kelchblättern. Die Mispel gedeiht in Sonne wie Halbschatten, verträgt Hitze und bevorzugt kalkhaltige Böden. Sie ist frosthart bis

Neben Schwarzen und Weißen Maulbeeren gibt es auch rotfrüchtige Sorten.

SCHON GEWUSST?

DIE ESSKASTANIE

Obwohl sich Gärtner immer wieder gern an der Ess-, Edelkastanie oder Marone (*Castanea sativa*) versuchen, erweist sich der schöne Baum oft als recht heikles Gehölz. Ein warmer Spätsommer und Herbst sind geradezu unentbehrlich, um Maronen in ansehnlicher Zahl zu ernten. Ältere, bewährte Sorten brauchen zudem einen Pollenspender; neuere Züchtungen sind teils selbstfruchtbar.

Die zierende, gesunde und recht anspruchslose Apfelbeere gewinnt immer mehr Liebhaber.

etwa –15 °C und wegen ihrer späten Blüte nicht spätfrostgefährdet.

- Die angenehm säuerlich schmeckenden Früchte werden gegen Anfang November reif, aber erst nach Frosteinwirkung oder Lagerung genießbar. Sie eignen sich für Marmelade, Gelee, Mus, Saft und Most.

Leckere Maulbeere Ähnlich wie die Mispel wurde die früher begehrte Maulbeere zwischenzeitlich durch andere Obstarten verdrängt, erfreut sich heute aber wieder zunehmender Beliebtheit. Nach der Farbe der brombeerähnlichen Früchte unterscheidet man die Schwarze Maulbeere (*Morus nigra*) und die Weiße Maulbeere (*Morus alba*). Die Weiße Maulbeere wird in Ostasien schon seit Jahrtausenden als Futterpflanze für Seidenraupen kultiviert. Sie liefert aber ebenso schmackhafte süßsäuerliche Früchte wie die Schwarze Maulbeere, die als Obstgehölz früher vorwiegend angebaut wurde.

- Maulbeerpflanzen wachsen als hübsche, rundkronige Bäume mit breit eiförmigen, dunkelgrünen Blättern. Sie werden erst nach vielen Jahren etwa 6 m hoch, bleiben häufig auch kleiner. Die Früchte reifen ab Mitte Juli. Sie sollten sie bis September immer wieder durchpflücken und möglichst bald verwerten.
- Pflanzen Sie Maulbeerbäume an einen sonnigen, warmen, geschützten Platz. Die Weiße Maulbeere gilt allgemein als frosthärter und soll, gut eingewachsen, Temperaturen bis –20 °C vertragen. Es empfiehlt sich aber in jedem Fall, die Bäume in den ersten Wintern durch eine Laub- oder Reisigabdeckung über dem Wurzelbereich zu schützen.

Haferschlehe und Speierling Haferschlehe oder -pflaume (*Prunus domestica* ssp. *insititia*) und Speierling (*Sorbus domestica*) sind zwei robuste, einst hoch geschätzte Obstarten, die zeitweilig vom Aussterben bedroht waren. Im Rahmen des Naturschutzes und der Freude am naturnahen Garten haben sie wieder größere Bedeutung erlangt – auch über die Regionen hinaus, in denen sie früher hauptsächlich angebaut wurden. Beide Arten sind gute Vogelschutz- und -nährgehölze.

- Besonders in Franken schätzt man seit jeher die Haferschlehe. Der etwa 4 m hohe, im Frühjahr weiß blühende Strauch oder Kleinbaum liefert dunkelblaue, bereifte, aromatisch-süßliche Früchte. Sie finden Verwendung für Marmeladen, Gelees und vor allem für Liköre.
- Der Speierling, ein 10–15 m hoher Baum mit weißen Blüten im Frühsommer, ist eine Spezialität aus Hessen. Seine kleinen apfel- oder birnenförmigen Früchte dienen dort traditionell als Würze bei der Apfelweinherstellung. Nach Frosteinwirkung oder Verarbeitung werden die gerbstoffreichen Früchte mild süßlich und mürbe. Sie eignen sich gut, um den Geschmack von Konfitüre, Most und Obstwein abzurunden.

Geheimtipp Apfelbeere Erst in neuerer Zeit ist die aus Nordamerika stammende Schwarze Apfelbeere (*Aronia melanocarpa*) in unser Obst- bzw. Wildobstsortiment gelangt. Der 2–4 m hohe Strauch machte vor allem durch den besonderen Gesundheitswert seiner kleinen schwarzen, ebereschenähnlichen Früchte Furore: Sie sind nicht nur reich an Vitaminen, sondern enthalten auch Substanzen, die Krebserkrankungen vorbeugen sollen. Allerdings schmecken die Früchte sehr herb und zusammenziehend (adstringierend). Am besten munden sie verarbeitet in Marmeladen, Gelees oder Milchmixgetränken. Sie können sie auch in Alkohol oder Essig einlegen und dann ähnlich wie Preiselbeeren zu Wildgerichten reichen. Der Fruchtsaft ist stark färbend.

- Robust, frosthart und pflegeleicht, bietet sich die Apfelbeere geradezu an, wenn Sie etwas Besonderes für den Obstgarten oder auch für frei wachsende Hecken suchen. Mit weißen Blüten im Mai, den dichten schwarzvioletten Fruchtständen und roter Blattverfärbung im Herbst hat der Strauch auch Einiges fürs Auge zu bieten.

Die gute Wahl

WILDOBST FÜR DEN GARTEN

Viele überwiegend heimische Ziergehölze tragen essbare Früchte, von denen sich schon unsere Vorfahren ernährten.

EBERESCHE (*Sorbus aucuparia*): Die Früchte (Abb. unten) sind roh ungenießbar, schmecken aber als Marmelade, Saft oder Likör sehr gut.

FELSENBIRNE (*Amelanchier*-Arten): Die mild süßlichen blauschwarzen Früchte erscheinen ab August; sie können frisch verzehrt oder verarbeitet werden.

KORNELKIRSCHE (*Cornus mas*): Ab August reifen die roten, kirschenähnlichen Früchte, die sich für Marmelade, Gelee, Kompott oder Saft eignen.

WEITERE ARTEN Holunder (*Sambucus nigra*), Mehlbeere (*Sorbus aria*), Sanddorn (*Hippophae rhamnoides*), Schlehe (*Prunus spinosa*), Wildrosen und Zierquitte (*Chaenomeles*) liefern schmackhafte, teils sehr vitaminreiche Früchte, die allerdings alle erst nach Verarbeitung genießbar sind.

Nashi, die Apfelbirne Aus Japan stammt dieser bis 2,5 m hohe Strauch oder Kleinbaum, der – abgesehen von seiner bescheidenen Größe – vieles mit der Birne gemeinsam hat. Die Nashi (*Pyrus pyrifolia* var. *culta*) bringt im September je nach Sorte apfel- oder birnenförmige Früchte hervor. Sie sind ausgesprochen lecker und vereinen einen birnenartigen Geschmack mit der säuerlichen Note eines Apfels.

- Die im April erscheinende Nashiblüte ist spätfrostgefährdet. In etwas kühleren Lagen empfiehlt es sich, den Baum als Spalierobst an einer wärmenden Hauswand zu ziehen. Er schätzt einen tiefgründigen, humosen Boden, der kalkarm und leicht sauer sein sollte.
- Für Nashi brauchen Sie eine zweite Sorte zum Befruchten; das kann aber auch eine Birnensorte sein, z. B. 'Williams Christ'.
- Schneiden Sie die Triebe der wüchsigen Gehölze im zweiten und dritten Jahr jeweils um die Hälfte zurück, und lichten Sie in den Folgejahren regelmäßig aus.
- Dünnen Sie dichte Fruchtstände im Sommer auf ein bis zwei Früchte aus, andernfalls schmeckt die Ernte sehr fad.
- Die Früchte sind auch bei Vögeln sehr beliebt – decken Sie sie deshalb frühzeitig mit Schutznetzen ab.

Früchte des Südens

Feigen aus dem Garten? Als stattliche Kübelpflanze mit großen, gelappten, ledrigen Blättern schmückt die Echte Feige (*Ficus carica*) viele Terrassen und Balkone. Über Winter wird sie dann in einen frostfreien, kühlen Raum gebracht. Erfahrene Gärtner wissen, dass ältere Exemplare einige Minusgrade vertragen, räumen sie deshalb relativ spät ein und schon vor den Eisheiligen wieder aus. Doch Pflanzenliebhaber unserer Breiten hat es schon immer gereizt, die Frostverträglichkeit der Feige auch im Garten zu testen. Schließlich kann sich der Baum bei freier Auspflanzung viel besser entwickeln und draußen mediterranes Flair entfalten. Und natürlich wäre eine ordentliche Feigenernte – anstelle des spärlichen „Naschobsts" aus dem Kübel – eine feine Sache.

- Tatsächlich tolerieren ältere Feigen bis –10 °C, nach Erfahrungen mancher Gärtner

Die Passionsblume Passiflora edulis *bildet die als Maracujas bekannten Früchte aus.*

auch etwas mehr. Ein risikoarmer Anbau ist damit aber nur in wintermilden Regionen möglich. Und in den ersten Jahren sollten Sie den Wurzelbereich in jedem Winter mit einer dicken Laubauflage schützen.

- Als besonders robust gilt die in Weihenstephan gezüchtete „Bayernfeige" mit Namen 'Violetta'. Sie kann bis –15 °C vertragen, ist schnellwüchsig und ertragreich, mit großen, violetten, süßen Früchten. Wie alle bei uns angebotenen Sorten ist sie selbstfruchtbar.

Köstliche Maracujas Die Passionsblume besticht als immergrüner Kletterstrauch im Kübel mit ihren außerordentlich aparten Blüten. Neben den häufig angebotenen Zierformen wie *Passiflora caerulea* können Sie im spezialisierten Fachhandel auch *Passiflora edulis* finden – jene Art, die die als Maracujas bekannten saftigen Früchte ausbildet. Sie hat ebenso wunderschöne Blüten wie die anderen Arten und lässt sich ebenfalls im Kübel halten, mit Sommeraufenthalt im Freien und heller Überwinterung bei etwa 10 °C in einem geschützten Raum.

- Leiten Sie die Triebe an Stützstäben, die Sie in die Topferde stecken, oder an einem schmalen Rankgitter hoch. Passionsblumen mögen es über Sommer recht feucht und sollten bis Anfang August wöchentlich mit einem nicht allzu stickstoffreichen Dünger versorgt werden.
- Bei Ganzjahreskultur im Gewächshaus oder Wintergarten fruchten die Pflanzen am besten.

Orangen und Zitronen aus dem Kübel Wenn Sie sich in gut sortierten Kübelpflanzengärtnereien umschauen, haben Sie die

ACHTUNG!

Gerade bei exotischen Pflanzen ist von Kostproben und „Selbstversuchen" dringend abzuraten, wenn über die Essbarkeit nichts bekannt ist. Halten Sie sich in Zweifelsfällen nur an vertraute Nahrungspflanzen wie die Feige (Abb. unten). Während bei den schon lange kultivierten Pflanzen eventuelle Giftwirkungen gut erforscht sind, weiß man darüber bei neu eingeführten Arten und Raritäten oft viel zu wenig. Bunte Früchte ziehen gerade Kinder magisch an. Halten Sie die Kleinen unbedingt von allen zweifelhaften und unbekannten Früchten fern!

Qual der Wahl: Mandarine (*Citrus reticulata*), Orange (*C. sinensis*), Pomeranze (*C. aurantium*), Zitrone (*C. limon*) – diese und manche andere Arten lassen sich gut im großen Topf ziehen und bringen einen Hauch von Süden auf jede Terrasse. Gut gepflegte Pflanzen fruchten durchaus passabel. Im Wintergarten erscheinen sogar fast ganzjährig die duftenden weißen Blüten und die Früchte – häufig gemeinsam an derselben Pflanze. Oft indes fehlt es an der Sonne des Südens: Die Früchte bleiben dann recht sauer. Besonders reich blüht und fruchtet Chinotto (*C. myrtifolia*), allerdings mit etwas bitterem Fruchtgeschmack.

Vorsicht, Frost! Während viele Obstgehölze aus dem Mittelmeerraum ein paar Minusgrade tolerieren, sollten Sie mit Zitruspflanzen keine Experimente wagen: Bringen Sie sie vor den ersten Frösten in einen hellen, kühlen, frostfreien Raum. Über Sommer stehen die Bäumchen am besten sonnig, warm und etwas wind- und regengeschützt.
- Zitrusbäumchen sind kalkempfindlich. Versorgen Sie sie möglichst mit kalkarmem Wasser und Zitrusspezialdünger.

Robuster Granatapfel Eigentlich ist es verwunderlich, dass es der Granatapfel (*Punica granatum*) noch nicht in die erste Reihe der beliebten Kübelpflanzen geschafft hat. Der sommergrüne Strauch mit mediterranem Charme ist recht robust und pflegeleicht, kann hell oder dunkel bei 2–8 °C überwintert werden und verträgt als ältere Pflanze auch ein wenig Frost. Mutige Gärtner pflanzen ihn in warmen Gegenden sogar an einen geschützten Platz im Freien. Die großen, leuchtend roten oder orangefarbenen Blüten erscheinen den ganzen Sommer lang, gefolgt von den rundlichen, rotschaligen, bis 10 cm dicken Granatäpfeln. Die Ausreife gelingt allerdings wie bei vielen Südpflanzen am ehesten im Wintergarten.

Früchte von Citrus-Bäumchen – nicht immer ein Gaumenschmaus, aber stets eine Augenweide

Der Granatapfelbaum ist überaus attraktiv und bringt sehr schmackhafte Früchte hervor.

Exotisches Obst aus Samen In manchem Wohnzimmer oder Wintergarten wachsen Avocado-, Litschi- und Mangopflanzen, zur großen Freude ihrer Besitzer. „Samenlieferanten“ waren oft Obstgeschäfte oder Supermärkte – das Saatgut wurde einfach aus gekauften Früchten gewonnen. Es macht viel Spaß, auf diese Weise zu experimentieren, und manches gelingt überraschend einfach. Allerdings sind auch Enttäuschungen häufig vorprogrammiert. Und bis zu den ersten Ernten kann es bei selbst gezogenen Sämlingen viele Jahre dauern – sofern die Pflanzen überhaupt selbstfruchtbar sind.
- Wenn Sie dieses schöne Hobby etwas gezielter ausüben möchten, empfiehlt sich entsprechende Spezialliteratur. Exotische Obstarten brauchen teils besondere Keimbedingungen. Wenn sie dann tatsächlich zu jungen Pflanzen heranwachsen, sollte man möglichst genau über ihre Standort- und Pflegeansprüche Bescheid wissen, damit die Freude auch lange Zeit währt.

SCHON GEWUSST?

FRUCHTENDE KÜBELPFLANZEN

Kübelpflanzengärtnereien und -versender bieten eine gewaltige Fülle an exotischen Obstgehölzen an. Viele sind relativ unbekannt, lohnen aber einen Versuch. Exotisches Kübelobst kann zur Leidenschaft werden – und hat schon so manchen Gärtner zum Bau eines Wintergartens oder eines Gewächshauses veranlasst.
- Der immergrüne Erdbeerbaum (*Arbutus unedo*) schmückt sich mit weißen Glockenblüten und dann mit erdbeerartigen Früchten, die sich anfangs von Gelb über Orange nach Rot verfärben. Sie sind etwas sauer und eignen sich eher zum Verarbeiten, etwa für Gelees.
- Die Kakipflaume (*Diospyros kaki*) bringt saftig süße, orangefarbene Früchte hervor (Abb. unten). Sie ist als Kübelpflanze relativ pflegeleicht und eignet sich besonders gut als Obst für den Wintergarten.
- Der Olivenbaum (*Olea europaea*) darf auf einer mediterran gestalteten Terrasse nicht fehlen. Achten Sie auf selbstfruchtbare, veredelte Pflanzen, wenn es Ihnen auf die Früchte ankommt.

Nachwuchs für den Obstgarten

In alten Zeiten waren selbst vermehrte Pflanzen der ganze Stolz des Gärtners – und oft auch eine Notwendigkeit. Alles, was man für das Vermehren braucht, ist etwas Know-how und Geduld.

Steckhölzer bewurzeln

Was ist ein Steckholz? Dies ist gewöhnlich ein 15–30 cm langes Teilstück, das im Spätherbst oder Frühwinter von jungen, verholzten Trieben geschnitten wird. Steckhölzer werden an beiden Enden knapp über einem Knoten bzw. Auge abgeschnitten – das obere Ende gerade, das untere, mit dem das Steckholz später in die Erde kommt, schräg.

Natürliche Bewurzelungshormone
Wenn Sie Steckhölzer oder Stecklinge von jüngeren Triebteilen gleich einpflanzen, können Sie die Bewurzelung mit Getreidesamen fördern. Schneiden Sie eine Kerbe in das untere Ende des Stecklings, und schieben Sie einen Getreidesamen hinein. Dieser wird dann im Boden keimen und durch seine Wachstumshormone die Wurzelbildung des Steckholzes oder Stecklings fördern.

Steckhölzer über Kopf überwintern
Spät geschnittene Steckhölzer werden erst im Frühjahr gepflanzt und bis dahin komplett in Erde eingeschlagen überwintert. Ein alter Trick, um das spätere Wurzelwachstum zu fördern: Stecken Sie die Steckhölzer senkrecht „auf dem Kopf" in die Erde, mit dem oberen Schnittende nach unten.

Schräg einsetzen Wählen Sie eine Gartenfläche als Vermehrungsbeet, in dem Sie die Steckhölzer bis zum Verpflanzen kultivieren. Stecken Sie diese schräg in den Boden, nur die oberen ein oder zwei Augen ragen heraus.

Andere Vermehrungsmethoden

Einfache Vermehrung durch Absenker
Die meisten Beerensträucher lassen sich gut durch Absenker vermehren. Hierbei biegt

Durch Absenker gewinnen Sie schnell neue Pflanzen.

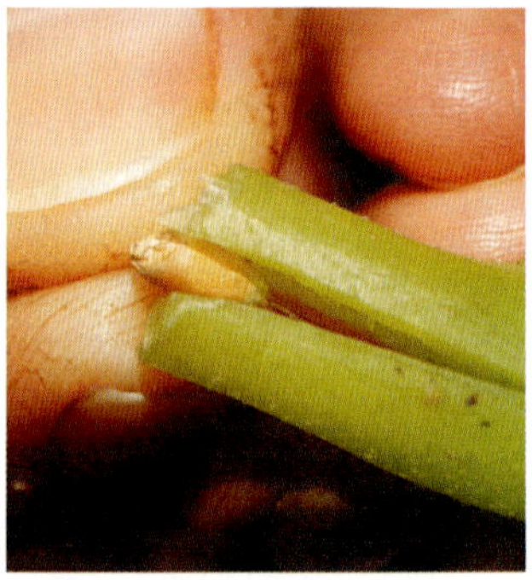

Ein Getreidesamen fördert beim Keimen das Wurzelwachstum von Stecklingen.

Vermehrungsmethoden für Obstpflanzen

AUSSAAT	STECKHÖLZER, STECKLINGE	AUSLÄUFER	TEILUNG	ABSENKER, ABLEGER	VEREDLUNG
Haselnuss	Brombeere	Erdbeere	Himbeere	Haselnuss	Apfel
Walnuss	Heidelbeere	Himbeere	Johannisbeere	Heidelbeere	Aprikose
	Johannisbeere			Johannisbeere	Birne
	Kiwi			Kiwi	Pfirsich
	Stachelbeere			Stachelbeere	Pflaume
	Weinrebe			Weinrebe	Quitte
					Sauerkirsche
					Süßkirsche

OKULATION EINES BIRNBAUMS

1 Wählen Sie ein gesundes Auge von einem jungen Trieb. Entfernen Sie das Blatt, belassen Sie aber den Stiel. Schneiden Sie das Auge mitsamt einem flachen Rindenplättchen heraus.

2 Bringen Sie an der Stammbasis der Unterlage, etwa 5–10 cm über dem Boden, einen T-förmigen Einschnitt an. Schneiden Sie nur die Rinde ein, auf keinen Fall tiefer.

3 Lösen Sie die Rinde zu beiden Seiten des Einschnitts äußerst vorsichtig mit der Messerspitze ab, um das Einsetzen des Edelauges zu erleichtern.

4 Heben Sie nun mit dem Messer die Rinde an, und setzen Sie dann das Rindenplättchen mit dem Auge – mit dem oberen Ende nach oben – in den T-Schlitz.

5 Schieben Sie das Augenschildchen sehr behutsam in den Schlitz hinein. Klappen Sie dann die von Ihnen vorher gelösten Rindenflügel wie einen Schild schützend darüber.

6 Umwickeln Sie die Veredlungsstelle so mit Bast, dass nur noch das Auge herausschaut. Ist die Veredlung gelungen, fällt nach wenigen Wochen der Blattstielrest am Auge von selbst ab.

man im Frühjahr kräftige, lange Seitentriebe herab und befestigt sie etwa 25–30 cm von der Spitze entfernt mit einem Haken am Boden. Entblättern Sie vorher das Triebstück, das zum Boden gebogen wird, und versehen Sie die Triebunterseite mit einem schrägen Einschnitt. Bedecken Sie dieses Triebstück etwa 5 cm hoch mit Erde oder gut ausgereiftem Kompost.

- Trennen Sie die Absenkerpflanze ab, nachdem neuer Austrieb die erfolgreiche Bewurzelung anzeigt, und setzen Sie sie an den gewünschten Platz.
- Brombeer- und Haselnusstriebe können Sie als sogenannte Ableger herabbiegen und der Länge nach in einer etwa 10 cm tiefen Bodenrinne befestigen. Die Rinne bleibt zunächst offen. Wenn sich aus den Ablegern Seitentriebe bilden, füllen Sie nach und nach Erde auf. Oft können die Triebe schon im Herbst abgetrennt und verpflanzt werden.
- Noch einfacher ist die Vermehrung bei Erd- und Himbeeren. Bei ihnen muss man nur die bewurzelten Ausläufer abtrennen.

Vermehren durch Teilung Diese Methode eignet sich besonders für Himbeer- und Johannisbeersträucher und wird in der Ruhephase zwischen Spätherbst und Spätwinter bei frostfreiem Wetter durchgeführt.

- Stechen Sie mit einem Spaten von einer älteren, vieltriebigen Pflanze ein Teilstück mit mehreren Jungtrieben ab. Teilen Sie die Pflanze mitsamt dem Wurzelwerk. Graben Sie das Teilstück aus, und verpflanzen Sie es. Achten Sie darauf, dass am Teilstück möglichst viele Wurzeln erhalten bleiben.

Obstbäume veredeln

Was ist eine Veredlung? Bei den meisten Obstbäumen wächst die fruchttragende Sorte, die Edelsorte, auf den Wurzeln und der Stammbasis eines anderen Baums, der Unterlage. Die robustere Unterlage fördert gesundes Wachstum und bestimmt maßgeblich die Wuchsstärke des Baums. Zum Veredeln wird ein Auge oder ein Triebstück der Edelsorte in die Unterlage eingesetzt. Geeignete Unterlagen für verschiedene Obstarten und -sorten erhalten Sie in Baumschulen.

Veredeln leicht gemacht Wenn Sie zum ersten Mal veredeln, versuchen Sie es mit der Okulation, der Augenvermehrung. Hierbei wird ein Rindenstück der Edelsorte mit einem Auge, also mit einer Knospenanlage, in die Rinde der Unterlage eingesetzt. Dazu versieht man die Rinde der Unterlage mit einem T-förmigen Einschnitt. Nachdem das Auge mit der Unterlage verwachsen ist und ausgetrieben hat, schneidet man den Stamm der Unterlage oberhalb des Auges weg.

Großvaters Geheimtipp

WEIDENWASSER

Seit Jahrhunderten wissen Kräuterkenner um die erstaunlichen Eigenschaften der Weide. Dieses Gehölz bewurzelt besonders leicht und bildet kraftvolle Wuchshormone, die auch die Entwicklung anderer Pflanzen fördern.

- Sammeln Sie im Frühjahr junge Triebspitzen und Blätter von einer Weide, schneiden Sie diese in 2–3 cm große Stücke, und geben Sie davon einige Handvoll in 1 l Wasser. Nach einer Woche seihen Sie das Weidenwasser in ein Gefäß ab und lagern es an einem kühlen Platz.
- Tauchen Sie frische Stecklinge oder Wurzeln von Jungpflanzen für einige Minuten in diese Lösung, bevor Sie sie einpflanzen.

Bei manchen Pflanzen kann man einfach die bewurzelten Ausläufer abtrennen.

Gesundes Obst, sichere Ernte

Mit Umsicht, guter Pflege und altbewährten Methoden können Sie von vornherein dafür sorgen, dass Ihre Obstbäume und -sträucher gesund bleiben – und die Ernte unbeschwert genießen.

Gutes Wachstum und reiche Blüte

Die richtige Sorte Bei kaum einer anderen Pflanzengruppe ist die Wahl geeigneter Züchtungen so wichtig wie beim Obst. Die Sorten sollen natürlich zuallererst Ihren Geschmacksvorstellungen entsprechen. Reifezeit und Lagerfähigkeit der Früchte, Wuchsstärke und Eignung als Befruchtersorte sind weitere wichtige Kriterien. Doch achten Sie stets ganz besonders auf die Widerstandsfähigkeit für arttypische Krankheiten und Schädlinge, wie etwa Apfelschorf oder Stachelbeermehltau. Erkundigen Sie sich in der Baumschule, ob es resistente oder tolerante Sorten Ihrer bevorzugten Obstart gibt.

- Resistente Sorten bleiben gegen bestimmte Schaderreger weitgehend immun.
- Tolerante Sorten werden zwar gelegentlich befallen, nehmen dadurch aber keinen größeren Schaden.

Passend zum Klima An einem geschützten Standort, z. B. vor einer wärmenden Südwand, und mit guter Winterschutzabdeckung können Sie auch in raueren Regionen mit empfindlicheren Gehölzen Erfolg haben. Wählen Sie aber vorrangig Sorten mit guter Frosthärte. Spätestens nach dem Jugendstadium ist das Holz und Wurzelwerk der meisten Obstgehölze überall ausreichend winterhart. Problematisch werden eher die nächtlichen Spätfröste im Frühjahr, die die Blüten empfindlich schädigen können. Achten Sie dann auf möglichst spät blühende Sorten.

Bei Spätfrost mulchfrei Eine Bodenbedeckung aus Laub, Rasenschnitt, Rindenhumus oder anderen organischen Materialien ist für Obstgehölze wie auch für andere Pflanzen sehr vorteilhaft. Wenn jedoch während der Knospenbildung und Blütezeit Spätfröste drohen, sollten Sie dicke Mulchschichten vorübergehend entfernen. Die Bedeckung mindert die nächtliche Wärmeabstrahlung des Bodens, die helfen kann, Frostschäden zu vermeiden.

Gut angepasste Unterlagen Die meisten Obstbäume sind auf Unterlagen veredelt, die die Wuchseigenschaften des ganzen Baumes bestimmen. Die Unterlage ist nicht nur entscheidend für die Wuchsstärke, sondern oft auch für die Frosthärte und die Eignung für bestimmte Bodenverhältnisse. Auf Pfirsichsämlingen veredelte Pfirsiche z. B. wachsen gut auf leichten, eher trockenen Böden, während sich für schwerere Böden Pfirsiche auf Pflaumenunterlagen besser eignen. Fragen Sie deshalb beim Kauf in der Baumschule nach, mit welchen Unterlagen die Bäume angeboten werden.

Gründliche Bodenvorbereitung Wenn Sie ein großes Pflanzloch graben, die Sohle sorgfältig lockern und die Erde mit gut ausgereiftem Kompost vermischen, haben Sie schon so manches für Ihren künftigen Obstbaum getan. Allerdings lohnt sich der Mehraufwand für eine Bodenbearbeitung der gesamten näheren Umgebung. Graben Sie die ganze Fläche 1–2 Monate vor der Pflanzung möglichst tief um, lockern Sie mit der Hacke, und arbeiten Sie oberflächlich Kompost ein. So machen Sie es dem Wurzelwerk leichter, bald einen größeren Bereich zu durchdringen. Ist der Boden außerhalb des Pflanzlochs verdichtet oder sehr nährstoff- und humusarm, kann es passieren, dass der

Strohgefüllte Töpfe locken Ohrwürmer an.

Netze bieten den besten Schutz gegen Vögel.

Dosieren Sie Pflanzenschutzmittel stets genau nach Anleitung, und beachten Sie den jeweils empfohlenen Anwendungszeitraum.

Baum nach gutem Anfangswachstum plötzlich stockt und kümmert.

Standortwechsel für neues Obst Gerade in kleinen Gärten fällt es manchmal schwer, neue Plätze für Obstgehölze zu finden. Dennoch sollten Sie junge Bäume und Sträucher nicht an eine Stelle setzen, an der vorher bereits Obstgehölze standen. Deren Wurzelausscheidungen sowie Krankheitserreger im Boden führen auf Dauer zu einer ausgesprochenen „Bodenmüdigkeit". Neue Obstpflanzen entwickeln sich hier oft nur schlecht und leiden häufig unter Krankheiten.

Schonender Pflanzenschutz

Fördern Sie die natürlichen Helfer Eine vielseitig bepflanzte Umgebung mit Blütensträuchern, Hecken und einfach blühenden Blumen zieht Vögel und Insekten an, die Raupen und andere Obstschädlinge unter Kontrolle halten. Nützlinge wie Florfliegen, Igel und Eidechsen können Sie durch spezielle Unterschlupf- und Überwinterungsangebote fördern (siehe S. 227).

- An Bäumen umgedreht aufgehängte, mit Stroh oder Holzwolle gefüllte Blumentöpfe locken Ohrwürmer an, die Blattläuse und andere Schädlinge vertilgen.
- Häufige Spritzungen mit „Allround"-Mitteln dezimieren sowohl nützliche Insekten als auch Schädlinge. Verzichten Sie auf solche Pflanzenschutzmittel. Bevorzugen Sie stets nützling- und bienenschonende Präparate.

Zwiespältige Gäste So gern man Vögel im Garten sieht und sie als Insektenvertilger schätzt – als ungebetene „Mitesser" an der Obsternte können sie ausgesprochen lästig werden. Natürlich sind es oft auch unterschiedliche Vogelarten, die wir als Helfer begrüßen oder eher als Schädlinge einstufen. Vor allem Amseln, Wacholderdrosseln und Stare gehören zu den Vögeln, die wir zumindest während der Fruchtreife am liebsten gar nicht sehen würden.

- Originell gestaltete Vogelscheuchen bieten einen hübschen Anblick, doch die Vögel gewöhnen sich sehr schnell daran. In den Bäumen aufgehängte glänzende Alufolienstreifen oder CDs, die im Wind flattern und blinken, sorgen etwas besser für Abschreckung, auf Dauer beeindrucken allerdings auch sie die Vögel nur wenig.
- Die beste Abwehrmaßnahme sind Vogelschutznetze, die man über das ganze Gehölz oder – bei großen Bäumen – über die fruchttragenden Äste zieht.

Wenn gespritzt werden muss Mit hausgemachten Pflanzenschutzmitteln aus Naturstoffen (siehe S. 255) können Sie so manchen Krankheitserreger in den Griff bekommen. Der Fachhandel bietet heute auch etliche Spritzmittel aus pflanzlichen Wirkstoffen oder Ölen an sowie effektive Pflanzenstärkungsmittel, die sich vorbeugend gegen Pilzkrankheiten einsetzen lassen. Chemische Pflanzenschutzmittel sind für den Hausgarten nur noch sehr eingeschränkt zugelassen, wobei es hierunter auch nützlingschonende und für Menschen ungiftige Präparate gibt.

- Lassen Sie sich beim Kauf von Pflanzenschutzmitteln gut beraten, oder lesen Sie die Packungsaufdrucke genau durch. Achten Sie darauf, für welche Zwecke die Mittel zugelassen und in welcher Zeitspanne (z. B. zum Austriebsbeginn) sie anzuwenden sind. Die meisten Mittel dürfen während der Blütezeit nicht gespritzt werden.
- Beachten Sie bei der Anwendung peinlich genau die Vorgaben des Herstellers, tragen Sie lange Hosen, langärmlige Oberbekleidung, Handschuhe und – wenn nötig – auch Schutzbrille oder -maske. Spritzen Sie stets nur bei Windstille.
- Wenn Sie mehrere Obstgehölze im Garten haben, lohnt sich die Anschaffung einer Rückenspritze mit Tragegurt, mit der Sie auch selbst hergestellte Mittel ausbringen können.

Großvaters Geheimtipp

STÄMME BRAUCHEN PFLEGE
Frühere Gärtner verbrachten viel Zeit damit, im Herbst und Winter ihre Obstbaumstämme mit einer Drahtbürste zu reinigen. Das Entfernen von losen Rindenteilen, Moosen und Flechten beugt Holzkrankheiten vor und beseitigt Schädlinge oder deren Eier, die sich hinter Rindenschuppen verstecken. Für diese Arbeit gibt es auch spezielle Rindenkratzer.

- Vor allem bei sonnigem Winterwetter kann es durch den Wechsel von Erwärmung und nächtlichen Frösten zu Rissen und anderen Rindenschäden kommen. Davor können Sie Ihren Baum durch einen winterlichen Stammanstrich nach alter Väter Sitte schützen. Heute gibt es dafür Weißanstrich-Präparate im Fachhandel, die oft auch pflanzenstärkende Zusätze enthalten.

Versehen Sie die Bäume am besten schon im Herbst mit einem Weißanstrich. Streichen Sie den gesamten Stamm mitsamt dem Kronenansatz.

Schädlinge und Krankheiten an Obstpflanzen

Es gibt kaum etwas Schöneres, als das eigene, selbst angebaute Obst zu genießen. Doch stößt man beim Biss in die saftige Frucht auf Maden oder Raupen, wird die Freude auf unangenehme Weise getrübt.

Wurzeln

WURZELKROPF, MAUKE

● **Symptome** Diese durch Bodenbakterien ausgelöste Krankheit verursacht gallenartige Wucherungen an den Wurzeln und am Wurzelhals, seltener an der Stammbasis. Der Erreger dringt über Verletzungen ein. Anfangs sind die Wucherungen weich und glatt, später werden sie dunkelbraun und verholzen. Sie können mehr als faustgroß wachsen. Besonders junge Gehölze werden stark im Wuchs gehemmt, erholen sich aber häufig, wenn sie älter werden. An der Weinrebe ist die Krankheit als Mauke bekannt. Hier treten die Wucherungen vor allem an der Veredlungsstelle auf und beeinträchtigen auch ältere Pflanzen stark in Wachstum und Ertrag.

● **Befallene Pflanzen** Alle Obstarten, besonders Apfel, Birne, Himbeere, Kirsche und Pflaume sowie Wein

● **Bekämpfung** Verbessern Sie schwere, nasse Böden gründlich, bevor Sie Obstgehölze pflanzen. Bei veredelten Pflanzen lässt sich der Krankheit durch Wahl gering anfälliger Unterlagen vorbeugen. Wenn die Pflanzen stark kümmern, ist es besser, sie zu entfernen, als auf eine Erholung zu hoffen; pflanzen Sie aber neue Gehölze nicht an dieselbe Stelle.

Stämme und Äste

BLEIGLANZKRANKHEIT

Im unteren Bereich des Stammes wachsen blätterartige, braunviolette Pilzfruchtkörper. Auffälliger sind zunächst die Blätter, die sich schon beim Austrieb silbrig bis bleigrau verfärben. Früchte fallen meist ganz aus, da bereits die Blüten verkümmern. Der Holzpilz infiziert Stämme und Äste über Wunden und kann den ganzen Baum zerstören. Er befällt neben allen Baumobstarten auch Beerenobst. Für Vorbeugung und Bekämpfung gilt dasselbe wie bei Obstbaumkrebs (siehe S. 251). Stark erkrankte Bäume sollten ganz entfernt werden.

BLUTLÄUSE

● **Symptome** An Stämmen und Trieben zeigen sich weiße, watteähnliche Beläge, unter denen manchmal die rotbraunen, etwa 2 mm großen Läuse erkennbar sind. An der Rinde bilden sich krebsartige Wucherungen, die später knotenartig aufreißen. Neutriebe oberhalb solcher Stellen reifen nicht richtig aus. Diese Schäden verursachen die Blutläuse, die aus jungen Trieben oder über Risse in der Rinde Pflanzensaft saugen. Die Schädlinge können sich ungeschlechtlich vermehren, eine Laus kann so über 100 Nachkommen haben, die dann an geschützten Stellen der Baumrinde überwintern. Feuchtwarmes Wetter fördert die Vermehrung der Blutläuse.

● **Befallene Pflanzen** Apfel

● **Bekämpfung** Achten Sie auf gering anfällige Apfelsorten und -unterlagen. Fördern Sie Nützlinge wie Marienkäfer, Ohrwürmer, Schwebfliegen und Vögel, die die Blutläuse verzehren. Spritzen Sie den wollig weißen Belag mit einem scharfen Wasserstrahl ab, und setzen Sie bei starkem Befall nützlingschonende Insektizide ein. Schneiden Sie die Wucherungen sorgfältig aus, und behandeln Sie die Stellen mit einem Wundverschlussmittel. Reinigen Sie im Winter den Stamm mit Drahtbürste oder Baumkratzer, um die Läuse aus ihren Verstecken in der Rinde zu entfernen. Setzen Sie Kapuzinerkresse als Abwehrpflanzen unter die Bäume.

FEUERBRAND

● **Symptome** Ab Frühjahr werden Blätter und Blüten erst braun, dann schwärzlich. Bald verfärben sich die betroffenen Triebe komplett, und ihre Spitzen krümmen sich spazierstockartig. Verursacher sind Bakterien, die mit ihren Schleimabsonderungen die Leitungsbahnen in den Trieben und Stämmen verstopfen. Häufig sieht man an Rissen auch schleimige, gelbbraune Tröpfchen austreten. Die Symptome greifen rasch auf dicke Äste über, schließlich stirbt das wie verbrannt wirkende Gehölz ab.

● **Befallene Pflanzen** Besonders Apfel, Birne und Quitte, außerdem verschiedene Ziergehölze aus der Familie der Rosengewächse

● **Bekämpfung** Eine direkte Bekämpfung des Erregers ist wie bei allen Bakterienkrankheiten nicht möglich. Achten Sie vorbeugend auf gering anfällige Sorten. Da die Krankheit ganze Obstanlagen vernichten kann, ist ihr Auftreten meldepflichtig (Pflanzenschutzamt oder Kreis- bzw. Stadtverwaltung). Durch einen frühzeitigen Rückschnitt von mindestens 70 cm in das gesunde Holz lässt sich die Krankheit manchmal noch eindämmen. Desinfizieren Sie danach das Schnittwerkzeug unbedingt mit Alkohol. Stimmen Sie bei einem Befall alle Maßnahmen – bis hin zum eventuellen Roden und Verbrennen des Gehölzes – mit den zuständigen Behörden ab.

GUMMIFLUSS

● **Symptome** An Stämmen und Trieben treten helle oder bräunliche, zähflüssige Tropfen aus, die zu gummiartigen Klumpen verhärten. Es handelt sich um eine physiologische Störung als Reaktion auf verschiedene negative

Umwelteinflüsse. Das junge Holz wird dabei gewissermaßen „verflüssigt". Dadurch können ganze Astpartien absterben. Auslöser für den Gummifluss sind meist Verletzungen an der Rinde.

● **Befallene Pflanzen** Steinobstbäume, besonders Kirschen und Pfirsich

● **Bekämpfung** Besonders gefährdet sind Bäume auf schweren, feuchten oder gar staunassen Böden sowie an frostexponierten Plätzen. Eine geeignete Standortwahl und eine gründliche Bodenbearbeitung oder – wenn nötig – Bodenverbesserung gehören deshalb zu den wichtigsten Vorkehrungen. Auch eine ausgewogene, stickstoffreduzierte Düngung mindert die Gefahr. Vermeiden Sie außerdem unnötige Rindenverletzungen. Größere Schnittmaßnahmen werden am besten nur im Sommer durchgeführt, wenn die Wunden schneller verheilen. Verstreichen Sie alle etwas größeren Schnittflächen mit einem Wundverschlussmittel. Beim Rückschnitt an gefährdeten Bäumen schneidet man zuerst – anders als sonst – auf kurze Stummel. Sie werden notfalls dem Gummifluss geopfert und dann erst im folgenden Jahr direkt an der Verzweigungsstelle entfernt. Schneiden Sie ansonsten Gummiflusspartien bis tief in das gesunde Holz aus, und behandeln Sie die Schnittstelle sorgfältig mit Wundverschlussmittel.

HIMBEERRUTENKRANKHEIT

● **Symptome** Auf den Ruten erscheinen weißgraue, etwas eingesunkene Flecken. Sie können mit einem violettbraunen Rand versehen sein und dehnen sich allmählich aus. Gegen Herbst sieht man schwarze Pilzsporen, die Ruten vertrocknen und sterben ab. Die Schaderreger überdauern in den erkrankten Pflanzenresten. Zu einer Neuinfektion kommt es über Verletzungen, Rindenrisse und Fraßstellen von Schädlingen. Feuchte Witterung begünstigt den Befall und die Ausbreitung des Pilzes.

● **Befallene Pflanzen** Himbeere

● **Bekämpfung** Lichten Sie regelmäßig überalterte Ruten und überzählige Jungruten aus, damit Blätter und Triebe gut durchlüftet sind und schnell abtrocknen. Gießen Sie möglichst nur morgens und stets direkt über den Wurzeln auf den Boden. Ausgewogene, eher kali- als stickstoffreiche Düngung, Mulchen und Spritzen von Pflanzenstärkungsmitteln sind weitere Vorbeugungsmaßnahmen. Sammeln Sie Falllaub auf, und schneiden Sie erkrankte Ruten umgehend direkt am Boden weg; desinfizieren Sie danach das Schnittwerkzeug.

KRAGENFÄULE

● **Symptome** Kragenfäule ist eine bodenbrütige Pilzkrankheit, die über Rindenverletzungen in den Stamm eindringt. In der Nähe der Veredlungsstelle erscheinen braune bis violette Flecken, die sich zu einem faulenden, feuchten „Kragen" rund um den Stamm ausdehnen. Die Blätter färben sich gelb, dann rötlich und fallen schließlich ab, die Früchte bleiben klein oder faulen. Triebe sterben ab, manchmal auch der ganze Baum.

● **Befallene Pflanzen** Apfel und Birne

● **Bekämpfung** Die Krankheit tritt besonders auf feuchten, zu Staunässe neigenden Böden auf. Verbessern Sie die Durchlässigkeit des Bodens und den Wasserabfluss. Meiden Sie Pflanzplätze, an denen bereits zuvor befallene Bäume standen. Wählen Sie vorbeugend gering anfällige Sorten und Unterlagen, und vermeiden Sie Rindenverletzungen. Schneiden Sie bei einem Befall die Faulstellen möglichst frühzeitig aus, und verstreichen Sie die Schnittstellen mit Wundverschlussmittel. Auf dem Boden liegende Früchte können ebenfalls infiziert werden; entfernen Sie deshalb alles Fallobst sowie faulende Früchte am Baum.

MONILIA-SPITZENDÜRRE

Diese Pilzkrankheit tritt besonders an Sauerkirschen und Äpfeln auf. Nach regnerischem Wetter während der Blütezeit sterben die Zweigspitzen schlagartig ab. Oft welken auch Blätter und Blüten. Der Erreger, *Monilia laxa*, ist nah verwandt mit dem der Monilia-Fruchtfäule und wird auf dieselbe Weise bekämpft (siehe S. 254).

OBSTBAUMKREBS

● **Symptome** Anfangs verfärben sich betroffene Rindenstellen eher unauffällig, und man erkennt eingesunkene Flecken. Dann reißt die Rinde auf, es bilden sich rote Sporenlager und schließlich krebsartige Wucherungen, mit der Zeit umgeben von ringartigen Wulsten. Oft werden auch Früchte in Mitleidenschaft gezogen und faulen später im Lager. Einzelne Äste oder die ganzen Bäume können komplett absterben. Der Schadpilz tritt besonders in regenreichen Gegenden auf. Er dringt über Schnittwunden, Aststummel, Frostrisse und andere Rindenverletzungen in das Holz ein.

● **Befallene Pflanzen** Vor allem Apfel und Birne

● **Bekämpfung** Vermeiden Sie vorbeugend Rindenverletzungen, z. B. auch mithilfe eines Weißanstrichs, der Frostrissen vorbeugt. Schneiden Sie ausgefranste Schnittwunden stets sauber nach, verstreichen Sie alle größeren Wunden mit Wundverschlussmittel, und lassen Sie keine unnötigen Stummel stehen. Schneiden Sie befallene Partien großzügig bis ins gesunde Holz heraus, glätten Sie die Schnittränder mit einem scharfen Messer, und behandeln Sie die Schnittstelle mit einem Wundverschlussmittel. Geben Sie infizierte Teile nicht auf den Kompost.

Blätter

BIRNENGITTERROST

● **Symptome** Ab Frühsommer erscheinen auf den Blattoberseiten auffällig orangerote Flecken, die sich vergrößern. Im Lauf des Sommers bilden sich an den Blattunterseiten die knolligen gelbbraunen Sporenlager des Pilzes mit gitterähnlichen Öffnungen.

● **Befallene Pflanzen** Birne

● **Bekämpfung** Die wichtigste Vorbeugungsmaßnahme besteht darin, in mindestens 200 m Entfernung von Birnbäumen keinen Sadebaum oder andere Wacholderarten zu pflanzen. Auf diesen Nadelgehölzen überwintert der

Schadpilz, um dann im Frühjahr per Wind oder Regen auf die Birnen überzusiedeln. Falls im Frühjahr an Wacholderpflanzen in Ihrem Garten Triebe auffällig anschwellen und gallertartige, orangegelbe Gebilde tragen, entfernen Sie diese Zweige umgehend – sie bergen die neuen Pilzsporen. Ansonsten reicht meist das frühzeitige Beseitigen befallener Birnenblätter, um merklichen Schäden vorzubeugen. Fungizide gegen Birnenschorf haben teils auch eine Nebenwirkung gegen Birnengitterrost.

BLATTLÄUSE

● **Symptome** An Obstgehölzen treten verschiedene grüne, schwarze, graue oder braune Blattläuse auf. Die grüne Pfirsichblattlaus (Abb. oben) kann trotz ihres Namens nahezu alle Obstgehölze befallen, während z. B. Apfelblattläuse – ebenfalls grün oder mehlig grau – nur an Apfelbäumen saugen. Die Schäden, die Blattläuse anrichten, ähneln sich jedoch bei allen Pflanzen: Die Blätter kräuseln sich und rollen sich ein, werden gelb und fallen schließlich ab; die Triebspitzen oder auch die Blüten und Früchte sind deformiert. Die Schädlinge sitzen meist in dichten Kolonien an jungen Triebspitzen oder Blattunterseiten. Oft sind die Blätter von klebrigem Honigtau überzogen, auf dem sich schwärzliche Rußtaupilze ansiedeln. Besonders gefährlich werden die Läuse durch die Übertragung von krankheitserregenden Viren.

● **Befallene Pflanzen** Fast alle Obstpflanzen

● **Bekämpfung** Fördern Sie natürliche Feinde der Blattläuse, z. B. Florfliegen, Marienkäfer und Ohrwürmer. Verwenden Sie nur nützlingschonende Pflanzenschutzmittel. Legen Sie Leimringe um die Stämme, damit die blattlausunterstützenden Ameisen nicht hochkriechen können (siehe S. 239). Spritzen Sie die Läuse immer wieder mit einem kräftigen Wasserstrahl ab, oder streifen Sie sie an gut erreichbaren Stellen einfach mit einem Papiertuch ab. Sehr stark befallene Triebe werden am besten herausgeschnitten. Als hausgemachte Spritzmittel haben sich Brennnesselauszüge bewährt (siehe S. 255).

ECHTER MEHLTAU

● **Symptome** Die Oberfläche junger Blätter, Triebe und Blüten ist von einem mehlig weißlichen Pilzbelag überzogen. Die Blätter rollen sich ein, fallen zum Teil ab, und die Pflanze kümmert. Infizierte Blüten öffnen sich nicht. Befallene Früchte können bersten und aufreißen, zudem zeigen sie teils braune Stellen. Beim Stachelbeermehltau sind besonders die jungen Triebspitzen und Beeren betroffen.

● **Befallene Pflanzen** Apfel, Pfirsich und Quitte sowie Stachelbeere und Weinrebe

● **Bekämpfung** Wählen Sie nach Möglichkeit gering anfällige oder resistente Sorten. Schneiden Sie erkrankte Triebe bis ins gesunde Holz zurück, und entfernen Sie im Herbst alles Falllaub und Fallobst. Beim Stachelbeermehltau ist gründlicher Schnitt besonders wichtig (siehe S. 219). Ansonsten bewähren sich beim Obst dieselben Vorbeugungs- und Bekämpfungsmaßnahmen wie bei Zierpflanzen; siehe S. 97.

FALSCHER MEHLTAU, PERONOSPORA

● **Symptome** An den Blattoberseiten sieht man erst gelbliche, dann braune, ölige Flecken, auf den Unterseiten bildet sich ein weißlicher Pilzbelag. Nicht selten werden auch Ranken, Triebspitzen, Blütenstände und junge Beeren befallen. Die Früchte schrumpfen zu vertrockneten „Lederbeeren". Bei feuchtwarmem Wetter greift die Krankheit schnell um sich.

● **Befallene Pflanzen** Weinrebe

● **Bekämpfung** Achten Sie auf widerstandsfähige Sorten, und sorgen Sie durch regelmäßiges Schneiden für gute Durchlüftung des Weinstocks. Vermeiden Sie übermäßige Stickstoffdüngung. Beseitigen Sie im Herbst gründlich das abgefallene Laub, das dem Schaderreger zum Überwintern dient. Je nach Befallsstärke und -häufigkeit können Sie Pflanzenstärkungsmittel oder Fungizide einsetzen.

JOHANNISBEER-SÄULENROST

● **Symptome** Ab Juni erscheinen auf den Blattoberseiten gelbe Flecken und an den Unterseiten orangegelbe Pusteln, die sich bald zu dicht stehenden, säulenartigen, gelbbraunen Fruchtkörpern entwickeln. Die Blätter vergilben ganz und fallen ab.

● **Befallene Pflanzen** Schwarze Johannisbeere, seltener Rote Johannisbeere

● **Bekämpfung** Bevorzugen Sie gering anfällige Sorten. Pflanzen Sie Johannisbeeren nicht in die Nähe fünfnadeliger Kiefern wie Weymouthskiefer oder Zirbelkiefer: Sie sind ebenfalls Wirtspflanzen dieses Rostpilzes. An ihnen ruft er im Frühjahr blasenartige Verdickungen (Kiefernblasenrost) hervor. Dabei handelt es sich um Sporenlager. Wenn diese aufplatzen, infizieren die Sporen ihren Sommerwirt, die Johannisbeere. Entfernen Sie alles Falllaub, denn der Erreger kann wahrscheinlich auch in abgestorbenen Blättern überdauern. Bei starkem Befall können Fungizide eingesetzt werden.

KIRSCHBLATTWESPEN

● **Symptome** Die schwärzlichen Larven dieser Blattwespen fressen Triebe in kurzer Zeit kahl und lassen von den Blättern oft nur ein paar skelettartige Rippen stehen. Nach dem Reifungsfraß lassen sich die Larven zu Boden fallen, um sich im Laub zu verpuppen. Die Sägewespen fliegen in zwei Generationen ab Ende Mai und Ende Juni und legen ihre Eier an den Blättern ab.

● **Befallene Pflanzen** Sauer- und Süßkirsche

● **Bekämpfung** Sammeln Sie die Larven ab, oder entfernen Sie befallene Blätter ganz. Bei starkem Befall können Sie ein Neem- oder Pyrethrumpräparat spritzen.

KRÄUSELKRANKHEIT

● **Symptome** Die Blätter kräuseln sich und verfärben sich gelb bis kräftig rot oder sogar rotviolett. Dazu kommen oft charakteristische beulenartige Schwellungen. Die Blätter fallen schließlich ab, die jungen Triebe wachsen deformiert. Häufiger starker Befall kann die Bäume zum Absterben bringen. Die Kräuselkrankheit wird durch den Pilz *Taphrina deformans* verursacht und tritt besonders dann auf, wenn einem milden Winter kaltes, nasses Frühjahrswetter folgt.

● **Befallene Pflanzen** Pfirsich, besonders gelbfleischige Sorten, und Nektarine

● **Bekämpfung** Wählen Sie möglichst gering anfällige Sorten, und achten Sie auf harmonische, nicht allzu stickstoffreiche Düngung. Schneiden Sie befallene Triebspitzen bis ins gesunde Holz zurück. Da für den Hausgarten keine Fungizide zugelassen sind, sollten ab dem Knospenschwellen mehrmals Pflanzenstärkungsmittel gespritzt werden.

OBSTBAUM-SPINNMILBEN

Die winzigen Milben, deren Weibchen rötlich gefärbt sind, kann man an fast allen Obstgehölzen finden, besonders bei heißem, trockenem Wetter. Befallene Blätter verfärben sich gelb und erscheinen gräulich gesprenkelt. Unter Umständen rollen sie sich ein, verkümmern und fallen ab. Siehe auch S. 99.

REBLÄUSE

● **Symptome** An den Blattunterseiten bilden sich rote Gallen, die die Eier und gelblichen Larven der Läuse beherbergen, an den Wurzeln entstehen helle Knötchen. Die Rebe kümmert und kann komplett absterben.

● **Befallene Pflanzen** Weinrebe

● **Bekämpfung** Pflanzen Sie ausschließlich Pfropfreben, die auf reblausresistente Unterlagen veredelt sind. Wenn Sie – z. B. bei einer selbst vermehrten Rebe – einen Befallsverdacht haben, benachrichtigen Sie das örtlich zuständige Pflanzenschutzamt. Das Auftreten des Schädlings, der früher ganze Weinberge zerstörte, ist meldepflichtig.

SCHILDLÄUSE

● **Symptome** Schildläuse saugen an Blättern und Trieben, was zu Verkrüppelungen und Wachstumshemmungen führt. Sie sitzen an den Trieben, oft in den Verzweigungsstellen (Achseln), an Blattstielen oder Blattunterseiten, meist dicht an dicht. Auf den ersten Blick wirken sie unter ihren rotbraunen oder schwärzlichen, deckel- oder napfförmigen Schilden wie Pusteln. Oft bilden sie, zu vielen dicht nebeneinander, krustenartige Beläge, teils mit wachs- oder wollartigen Ausscheidungen. Wie Blattläuse verunreinigen sie die Pflanzen mit Honig- und Rußtau und übertragen teils auch Viren. Warmes, trockenes Wetter fördert die Vermehrung der Schildläuse.
Besonders gefürchtet ist die San-José-Schildlaus, die nur in warmen Gegenden auftritt. Sie kann bei starkem Befall ganze Bäume oder Sträucher zerstören. Neben aschgrauen Schildkrusten sind für die San-José-Schildlaus rissige Rinden, rötliches Gewebe unter der Rinde und rot gefleckte Fruchtstiele charakteristische Schadbilder.

● **Befallene Pflanzen** Fast alle Obstpflanzen, häufig auch an fruchtenden Kübelpflanzen; San-José-Schildlaus besonders an Apfel und Johannisbeere

● **Bekämpfung** Marienkäfer, Ohrwürmer und Schlupfwespen sind wichtige natürliche Feinde, die unterstützt werden sollten. An gut erreichbaren Trieben bürsten Sie die fest sitzenden Schilde am besten mit einer alten Zahnbürste ab. Zum Spritzen eignen sich Mittel auf Öl-, Kaliseifen- oder Pyrethrinbasis. Durch Abbürsten oder Abkratzen der Rinde können Sie überwinternde Schildläuse gut reduzieren. Achtung, das Auftreten der San-José-Schildlaus ist meldepflichtig.

SCHROTSCHUSS-KRANKHEIT

● **Symptome** Ab Frühjahr verursacht diese Pilzkrankheit an den Blättern kleine rötliche Flecken, gefolgt von Löchern, die so aussehen, als sei das Blatt mit Schrot durchsiebt worden. Die Blätter fallen später ab, auf Trieben bilden sich eingesunkene, dunkle Stellen, auf Früchten dunkle Flecken. Ein feuchtes Frühjahr fördert das Auftreten des Schadpilzes, der an befallenen Zweigen überwintert.

● **Befallene Pflanzen** Alle Steinobstarten, vor allem Sauer- und Süßkirsche

● **Bekämpfung** Schneiden Sie befallene Triebe bis ins gesunde Holz zurück, und spritzen Sie ab dem Frühjahr mehrmals mit einem Pflanzenstärkungsmittel aus dem Fachhandel.

Blüten

ERDBEERBLÜTEN-STECHER

● **Symptome** Blütenknospen welken, knicken um und fallen zum Teil ab. Verursacher ist ein kleiner, dunkler Rüsselkäfer, der im späten Frühjahr seine Eier in den Knospen ablegt und dabei den Knospenstiel anfrisst. Seine gelbweißen Larven fressen dann an den Knospen weiter. Bis zum Sommer entwickeln sie sich zu Jungkäfern und beißen kleine Löcher in die Blätter. Die Käfer überwintern am oder im Boden unter Pflanzenresten.

● **Befallene Pflanzen** Erdbeere, auch Brombeere und Himbeere

● **Bekämpfung** Entfernen Sie ab Frühjahr befallene Knospen so zeitig wie möglich mitsamt den Larven, und beseitigen Sie nach der Ernte gründlich alle abgestorbenen Pflanzenreste. Diese keinesfalls auf den Kompost werfen. Setzen Sie notfalls vor der Blüte ein bienenungefährliches Spritzmittel ein.

THRIPSE

● **Symptome** Die Blütenblätter verfärben sich braun, teils öffnen sich die Knospen nicht, oder die Früchte werden nicht richtig ausgebildet. Die Saugstellen der Thripse (auch als Blasenfüße oder Gewittertierchen bekannt) sieht man als kleine, silbrige Pünktchen an Blättern und Blüten. Auch schwärzliche Kotflecken an den Blütenblättern weisen auf die winzigen fliegenähnlichen Insekten hin.

● **Befallene Pflanzen** Fast alle Obstpflanzen, häufig auch an Kübelobst

● **Bekämpfung** Besprühen Sie die betroffenen Pflanzenteile mit Wasser – Thripse mögen es lieber trocken und heiß. Wählen Sie bei schwerem Befall ein nützlingschonendes Insektizid, damit Gegenspieler wie Florfliegen, Marienkäfer und Raubmilben nicht beeinträchtigt werden.

Früchte

APFELWICKLER

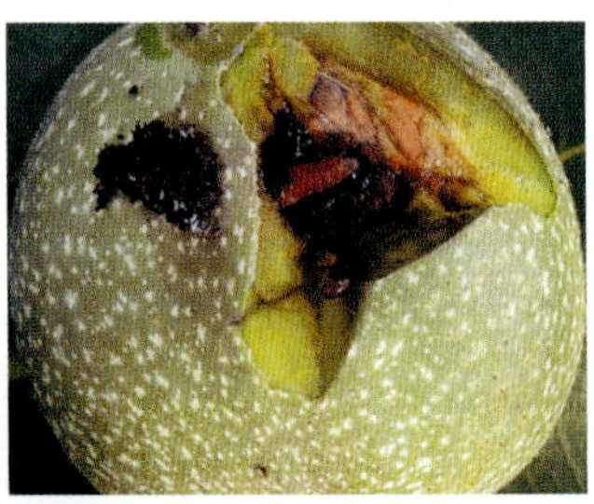

● **Symptome** Früchte reifen vorzeitig und fallen vom Baum. Das Fruchtfleisch bzw. Kerngehäuse ist von Fraßgängen durchzogen, und der Übeltäter meist deutlich zu erkennen: die etwa 2 cm große, rötliche Raupe des Apfelwicklers, eines kleinen, bräunlichen Falters. Die Raupen kennt man auch als Apfel- oder Obstmaden. Die Löcher, durch die sie sich in die Frucht gebohrt haben, sind durch winzige dunkelbraune, krümelige Exkremente markiert. Wenn die Zeit zur Verpuppung kommt, verlassen die Raupen die Früchte und suchen sich einen ruhigen Platz unter der Baumrinde. Ab Mitte Mai legen die Weibchen ihre Eier an Blättern und jungen Früchten ab. Bei warmem Wetter fliegen sie erneut ab Ende Juli. Die zweite Raupengeneration schädigt die Ernte besonders stark.

● **Befallene Pflanzen** Apfel

● **Bekämpfung** Nützliche Vorkehrungen und Hilfsmittel sind Fanggürtel aus Wellpappe und Lockstofffallen (siehe S. 231). Für die biologische Bekämpfung gibt es ein spezielles Granulose-Virus, das wie ein normales Spritzmittel ausgebracht werden kann. Wenn Sie im Winter mit Bürste oder Baumkratzer die Rinde reinigen, erwischen Sie nach einem Befallsjahr recht viele Apfelwicklerraupen. Entfernen Sie befallene Früchte, auch bereits auf dem Boden liegende, umgehend.

FRUCHTFLIEGEN

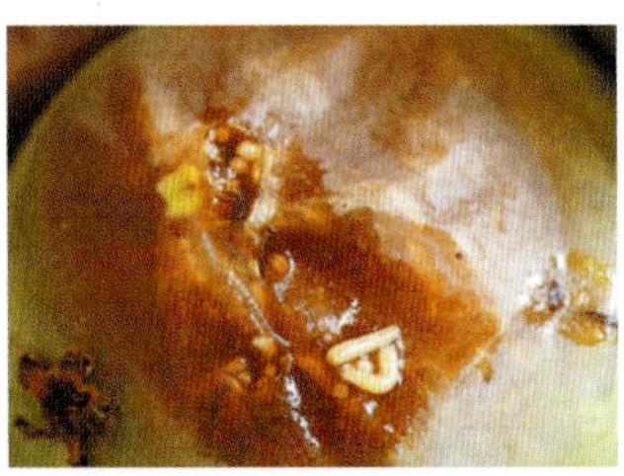

● **Symptome** Kleine punktförmige Verletzungen an den Früchten zeigen, wo die Fruchtfliegen ihre Eier abgelegt haben. Später faulen die Früchte an diesen Stellen, nachdem die Maden aus den Eiern geschlüpft sind und sich vom Fruchtfleisch ernähren. Häufig fallen die Früchte vorzeitig ab.

● **Befallene Pflanzen** Alle Obstarten mit weichschaligen Früchten, z. B. Erdbeere oder Pflaume. Den häufigsten und größten Schaden richtet jedoch die Kirschfruchtfliege an Süßkirschen an.

● **Bekämpfung** Gefährdete Früchte können Sie im letzten Reifestadium durch Umhüllen mit Papier- oder Leinenbeuteln schützen. Lassen Sie keinesfalls befallene Früchte am Baum hängen oder auf dem Boden liegen. Der im Mai/Juni fliegenden Kirschfruchtfliege können Sie mit früh blühenden Sorten ein Schnippchen schlagen. Gegen den Schädling helfen auch Kirschfruchtfliegenfallen effektiv, wenn Sie diese von Ende April bis Ende Juli in ausreichender Zahl an den Bäumen aufhängen.

GRAUSCHIMMEL

Die auch als Botrytis bekannte Pilzkrankheit äußert sich in einem weißgrauen, pelzigen Belag, der die Früchte überzieht, während das Fruchtfleisch weich wird und fault. Sie tritt auch auf den Blättern auf. Besonders betroffen sind Erdbeere, Brombeere, Himbeere und Weinrebe. Bei Erdbeeren kann eine Mulchdecke aus Stroh das Befallsrisiko verringern. Befallene Früchte nicht auf den Kompost geben, die Pilzsporen überwintern dort und können dann auch Zierpflanzen schädigen. Siehe S. 98.

HASELNUSSBOHRER

● **Symptome** Der kleine, braune Rüsselkäfer macht sich oft schon im späten Frühjahr durch Löcher in den Blättern und angefressene Blütenstiele bemerkbar. Die Weibchen legen ihre Eier einzeln in junge Früchte. Die gelblich weißen Larven zerfressen die Nüsse innen und verlassen sie im Spätsommer, wobei sie ein großes Bohrloch hinterlassen. Sie überwintern im Boden.

● **Befallene Pflanzen** Haselnuss

● **Bekämpfung** Klopfen Sie im April und Mai regelmäßig die Triebe ab, und zwar möglichst frühmorgens, wenn die Käfer noch träge sind. Halten Sie weißes Papier darunter – so erkennen Sie leicht einen Befall. Zugleich können Sie auf diese Weise die Käfer absammeln und mit dem Papier entsorgen. Entfernen Sie befallene Früchte frühzeitig.

MONILIA-FRUCHTFÄULE

● **Symptome** Auf den Früchten bilden sich erst braune Faulstellen, dann konzentrische Kreise aus hellbeigen Sporen. Die Fäulnis kann sich über die gesamte Frucht ausbreiten. Befallene Früchte trocknen ein und bleiben als Fruchtmumien am Baum hängen. Spät infizierte Früchte färben sich im Lager schwarz. Schaderreger ist der Pilz *Monilia fructigena*, der über Verletzungen in der Fruchthaut eindringt. Siehe auch Monilia-Spitzendürre, S. 251.

● **Befallene Pflanzen** Alle Kern- und Steinobstbäume, besonders häufig an Apfel, Birne, Kirsche und Pflaume

● **Bekämpfung** Bevorzugen Sie gering anfällige Sorten. Halten Sie die Baumkronen durch regelmäßigen Schnitt licht, damit die Blätter nach einem Regen schnell abtrocknen – Feuchtigkeit fördert die Infektion und Ausbreitung. Schneiden Sie befallene Triebe bis ins gesunde Holz zurück, und beseitigen Sie im Herbst oder Winter die Fruchtmumien. Geben Sie alles in den Hausmüll. Mehrmaliges Spritzen von Pflanzenstärkungsmitteln oder selbst hergestelltem Meerrettichauszug mindert den Befall, ansonsten können Fungizide eingesetzt werden.

NARRENTASCHENKRANKHEIT

● **Symptome** Befallene Früchte sind länglich und missgestaltet, bleiben hellgrün und bilden keine Kerne. Früher oder später überzieht sie ein weißlicher Pilzbelag. Der Schadpilz infiziert die Blüten, besonders bei feuchtem, kühlem Frühjahrswetter.

● **Befallene Pflanzen** Pflaume

● **Bekämpfung** Geben Sie gering anfälligen Sorten den Vorzug. Entfernen und vernichten Sie befallene Früchte. In einem feuchten Frühjahr empfiehlt sich mehrmaliges Spritzen mit einem Pflanzenstärkungsmittel während und nach der Blüte.

SCHORF

● **Symptome** Befallene Früchte können aufreißen und sind häufig deformiert. Typisch sind braungraue, leicht vertiefte, schorfige, korkartige Stellen, die sich härter als der Rest der Frucht anfühlen. Auch Blätter können infiziert werden und haben dann samtige, bräunliche Flecken. Besonders bei der Birne reißt zudem häufig die Rinde junger Triebe auf. Bei starkem Befall mit dieser Pilzkrankheit sterben öfter Zweige von der Spitze her ab.

● **Befallene Pflanzen** Apfel und Birne

● **Bekämpfung** Wählen Sie vorbeugend gering anfällige Sorten, und halten Sie die Krone durch regelmäßigen Schnitt luftig. Entfernen Sie abgefallene Früchte, Blätter und Schnittgutreste auf dem Boden, sie könnten sonst als Quellen für Neuinfektionen dienen. Gegen Schorf können Fungizide, z. B. auf Schwefelbasis, eingesetzt werden.

STIPPIGKEIT

Bei stippigen Apfelfrüchten mindern braune, bitter schmeckende Flecken unter der Schale den Genuss. Ursache ist eine mangelnde Kalziumversorgung der Früchte. Siehe S. 230.

Großvaters Geheimtipp

HAUSGEMACHTE PFLANZENSCHUTZMITTEL

Die Gärtner früherer Zeiten verwendeten selbst hergestellte, effektive Kräuterzubereitungen, um Schädlinge und Krankheiten von ihren wertvollen Pflanzen fernzuhalten. Auch heute ist es nicht immer nötig, gleich zur Chemie zu greifen.

BRENNNESSELKALTWASSERAUSZUG GEGEN SCHÄDLINGE

- 200 g frisches Brennnesselkraut
- 2 l Wasser

Übergießen Sie das klein geschnittene Kraut in einer Schüssel mit kaltem Wasser, und beschweren Sie das Schnittgut mit einem Teller oder Ähnlichem, damit es untergetaucht bleibt. Lassen Sie alles 24 Stunden ziehen, seihen Sie den Extrakt ab, und verdünnen Sie ihn vor der Anwendung mit Wasser (1:5).

KNOBLAUCHAUFGUSS GEGEN SCHÄDLINGE UND KRANKHEITEN

- 90 g Knoblauchzehen
- 2 El Pflanzenöl
- 1 l heißes Wasser
- 30 g Schmierseife

Geben Sie klein gehackten Knoblauch in das Öl. Über Nacht ziehen lassen. Lösen Sie die Seife im Wasser, und geben Sie dann die Knoblauch-Öl-Mischung hinzu. Alles abkühlen lassen und schließlich abseihen. Geben Sie 20 ml dieser Mixtur in 1 l Wasser, und spritzen Sie damit alle 2–3 Wochen Pflanzen mit Blattläusen oder vorbeugend gegen Pilzkrankheiten.

MILCHWASSERBRÜHE GEGEN PILZKRANKHEITEN

- 250 ml Vollmilch
- 2,5 l Wasser

Mischen Sie Milch mit Wasser. Spritzen Sie diese Mischung über das Laub von Pflanzen, die von Pilzkrankheiten wie z. B. Echtem Mehltau befallen sind. Wiederholen Sie die Behandlung alle 3 Tage, bis der Mehltau verschwunden ist. Mischen Sie für die Behandlung von Sternrußtau bei Rosen der Milchwasserbrühe noch 1 TL Natron unter.

SCHACHTELHALMBRÜHE GEGEN PILZKRANKHEITEN

- 150 g getrockneter oder 1 kg frischer Ackerschachtelhalm
- 10 l Wasser

Geben Sie die zerkleinerten Schachtelhalmsprosse in das Wasser, lassen Sie die Mischung 24 Stunden stehen und dann bei geringer Hitze 20–30 Minuten köcheln. Seihen Sie das Ganze ab. Verdünnen Sie den abgekühlten Extrakt vor dem Spritzen im Verhältnis 1: 5 mit Wasser.

KAPITEL 6

Grundlagen des Gärtnerns

Das Leben der Pflanzen

Ohne Unterstützung der modernen Wissenschaft mussten die Gärtner früherer Zeiten ein intuitives Verständnis für Wachstumsvorgänge und die Bedürfnisse ihrer Pflanzen entwickeln. Wenn auch Sie etwas botanisches Grundwissen mit altbewährten Erfahrungen kombinieren, gedeihen Ihre Pflanzen optimal im Einklang mit der Natur.

Besser verstehen, besser pflegen

Schlafende Schönheiten Damit Samen keimen, bedarf es bestimmter, oft je nach Art unterschiedlicher Faktoren: Wärme oder Kälte, Feuchtigkeit, Luft und teilweise auch Licht. Andernfalls verharren die Samen in der Keimruhe. Manche bleiben, im Boden versteckt, viele Jahrzehnte keimfähig – wenn sich die richtigen Bedingungen einstellen, erwachen sie zum Leben.

- Um große Samen wie Wal- oder Haselnüsse zum Keimen zu bringen, lagert man sie den Winter über in kühlem, feuchtem Sand, bevor man sie aussät (siehe S. 241). Diese Behandlung wird Stratifikation genannt.

Auch Blätter müssen atmen Pflanzen nehmen Luft und das für sie ebenfalls lebenswichtige Kohlendioxid über winzige Poren an den Blattunterseiten, die Spaltöffnungen, auf. Im Freien wäscht Regen Schmutz und Staub von den Blättern, bei Zimmerpflanzen muss man sie regelmäßig säubern, damit die Öffnungen nicht verstopfen.

- Waschen Sie die Blätter Ihrer Zimmerpflanzen mit klarem, weichem Wasser, eventuell mit einem winzigen Spritzer Spülmittel, ab. Sie können sie im Sommer auch in einen warmen Regenschauer im Freien stellen oder in der Dusche abbrausen.

Pflanzen brauchen Licht Mit dem als Fotosynthese bezeichneten Lebensprozess sind Pflanzen in der Lage, die Energie für ihr Wachstum selbst herzustellen. Die treibende Kraft für diesen Vorgang ist das Licht. Manche Pflanzen benötigen sehr viel Licht, andere wie z. B. Farne, die in Wäldern beheimatet sind, kommen auch im Schatten zurecht. Wenn Blätter vergilben, kann das ein Zeichen für Lichtmangel sein.

Wählen Sie die Pflanzen passend zu den Standortverhältnissen in Ihrem Garten. Rhododendren lieben sauren Boden und Halbschatten.

- **Künstliches Licht** Für Zimmer und Gewächshaus gibt es spezielle Pflanzen- und Vermehrungsleuchten, deren Lichtspektrum nach den Bedürfnissen der Pflanzen ausgerichtet ist.
- **Lichtreflexion** Helle Flächen reflektieren das Licht. Wenn Sie Mauern im Garten weiß streichen, verbessern Sie den Lichtgenuss davor platzierter Pflanzen.

Unkraut durch Lichtentzug bekämpfen Sie können viele Unkräuter leicht dezimieren, indem Sie ihnen das Licht wegnehmen. Bedecken Sie sie mit einem Teppich, mit Pappe, Zeitung oder schwarzer Mulchfolie.

Wasser, das Lebenselixier Pflanzen nehmen Wasser mit den Wurzeln auf. Es wird durch die Stängel zu den Blättern transpor-

SCHON GEWUSST?

FOTOSYNTHESE

Das Chlorophyll, der grüne Farbstoff in den Blättern, vermag mithilfe des Sonnenlichts aus Wasser und Kohlendioxid Zucker zu bilden. Der Zucker dient der Pflanze als Energiequelle und „Rohstoff" für ihr Wachstum. Bei diesem als Fotosynthese bezeichneten Prozess nehmen die Spaltöffnungen an den Blattunterseiten Kohlendioxid aus der Luft auf und geben Sauerstoff ab. Nachts kehrt sich dieser Prozess um, und die Pflanzen geben Kohlendioxid frei. Deshalb verbannte man früher Pflanzen aus dem Schlafzimmer, doch die Kohlendioxidabgabe einiger weniger Zimmerpflanzen ist so gering, dass sie nicht ernsthaft schaden kann.

tiert, wo es durch die Spaltöffnungen verdunstet. Dies sorgt für einen Unterdruck, sodass neues Wasser von unten angesaugt wird. Wenn die Wurzeln keine Feuchtigkeit mehr vorfinden, welken die Stängel und Blätter, und die Fotosynthese wird eingestellt. Manche Pflanzen sind allerdings sehr gut an trockene Bedingungen angepasst – Kakteen und andere Sukkulenten können Wasser speichern oder haben zu Dornen umgewandelte oder behaarte Blätter, die die Verdunstung herabsetzen.

Pflanzennahrung Pflanzen brauchen eine ausgewogene Ernährung. Nährstoffmangel führt zu schwachem Wuchs, die Blätter können vergilben, kümmern und abfallen. Pflanzen in Gefäßen sind besonders auf regelmäßigen Nährstoffnachschub angewiesen. Blattpflanzen brauchen recht viel Stickstoff (N), Blüten-, Fruchtpflanzen und Wurzelgemüse mehr Phosphor (P) und Kalium (K). Wählen Sie für jede Pflanze einen Dünger, der optimal auf ihre jeweiligen Bedürfnisse zugeschnitten ist.

Top-Tipps für das Gießen von Topfpflanzen Leitungswasser ist für Pflanzen oft zu hart bzw. zu kalkhaltig. Verwenden Sie möglichst Regenwasser, das Sie in Regentonnen sammeln, die z. B. an das Fallrohr vom Haus-, Gartenhaus- oder Gewächshausdach angeschlossen sind. Daneben gibt es einige altbewährte Rezepte für die Wasser- und Nährstoffversorgung von Topf- und Kübelpflanzen.

- **Essig-Tonikum** Gießen Sie einmal im Monat mit einer Essiglösung, wobei Sie 1 EL Apfelessig auf 1 l Wasser geben.
- **Teereste** Teereste oder gebrauchte Teebeutel im Gießwasser ergeben eine stickstoffhaltige Nährlösung für Blattpflanzen. Kamillentee wirkt antibakteriell und beugt Pilzkrankheiten wie Mehltau vor. Schwarzer oder Grüner Tee eignet sich besonders für Pflanzen, die saure Erde lieben.
- **Kaffeesatz** Säureliebenden Pflanzen kann man einmal im Monat etwas Kaffeesatz auf die Topferde streuen.
- **Gemüsebrühe** Lassen Sie das Wasser, in dem Sie Gemüse gekocht haben, abkühlen, und gießen Sie Ihre Pflanzen damit.

Gesunde Wurzeln Das Wurzelsystem der Pflanzen nimmt die im Bodenwasser gelösten Mineralstoffe auf. Bei Trockenheit können die Pflanzen keinen Dünger aufnehmen. Doch zu viel Wasser kann ebenfalls schaden. Es verdrängt alle Luft aus dem Boden, die Wurzeln ersticken. Ein guter Wasserabfluss im Boden ist lebenswichtig.

- Viele Zimmerpflanzen sterben wegen Vernässung. Stellen Sie die Töpfe erhöht auf Topffüße oder eine Schicht kleiner Steine, oder leeren Sie die Untersetzer etwa 20 Minuten nach dem Gießen.

Klimaangepasste Pflanzen Berücksichtigen Sie bei der Auswahl der Pflanzen ihre Herkunft. So überstehen z. B. mediterrane Gewächse in kühleren Regionen den Winter oft nicht. Viele Pflanzen sind aber auch sehr anpassungsfähig. Zahlreiche längst vertraute Gartenpflanzen wurden ursprünglich aus fernen Ländern eingeführt.

Pflanzen brauchen eine Pause Im Winter legen fast alle Pflanzen eine Ruhezeit ein, in der sie das Wachstum verlangsamen oder ganz einstellen.

- Auch die meisten Zimmerpflanzen reduzieren den Winter über ihre Lebensprozesse und brauchen dann nur sehr wenig Wasser und keinen Dünger.
- Gartenpflanzen kann man am besten während der Winterruhe verpflanzen, sofern kein Frost herrscht.

GIESSWASSER ENTHÄRTEN

1 Wenn Ihr Leitungswasser sehr hart (kalkhaltig) ist, können Sie es leicht enthärten: Füllen Sie einen Beutel aus dünner Baumwolle mit Torf oder Laubhumus.

2 Binden Sie den Beutel zu, und lassen Sie ihn über Nacht im Wasser ziehen. Am nächsten Morgen ist das Gießwasser für Ihre Zimmerpflanzen weicher.

Die gute Wahl

PFLANZEN FÜR TROCKENE STANDORTE

Viele Pflanzen stammen aus trockenen Gegenden und brauchen nur wenig Wasser, um Nährstoffe aus dem Boden aufzunehmen.

BÄUME UND STRÄUCHER Felsenbirne **1**, Ginster, Goldregen, Kiefer, Kornelkirsche, Ölweide, Perückenstrauch, Robinie, Säckelblume, Schmetterlingsstrauch, Tamariske **2** und Wacholder

STAUDEN Bartiris, Blauraute **3**, Blauschwingel, Fackellilie, Hauswurz, Heiligenkraut, Katzenminze, Königskerze, Lavendel, Prachtkerze, Salbei, Schafgarbe, Sonnenröschen, Thymian, Türkischer Mohn, Weinraute, Wollziest und Yucca

SOMMERBLUMEN UND ZWIEBELBLUMEN Blaustern, Gazanie, Klatschmohn, Krokus, Narzisse, Netziris, Portulakröschen, Spinnenblume, Steppenkerze, Traubenhyazinthe, Verbene und Wildtulpen

1

2

3

Richtig einkaufen

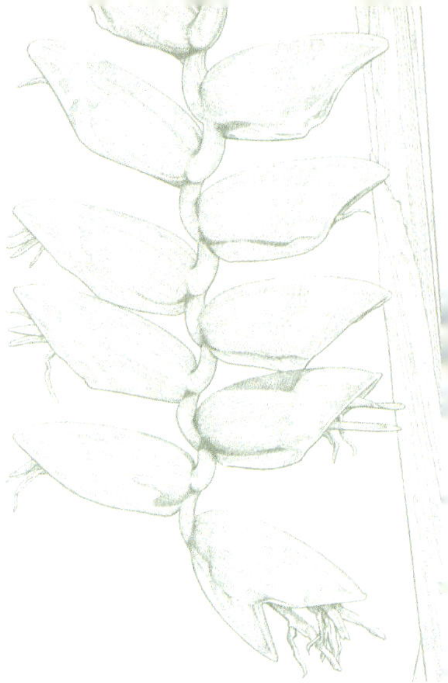

Erfolgreiches Gärtnern beginnt mit gesunden, kräftigen Pflanzen. Während man früher neue Pflanzen aus Samen oder Stecklingen gewann, steht heute ein großes Angebot von Gärtnereien, Gartencenter und Pflanzenversendern zur Verfügung. Hier finden Sie Tipps für die Auswahl der besten Pflanzen und Bezugsquellen.

Wo einkaufen?

Kaufen Sie in Gärtnereien und Gartencentern vor Ort In Gärtnereien sind Besitzer und Personal meist leidenschaftliche Pflanzenfreunde und helfen gern mit guten Ratschlägen weiter. Indem Sie lokale Gärtnereien und Gartencenter besuchen und sich dort beraten lassen, finden Sie leicht heraus, welche Pflanzen in Ihrer Region und damit in Ihrem Garten am besten gedeihen.

Pflanzen per Versandhandel Große Pflanzenversender mit breitem Sortiment und Spezialversandgärtnereien bieten heute in der Regel gute Qualität und guten Service. Sie sind auch ideale Bezugsquellen für seltenere Pflanzen und besondere Sorten, die Sie im lokalen Fachhandel nicht erhalten. Allerdings entfällt hier die ausführliche Beratung, und Sie können die Pflanzen erst prüfen, wenn sie bei Ihnen eingetroffen sind. Zudem informieren die Kataloge nicht immer zuverlässig. Lassen Sie sich nicht von Bildern und überschwänglichen Beschreibungen verleiten, und informieren Sie sich in guten Gartenbüchern über Ansprüche und Eignung der Pflanzen, bevor Sie sich zum Kauf entschließen.

- Erkundigen Sie sich vor der Bestellung, ob die gewünschten Pflanzen erhältlich sind, wann die beste Versandzeit ist und in welcher Form und in welchem Zeitraum die Pflanzen geliefert werden – sofern nicht schon die Kataloge genaue Auskunft geben.
- Packen Sie die Pflanzen nach der Lieferung umgehend aus, und stellen Sie sie an einen hellen, aber nicht vollsonnigen Platz. Pflanzen Sie sie möglichst rasch aus, sobald sie sich vom Transport erholt haben.

Kaufen Sie möglichst keine Pflanzen am Wochenende. Unter der Woche hat das Personal mehr Zeit, um Sie ausführlich zu beraten.

Garantien und Gütezeichen Manche Gärtnereien gewährleisten eine Anwachsgarantie, sofern man die Pflanzanleitungen und die weitere Pflege genau befolgt.

- Mitgliedsbetriebe im Bund deutscher Baumschulen (BdB) oder Bund deutscher Staudengärtnereien verpflichten sich, hohe Qualitätsanforderungen zu erfüllen. Die Verbände verleihen nach entsprechenden Kontrollen Gütesiegel wie „Deutsche Markenbaumschule" oder das „Qualitätszeichen Stauden". Ähnliche Dachverbände und Qualitätsgarantien gibt es in Österreich und in der Schweiz.

Pflanzenetiketten richtig lesen Studieren Sie vor dem Kauf genau die Pflanzenetiketten. Sie enthalten Angaben zur Pflanz- und Blüte- bzw. Erntezeit und zum Standort, oft auch Pflegetipps und manches mehr.

- Notieren Sie sich, wie groß eine Pflanze wird, und markieren Sie den Platzbedarf im Garten. So vermeiden Sie, dass die Gewächse zu dicht stehen.

Lesen Sie vor dem Kauf sorgfältig alle Angaben auf dem Pflanzenetikett.

Der richtige Zeitpunkt Kaufen und pflanzen Sie Gehölze und Stauden während ihrer Ruhephase. So können sie bis zum Beginn des Neuaustriebs gut einwurzeln.

- **Herbst oder Frühjahr** Oktober/November und März, bei kälteempfindlichen Arten auch April, sind die besten Monate, um Laub abwerfende Gehölze und Rosen zu pflanzen.
- **Frühherbst** September bis Anfang Oktober ist ein idealer Pflanztermin für Nadel- und immergrüne Laubgehölze. Ausreichend mit Wasser versorgt, können sie sich im anfangs noch warmen Boden bis zum Winter gut etablieren.
- **Frühherbst oder zeitiges Frühjahr** Stauden und winterharte Zweijährige werden im Frühherbst gesetzt. Manche Stauden wachsen allerdings bei Frühjahrspflanzung besser an, besonders Herbstblüher wie Herbstanemone und Herbstchrysantheme sowie manche Gräser.
- **Spätfrühling** Die meisten Beet- und Balkonpflanzen werden erst Mitte Mai, wenn keine Nachtfröste mehr drohen, ins Freie gesetzt. Lassen Sie sich nicht verleiten, zu früh vorgetriebene Pflanzen zu kaufen. Oft wurden sie künstlich in Schwung gebracht und kümmern dann nach der Pflanzung.
- **Ganzjährig** Containergehölze und -stauden, die von Anfang an in Töpfen gezogen wurden, können mit ihrem gut durchwurzelten Ballen das ganze Jahr über gesetzt werden, außer bei Frost. Meiden Sie aber auch sehr heiße, trockene Perioden.

Prüfen Sie die Wurzeln Nur ein gut entwickeltes Wurzelwerk gewährleistet erfolgreiches Anwachsen. Gesunde Wurzeln füllen fast den Verkaufstopf aus, ohne zusammengepresst zu sein. Sie zeigen eine helle Farbe und viele feine Faserwurzeln. Lassen Sie Pflanzen mit den folgenden Wurzelsymptomen besser stehen:

- Kleine, unterentwickelte Wurzeln, von denen beim Anheben des Ballens gleich die Pflanzerde abfällt, versorgen die Pflanze schlecht. Der Ballen sollte kompakt bleiben, wenn man die Pflanze aus dem Topf nimmt.
- Sehr dichtes, mehrmals rund ums Topfinnere gewachsenes Wurzelwerk zeigt, dass die Pflanze zu lang im selben Topf stand. Kaufen Sie aus dem gleichen Grund keine Pflanzen, deren Wurzeln den Topf gesprengt haben (Abb. oben links) oder schon aus den Abzugslöchern wachsen (Abb. oben rechts).

Pflanzen in geplatzten Töpfen (links) oder mit herausquellenden Wurzeln (rechts) nicht kaufen.

Vitale Beet- und Balkonpflanzen Achten Sie beim Kauf von ein- und zweijährigen Sommerblumen auf folgende Kriterien:

- Kräftige, gut verzweigte Triebe mit vielen Blütenknospen
- Ein gut durchwurzelter Ballen, der beim Herausnehmen aus dem Topf nicht zerfällt und weder zu nass noch ausgetrocknet ist
- Saubere, frische Topferde – Algen und Moos auf der Oberfläche sind ein Zeichen für schlecht gepflegte Pflanzen.

Pflege vor dem Pflanzen Stellen Sie Beetblumen bis zum Setzen drinnen an einen hellen, kühlen Platz, und halten Sie sie feucht, aber nicht zu nass. Am besten werden sie vor dem Auspflanzen abgehärtet, indem man sie bei mildem Wetter tagsüber einige Stunden an einen leicht schattigen, windgeschützten Platz nach draußen stellt.

Wurzelnackte Pflanzen sparen Geld
Laub abwerfende Bäume und Sträucher, Obst- und Heckenpflanzen sowie Rosen werden während der Ruhezeit als besonders preiswerte Pflanzware ohne Erdballen angeboten. Hier einige beachtenswerte Tipps:

- Die Wurzeln sollten reich verzweigt mit vielen Faserwurzeln und die größten Wurzeln nicht mehr als daumendick sein.
- Schlagen Sie die Wurzeln in feuchtes Zeitungspapier oder Sackleinen ein, und stecken Sie sie zum Transport in eine große Plastiktüte, damit sie nicht austrocknen.
- Setzen Sie die Pflanzen innerhalb von 3 Tagen nach Kauf oder Lieferung. Falls das nicht möglich ist, können Sie sie einschlagen. Heben Sie dazu einen Graben aus, stellen Sie die Pflanzen schräg hinein, und füllen Sie feuchte Erde auf. Drücken Sie die Erde an, und bedecken Sie die Pflanzen mit Stroh, um sie vor Frost zu schützen (Abb. rechts). So können sie einige Wochen oder sogar Monate überdauern bis zur Pflanzung.
- Stellen Sie die Wurzeln vor dem Pflanzen einige Stunden in gut gewässerte Erde.

SCHON GEWUSST?

PFLANZENKAUF ÜBER DAS INTERNET

Das Internet bietet Möglichkeiten, von denen frühere Gärtner nicht einmal träumen konnten. Mit ein paar Klicks können Sie durch Kataloge stöbern, einen virtuellen Einkaufswagen füllen, mit der Kreditkarte bezahlen – und wenige Tage später erhalten Sie die bestellten Pflanzen. Immer mehr Gärtnereien haben eine eigene Website, auf der man Bilder der angebotenen Pflanzen anschauen, um Rat fragen und prüfen kann, ob die gewünschte Rarität auch vorrätig ist. Wie bei allen Versendern sollten Sie eventuelle Qualitätsmängel oder beschädigte Transportverpackungen umgehend reklamieren.

Schlagen Sie wurzelnackte Pflanzen ein, wenn Sie nicht gleich pflanzen können.

Den Boden verbessern

Jede Bodenart hat ihre Vor- und Nachteile. Ein alter Gärtnerspruch lautet: „Ein Tonboden bricht einem das Kreuz, ein Sandboden das Herz." Es gibt jedoch viele altbewährte Möglichkeiten, den Boden zu verbessern und aufzuwerten, um optimale Wachstumsbedingungen für seine Pflanzen zu schaffen.

Wie Sie die Bodenart bestimmen

Bodenarten Gartenböden können sehr verschieden sein, doch sie alle bestehen aus Ton (feinste Körnchen), Schluff (mittelgroße Körnchen) und Sand (grobe Körnchen) sowie Humus in unterschiedlichen Mengenanteilen. Nehmen Sie Proben von mehreren Stellen eines bestimmten Gartenbereichs aus einer Tiefe von etwa 20–30 cm, und vermischen Sie sie. Wenn Sie die Mischproben angefeuchtet oder trocken zwischen den Fingern zerreiben, spüren Sie die Unterschiede.

Tonboden Tonböden bestehen zum größten Teil aus feinsten mineralischen Körnchen. Ton glänzt, ist meist dunkelbraun oder -grau und fühlt sich glatt an; bei Nässe wird er glitschig. Seine feinen Bodenpartikel verbinden sich zu dichten, festen Brocken. Im Sommer wird die Oberfläche bei Trockenheit hart und rissig. Regen bleibt oft in Pfützen stehen und versickert nur langsam. Tonboden ist recht mühsam zu bearbeiten und wird deshalb auch schwerer Boden genannt.

Mit einer einfachen Rollprobe können Sie feststellen, ob Sie einen Tonboden (links) oder einen Boden mit hohem Sandanteil (rechts) haben.

Bei geeigneter Artenwahl kann auch ein Sandboden vielfältig bepflanzt werden.

Sandboden Sandböden bestehen hauptsächlich aus groben mineralischen Körnchen, sind relativ hell und fühlen sich rau an. Sie sind leicht zu bearbeiten – deshalb auch „leichte Böden" – und gut durchlässig. Sie trocknen schnell aus und speichern Nährstoffe schlecht.

Schluff- und Lehmboden Schluffboden besteht hauptsächlich aus mittelgroßen mineralischen Körnchen. Dadurch liegt er in seinen Eigenschaften zwischen Ton- und Sandboden und bietet einen recht guten Pflanzenstandort. Noch günstiger ist ein Lehmboden: Er setzt sich zu etwa je einem Drittel aus Ton, Schluff und Sand zusammen. Schluff- und Lehmböden werden als mittelschwere Böden eingestuft.

SCHON GEWUSST?

DEN BODEN UNTERSUCHEN
Mit einem Bodenanalyse-Set aus dem Gartencenter können Sie den Nährstoff- und Humusgehalt sowie den pH-Wert (Säuregrad) bestimmen und Ihren Boden zielgerichtet verbessern. Die meisten Pflanzen gedeihen bei einem pH-Wert von etwa 6,5 am besten. Führen Sie alle 3 oder 4 Jahre eine Bodenuntersuchung durch.

Sie können auch Bodenproben an ein Bodenlabor zur Untersuchung schicken.

Prüfen Sie den Tonanteil Befeuchten Sie eine Handvoll Erde, formen Sie eine Kugel und rollen Sie diese zu einer Wurst von etwa 1 cm Dicke aus. Je leichter und länger sich die Wurst rollen lässt, desto höher ist der Tonanteil. Wenn Sie daraus noch einen Ring biegen können, der nicht auseinanderbricht, ist der Boden besonders tonhaltig. Wenn die Wurst beim Ausrollen gleich bricht oder reißt, deutet das auf einen hohen Sandanteil hin. Schluffboden lässt sich ein wenig formen, zerbröckelt aber leicht und fühlt sich mehlig an. Lehmboden ist besser formbar, die Würste werden jedoch rissig und zeigen samtartig stumpfe Oberflächen.

Moorboden Diese Bodenart ist dunkel, locker und hat einen hohen Anteil organischer Substanz. Moorboden nimmt Wasser auf wie ein Schwamm, trocknet aber auch schnell aus und wird dann bröselig. Die Struktur ist faserig, und die Bodenpartikel kleben beim Zerreiben nicht aneinander.

Verbessern Sie den Gartenboden

Bodenverbesserung hat ihre Grenzen
Es ist immer besser, die Pflanzenauswahl nach dem vorhandenen Boden zu richten, als zu versuchen, den Boden an die Ansprüche vorgesehener Pflanzen anzupassen. Gewächse, die mit dem Gartenboden nicht zurechtkommen, lassen sich häufig in Pflanzgefäßen mit geeigneter Erde kultivieren.

Schwerer Tonboden Tonboden kann reichlich Nährstoffe enthalten, ist aber oft verdichtet. In Regenphasen kann es zu Staunässe kommen, bei Trockenheit wird der Boden rissig. Er ist schwer zu bearbeiten. Man kann ihn aber verbessern und auf Dauer zu einem sehr guten Gartenboden machen.

- **Lockernde Stoffe** Arbeiten Sie reichlich Sand, feinen Kies, Blähton oder zerkleinertes Lavagestein aus dem Fachhandel ein. Solche Materialien machen den Boden luftiger und verbessern die Wasserdurchlässigkeit.
- **Organisches Material** Gut verrotteter Mist, Gartenkompost, Rindenhumus oder andere organische Materialien bewirken bei Tonböden wahre Wunder. Sie verbessern allmählich, aber nachhaltig die Bodenstruktur.

Bauernhortensien wie diese Ballhortensie blühen auf sauren Böden blau, auf neutralen bis alkalischen Böden färben sich die Blüten rosa.

Arbeiten Sie die organischen Materialien im Herbst oder zeitigen Frühjahr flach ein, und verwenden Sie sie regelmäßig auch zum Mulchen der Oberfläche.

- **Gründüngung** Säen Sie auf freien Flächen Gründüngungspflanzen aus, am besten Tiefwurzler wie Lupinen und Ölrettich. Sie lockern den Boden und reichern ihn nach dem Mähen oder Abfrieren mit Humus an.
- **Kalk** Kalk fördert eine bessere Krümelstruktur. Für schnelle Wirkung können Sie alle 2–3 Jahre im Herbst Brannt- oder Löschkalk ausbringen (Vorsicht, ätzend!). Milder wirkt regelmäßig verwendeter kohlensaurer Kalk oder Algenkalk.

Großvaters Geheimtipp

DÜNGER
Frühere Gärtner waren ganz auf die Fruchtbarkeit ihrer Böden angewiesen, um reiche Ernten zu erzielen. Sie arbeiteten dafür immer wieder Mist als natürlichen Dünger ein. Viele hielten im Hinterhof ein paar Hühner, die ständig frischen Dung lieferten, oder lasen Pferdeäpfel von der Straße auf. Auch heute noch können wir Mist vom Bauern oder von Reitställen besorgen. Abgepackter Dung oder anderer organischer Fertigdünger aus dem Gartencenter oder Landhandel bietet allerdings den Vorteil, dass die Nährstoffgehalte auf der Verpackung genau ausgewiesen sind. So wird es einfacher, die Pflanzen zielgerichtet nach ihren Nährstoffansprüchen zu düngen. Besonders Pflanzen, die in Töpfen wachsen, müssen regelmäßig mit Nährstoffen versorgt werden.

Organisches Material wie Kompost verbessert jede Bodenart und fördert gesundes, üppiges Pflanzenwachstum.

Sandboden Leichter Boden, der sich im Frühjahr schnell erwärmt, eignet sich gut für den Anbau früher Gemüse. Doch seine geringe Speicherfähigkeit erfordert häufiges Gießen und Düngen.

- **Kompost und Mulch** Gut ausgereifter Kompost oder Mist sollte jährlich flach eingearbeitet werden, um die Wasser- und Nährstoffspeicherung zu verbessern. Organisches Mulchmaterial vermindert das Austrocknen und erhöht beim Verrotten den Humusgehalt.
- **Gründüngung** Säen Sie auf freie Flächen vorzugsweise Schmetterlingsblütler wie Lupinen und Serradella, die den Boden mit Stickstoff anreichern.
- **Tonmehle** Auf sehr leichten Böden können Sie die Wasserhaltekraft zusätzlich durch Einarbeiten von Tonmehlen wie Bentonit verbessern.

Mooriger Boden Solch ein sehr humusreicher Boden speichert Wasser gut, hat aber eine schlechte Struktur und kann stark vernässen. Arbeiten Sie groben Sand oder feinen Kies unter, und bringen Sie regelmäßig Kalk aus, wenn der Boden sauer ist.

Zu saurer Boden Die Mehrzahl der Gartenpflanzen mag es höchstens schwach sauer (pH 6 bis 7). Auf Sandböden kann der pH-Wert etwas niedriger liegen als auf Tonböden.

- **Kalken** Bringen Sie im Herbst einen Kalkdünger, z. B. kohlensauren Kalk, Dolomit- oder Algenkalk, gemäß den Mengenangaben des Herstellers aus. Diese Kalkdünger erhöhen den pH-Wert langsam. Führen Sie regelmäßig eine Bodenuntersuchung durch, damit Sie den pH-Wert nicht auf Dauer zu stark anheben.
- **Organisches Material einarbeiten** Saure Böden haben eine schlechte Bodenstruktur, die sich durch gut verrotteten Kompost oder Mist verbessern lässt. Bringen Sie jedoch Mist nie zusammen mit Kalk aus – der Kalk kann zum Freisetzen von Ammoniakgas führen.

Sehr kalkhaltiger Boden Wenn der pH-Wert des Bodens über 7 liegt, spricht man von einem alkalischen Boden. Ein zu hoher pH-Wert bzw. Kalkgehalt behindert die Aufnahme von Eisen und anderen Nährstoffen aus dem Boden, was bei kalkempfindlichen Pflanzen leicht zu einer Blattvergilbung (Chlorose) führt. Den pH-Wert können Sie allmählich absenken, indem Sie immer wieder gut verrotteten Mist oder Kompost einarbeiten und sauer wirkende Dünger verwenden. Besonders effektiv ist saurer Laub- oder Nadelkompost. Auch Mulchen und Gründüngung regulieren den pH-Wert.

Die gute Wahl

DER IDEALE GARTENBODEN

PERFEKT AUSBALANCIERT Als idealer Gartenboden gilt sandiger Lehm mit je etwa 25–30 % Ton und Schluff sowie 40–50 % Sand. Optimal wird er allerdings erst durch regelmäßige Humuszufuhr, z. B. mit Kompost. Mit seinem Gemenge aus feinen, mittelgroßen und groben Teilchen, durch den Humus zu lockeren Krümeln verbunden, kann er bestens Feuchtigkeit und Nährstoffe speichern, lässt aber auch Wasser gut versickern.

PORÖS UND DURCHLÄSSIG In einem lockeren Boden mit vielen kleinen Poren kann Wasser leicht versickern. Gut durchlüftet, bietet er beste Voraussetzungen für kräftiges Wurzelwachstum, ebenso für die nützlichen Mikroorganismen, die organisches Material zu Humus zersetzen und die Nährstoffe darin für die Pflanzen aufschließen.

pH-VORLIEBEN Die meisten Pflanzen gedeihen am besten in schwach saurem Boden, bei einem pH-Wert von etwa 6,5. Sauren Boden mit pH um 5,5 bevorzugen z. B. Rhododendren und Hortensien, alkalischen Boden mit pH über 7 mögen z. B. Astern und Forsythien.

Richtig düngen

NPK – Abkürzungen, die man kennen sollte Stickstoff (N), Phosphor (P) und Kalium (K) sind die chemischen Elemente, die alle Pflanzen in größeren Mengen als Hauptnährstoffe benötigen. Auf der Düngerpackung sollten die Gehalte und das Verhältnis von N:P:K angegeben sein. Ein Verhältnis von 18:8:8 z. B. bedeutet, dass der Dünger 18 Teile Stickstoff und jeweils 8 Teile Phosphor und Kalium enthält. Wählen Sie je

Verbessern Sie sandigen Boden, indem Sie häufig Kompost einarbeiten.

Kalk, im Herbst beim Umgraben ausgebracht, erhöht den pH-Wert.

Düngen Sie Bäume über vorgebohrte Löcher im Bereich der Kronentraufe.

GRÜNDÜNGUNG EINARBEITEN

1 Gründüngung ist ideal für zeitweilig leere Gemüsebeete. Mähen Sie die Pflanzen, bevor sie blühen.

2 Lassen Sie die abgeschnittenen Gründüngungspflanzen ein paar Tage zum Trocknen auf dem Beet liegen.

3 Nachdem die Pflanzenreste abgetrocknet sind, können Sie sie mit dem Rasenmäher (ohne Grasfangsack) leicht zerkleinern.

4 Graben Sie die zerkleinerte Gründüngung 10–15 cm tief ein. Warten Sie mit dem Pflanzen etwa 2 Wochen, mit dem Säen 3–4 Wochen.

nach den Ansprüchen Ihrer Pflanzen einen eher stickstoff-, phosphor- oder kaliumbetonten Dünger, und achten Sie darauf, dass auch der Hauptnährstoff Magnesium sowie unentbehrliche Spurennährstoffe wie Eisen und Kupfer enthalten sind.

- **Stickstoff** Er fördert das Blatt- und Triebwachstum und ist für Blattpflanzen sowie Rasen besonders wichtig.
- **Phosphor** Er ist in Düngern als Phosphat enthalten; er unterstützt besonders Blüten- und Fruchtbildung sowie Wurzelwachstum.
- **Kalium** Dieser Nährstoff, als Düngesalz Kali genannt, verbessert den Wasserhaushalt und die Stabilität Ihrer Pflanzen und verstärkt ihre Widerstandsfähigkeit gegen Krankheiten, Schädlinge und Frost.

Bevorzugen Sie natürliche Dünger
Synthetische Mineraldünger enthalten ihre Nährstoffe in aufbereiteter Form, sodass sie rasch wirken. Dadurch besteht aber auch die Gefahr der Überdüngung oder Auswaschung ins Grundwasser. Die Nährstoffe organischer Dünger dagegen werden erst allmählich durch die Mikroorganismen im Boden freigesetzt, in Abhängigkeit von der Temperatur. Sie regen das nützliche Bodenleben an und fördern den Humusaufbau. Organische Fertigdünger setzen sich aus pflanzlichen Stoffen, z. B. Erbsenschrot oder Abfällen der Zuckerherstellung, und/oder aus tierischen Stoffen, z. B. Hornspänen, zusammen. Teils enthalten sie auch mineralische Anteile wie Gesteinsmehle. Solche Komponenten können Sie auch einzeln erhalten, doch gute Fertigdünger bieten den Vorteil eines ausgewogenen Nährstoffverhältnisses.

Bäume gezielt düngen Baumwurzeln breiten sich mehr oder weniger so weit aus wie die Äste. Die Wurzeln, die hauptsächlich Nährstoffe aufnehmen, befinden sich gewöhnlich nicht nahe am Stamm, sondern im Boden unterhalb des äußeren Bereichs der Baumkrone. Bringen Sie den Dünger dort aus. Wenn der Boden verfestigt ist, bohren Sie mit einer Metallstange ein Loch, in das Sie den Dünger mit Wasser hinabspülen.

Sträucher düngen Streuen Sie den Dünger rund um die Pflanzenbasis aus, und harken Sie ihn 2–3 cm tief ein. Gießen Sie danach durchdringend.

Pflanzen in Töpfen In Pflanzgefäßen ist der Nährstoffvorrat in der begrenzten Erdmenge bald erschöpft. Düngen Sie regelmäßig mit Flüssigdünger oder Langzeit- bzw. Depotdünger. Dieser wird flach in die oberste Erdschicht im Topf eingearbeitet oder beim Umtopfen untergemischt und hält je nach Zusammensetzung und Nährstoffbedarf der Pflanzen 3–9 Monate.

- Flüssigdünger wird meist ab Beginn der Wachstumszeit im Frühjahr alle 2 Wochen ausgebracht. Stellen Sie bei mehrjährigen Topfpflanzen mit Winterruhe gegen Anfang August die Düngung ein, damit alle Triebe vor dem Winter gut ausreifen können.
- Wässern Sie trockene Topferde gründlich, bevor Sie den Dünger ausbringen, sonst drohen Verbrennungen.

Langzeitdünger dient als Nährstoffvorrat in Töpfen (ganz links), während Flüssigdünger (links) rasch und kurzfristig wirkt.

SCHON GEWUSST?

ORGANISCHE SUBSTANZ

Organisches Material ist die Lebensquelle eines jeden Bodens und sollte regelmäßig zugeführt werden, ob als Kompost, Mist oder Gründüngung. Regenwürmer und andere Kleintiere sowie Mikroorganismen wandeln die organischen Reste in wertvollen Humus um und setzen nach und nach die darin enthaltenen Nährstoffe für die Aufnahme durch die Pflanzenwurzeln frei. Der dauerhaftere Teil des Humus verbessert die Struktur des Bodens sowie die Aufnahme und Speicherung von Wasser und Nährstoffen.

Das dunkle Gold des Gärtners

Gut angesetzter Kompost ist ein seit alters geschätzter Humuslieferant – ein wahrer Quell der Bodenfruchtbarkeit. Kompost wird langsam abgebaut und fördert durch stetigen Nährstoffnachschub kräftiges, gesundes Pflanzenwachstum. Durch das Kompostieren lassen sich organische Abfälle optimal zum Wohl des Gartens verwerten.

Kompost aufsetzen und verwenden

Geeignete Kompostbehälter Zu gutem Kompost kommen Sie ganz einfach, wenn Sie einige Grundregeln beachten, angefangen beim richtigen Kompostbehälter.

- Bauen oder kaufen Sie einen genügend großen Behälter. Bei einem Volumen von 1 m^3 können im Inneren des Haufens ausreichend hohe Temperaturen entstehen, die zu Anfang des Verrottungsprozesses nötig sind.
- Kompostbehälter nach altbewährtem Prinzip bestehen aus Holzlatten mit 2 cm breiten Zwischenräumen, die Luft an das organische Material lassen. Sie bleiben zum Nachfüllen oben offen, auch eine Seite kann zur Entnahme des Komposts offen gelassen werden.
- Kompostbehälter aus Maschendraht oder robustem Kunststoffgitter sind ebenfalls gut geeignet.
- Wenn Sie genug Platz haben, stellen Sie zwei oder drei Kompostbehälter nebeneinander – für Komposthaufen in verschiedenen Reifestadien.

Einen traditionellen Kompostbehälter bauen Verwenden Sie alte Bretter, oder kaufen Sie kesseldruckimprägniertes Holz für ein stabiles Kompostgestell.

- Sie benötigen vier Pfosten für die Ecken und 1 m lange Latten oder Bretter zur Verschalung der Seiten. Schrauben Sie die Latten waagrecht an die Pfosten, jeweils mit 2 cm Abstand für die Belüftungsschlitze.
- Schrauben Sie zur Entnahme des reifen Komposts die unteren Latten ab. Decken Sie die Oberfläche bei Dauerregen mit einer Kunststoffplane ab.

Goldene Regeln für erfolgreiches Kompostieren Das Geheimnis guten Komposts liegt in der hohen Verrottungstemperatur im Inneren des Haufens, die das Zersetzen von Garten- und Küchenabfällen ermöglicht. Mischen Sie feuchtes, weiches Material mit trockenen, gröberen Pflanzenresten, damit der Haufen gut durchlüftet bleibt.

- Streuen Sie beim Aufsetzen etwas reifen Kompost zwischen die einzelnen Schichten, um die Rotte zu aktivieren, und gießen Sie Brennnesseljauche (siehe S. 269) über das Material. Ein paar Handvoll Dolomit- oder Algenkalk sorgen dafür, dass der Haufen nicht zu sauer wird.
- Klopfen Sie den Haufen anfangs etwas fest, um große Luftkammern zu vermeiden.
- Überprüfen Sie die Temperatur, indem Sie einen Holzstock in den Haufen stecken. Wenn Sie ihn herausziehen, sollte sich sein Ende heiß anfühlen.
- Setzen Sie den Haufen ein- oder zweimal um, um das halb verrottete Material besser zu durchlüften und zu vermischen.

Holzabfälle häckseln Wenn Sie Hecken- und Gehölzschnittgut oder auch kräftige Gemüse- und Staudenstängel vor dem Kompostieren häckseln oder mit der Gartenschere zerkleinern, verrotten sie viel schneller.

SCHON GEWUSST?

KOMPOST HERSTELLEN
Beim Kompostieren werden Pflanzenreste in dunklen, feinkrümligen Humus verwandelt. In einem gut aufgesetzten und gemischten Komposthaufen steigt anfangs die Temperatur im Kern durch die Aktivität der Mikroorganismen auf 50–60 °C. Dann bauen Kleintiere und Mikroorganismen das Material weiter ab, bis Humus entsteht.

Der Kompost ist reif, wenn er dunkelbraun und feinkrümlig ist und leicht und angenehm nach Walderde duftet. Aus 10 kg Pflanzenabfällen entsteht innerhalb von 6–12 Monaten etwa 1 kg Kompost. Arbeiten Sie den Kompost im Garten flach ein. Er dient zugleich als Bodenverbesserungs- und langsam wirkendes Düngemittel.

KOMPOSTHAUFEN AUFSETZEN

1 Bringen Sie zuunterst eine Lage aus Ästen und Zweigen aus. Sie verbessert die Durchlüftung und Dränage.

2 Geben Sie darüber eine Schicht aus bereits gut zersetztem Material, um den Rotteprozess anzuregen.

3 Nun folgt die dritte Schicht aus gemischten Garten- und Küchenabfällen. Sie sollte etwa 30 cm dick sein.

4 Schichten Sie abwechselnd feuchtes (Küchenabfälle, Rasenschnitt) und trockenes Material (Zweige, Häcksel).

5 Wässern Sie bei Trockenheit. Wenn sich der Haufen erwärmt, verdunstet Feuchtigkeit, was die Rotte beeinträchtigt.

6 Geben Sie nicht zu viel Rasenschnitt auf einmal auf den Kompost, sondern vermischen Sie ihn mit gröberem Material.

7 Mist, Beinwellblätter oder Brennnesseljauche (siehe S. 269) zwischen den Schichten regen den Rotteprozess an.

8 Eine Abdeckung verhindert Austrocknen bei Hitze oder Vernässen und Auswaschen von Nährstoffen bei Regen.

Was Sie nicht zum Kompost geben sollten Die Hitze im Kompostkern kann zwar manche Krankheitserreger unschädlich machen, doch in der Regel ist es besser, von Krankheiten befallene Pflanzenreste nicht zum Kompost zu geben. Dasselbe gilt für Unkräuter mit Wurzelausläufern oder Samenständen. Fisch- und Fleischabfälle ziehen Ungeziefer wie Ratten an und gehören nicht auf den Kompost, ebenso wenig altes Brot, Nudeln oder Reis, die durch Schimmelbildung die nützlichen Mikroorganismen im Komposthaufen beeinträchtigen können.

Zu trocken oder zu nass Wässern Sie den Kompost, wenn es längere Zeit nicht geregnet hat. Das Material soll feucht, aber nicht triefend nass sein.

- Wenn der Kompost nach Ammoniak riecht, ist er zu nass und zu wenig durchlüftet. Setzen Sie ihn um, und mischen Sie mehr grobes und trockenes Material wie Gehölzhäcksel oder Sägespäne unter.

Kompost verwenden Am besten bringen Sie den gut verrotteten, reifen Kompost im zeitigen Frühjahr auf den Beeten sowie unter Bäumen und Sträuchern aus – durchschnittlich 2–3 l pro m^2, bevor Sie Starkzehrer im Gemüsebeet setzen 4–5 l, bei Beetneuanlagen bis zu 20 l pro m^2.

- Vergraben Sie den Kompost nicht im Boden – unter Luftabschluss wird er schlecht zersetzt und verliert seinen günstigen Einfluss auf das Bodenleben. Arbeiten Sie ihn flach mit einem Kultivator oder Rechen ein.
- Kompost können Sie als Mulch zwischen eingewachsenen Pflanzen bis zu 5 cm hoch ausbringen.
- Halb verrotteter Kompost kann junge Triebe und Wurzeln schädigen. Verwenden Sie ihn höchstens zwischen Gehölzen und gut entwickelten Gemüsepflanzen mit hohem Nährstoffbedarf, z. B. Gurken oder Tomaten, halten Sie aber stets einige Zentimeter Abstand zur Stängelbasis.

Ideale Pflanzerde Wenn Sie voll ausgereiften Kompost fein absieben und im Verhältnis 1:1 mit guter Erde vermischen, erhalten Sie ein gutes Substrat für Topfpflanzen. Erhöhen Sie jedoch den Anteil an Gartenerde, wenn Ihr Kompost sehr nährstoffreich ist.

- Für die Anzucht aus Samen oder Stecklingen eignet sich Kompost nicht, da er zu nährstoffreich und nicht keimfrei ist.

Ob aus Draht oder Holz – Kompostbehälter sollten genug Luft durchlassen.

Zerkleinern Sie grobe Gartenabfälle vor dem Kompostieren mit einem Häcksler.

Boden – gut vorbereitet

Die Bodenbearbeitung ist der unverzichtbare erste Schritt zum erfolgreichen Gärtnern. Auch wenn man heute weniger umgräbt als frühere Generationen, lohnt sich der Aufwand dafür häufig.

Umgraben ist wichtig

Wie oft umgraben? Umgraben lockert und belüftet den Boden. Außerdem werden Unkräuter untergegraben und Schädlinge an die Oberfläche gebracht, wo sie hungrigen Vögeln oder Frost zum Opfer fallen. Allerdings bedeutet Umgraben auch einen starken Eingriff in das Bodenleben. Die Kleintiere und Mikroorganismen, die für die Bildung von Humus und das Aufschließen von Nährstoffen für die Pflanzenwurzeln unentbehrlich sind, werden durch das Wenden des Bodens empfindlich gestört. Deshalb sollte man höchstens einmal im Jahr umgraben, bei lockeren und leichten Böden auch seltener.

Wann umgraben? Am besten gräbt man den Boden im Herbst um. So werden im Boden überwinternde Schädlinge der Kälte ausgesetzt und die Schollen über Winter vom Frost zerkleinert. Außerdem hat sich der Boden dann bis zur Aussaat oder Pflanzung im Frühjahr gut abgesetzt.

- Graben Sie nicht um, wenn der Boden zu nass ist. Das kann ihn verdichten und seine Struktur verschlechtern. Drücken Sie testweise etwas Erde mit der Hand zusammen: Wenn sie zerkrümelt, können Sie graben – falls sie verklebt, ist sie zu nass.

Eine Aerifiziergabel, im Rasen gebräuchlich, leistet beim Belüften von Beeten gute Dienste.

Wie umgraben? Bei schon länger kultivierten Beeten reicht einfaches Umgraben in der Tiefe des Spatenblatts aus. Heben Sie zunächst am Beetrand einen Graben aus, und verteilen Sie die ersten Spatenstiche über die noch umzugrabende Fläche. Graben Sie dann die zweite Reihe um, indem Sie die Schollen abstechen und mit der Oberseite nach unten im ersten Graben ablegen. So füllen Sie dann nach und nach die Gräben, immer mit den gewendeten Schollen der jeweils nächsten Reihe. Die letzte Reihe füllen Sie im Frühjahr beim Ausgleichen des Erdniveaus mit Hacke und Rechen.

- Bei einer Neuanlage ist es oft empfehlenswert, zwei oder sogar drei Spatenstiche tief umzugraben, besonders bei dichten Böden. Diese traditionellen, als Holländern bzw. Rigolen bekannten Methoden erfordern ein ausgeklügeltes Vorgehen mit unterschiedlich tiefen Gräben, das man sich am besten von einem erfahrenen Gärtner zeigen lässt. Wichtig ist, dass der Oberboden, also der oberste Spatenstich, nicht in tiefere Schichten vergraben wird.

Schonen Sie Ihren Rücken Nehmen Sie sich nicht zu viel auf einmal vor – maximal 2 Stunden oder 20 m² pro Tag genügen, bei sehr schweren oder steinigen Böden sogar höchstens die Hälfte. Stechen Sie nur Schollen in einer Größe ab, die Sie leicht bewegen können. Beugen Sie dabei eher die Knie und Ellbogen als den Rücken.

Großvaters Geheimtipp

EINFACH UMGRABEN MIT MOTORGERÄTEN

Seit jeher pflügen Gärtner ihren Boden. Früher war ein per Hand oder vom Pferd gezogener Pflug das Gerät der Wahl. Heute kann man dies mit einer Motorhacke oder -fräse erledigen. Vielerorts gibt es die Möglichkeit, solche Geräte im Baumarkt oder Gartencenter auszuleihen. Mit der Motorfräse lässt sich meist etwas leichter arbeiten als mit der Motorhacke. Sie sorgt für einen fein zerkrümelten Boden, kann aber bei häufigem Einsatz die Bodenstruktur schädigen.

Lockerung ohne Umgraben Bei Trockenheit kann das Umgraben leichter Böden zum Verlust wertvoller Feuchtigkeit führen. Eine Alternative zur schweren Arbeit des Umgrabens ist eine Bodenbedeckung mit einer dicken Schicht aus gut verrottetem Kompost oder Mist sowie – im Herbst – mit Laub. Sie schützt den Boden vor Verdunstung und wird von Regenwürmern und anderen Bodentieren nach und nach in die Erde gezogen. Diese sorgen durch ihre Aktivität dann auch für einen lockeren, belüfteten Boden.

- Solch eine natürliche Lockerung ist auch auf mittelschweren Böden möglich, wenn sie immer wieder gut mit organischem Material versorgt werden. Zusätzlich können Sie hier den Boden auch ohne Umgraben belüften, indem Sie in kurzen Abständen die Grabegabel einstechen und vor- und zurückrütteln oder einen Sauzahn mit großem, kräftigem Zinken durchziehen.

Das Pflanzen vorbereiten

Unkraut bekämpfen Beseitigen Sie bei jeder Bodenbearbeitung sorgfältig die Unkrautwurzeln. Gerade junge Sämlinge und Pflanzen leiden besonders unter der Nährstoff- und Wasserkonkurrenz der wüchsigen Unkräuter, die zudem Krankheiten und Schädlinge fördern können. Je früher Sie die Unkräuter bekämpfen, desto leichter halten Sie sie unter Kontrolle.

- Lassen Sie vor der Aussaat oder Pflanzung die im Boden befindlichen Unkrautsamen auskeimen. So können Sie auf einen Schlag die erste „Unkrautwelle“ entfernen.
- Decken Sie alternativ frisch hergerichtete Beete mit Teppichen, Pappe oder dunkler Mulchfolie ab, um das Unkraut durch Lichtentzug zum Absterben zu bringen.
- Wenn sich doch einmal Unkraut angesiedelt hat, jäten Sie es spätestens in der Blüte, damit es sich nicht durch Samen kräftig weitervermehren kann.

Die gute Wahl

GRÜNDÜNGUNG FÜR JEDEN ZWECK

Neben einzelnen Arten mit jeweils besonderen Vorzügen finden Sie im Fachhandel auch Samenmischungen, die sich als regelrechte „Bodenkuren“ einsetzen lassen.

ZUR STICKSTOFFANREICHERUNG Inkarnatklee, Lupinen, Platterbse, Serradella, Wicken
ZUR UNKRAUTUNTERDRÜCKUNG Buchweizen, Lupinen, Gelbsenf, Ölrettich, Roggen
ZUR TIEFEN LOCKERUNG Dicke Bohne (Ackerbohne), Lupinen und Ölrettich
GEGEN NEMATODEN Tagetes, nematodenresistente Ölrettich- und Senfsorten
ALS BIENENWEIDE Buchweizen, Phacelia und Ringelblume (erst nach der Blüte schneiden)

Vor der Aussaat oder Pflanzung Bringen Sie vor dem Säen oder Pflanzen nur gut verrotteten Kompost oder Mist aus. Im Allgemeinen empfiehlt es sich, erst zu düngen, wenn sich die Sämlinge kräftig entwickelt haben und gesetzte Jungpflanzen gut angewachsen sind. Langsam wirkende Naturdünger wie Hornspäne oder Gesteinsmehle können Sie allerdings schon vor dem Pflanzen einarbeiten. Für eine spätere, schnell wirksame Nährstoffversorgung eignen sich Pflanzenjauchen, z. B. aus Brennnesseln (rechts).

Immer nützlich: Gründüngung Gründüngungspflanzen lassen sich je nach Art fast rund ums Jahr säen. Nicht winterharte Pflanzen wie Lupinen frieren bei Spätsaat ab, andernfalls werden die Gewächse kurz vor der Blüte abgemäht und flach eingearbeitet. Da sie schnell wachsen, schützen Gründüngungspflanzen den Boden vor Nährstoffauswaschung und Erosion, und ihre Wurzeln tragen zur Lockerung bei. Außerdem unterdrücken sie aufkeimende Unkräuter. Beim Verrotten reichern sie den Boden mit Humus und Nährstoffen an.

Die Beete vorbereiten Zerkleinern Sie im Frühjahr mit der Hacke die beim Umgraben abgelegten Erdschollen, sofern das nicht schon der Frost erledigt hat. Lockern Sie auch nicht gewendeten Boden nochmals gründlich mit der Hacke oder mit dem Kultivator oder Grubber, einem Gerät mit meist drei gebogenen Zinken.

- Ebnen Sie zum Schluss die Beetoberfläche mit dem Rechen ein, und beseitigen Sie dabei grobe Erdklumpen, Steine und Unkrautreste. Der Rechen dient auch zum Herstellen einer krümeligen Oberfläche, die für die Aussaat ideal ist.

BRENNNESSEL-JAUCHE HERSTELLEN

1 Geben Sie etwa 1 kg klein geschnittene Brennnesseln in einen Eimer, und füllen Sie mit 10 l Regenwasser auf.

2 Decken Sie den Eimer ab, und lassen Sie das Ganze 3–4 Wochen gären.

3 Sieben Sie die nun stark riechende Jauche ab, und verdünnen Sie sie vor der Anwendung 1:4 mit Wasser.

4 Die verdünnte Jauche können Sie zur Bodenverbesserung sowie als Flüssig- oder Blattdünger verwenden.

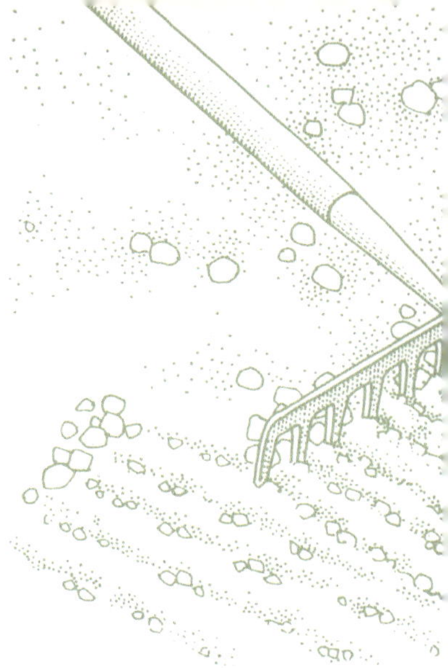

Gut säen und dann pflegen

Es gibt so viele Tipps und Ratschläge zum Säen, Ausdünnen und Pflanzen, wie es Gärtner gibt. Die Folgenden haben sich immer wieder bewährt und wurden teils über Generationen weitergegeben.

Erfolgreich säen

Die Keimfähigkeit prüfen Die Keimfähigkeit von Samen nimmt mit der Zeit ab. Das Ablaufdatum auf der Samentüte gilt nur dann zuverlässig, wenn die Samen richtig gelagert werden. Sind sie nach dem Öffnen der Tüte Feuchtigkeit und Wärme ausgesetzt, kann die Keimfähigkeit rasch sinken. Folgende Tests haben sich bewährt:

- Tauchen Sie die Samen in ein Glas Wasser. Nach etwa einer halben Stunde sinken die noch gut keimfähigen Samenkörner nach unten, die anderen schwimmen oben.
- Legen Sie einige Lagen gut angefeuchtetes Küchenpapier auf einen Teller, und verteilen Sie darauf zehn Samenkörner. Decken Sie die Samen mit einer durchsichtigen Folie ab, und stellen Sie den Teller an einen warmen Platz. Wenn wenigstens acht Samen auskeimen, kann man davon ausgehen, dass das gesamte Saatgut noch gut verwendbar ist. Keimen nur sieben oder weniger Samen aus, sollten Sie sicherheitshalber etwas mehr bzw. dichter säen.

Kaltkeimer Stauden- und Gehölzsamen von Pflanzen aus kühlen oder alpinen Regionen keimen häufig erst, nachdem sie eine bestimmte Zeit der Kälte ausgesetzt waren.

- Die traditionelle Methode ist das Einschichten der Samen in feuchten Sand (Stratifizieren). Dafür verwendet man Töpfe oder Kisten mit Wasserabzugslöchern und gräbt sie über Winter ebenerdig an einer schattigen, geschützten Stelle im Garten ein.
- Man kann die Samen auch in ein verschlossenes Gefäß mit feuchtem Perlite oder ähnlichem Material geben und bis zu 3 Monate in den Kühlschrank stellen.

Tipps für frühe Aussaat Die meisten Pflanzen brauchen eine Mindesttemperatur von 13 °C, um zu keimen. Manche keimen auch schon bei niedrigeren Temperaturen, z. B. Möhren (9 °C) oder Radieschen, Rettiche und Salat (10 °C).

- Erwärmen Sie den Boden um ein paar Grad, indem Sie vor der Aussaat einen Teppich oder eine kräftige Folie – am besten dunkle Mulchfolie – auf das Beet legen und an den Rändern mit Steinen oder Erde beschweren.
- Säen Sie nicht bei Frost oder wenn der Boden nass ist.
- Nach der Aussaat können Sie eine Glasglocke oder eine große Plastikflasche mit herausgeschnittenem Boden und abgeschraubter Kappe über die Samen stülpen. Sie hält zusätzlich Schnecken, Mäuse und Vögel von den Keimpflänzchen fern.
- „Professionellere" Schutzabdeckungen, besonders für Gemüsesamen, sind gelochte oder geschlitzte Gartenfolien, Vliese oder Folientunnel.
- Kälteempfindliche Gemüse und Sommerblumen säen Sie am besten in Schalen auf der Fensterbank oder im Frühbeet aus, um sie später zu verpflanzen.
- Bei Anzucht im Haus können Sie die Keimung beschleunigen, indem Sie die Saatschalen auf einem Holzbrett direkt auf die Heizkörper stellen. Verwenden Sie am besten Anzuchtschalen mit transparenten Abdeckhauben.

Von Forsythie und Flieder Folgen Sie dem Rhythmus der Natur, und achten Sie auf ihre Zeichen. Säen Sie robuste Gemüse und frostharte Blumen, wenn die Forsythien blühen. Warten Sie mit empfindlicheren Arten die Blüte des Flieders ab.

Eine große Plastikflasche lässt sich als Schutzhaube nutzen.

Ein dünnes Rohr als Aussaathilfe schont den Rücken.

Ein Stück Kükendraht, über die Saatschale gelegt, ergibt eine hervorragende Schablone für das gleichmäßige Verteilen großer Samen.

An der Aussaaterde nicht sparen Zwar kann man auch mit fein abgesiebter Gartenerde Erfolg bei der Aussaat haben. Doch hier empfiehlt es sich, das Angebot der Gartencenter zu nutzen und eine spezielle, hochwertige Aussaat- oder Vermehrungserde zu verwenden. Nährstoffarm, feinkrümlig, strukturstabil und keimfrei, bietet sie die beste Gewähr für das Gelingen der Anzucht.

Kostenlose Pflanztöpfchen Eierkartons lassen sich gut für die Anzucht nutzen. Sie können in die kompletten Kartons säen und sie erst vor dem Pflanzen zerschneiden, oder Sie trennen die einzelnen Mulden bereits vor dem Säen ab. Pflanzen Sie die Sämlinge mitsamt dem Karton aus, er wird dann im Boden verrotten.

Säen Sie bei zunehmendem Mond
Früher richteten sich die Gärtner häufig nach dem Mond – ein altes Wissen, auf das man sich heute wieder mehr besinnt. Es heißt, dass bei zunehmendem Mond die oberirdischen Pflanzenteile im Wachstum angeregt werden und damit auch die Keimung der Samen. Abnehmender Mond dagegen soll das Wurzelwachstum fördern und eignet sich deshalb besser zum Pflanzen.

Rückenschmerzen vermeiden Ein Aussaatrohr erleichtert das Säen und erspart das ständige Bücken. Kürzen Sie dafür einfach ein dünnes Plastikrohr auf etwa 1 m Länge. Stecken Sie die Samen oben ins Rohr, und lassen Sie sie in die Saatrille fallen.

Kleine Samen aussäen Feine Samen, etwa von Begonien oder Lobelien, bleiben leicht an den Fingern kleben und sind schwer zu verteilen. Mischen Sie sie mit feinem Sand, und streuen Sie sie mit einem alten Küchensieb gleichmäßig aus. Sie können die Mischung auch in einen gefalteten Karton geben und aussäen, indem Sie seitlich leicht an den Karton tippen.

Bleistift als Sähilfe Mit einem Bleistift lassen sich gut kleine Samen in Saatschalen säen. Feuchten Sie die Aussaaterde an, und bohren Sie mit der Bleistiftspitze kleine Saatlöcher hinein. An der dabei angefeuchteten Bleistiftspitze bleiben die Samen gut haften – Sie können sie damit einzeln aufnehmen und in den Löchern ablegen. Bedecken Sie die Samen dann mit Hilfe des stumpfen Bleistiftendes mit Erde.

Große Samen gleichmäßig verteilen
Breiten Sie für die Aussaat von Bohnen, Erbsen und anderen großen Samen ein Stück feinmaschigen Kükendraht über der Saatschale aus, und legen Sie in jede Masche ein Samenkorn ab.

Reservekeimlinge Säen Sie größere Samen paarweise in kleine Töpfe, um Ausfällen vorzubeugen. Wenn beide keimen, ziehen Sie später den schwächeren Sämling vorsichtig heraus.

Nicht zu tief säen In der Natur fallen die Samen einfach von der Mutterpflanze auf den Boden und keimen dann häufig ohne Erdabdeckung. Denken Sie daran, sofern Sie keine Angaben zur Saattiefe haben, und decken Sie die Samen nur dünn ab. Vor allem kleine Samen sollten nur hauchfein mit Erde bedeckt sein. Dies lässt sich z. B. bewerkstelligen, indem man mit einem Pinsel darüberstreicht oder die Erde mit einem alten Küchensieb dünn ausstreut.

- Größere Samen werden so tief gesät, dass sie zwei- bis dreimal so hoch mit Erde bedeckt sind, wie sie groß sind. Zu den Ausnahmen zählen die Bohnen, die man recht flach, maximal 2 cm tief, sät.
- Säen Sie in leichten Böden etwas tiefer, um der Gefahr des Austrocknens vorzubeugen.
- Manche Samen, z. B. die von Basilikum, Lobelien und Salat, sind Lichtkeimer, brauchen also Helligkeit zum Keimen. Sie werden nur angedrückt oder höchstens hauchdünn mit Erde überstreut. Beachten Sie hierzu die Hinweise auf den Samentüten.

Großvaters Geheimtipp

BEHEIZTE MINI-GEWÄCHSHÄUSER
Früher erwärmten Gärtner ihre Frühbeete mit Mist, und betuchte Pflanzenfreunde zogen exotische Pflanzen in Orangerien und Blumenvitrinen. Heutzutage bieten sogenannte Mini-Gewächshäuser für die Fensterbank eine platzsparende Lösung für die Anzucht wärmebedürftiger Pflanzen aus Samen oder Stecklingen. Im einfachsten Fall handelt es sich um Saatschalen mit einer transparenten Abdeckhaube, die für höhere Luftfeuchtigkeit und Wärme sorgt. „Luxusmodelle", oft auch als Zimmergewächshäuser im Handel, bieten außerdem eine integrierte Heizmöglichkeit, z. B. als Bodenplatte mit Heizspirale. Manche ermöglichen sogar eine automatische Steuerung von Heizung und Belüftung.

Schützen Sie Ihre Samen und Sämlinge mit Netzen vor hungrigen Vögeln. Sie können die Netze über Drahtbügel oder über umgebogene Weiden- oder Haselnussruten spannen.

Weichen Sie hartschalige Samen ein Samen mit harten, dicken Schalen, wie Bohnen und Erbsen, keimen wesentlich besser, wenn Sie die Samen vor der Aussaat über Nacht oder gar 24 Stunden lang in lauwarmes Wasser legen.

Harte Schalen anritzen Häufig reicht schon das Einweichen, doch bei besonders hartschaligen Samen, etwa von Blauregen, Duftwicke, Kamelie oder Säckelblume, hat sich das Anritzen oder Anfeilen bewährt. Dazu bringen Sie mit einem sauberen, scharfen Messer oder einer kleinen Säge in der äußeren Samenschale einen kleinen Einschnitt an, oder Sie reiben die Samenschalen an Schmirgelpapier oder einer Feile.

Vögel abwehren Decken Sie Ihre Saatbeete mit Vogelschutznetzen, Vliesen oder feuchtem Zeitungspapier ab, damit die Samen nicht von Vögeln gefressen werden. Auf Bügeln aufgespannte Netze (siehe Abb. S. 271 rechts) schützen auch die Sämlinge, die manche Vögel ebenfalls gern anpicken.
- Auch stachelige Zweige, z. B. von Rosen oder Weißdorn, die man an Schnüren über dem Beet aufhängt, halten Vögel fern.

Problem Katzenpfoten Stark bestachelte und bedornte Zweige oder eine feine Mulchschicht aus Splitt kann Katzen davon abhalten, die Beete zu zerwühlen. Die Tiere meiden alles, was sich unter ihren Pfoten unangenehm anfühlt.

Markiersamen Die schnell keimenden Samen von Radieschen oder Kresse eignen sich hervorragend, um die Saatreihen oder -plätze langsam keimender Pflanzen wie Möhren oder Nachtkerzen sichtbar zu machen. Legen Sie einige Radieschensamen in gleichmäßigen Abständen zwischen den Samen der Langsamkeimer aus.

Hochkant säen Die länglichen Gurken-, Kürbis-, Melonen- und Zucchinisamen sollte man nicht flach auslegen, sondern senkrecht in den Boden stecken.

Samen selbst ernten Früher war die eigene Samenernte von Blumen und Gemüsen oft die einzige Möglichkeit, Saatgut fürs nächste Jahr zu erhalten. Es kann sich auch heute noch lohnen und macht zudem Spaß, selbst Samen von Sommerblumen, Stauden und manchen Gemüsen zu gewinnen. Sie sollten aber zumindest alle paar Jahre neue Samen kaufen, sonst kann die Qualität abnehmen.
- Ernten Sie nur Samen von gesunden, krankheitsfreien Pflanzen.
- Wässern Sie die Pflanzen regelmäßig, während die Samenstände ausgebildet werden, und stützen Sie sie, wenn nötig, damit sich die Samenstände nicht zum Boden biegen.
- Lassen Sie die Samen an der Pflanze ausreifen und abtrocknen.

Eigenwillige Gene Sogenannte F1-Hybriden sind besonders wüchsig, blühfreudig oder – bei Gemüse – ertragreich. Aus ihren Samen gewonnene Nachkommen fallen aber zum Großteil ganz anders aus als die Elternpflanzen und wachsen häufig schlecht. Von solchen Hybridsorten müssen Sie immer wieder neue Samen kaufen.

Jungpflanzen transportieren Viele Gärtner tauschen oder verschenken gern überzählige Jungpflanzen. Um Sämlinge dazu einfach und unversehrt zu transportieren, können Sie sie in Eierkartons umsetzen und als Transportschutz den Deckel zuklappen.
- Stecklinge überstehen einen kurzzeitigen Transport gut, wenn man sie in eine hal-

Melonensamen werden am besten hochkant gesät.

Eierkartons bzw. Kartoffeln schützen Sämlinge und Stecklinge beim Transport.

AUSSAAT IN SAATSCHALEN

1 Befüllen Sie die Schale bis knapp unter den Rand mit guter Aussaaterde.

2 Drücken Sie die Erde mit einem Holzblock an. Oben sollte 1 cm Gießrand bleiben.

3 Feuchten Sie dann die Aussaaterde gründlich mit feinem Strahl an, ohne jedoch die Erde aufzuschwemmen.

4 Verteilen Sie die Samen gleichmäßig mit einem gefalteten Karton. Mischen Sie feine Samen mit Sand.

5 Bedecken Sie die Samen mit einer dünnen Erdschicht, die Sie am besten darübersieben.

6 Decken Sie die Schale mit einer Glasplatte ab, und stellen Sie sie hell, aber nicht in die direkte Sonne.

bierte Kartoffel steckt. Wickeln Sie die Kartoffel in feuchtes Zeitungspapier, damit sie nicht austrocknet.

Pflege der Sämlinge

Gesunde Sämlinge Die Sämlinge wachsen immer zum Licht hin. Drehen Sie die Aussaatschale regelmäßig, damit sich die Sämlinge gleichmäßig entwickeln.

- Stellen Sie die Sämlinge nicht in die pralle Sonne, sie könnten sonst verbrennen.
- Gießen Sie die herangewachsenen Pflanzen etwa 1 Stunde vor dem Auspflanzen. So verkraften sie das Umsetzen besser.
- Pflanzen Sie bei leicht bedecktem Himmel und nicht an heißen, sonnigen Tagen.

Umfallkrankheit Braune bis schwarze Flecken am Stängelgrund von Sämlingen deuten auf die Umfallkrankheit hin. Halten Sie vorbeugend die Aussaaterde nicht zu nass. Das Risiko lässt sich auch mindern, indem man vor der Aussaat in die Erdoberfläche etwas scharfen Sand oder Perlite für bessere Dränage einarbeitet.

- Stellen Sie die Schalen hell und luftig auf. Gießen Sie vorbeugend die Pflanzen öfter mit erkaltetem Kamillentee.

Niemals austrocknen lassen Halten Sie die Sämlinge stets feucht, aber nicht nass. Der Unterschied mag einem gering vorkommen, aber wenn Sie regelmäßig mit dem Finger die Erde kontrollieren, bekommen Sie schnell ein Gefühl dafür. Vernässte Erde ist fast wassergesättigt und fühlt sich tatsächlich unangenehm „nass" an. Wässern Sie am besten mit einem Zerstäuber mit feinem Sprühstrahl bzw. -nebel oder mit einem Schwamm, von dem Sie das Wasser sanft tropfen lassen.

Pikieren macht stark Bei vielen Sämlingen, besonders bei zu eng stehenden, empfiehlt sich das Pikieren, d. h., sie werden als kleine Pflänzchen aus der Anzuchtschale einzeln in kleine Töpfe oder in Multitopfplatten umgesetzt. Das regt die Wurzeln zu stärkerem Wachstum an, und die Pflanzen entwickeln sich kräftiger und kompakter, da sie mehr Platz haben. Pikieren können Sie, sobald sich nach den oft rundlichen, kleinen

Aus Zeitungen gerollte „Töpfe" verrotten nach dem Auspflanzen in der Erde. So können Sie die Pflanzen ohne Störung der Wurzeln umsetzen.

Keimblättern die ersten zwei oder drei richtigen Laubblätter entfaltet haben. Verwenden Sie auch für das Pikieren gute Anzuchterde, keine normale Blumen- oder Gartenerde. Ideal sind Töpfe mit 6–10 cm Ø.

- Heben Sie die Sämlinge mit einem dünnen Pikierholz oder Bleistift aus der Erde. Packen Sie sie bevorzugt an den Blättern an, nicht an den zarten Stängeln oder Wurzeln.

Härten Sie Ihre Pflänzchen ab Gewöhnen Sie Ihre Jungpflanzen allmählich an die raueren Verhältnisse draußen, indem Sie sie tagsüber an einen geschützten Platz bringen, sofern das Wetter relativ mild ist. Beginnen Sie damit 1–2 Wochen vor dem Auspflanzen. Stellen Sie auch sonnenliebende Arten anfangs noch nicht in die pralle Sonne, und meiden Sie windige Plätze.

Direkt ins Beet säen Manche Sommerblumen, darunter Goldmohn, Jungfer im Grünen und Kornblume, und viele Vertreter der Schmetterlingsblütler, z. B. Ginster und Lupine, lassen sich schlecht umpflanzen. Man sät sie deshalb am besten direkt ins Freie, wenn keine Fröste mehr drohen.

Schutz der Jungpflanzen Draußen wachsende Sämlinge und frisch gesetzte Jungpflanzen sind gegen Kälte oder gar Fröste sowie raue Winde sehr empfindlich. Schutz bieten darüber gestülpte Glas- bzw. Kunststoffglocken, kleine Folientunnel oder Gartenvliese, die Licht und Regen durchlassen.

SCHON GEWUSST?

GLÜCKLICHE ZUFÄLLE
Frühere Gärtner waren häufig enthusiastische Pflanzenzüchter, denen wir unzählige wichtige Sorten und Auslesen verdanken. Oft brauchten sie viele Jahre, bis sie eine neue Züchtung entwickelt oder entdeckt hatten. Dabei kam ihnen häufig die Natur zu Hilfe: Etliche Sorten entstanden durch spontane Mutationen. Viele bekannte Apfelsorten gehen z. B. auf solche Zufallssämlinge zurück. So stieß etwa der Volksschullehrer Carl Hesselmann 1864 auf einen unbekannten Apfelbaum mit besonders wohlschmeckenden Früchten, die heute noch unter dem Namen 'Kaiser Wilhelm' geerntet werden.

Halten Sie die Anzuchterde mit einem Schwamm feucht.

Greifen Sie Sämlinge an den Blättern, nicht am Stängel.

Den Garten bewässern

Das Wasser aus dem Leitungshahn ist heute eine Selbstverständlichkeit, doch das war nicht immer so. Gärtner früherer Zeiten mussten lernen, mit dem kostbaren Nass sparsam und klug umzugehen, und entwickelten dafür vielerlei nützliche Strategien.

Klug bewässern

Die beste Tageszeit Gießen Sie an sonnigen Tagen nie während der Mittagshitze. Das Wasser würde zum größten Teil verdunsten, bevor es einsickert und den Pflanzen zugutekommt. Zudem wirken die Wassertropfen auf den Blättern wie kleine Lupen und können Verbrennungen verursachen.

- Vermeiden Sie an heißen Tagen auch das Gießen in den frühen Abendstunden. Das kühle Wasser würde auf der warmen Erdoberfläche verdunsten und eine feuchtwarme Atmosphäre schaffen – ideal für Pilzkrankheiten.
- Bei heißem Wetter gießen Sie am besten in den frühen Morgenstunden oder spät am Abend, nachdem sich der Boden bereits abgekühlt hat.
- Gießen Sie auch im Frühjahr, Herbst und Winter vorzugsweise morgens. Abendliches Gießen kann bei Nachtfrösten zu Eisbildung auf Blättern führen und ansonsten ein kühlfeuchtes Milieu verursachen, das manche Pilzkrankheiten fördert.

Nicht zu wenig und nicht zu oft Es ist besser, in größeren Abständen durchdringend zu gießen, als häufig nur ein bisschen.

- Eine kräftige, tief reichende Bewässerung regt die Wurzeln an, tiefer und stärker zu wachsen, sodass sie auch bei Trockenheit Reserven erschließen können.
- Schwaches Wässern verleitet die Wurzeln, ausschließlich an der Oberfläche nach Wasser zu suchen. Dadurch entwickelt sich nur ein flaches Wurzelsystem, das sehr trockenheitsempfindlich ist.

Wasser liefert die Nährstoffe an Erst nachdem sie im Wasser gelöst sind, gelangen die Nährstoffe im Boden an die Wurzeln und können von diesen aufgenommen werden. Durch Wasser, etwa durch starke Regenfälle, kann es aber auch zu Nährstoffverlusten kommen, durch Abschwemmung an der Oberfläche oder Auswaschung in tiefere Bodenschichten oder ins Grundwasser. Dem beugen Sie durch stetige Humusversorgung mit Kompost sowie Mulchen vor; des Weiteren durch langsam lösliche organische Dünger, die in Dosierung und Zusammensetzung gut auf den Nährstoffbedarf der Pflanzen abgestimmt sind.

Bodenerosion verhindern Starker Regen oder kräftige Bewässerung kann an Hängen den Oberboden wegspülen. Vermeiden Sie dies, indem Sie waagrechte Terrassen als Pflanzflächen anlegen.

- Die Terrassenstufen werden am besten mit Stützmauern an den Außenseiten stabilisiert. Niedrige Hecken entlang der Mauern bilden einen schönen Abschluss.

Es gibt zwei goldene Regeln: besser seltener, aber durchdringend bewässern und niemals in der Mittagshitze.

SCHON GEWUSST?

WASSER UND UMWELT
Dass auch in Mitteleuropa die Trinkwasservorräte nicht unerschöpflich sind, wurde uns bislang nur in manchen sehr heißen, trockenen Sommern bewusst. Hier und da gab es dann sogar ein behördliches Bewässerungsverbot für den Rasen. Aufgrund des Klimawandels müssen wir künftig häufiger mit solchen Situationen rechnen. Verwenden Sie möglichst viel gesammeltes Regenwasser, statt kostbares Trinkwasser im Garten zu vergeuden. Mit mehreren Regentonnen oder gar einer Zisterne lassen sich manche Trockenzeiten ganz ohne Leitungswasser überbrücken.

Sparsam gießen: entweder mit Brauseaufsatz (links) oder mit Tropfschlauch (rechts), der das Wasser als stetiges Rinnsal an den Boden abgibt.

- Eine Alternative zur Terrassierung ist das Bepflanzen mit Bodendeckern, die mit ihrem Wurzelwerk den Boden befestigen und vor dem Abschwemmen bewahren. Sehr gut eignen sich dafür z. B. Bodendeckerrosen, Fingerstrauch (*Potentilla*), Johanniskraut (*Hypericum*) und Zwergmispel (*Cotoneaster*).
- Hänge und Böschungen lassen sich auch mit speziellen Befestigungsmatten stabilisieren. Sie werden auf der Hangoberfläche befestigt und dann durch Einsaaten oder Pflanzungen begrünt. Die Pflanzenwurzeln sorgen für zusätzlichen Halt. Für diesen Zweck gibt es dauerhafte Matten oder Gitter aus Kunststoffen sowie Jute- oder Kokosmatten, die mit der Zeit verrotten und vor allem dem guten Anwachsen der Pflanzen dienen.

Hacken spart Wasser Hacken reduziert nicht nur Unkräuter, die mit den Kulturpflanzen um das Wasser konkurrieren. Beim Hacken zerstören Sie auch feinste Kanäle im Boden, über die das Wasser nach oben steigt und schließlich verdunstet. Außerdem sickert auf der gelockerten Oberfläche das Regen- und Gießwasser schneller ein.

Mulchen bewahrt die Feuchtigkeit Eine Mulchschicht mindert die Verdunstung über die Erdoberfläche und unterdrückt Unkräuter, sodass Ihre Pflanzen ungestört über das vorhandene Wasser verfügen können.

Einfache Wasserspeicher Versenken Sie neben Pflanzen, die viel Wasser brauchen, Tontöpfe ebenerdig im Boden. Ersatzweise können Sie auch große Plastikflaschen nehmen, deren Boden Sie mit Abzugslöchern versehen. Füllen Sie diese Vorratsbehälter bei jedem Gießgang. Das Wasser sickert aus ihnen langsam und ohne Verluste nahe den Wurzeln in den Boden.

Schlauch-Praxis

Sanfte Wassergaben Gießen Sie immer mit weichem Strahl, am besten mit Brauseaufsatz. Besonders sanft bewässern spezielle Tropfschläuche (Abb. links), die – am Boden zwischen den Pflanzen verlegt – das Wasser über zahlreiche kleine Löcher abgeben – direkt dahin, wo es gebraucht wird. Wenn Sie die Tropfschläuche an eine Zeitschaltuhr oder einen Bewässerungscomputer anschließen, wird das Gießen besonders einfach.

- Einen alten Schlauch können Sie einfach in einen Tropfschlauch verwandeln. Stechen Sie mit einer Ahle kleine Löcher hinein, verschließen Sie das eine Ende mit einer Schlauchklemme, und schließen Sie das andere an den Wasserhahn an.

Gut abgestimmte Kombinationen Wählen Sie, wenn möglich, Schlauch, Anschlüsse und Zubehör vom selben Hersteller. So können Sie sicher sein, dass alles zusammenpasst. Ein hochwertiger, robuster, knickfester Schlauch, der sich nicht verdreht, ist eine lohnende Investition. Bevorzugen Sie farbige Schläuche; bei transparenten fördert das Licht Algenwachstum im Schlauch.

- Für die materialschonende und platzsparende Aufbewahrung gibt es im Fachhandel Schlauchrollen zum Anbringen an der Hauswand oder Schlauchwagen, mit denen man den aufgerollten Schlauch leicht transportieren kann.

Vermeiden Sie hohen Druck Ein zu kräftiger Wasserstrahl kann Blätter, Blüten und Stängel abknicken oder beschädigen. Gießen Sie direkt in den Wurzelbereich, oder beregnen Sie die Pflanzen mit feinem Sprühstrahl und schwachem Wasserdruck von oben.

- Ähnlich können Sie im Sommer den Sauerstoffgehalt von Gartenteichen erhöhen: Halten Sie das Schlauchende mindestens 60 cm über der Teichoberfläche, und lassen Sie daraus das Wasser, das sich in der Luft mit Sauerstoff anreichert, sanft herabrieseln.

Elegante Schlauchführung Aus zwei alten Tontöpfen lässt sich im Handumdrehen ein Schlauchführer um Beetecken basteln. Stellen Sie an die Ecke eines Beets den einen Topf mit der Öffnung nach unten, den zweiten mit der Öffnung nach oben darauf, sodass beide Töpfe mit den schmaleren Bö-

WÄSSERN MIT GIESSWALL

1 Bei jungen Gehölzen empfiehlt sich ein Gießwall, den Sie in 30–50 cm Abstand rund um den Stamm anlegen.

2 Häufen Sie Erde zu einem ringförmigen Wall auf, und drücken Sie die zum Stamm hin abfallende Seite fest.

3 Füllen Sie nun das „Becken" vorsichtig mit Wasser, und wiederholen Sie dies, bis der Boden eingeschlämmt ist.

4 Das Wasser versickert langsam und gelangt direkt zu den Wurzeln, ohne dass es nach außen wegfließt.

Tropfer (links) helfen Wasser sparen. Mit einer Schlauchrolle (rechts) lassen sich Schläuche ordentlich aufbewahren.

den direkt aufeinanderstehen und die Form einer Sanduhr ergeben. Schlagen Sie dann einen kräftigen Holzstab durch die Abzugslöcher in den Boden, um die Töpfe zu fixieren. Wenn Sie nun den Schlauch um die Beetecke ziehen, legt er sich in die „Taille" dieser Konstruktion und lässt sich leicht bewegen, ohne auf das Beet zu rutschen und die Pflanzen zu beschädigen.

Automatische Tropfbewässerung Tropfbewässerungssysteme bestehen aus einem zentralen Versorgungsschlauch oder -rohr, von dem dünne Verteilerschläuche mit Tropfdüsen abgehen. Diese Tropfer werden direkt neben den einzelnen Pflanzen oder Reihen in die Erde gesteckt. So gelangt das Wasser ohne Umwege und noch zielgerichteter als beim Tropfschlauch direkt in den Wurzelbereich.

- Durch die gezielte Versorgung können Sie mit einer Tropfbewässerung bis zu 50 % Wasser sparen – und natürlich sparen Sie auch viel Zeit, da Sie nur den Versorgungshahn aufdrehen müssen. Es gibt verschiedene Systeme im Handel, die sich individuell kombinieren und erweitern lassen.
- Tropfbewässerungen eignen sich besonders gut für Balkon, Terrasse und Gewächshaus sowie kleine Beete. In größeren Gartenpflanzungen kann das – beschädigungssichere – Verlegen der Schläuche kompliziert werden.
- Je nach System müssen die Düsen regelmäßig gereinigt werden, damit sie nicht verstopfen. Dazu weicht man sie über Nacht in Essigwasser ein.
- Automatisieren lassen sich solche Systeme mit einer Zeitschaltuhr oder auch mit einem kleinen Bewässerungscomputer samt Feuchtigkeitsfühlern. So werden Ihre Pflanzen stets optimal mit Wasser versorgt – selbst wenn Sie in Urlaub fahren.

Regner Regner oder Sprenger eignen sich vor allem zum Gießen des Rasens, als hohe Sprühregner auch zum sanften Bewässern von Beeten oder Sträuchern. Sie verbrauchen allerdings sehr viel Wasser, da die Verdunstungsrate recht hoch ist. Beregnen Sie deshalb am besten am frühen Morgen oder erst spät abends.

Staub abduschen Bei großer Trockenheit tut es Gehölzen, die nicht blühen, gut, wenn man des Öfteren morgens ihre Blätter bzw. Nadeln übersprüht und dabei den Staub abwäscht. Das beugt auch Schädlingen wie Spinnmilben oder Weißen Fliegen vor, die ungern nass werden.

Topfpflanzen gießen

Töpfe, Kübel, und Kästen Topfpflanzen können sehr schnell austrocknen, besonders bei warmem Wetter. Sie müssen regelmäßig gegossen werden, damit die Wurzeln gesund bleiben. Beherzigen Sie dazu einige einfache Regeln:

- **Zweimal gießen** Gießen Sie, warten Sie dann 15 Minuten, bis das Wasser versickert ist, und gießen Sie dann nochmals. So stellen Sie sicher, dass die Erde komplett durchfeuchtet wird.
- **Mit angewärmtem Wasser gießen** Stehen die Pflanzen warm, kann kaltes Leitungswasser einen Schock verursachen, bis hin zum Welken. Lassen Sie das Gießwasser abstehen, bis es Raumtemperatur hat, oder mischen Sie etwas warmes Wasser dazu.
- **Auf Dränage achten** Kontrollieren Sie die Abzugslöcher regelmäßig. Sind sie verstopft, kann Staunässe zu Wurzelschäden führen. Stellen Sie Töpfe am besten erhöht auf Steine, Topffüße oder eine Lage Kies im Untersetzer, damit überschüssiges Wasser gut abfließen kann.

Die Finger geben Auskunft Es ist nicht immer einfach festzustellen, wann und wie viel gegossen werden muss. Altbewährt ist jedoch die Fühlprobe: Stoßen Sie dazu vorsichtig mit dem Finger in die Topferde. Ist der Bereich unterhalb der Erdoberfläche noch feucht, können Sie mit dem Gießen noch etwas warten.

SCHON GEWUSST?

Automatische Bewässerung im Gewächshaus

Im Gewächshaus sind Bewässerungssysteme aufgrund des erhöhten Wasserbedarfs besonders nützlich.

Sandbett Eine einfache, altbewährte Möglichkeit: Stellen Sie die Töpfe in eine große Schale mit Sand, die über einen Schlauch mit Tropfdüse an einen Wassertank angeschlossen ist. Die Pflanzen nehmen das Wasser über die Löcher im Topfboden auf.

Tropfbewässerung An einen Versorgungsschlauch werden dünne Schläuche mit Tropfern angeschlossen, die man in die Töpfe steckt. Vollautomatisch wird das System, wenn Sie es mit einem kleinen Bewässerungscomputer kombinieren.

Ohne Strom Recht effektiv und ganz ohne Stromanschluss arbeiten Systeme mit Dochten oder Tonkegeln als Tropfern.

Regenwasser

Ein Segen der Natur Regenwasser ist ein kostbares Gut, das man sammeln sollte, statt es in die Kanalisation abfließen zu lassen. Wenn Sie mit gut verteilten Tonnen Regenwasser auffangen, um damit zu gießen, lässt sich nicht zuletzt auch die Wasserrechnung deutlich reduzieren. Je nach Garten- und Dachgröße kann sich auch die Anschaffung eines großen Tanks oder der Einbau einer Speicherzisterne in den Boden lohnen – mitsamt Installationen, die die Nutzung des Regenwassers ebenso komfortabel machen wie die des Leitungswassers.

Wasser vom Dach Regentonnen können durch Einbau einer Fallrohrklappe direkt an die Rohre, die das Wasser von der Dachrinne nach unten leiten, angeschlossen werden. Es gibt sie in verschiedenen Größen, geläufig ist ein Volumen von 200 l. Sie sind meist aus stabilem Kunststoff und haben oft seitlich einen Hahn, über den das nützliche Nass entnommen werden kann.

- Durch Vorpflanzen von Sträuchern oder Kletterpflanzen lassen sich die Tonnen dem Blick entziehen. Verwenden Sie aber keine allzu starkwüchsigen oder bestachelten Pflanzen, damit Sie stets bequem Zugang haben.
- Ein Deckel verhindert, dass kleine Tiere oder Blätter in die Tonne fallen und beugt Stechmückenbruten vor.
- Geben Sie gelegentlich etwas Holz- oder Aktivkohle ins Wasser, damit es klar bleibt.
- Bringen Sie über der Fallrohrklappe ein feinmaschiges Sieb zum Schutz vor Verunreinigungen an, und säubern Sie dieses von Zeit zu Zeit, damit es nicht das Rohr verstopft.
- Fallrohrklappen lassen sich einfach verschließen, wenn die Tonne voll ist. Andernfalls müssen Sie für einen Überlauf sowie für eine Abflussmöglichkeit sorgen.
- Wenn Sie zur Miete wohnen, fragen Sie erst den Vermieter, ob er mit Anzapfen des Regenrohrs einverstanden ist.

Regenwasser – ideales Gießwasser Viele Pflanzen, insbesondere Heidekrautgewächse und Moorbeetpflanzen, vertragen das oft harte, kalkhaltige Leitungswasser nur schlecht. Aber auch unempfindlichere Gewächse bevorzugen häufig das Regenwasser, zumal es im Sommer in den Tonnen gut angewärmt ist – ganz im Gegensatz zum kalten Nass aus der Leitung.

Mulchmaterial wie Stroh oder Laub mindert die Verdunstung, schützt aber auch die Bodenoberfläche vor den Auswirkungen heftiger Platzregen.

Sauberes Regenwasser Wenn es nach längerer Trockenzeit regnet, ist der erste Schwall, der aus dem Fallrohr kommt, oft mit zwischenzeitlich auf dem Dach abgelagerten Luftschadstoffen, Staub und Pollen verschmutzt. Lassen Sie deshalb vorsichtshalber die Fallrohrklappe geschlossen, und warten Sie ein oder zwei kräftige Regengüsse ab, bevor Sie wieder Wasser auffangen.

Bei Behörden nachfragen Erkundigen Sie sich vor der Installation größerer Regenwasseranlagen bei den örtlichen Behörden nach Auflagen oder Beschränkungen – oder vielleicht auch Zuschüssen. Mancherorts wird Sammeln von Regenwasser durch Reduzierung der Abwassergebühren gefördert.

- Lassen Sie anfallende Arbeiten am Leitungsrohrsystem nur von einem Klempner durchführen.

Großvaters Geheimtipp

VOM HOLZFASS ZUM KOMPLETTBAUSATZ

Seit Jahrhunderten fangen Gärtner Regenwasser auf, um ihre Pflanzen in Trockenzeiten zu bewässern. Traditionelle Auffanggefäße waren Holzfässer, die immer wieder abgedichtet werden mussten. Mit dem heutigen Angebot in Baumärkten und Gartencentern ist das Sammeln des wertvollen Nasses einfacher geworden. So findet man z. B. komplette Bausätze samt Tonne und allen Anschlüssen. Wenn genug Platz ist, können Sie auch mehrere Tonnen miteinander verbinden, damit kein Tropfen verloren geht. Mit Pumpen lässt sich das Wasser bequem entnehmen.

Oben: In ländlichen Gegenden stellt man große Tanks oft erhöht auf, um den Wasserdruck zu verbessern.

Für eine schmale Tonne findet sich fast überall Platz.

Gärtners Werkzeug

Viele jetzige Gartengeräte waren bereits den alten Römern vertraut. Doch dank moderner Materialien lässt sich mit ihnen heute effektiver und leichter arbeiten. Qualitätsgeräte sind eine gute Investition.

Eine solide Grundausstattung

Spaten, Schaufel und Gabeln Wählen Sie Ihren Spaten besonders sorgfältig aus. Umgraben, Ausheben von Pflanzlöchern oder Abstechen von Kanten sind schwere Arbeiten, die ein robustes, aber auch möglichst angenehm zu bedienendes Gerät erfordern.

- **Stabiler Spaten** Qualitätsspaten haben meist Stiele aus Eschenholz, das Spatenblatt und der Schaft, in dem der Stiel sitzt, sind aus einem Stück geschmiedet. Probieren Sie aus, ob Ihnen ein T-Griff oder ein D-Griff besser in der Hand liegt. Achten Sie bei allen Bodenbearbeitungsgeräten darauf, dass die Stiellänge zu Ihrer Körpergröße passt. Reicht der Spaten bis zur Brust, ist er ideal.
- **Die Schaufel** Zum Umheben und Verteilen von Kompost oder Erde ist eine Schaufel mit etwa schulterhohem Stiel unverzichtbar. Sie sollte stabil, aber nicht allzu schwer sein.
- **Die Grabegabel** Die Gabel mit vier bis fünf breiten, geraden Zinken lässt sich ähnlich wie ein Spaten einsetzen und sollte ebenso sorgsam ausgewählt werden. Sie eignet sich unter anderem zum Aufbrechen schwerer Böden, für die Ernte von Wurzelgemüsen und das Belüften des Rasens.
- **Die Kompostgabel** Mit langen gebogenen Zinken, auch als Mistgabel oder Forke bekannt. Sie ist ein wichtiges Hilfsmittel z. B. für das Aufsetzen von Kompost oder Aufnehmen und Verteilen von Laub und Stroh.

Hochwertige Gartenscheren Bei diesen oft gebrauchten Werkzeugen sollte man am wenigsten sparen. Gute, scharfe Scheren schneiden sauber durch Triebe, ohne sie zu beschädigen, und sind dabei mühelos zu bedienen. Bevorzugen Sie Klingen aus Edelstahl, die sich leicht schärfen und bei Bedarf austauschen lassen.

An einer Leiste mit Halterungen aufgehängt, nehmen die Gartengeräte wenig Platz weg und können nicht zu Stolperfallen werden.

- Zweischneidige Bypassscheren eignen sich am besten, um weiche und mäßig dicke Triebe präzise zu schneiden. Trockenes Holz und kräftige Triebe lassen sich besser mit einer Ambossschere schneiden, bei der eine gerade Klinge gegen eine starre Gegenfläche drückt. Zum wichtigen Zubehör gehört ein geeigneter Schleifstein für das Nachschärfen.

Hacke und Kultivator Hacken in verschiedenen Ausführungen gehören zu den nützlichsten Gartengeräten.

- Eine Ziehhacke mit kurzem, breitem Blatt ist ideal, um Unkraut zu entfernen und zwischen den Pflanzen flach zu lockern.

- Die Schuffel ähnelt der Ziehhacke, das Blatt hat aber rundum scharfe Kanten. Damit lässt sich besonders gut Unkraut von Beeten und Wegen entfernen.
- Schlaghacken mit längerem, kräftigem Blatt dienen der gründlichen Vorbereitung und Lockerung von Beeten und Pflanzflächen.
- Ein Kultivator oder Grubber hat meist drei gebogene Zinken, mit denen man verkrustete Erde aufreißen, Unkraut entfernen oder Kompost einarbeiten kann.

Rechen Gartenrechen oder Harken mit festen, nach unten gerichteten Zinken und 30–40 cm Breite sind nötig zum Einebnen und Herrichten von Beeten und Einarbeiten von Samen und Dünger. Für das schonende Abrechen des Rasens und Sammeln von Laub verwenden Sie besser einen breiteren Rasenrechen mit feinen Zinken, einen Holzrechen oder einen Laubrechen bzw. Fächerbesen mit langen, elastischen Zinken.

Rechen mit Maßstab Ritzen Sie in den Holzstiel eines Rechens in Abständen von 5 cm feine Kerben ein. So haben Sie immer einen Maßstab für die Saat- oder Pflanzabstände zur Hand. Sie können die Kerben auch zusätzlich mit Farbe markieren.

Immer parat Stellen Sie an oft genutzten Plätzen im Garten einige große Töpfe auf. Darin können Sie beim Arbeiten Ihre Kleingeräte ablegen und müssen sie später nicht mühselig zusammensuchen. Oder Sie nehmen einfach große Eimer, um kleine Handgeräte darin aufzubewahren, zum Einsatzort zu tragen und nach getaner Arbeit wieder komplett in den Schuppen zu räumen.

Scheren für Rasen und Hecken Damit der Rasen wirklich gut aussieht, sollten Ränder und Partien unter Sträuchern, die der Rasenmäher nicht erreicht, mit einer Rasenkantenschere geschnitten werden. Bei größeren Rasenflächen erleichtert eine elektrische Akku-Rasenkantenschere die Arbeit. Oder Sie verwenden einen Rasentrimmer bzw. eine Elektrosense, die Ihnen das Bücken oder Knien während der Arbeit erspart.
- Auch wenn Sie über eine elektrische Heckenschere verfügen (siehe S. 127), ist eine zusätzliche Handheckenschere mit langen Schneiden und Hebelgriffen oft praktisch. Sie können damit gut Feinarbeiten und Korrekturen an der Hecke vornehmen oder robuste Sträucher und Bodendecker zurückschneiden.

Saubere Kanten Mit einem halbmondförmigen Rasenkantenschneider lassen sich die Rasenränder besonders akkurat abstechen.

Improvisierte Knieschützer Das Arbeiten im Knien schont den Rücken, sollte aber auch die Knie nicht belasten. Verwenden Sie eine ausgediente Wärmflasche, die Sie mit Sägemehl oder Sand füllen, als bequeme Unterlage. Kleben oder binden Sie auf der Oberseite ein Stück alten Teppich fest.

Transport im Garten Leisten Sie sich eine große, stabile Schubkarre mit rutschfesten Griffen und am besten mit luftgefüllten Ballonreifen. Sie lassen sich einfacher über Unebenheiten schieben und verdichten den Boden weniger als Vollgummireifen.

Aus dem Küchenregal Altes Besteck und ausgediente Töpfe lassen sich vielfältig im Garten nutzen, z. B. bei der Anzucht oder Herstellung von Pflanzenbrühen. Mit einer Gabel lässt sich Topferde auflockern, ein Apfelentkerner eignet sich gut als Pflanzer für kleine Blumenzwiebeln, und ein Küchensieb hilft beim Verteilen feiner Erde oder wird als Korb verwendet.

Geräte gut pflegen

Scheren schützen Pflanzensäfte und anhaftende Reste greifen die Klingen von Gartenscheren an. Wischen Sie sie deshalb nach jedem Gebrauch gründlich mit einem öligen Lappen ab. Zum Desinfizieren können Sie die Klingen mit hoch konzentriertem Alkohol oder Brennspiritus abwischen.
- Schärfen Sie Ihre Gartenscheren regelmäßig, indem Sie die Schneiden über einen nassen Schleifstein abziehen. Stumpfe Klingen verursachen fransige Wundränder und Verletzungen.

Saubere Geräte Befreien Sie Ihre Gartengeräte nach jedem Gebrauch von Erde und Schmutz, damit sie lange halten. Erdreste an Spaten- oder Hackenblättern entfernen Sie

Die gute Wahl

UNVERZICHTBAR
Mit einer Pflanzschaufel (unten) lassen sich kleine Pflanzen und Sämlinge gut einsetzen, ohne die Wurzeln zu beschädigen. Sie ist überall hilfreich, wo kleine bis mittelgroße Pflanzlöcher gebraucht werden. Pflanzschaufeln werden in verschiedenen Ausführungen und Materialien angeboten. Wenn Sie sie häufig brauchen, nehmen Sie am besten eine aus rostfreiem Edelstahl. Versehen Sie den Griff mit leuchtendem Klebeband oder bunter Sprühfarbe, dann ist die Schaufel stets leicht zu finden, wenn man sie irgendwo abgelegt hat. Ähnlich nützliche Helfer sind kleine Handkultivatoren mit kurzem Stiel.

Eine alte Wärmflasche, mit Sand gefüllt, eignet sich gut als schonendes Kniekissen.

mit einem Stück Holz oder einer Bürste. Verwenden Sie dafür kein Messer oder Ähnliches, das kann zu Kratzern führen. Reiben Sie die Metallteile gelegentlich, auf jeden Fall aber vor dem Einwintern der Geräte, mit Metallpflegeöl ein. Tränken Sie zum Auftragen feine Stahlwolle oder einen Lappen mit dem Öl.

Holzstiele pflegen Behandeln Sie unlackierte Holzstiele und -griffe mit Lein- oder Holzöl, bevor Sie im Spätherbst die Geräte wegräumen. Säubern und glätten Sie die Oberfläche mit feinem Schmirgelpapier, tragen Sie das Öl auf und lassen es einziehen.

Dem Rost keine Chance Sie können Ihre Gartengeräte vor Rost schützen, indem Sie sie nach jedem Gebrauch mit den Metallteilen in große sandgefüllte Eimer stellen. Mischen Sie dem Sand etwas Metallpflegeöl unter. Der Sand schmirgelt den Schmutz ab, und das Öl bildet einen schützenden Film auf dem Metall.

- Reiben Sie angerostete Metallteile mit der Schnittfläche einer halbierten Zwiebel ab, die Sie zuvor mit Zucker bestreuen. Wird die Zwiebel schmutzig, nehmen Sie eine neue.

Stets in Sicht Umwickeln Sie die Griffe und Stiele Ihrer Geräte mit bunt gefärbtem Klebeband. Das kann das Holz schützen und das Griffgefühl angenehmer machen – vor allem aber hilft es, im Garten verlegte Geräte schnell wiederzufinden.

Haltbare Stiele Nach traditionellem Vorbild gefertigte Geräte wie Hacken oder Rechen haben Stiele aus hartem Eschen- oder Buchenholz. Anders als Kunststoff liegt Holz stets kühl und trocken in der Hand. Achten Sie beim Kauf auf eine gerade Maserung ohne Astlöcher; bei solchen Stielen ist die Gefahr des Zerbrechens gering.

- Billigere Stiele aus lackiertem Nadelholz halten oft nicht lang.
- Achten Sie auf die Länge. Ist der Stiel zu lang, liegt das Gerät unbalanciert in der Hand. Ist er zu kurz, führt das zu Rückenschmerzen.
- Setzen Sie den Stiel nie als Hebel ein, er könnte brechen und Sie dabei verletzen.
- Verschiedene Hersteller bieten „Kombi"- oder „Multi"-Geräte an, nach dem Motto: ein Stiel – viele Werkzeuge. Die Werkzeuge, z. B. Hacke oder Kultivator, werden mit einem speziellen Stecksystem am Stiel befestigt und sind leicht auszutauschen. Dabei können Sie Stiele in unterschiedlichen Längen und Ausführungen wählen. Die Stiele sind häufig aus hochwertigem, sehr haltbarem Aluminium, was die Geräte besonders leicht macht.

Schläuche schützen Liegen Gartenschläuche ständig in der prallen Sonne, wird das Material auf Dauer spröde und rissig. Am besten rollen Sie die Schläuche nach Gebrauch auf einen Schlauchwagen. Oder Sie legen sie an einen schattigen Wegrand, wo keine Gefahr besteht, dass jemand darüberstolpert. Leeren Sie Schläuche vor dem Winter gründlich, und lagern Sie sie an einem frostfreien Platz. Bleibt Wasser darin stehen und gefriert, können die Schläuche platzen.

Einsatz von Motorgeräten

Sicherheit geht vor Tragen Sie stets feste Kleidung und Schuhe, wenn Sie mit motorbetriebenen Geräten arbeiten. Beim Umgang mit Motorsensen, -fräsen oder -hacken sind Schuhe mit Stahlkappen dringend zu empfehlen, für die Arbeit mit Heckenschere und Häcksler kräftige Handschuhe sowie Schutzbrille. Letzteres gilt auch für Motorsensen.

- Sichern Sie alle Stromanschlüsse, an denen Sie elektrische Gartengeräte betreiben, unbedingt mit einem FI-Schalter ab.

Motorsensen und Rasentrimmer Bei diesen Geräten dient meist ein schnell rotierender Nylonfaden als Schnittwerkzeug. Das Schneiden von Rasenrändern oder leichtem Unkrautwuchs schaffen alle elektrobetriebe-

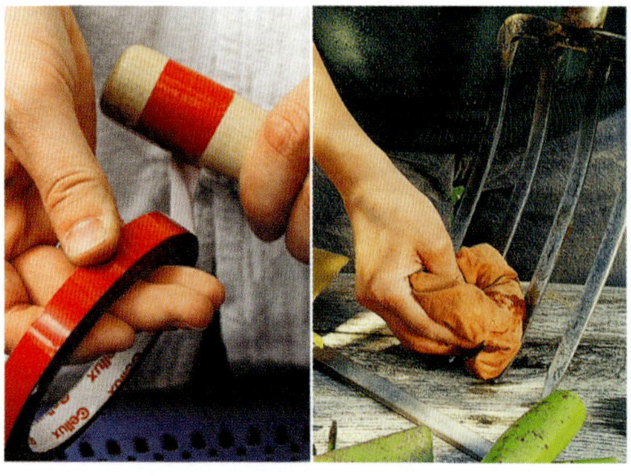

Wenn Sie Ihr Gartenwerkzeug sorgsam pflegen, hat es eine lange Lebensdauer, und Sie sparen Geld. Bunte Klebebänder am Griff (ganz links) helfen, die Geräte im Garten schnell wiederzufinden. Säubern Sie Metallteile, wie hier die Zinken einer Grabegabel, nach jedem Gebrauch gründlich (links).

DIE GARTENSCHERE PFLEGEN

1 Zum Desinfizieren nach dem Schnitt kranker Teile wischen Sie die Klingen mit Alkohol oder Spiritus ab.

2 Ziehen Sie die Klingen regelmäßig mit einem Schleifstein ab, damit sie sauber schneiden und die Pflanzen nicht beschädigen.

3 Ölen Sie gelegentlich alle beweglichen Teile, damit sich die Gartenschere reibungslos bedienen lässt.

Tragen Sie beim Arbeiten mit dem Rasenmäher immer festes Schuhwerk.

nen Modelle problemlos. Wenn Sie jedoch große Wiesen mähen wollen und zuweilen auch etwas Gestrüpp auslichten, wird eine leistungsstärkere Sense mit Benzinmotor nötig. Für gelegentliche größere Aktionen kann man sich auch geeignete Geräte ausleihen.
- Arbeiten Sie mit Motorsensen stets sehr vorsichtig, und unterschätzen Sie nicht die Verletzungsgefahr durch die rotierenden Kunststofffäden.

Der passende Rasenmäher Ein Handmäher ist preiswert, leise und leicht zu warten. Moderne Handmäher erfordern nicht allzu viel Kraftaufwand, Flächen bis mindestens 100 m² lassen sich damit noch gut pflegen. Bei einem großen Rasen sind jedoch motorbetriebene Mäher komfortabler.
- **Elektromäher** Wenn ein Stromanschluss vorhanden ist, eignen sich Elektromäher für jeden Rasen mittlerer Größe. Sie sind leiser, leichter und etwas preiswerter als Benzinmäher, außerdem produzieren sie keine Abgase. Allerdings müssen Sie stets sehr gut auf das lange Stromkabel aufpassen.
- **Benzinmäher** Die größere Leistungsstärke der Benzinmäher macht sich ab 300–400 m² Rasenfläche positiv bemerkbar, besonders wenn das Gras etwas höher und leicht feucht ist. Für den Privatbedarf gibt es fast nur Modelle mit abgasärmeren Viertaktmotoren.

Rasenmäher warten Kontrollieren Sie bei Benzinmähern immer wieder den Ölstand, und führen Sie regelmäßig einen Ölwechsel gemäß Bedienungsanleitung durch.
- Auch Luftfilter und Zündkerzen sollten regelmäßig erneuert werden – sofern die Bedienungsanleitung nichts anderes besagt, ein- bis zweimal im Jahr.

Das richtige Werkzeug für jeden Zweck

BODENVORBEREITUNG	
Grabegabel	Graben in hartem und steinigem Boden, Lockern ohne Wenden
Kultivator	Lockern der Oberfläche, Aufbrechen von Erdklumpen, Unkrautkontrolle
Rechen	Boden ebnen, Steine und Erdbrocken entfernen
Schaufel	Erde aus Pflanzlöchern heben, loses Material (Kompost, Sand) bewegen
Schlaghacke	Bodenlockerung, Zerkleinern von Schollen, Unkrautkontrolle
Spaten	Umgraben, Beetkanten stechen, Pflanzlöcher ausheben
Spitzhacke	Aufbrechen von hartem Boden, auch an der Sohle von Pflanzlöchern
UNKRAUTBEKÄMPFUNG	
Unkrautstecher	Wurzelunkräuter
Ziehhacke, Schuffel	Abziehen der Oberfläche, Unkrautentfernung, flaches Lockern
PFLANZEN	
Handschaufel	kleine Pflanzlöcher für Jungpflanzen und Stauden
Pflanzholz, Dibber	Pflanzlöcher für Zwiebeln und kleine Setzlinge, Kartoffeln
Zwiebelblumenpflanzer	Blumenzwiebeln, Knollen und Rhizome, auch in Rasenflächen
SCHNITT	
Astsäge	für kleinere Äste und schlecht erreichbare Stellen
Astschere	mit langen Griffen, für Äste bis 3 cm Stärke
Baumsäge	mit drehbarem Sägeblatt, für mittelgroße Äste; Bügelsäge für große Äste
Gartenschere	Triebe, Äste und Zweige bis 1 cm Stärke
Hippe	zum Glätten von Wunden, Schneiden dünner Schosse
Heckenschere	Hecken- und Formschnitt

- Reinigen Sie nach jedem Mähen die Messer und das Innere des Mähers.
- Zur Sicherheit gilt für alle Arbeiten am Mäher: Schalten Sie zuvor den Motor aus bzw. ziehen Sie den Netzstecker heraus.
- Bringen Sie den Mäher am besten jährlich zur Inspektion und zum Schärfen der Messer in die Werkstatt. Als Termin bietet sich der Winter an. Dann haben die Werkstätten meist noch Kapazitäten frei.

Überwinterung Säubern Sie den Rasenmäher nach dem letzten Mähen im Herbst, und entfernen Sie alle Schmutz- und Rasenschnittreste, sonst rosten die Metallteile. Leeren Sie beim Benzinmäher den Tank, bevor Sie ihn ins Winterquartier bringen.
- Stellen Sie den Mäher an einen trockenen Ort, und decken Sie ihn mit einem Segel- oder Leinentuch ab. Plastikplanen sind weniger geeignet, da sich unter ihnen Schwitzwasser sammeln kann.

Eine Motorsense kann Pflanzenteile oder Erde hochwirbeln. Tragen Sie sicherheitshalber eine Schutzbrille.

Des Gärtners Helfer

Die unterschiedlichsten Tiere helfen im Garten, Schädlinge im Zaum zu halten, sie sorgen für die Bestäubung von Obst und Fruchtgemüse oder machen sich im Boden nützlich.

Gefiederte Gäste

Hunger auf Schädlinge Zwar unterscheiden Vögel ihre Beute nicht nach Schädlingen und Nützlingen, doch sie erwischen bei der Nahrungsbeschaffung stets auch viele Insekten und Larven, die sonst an den Gartenpflanzen fressen oder saugen würden. Und dabei sind sie sehr effektiv: Ein Meisenpärchen und seine Jungen z. B. vertilgen im Jahr etwa 30 kg Raupen, wenn ihm zwei Bruten gelingen, sogar doppelt so viel.

Einladende Gehölze Mit Sträuchern und frei wachsenden Hecken machen Sie Ihren Garten zu einer Oase für Vögel, die besonders dichte, gern auch bestachelte Gehölze lieben, in denen sie vor Katzen und anderen Feinden sicher sind. Hier bauen Freibrüter wie Buchfink und Amsel gern ihre Nester. Vögel schätzen außerdem an Gehölzen deren Früchte als Nahrung, besonders im Spätherbst und Winter.

- Bereichern Sie ihren Garten mit Vogelschutz- und -nährgehölzen wie Berberitze, Eberesche, Eibe, Felsenbirne, Haselnuss, Schlehe, Schneeball, Stechpalme, Vogelkirsche, Weißdorn oder Wildrosen.

Meisen brauchen während der kalten Jahreszeit fetthaltiges Futter. Meisenknödel sind ideal.

Im Winter füttern? Schon in früheren Zeiten halfen Gärtner den Vögeln, die über Winter nicht gen Süden ziehen, mit Futter über die kalte Jahreszeit. Doch durch die Winterfütterung verloren viele Vögel den Ehrgeiz, natürliche Nahrung zu suchen. Manche Zugvögel blieben sogar den Winter über da und besetzten im Frühjahr die besten Brutplätze, während die Heimkehrer aus dem Süden das Nachsehen hatten.

- Bieten Sie den Vögeln im Garten am besten nur dann Winterfutter an, wenn sie wegen Schnee und Frost keine anderen Nahrungsquellen finden. Geben Sie Ihnen keine Essensreste, sondern nur artgerechtes Futter aus dem Fachhandel, und reinigen Sie regelmäßig die Vogelhäuschen und Futterplätze.

Nistkästen Die Höhlenbrüter unter den Vögeln, z. B. Meisen und Rotschwänze, kann man mit geeigneten Nisthilfen im Garten ansiedeln. Beachten Sie, dass die verschiedenen Vogelarten unterschiedliche Ansprüche an die Größe und Form des Kastens sowie an den Durchmesser des Einfluglochs haben. Wenn Sie gezielt bestimmte Vögel fördern möchten, erkundigen Sie sich bei Naturschutzverbänden oder im Fachhandel.

- Hängen Sie die Kästen in 1,5–3 m Höhe an Bäumen, Pfählen oder Mauern auf. Das Flugloch sollte nach Osten oder Südosten zeigen.
- Blechmanschetten oder Stachelkränze unter und über den Kästen halten Katzen und Marder fern.
- Reinigen Sie die Kästen regelmäßig im Herbst.

Vogeltränken In einen vogelfreundlichen Garten gehört unbedingt eine Tränke mit stets frischem Wasser. Die Schale sollte etwa 5 cm tief sein, mit sanft abfallenden Rändern. Ein paar Kiesel oder Steine in der Mitte bieten auch kleinen Vögeln Halt. Einige Sträucher oder hohe Stauden in der

Igel wissen ein Schälchen mit frischem Wasser im Garten zu schätzen.

ACHTUNG !

GIFTIGE SPRITZMITTEL VERMEIDEN

Alle Fördermaßnahmen für die Gartenhelfer werden beeinträchtigt, wenn häufig giftige, breit wirksame Pflanzenschutzmittel zum Einsatz kommen. Sie treffen nicht nur die Bienen und sonstige nützliche Insekten, sondern indirekt auch Vögel, Igel und andere Tiere. Deren Nahrungsangebot wird reduziert, manchmal erkranken oder sterben sie sogar durch Fraß vergifteter Insekten und Schnecken.

Nähe dienen als Anflugplatz, von dem die Vögel die Lage überblicken können, bevor sie trinken oder baden.

Fleißige Bienen, tüchtige Würmer

Für eine reiche Ernte Bienen und Hummeln sind unersetzliche Bestäubungshelfer im Garten. Sie ernähren sich vom Nektar und den Pollen und bestäuben dabei zahllose Blüten, darunter auch die von Obstbäumen und Fruchtgemüsen. Mit Blütenvielfalt ab dem Frühjahr locken Sie diese Helfer in Ihren Garten. Bevorzugen Sie Blumen und Stauden mit ungefüllten Blüten.

- Gute Bienenweiden sind z. B. Lavendel, Robinie und Schmetterlingsstrauch, im Frühjahr Wildkrokusse und Winterling, im Herbst Bartblume und Herbstanemone.
- Hummeln mögen besonders Berberitzen, Bachnelkenwurz, Taubnesseln und Thymian.

Guter Boden dank Regenwürmern Regenwürmer sind für einen gesunden Boden unentbehrlich. Sie ziehen Pflanzenreste in den Boden, fressen und zerkleinern sie und verkleben mit ihren Ausscheidungen Bodenteilchen zu idealen Krümeln. Über ihre Tunnelröhren gelangt Sauerstoff in den Boden, der wiederum nützliche Bodenbakterien fördert. Auch beim Kompostieren spielen die Regenwürmer eine entscheidende Rolle. Durch Mulchen, Gründüngung und Kompostgaben können Sie die Tiere optimal unterstützen und ihren Besatz im Boden vermehren.

- Als besondere Delikatesse für Regenwürmer gelten Kaffee- und Teesatz sowie Zwiebelschalen.

Schädlingspolizei

Marienkäfer und Co. Marienkäfer und ihre Larven gehören zu den gefräßigsten Blatt- und Schildlausvertilgern. Ein Siebenpunkt-Marienkäfer kann bis zu 150 Blattläuse pro Tag vertilgen!

- Unter den zierlichen Schlupf- und Zehrwespen haben sich etliche Arten auf bestimmte Schädlinge spezialisiert, etwa auf

Füllen Sie Vogeltränken regelmäßig mit frischem, sauberem Wasser auf, damit sich keine Krankheitserreger ausbreiten können.

Blatt- und Schildläuse, Fliegen- und Wespenlarven sowie Kohlweißlingsraupen. Sie legen ihre Eier in die Beutetiere, ihre Larven fressen diese dann von innen her auf.

- Auch Florfliegen, Laufkäfer, Ohrwürmer, Raubmilben und -wanzen, aber auch Spinnen, zählen zu den wichtigen Nützlingen.

Schnecken als Leckerbissen Mit Blindschleichen, Eidechsen, Igeln, Spitzmäusen sowie manchen Vögeln stehen wirksame Helfer gegen Schnecken und größere Würmer zur Verfügung. Sie räumen zudem unter kleineren Insekten und Larven auf. Der nicht immer beliebte Maulwurf revanchiert sich für seine lästige Wühlerei, indem er Schädlinge im Boden reduziert. Dort macht auch die kleine Spitzmaus Drahtwürmern und Engerlingen den Garaus.

Helfer im feuchten Milieu Ein Gartenteich bietet Lebensraum für Kröten, Frösche, Molche, Libellen und ihre Larven. Alle ernähren sich auch von Insekten, die Gartenpflanzen schädigen. Kröten und Frösche sind zudem Schneckenvertilger.

Nützlinge unterstützen Vielfältige Bepflanzung, besonders mit Wildblumen, -stauden und -sträuchern, kleine Rückzugsecken mit geduldetem Naturwuchs sowie Laub-, Reisig- sowie Steinhaufen und Mulchen freier Bodenflächen – je mehr Sie davon in Ihrem Garten umsetzen, desto eher können Sie Nützlinge anlocken.

- Manche Firmen bieten Nisthilfen für Nützlinge und Unterschlupfmöglichkeiten wie Florfliegenkästen oder Igelkuppeln an.

SCHON GEWUSST?

WO ÜBERWINTERN MARIENKÄFER?

Marienkäfer ziehen sich bei Kälte in Spalten und Risse im Garten, im Haus oder in Mauern zurück. Gern versammeln sie sich auch in größeren Gruppen in Laubhaufen, unter Steinen oder loser Rinde, in Gartenschuppen oder Garagen. Stören Sie überwinternde Marienkäferkolonien möglichst nicht. Mit den ersten Sonnenstrahlen im Frühling beginnen die sehr beweglichen Larven, sich über Blattläuse herzumachen.

Leider lassen sich unsere heimischen Marienkäfer nicht gezielt züchten. Bei Spezialversendern oder in Gartencentern kann man allerdings Australische Marienkäfer bestellen, um sie im Zimmer oder unter Glas gegen Woll- und Schmierläuse einzusetzen. Auch andere Insekten, z. B. Schlupfwespen, sind als Nützlinge erhältlich.

Marienkäfer gehören zu den Rekordhaltern unter den Blattlausvertilgern.

Frühling

Knospen öffnen sich, überall treibt frisches Grün – da können Gärtner kaum noch warten loszulegen. Doch Vorsicht, auch an warmen Frühlingstagen treten noch öfter Nachtfröste auf.

LÄSTIGE SCHNECKEN BEKÄMPFEN
Sobald das Wetter wärmer wird, gilt es die zarten Triebe vor Schnecken zu schützen. Bewährte Methoden sind das Ausstreuen von zerstoßenen Eierschalen oder scharfem Splitt rund um die Basis gefährdeter Pflanzen oder das Aufstellen von Schneckenfallen, indem man Becher ebenerdig in den Boden eingräbt und zur Hälfte mit Bier füllt.

● Sie können die Schnecken auch abends oder frühmorgens aufsammeln. Dann müssen Sie sie allerdings mit dem Spaten zerteilen oder zertreten, sonst kehren sie zurück.

TEICHPFLANZEN AUSLICHTEN Ziehen Sie wuchernde Unterwasserpflanzen zum Auslichten vorsichtig mit dem Rechen nach oben. Holen Sie Pflanzkörbe mit starkwüchsigen Pflanzen heraus, und kürzen Sie einige Stängel ein, bevor Sie die Pflanzen wieder ins Wasser setzen.

GEMÜSEBEETE VORBEREITEN Richten Sie zeitig im Frühjahr den Boden für die ersten Saaten und Pflanzen her. Entfernen Sie alles Unkraut, und arbeiten Sie für Starkzehrer gut verrotteten Kompost oder Mist ein.

● Arbeiten Sie die Reste im Herbst gesäter, abgefrorener Gründüngungspflanzen mit der Hacke ein.

MOOS IM RASEN IN SCHACH HALTEN
In nassen, schattigen oder schlecht ernährten Rasenflächen macht sich häufig Moos breit. Bringen Sie im Frühjahr ein Moosbekämpfungsmittel mit Eisensulfat aus, und ziehen Sie dann mit Rechen oder Vertikutierer die abgestorbenen Moose heraus.

● Leicht vermoosende Rasen können auf Dauer nur durch häufiges Vertikutieren und Belüften (Aerifizieren) verbessert werden. Ersetzen Sie im Schatten den Rasen durch Bodendecker.

SCHON GEWUSST?

BODEN UNTERSUCHEN
Das zeitige Frühjahr ist der beste Termin für eine Bodenanalyse. Man kann sie von einem Bodenlabor durchführen lassen. Aber auch Gartencenter und Gärtnereien bieten solche Untersuchungen an. Oder Sie verwenden ein Bodentest-Set aus dem Fachhandel. Die Analyse gibt Aufschluss über den Ernährungszustand und den pH-Wert (Säuregrad) des Bodens. Nach der Untersuchung, die Sie am besten alle 3–4 Jahre durchführen, können Sie Ihren Boden gezielt verbessern und nach Bedarf düngen.

März

BÄUME UND STRÄUCHER

Junge Gehölze feucht halten Speichern Sie die Bodenfeuchtigkeit durch Mulchen mit Kompost, Rindenmulch oder einer attraktiven Auflage aus Kieselsteinen.

Immergrüne gießen Wässern Sie immergrüne Laub- und Nadelgehölze bei trockenem Wetter durchdringend.

Nährstoffe für den Garten Bringen Sie organischen Volldünger aus, und gießen Sie danach durchdringend. Mischen Sie Mulch mit gut verrottetem Stallmist.

Schutz für junge Sträucher Befestigen Sie Schattiergewebe oder Schilfmatten an Pfählen, um frisch gepflanzte Sträucher und junge Rhododendren vor Wind und greller Frühlingssonne zu schützen.

Sträucher auslichten Schneiden Sie bei dichten sommer- und herbstblühenden Sträuchern die ältesten Triebe an der Basis heraus. Der Schmetterlingsstrauch (*Buddleja davidii*) kann komplett 10–20 cm über dem Boden zurückgeschnitten werden.

Sträucher und Bäume pflanzen Der März ist eine gute Pflanzzeit für viele Gehölze.

RASEN UND TEICH

Luft für den Rasen Harken Sie alten Grasschnitt, Laub und totes Moos aus dem Rasen.

Nicht zu früh mähen Mähen Sie frühestens ab Mitte März, und nur dann, wenn die anfangs noch winterfeuchten Gräser schon gut abgetrocknet sind.

Auf Schneeschimmel achten Diese Pilzkrankheit entwickelt sich besonders unter Schneedecken und zeigt sich dann im Frühjahr in kleinen gelbbraunen Flecken auf der Rasenfläche. Beugen Sie vor durch häufiges Vertikutieren und Belüften. Mähen Sie regelmäßig, aber nicht zu tief.

Algen aus dem Teich beseitigen Fischen Sie Algen mit dem Rechen oder einem Kescher ab.

Frühjahrsputz am Teich Entfernen Sie abgestorbene Teile von den Teichrand- und Wasserpflanzen, und schneiden Sie tote Stängel von Uferstauden weg.

Frische Erde für Seerosen Nehmen Sie die Pflanzkörbe vorsichtig heraus, und füllen Sie oben frische Wasserpflanzenerde auf. Bevor Sie die Körbe wieder einsetzen, beschweren Sie die Oberfläche mit einer Kiesschicht.

KÜCHENGARTEN

Beete vorbereiten Im April ist Hauptsaat- und -pflanzzeit für Gemüse. Bereiten Sie jetzt den Boden gründlich vor.

Erste Saaten Dicke Bohnen, Erbsen, Möhren, Radieschen, Rettiche, frühe Salate und Spinat können draußen gesät, Steckzwiebeln gepflanzt werden. Auch die ersten Kohljungpflanzen können Sie schon auspflanzen.

Schutz für frühe Sämlinge Decken Sie frühe Saaten und Pflanzungen mit Vliesen, Loch- oder Schlitzfolien zum Schutz gegen Nachtfröste ab.

Geschützte Anzucht Auf der warmen Fensterbank oder im Gewächshaus beginnt nun das Vorziehen von Tomaten, Zucchini (oben) und anderen Gemüsen für die April- und Maipflanzung.

Obstgehölze pflanzen Nun ist eine gute Pflanzzeit für wärmeempfindliche Arten wie Aprikose und Pfirsich sowie für Beerensträucher.

Obstbäume schneiden Schnittmaßnahmen können noch durchgeführt werden.

BLUMEN UND STAUDEN

Sommerblumen vorziehen Einjährige Blumen für Beet und Balkon werden nun in Schalen gesät und an einem warmen, hellen Platz aufgestellt.

Robuste Einjährige aussäen Unempfindliche Sommerblumen wie Goldmohn, Kornblume und Ringelblume können Sie direkt ins Beet säen.

Frühlingszwiebelblumen düngen Düngen Sie mit einem organischen Volldünger, um die Blüte zu fördern und die Pflanzen mit Nährstoffen zum Einlagern nach der Blüte zu versorgen.

Narzissen ausputzen (oben) Entfernen Sie bei Narzissen, aber auch bei anderen Frühblühern regelmäßig verwelkte Blüten.

Startdüngung Verteilen Sie auf eingewachsenen Staudenbeeten Kompost oder einen organischen Volldünger.

Neue Blumenpracht Pflanzen Sie Stauden und Zweijährige, wenn Sie im Herbst nicht dazukamen.

Vorsicht, Schnecken Achten Sie bei Stauden und überwinterten Zweijährigen nun besonders auf Schnecken.

April

BÄUME UND STRÄUCHER

Immergrüne Bäume und Sträucher pflanzen Sofern der April nicht zu warm und trocken ausfällt, ist nun eine gute Pflanzzeit für Nadelgehölze und immergrüne Laubgehölze wie Lorbeerkirsche und Rhododendren. Stellen Sie den Wurzelballen vor dem Einsetzen einen halben Tag lang ins Wasser, gießen Sie nach dem Pflanzen gründlich an, und achten Sie auch in den folgenden Wochen auf genügend Bodenfeuchtigkeit.

Schnitt nach Blütenende Frühjahrsblüher wie Forsythien werden nach der Blüte ausgelichtet. Wenn bei diesen wüchsigen Sträuchern aber vorher einzelne Triebe stören, können Sie diese problemlos herausnehmen (oben). Der bereits verblühte Winterjasmin verträgt, wenn nötig, einen Rückschnitt.

Klein- und Halbsträucher in Form bringen Schneiden Sie Besenheide, Bartblume, Blauraute und Johanniskraut bis zur Hälfte zurück, Lavendel um etwa ein Drittel.

Rückschnitt nach Bedarf Ältere Fingersträucher, die in der Blüte nachgelassen haben, können Sie jetzt noch durch kräftigen Rückschnitt verjüngen. Geben Sie danach organischen Dünger oder Kompost. Auch staksig gewordene Mahonien vertragen einen stärkeren Rückschnitt.

Erfrorenes entfernen Unabhängig vom sonstigen Schnitttermin sollten über Winter abgestorbene Triebe im Frühjahr komplett entfernt werden, auch an Bäumen. Sie sehen nicht nur unschön aus, sondern können auch Angriffsflächen für Krankheiten bieten.

Rosen und Klettergehölze pflanzen Rosen können noch gepflanzt werden, in Regionen mit kalten Wintern ist das sogar der beste Termin. Auch Klettergehölze lassen sich nun gut setzen.

Rosen schneiden Sobald die Forsythien blühen, können Sie Beet- und Edelrosen abhäufeln und kräftig zurückschneiden. Düngen Sie danach organisch oder mit speziellem Rosendünger.

Rosen auf Blattläuse überprüfen Sammeln Sie beim ersten Anzeichen die Läuse ab, und zerquetschen Sie sie zwischen den Fingern. Oder spritzen Sie ein bienenungefährliches Insektizid.

Neue Kletterrosentriebe aufbinden Binden Sie die Triebe möglichst waagrecht, damit sie mehr Blüten bilden. Diese neuen Triebe ersetzen die letztjährigen Blütentriebe.

RASEN UND TEICH

Neue Rasenflächen anlegen Von Mitte April bis Anfang Juni ist die beste Zeit für eine Raseneinsaat. Aber auch für das Verlegen von Rollrasen sind April und Mai gut geeignet. Warten Sie aber bei sehr warmem, trockenem Wetter auf eine feuchtere Phase. Halten Sie die Rasensaat nach dem Einsäen stets feucht.

Beginn der Mähsaison Bereits vorhandene Rasenflächen werden spätestens im April zum ersten Mal gemäht. Stellen Sie die Messer des Rasenmähers aber beim ersten Schnitt hoch ein, und bringen Sie die Gräser erst beim nächsten Mähen auf die übliche Höhe.

Vertikutieren und Düngen Rupfen Sie nach dem ersten oder zweiten Mähen mit einem Vertikutierer alten Filz und Moos aus dem Boden, damit Ihr Rasen wieder durchatmen kann. Bringen Sie danach Rasendünger aus, und bewässern Sie gründlich.

Unkraut entfernen Graben Sie ausdauernde Unkräuter im Rasen mit der Hand oder einem speziellen Unkrautstecher aus, und ziehen Sie die Wurzeln möglichst komplett aus dem Boden. Verwenden Sie chemische Unkrautvernichter nur als allerletzte Möglichkeit.

Lücken ausbessern Lockern Sie den Boden an Kahlstellen, überstreuen Sie ihn mit guter, mit reifem Kompost vermischter Erde, und säen Sie eine Regenerationsrasenmischung ein.

Den Teich auffüllen Füllen Sie regelmäßig Wasser nach, um die Verdunstung auszugleichen.

Den Teich belüften Installieren Sie einen kleinen Sprudelstein oder einen Oxidator, um den Teich besser zu belüften und die Algenproduktion zu reduzieren.

Neue Teiche für die Pflanzung vorbereiten Bedecken Sie den Boden und den Uferrand mit einer Schicht spezieller Teicherde. Pflanzen Sie erst, wenn sich die Erde gesetzt hat.

Wasserpflanzen einsetzen Setzen Sie ab Ende des Monats Schwimmblattpflanzen mit den Wurzeln in den Teichgrund oder in Körbe und Schwimmpflanzen auf die Wasseroberfläche. Beschweren Sie Unterwasserpflanzen mit Steinen, und lassen Sie die Körbe vorsichtig auf den Boden herab.

Teilen und Neueinsetzen von Wasserpflanzen Ende April ist dafür die beste Zeit. Geben Sie Kies auf jeden Pflanzkorb, damit die Erde nicht aufschwimmen kann (oben).

KÜCHENGARTEN

Säen und pflanzen Ab April können die meisten Gemüse und Kräuter ins Freie gesät oder gepflanzt werden. Warten Sie aber mit den kälteempfindlichen Arten wie Bohnen und Tomaten bis Mitte Mai.

Geschützte Anzucht Drinnen werden jetzt noch Gurken, Kürbisse und Zucchini vorgezogen, außerdem Kohlgemüse und Lauch für die Sommerpflanzung.

Auf die Pflanztiefe achten Kohlpflanzen (oben) und Lauch können recht tief gesetzt werden. Bei Salat dagegen dürfen Sie keinesfalls das Herz mit den zarten inneren Blättchen mit Erde bedecken.

Das Gemüsebeet hacken Hacken Sie häufig zwischen den Reihen, um das Unkraut im Zaum zu halten. Arbeiten Sie vorsichtig, um Samen und Sämlinge nicht zu beschädigen.

Sämlinge und Jungpflanzen gießen Denken Sie daran, bei Trockenheit täglich zu gießen.

Reihen ausdünnen Ziehen Sie nach Aufgehen der Saaten überschüssige Sämlinge vorsichtig heraus, damit die verbleibenden im richtigen Endabstand stehen und sich gut entwickeln können.

Folgesaaten durchführen Säen Sie Gemüsearten mit kurzer Kulturdauer, z. B. Radieschen und Salate, alle 2–3 Wochen nach, damit Sie den ganzen Sommer ernten können. Achten Sie auf geeignete Sorten für die jeweilige Aussaatzeit.

Spargel ernten Stechen Sie Spargel ab etwa Mitte April, wenn die Stangen ungefähr 7–10 cm lang sind.

Thymian vermehren (oben) Biegen Sie junge Triebe herunter, und bedecken Sie diese mit Erde. Sobald sie sich bewurzelt haben, trennen Sie die neuen Pflänzchen von der Mutterpflanze ab.

Neu gepflanzte Obstbäume kontrollieren Überprüfen Sie alle Bindungen und Stützpfähle, und verfestigen Sie den Boden, falls die Bäumchen durch Fröste oder heftige Winde angehoben wurden.

Eingewachsene Obstbäume düngen Bringen Sie Dünger im Bereich der Kronentraufe aus, am besten in Löcher, die Sie mit einem Stock gebohrt haben. Wässern Sie danach gründlich.

Knospen und Blüten schützen Sind Nachtfröste vorhergesagt, decken Sie empfindliche Obstbaumknospen und -blüten mit einem Vlies ab.

BLUMEN UND STAUDEN

Unkraut eindämmen Jäten und hacken Sie regelmäßig zwischen eingewachsenen Pflanzen, ohne deren Wurzeln zu verletzen. Gießen Sie bei trockenem Wetter gründlich.

Bunte Sommerpracht vorbereiten Ziehen Sie auf der Fensterbank oder unter Glas noch Sommerblumen für Balkon und Beet vor. Pikieren Sie die Märzsaaten.

Neuer Schwung für überwinterte Pflanzen Geben Sie Fuchsien und Pelargonien (oben) allmählich mehr Wasser und alle 14 Tage Dünger.

Sommerblumen abhärten Stellen Sie ab Ende des Monats vorgezogene Pelargonien und andere Blumen bei mildem Wetter tagsüber nach draußen. Wählen Sie dafür einen geschützten, etwas beschatteten Platz.

Sommerblumen direkt aufs Beet säen Jetzt ist ein guter Zeitpunkt, um robuste Blumen wie Bechermalve, Klatschmohn, Kokardenblume, Sonnenblume und Stockrose gleich draußen auszusäen.

Stauden pflanzen Der April ist eine gute Zeit, um spät blühende Stauden zu pflanzen. Gießen Sie sie gründlich.

Stauden vermehren Stauden wie Astern, Sonnenbraut und Sonnenhut können Sie nun vermehren. Nehmen Sie ältere Pflanzen aus dem Boden, und trennen Sie gesunde Teilstücke von den äußeren Rändern ab, um sie zu verpflanzen.

Auf Schnecken achten Haben Sie nach Frühlingsregenschauern ein besonderes Auge auf frisch gepflanzte Stauden, draußen gesäte Einjährige und den zarten Austrieb der Frühjahrsblüher.

Knollen auspflanzen Ab Ende des Monats können Sie die Knollen von Dahlien und Gladiolen (oben) in den zuvor gut gelockerten Boden stecken. Warten Sie mit Blumenrohr (*Canna*) und Knollenbegonien bis Mitte Mai.

Frühblüher putzen Entfernen Sie regelmäßig alles Verblühte von Frühjahrszwiebelblumen sowie früh blühenden Stauden und Zweijährigen. Das fördert neue Blütenknospen und hindert die Pflanzen, Samen auszubilden.

Belassen Sie Zwiebelblumen ihr Laub Wenn die Blätter der ersten Frühblüher welken, schneiden Sie diese nicht weg. Die Pflanzen brauchen sie, um daraus die Nährstoffe für die Blüte im nächsten Jahr in den Zwiebeln einzulagern.

Mai

BÄUME UND STRÄUCHER

Vor Sonne schützen Frisch gepflanzte Gehölze können Sie durch Aufspannen von Schattiergewebe vor praller Sonne schützen. Sorgen Sie für ausreichend Wasser. Beachten Sie die austrocknende Wirkung von Wind.

Gut mulchen Verteilen Sie eine dicke Schicht Rindenmulch um die jungen Bäume und Sträucher (oben). Sie bewahrt die Bodenfeuchtigkeit und unterdrückt aufkeimende Unkräuter.

Frühjahrsblüher schneiden Lichten Sie Frühjahrsblüher wie Blutjohannisbeere, Forsythie und Kerrie alle 2–4 Jahre nach der Blüte aus. Schneiden Sie ein paar der ältesten Triebe in Bodennähe heraus, und kürzen Sie überlange Bogentriebe auf günstig stehende Seitentriebe ein.

Rückschnitt für kompakteren Wuchs Staksig gewachsene Blutjohannisbeersträucher, Kerrien und frühjahrsblühende Spiersträucher können Sie gelegentlich auch kräftig zurückschneiden.

Rosenbeete aufpeppen Setzen Sie Stauden und Sommerblumen zwischen Ihre Rosen, deren Blütenfarben zum Flor der Rosen passen. Attraktive Rosenbegleiter sind z. B. hohe Bartiris.

Rhododendren ausputzen Brechen Sie die verwelkten Blütenstände behutsam aus – Vorsicht, direkt darunter befinden sich die neuen Knospen –, und entfernen Sie abgefallene Blüten.

Rhododendren gut mit Wasser versorgen Besonders recht sonnig stehende Rhododendren müssen bei Trockenheit gut gegossen werden, und zwar möglichst mit weichem Regenwasser oder enthärtetem Leitungswasser. Bedecken Sie den Boden mit Rindenmulch oder saurer Nadelstreu.

Auf Schädlinge achten Überprüfen Sie die Blattunterseiten von Rhododendren regelmäßig auf Rhododendrenwanzen. Hell gesprenkelte Blattoberseiten deuten auf einen Befall hin, auf den Unterseiten sieht man dann die Wanzen oder ihre gelblichen Larven. Bestäuben Sie die Unterseiten mit Schwefel, oder verwenden Sie ein geeignetes Insektizid. Geben Sie einen speziellen Blattdünger, um das Blattwachstum zu stärken.

In Form schneiden (oben) Stutzen und trimmen Sie Ziergehölze für den Formschnitt zeitig, sobald Triebe aus der Schablone herauswachsen.

Roseneibisch düngen Geben Sie dem hungrigen Roseneibisch jährlich organischen Volldünger.

RASEN UND TEICH

Neue Rasenflächen anlegen Der Mai eignet sich gut für eine Rasenneueinsaat oder das Auslegen von Rollrasen. Denken Sie daran, Rasensaaten stets feucht zu halten (oben).

Neuen Rasen mähen Mähen Sie das erste Mal nach etwa 6 Wochen, wenn die Gräser etwa 8 cm hoch sind. Achten Sie auf scharfe Rasenmähermesser.

Den Rasen belüften Verbessern Sie bei Wachstumsproblemen und häufigem Vermoosen gründlich die Luft- und Wasserführung im Boden. Stoßen Sie mit einer Grabegabel oder speziellen Aerifiziergeräten Löcher in den Boden, und füllen Sie diese mit grobem Sand.

Unkräuter jäten Stechen Sie ausdauernde Rasenunkräuter mithilfe eines alten Küchenmessers oder eines Unkrautstechers aus dem Fachhandel aus.

Rasenflächen mit verblühten Zwiebelblumen Mähen Sie Rasenbereiche mit Zwiebelblumen erst, nachdem deren Laub ganz abgestorben ist.

Ränder sauber halten Stutzen Sie Pflanzen, die aus angrenzenden Beeten den Rasen überwallen. Stechen Sie mit Spaten oder Kantenstecher die Ränder sauber ab, oder fassen Sie den Rasen mit Steinen oder Platten ein.

Regelmäßig mähen Ein Zierrasen muss wöchentlich gemäht werden, bei Gebrauchs- und Strapazierrasen reicht oft ein 14-tägiger Rhythmus, je nach wetterbedingtem Wachstum.

Den Teich bepflanzen Nach wie vor können Sie Wasser- und Teichrandpflanzen einsetzen. Verwenden Sie nun jedoch für den Uferbereich nur noch Containerstauden mit kräftigem Wurzelballen.

Sumpfbereiche feucht halten Fluten Sie bei Trockenheit die Sumpfzonen, damit die Pflanzen genügend Feuchtigkeit erhalten.

Auf die Wassermenge achten Im Mai können die Tage schon recht warm werden, sodass mit stärkerer Verdunstung zu rechnen ist. Füllen Sie rechtzeitig Wasser im Teich auf.

Abendliche Teichbeleuchtung An warmen Spätfrühlingstagen genießt man schon gern die Abende draußen. Erwägen Sie die Installation einer Teichbeleuchtung, z. B. als Lampenset mit Niedervoltanlage oder in Form von Solarleuchten auf Erdspießen. Sie verleihen dem abendlichen Teich eine zauberhafte Atmosphäre.

KÜCHENGARTEN

Pflanzzeit für wärmebedürftige Fruchtgemüse Ab Mitte Mai, nach den Eisheiligen, werden vorgezogene Bohnen, Gurken, Kürbisse, Tomaten und Zucchini aufs Beet gepflanzt. Härten Sie die Pflanzen vorher ab, indem Sie sie tagsüber an einen geschützten Platz ins Freie stellen.

Bohnen säen Ab Mitte Mai können Sie Busch- und Stangenbohnen säen (oben). Am besten säen Sie in Horsten, indem Sie etwa 6 Samen in eine Mulde oder – bei Stangenbohnen – um eine Stützstange herum auslegen.

Eine Stütze für Tomaten Stecken Sie bereits beim Setzen einen robusten Holz- oder Bambusstab neben jede Tomatenpflanze, an dem Sie diese später anbinden. Nehmen Sie stets neue Stäbe, um der Übertragung von Krankheiten vorzubeugen. Oder verwenden Sie Spiralstäbe aus Metall, und reinigen Sie diese nach jedem Gebrauch sorgfältig.

Busch- oder Balkontomaten pflanzen Für diese kompakten Tomaten brauchen Sie keine Stütze. Sie passen gut in kleine Gärten und können auch in Kübeln gezogen werden.

Kohl für Herbst und Winter Nun können Sie Rosenkohl auspflanzen und Grünkohl sowie späten Kopfkohl draußen auf einem Saatbeet aus Samen anziehen.

Lauch pflanzen Pflanzen Sie Lauch in Abständen von 4–6 Wochen, dann können Sie vom Spätsommer bis in den Winter hinein ernten. Setzen Sie die Pflanzen tief, und häufeln Sie sie immer wieder an, damit Sie schöne weiße Stangen erhalten.

Kartoffeln anhäufeln Durch Anhäufeln der Kartoffeln verhindern Sie Vergrünen der Knollen.

Kräuter pflanzen und vermehren Wärmeliebende Kräuter wie Bohnenkraut und Salbei pflanzen Sie am besten erst im Mai, Basilikum sogar erst Ende des Monats. Nun können Sie auch Stecklinge von Oregano, Rosmarin, Salbei oder Thymian schneiden.

Erdbeeren pflegen Sorgen Sie für ausreichend Feuchtigkeit während der Blüte, und bringen Sie frühzeitig Mulch oder Stroh aus, damit die jungen Früchte nicht auf dem nackten Boden verschmutzen.

Obstbäume und -sträucher wässern Achten Sie in Trockenperioden auf ausreichende Wassergaben, damit sich die Früchte gut entwickeln.

BLUMEN UND STAUDEN

Sommerblumen auspflanzen Ab Mitte Mai ist große Pflanzzeit auf dem Blumenbeet und Balkon. Nun können Sie Löwenmäulchen, Mittagsblumen, Pelargonien, Petunien, Tagetes und viele andere in Blumenkästen, Töpfe, Ampeln oder Beete setzen.

Kübelpflanzen nach draußen bringen Mitte Mai fällt auch der Startschuss für den Sommeraufenthalt der Kübelpflanzen im Freien. Ältere Feigen- oder Lorbeerbäume und Oleander können Sie bei mildem Wetter schon etwas früher ausräumen. Doch warten Sie mit empfindlichen Pflanzen wie Engelstrompete oder Zitrusbäumchen besser bis nach den Eisheiligen, also den letzten kalten Nächten.

Letzte Sommerblumen säen Bis Ende Mai können Sie noch etliche Sommerblumen direkt ins Beet säen.

Knollen für den Sommerflor Dahlien- und Gladiolenknollen können Sie noch im Mai in die Erde setzen, ab Mitte Mai dann auch Blumenrohr (*Canna*) und Knollenbegonien.

Schattige Plätze aufhellen Pflanzen Sie schattenverträgliche Fleißige Lieschen, Fuchsien und Knollenbegonien in dunkle Ecken.

Sonnenblumen säen Sonnenblumen auszusäen macht auch Kindern Spaß. Die Blumen können außerdem als Schattenspender für das Gemüsebeet dienen.

Hängekörbe bepflanzen Legen Sie die Körbe mit kräftiger Folie sowie Kokos-, Kartoneinlagen, Moos oder Filz aus, bevor Sie die Pflanzerde einfüllen. Lassen Sie den bepflanzten Korb 14 Tage an einem geschützten Platz stehen, bevor Sie ihn aufhängen.

Verblühte Zweijährige entfernen Räumen Sie nun alle abgeblühten Zweijährigen wie Stiefmütterchen und Tausendschön von den Beeten, und ersetzen Sie diese durch einjährige Sommerblumen.

Stauden aufbinden Stützen Sie hochwüchsige oder zum Auseinanderfallen neigende Stauden wie Mädchenauge, Pfingstrose und Rittersporn mit Stäben, dazwischen gestecktem Reisig oder Staudenringen.

Regelmäßig gießen Beet- und Balkonblumen brauchen unbedingt eine gute Wasserversorgung, ganz besonders in den ersten Wochen nach dem Pflanzen. Vergessen Sie beim Gießen auch nicht die Stauden, die Sie im Frühjahr neu gepflanzt haben.

Sommer

Im Frühsommer gibt es viel zu tun. Die meisten Pflanzen wachsen rasch, ebenso das Unkraut. Doch ab dem Hochsommer können Sie die Früchte Ihrer Arbeit genießen, müssen aber regelmäßig gießen.

KLETTERPFLANZEN AUFLEITEN Die langen, biegsamen Stängel der Kletterpflanzen wachsen im Sommer am stärksten und brauchen oft Unterstützung. Legen Sie Ranken und schlingende Triebe um die Streben der Klettergerüste, und binden Sie kräftigere Stängel mit Gartenschnur oder Bast an.

AUF SCHÄDLINGE UND KRANKHEITEN ACHTEN In warmen, trockenen Sommern breiten sich Schädlinge wie Blattläuse und Spinnmilben sowie Echter Mehltau rasch aus, bei feuchtwarmem Wetter viele andere Pilzkrankheiten. Kontrollieren Sie Ihre Pflanzen regelmäßig, und greifen Sie bei Befall frühzeitig ein. Durch konsequentes Absammeln oder Abspritzen der Schädlinge und Entfernen kranker Pflanzenteile können Sie manches Problem meistern, ebenso durch vorbeugendes Ausbringen von Pflanzenstärkungsmitteln gegen Pilzkrankheiten.

STECKLINGE FÜR DIE VERMEHRUNG Bei vielen Gehölzen, Stauden und Kübelpflanzen eignen sich die jungen, im Frühsommer gebildeten Triebe gut für die Stecklingsvermehrung. Schneiden Sie davon etwa 10 cm lange Stecklinge direkt unter einem Blattknoten, entfernen Sie alle Blätter bis auf die zwei obersten Blattpaare, und stecken Sie die Stecklinge in Anzuchterde. Gießen Sie sie leicht an, und stülpen Sie eine durchsichtige Folie als Verdunstungsschutz über den Topf.

DEN GARTEN BEWÄSSERN Je heißer und trockener der Sommer, desto entscheidender wird richtiges Gießen. Bewässern Sie frühmorgens oder abends, um die Verdunstung gering zu halten. Gießen Sie abwechselnd bestimmte Bereiche durchdringend, statt den ganzen Garten oberflächlich zu berieseln. Sammeln Sie nach Möglichkeit Wasser in Regentonnen.

SCHON GEWUSST?

STECHMÜCKEN FERNHALTEN

So mancher schöne Sommerabend auf der Terrasse wird durch Stechmücken empfindlich gestört. Entgegen einer verbreiteten Annahme werden sie nicht durch Licht angelockt, sondern vor allem durch Körpergeruch und -wärme. Frisch geduscht und in heller, locker sitzender Kleidung hat man die beste Chance, von den Stichen verschont zu bleiben. Aromatische Pflanzen wie Duftpelargonien, Lavendel und Tomaten können helfen, weil sie die Plagegeister ablenken.

Juni

BÄUME UND STRÄUCHER

Schösslinge entfernen Entfernen Sie bei Sträuchern, die sich ausbreiten, wie Essigbaum und Kerrie, immer wieder die Ausläufer. Schneiden Sie auch bei veredelten Gehölzen wie Flieder oder Rosen regelmäßig die aus der Unterlage entspringenden Wildtriebe weg.

Frühblüher auslichten Schneiden Sie bei Frühjahrs- und Frühsommerblühern nach der Blüte alle 2–4 Jahre einige der ältesten Triebe heraus.

Stecklinge schneiden Nehmen Sie jetzt von noch weichen oder halb verholzten, nicht blühenden Trieben Stecklinge, z. B. von Deutzie, Pfeifenstrauch oder Schmetterlingsstrauch.

Großblütige Beetrosen entknospen Entfernen Sie Nebenknospen unterhalb der Spitzenknospe, um besonders große Blüten zu erhalten.

Verdunstung reduzieren Mulchen Sie feuchtigkeitsbedürftige Pflanzen, und erneuern Sie die Mulchschichten, wenn nötig.

Hortensien gut gießen Geben Sie Hortensien an heißen Tagen reichlich Wasser, um die Knospenentwicklung zu unterstützen.

RASEN UND TEICH

Nicht zu tief mähen Stellen Sie bei anhaltend trockenem Wetter die Messer des Rasenmähers etwas höher ein. Zu kurzer Schnitt fördert das Austrocknen der Grasnarbe.

Rasenschnitt als Mulch Bei Hitze und Trockenheit können Sie den Grasschnitt auf dem Rasen liegen und verrotten lassen. Er wirkt dann wie eine feine Mulchdecke.

Rasen belüften Der Frühsommer eignet sich, um den Rasen mit einer Grabe- oder Aerifiziergabel mit kleinen, tiefen Löchern zu versehen. Streuen sie groben Sand in die Löcher, und wässern Sie bei Trockenheit gründlich.

Rollrasen auslegen Nun ist eine günstige Zeit, um Rollrasen auszulegen, der jetzt schnell anwächst. Achten Sie auf ausreichende Wassergaben.

Wasserhöhe im Teich konstant halten Füllen Sie bei Bedarf mit frischem, sauberem Wasser auf.

Blattläuse ertränken Wenn die Knospen einer Seerose von Blattläusen befallen werden, drücken Sie die Pflanze mithilfe von Maschendraht einige Tage unter die Wasseroberfläche (oben). Dadurch ertrinken die Blattläuse.

KÜCHENGARTEN

An Folgesaaten denken Sind durch die ersten Ernten Flächen frei geworden, können Sie dort z. B. Mangold und Rote Bete nachsäen. Achten Sie beim Säen von Salat und Radieschen auf geeignete Sommersorten.

Kohl für späte Ernten Reservieren Sie genug freie Beetflächen für Brokkoli, Grünkohl, Kohlrabi und späten Kopfkohl. Der letzte Blumen- und Rosenkohl sollte Anfang Juni gepflanzt werden.

Tomaten aufbinden und Geiztriebe entfernen Binden Sie hochwachsende Stabtomaten an Stäben auf, und knipsen Sie regelmäßig die Geiztriebe aus, die aus den Blattachseln wachsen.

Kräuter regelmäßig abernten Häufiges Ernten der Triebspitzen (oben) kommt nicht nur der Küche zugute; dies fördert auch buschigen Wuchs.

Stichtag 24. Juni Dieses Datum, als Johannistag bekannt, empfiehlt sich als Termin für die letzte Rhabarber- und Spargelernte.

Lange, kräftige Beerenobsttriebe anbinden Noch sind die Triebe weich; achten Sie darauf, sie nicht zu verletzen oder abzubrechen.

BLUMEN UND STAUDEN

Buschigen Wuchs fördern Knipsen Sie bei staksig wachsenden Sommerblumen die Triebspitzen aus (oben), das regt die Verzweigung durch Seitentriebe an.

Nelken vermehren Nehmen Sie hierfür Stecklinge von den Seitentrieben.

Verblühtes entfernen Putzen Sie die Sommerblumen im Beet und auf dem Balkon regelmäßig aus. Entfernen Sie auch welke und vergilbte Blätter, um Krankheiten vorzubeugen.

Lücken füllen Falls es Ausfälle gab oder Ihnen die Blütenwirkung nicht gefällt, können Sie mit vorgezogenen Einjährigen oder Containerstauden aus dem Gartencenter für Abhilfe sorgen.

Hängepflanzen häufig gießen Die Erde in sonnig platzierten Ampeln und Hängekörben trocknet schnell aus. Wenn sie zum Gießen schlecht erreichbar sind, befestigen Sie sie an einem langen Drahtseil oder einem einfachen Flaschenzug. Dann können Sie sie leicht herablassen, um sie täglich durchdringend zu gießen.

Blumen zeitig schneiden Schnittblumen für die Vase schneiden Sie möglichst morgens und stellen sie sofort in Wasser.

Juli

BÄUME UND STRÄUCHER

Wildtriebe entfernen Entfernen Sie bei Rosen und anderen veredelten Gehölzen immer wieder die Wildtriebe. Graben Sie dazu vorsichtig den Boden auf und trennen den Trieb direkt an der Unterlage ab.

Sträucher schneiden Dies betrifft Frühsommerblüher wie Pfeifenstrauch und Deutzie. Nehmen Sie überalterte Zweige alle paar Jahre bodennah heraus. Schneiden Sie bei Weigelien verblühte Triebspitzen bis zu einem kräftigen Seitentrieb zurück.

Rosen ausputzen Schneiden Sie bei modernen, öfter blühenden Rosensorten verwelkte Blüten bzw. Blütenstände regelmäßig heraus, um die Nachblüte zu fördern (oben).

Rosen nachdüngen Öfter blühende Rosen können Sie gegen Ende Juli durch eine Gabe organischen Rosendünger unterstützen. Bekämpfen Sie Blattläuse, Sternrußtau, Mehltau und Rost, wenn nötig.

Stecklinge für die Vermehrung Nun lassen sich gut halb verholzte Stecklinge z. B. von Deutzie, Schmetterlingsstrauch, Schneeball und Schönfrucht (*Callicarpa*) schneiden.

RASEN UND TEICH

Mähen je nach Wetter Mähen Sie bei anhaltender Trockenheit seltener, und lassen Sie das Gras etwas höher stehen. Dann können Sie auch das Schnittgut liegen lassen; in regnerischen Phasen sollte es aber unbedingt entfernt werden.

Die Ränder nicht vergessen Schneiden Sie die Ränder und andere schlecht erreichbare Stellen mit Rasenkantenschere oder Elektrosense nach. Stechen Sie gelegentlich die Kanten zu Beeten und Wegen mit dem Spaten oder Kantenschneider ab.

Wasserflächen frei halten Dünnen Sie die Triebe von Seerosen (oben) und anderen Schwimmpflanzen aus, damit die Fläche nicht ganz zuwuchert. Etwa die Hälfte der Wasseroberfläche sollte frei bleiben.

Sauerstoffzufuhr verbessern In der Sommerhitze kann es zu Sauerstoffmangel im Teich kommen. Beugen Sie durch reichen Besatz an Unterwasserpflanzen, bewegtes Wasser, z. B. durch einen Sprudelstein, sowie Einsetzen eines Oxidators vor. Auch Frischwasserzufuhr verbessert die Sauerstoffbilanz.

KÜCHENGARTEN

Ernten und genießen Belassen Sie reifes Erntegut nicht zu lang an den Pflanzen. Pflücken Sie Tomaten und andere Fruchtgemüse sowie bereits reifende Beeren und Kirschen regelmäßig durch.

Tomaten ausgeizen Entfernen Sie bei Stabtomaten weiterhin die Geiztriebe, die aus den Blattachseln wachsen. Gießen Sie bei Trockenheit gründlich.

Neue Saaten Säen Sie nach wie vor Radieschen, Rettiche und Salate in Folgesaaten; allmählich müssen Sie nun Spätsorten verwenden. Gesät werden kann auch Mangold, zudem ab Mitte Juli Chinakohl.

Neue Pflanzungen Noch können Sie späten Kohlrabi, Kopfkohl und Lauch pflanzen, außerdem ab jetzt Endivie und Grünkohl.

Anhäufeln Häufeln Sie an der Stängelbasis von Bohnen, Kohl und Tomaten Erde für bessere Standfestigkeit an. Bei Kartoffeln und Lauch verhindern Sie dadurch das Vergrünen.

Äpfel und Birnen ausdünnen Wenn die Fruchtbüschel nach dem natürlichen Junifruchtfall immer noch dicht behangen sind, schneiden Sie einige der kleineren Früchte heraus (oben).

BLUMEN UND STAUDEN

Beete und Rabatten in Ordnung halten Schneiden Sie bereits verblühte Stauden zurück, und stützen Sie Pflanzen mit schweren Blütenständen. Entfernen Sie bei Taglilien (oben) regelmäßig welke Blüten und Blätter.

Zweijährige aussäen Ziehen Sie in Schalen oder Beeten Zweijährige wie Stiefmütterchen, Tausendschön und Vergissmeinnicht vor. Sie werden im Herbst verpflanzt und blühen im nächsten Frühjahr.

Verblühtes wegschneiden Viele Stauden treiben neue Knospen und blühen länger, wenn Sie die verblühten Triebe ganz herausschneiden. Katzenminze, Lupine, Margerite, Rittersporn, Trollblume und Ziersalbei können Sie nach dem ersten Flor sogar bis auf eine Handbreit über dem Boden zurückschneiden – sie bringen dann nach Neuaustrieb eine ansehnliche zweite Blüte.

Dünger für Wuchsfreude und Blütenpracht Versorgen Sie lang und spät blühende Stauden mit einem nicht allzu stickstoffreichen organischen Volldünger.

Sommerblumen versorgen Den Sommerblumen geben Sie am besten alle 14 Tage Flüssigdünger ins Gießwasser.

August

BÄUME UND STRÄUCHER

Hecken schneiden Sofern es in Ihrem Bundesland kein Sommerschnittverbot gibt, ist nun ein guter Zeitpunkt zum Schneiden immergrüner Formhecken (oben). Prüfen Sie vorher aber gründlich, ob eventuell Vögel darin brüten. Falls ja, verschieben Sie den Schnitt auf Oktober oder Februar.

Welke Rosenblüten entfernen Putzen Sie weiterhin verblühte Rosen aus. Verschonen Sie aber einmal blühende und Wildrosen, die hübsche Hagebutten bilden.

Blauregen schneiden Kürzen Sie nach der Blüte die langen vorjährigen Seitentriebe auf drei Knospen ein.

Achten Sie auf Echten Mehltau Als „Schönwetterpilz" breitet sich der Echte Mehltau besonders an Tagen mit warmer Witterung aus, z. B. an Rosen und Hortensien.

Ein wachsames Auge auf Schädlinge Prüfen Sie immer wieder die Blattunterseiten Ihrer Sträucher und Bäume. So können Sie Spinnmilben, Raupen und andere Schädlinge frühzeitig entdecken und bekämpfen, bevor sie größeren Schaden anrichten.

RASEN UND TEICH

Mähen und bewässern Mähen Sie den Rasen weiterhin regelmäßig. Gießen Sie nur morgens oder abends, damit möglichst wenig Wasser verdunstet. Bewässern Sie so gründlich, dass die oberen 15 cm des Bodens gut durchfeuchtet sind.

In Etappen kürzen Wenn der Rasen nach einem Sommerurlaub wie eine Wiese aussieht, schneiden Sie ihn besser nicht radikal zurück. Wählen Sie zunächst die höchste Schnittstufe, und schneiden Sie ihn dann in wöchentlichem Abstand jeweils etwas tiefer, bis er wieder Idealmaß hat.

Neuen Rasen vorbereiten Sofern es nicht zu trocken ist, eignet sich die Zeit ab Ende August bis September gut für eine Neueinsaat. Lockern Sie den Boden gründlich, entfernen Sie sorgfältig Unkräuter, und ebnen Sie die Fläche ein (oben).

Algen regelmäßig aus dem Teich entfernen Fischen Sie Algen und tote Pflanzenteile aus dem Wasser. Lichten Sie wuchernde Wasserpflanzen aus, und zupfen Sie gelbe Blätter ab.

Wasser für Vogeltränken Füllen Sie Vogeltränken und -becken täglich frisch auf, und reinigen Sie sie vorher gründlich.

KÜCHENGARTEN

Große Erntezeit Sammeln Sie gepflückte Tomaten (oben) und anderes Erntegut in flachen, luftigen Körben oder Obststeigen. Stellen Sie die Sammelgefäße im Schatten ab, bis Sie diese ins Haus bringen können.

Säen und pflanzen Radieschen, Rettiche und Salate in Spätsorten sowie Feldsalat und Spinat sind nun mit dem Säen an der Reihe. Pflanzen können Sie bis Monatsanfang letzte Endivien, Grünkohl, Kohlrabi und Lauch.

Tomaten kappen Schneiden Sie bei Stabtomaten die Spitze des Haupttriebs über dem fünften oder sechsten Fruchtstand weg. Dann geht alle Kraft in die bereits angelegten Früchte.

Tomatenabdeckung Errichten Sie vor Regenphasen über Ihren Tomaten ein einfaches Foliendach an Stützpfosten, um der Kraut- und Knollenfäule vorzubeugen.

Erdbeeren setzen Pflanzen Sie einmal tragende Erdbeeren bis Mitte August. Mehrmals tragende haben bis September Zeit.

Beeren- und Steinobst nach der Ernte schneiden Lichten Sie Beerensträucher und Steinobstbäume gleich nach der Ernte aus.

BLUMEN UND STAUDEN

Halten Sie Ihre Beete in Schuss Putzen Sie weiterhin welke Blüten aus (oben), binden Sie hochwüchsige Spätblüher an Stützen auf, und versorgen Sie sie ausreichend mit Wasser.

Noch düngen oder pausieren? Spät blühende Einjährige können Sie noch kräftig düngen. Herbstblüher unter den Stauden bekommen nur stickstoffarme, kalireiche Kost. Bei allen anderen, besonders bei den drinnen überwinterten Balkon- und Kübelpflanzen, sollten Sie nun das Düngen einstellen.

Zweijährige vereinzeln Pikieren oder vereinzeln Sie im Juli gesäte Zweijahresblumen, damit sich die Sämlinge kräftig entwickeln können.

Frühe Zwiebel- und Knollenpflanzung Herbstkrokus, Herbstzeitlose und Madonnenlilie (*Lilium candidum*) werden ab Ende Juli gepflanzt. Erste Kaiserkronen, Narzissen und Märzenbecher können Sie für eine zeitige Blüte im August stecken.

Iris teilen Nehmen Sie Bartiris und andere rhizombildende Schwertlilien nach der Blüte aus dem Boden, um sie zur Vermehrung und Verjüngung in pflanzfähige Teilstücke zu zertrennen.

Herbst

Häufig hat der Herbst noch schöne, wenn auch kühlere Tage zu bieten. Es ist eine hervorragende Zeit, um zu pflanzen und späte Blüten, Ernten und die Herbstfärbung der Gehölze zu genießen.

SAMEN ERNTEN UND AUFBEWAHREN Sammeln Sie Samen für die nächstjährige Aussaat an einem sonnigen Tag, und lagern Sie sie erst ein, nachdem sie völlig abgetrocknet sind. Verwahren Sie die Samen in Papiertüten (nie in Plastikbeuteln), auf denen Sie Art, Sorte und Erntedatum notieren. Lagern Sie die Tüten kühl, trocken und dunkel.

HALTEN SIE DEN TEICH LAUBFREI Herbstliches Falllaub kann den Teich stark belasten. Wenn es sich am Teichgrund sammelt, besteht die Gefahr der Faulschlamm- und Faulgasbildung. Fischen Sie mit Rechen oder Kescher die Blätter regelmäßig aus dem Wasser. Stehen größere laubabwerfende Gehölze in der Umgebung, empfiehlt es sich, ein feinmaschiges Netz über den Teich zu spannen. Nehmen Sie es alle 14 Tage herunter und befreien es vom Laub. Befestigen Sie es dann wieder über der Wasseroberfläche.

STAUDEN PFLANZEN Der Frühherbst eignet sich gut, um Stauden zu pflanzen oder auch durch Teilung zu vermehren. Der Boden ist noch warm, und die Pflanzen gehen allmählich in ihre Ruhezeit über. Lockern Sie den Boden gründlich, und mischen Sie reichlich gut verrotteten Kompost darunter. Tauchen Sie die Wurzeln der Stauden vor dem Einsetzen etwa 1 Stunde lang in Wasser. Treten Sie hinterher die Erde rund um die Pflanzen an, und gießen Sie sorgfältig.

LASSEN SIE ZWIEBELN ABTROCKNEN Ernten Sie Zwiebeln nur an trockenen Tagen. Zum Abtrocknen lassen Sie diese 10–14 Tage auf dem Beet liegen oder hängen sie an einem regengeschützten luftigen Platz auf, in kleinen Büscheln zusammengebunden an ihren Schlotten. Verfahren Sie ebenso mit Knoblauch. Noch feuchtes Erntegut kann sehr schnell schimmeln oder faulen.

SCHON GEWUSST?

ALTE OBSTSORTEN FÜR DEN GARTEN

Regionale, altbewährte Obstsorten schmecken oft besonders aromatisch und sind gut an das lokale Klima angepasst. Erkundigen Sie sich in Baumschulen oder auch bei Naturschutzverbänden. Oft lässt sich eine Bezugsquelle dafür finden. Achten Sie aber auf Bäume mit schwachwüchsigen Unterlagen, wenn Ihr Garten nicht allzu groß ist.

September

BÄUME UND STRÄUCHER

Zeit für Neupflanzungen Der Frühherbst ist eine gute Pflanzzeit für Immergrüne, der Spätherbst für laubabwerfende Gehölze. Informieren Sie sich vorher über Ansprüche und spätere Größe Ihrer Wunschgehölze.

Boden vorbereiten Lockern Sie den Boden an der späteren Pflanzstelle tiefgründig, und arbeiten Sie gut verrotteten Kompost oder Mist ein.

Jungpflanzen gut anbinden Herbstwinde können frisch gepflanzten Gehölzen schwer zusetzen. Überprüfen Sie deshalb immer wieder die Stützpfähle und Bindungen.

Rosen düngen Geben Sie Rosen ab Mitte des Monats einen kalibetonten Dünger, der die Winterhärte fördert.

Verwelktes ausputzen Entfernen Sie bei öfter blühenden Rosen nach wie vor die verwelkten Blüten. Noch bis zu den ersten Frösten können sich neue Knospen entfalten.

Sträucher vermehren Schneiden Sie verholzte Stecklinge von laubabwerfenden und immergrünen Gehölzen, und lassen Sie diese in Töpfen bewurzeln.

RASEN UND TEICH

Neue Rasenflächen Bis Mitte des Monats können Sie gut noch Rasen einsäen. Das Verlegen von Rollrasen (oben) ist außer bei Frost fast jederzeit möglich.

Lücken ausbessern Anfang bis Mitte September können Sie Kahlstellen durch Nachsaat oder Einsetzen von Fertigrasenplatten beheben.

Vertikutieren und Moos bekämpfen Gehen Sie bei stark verfilztem Rasen im Frühherbst nochmals mit einem Vertikutierer durch. Bekämpfen Sie Moos, wenn nötig, vor dem Winter mit Eisensulfat, und rechen Sie dann abgestorbenes Moos ab.

Neue Pflanzen fürs Teichufer Setzen Sie nun noch neue Ufer- und Teichrandstauden, falls Bewuchs und Blüte im Sommer etwas spärlich ausfielen.

Gelbe Seerosenblätter entfernen Knipsen Sie diese regelmäßig ab, damit der Teich nicht unnötig mit totem Material angereichert wird.

Fische beobachten Betrachten Sie die Fische im Teich möglichst genau. Bei Krankheitsanzeichen lassen Sie sich im Fachhandel beraten. Nur gesunde Tiere überstehen den Winter schadlos.

KÜCHENGARTEN

Herbstsaaten Säen Sie bis Mitte September draußen den letzten Feldsalat und Spinat. Im Frühbeet oder Gewächshaus lässt sich die Saison verlängern, z. B. mit Radieschen, Salat, Winterportulak.

Tomatenreife fördern Mit Tomatenhauben aus durchsichtigem Kunststoff können Sie die Reife der letzten Früchte beschleunigen. Das Überspannen mit einem Foliendach schützt allerdings besser vor Kraut- und Knollenfäule, weil darunter mehr Luft zirkuliert, die Früchte aber kaum nass werden.

Ernten Sie beizeiten Lassen Sie reifes Fruchtgemüse und Obst nicht lange hängen. Herbstregen oder erste leichte Fröste können die Qualität mindern.

Äpfel und Birnen pflücken Die Früchte sind pflückreif, wenn sich beim Drehen der Fruchtstiel leicht ablöst. Herbst- und Wintersorten schmecken allerdings erst nach Lagerung; die Birnen werden hart geerntet.

Neupflanzungen planen Studieren Sie jetzt das Angebot lokaler Baumschulen und Gartencenter sowie Kataloge und Internetseiten von Versendern, wenn Sie im Spätherbst neue Obstgehölze pflanzen möchten.

BLUMEN UND STAUDEN

Ordentliche Spätjahrsbeete Entfernen Sie verblühte Einjährige komplett, und schneiden Sie verblühte Stauden zurück. Putzen Sie bei Spätblühern weiterhin welke Blüten aus.

Pflanzzeit für die kommende Blühsaison Setzen Sie Stauden, Zweijährige wie Tausendschön und Vergissmeinnicht sowie die Zwiebeln und Knollen zahlreicher Frühjahrsblüher.

Frühjahrspflanzung Manche Stauden wachsen besser im Frühjahr an. Wenn Sie ein komplettes Beet bepflanzen möchten, empfiehlt sich gerade in kälteren Regionen eher der Frühling. Dann können Sie über Winter den Pflanzplan austüfteln.

Kästen und Töpfe mit Herbstflair Räumen Sie verblühte Sommerkästen, reinigen Sie die Gefäße gründlich, und bepflanzen Sie sie mit Herbstblühern wie Herbstastern, Herbstchrysanthemen und Topfheide.

Balkonpflanzenstecklinge Schneiden Sie von Fuchsien und Pelargonien 10–15 cm lange Triebspitzen ohne Blütenknospen. Stellen Sie die Stecklinge in Töpfen bei 20 °C auf (mit Folienschutz gegen Verdunstung), nach dem Bewurzeln etwas kühler.

Oktober

BÄUME UND STRÄUCHER

Gehölze pflanzen Nun ist Hauptpflanzzeit für laubabwerfende Bäume und Sträucher. Binden Sie junge Bäume an einen Stützpfahl, um sie vor stürmischen Winden zu sichern.

Herbstschöne Gehölze Denken Sie bei der Auswahl an Sträucher und Bäume mit schöner Herbstfärbung (oben).

Hecken anlegen Jetzt ist ein guter Zeitpunkt, um Hecken zu pflanzen. Reichern Sie den Boden nach gründlichem Lockern mit Kompost an. Für mittelhohe bis hohe Hecken brauchen Sie 3–4 Pflanzen je Meter, für niedrige bis zu 10 Stück.

Rosen pflanzen Ab Mitte Oktober beginnt die Pflanzzeit für Rosen. Stellen Sie wurzelnackte Rosen vor dem Pflanzen 12–24 Stunden in Wasser.

Rosen anhäufeln Häufeln Sie besonders in kälteren Regionen die Beet- und Edelrosen mit Erde an, sodass die gesamte Triebbasis und die Veredlungsstelle gut bedeckt sind.

Rhododendren mulchen Bringen Sie über dem Wurzelbereich eine dicke, schützende Schicht aus Laub oder Rindenmulch aus.

RASEN UND TEICH

Letztes Mähen Je nach Temperatur endet die Mähsaison meist gegen Mitte bis Ende Oktober. Nutzen Sie trockene Herbsttage, denn häufig erschweren gegen Monatsende Regenfälle den Rasenschnitt.

Nicht zu tief mähen Setzen Sie den letzten Schnitt nicht zu tief an, sonst kann die Grasnarbe stark unter Frost leiden. Schneiden Sie auf etwa 4–5 cm Schnitthöhe. Rechen Sie den letzten Rasenschnitt ab (oben).

Laub abrechen Lassen Sie das Herbstlaub nicht auf dem Rasen liegen. Bei frisch angelegtem Rasen ist das Abrechen besonders wichtig, da verrottendes Laub die junge Grasnarbe empfindlich schädigen kann.

Den Teich reinigen Entfernen Sie vor dem Winter nochmals gründlich Algen und abgestorbene Wasserpflanzenblätter. Lassen Sie aber Stängel, die aus der Wasserfläche ragen, stehen: Sie halten wertvolle Luftkanäle frei, wenn der Teich im Winter zufriert.

Das Wasser laubfrei halten Fischen Sie regelmäßig Herbstlaub aus dem Teich, oder spannen Sie über der Wasserfläche ein Laubschutznetz.

KÜCHENGARTEN

Gemüse ernten Ernten Sie alle nicht winterharten Gemüse vor den ersten Frösten. Grüne Tomaten können Sie an einem dunklen, mäßig warmen Platz im Haus nachreifen lassen.

Herbstgemüse für Späternten Chinakohl, Endiviensalat, später Kopfkohl, Rosenkohl, Rucola und Winterrettiche vertragen einige Frostgrade und können bis November, teils sogar bis Dezember geerntet werden.

Robuste Wintergemüse Feldsalat, Grünkohl, später Lauch (oben), Spinat und Winterportulak überstehen Fröste meist schadlos, wenn man sie in sehr kalten Perioden mit Vlies oder Fichtenreisig abdeckt, und lassen sich bis ins Frühjahr ernten. Mangold kann zwar abfrieren, treibt aber im Frühjahr oft wieder aus.

Leere Beete bearbeiten Entfernen Sie Pflanzenreste, belassen Sie aber die Wurzeln von Bohnen und Erbsen im Boden. Graben Sie die Beete um, oder lockern Sie mit Grabegabel oder Sauzahn, ohne den Boden zu wenden.

Obst ernten Bis auf die sehr späten Lagersorten können nun die meisten Äpfel und Birnen gepflückt werden, ebenso die letzten Pflaumen.

BLUMEN UND STAUDEN

Dahlien und Gladiolen herausnehmen Schneiden Sie vor den ersten Frösten die Stängel ab, und nehmen Sie die Knollen heraus. Befreien Sie diese von Erdresten, und lassen Sie sie etwas abtrocknen. Legen Sie die Knollen dann in flache Kisten mit Sand oder Torf, und überwintern Sie diese an einem kühlen, frostfreien, trockenen Platz. Ebenso verfahren Sie mit Blumenrohr und Knollenbegonien.

Bepflanzen Sie Beete fürs nächste Jahr Stauden und Zweijährige können noch gesetzt werden. Pflanzen Sie Zwiebeln von Hyazinthen, Krokussen, Narzissen und Tulpen (oben).

Stauden zurückschneiden und teilen Schneiden Sie verblühte Stauden bis kurz über dem Boden zurück. Lassen Sie aber Arten mit dekorativen Samen- und Fruchtständen, Wildstauden sowie Gräser bis zum Frühjahr stehen. Große Staudenhorste können Sie nach dem Rückschnitt teilen.

Kübelpflanzen überwintern Bringen Sie die Kübelpflanzen vor den ersten Frösten in ihr geschütztes Winterquartier. Die meisten brauchen einen hellen Platz, der frostfrei, aber relativ kühl (4–8 °C) ist.

November

BÄUME UND STRÄUCHER

Noch ist Pflanzzeit Bei nicht gefrorenem Boden können Sie nach wie vor Laub abwerfende Gehölze sowie Rosen pflanzen.

Empfindliche Gehölze vor Frost schützen Decken Sie den Wurzelbereich frisch gepflanzter und älterer kälteempfindlicher Gehölze mit Laub oder Rindenmulch sowie Fichtenreisig ab.

Rosen winterfest machen Bringen Sie vor den ersten stärkeren Frösten über der angehäufelten Erde Laub oder Fichtenreisig als zusätzlichen Winterschutz aus.

Hochstämmchen schützen Umhüllen Sie die Kronen mitsamt Veredlungsstelle mit Sackleinen oder Jute. Oder füllen Sie locker Stroh in die Krone, und binden Sie rundherum dachziegelartig Fichtenreisig fest.

Immergrüne gießen Nadel- und immergrüne Laubgehölze wie der Feuerdorn (oben) brauchen auch über Winter Wasser. Wässern Sie bei Trockenheit gründlich, sofern der Boden frostfrei ist.

Sträucher vermehren Schneiden Sie dazu etwa bleistiftdicke Steckhölzer. Schlagen Sie diese über Winter in Sand ein, um sie im Frühjahr zu pflanzen.

RASEN UND TEICH

Falllaub abrechen Entfernen Sie immer wieder die Blätter vom Rasen. Als Winterschutz- und Mulchmaterial auf Beeten leistet das abgeharkte Laub gute Dienste.

Maulwurfshügel einebnen Verteilen Sie Maulwurfshügel immer wieder mit dem Rechen. Wenn die lästigen Wühler sehr aktiv sind, tragen Sie einen Teil der Hügel ab und geben die lockere Erde auf den Kompost.

Nicht winterharte Teichbewohner schützen Nehmen Sie spätestens Anfang November nicht winterharte Pflanzen aus dem Teich, um sie drinnen in einem Wassereimer hell und frostfrei zu überwintern. Frostempfindliche Fische setzen Sie in ein Überwinterungsaquarium im Haus um. Die anderen Fische können im Teich bleiben, wenn er mindestens 80 cm, besser 100 cm tief ist.

Pumpen und Filter herausnehmen Nehmen Sie die Geräte vor den ersten stärkeren Frösten aus dem Wasser, um sie nach gründlicher Reinigung an einem frostfreien Platz zu lagern. Legen Sie Unterwasserpumpen in einen Eimer mit kalkarmem Wasser.

KÜCHENGARTEN

Späte Ernten Rosenkohl verträgt leichte Fröste und schmeckt ebenso wie Grünkohl nach etwas Frosteinwirkung am besten.

Wintergemüse schützen Bedecken Sie den Wurzelbereich von Grünkohl (oben) und Lauch mit einer dicken Mulchschicht. Legen Sie vor Frostnächten Vlies oder Sackleinen über das Gemüse.

Nie gefroren ernten Warten Sie nach stärkeren Frösten, bis Gemüse oder Obst wieder aufgetaut sind. Gefroren geerntete Früchte oder andere Pflanzenteile sind schlecht lagerfähig.

Schützen Sie Ihre Kräuter Decken Sie die Wurzeln draußen überwinternder Kräuter mit Fichtenreisig und Laub ab. Nehmen Sie in rauen Lagen Rosmarin aus dem Boden, um ihn einzutopfen und drinnen zu überwintern.

Fallobst aufsammeln Entfernen Sie alles abgefallene Obst unter den Bäumen; darin könnten Schädlinge überwintern.

Leimringe anbringen Befestigen Sie spätestens Anfang November Leimringe an den Stämmen der Obstbäume sowie an Stützpfählen, um hochkriechende Weibchen des Frostspanners abzufangen.

BLUMEN UND STAUDEN

Neue Beete und Rabatten vorbereiten An frostfreien Tagen können Sie den Boden für Frühjahrspflanzungen vorbereiten. Lockern Sie ihn gründlich durch Umgraben oder Rütteln mit der Grabegabel, und entfernen Sie sorgfältig alle Unkrautwurzeln.

Blumenzwiebeln stecken Sie können jetzt noch Zwiebeln von Frühjahrsblühern wie Narzissen und Tulpen pflanzen.

Empfindliche Stauden vor Frost schützen Mulchen Sie Staudenbeete dick mit Laub. Besonders empfindliche Stauden decken Sie komplett mit Laub oder Fichtenreisig ab.

Zweijährige Frühjahrsblüher Versehen Sie im Herbst gepflanzte Zweijährige wie Goldlack, Stiefmütterchen und Tausendschön mit Winterschutz. Denken Sie daran, dass diese an trockenen Tagen auch über Winter Wasser brauchen.

Winterschmuck in Gefäßen Den ganzen Winter über können Schneeheiden, Blattschmuckpflanzen wie Efeu oder Silberblatt und immergrüne Zwergnadelgehölze Kästen und Töpfe schmücken. Kleine Skimmien und Topfmyrten warten mit hübschem Fruchtschmuck auf.

Winter

Im Garten gibt es immer etwas zu tun, doch im Winter bleibt viel Zeit, um zu planen und in Katalogen und Gartenbüchern zu schmökern. Holen Sie sich Anregungen für eine interessante Gartengestaltung.

PLANEN SIE DAS NÄCHSTE GARTENJAHR Lassen Sie das gerade zu Ende gehende Gartenjahr Revue passieren: Gab es Zeiten, in denen es an Blüten mangelte? Oder Bereiche, die Sie nicht recht befriedigt haben? Holen Sie sich Inspirationen aus Gartenbüchern, -zeitschriften und -katalogen, und erstellen Sie eine Wunschliste. Das lässt sich sicher nicht alles auf einmal realisieren – aber einige Ihrer bevorzugten Ideen können Sie gleich in konkrete Pflanzpläne und Pflanzenlisten umsetzen. Wählen Sie dann die geeigneten Bezugsquellen und -termine für Ihre Wunschpflanzen aus.

GEMÜSEGARTEN MIT KONZEPT Planen Sie die Belegung der Gemüsebeete besonders sorgfältig, und achten Sie dabei auf Fruchtfolge und Fruchtwechsel. Listen Sie genau auf, was Sie an Samen und Pflanzen brauchen, und machen Sie einen Zeitplan.

ORDNUNG MACHT DAS GÄRTNERN LEICHTER Nutzen Sie die Winterzeit, um Gartenhaus oder Geräteschuppen aufzuräumen und eventuell mit Regalen und Aufhängeleisten platzsparender einzurichten.

- Drehen Sie vor den ersten Frösten die Wasserzuleitung für den Garten ab, lassen Sie die Rohre leerlaufen und die Hähne offen. Umwickeln Sie die Hähne mit isolierenden Lappen oder Säcken.

WINTERSCHUTZMATERIAL AUS DER NATUR Gute Isolation bei gleichzeitiger Luftdurchlässigkeit – das sind die Anforderungen für eine geeignete Frostschutzabdeckung für Pflanzen. Locker aufgeschichtetes Laub und Nadelholzreisig erfüllen dies optimal. Fichten- und Tannenzweige eignen sich mit ihren dichten, langen Nadeln besonders gut. Forstämter und manche Gärtnereien helfen, wenn Sie größere Mengen brauchen.

SCHON GEWUSST?

TRADITIONELLE GÄRTNERTERMINE

Früher richteten sich die Gärtner und Bauern bei vielen Arbeiten nach festen Stichtagen. Diese merkte man sich anhand der Heiligen oder Feste, die im Kirchenkalender den Tagen zugeordnet wurden. Bekannte Beispiele sind die „Eisheiligen" Pankratius, Servatius, Bonifatius und Sophia vom 12. bis zum 15. Mai als Merkdatum für die letzten Nachtfröste und der 24. Juni, der Johannistag, als Termin für die letzte Rhabarber- und Spargelernte.

Dezember

BÄUME UND STRÄUCHER

Sträucher schneiden Schneiden Sie bei frostfreiem Wetter abgestorbene oder beschädigte Triebe heraus. Warten Sie aber mit dem Hauptschnitt besser bis zum Frühjahr, da bei starken Frösten eventuell noch Triebe erfrieren.

Schnee abfegen Befreien Sie Äste von schweren Schneelasten, damit sie nicht brechen. Fegen Sie auch Schnee von den Oberseiten immergrüner Hecken sowie von Rosenhochstämmchen.

Barbarazweige schneiden Wenn Sie am 4. Dezember, dem Tag der heiligen Barbara, Triebe von Forsythien, Kirschen, Pflaumen oder Zierkirschen für die Vase schneiden, blühen diese oft zu Weihnachten. Füllen Sie die Vase täglich mit frischem Wasser, und stellen Sie die Triebe bei 10–15 °C auf, nach Anschwellen der Blütenknospen dann wärmer.

Immergrüne Gehölze wässern Gießen Sie nach trockenen, frostigen Phasen immergrüne Laub- und Nadelgehölze, wenn der Boden wieder aufgetaut ist.

Wildtriebe abtrennen Entfernen Sie im Winter nochmals alle Wildtriebe, die übers Jahr aus den Unterlagen veredelter Gehölze gewachsen sind.

RASEN UND TEICH

Die Grasnarbe schützen Betreten Sie winternassen oder von Schnee bedeckten Rasen möglichst wenig, um Verdichtungen zu vermeiden. Laufen Sie nicht immer an derselben Stelle über den Rasen. Verlegen Sie Trittplatten (oben) oder legen Sie einen Weg an, wenn Sie die Rasenfläche häufig überqueren müssen.

Rasenmäher zur Inspektion bringen Geben Sie den Rasenmäher alle 1–2 Jahre in eine geeignete Werkstatt, um die Messer schärfen zu lassen. Besonders bei Benzinmähern lohnt sich eine professionelle Inspektion und Wartung.

Das Zufrieren verhindern Ein Eisfreihalter bewahrt den Teich vor dem kompletten Zufrieren der Oberfläche. Auch Stängel von Binsen und anderen Röhrichtpflanzen sorgen für Luftkanäle, über die Kohlendioxid und Faulgase entweichen können – lebenswichtig für alle im Teich überwinternden Tiere. Ein Oxidator dient der besseren Sauerstoffversorgung.

Nach Überwinterungsgästen sehen Überprüfen Sie regelmäßig den Wasserstand bei im Haus überwinterten Teichpflanzen, und versorgen Sie Fische im Überwinterungsaquarium artgerecht.

KÜCHENGARTEN

Wintergemüse und Wetterwechsel Grünkohl, Lauch und eventuell noch draußen stehende andere Kohlgemüse lassen sich mit Vlies oder Nadelholzreisig gut vor Frösten schützen. Viel mehr setzen dem Erntegut häufige Wechsel zwischen feuchtem Tauwetter und kalten, klaren Tagen und Nächten zu. Ernten Sie in dem Fall schneller.

Lagergemüse und -obst kontrollieren Sehen Sie regelmäßig nach Gemüse und Obst, das Sie z. B. in Kellerräumen gelagert haben, und lesen Sie Faules umgehend aus. Bewahren Sie Äpfel immer getrennt auf – sie produzieren ein Reifegas, das die Haltbarkeit von anderem Erntegut vermindert.

Schnittwerkzeug pflegen (oben) Apfel- und Birnbäume schneiden Sie am besten erst im Spätwinter. Nutzen Sie die Zeit, um Scheren und Sägen zu reinigen und, wenn nötig, nachzuschärfen bzw. bei Sägen die Blätter auszuwechseln.

Stämme pflegen und weißen Reinigen Sie die Rinde älterer Obstbäume mit einer Drahtbürste oder einem Baumkratzer. Schützen Sie die Stämme danach bis in den unteren Kronenbereich mit einem Weißanstrich.

BLUMEN UND STAUDEN

Christrosen vormerken Ziert dieser anmutige Winterblüher (oben) noch nicht Ihren Garten, sollten Sie für das nächste Frühjahr die Pflanzung vormerken. Christrosen lieben halbschattige Plätze mit humosem, neutralem bis leicht alkalischem Boden.

Überwinternde Knollen prüfen Sehen Sie von Zeit zu Zeit die drinnen überwinternden Knollen von Begonien, Dahlien und Gladiolen durch und sortieren Sie faule oder kranke Exemplare sofort aus. Lüften Sie den Lagerraum des Öfteren, besonders bei hoher Luftfeuchtigkeit.

Kübelpflanzen pflegen Nach Kübelpflanzen im Winterquartier sehen Sie am besten wöchentlich. Entfernen Sie gelbe und abgefallene Blätter. Pflanzen, die komplett ihr Laub abwerfen, können Sie fast trocken halten, der Ballen sollte nur nicht komplett austrocknen. Halten Sie immergrüne Kübelpflanzen nur leicht feucht. Unterlassen Sie über Winter jede Düngung.

Auf Schädlinge kontrollieren Überprüfen Sie Ihre Kübelpflanzen immer wieder auf Anzeichen von Schädlingen und Krankheiten. Besonders in zu warmen Winterquartieren treten öfter Schildläuse auf.

Januar

BÄUME UND STRÄUCHER

Auf Winterschutz achten Im Januar treten öfter starke Fröste auf. Überprüfen Sie die Winterschutzabdeckungen aus Laub und Reisig, und erneuern bzw. verstärken Sie diese, wenn nötig.

Triebe schützen Die oberirdischen Teile junger und sehr kälteempfindlicher Gehölze sollten Sie vor strengen Frösten schützen. Umhüllen Sie Triebe und Stämmchen mit luftdurchlässigen Materialien wie Sackleinen, Jute oder mehreren Lagen Vlies.

Nach Neupflanzungen sehen Überprüfen Sie die Stützpfähle und Bindungen (oben) im Herbst gepflanzter Bäume, besonders an sehr windigen Tagen. Treten Sie durch Frost angehobene Böden rund um junge Gehölze fest.

Immergrüne nach wie vor gießen Wenn das Wasser im Boden über längere Zeit gefroren ist, können immergrüne Laub- und Nadelgehölze empfindliche Trockenschäden erleiden. Gießen Sie deshalb durchdringend, sobald der Boden wieder auftaut.

Weihnachtsbäume mit Topfballen Stellen Sie solche Nadelbäume nach Weihnachten hell und kühl, aber frostfrei. Pflanzen Sie sie erst im Frühjahr aus.

RASEN UND TEICH

Den Rasen schonen Laufen Sie möglichst wenig über den Rasen, wenn er nass oder gefroren ist oder unter einer Schneedecke liegt.

Geräte pflegen Nutzen Sie die Wintermonate, um alle Geräte für die Rasenpflege und sonstige Gartenarbeiten gründlich zu reinigen (oben) und zu warten.

Pflegegeräte ergänzen Überlegen Sie, ob Sie zur Erleichterung der Rasenpflege noch Geräte anschaffen sollten, z. B. einen Vertikutierer, eine Akku-Rasenkantenschere oder einen Rasenkantenstecher. Die arbeitsarme Zeit im Winter eignet sich gut, um sich in Garten- oder Baumärkten umzusehen und um Kataloge sowie Testberichte zu studieren.

Wenn der Teich zufriert Überzieht sich bei einem Teich die Oberfläche komplett mit einer Eisschicht, wird der lebensnotwendige Gasaustausch für die Tiere und Pflanzen im Wasser unterbrochen. Hacken Sie das Eis nicht auf, das kann Fische aus der Winterruhe aufstören. Schmelzen Sie stattdessen mit heißem Wasser ein großes Loch in die gefrorene Decke.

KÜCHENGARTEN

Wintergemüse schützen Decken Sie Wintergemüse vor kalten Frostnächten mit Nadelholzreisig, Vliesen oder Sackleinen ab. Ernten Sie es nur in ungefrorenem Zustand.

Stammanstrich bei Obstbäumen nachholen oder erneuern (oben) Die Obstbaumrinde ist besonders gefährdet, wenn bei Hochdruckwetter tagsüber die Sonne scheint und die Nächte klirrend kalt werden. Ein weißer Stammanstrich reflektiert die Sonne, sodass sich die Rinde weniger stark erwärmt und ausdehnt. Streichen Sie den ganzen Stamm bis in die Krone hinein.

Spalierobst abdecken Bei Spalierobst an hellen Südwänden erwärmt sich die Rinde an sonnigen Wintertagen sehr stark. Schützen Sie die Pflanzen, indem Sie Sackleinen oder Schilfmatten davorhängen.

Fruchtmumien abschneiden Entfernen Sie alle eingetrockneten Früchte, die noch an den Zweigen von Obstbäumen hängen.

Weiterhin nach gelagertem Obst und Gemüse sehen Sortieren Sie faul oder schimmlig gewordenes Erntegut aus, und lüften Sie den Lagerraum bei frostfreiem Wetter.

BLUMEN UND STAUDEN

Beeteinfassungen anlegen Nutzen Sie die ruhigen Wintermonate, um bei mildem Wetter Beete mit Steinen, Platten oder Holzpalisaden einzufassen.

Pflanzgefäße reinigen Säubern Sie gebrauchte Balkonkästen, Töpfe und Kübel für die nächste Saison mit warmem Wasser und einer kräftigen Bürste. Kalkbeläge an Tontöpfen lassen sich mit lauwarmem Essigwasser abschrubben.

Blumensamen bestellen Spätestens im März beginnt die Anzucht neuer Sommerblumen. Wenn Sie spezielle Sorten und Blütenfarben suchen, blättern Sie nun in aktuellen Katalogen, und bestellen Sie die Samen gleich.

Kübelpflanzen und Knollen Sehen Sie weiterhin regelmäßig nach den Kübelpflanzen im Winterquartier sowie ab und an nach den eingelagerten Knollen von Dahlien und Gladiolen.

Zwiebelblumen vortreiben Wenn Sie einige Zwiebeln von Hyazinthen (oben), Krokussen, Narzissen oder Tulpen im Garten ausgraben und in Schalen oder Töpfe setzen, holen Sie den Frühling vorzeitig ins Haus. Stellen Sie sie anfangs warm, nach Blühbeginn etwas kühler, bei 15–18 °C.

Februar

BÄUME UND STRÄUCHER

Pflanzstellen vorbereiten Lockern Sie jetzt schon den Boden für Frühjahrspflanzungen tiefgründig, und arbeiten Sie gut verrotteten Kompost ein. Decken Sie die Flächen bis zum Pflanzen mit Mulch ab.

Sträucher auslichten Die Zeit nach den letzten stärkeren Frösten eignet sich gut, um dichte Sträucher auszulichten. Schneiden Sie erfrorene und beschädigte Triebe heraus, und nehmen Sie einige der ältesten Triebe in Bodennähe weg.

Zaubernuss nur wenig schneiden Entfernen Sie bei der Zaubernuss (oben) nach der Blüte nur abgestorbene, beschädigte oder sehr unharmonisch wachsende Triebe. Das Gehölz bildet nur zurückhaltend Neutriebe; starker Rückschnitt kann die Wuchsform und Blüte beeinträchtigen.

Hecken schneiden Schneiden Sie Formhecken zeitig, bevor die ersten Vögel brüten, oder verschieben Sie den Schnitt auf den Spätsommer oder Frühherbst.

Sträucher umsetzen Der Februar eignet sich gut, um Sträucher an einen geeigneteren Standort umzusetzen.

RASEN UND TEICH

Rasen bei trockenem Wetter abrechen Harken Sie Laubreste und über Winter abgefallene Zweigstücke vom Rasen, und ebnen Sie mit dem Rechen eventuelle Maulwurfshügel ein.

Bereiten Sie neue Rasenflächen vor Graben Sie zeitig den Boden um, wenn Sie im späten Frühjahr Rasen einsäen wollen. Auf großen Flächen erleichtert eine Motorhacke oder -fräse (oben) die Arbeit.

Teichneuanlage planen Teiche gehören zu den Gartenbereichen, die besonders gründlich geplant und vorbereitet werden sollten. Informieren Sie sich sorgfältig über geeignete Dichtungsmaterialien, passende Teichgrößen und -formen, Bepflanzung, eventuellen Fischbesatz sowie Zubehör und Technik. Die beste Zeit für die Neuanlage ist Mitte April bis Mai.

Bachlauf ergänzen Wenn Sie bereits einen angelegten Teich haben, überlegen Sie, ihn eventuell mit einem kleinen Bachlauf zu kombinieren. Das bietet nicht nur einen sehr schönen, natürlichen Anblick: Der Bach sorgt mit seinem durch eine Pumpe bewegten Wasser für einen höheren Sauerstoffgehalt im Teich.

KÜCHENGARTEN

Beete vorbereiten Für die ersten Gemüsesaaten und -pflanzen können Sie bei trockenem Wetter bereits die Feinbearbeitung des Bodens vornehmen, für spätere Kulturen noch umgraben.

Boden untersuchen Prüfen Sie bei neuen Beetflächen die Bodenart (oben), und führen Sie eine Bodenanalyse mit einem Testset durch.

Kompost und Mist einarbeiten Wollen Sie Starkzehrer pflanzen, dann ist das zeitige Frühjahr ein guter Termin, um gut verrotteten Kompost oder Mist auszubringen und mit Hacke oder Kultivator flach einzuarbeiten.

Gemüsesamen besorgen Kaufen Sie das Saatgut rechtzeitig. Achten Sie auf gering krankheits- und schädlingsanfällige Sorten.

Obstgehölze schneiden Schneiden Sie an frostfreien Tagen Apfel- und Birnbäume. Den Schnitt an Stein- und Beerenobst können Sie jetzt nachholen, wenn nach der Ernte keine Zeit war.

Johannisbeersträucher überprüfen Kontrollieren Sie Johannisbeeren auf dick angeschwollene, rundliche Knospen. Sie sind von Gallmilben befallen und müssen ausgebrochen werden.

BLUMEN UND STAUDEN

Neue Beete herrichten Lockern Sie für die Frühjahrspflanzung neuer Stauden den Boden, und arbeiten Sie Kompost ein. Beseitigen Sie sorgfältig die Unkrautwurzeln, und entfernen Sie nach der Bodenbearbeitung auflaufende Unkräuter.

Winterschutz lockern Entfernen Sie dicke Laubpackungen, wenn die stärksten Fröste vorüber sind. Halten Sie aber für empfindliche Stauden noch Fichtenreisig oder Vlies bereit, um sie bei Kälteeinbrüchen abzudecken.

Blumen vorziehen Wenn Sie über einen sehr hellen, aber nicht in der prallen Sonne liegenden Fensterplatz verfügen, lassen sich bereits ab Februar Sommerblumen wie Löwenmäulchen oder Ringelblumen anziehen. Ansonsten warten Sie besser, bis hellere, längere Tage gutes Sämlingswachstum ermöglichen.

Pelargonien umtopfen Ab Ende Februar können Sie überwinterte Pelargonien auf drei bis vier Stängelknoten zurückschneiden und in frische Erde umtopfen.

Glossar gärtnerischer Fachbegriffe

ABHÄRTEN Das allmähliche Gewöhnen von geschützt vorgezogenen oder überwinterten Pflanzen an die Verhältnisse im Freien. Stellen Sie dazu die Jungpflanzen oder Kübelpflanzen an etwas milderen Tagen nach draußen an einen windgeschützten und beschatteten Platz, und holen Sie sie abends wieder ins Haus.

ABLEGER Triebe von Gehölzen, die sich nach Herunterbiegen am Boden oder in einer flachen Furche leicht bewurzeln. Wo sie Wurzeln bilden, treiben auch junge Sprosse aus. Diese werden mitsamt Wurzeln abgetrennt und verpflanzt. Auf solche Weise lassen sich z. B. Hortensien, Beerensträucher und mehrere Klettergehölze vermehren.

ABSENKER Triebe von Gehölzen, die man zur Vermehrung zum Boden biegt, an der Biegungsstelle unten einschneidet, mit einem Haken befestigt und mit Erde überdeckt. Sie bewurzeln sich an der Biegungsstelle und können dann ebenso behandelt werden wie Ableger. Diese Methode eignet sich z. B. für Rhododendron.

ACHSELKNOSPE Eine Knospe, die in der Blattachsel wächst, also dort, wo der Blattstiel vom Stängel abzweigt. Aus solchen Knospen entwickeln sich Seitentriebe.

ADVENTIVWURZELN Wurzeln, die sich am Stängel bilden, meist an der Stängelbasis. Manchmal lässt sich die Entwicklung solcher „Zusatzwurzeln" durch Anhäufeln von Erde fördern, z. B. bei Kohl und Tomaten.

AERIFIZIEREN Löchern des Bodens einer verdichteten Rasenfläche, um die Luftzufuhr und das Versickern von Wasser zu verbessern. Dazu stechen Sie mit einer Grabegabel oder einer speziellen Aerifiziergabel in regelmäßigen Abständen etwa 8 cm tiefe Löcher in den Boden. Für größere Flächen kann man auch Stachelwalzen verwenden.

ALKALISCHER BODEN Auch basischer Boden genannt; Boden mit einem pH-Wert über 7. In der Regel haben alkalische Böden einen relativ hohen Kalkgehalt. Viele Pflanzen gedeihen in einem schwach alkalischen Boden gut.

ANHÄUFELN Das Heranziehen von gelockerter Erde aus der Umgebung rund um die Pflanze, sodass deren Stängelbasis mit einem kleinen Hügel bedeckt ist. Anhäufeln verbessert z. B. bei Bohnen, Kohl, Sonnenblumen und manchen Stauden die Standfestigkeit, verhindert bei Kartoffeln und Lauch das Vergrünen und schützt bei Rosen über Winter den Wurzelbereich und die Veredlungsstelle.

ANZUCHT Das Auslegen von Samen oder Stecken von Stecklingen unter geschützten, kontrollierten Bedingungen, um gut entwickelte Jungpflanzen für das spätere Auspflanzen zu erhalten.

ANZUCHTERDE Eine Erde bzw. ein Substrat, das sich speziell für Aussaaten, zum Pikieren oder für Stecklinge eignet. Gute Anzuchterden sind nährstoffarm, feinkrümelig und sehr strukturstabil sowie keimfrei.

ART Eine bestimmte Pflanze, die sich in wesentlichen Merkmalen von nah verwandten Pflanzen unterscheidet. Individuen derselben Art können sich meist problemlos miteinander kreuzen und vererben ihre Merkmale weitgehend einheitlich und unverändert an ihre Nachkommen. Im botanischen (lateinischen) Namen ist der Gattungsname stets groß geschrieben, die Artbezeichnung beginnt mit kleinem Anfangsbuchstaben. So sind z. B. Gewöhnlicher Schneeball (*Viburnum opulus*) und Wolliger Schneeball (*Viburnum lantana*) zwei verschiedene Arten der Gattung *Viburnum*.

AUGE Andere Bezeichnung für Knospe. Von einem Auge spricht man besonders, wenn die Knospe erst schwach entwickelt ist oder wenn es sich um „schlafende" Reserveknospen handelt, die nur dann austreiben, wenn die Hauptknospen beschädigt werden (siehe **Knospe**).

AUSDÜNNEN Das Entfernen überzähliger Sämlinge aus zu dicht stehenden Saatreihen oder Saaten in Anzuchtschalen. Es ist oft nötig, damit sich die verbleibenden Sämlinge gut entwickeln. Außerdem bezeichnet man mit diesem Begriff das Entfernen eines Teils der jungen Früchte oder Knospen – mit dem Ziel, größere Früchte oder Blüten zu erhalten.

AUSLÄUFER Ein Seitenspross, der auf dem oder im Boden wächst und sich an seinen Knoten bewurzeln kann. Wo er sich bewurzelt, treiben neue Pflanzen, die man zur Vermehrung abtrennen kann, so z. B. bei Erdbeeren. Ausläufer tragen aber auch oft zur unerwünschten Ausbreitung von Gartenpflanzen und Unkräutern bei.

AUSPUTZEN Entfernen verblühter Blüten bzw. Blütenstände. Dadurch sehen die Pflanzen nicht nur ordentlicher aus; man verhindert dadurch, dass die Pflanze ihre Kraft in die Samenbildung investiert. Stattdessen werden weitere Blüten gefördert. Zum Ausputzen gehört auch das Entfernen vergilbter oder vertrockneter Blätter.

BEFRUCHTUNG Siehe **Bestäubung**

BESTÄUBUNG Das Übertragen des Blütenstaubs, also der männlichen Pollenkörner, von den Staubgefäßen auf die weiblichen Blütenorgane, die Narben der Griffel. Von dort wächst ein Pollenschlauch durch den Griffel bis in den Fruchtknoten, wo es zur Befruchtung kommt. Hierbei verschmelzen die männlichen Geschlechtszellen mit den weiblichen Eizellen, was schließlich zur Ausbildung von Samen führt, die meist in Früchte eingeschlossen werden. Die Bestäubung erfolgt durch Insekten oder den Wind, meist als Fremdbestäubung (siehe **Fremdbestäubung**).

BLATTACHSEL Die Verzweigungsstelle, an der der Blattstiel dem Stängel ansitzt.

BRUTZWIEBEL Eine kleine Tochterzwiebel, die sich an der Basis einer ausgereiften Zwiebel bildet. Sie kann abgenommen und als neue Pflanze eingetopft werden. Bei manchen Lilien bilden sich Brutzwiebeln auch als sogenannte Bulbillen oberirdisch an den Stängeln.

CHLOROPHYLL Blattgrün; der grüne Pflanzenfarbstoff ermöglicht die Absorption von Licht für die Fotosynthese.

CHLOROSE Gelbe bis weißliche Blattaufhellung wegen gestörter Chlorophyllbildung. Dies ist meist eine Folge von Nährstoff- oder Wassermangel. Zuweilen werden die Blätter braun und sterben ab.

CONTAINERPFLANZEN Eine spezielle Form der Pflanzware bei Gehölzen und Stauden. Solche Jungpflanzen wurden nicht im Boden angezogen und dann in Verkaufstöpfe gesetzt, sondern von Anfang an in genügend großen Gefäßen kultiviert. Mit ihrem besonders kompakten und gut durchwurzelten Erdballen können sie außer bei Frost das ganze Jahr gepflanzt werden, selbst knospend oder blühend.

EDELREIS Bei einer Veredlung das Triebstück der gewünschten Art oder Sorte, das auf die Unterlage gepropft wird. Wird ein Auge eingesetzt, spricht man vom Edelauge (siehe **Veredeln**).

EINJÄHRIGE Auch Annuelle genannt. Pflanzen, deren gesamter Lebenszyklus innerhalb eines Jahres abläuft. Sie keimen, wachsen, blühen, bilden Samen aus und sterben danach ab.

ENTSPITZEN Das Entfernen der Spitzenknospe oder der Triebspitze, mit dem Ziel, die Bildung von Seitentrieben und damit eine bessere Verzweigung zu fördern. An jungen Pflanzen kann man die Spitzen oft mit den Fingern abknipsen oder ausbrechen, ansonsten verwendet man eine scharfe Gartenschere.

ERDEN Gemeinhin spricht man auch beim Gartenboden von Erde. Im engeren Sinn sind Erden jedoch gärtnerische Zusammenstellungen aus Komponenten wie Kompost, Rindenhumus oder Torf. Sie werden ganz gezielt für bestimmte Verwendungszwecke, z. B. für Pflanzgefäße oder für Aussaaten, gemischt und teils mit Nährstoffen oder anderen Zuschlägen angereichert.

FÄCHERSPALIER Eine Erziehungsform von Obst- und Ziergehölzen, bei der die Triebe fächerartig angeordnet an einer Wand oder einem Gerüst wachsen.

FREMDBESTÄUBUNG Bestäubung und damit auch Befruchtung der weiblichen Blütenanlagen einer Pflanze mit den Pollen eines anderen Exemplars derselben Art. Die Fremdbestäubung ist in der Natur weit verbreitet; dass sich Pflanzen mit den eigenen Pollen bestäuben, kommt eher selten vor. Die Sorten mehrerer Obstarten, z. B. des Apfels, müssen sogar mit Pollen anderer Sorten bestäubt werden, sonst bilden sie keine Früchte. Für den nötigen Pollentransport zwischen den Pflanzen sind meist Bienen und andere Insekten unverzichtbar. Bei manchen Pflanzen erfolgt die Bestäubung auch durch den Wind.

FROSTKEIMER Siehe **Kaltkeimer**

FRUCHTFOLGE Eine traditionelle Kulturmethode, bei der die einzelnen Gemüse nur alle 3–4 Jahre auf derselben Fläche angebaut werden. Dazu unterteilt man den Gemüsegarten in drei oder vier Quartiere. Im jährlichen Wechsel wird eins der Quartiere mit Mist oder reichlich Kompost gedüngt. Entsprechend wechseln auf den Quartieren Gemüse mit hohem, mittlerem und niedrigem Nährstoffbedarf (Stark-, Mittel- und Schwachzehrer).

FRUCHTWECHSEL Bei diesem Anbauverfahren werden Gemüse aus derselben Pflanzenfamilie nur alle paar Jahre auf derselben Fläche angebaut. Da bodenbürtige Krankheiten und Schädlinge oft auf bestimmte Pflanzenfamilien spezialisiert sind, kann man durch einen konsequenten Fruchtwechsel optimal vorbeugen. So sollte man z. B. Kreuzblütler (u. a. alle Kohlgemüse, Radieschen, Rettich, Speiserübe) nicht nacheinander anbauen, um der Verbreitung der Kohlhernie entgegenzuwirken.

FUNGIZID Ein Pflanzenschutzmittel, das Schadpilze wie Mehltau oder Rost abtötet oder stark eindämmt. Die Wirkstoffe werden meist chemisch hergestellt, teils aber auch aus Pflanzen gewonnen. Schon früher vielfach verwendete Wirkstoffe sind Schwefel und Kupfer, das sich allerdings als ökologisch bedenklich erwiesen hat.

GATTUNG Eine Gruppe eng verwandter Arten, die in grundsätzlichen Merkmalen übereinstimmen. Der botanische Gattungsname wird stets groß geschrieben, z. B. *Campanula* (Glockenblume) oder *Salvia* (Salbei).

HOCHSTAMM Bei Ziersträuchern wie Rosen sowie bei Beerenobststräuchern eine besondere Wuchsform: Während sich die Sträucher üblicherweise von unten her verzweigen, wachsen sie als Hochstammformen wie kleine Bäume mit einem geraden Stamm und einer Krone. Meist sind solche Hochstämme auf stammförmig gezogene Unterlagen veredelt. Bei Obstbäumen versteht man unter Hochstämmen große Baumformen, die schon als Junggehölze eine Stammhöhe von 150–180 cm aufweisen.

GENERATIVE VERMEHRUNG Gewinnen von Pflanzennachwuchs aus Samen.

HALBSTRÄUCHER Mehrjährige Pflanzen, deren Sprossbasis verholzt, während die oberen Stängelteile krautig bleiben und über Winter oft absterben. Zu den Halbsträuchern gehören z. B. Himbeere, Lavendel und Thymian.

HERZ Die bodennahen, zarten Blatt- und Triebanlagen bei krautigen Pflanzen, die von äußeren Blättern umgeben sind, z. B. beim Salat. Wenn das Herz beschädigt wird oder durch Vernässung fault, stirbt die Pflanze ab.

HUMUS Dunkle, locker krümlige organische Substanz, die durch Verrotten von Pflanzen- und Tierresten entstanden ist und durch die Bodenorganismen weitgehend zersetzt wurde. Humus verbessert die Struktur und Speicherkraft des Bodens und dient als langsam abgebende Nährstoffquelle.

HYBRIDE Eine Pflanze, die durch Kreuzung verschiedener Arten, Varietäten oder Sorten entstanden ist. Sie vereint Merkmale beider Elternpflanzen und übertrifft sie oft sogar in erwünschten Eigenschaften wie Wuchs- oder Blühfreude. Hybriden sind meist das Ergebnis gezielter Züchtung, kommen aber auch in der Natur nicht selten vor und werden dann häufig als Bastarde bezeichnet.

IMMERGRÜN So bezeichnet man Bäume, Sträucher und Stauden, die das ganze Jahr über ihr Laub behalten.

INSEKTIZID Ein Pflanzenschutzmittel, das Schadinsekten abtötet. Insektizide werden als wasserlösliche Flüssigkeiten oder Spritzpulver oder als Granulate zum Ausstreuen angeboten. Die Wirkstoffe sind oft chemisch hergestellt, stammen zum Teil aber auch aus Pflanzen (z. B. Neem, Pyrethrum) oder bestehen aus Ölen (z. B. Rapsöl). Biologische Pflanzenschutzmittel enthalten Organismen, die die Schädlinge parasitieren, z. B. *Bacillus thuringiensis* gegen verschiedene Schmetterlingsraupen oder bestimmte Nematoden gegen Dickmaulrüssler.

KALTKEIMER Auch Frostkeimer genannt. Pflanzen, deren Samen eine Zeit lang kühlen Temperaturen ausgesetzt sein müssen, bevor sie zu keimen beginnen. Kaltkeimer finden sich recht häufig unter Stauden und Gehölzen.

KELCHBLÄTTER Fachsprachlich Sepalen. Meist grüne, kleine Blätter, die den äußeren Kreis der Blütenhülle bilden. Oft sind sie mehr oder weniger miteinander verwachsen und formen einen Kranz, Kelch oder eine Röhre um die Kronblätter.

KNOLLE Verdicktes ober- oder unterirdisches Speicherorgan einer Pflanze. Knollen bilden sich durch Umwandlung von Sprossteilen, z. B. bei Kartoffel oder Kohlrabi, oder von Wurzelteilen, z. B. bei Dahlien.

KNOSPE Auch Auge genannt. Eine gestauchte Sprossanlage, die von Knospenschuppen umhüllt ist. Aus Blattknospen wachsen beblätterte Seitentriebe oder Triebverlängerungen, aus Blütenknospen Blüten bzw. Blütentriebe.

KNOTEN Auch Blattknoten, fachsprachlich Nodium; die häufig leicht verdickte Stelle am Stängel bzw. Trieb, an der Blätter, Seitentriebe oder Knospen ansetzen.

KONIFERE Ein Nadelgehölz, das seine Samen in verholzenden Zapfen trägt. Auch Wacholder, der beerenartige Zapfen entwickelt, zählt zu den Koniferen. Die Eibe dagegen bildet Samenbecher und gehört deshalb streng botanisch nicht zu den Koniferen. Mit wenigen Ausnahmen, z. B. Lärche, sind Koniferen immergrün.

KOMPOST Zu feinkrümligem, dunklem Humus vererdete Garten- und Küchenabfälle. Kompost ist ein wertvolles Bodenverbesserungs- und langsam wirkendes Düngemittel für den Garten.

KRONBLÄTTER Fachsprachlich Petalen. Die meist bunt gefärbten oder weißen Blütenblätter, die die weiblichen und männlichen Blütenorgane umgeben und dem Anlocken von bestäubenden Insekten dienen.

LEHMBODEN Ein Boden, der sich aus Ton, Schluff und Sand in etwa gleichen Teilen zusammensetzt. Wegen ihrer ausgewogenen Zusammensetzung aus feinen, mittleren und groben Mineralkörnchen sind solche Böden besonders günstig und bei guter Humusversorgung mit Kompost und Ähnlichem ideal.

LEICHTER BODEN Ein leicht zu bearbeitender Boden mit hohem Sandanteil, in dem Wasser gut versickern kann (siehe **Sandboden**).

MINERALDÜNGER Ein Dünger, dessen Nährstoffe aus zerkleinerten Gesteinen stammen. Zu den Mineraldüngern zählen z. B. auch fein zermahlene Gesteinsmehle oder Dolomitkalk. Allerdings meint man mit dem Begriff Mineraldünger meist synthetische Dünger oder Kunstdünger: Bei ihnen wurden die Nährstoffe chemisch aufgeschlossen, lösen sich dadurch schnell im Bodenwasser und sind rasch pflanzenverfügbar. Stickstoff wird für solche Dünger in einem aufwendigen Syntheseverfahren aus der Luft gewonnen.

MITTELSCHWERER BODEN Ein Boden, der sich recht gut bearbeiten lässt, allerdings nur, wenn er nicht allzu feucht ist und der Tonanteil weniger als ein Drittel beträgt. Lehm- und Schluffböden werden als mittelschwere Böden eingestuft.

MULCHEN Bedecken unbewachsener Bodenflächen zwischen Pflanzen, um die Verdunstung zu reduzieren und Unkräuter zu unterdrücken. Organische Mulchmaterialien wie Rindenmulch, Rasenschnitt, Gehölzhäcksel oder Kompost reichern zudem beim Verrotten den Boden mit Humus an und fördern das Bodenleben.

NEUTRALER BODEN Ein Boden, der weder sauer noch alkalisch ist, mit einem pH-Wert von 7.

NPK Die chemischen Symbole für Stickstoff (N), Phosphor (P) und Kalium (K), die drei wichtigsten Hauptnährstoffe oder Kernnährstoffe in Düngemitteln.

ORGANISCHE DÜNGER Dünger aus pflanzlichen oder tierischen Rückständen. Sie enthalten die Nährstoffe in organisch gebundener Form. Diese müssen erst durch die Mikroorganismen im Boden frei gesetzt werden, bevor sie für die Pflanzenwurzeln verfügbar sind. Organische Dünger wirken deshalb eher langsam und nachhaltig. Neben käuflichen Fertigdüngern zählen auch Kompost und Stallmist zu den organischen Düngern.

PANASCHIERT Als panaschiert bezeichnet man Blätter mit attraktiver kontrastreicher Färbung bzw. Musterung. Gewöhnlich ist die grüne Grundfarbe durch gelbe, cremefarbene, weiße oder rosa Flecken, Streifen oder Ränder aufgelockert.

PH-WERT Messwert für den Säuregrad des Bodens, mit einer Skala von 1 bis 14. Ein pH-Wert von 7 bedeutet neutral, Werte unter 7 kennzeichnen sauren Boden, Werte über 7 zeigen alkalischen Boden an. Die meisten Gartenböden weisen pH-Werte zwischen 5 und 8 auf.

PIKIEREN Das Verpflanzen von zu eng stehenden Sämlingen in Anzuchtschalen oder -töpfen. Sie werden einzeln in kleine Töpfe oder mit weiterem Abstand in andere Schalen umgesetzt. Dies fördert kompakten, kräftigen Wuchs. Pikiert werden die Sämlinge, nachdem sich die ersten zwei oder drei richtigen Laubblätter entfaltet haben.

RABATTE Eine lange, eher schmale Pflanzfläche, die anders als ein Beet oft nur von der Vorderseite her zugänglich ist. Rabatten ziehen sich z. B. entlang von Wegen oder Mauern und werden meist mit Stauden bepflanzt, teils auch mit kleinen Sträuchern oder Sommerblumen.

REIFER KOMPOST Vollständig verrotteter, vererdeter Kompost, in dem keine Zersetzungsprozesse mehr ablaufen und die Nährstoffe organisch gebunden sind. Dadurch ist er auch für Jungpflanzen und Sämlinge gut verträglich. Reifer Kompost duftet leicht und angenehm nach Walderde.

RESISTENTE SORTEN Züchtungen, die gegen bestimmte Krankheiten oder Schädlinge äußerst widerstandsfähig sind, sodass es unter normalen Bedingungen nicht zu einem Befall kommt. Können die Pflanzen befallen werden, ohne ernsthafte Schäden zu erleiden, spricht man von toleranten Sorten.

RHIZOM Auch Wurzelstock genannt. Ein verdickter Spross, der sich meist horizontal unter der Erde befindet und Wurzeln sowie Blattanlagen bzw. -schuppen trägt. Rhizome dienen Stauden wie Bartiris und Storchschnabel als Speicherorgane zur Überbrückung der winterlichen Ruhephase.

SANDBODEN Ein Boden, der überwiegend aus groben Mineralkörnchen besteht. Sandböden sind leicht zu bearbeiten, das Wasser versickert gut, und im Frühjahr erwärmen sie sich schnell. Nachteile sind die schlechte Wasser- und Nährstoffspeicherung sowie die rasche Abkühlung bei kaltem Wetter. Sandböden lassen sich mit Kompost und anderem organischem Material sowie mit Tonmehlen verbessern.

SAURER BODEN Boden mit einem pH-Wert unter 7. In der Regel haben saure Böden einen niedrigen Kalkgehalt. Saure Böden (pH-Wert um 5,5) brauchen beispielsweise Heidelbeeren und Rhododendren. Die meisten Pflanzen gedeihen am besten auf schwach sauren Böden (pH um 6,5).

SCHIESSEN Auch als Schossen bezeichnet. Vorzeitige Blüten- und Samenbildung bei Gemüsen. Kopfsalat, Spinat und manch andere Gemüse sind sogenannte Langtagpflanzen, d. h. sie werden durch lange Sommertage mit etwa 14 Stunden Licht zum Blühen angeregt. Teils gibt es tagneutrale Sorten, denen diese Eigenschaft „abgezüchtet" wurde, sodass sie sich für den Sommeranbau eignen. Auch Hitze und Wassermangel kann das Schießen fördern bzw. auslösen.

SCHLUFFBODEN Ein Boden, der überwiegend aus mittelgroßen Mineralkörnchen besteht. Schluffböden sind gute Gartenböden, wenn sie regelmäßig mit Kompost und anderem organischen Material versorgt werden.

SCHWERER BODEN Ein schwer zu bearbeitender Boden mit hohem Tonanteil, der leicht vernässt und verdichtet und bei Trockenheit eine harte, rissige Oberfläche hat (siehe **Tonboden**).

SELBSTFRUCHTBAR Bezeichnung für Pflanzen, die nach Bestäubung mit den eigenen Pollen Früchte und Samen entwickeln können. Diese Eigenschaft ist im Garten vor allem bei Obstgehölzen interessant.

SELBSTUNFRUCHTBAR Bezeichnung für Pflanzen, die zur Befruchtung einen Bestäuber einer anderen Sorte benötigen (siehe auch **Fremdbestäubung**). Bei selbstunfruchtbaren Obstsorten muss eine passende zweite Sorte gepflanzt oder einveredelt werden, sofern keine entsprechenden Bäume in der näheren Umgebung wachsen. Andernfalls bleiben die Früchte aus.

SOMMERBLUMEN Kurzlebige, reich und attraktiv blühende Pflanzen, deren Wachstumszyklus sich nur über 1 oder 2 Jahre erstreckt (siehe **Einjährige** und **Zweijährige**). Viele Sommerblumen, die wir für Beete und Balkonkästen verwenden, wachsen allerdings in ihren wärmeren Herkunftsländern mehrjährig und werden bei uns nur einjährig gezogen.

SOMMERGRÜN Pflanzen, besonders Gehölze, die über Winter ihr Laub abwerfen.

SORTE Eine durch Züchtung, d. h. meist durch Auslese oder Kreuzung entstandene Variante einer Art mit besonderen Eigenschaften, z. B. mit einer bestimmten Blütenfarbe oder Wuchsform. Sortennamen werden meist in einfache Anführungszeichen gesetzt, z. B. die Apfelsorte 'Boskoop'.

SPALIER Diese Bezeichnung wird zum einen für Klettergerüste verwendet, zum anderen für eine bestimmte Erziehungsform bei Gehölzen, insbesondere bei Obstbäumen und -sträuchern. Spaliergehölze werden an einer Wand oder an einem frei stehenden Gerüst so gezogen, dass ihre Triebe nur in einer Ebene wachsen, also nach oben, links und rechts, nicht jedoch nach vorn oder hinten. Verbreitete Erziehungsformen sind Fächerspalier und Palmette mit waagrecht angeordneten Trieben.

STAUDEN Mehrjährige krautige, also nicht verholzende Pflanzen. Häufig sterben die oberirdischen Pflanzenteile nach der Blüte bzw. im Winter ab; zu Beginn der nächsten Saison treibt die Pflanze aus Rhizomen, kräftigen Wurzeln oder ähnlichen unterirdischen Speicherorganen neu aus. Hierzu gehören Blütenstauden wie Rittersporn oder Sonnenhut, außerdem die meisten Farne und Ziergräser sowie Wasserpflanzen. Auch Zwiebel- und Knollenpflanzen zählen zu den Stauden, ebenso Nutzpflanzen wie Erdbeere, Pfefferminze oder Rhabarber.

SUKKULENTEN Pflanzen, die ursprünglich aus Trockengebieten stammen und in fleischig verdickten Blättern, Sprossen oder Wurzeln Wasser speichern können, z. B. Agave, Fetthenne sowie Kakteen.

SUBSTRAT Im Allgemeinen jede Substanz, in der eine Pflanze wurzeln und aus der sie Nährstoffe und Wasser entnehmen kann. Die wichtigsten gärtnerischen Substrate sind Erdmischungen für die Anzucht, für Topfpflanzen, Balkonkästen sowie Pflanzen mit speziellen Ansprüchen, etwa Moorbeetpflanzen. Da für solche Zwecke nicht nur vererdete Materialien, sondern z. B. auch Kokosfasern oder Blähtonkügelchen verwendet werden, spricht man oft allgemein von Substraten.

TEILUNG Vor allem bei Stauden leicht anzuwendende Vermehrungsmethode, bei der die gesamte Pflanze samt Wurzeln und Rhizomen in mehrere Teilstücke zertrennt wird, die nach dem Einsetzen als selbstständige Pflanzen weiterwachsen. Das Teilen dient auch der Verjüngung und kann die Blühfreude älterer Stauden verbessern.

TONBODEN Ein Boden, der überwiegend aus feinsten Mineralkörnchen besteht. Tonböden sind schwer zu bearbeiten, neigen zum Verdichten und Vernässen und haben bei Trockenheit eine harte, verkrustete Oberfläche. Sie speichern gut Wasser und Nährstoffe, dies teils aber so fest, dass die Pflanzenwurzeln darüber nicht verfügen können. Tonböden kann man durch Einarbeiten von Sand, feinem Kies und ähnlichen Lockerungsmitteln sowie Kompost und anderem organischem Material verbessern, außerdem durch Kalken.

TORF Eine organische Substanz, die entsteht, wenn Pflanzenreste unter nassen, luftarmen und sauren Bedingungen verrotten. Torf wird traditionell für Anzucht- und Pflanzerden und zur Bodenverbesserung verwendet. Hierbei schätzt man seine stabile, lockere, luftdurchlässige Struktur und seine gute Wasserspeicherung. Heute verwenden Gärtner zunehmend torffreie Alternativen, da die Torfgewinnung zur Zerstörung von Moorlandschaften führt und die Ressourcen nicht unendlich sind.

TORFERSATZSTOFFE Für die Bodenverbesserung haben sich als Alternativen Kompost, Rinden- und Laubhumus bewährt, für Pflanz- und Anzuchterden Mischungen z. B. aus Holz- oder Kokosfasern, optimal verrottetem Kompost und Sand.

UNTERLAGE Bei einer Veredlung diejenige Pflanze, auf die die gewünschte Art oder Sorte gepfropft bzw. veredelt wird. Die Unterlage liefert das Wurzelwerk und die Stamm- oder Stängelbasis für die neue Pflanze, bei veredelten Hochstämmchen auch den Stamm. Sie beeinflusst wesentlich die Größe, Wuchsstärke und Vitalität der veredelten Pflanze (siehe **Veredeln**).

VEGETATIVE VERMEHRUNG Gewinnen von Pflanzennachwuchs durch Abtrennen von Pflanzenteilen, die zu kompletten neuen Pflanzen heranwachsen. Hierzu zählen die Vermehrung über Stecklinge und Steckhölzer, Ausläufer, Ableger und Absenker sowie Teilung und Veredlung.

VEREDELN Eine Vermehrungsmethode, bei der ein Triebstück oder ein Auge einer Pflanze in den Stamm oder Stängel einer anderen Pflanze eingesetzt wird, sodass eine neue „zweiteilige" Pflanze entsteht. Die untere Pflanze, die das Wurzelwerk und oft nur einen kleinen Teil des Hauptsprosses beisteuert, nennt man Unterlage, die eingesetzte Pflanze Edelsorte oder Edelreis bzw. Edelauge. Die Unterlage kann die Wuchseigenschaften der Edelsorte verbessern oder ihr mehr Robustheit gegen Bodenverhältnisse, Kälte und Schaderreger verleihen. Die meisten Obstgehölze und Rosen sind veredelt, auch andere Ziergehölze wachsen oft auf Unterlagen. Teils wird auch Gemüse veredelt, z. B. Tomaten.

VEREDLUNGSSTELLE Die Stelle am Stamm bzw. Stängel, an der Unterlage und Edelsorte miteinander verwachsen sind, ist häufig als Verdickung erkennbar.

VERZIEHEN Anderer Ausdruck für das Ausdünnen junger Sämlinge (siehe **Ausdünnen**)

VLIES Ein Abdeckmaterial aus fein gesponnenen Kunststofffäden. Gärtnerische Vliese eignen sich als Kälteschutz z. B. für Gemüsesaaten und -jungpflanzen. Gegenüber Folien haben sie den Vorteil, dass sie mehr Luft und Wasser durchlassen.

VORZIEHEN Siehe **Anzucht**

WINTERGRÜN Wintergrüne Pflanzen behalten über Winter ihre Blätter, die dann aber anders als bei Immergrünen im Frühjahr absterben und durch neue ersetzt werden. Diese Eigenschaft findet sich besonders bei Stauden, z. B. Bergenie, und bei Farnen.

ZWEIJÄHRIGE Auch Bienne genannt. Pflanzen mit zweijährigem Entwicklungszyklus. Im ersten Jahr keimen sie und bilden Blätter aus, im zweiten Jahr entwickeln sich Blütenstängel, Blüten und Samen. Dann sterben sie ab.

ZWIEBEL Stark gestauchter Spross, der der Pflanze als Speicherorgan dient, mit fleischigen, außen häutigen, dicht gepackten Blättern, den Zwiebelschuppen. Zwiebeln wachsen meist unterirdisch und bilden jedes Jahr neue Büschelwurzeln, oberirdische Triebe und Blüten.

ZWIEBELKNOLLE Rundes unterirdisches Speicherorgan, das einer Zwiebel ähnelt, innen jedoch aus einem knollig verdickten Spross besteht. Aus einer Knospe an der Spitze entwickeln sich Triebe und neue Wurzeln. Gladiolen und Krokusse wachsen aus Zwiebelknollen.

ZWISCHENKULTUR Eine Gemüseart mit kurzer Wachstumszeit, z. B. Radieschen, die zur zeitlichen Überbrückung zwischen zwei langsamer wachsenden Kulturen angebaut wird. Man kann eine Zwischenkultur auch zwischen den Reihen eines kurz vor der Ernte stehenden Gemüses säen. Nach dessen Ernte bepflanzt man die Hauptreihen neu; bis diese Nachkultur heranwächst, ist dann die Zwischenkultur abgeerntet.

Register

Kursiv gesetzte Seitenzahlen beziehen sich auf Abbildungen.

A

B

C

D

E

F

G

I

J

K

L

M

N

O

P

Q

R

S

T

U

V

W

Bildnachweis

Abkürzungen: o. = oben; Mi. = Mitte; u. = unten; li. = links; re. = rechts

Einbandvorderseite: o.: M. Faver-Maltaverne/Rustica; **u. li.:** Lorne Rose; **u. re.:** M. & J.C. Lamontagne. **1:** Photos Horticultural. **2:** Clive Nichols – Lord Leycester Hospital garden. **3:** Lorna Rose. **4/5:** Lorna Rose – Garden: Jill Morrow, Wagga Wagga, NSW. **6 o.:** F. Strauss/MAP; **Mi. o.:** A. Schreiner/Horizon; **Mi. u.:** A. Descat/MAP; **u.:** Garden World Images. **7:** Lorna Rose – Garden: „Foxglove Spires", Tilba Tilba, NSW. **8 o.:** F. Didillon /MAP; **Mi. o.:** Lorna Rose; **Mi. u.:** M. & J. C. Lamontagne/Horizon; **u.:** Jerry Harpur/Auscape. **9:** Lorna Rose – Harrington Garden, Balmain, NSW. **10:** M. & J. C. Lamontagne. **11 o.:** A. Descat/MAP; **Mi. o.:** V. Klecka – Latour-Marliac/Rustica; **Mi. u.:** A. Descat/MAP; **u.:** Ivy Hansen. **12 li.:** F. Marre/MAP; **re.:** F. Lamarque/MAP. **14 o. li.:** A. Schreiner/Horizon; **u. re.:** N. & P. Mioulane – Design: Sonny Garcia/MAP. **15 o. li.:** M. & J. C. Lamontagne; **u. re.:** N. & P. Mioulane. **16:** Marcus Harpur – Wendy Wetherick, Croydon, S London. **17 o.:** M. & J. C. Lamontagne; **Mi.:** N. & P. Mioulane/MAP; **u. (1–6):** A. Schreiner/Horizon. **19 o. li.:** A. Schreiner/Horizon; **re. (1–4):** F. Lamarque/MAP. **20:** imagebroker.net/mauritius images. **21 o. li.:** Kerstin Layer/mauritius images; **o. re.:** Gerd Höfer/Lavendelfoto; **Mi. li.:** A. Descat/MAP; **Mi. re.:** A. Descat/MAP; **u. li.:** A. Descat/MAP; **u. re.:** Paul Freytag/mauritius images. **22 o.:** C. Nichols – Eastgrove Cottage/MAP; **Mi. & u.:** A. Descat/MAP. **23 o.:** Ivy Hansen; **u.:** S. & O. Mathews. **24 (1–6):** Anness Publishing. **25 o.:** Lorna Rose; **u. li. (1):** M. & J. C. Lamontagne; **u. li. (2):** A. Descat/MAP; **u. re.:** imagebroker.net/mauritius images. **26:** M. Faver – Maltaverne/Rustica. **27 o. li.:** F. Didillon/ MAP; **o. re.:** Reinhard Tierfoto; **Mi. li.:** Noun – Jardin de Luré/MAP; **Mi. re.:** Y. Monel – Jardin de curé de Wy-dit-Joli-Village/MAP; **u. li.:** A. Descat/MAP; **u. re.:** RD/David Kirby – Garden: Barbara Wicks, Chapel Hill, Qld. **28 o. li.:** Jerry Harpur; **o. re.:** John Glover. **29 o. li. & o. re.:** M. & J. C. Lamontagne; **Mi. o.:** Garden World Images; **u. re. (1):** A. Descat/MAP; **u. re. (2):** RD; **u. re. (3):** Richard Surman/RD; **u. re. (4):** F. Didillon/ MAP. **30:** C. Nichols – Brook Cottage, Oxon/ MAP. **31 o.:** N. & P. Mioulane – ‚Danse avec les carpes', Festival des jardins, Chaumont, 1997/MAP; **u. (1–6):** N. & P. Mioulane/MAP. **32 o. li.:** P. Glemas/Horizon; **u. li.:** Lorna Rose; **u. re.:** V. Klecka – Latour-Marliac/Rustica. **33 o. li.:** M. & J. C. Lamontagne; **o. re.:** Garden World Images; **Mi. li.:** C. Nichols/Chelsea/MAP; **Mi. re.:** N. & P. Mioulane – Roots and Shoots, Hampton Court 01/MAP; **u. li.:** F. Didillon/MAP; **u. re.:** John Glover. **34 o.:** Lorna Rose; **Mi. re.:** N. & P. Mioulane/MAP; **u. (1):** Lorna Rose; **u. (2):** J. Y. Grospas/MAP; **u. (3):** N. & P. Mioulane/MAP; **u. (4):** M. & J. C. Lamontagne. **35 u. li.:** N. & P. Mioulane/ MAP; **re. (1–4):** Anness Publishing. **36 o.:** Lorna Rose; **Mi. & u.:** F. Strauss/MAP. **37 o. li.:** Lynne Brotchie/Garden Picture Library; **o. re.:** N. & P. Mioulane/MAP; **Mi. re.:** M. & J. C. Lamontagne; **u. (1–4):** N. & P. Mioulane/MAP. **38 li. (1–6):** RD; **o. re.:** John Glover; **u. re.:** N. & P. Mioulane/MAP. **39 (alle):** F. Strauss/ MAP. **40 li.:** Lorna Rose – Don Garden, Revesby, NSW; **re.:** Lorna Rose. **41 o. li.:** Lorna Rose – Garden: Wannan, Paddington, NSW; **o. re.:** Lorna Rose – Garden: Betteridge, Annandale, NSW; **u. (1 & 3):** RD; **u. (2 & 4):** Lorna Rose. **42 (1–3):** M. & J. Lamontagne. **43 o. li.:** A. Descat/MAP; **o. re.:** M. & J. Lamontagne; **u. (1–6):** A. Schreiner/Horizon. **44 o.:** Ivy Hansen; **u.:** Lorna Rose. **45 o.:** J. S. Sira/Garden Picture Library; **u. (1):** imagebroker.net/mauritius images; **u. (2):** Botanica/mauritius images; **u. (3):** C. Nichols/MAP. **46:** Jerry Harpur. **47 (1–4):** N. & P. Mioulane/ MAP. **48 o.:** Michael & Lois Warren/Photos Horticultural; **u. (1–6):** A. Schreiner/Horizon. **49 o.:** Jerry Harpur; **u.:** Oxford Scientific/ mauritius images. **50:** Gerd Höfer/Lavendelfoto. **51 o. li.:** RD/David Kirby – Garden: Barbara Wicks, Chapel Hill, Qld; **re. (1–4):** RD. **52:** Ivy Hansen. **53 o.:** N. & P. Mioulane/MAP; **u. li.:** M. & J. C. Lamontagne/ Horizon; **u. re.:** Ivy Hansen. **54:** Lorna Rose. **55 o.:** C. Nichols/ MAP; **Mi. o.:** A. Descat/MAP; **Mi. u.:** M. & J. C. Lamontagne; **u.:** Y. Monel/MAP. **56 o.:** A. Descat/MAP; **u.:** M. & J. C. Lamontagne. **57 re. (1–3):** N. & P. Mioulane/MAP; **u. li. (1):** A. Descat/MAP; **u. li. (2):** C. Nichols/MAP; **u. li. (3):** M. & J. C. Lamontagne; **u. li. (4):** M. & J. C. Lamontagne. **58:** Gerd Höfer/Lavendelfoto. **59 o. li.:** M. & J. C. Lamontagne; **o. re.:** A. Descat/MAP; **Mi. li.:** N. & P. Mioulane; **Mi. re.:** M. & J. C. Lamontagne; **u. li.:** M. & J. C. Lamontagne; **u. re.:** F. Strauss/MAP. **60 o. (beide):** N. & P. Mioulane/MAP; **u. (1–3):** F. Marre – Jardin Le Bois Pinard – Stylist M. Marcat/Rustica. **61 o.:** A. Schreiner/Horizon; **u.:** RD. **62 o. li.:** John Glover; **u. li. (1–3):** N. & P. Mioulane/MAP; **u. li. (4):** A. Descat/ MAP; **o. re.:** C. Nichols/MAP; **u.re.:** RD. **63 re. (1–4):** Noun & Gaëlle/MAP; **u. li.:** J. P. Praderes/Rustica; **Mi. u.:** N. & P. Mioulane/ MAP; **u. re.:** Noun & Gaëlle/MAP. **64 o. li.:** Christa Palma/Lavendelfoto; **o. re.:** Ivy Hansen; **u. re.:** M. & J. C. Lamontagne. **65 o. li.:** F. Didillon/MAP; **u. (1):** Gerd Höfer/Lavendelfoto; **u. (2 & 3):** Reinhard Tierfoto. **66 (1–5):** M. & J. C. Lamontagne; **(6):** Garden World Images. **67 o. li.:** F. Strauss/MAP; **o. re.:** A. Descat; **Mi. li.:** A. Descat/MAP; **Mi. re.:** M. & J. C. Lamontagne; **u. li.:** M. & J. C. Lamontagne; **u. re.:** Lorna Rose. **68 o. li.:** Reinhard Tierfoto; **o. re.:** imagebroker.net/mauritius images; **u. (1–6):** N. & P. Mioulane/MAP. **69 o.:** M. & J. C. Lamontagne; **u. (1):** A. Descat/MAP; **u. (2 & 3):** N. & P. Mioulane/MAP; **u. (4):** J. P. Delagarde/SRD. **70 o.:** Photos Horticultural; **u.:** M. & J. C. Lamontagne. **71 li.:** Lorna Rose; **re.:** N. & P. Mioulane/MAP. **72 li.:** A. Descat; **re. (1–4):** Noun & Gaëlle/MAP. **73 li. (1):** A. Guerrier/MAP; **li. (2):** F. Didillon/ MAP; **li. (3):** A. Descat/MAP; **li. (4):** A. Descat/ MAP; **li. (5 & 6):** N. & P. Mioulane/MAP; **re.:** Noun & Gaëlle/MAP. **74 u. li.:** Lorna Rose; **re. (1–3):** F. Marre/Rustica; **re. (4):** F. Strauss/ MAP. **75 o.:** A. Descat/MAP; **u.:** W. Watson/ BIOS/Garden Picture Library. **76 o.:** A. Descat/ MAP; **u.:** F. Strauss/MAP. **77 (beide):** M. & J. C. Lamontagne. **78 u. li.:** Jerry Harpur/Auscape; **re. o.:** F. Strauss/MAP; **Mi.re.:** J. P. Delagarde/ SRD. **79 o.:** F. Didillon/MAP; **u. (1):** M. & J. C. Lamontagne; **u. (2):** Y. Monel/MAP; **u. (3):** A. Schreiner/Horizon. **80:** F. Didillon/MAP. **81 o. (zuoberst):** C. Nichols – RHS Garden, Wisley, Surrey/MAP; **o. (darunter):** F. Didillon/ MAP; **u. (1):** Noun & Gaëlle/MAP; **u. (2):** M. & J. C. Lamontagne; **u. (3):** Garden World Images; **u. (4):** Lorna Rose. **82:** A. Schreiner/ Horizon. **83 o.:** Jerry Harpur; **o. re.:** Noun & Gaëlle/MAP; **u. re.:** M. & J. C. Lamontagne. **84 (beide):** Noun/MAP. **85 o. li.:** M. & J. C. Lamontagne; **o. re.:** A. Descat/MAP; **Mi. li.:** CuboImages/mauritius images; **Mi. re.:** M. & J. C. Lamontagne; **u. li.:** Globe Planter/MAP; **u. re.:** M. & J. C. Lamontagne. **86 o. (1–6):** Noun & Gaëlle/MAP; **u. (beide):** M. & J. C. Lamontagne. **87 (1–4):** N. & P. Mioulane/ MAP. **88 o. li.:** Boucourt – Jardin de Miromesnil/Rustica; **o. re. & Mi. re.:** N. & P. Mioulane/ MAP; **Mi. li.:** Noun & Gaëlle/MAP; **u. re.:** N. & P. Mioulane/Paul Dyer; Hampton Court/MAP. **89 u. li.:** John Glover; **re. (1–4):** N. & P. Mioulane/MAP. **90 o. li.:** Gerd Höfer/Lavendelfoto; **u. li.:** Gerd Höfer/Lavendelfoto; **u. re.:** M. & J. C. Lamontagne. **91 o.:** C. Nichols/MAP; **u. re.:** Garden World Images. **92 o.:** Jerry Harpur; **u.:** M. & J. C. Lamontagne. **93 u. li. (1):** Globe Planter/MAP; **u. li. (2):** A. Descat/MAP; **o. re.:** A. Schreiner/Horizon; **u. re.:** M. & J. C. Lamontagne. **94 o. li.:** A. Schreiner/Horizon; **re. (1–4):** Noun & Gaëlle/MAP; **Mi. u.:** F. Strauss/MAP. **95 o. li.:** M. & J. C. Lamontagne; **re. (1–3):** N. & P. Mioulane/MAP; **re. (4):** Heather Angel/Natural Visions; **Mi. u.:** Reinhard Tierfoto. **96 li.:** Garden World Images; **re.:** N. & P. Mioulane/MAP. **97 li.:** Denis Crawford/Graphic Science; **re.:** Garden World Images. **98 li.:** N. & P. Mioulane/MAP; **o. re.:** Denis Crawford/Graphic Science; **u. re.:** A. Breuil/MAP. **99 li.:** G. Ken/Horizon; **Mi.:** A. Descat/MAP; **re.:** M. Duyck/MAP. **100:** J. P. Soulier/Horizon. **101 o.:** Photos Horticultural; **Mi. o.:** P. Nief/MAP; **Mi. u.:** RD; **u.:** Lorna Rose. **102 o. & u. li.:** A. Schreiner/Horizon; **u. re.:** M. Viard/Horizon. **103 o. li.:** John Glover; **re. (1–4):** A. Schreiner/Horizon. **104 li. & Mi. re.:** M. & J. C. Lamontagne; **Mi. li.:** M. & J. C. Lamontagne/Horizon; **re.:** N. & P. Mioulane/MAP. **105 o. li., o. re. & u. li.:** A. Descat/ MAP; **Mi. li.:** A. Petzol – Roseraie de l'Haÿ-les-Roses/Rustica; **Mi. re.:** Lorna Rose; **u. re.:** F. Didillon/MAP. **106 o.:** V. Vitis/Horizon; **u.:** Photos Horticultural – Designer: Lady Xa Tollemache. **107 li. (1):** Photos Horticultural; **li. (2):** A. Descat/MAP; **li (3 & 4):** M. & J. C. Lamontagne; **re. (1–4):** Noun & Gaëlle/MAP. **108 (alle):** M. & J. C. Lamontagne. **109 o.:** Andrew Lawson; **u.** Rustica. **110 o. li.:** Rustica; **u. li.:** F. Marre/Rustica; **re. (1–3):** Noun & Gaëlle/MAP. **111 o.:** N. & P. Mioulane/MAP; **u. (1 & 2):** N. & P. Mioulane/MAP; **u. (3):** A. Descat/MAP. **112 li.:** Michael & Lois Warren/Photos Horticultural; **o. re.:** A. Schreiner/ Horizon; **u.re.:** Howard Rice/Garden Picture Library. **113 o. re.:** F. Lamarque/MAP; **u.:** C. Nichols/MAP. **114:** F. Boucourt – Le Bois Pinard/Rustica. **115 o. li.:** A. Descat/MAP; **o. re. (beide):** Hebe/Rustica; **u. (1–6):** N. & P. Mioulane/MAP. **116:** M. & P. Mioulane/MAP. **117 o. li.:** Gerd Höfer/Lavendelfoto; **o. re.:** A. Descat/MAP; **Mi. li.:** V. Vitis/Horizon; **Mi. re.:** Gerd Höfer/Lavendelfoto; **u. li.:** A. Descat/MAP; **u. re.:** V. Vitis/Horizon. **118 o. li.:** P. Nief/MAP; **o. re.:** A. Descat/MAP; **u. li.:** A. Descat/MAP; **u. re.:** Charles Hawes/ Garden World Images. **119 o. li.:** N. & P. Mioulane/MAP; **Mi. o.:** C. Nichols/MAP; **o. re.:** A. Descat/MAP; **u.:** Y. Monel/MAP. **120 o. li.:** M. & J. C. Lamontagne; **u. li.:** RD; **u. re.:** Garden World Images. **121 o. li.:** Gerd Höfer/ Lavendelfoto; **u. re.:** N. & P. Mioulane/MAP. **122 u. li.:** F. Lamarque/MAP; **Mi. u.:** A. Descat/MAP; **re. (1–4):** N. & P. Mioulane/MAP. **123 o. li.:** Noun/MAP; **u. (1–3):** N. & P. Mioulane/ MAP. **124:** Jerry Harpur/Auscape. **125 o. li. (1–4):** N. & P. Mioulane/MAP; **u. re. (beide):** Reinhard Tierfoto. **127 u. li.:** Ph. Asseray/Rustica; **re. (1–4):** N. & P. Mioulane/MAP. **128:** N. & P. Mioulane/MAP. **129 o. li. (1–4):** N. & P. Mioulane/MAP; **u. re.:** Y. Monel/MAP. **130 u. li.:** A. Descat – Jardin de Bagatelle/MAP; **u. re.:** Lorna Rose. **131 o. li.:** Ivy Hansen; **re. (1–4):** Noun & Gaëlle/MAP. **132 (1):** V. Klecka/Rustica; **(2):** Garden World Images; **(3):** RD; **(4):** A. Descat/ MAP. **133 o. li.:** John Glover; **o. re.:** Granata images/mauritius images; **Mi. li.:** RD; **Mi. re.:** Gerd Höfer/Lavendelfoto; **u. li. & re.:** Reinhard Tierfoto. **134 o.:** A. Descat – Jardin privé à St Helier (Jersey)/MAP; **u. li.:** Reinhard Tierfoto; **u. re. (1):** J. Creuse/Rustica; **u. re. (2):** C. Hochet/Rustica; **u. re. (3):** A. Descat/ MAP; **u. re. (4):** N. & P. Mioulane/MAP. **135 o.:** M. & J. C. Lamontagne; **u. re. (unten):** N. & P. Mioulane/MAP; **u. re. (darüber):** Y. Monel/ MAP. **136 o. re.:** Rob Walls/Auscape; **Mi. re.:** N. & P. Mioulane/MAP; **u. li.:** Ivy Hansen. **137:** Gerd Höfer/Lavendelfoto. **138 o.:** Y. Monel/ MAP; **u. li.:** N. & P. Mioulane/MAP; **u. re.:** Clive Nichols/Garden Picture Library. **139 li.:** Andrew Lawson, Haseley Court, Oxford; **re.:** Clive Nichols/Garden Picture Library. **140:** N. & P. Mioulane/MAP. **141 o. (1–6):** A. Schreiner/Horizon; **u.:** C. Nichols – Sleightholme Dale Lodge, North Yorkshire/MAP. **142:** Clive Nichols/Launa Slatter. **143 o. re:** Gerd Höfer/Lavendelfoto; **u. li.:** A. Schreiner/ Horizon. **144 l.:** A. Guerrier/Horizon; **o. re. & u.:** A. Schreiner/Horizon; **Mi.:** Reinhard Tierfoto. **145 (1):** Lorna Rose – Garden: Lindfield Park, Mount Irvine, NSW; **(2):** M. & J. C. Lamontagne; **(3 & 4):** Lorna Rose; **(5):** V. Vitis/ Horizon; **(6):** Gerd Höfer/Lavendelfoto; **(7 & 8):** Y. Monel/MAP. **146 o.:** V. Vitis/Horizon; **u.:** Ph. Asseray/Rustica. **147 li. (1–8):** A. Schreiner/Horizon; **o. re.:** M. & J. C. Lamontagne; **Mi. re.:** A. Schreiner/Horizon; **u. re.:** Ph. Asseray/Rustica. **148 o. (1–2):** N. & P. Mioulane/MAP; **u. (1–2):** Noun & Gaëlle/ MAP. **149 o. li.:** Lorna Rose – Garden: „Be Beah", Mount Wilson, NSW; **o. re.:** Lorna Rose; **u. re.:** Chrysalis. **150 li.:** Denis Crawford/Graphic Science; **re.:** N. & P. Mioulane/ MAP. **151 li.:** A. Breuil/MAP; **o. re.:** M. Duyck/ MAP; **u. re.:** Garden World Images. **152 li.:** A. Breuil/MAP; **Mi. li.:** P. Aversenq/MAP; **Mi. re.:** ©Harry Smith Collection; **re.:** Noun/ MAP. **153 u. li.:** Denis Crawford/Graphic Science; **u. re.:** Denis Crawford/Graphic Science; **o. re.:** N. & P. Mioulane/MAP. **154:** Lorna Rose. **155 o.:** M. & J. C. Lamontagne; **Mi. o.:** M. & J. C. Lamontagne/Horizon; **Mi. u.:** Noun/MAP; **u.:** F. Strauss/MAP. **156:** Lorna Rose. **157 o.:** C. Nichols – Ivy Cottage Dorset/MAP; **Mi.:** Lorna Rose – Romantic Cottage Gardens, Dromana, Vic.; **u.:** M. & J. C. Lamontagne. **158:** F. Marre – Le Bois Pinard – Stylist Marie Marcat/Rustica. **159 o.:** Rustica – Le Potager de Grand Papa, Miromesnil; **u.:** Lorna Rose, Garden: J. Pickett, Vic. **160 o.:** M. & J. C. Lamontagne; **u. li.:** A. Descat/MAP; **u. re.:** Noun/MAP. **161 o. re.:** N. & P. Mioulane/MAP; **u. re. (1–3):** Noun & Gaëlle/MAP. **162 (beide):** M. & J. C. Lamontagne. **163 o. li., o. re. & u. li.:** A. Descat/MAP; **Mi. li. & u. re.:** F. Didillon/MAP; **Mi. re.:** M. & J. C. Lamontagne. **164 o.:** M. & J. C. Lamontagne; **u. li.:** Noun/MAP; **u. re.:** Ph. Asseray – Jardin du Feyel/Rustica. **165 (1–3):** N. & P. Mioulane/ MAP; **(4):** M. & J. C. Lamontagne. **166 o. li.:** M. & J. C. Lamontagne; **u. re.:** O. Frimat/ BIOS. **167 o.:** A. Descat/MAP; **u. li.:** A. Schreiner/Horizon; **Mi. u.:** C. Nichols/MAP; **u. re.:** M. & J. C. Lamontagne. **168 o.:** C. Andrew Henley/Auscape; **u.:** M. & J. C. Lamontagne. **169 re. (1–4):** Noun & Gaëlle/MAP; **u. li.:** M. & J. C. Lamontagne. **170 o. li.:** Eric Crichton Photos; **o. re.:** M. & J. C. Lamontagne; **u. (1–3):** Noun & Gaëlle/MAP. 171 **o. li.:** M. & J. C. Lamontagne; **o. re. & u.:** Noun & Gaëlle/MAP. **172 o.:** M. & J. C. Lamontagne; **u.:** Jane Legate/Garden Picture Library. **173 u. li. (1):** A. Descat/MAP; **u. li. (2):** F. Didillon/MAP; **u. li. (3):** M. & J. C. Lamontagne; **o. re.:** John McCammon/Auscape; **u. re.:** M. & J. C. Lamontagne. **174 (beide):** M. & J. C. Lamontagne. **175 o.:** C. Andrew Henley/ Auscape; **u.:** Ivy Hansen. **176 o. li. & u.:** M. & J. C. Lamontagne; **o. re.:** Ch. Hochet/ Rustica. **177 o. li.:** Lorna Rose; **o. re.:** RD; **Mi. li.:** M. & J. C. Lamontagne/Horizon; **Mi. re.:** M. & J. C. Lamontagne; **u. li.:** G. R. ‚Dick' Roberts/Natural Sciences Image Library; **u. re.:** Philippe Bonduel/Garden Picture Library. **178 o. li.:** John Glover/Garden Picture Library; **o. re.:** A. Petzold – Les Jardins du Feyel/Rustica; **Mi. re.:** John McCammon/Auscape; **u. re.:** Lorna Rose. **179 o.:** C. Andrew Henley/Auscape; **(1):** A. Descat/MAP; **(2 & 3):** M. & J. C. Lamontagne; **u. re.:** M. & J. C. Lamontagne. **180 (alle):** M. & J. C. Lamontagne. **181 o.:** Thobois/Rustica; **u.:** Colin Monteath/Auscape. **182 o.:** F. Didillon/MAP; **u.:** Noun/MAP. **183 o.:** Howard Rice/Garden Picture Library; **Mi. re.:** Noun & Gaëlle/MAP; **u. li.:** Howard Rice/Garden Picture Library; **Mi. u.:** Noun/ MAP; **u. re.:** M. & J. C. Lamontagne. **184 u. li.:** M. & J. C. Lamontagne; **o. re. (1–3):** Noun & Gaëlle/MAP; **u. re.:** Noun/MAP. **185 o. li.:** Ph. Asseray/Rustica; **Mi.:** A. Descat/ MAP; **u. (1–3):** Garden World Images. **186 o. (1 & 4):** M. & J. C. Lamontagne; **o. (2 & 3):** Noun/MAP; **u.:** Garden World Images. **87 o.:** Jerry Pavia/Garden Picture Library; **u. (beide):** M. & J. C. Lamontagne. **188 o. & Mi.:** F. Didillon/MAP; **u.:** A. Descat/MAP. **189 li. (1):** M. & J. C. Lamontagne; **li. (2):** N. & P. Mioulane/ MAP; **re. (beide):** Noun/MAP. **190 o. li.:** V. Vitis/Horizon; **o. re.:** A. Schreiner/Horizon; **u. re.:** N. & P. Mioulane/MAP. **191 o. (1–4):** N. & P. Mioulane/MAP; **u. (alle):** M. & J. C. Lamontagne. **192 u. li.:** Clay Perry/Garden Picture Library; **o. re.:** Noun & Gaëlle/MAP; **u. re.(1 & 3):** N. & P. Mioulane/MAP; **u. re. (2):** Noun/MAP. **193 o.:** Michael & Lois Warren/Photos Horticultural; **u. li.:** Noun/MAP.

194 o. li.: Eric Crichton Photos; **o. re. (1–3):** Noun/MAP; **u. re.:** M. & J. C. Lamontagne. **195 o. re.:** M. & J. C. Lamontagne; **u. li.:** RD; **u. re.:** V. Vitis/Horizon. **196:** M. & J. C. Lamontagne. **197 o. & Mi. re.:** Lorna Rose; **u. (1–6):** J. P. Delagarde/SRD. **198 u. li.:** Noun/MAP; **o. re.:** RD. **199 o. li.:** Steven Wooster/Garden Picture Library; **u.:** M. & J. C. Lamontagne; **o. re.:** V. Klecka – Les Jardins du Feyel/Rustica; **Mi. re.:** M. Viard/Horizon. **200 (beide):** M. & J. C. Lamontagne. **201 o. li.:** F. Strauss/MAP; **o. re.:** M. & J. C. Lamontagne; **Mi. li. & Mi. re.:** M. & J. C. Lamontagne; **u. li.:** A. Descat/MAP; **u. re.:** Noun/MAP. **202 u.:** Noun/MAP; **re. (1–4):** M. & J. C. Lamontagne. **203:** M. & J. C. Lamontagne. **204 o. li.:** C. Nichols/MAP; **u. re. (1–3):** N. & P. Mioulane/MAP. **205:** S. Bonneau/MAP. **206 o. li.:** Denis Crawford/Graphic Science; **re. o. & u.:** Garden World Images. **207 li. u.:** Denis Crawford/Graphic Science; **re. o.:** D. Bernardin/MAP. **208:** ©Harry Smith Collection. **209 li.:** N. & P. Mioulane/MAP; **re. o.:** G. Blondeau; **u. re.:** ©Harry Smith Collection. **210:** Noun/MAP. **211 o.:** Photos Horticultural; **Mi. o.:** Jerry Harpur; **Mi. u.:** Garden World Images; **u.:** Lorna Rose. **212 o. li. & u. re.:** M. & J. C. Lamontagne; **o. re.:** Noun & Gaëlle/MAP. **213 re. (1–4):** Noun & Gaëlle/MAP; **li. u.:** C. Andrew Henley/Auscape. **214:** M. & J. C. Lamontagne. **215 u. li. (1):** Garden World Images; **u. li. (2):** J. Varkulevicius/courtesy of The Digger's Club; **re. o.:** M. & J. C. Lamontagne; **re. Mi.:** J. Creuse/Rustica; **u. re. (1–3):** F. Didillon/MAP. **216 u. li.:** Mayer & Le Scanff/Garden Picture Library; **u. re.:** Noun/MAP. **217 o. li. & u. re.:** Garden World Images; **o. re.:** Photos Horticultural; **Mi. li., Mi. re. & u. li.:** A. Descat/MAP. **218 o.:** M. & J. C. Lamontagne; **u.:** M. & J. C. Lamontagne. **219 li. u.:** M & J. C. Lamontagne; **re. (1–4):** N. & P. Mioulane/MAP. **220 o.:** M. & J. C. Lamontagne; **u. re.:** M. & J. C. Lamontagne. **221:** M. & J. C. Lamontagne. **222 o. li.:** N. & P. Mioulane/MAP; **o. re. (1–4):** N. & P. Mioulane/MAP; **u. li. (1):** Neil Holmes; **u. li. (2):** CuboImages/mauritius images. **223 o.:** N. & P. Mioulane/MAP; **u. re. (1):** Ivy Hansen; **u. re. (2):** A. Schreiner/Horizon. **224:** Steve Wooster/Garden Picture Library. **225 (alle):** J. P. Delagarde/SRD. **226 o.:** M. Viard/Horizon; **u. (beide):** M. & J. C. Lamontagne. **227 (1–6):** F. Didillon/MAP. **228 (beide):** M. & J. C. Lamontagne. **229 o. li.:** M. & J. C. Lamontagne; **o. Mi.:** A. Descat/MAP; **o. re.:** Rustica; **u. re.:** A. Descat/MAP. **230 o. li.:** Andrew Lawson; **o. re.:** Ph. Fauchere/MAP; **u. re. (1):** F. Didillon/MAP; **u. re. (2):** V. Maisons/Rustica; **u. re. (3):** Garden World Images. **231 (1–3):** J. Creuse/Rustica; **(4):** F. Harre/Rustica. **232:** N. & P. Mioulane/MAP. **233 o.:** Y. Monel/MAP; **u. re.:** Rustica. **234 o.:** John Phipps; **u.:** Photos Horticultural. **235 o.:** Noun & Gaëlle/MAP; **u. re.:** M. & J. C. Lamontagne. **236:** Lorna Rose. **237 o. li.:** Christl Eberle/Lavendelfoto; **o. re.:** Lorna Rose; **Mi. li.:** Garden World Images; **Mi. re.:** Jerry Harpur; **u. li.:** Christl Eberle/Lavendelfoto; **u. re.:** Lorna Rose. **238 li. u.:** N. & P. Mioulane/MAP; **o. li.:** A. Descat/MAP; **o. re.:** Noun & Gaëlle/MAP. **239 o.:** M. & J. C. Lamontagne; **u.:** RD. **240 li. u.:** Mayer & Le Scanff/Garden Picture Library; **re. o.:** M. Viard/Horizon. **241 o. li.:** P. Aversenq/MAP; **li. u.:** M. & J. C. Lamontagne; **re. (1–4):** Noun & Gaëlle/MAP. **242 li. u.:** Gerd Höfer/Lavendelfoto; **re. o.:** Ivy Hansen. **243 o. li.:** Christl Eberle/Lavendelfoto; **u. re.:** A. Descat/MAP. **244 o. li.:** Photos Horticultural; **u. re.:** C. Andrew Henley/Auscape. **245 li. u.:** Ivy Hansen; **u. re.:** A. Descat/MAP; **o. Mi.:** C. Andrew Henley/Auscape. **246 o.:** N. & P. Mioulane/MAP; **u.:** M. & J. C. Lamontagne. **247 li. (1–6):** A. Schreiner/Horizon; **u. re.:** M. & J. C. Lamontagne. **248 o.:** M. & J. C. Lamontagne; **u.:** M. & J. C. Lamontagne. **249 o.:** M. & J. C. Lamontagne; **u. re.:** M. & J. C. Lamontagne. **250 li.:** M. & J. C. Lamontagne; **re.:** N. & P. Mioulane/MAP. **251:** N. & P. Mioulane/MAP. **252 li.:** Denis Crawford/Graphic Science; **Mi.:** N. & P. Mioulane/MAP; **re.:** Denis Crawford/Graphic Science. **253 o. li.:** A. Descat/MAP; **u. re.:** Denis Crawford/Graphic Science. **254 o. li.:** Denis Crawford/Graphic Science; **u. li.:** P. Aversenq/MAP; **u. Mi.:** Garden World Images; **re. o.:** A. Descat/MAP; **u. re.:** M. & J. C. Lamontagne. **255:** P. Aversenq/MAP. **256:** L. Terestchenko/Inside. **257 o.:** M. & J. C. Lamontagne; **Mi. o.:** F. Strauss/MAP; **Mi. u.:** Noun & Gaëlle/MAP; **u.:** M. & J. C. Lamontagne. **258:** RD. **259 o. (1–2):** F. Strauss/MAP; **u. (1):** Gerd Höfer/Lavendelfoto; **u. (2):** N. & P. Mioulane/MAP; **u. (3):** Gerd Höfer/Lavendelfoto. **260 o.:** P. Glemas/Horizon; **u. re.:** M. & J. C. Lamontagne. **261 o. li. & u. re.:** M. & J. C. Lamontagne; **o. re.:** Ph. Asseray/Rustica. **262 o.:** Lorna Rose – Garden: ‚Karkalla', Sorrento, Vic; **re.:** Noun/MAP; **u. li. (beide):** Noun & Gaëlle/MAP. **263 o.:** Lorna Rose; **u.:** Boncourt/Rustica. **264 o.:** F. Strauss/MAP; **Mi.:** M. & J. C. Lamontagne; **u.:** Noun & Gaëlle/MAP. **265 o. (1–4):** Noun & Gaëlle/MAP; **u. (beide):** N. & P. Mioulane/MAP. **266:** M. & J. C. Lamontagne. **267 li. (1–8):** Noun & Gaëlle/MAP; **o. re.:** Noun/MAP; **u. re.:** N. & P. Mioulane/MAP. **268 li.:** Noun/MAP; **re.:** Paul Hart/Garden Picture Library. **269 (1–4):** Noun/MAP. **270 (beide):** M. & J. C. Lamontagne. **271 (beide):** M. & J. C. Lamontagne. **272 o. re. (alle):** M. & J. C. Lamontagne; **u. (1–6):** Noun & Gaëlle/MAP. **273 o. & u. re.:** RD; **Mi. re.:** M. & J. C. Lamontagne. **274:** F. Didillon/MAP. **275 o. li.:** Rob Walls/Auscape; **o. Mi.:** Rustica; **re. (1–4):** Noun & Gaëlle/MAP. **276 o. li.:** P. Glemas/Horizon; **o. re.:** Garden World Images. **277 o.:** F. Marre – Le Bois Pinard – Stylist Marie Marcat/Rustica; **u. (beide):** Lorna Rose. **278:** Y. Monel/MAP. **279 o.:** F. Strauss/MAP; **u.:** M. & J. C. Lamontagne. **280 o. re. (1–3):** A. Schreiner/Horizon; **u. li.:** M. & J. C. Lamontagne; **u. re.:** Noun/MAP. **281 o. li.:** Lorna Rose – Garden: „Bringalbit", Kyneton, Vic. **u. re.:** Paul Hart/Garden Picture Library. **282 li. u.:** C. Weyer/BIOS; **re. o.:** M. & J. C. Lamontagne. **283 o.:** Lorna Rose; **u. re.:** D. Bringard/BIOS. **284:** Photos Horticultural. **285 li.:** A. Descat/MAP; **Mi. li.:** Lorna Rose; **Mi. re.:** M. & J. C. Lamontagne; **re.:** F. Strauss/MAP. **286 li.:** Noun/MAP; **Mi. li.:** Lorna Rose; **re.:** Anness Publishing. **287 li.:** Noun & Gaëlle/MAP; **Mi. li.:** C. Nichols/MAP; **Mi. re. & re.:** M. & J. C. Lamontagne. **288 li.:** A. Schreiner/Horizon; **Mi. li.:** N. & P. Mioulane/MAP; **Mi. re.:** A. Schreiner/Horizon; **re.:** Lorna Rose – Garden: „Bringalbit", Kyneton, Vic. **289 li.:** Noun & Gaëlle/MAP; **Mi. li.:** RD; **Mi. re.:** Boucourt – Jardin de Miromesnil/Rustica; **re.:** F. Strauss/MAP. **290:** Michael & Lois Warren/Photos Horticultural. **291 li.:** N. & P. Mioulane/MAP; **Mi. li.:** N. & P. Mioulane/MAP; **Mi. re.:** V. Klecka – Les Jardins du Feyel/Rustica; **re.:** A. Descat/MAP. **292 li.:** F. Marre/Rustica; **Mi. li.:** V. Klecka – Latour-Marliac/Rustica; **Mi. re.:** Rustica; **re.:** Lorna Rose. **293 li.:** Ph. Asseray/Rustica; **Mi. li.:** A. Schreiner/Horizon; **Mi. re.:** M. & J. C. Lamontagne; **re.:** F. Strauss/MAP. **294:** Andrew Lawson. **295 li.:** Garden World Images; **Mi. li.:** A. Schreiner/Horizon; **Mi. re.:** M. & J. C. Lamontagne; **re.:** Lorna Rose. **296 li.:** A. Descat/MAP; **Mi. li.:** Michael & Lois Warren/Photos Horticultural; **Mi. re.:** Clay Perry/Garden Picture Library; **re.:** M. & J. C. Lamontagne. **297 li.:** A. Guerrier/MAP; **Mi. li.:** P. Glemas/Horizon; **Mi. re.:** F. Didillon/MAP; **re.:** John Glover. **298:** Gerd Höfer/Lavendelfoto. **299 li.:** C. Nichols/MAP; **Mi. li.:** A. Schreiner/Horizon; **Mi. re.:** A. Schreiner/Horizon; **re.:** Kerstin Layer/mauritius images. **300 li.:** Ph. Asseray/Rustica; **Mi. li.:** Noun/MAP; **Mi. re.:** M. & J. C. Lamontagne; **re.:** John Glover. **301 li.:** A. Descat/MAP; **Mi. li.:** Paul Hart/Garden Picture Library; **Mi. re.:** Noun/MAP; **re.:** N. & P. Mioulane/MAP.

Titel der australisch-neuseeländischen Originalausgabe:

SECRETS AND TIPS FROM YESTERDAY'S GARDENERS

Deutsche Ausgabe
Übersetzung: Joachim Mayer, unterstützt von Folko Kullmann und Monika Zilliken
Fachliche Beratung: Angelika Lang, Joachim Mayer, Bärbel Oftring
Redaktion: Thema media GmbH & Co. KG, Michaela V. Dietrich

Reader's Digest
Redaktion: Joachim Wahnschaffe (Projektleitung)
Grafik: Cornelia Hammer
Bildredaktion: Christina Horut
Prepress: Andreas Engländer
Produktion: Andreas Schabert

Ressort Buch
Redaktionsdirektorin: Suzanne Koranyi-Esser
Redaktionsleiterin: Dr. Renate Mangold
Art Director: Susanne Hauser

Operations
Leitung Produktion Buch: Norbert Baier

Prepress: Meyle+Müller GmbH+Co. KG, Pforzheim
Druck und Bindung: Leo Paper Products Ltd, HongKong

FR 1577/IC

Printed in China

ISBN 978-3-89915-460-3

Besuchen Sie uns im Internet
www.readersdigest.de